आत्मकथा

आत्मकथा

कर्ण सिंह

अनुवाद

प्रगति सक्सेना

राजकमल प्रकाशन

मूल अंग्रेजी में यह पुस्तक ऑक्सफोर्ड यूनिवर्सिटी प्रेस से 'ऑटोबायोग्राफी' शीर्षक से प्रकाशित हुई।

ISBN : 978-81-7178-998-6

मूल्य : ₹995

पहला संस्करण : 2000
चौथा संस्करण : 2017
पहली आवृत्ति : 2023

प्रकाशक : राजकमल प्रकाशन प्रा.लि.
1-बी, नेताजी सुभाष मार्ग, दरियागंज
नई दिल्ली-110 002
शाखाएँ : अशोक राजपथ, साइंस कॉलेज के सामने, पटना-800 006
पहली मंजिल, दरबारी बिल्डिंग, महात्मा गांधी मार्ग, प्रयागराज-211 001
वेबसाइट : www.rajkamalprakashan.com
ई-मेल : info@rajkamalprakashan.com

मुद्रक : बी.के. ऑफसेट
नवीन शाहदरा, दिल्ली-110 032

AATMAKATHA
Autobiography by Karan Singh

यह नया संस्करण

विवस्वत और विवेक
आदिश्री और मृगंका
रणविजय और मार्तन्ड
को

समान हों तुम्हारे उद्‌देश्य
हृदय हों एक-दूसरे के अनुरूप
हों तुम सबके मन एक जैसे
ताकि तुम सुखपूर्वक संग रह सको

ऋग्वेद X.191.4

दो शब्द

मेरी 'आत्मकथा' केवल जीवन के पहले 36 वर्ष तक है, क्योंकि उन्हीं वर्षों में मेरा प्रमुख कार्य-क्षेत्र जम्मू-कश्मीर रहा जिसकी सारी परिस्थितियों तथा अपने विकास के संबंध में मैंने कुछ विस्तार से लिखा है। मूल अंग्रेजी में यह दो खंडों में छपी थी। फिर ऑक्सफोर्ड ने इसे एक खंड में छापा जिसका अनुवाद आपके सामने है।

अनुवादक सुश्री प्रगति सक्सेना ने बड़ी लगन से इस कार्य को किया है। अंग्रेजी में इस पुस्तक का पर्याप्त वितरण हो रहा है लेकिन कई मित्रों ने कहा कि राष्ट्रभाषा हिंदी में भी इसका अनुवाद होना चाहिए ताकि ये हिंदी पाठकों तक पहुँचे। इसी सुझाव पर राजकमल प्रकाशन ने इस कार्य को अपने हाथों में लिया।

1967 में जम्मू-कश्मीर को छोड़कर मैं राष्ट्रीय स्तर पर सक्रिय हो गया, तथा उस समय से लेकर आज तक देश-विदेश में अनेक कार्यों से संबंधित रहा। इनके बारे में समय-समय पर मेरे लेख तथा पुस्तकें निकलीं लेकिन विधिवत् आत्मकथा के रूप में यह पहली ही पुस्तक है। जैसा कि मैंने आमुख में कहा है, आत्मकथा लिखने में कुछ संकोच भी होता है, आनंद भी आता है।

मुझे यह आशा है कि पाठकों को इसे पढ़कर मात्र आनंद ही आएगा।

कर्ण सिंह

आमुख
(संशोधित संस्करण)

जब हम अपने बारे में लिखते हैं और खासकर अपनी जिंदगी के बाह्य व आंतरिक आयामों को व्यक्त करते हैं तो उस प्रक्रिया में अहंभाव एवं आत्मनिरीक्षण का विलक्षण संयोग शामिल होता है।

मुझे बहुत कम उम्र से ही अपने इतिहास की अशांत किंतु दिलचस्प अवधि के दौरान न सिर्फ सार्वजनिक मामलों में सक्रिय भागीदारी का सौभाग्य मिला है बल्कि बौद्धिक, भावनात्मक और आध्यात्मिक अंतःप्रेरणा से भी मेरा साक्षात्कार हुआ है। इस दौरान भारत के चुनिंदा राष्ट्रीय व्यक्तियों और साथ ही आध्यात्मिक अनुभव और विद्वत्ता-संपन्न लोगों से मेरा सीधा संपर्क हुआ। पुस्तकों और संगीत से लगाव के जरिए भी मैंने, कीट्स के शब्दों में कहें तो, उस 'सुनहरे प्रदेश' की यात्रा की है जो विचारों की प्रकाशमान स्थली है और जिसका प्रतिनिधित्व प्रखर रूप से भारतीय परंपरा में उपनिषदों, पश्चिमी परंपरा में प्लेटो और पूर्वी व पश्चिमी काव्य तथा संगीत की विपुल निधि ने किया है।

नियति हो या भाग्य, संयोग हो या कर्म; मेरा मानना है कि इन शक्तियों की कठपुतली मात्र बनने की बजाय हमारे जीवन का उद्देश्य कहीं गहरा होना चाहिए। यह अहसास युवावस्था के प्रारंभ से ही मेरे साथ है। मेरे बहुत से राजनीतिक विचारों और महत्त्वाकांक्षाओं की सिद्धि इस किताब में वर्णित समयावधि के बाद ही हुई। लेकिन कुछ ऐसी आध्यात्मिक अंतःप्रेरणाएँ भी थीं, जो अब तक मेरे साथ हैं और जो जीवन के पतझड़ में कदम रखते समय उत्तरोत्तर गहन होती चली गई हैं। यहाँ मैं बताना चाहूँगा कि कश्मीर में पतझड़ सबसे सुहाना मौसम होता है। वसंत की चमत्कृत कर देनेवाली खिली छटा और गर्मी के जोशीले उल्लास के बाद यह ऋतु परिपक्वता लेकर आती है और चिनार के पत्तों का रंग गेरुआ व सुनहरा हो जाता है। वातायन स्निग्ध धूप से छितरा जाता है।

मेरे लिए इस आत्मकथा का लेखन बेहद लाभकारी अनुभव रहा है। इसके जरिए मुझे मुड़कर अतीत पर नजर डालने और अपने भीतर झाँकने का अवसर मिला। मूल स्वरूप में यह पुस्तक दो स्वतंत्र पुस्तकों के तौर पर प्रकाशित हुई थी। 1982 में पहले बारह अध्याय 'युवराज' नाम से और 1985 में अगले बारह अध्याय 'सदर-ए-रियासत' शीर्षक से छपे थे। हालाँकि इनके लेखन में तीन साल का अंतर रहा, फिर भी दोनों

में कथ्य की निरंतरता थी। दोनों में मेरे जीवन की वह अवधि शामिल है जब मैं मुख्यतः अपने राज्य जम्मू और कश्मीर के मामलों से जुड़ा हुआ था। दोनों पुस्तकों के कई संस्करण निकले और 1989 में आक्सफोर्ड इंडिया पेपरबैक सीरीज में इन्हें एक कर दिया गया। यह संस्करण भी अब उपलब्ध नहीं है। ऐसे में प्रकाशकों ने सुझाव दिया कि एक नया संस्करण निकाला जाए और मूल सजिल्द पुस्तकों में छापी गई चुनिंदा तसवीरों को इस नए संस्करण में शामिल कर लिया जाए ताकि कथ्य में एक नया आयाम जुड़ सके। इन संस्करणों के छपने के बाद के वर्षों में कई व्यक्तियों और घटनाओं के संबंध में मेरे विचार काफी हद तक बदल गए हैं। पर मैं मूल पाठ में परिवर्तन के प्रलोभन में नहीं फँसा और उसे वैसा ही रहने दिया जैसा वह पहली बार प्रकाशित हुआ था।

यह विचित्र बात है कि मेरा जीवन 18-18 वर्ष की अवधियों में करीने से बँटा हुआ है। अपने जीवन के शुरुआती अठारह साल मैंने एक छात्र के रूप में भारत में और एक रोगी के तौर पर विदेश में बिताए। अभी 18 साल का हुआ ही था कि एकाएक खुद को राज्य प्रमुख के कार्यालय में पाया। जहाँ मैं तीन अलग-अलग रीजेंट, सदर-ए-रियासत और राज्यपाल के पदों पर ठीक 18 साल तक रहा। छत्तीसवें जन्मदिन के कुछ दिनों बाद ही मुझे केंद्रीय मंत्रिपरिषद में शामिल होने का निमंत्रण मिला और अगले 18 सालों यानी 1985 तक मैं राष्ट्रीय राजनीति में संसद सदस्य के तौर पर सक्रिय रहा। इनमें से दस वर्ष मैं कैबिनेट मंत्री रहा। ये 18 वर्ष और इसके बाद से अब तक का समय इतनी सारी गतिविधियों से भरा रहा है कि खुद से संबंधित घटनाओं को समाहित करने के लिए कई खंडों की आवश्यकता होगी। ऐसे में मैं यही कर सकता हूँ कि इस आमुख में कुछ प्रमुख गतिविधियों पर हल्की चर्चा कर लूँ। लोक सभा के चार चुनावी अभियान उनमें से एक हैं, जिन सभी को मैंने ऊधमपुर संसदीय क्षेत्र से जीता। पहली बार 1967 में कैबिनेट में शामिल होने के तुरंत बाद हुए उपचुनाव को तो मैंने आसानी से जीत लिया। लेकिन 1971 के चुनाव में भारतीय जनता पार्टी (तत्कालीन जनसंघ) ने तगड़ी टक्कर दी। आपातकाल की विभीषिका के बाद सन् 1977 के चनुाव में इंदिरा गाँधी और उत्तर भारत से उनके मंत्रिमंडल के सभी सदस्यों को हार का मुँह देखना पड़ा। पर चमत्कारिक रूप से मैं इस बार भी सरलतापूर्वक जीतने में सफल रहा। समूचे उत्तर भारत में चल रही जनता लहर ऊधमपुर में ज्यादा असर न दिखा सकी। दरअसल मेरे लिए 1980 का लोक सभा चुनाव सबसे मुश्किल रहा। इस समय तक कांग्रेस का विभाजन हो चुका था—इंदिरा गाँधी के नेतृत्व में कांग्रेस (आई) और देवराज अर्स की अगुवाई में कांग्रेस (यू) का गठन हो चुका था। इंदिरा गाँधी और शेख अब्दुल्ला के बीच जम्मू और कश्मीर में चुनावी गठजोड़ के तहत कांग्रेस (आई) और नेशनल कान्फ्रेंस ने तीन-तीन सीटों पर चुनाव लड़े। ऊधमपुर चुनाव क्षेत्र नेशनल कान्फ्रेंस के हिस्से में आया जिसने यहाँ से शेख अब्दुल्ला के एक कैबिनेट मंत्री डी.डी. ठाकुर को मेरे खिलाफ लड़ाया। शेख अब्दुल्ला ने घोषणा की कि अगर इस सीट पर

वे मुझे हरा सके तो राज्य की बाकी पाँच सीटें हारने का उन्हें गम नहीं होगा। मैंने यह चुनौती स्वीकार कर ली और खुद को एक ऐसे मुश्किल मुकाबले के बीच पाया जहाँ राज्य का संपूर्ण प्रशासनिक ढाँचा मेरे खिलाफ काम कर रहा था। शेख और बेगम अब्दुल्ला ने ऊधमपुर के चप्पे-चप्पे का दौरा किया।

पिछले चुनावों की तरह इस बार भी मेरी पत्नी की भूमिका महत्त्वपूर्ण साबित हुई। हमारा स्वागत करने महिला मतदाता बाहर निकल आती थीं। किसी और उम्मीदवार के लिए वे ऐसा नहीं कर रही थीं। जबर्दस्त संघर्ष के बाद मैंने अच्छे वोटों से चुनाव जीत लिया। कांग्रेस (यू) के टिकट पर जीतनेवाले मात्र पाँच उम्मीदवारों में एक मैं भी था। इंदिरा गाँधी के नेतृत्ववाली कांग्रेस प्रमुख दल के रूप में उभरकर सामने आई। इसका एक बड़ा कारण था—इंदिरा गाँधी का प्रभावशाली व्यक्तित्व और सत्ता के लक्ष्य के प्रति उनकी एकनिष्ठा, जिसके चलते उनके विरोधी उनके सामने टिक नहीं पाए।

इन चारों चुनावों में देश की बदलती राजनीतिक परिस्थितियाँ भी प्रतिबिंबित होती हैं। सन् 1967 में मैं अविभाजित कांग्रेस का उम्मीदवार था और मेरा चुनाव चिह्न था—दो बैलों की जोड़ी। सन् 1969 में पार्टी का विभाजन हुआ। मोरारजी देसाई के नेतृत्व में एक गुट ने कांग्रेस (संगठन) का गठन किया और मुख्य कांग्रेस इंदिरा गाँधी के साथ ही रही। इसलिए सन् 1971 और 1977 में मेरा चुनाव चिह्न 'गाय का बछड़ा' हो गया। 1977 की पराजय के बाद कांग्रेस का फिर विभाजन हुआ और इंदिरा गाँधी ने कांग्रेस (आई) का गठन किया पर हममें से कई इस गुट में शामिल नहीं हुए। इसके बाद मैंने अपना चौथा चुनाव 'चरखा कातती महिला' के चुनाव चिह्न पर लड़ा। 1980 के चुनावों के तुरंत बाद मुझे अहसास हुआ कि दो कांग्रेस का सिद्धांत ध्वस्त हो गया है और अवशेषों से संबंध बनाए रखने का मतलब नहीं है। इसलिए मैंने कांग्रेस (यू) से इस्तीफा दे दिया और लोकसभा में अपना शेष कार्यकाल बतौर निर्दलीय सदस्य पूरा किया।

इंदिरा गाँधी मेरे लिए हमेशा से मित्रवत् और मददगार थीं और उन्हें इस बात से ठेस पहुँची कि पार्टी के दूसरे विभाजन के समय मैंने उनका साथ नहीं दिया। मेरे लिए उन्हें यह समझा पाना मुश्किल था कि संजय और शेख अब्दुल्ला के दोहरे प्रभाव की वजह से मैं उनसे अलग हुआ। हालाँकि ज्यादातर लोगों की तरह मैं कांग्रेस (आई) में शामिल नहीं हुआ, पर मुझे इस बात से संतोष है कि इंदिरा गाँधी की दुखद हत्या से कुछ समय पहले उनसे मेरा व्यक्तिगत मेल-मिलाप हो गया था। वे वास्तव में असाधारण महिला थीं जिन्होंने भारतीय राजनीति पर गहरा प्रभाव छोड़ा। उनके मंत्रिमंडल में मंत्री के रूप में दस साल का कार्यकाल मेरे लिए प्रशासन और राजनीतिक जीवन में बहुमूल्य शिक्षा और अनुभव का समय था।

राजीव गाँधी को मैं तब से जानता था जब वे पाँच साल के थे। उनके प्रधानमंत्री बनने के बाद मुझे उम्मीद थी कि वे मुझे पार्टी में लौटने और 1984 के चुनाव में कांग्रेस के उम्मीदवार के तौर पर लड़ने का निमंत्रण देंगे। पर राजनीति में मेरी संभावित वापसी

से आशंकित एक गुट ने उनके चारों ओर ऐसा घेरा डाल रखा था जिसे मैं तोड़ नहीं पाया। अंतिम क्षण तक प्रतीक्षा करने के बाद मैंने बहुत सी बातों को ध्यान में रखते हुए जम्मू से निर्दलीय उम्मीदवार के रूप में चुनाव लड़ने का फैसला किया। जम्मू क्षेत्र का यह एक और चुनावी क्षेत्र था और मैंने यह मान लिया था कि चूँकि मैं इस क्षेत्र के लोगों से पहली बार वोट माँग रहा हूँ, वे मेरा समर्थन करेंगे। पर राजीव गाँधी के पक्ष में सहानुभूति लहर काफी असरदार साबित हुई। कांग्रेस (आई) के उम्मीदवार को 50 प्रतिशत वोट मिले और नेशनल कान्फ्रेंस के उम्मीदवार और मुझे क्रमशः 25-25 प्रतिशत। हालाँकि उस समय इस पराजय से मुझे गहरा सदमा पहुँचा पर जब मैं पलटकर देखता हूँ तो महसूस होता है कि अठारह साल तक संसद में रहने के बाद इस हार की बदौलत ही मुझे गुटबंदी-ग्रस्त राजनीति से अवकाश मिला जो एक मुक्तिदायक घटना थी। इसके बाद मैं अपने समय और ऊर्जा को अपनी रुचि के ज्यादा विस्तृत क्षेत्रों--सार्वभौम चेतना, अंतरधर्म आंदोलन, पर्यावरण सरोकार और अपने दौर की समस्याओं और चुनौतियों का हल वेदांत के माध्यम से ढूँढ़ने में लगा सका। वास्तव में, इसके साथ ही मेरे जीवन के तीसरे अठारहवर्षीय चक्र का समापन हुआ और चौथे चक्र की शुरुआत हुई, जो अभी जारी है।

मेरा पहला मंत्रालय पर्यटन और नागरिक उड्डयन था। इसी की बदौलत मुझे भारत और विदेश में व्यापक रूप से घूमने का मौका मिला। इस विभाग को सँभालने वाला मैं पहला मंत्री था क्योंकि उससे पहले यह परिवहन मंत्रालय का हिस्सा था। जब मैंने इस मंत्रालय का कार्यभार सँभाला तो व्यावहारिक रूप से भारतीय पर्यटन का सीधा मतलब था—दिल्ली-आगरा-जयपुर का त्रिकोण और कश्मीर। मुझे तुरंत यह अहसास हो गया कि भारत विश्व के महान सैलानी मुकामों की बराबरी कर सकता है और एअर इंडिया और इंडियन एअर लाइंस के विमानों के आधुनिकीकरण और अपनी व्यापक किंतु स्तरहीन विमानन सुविधाओं के उन्नयन के साथ मैंने पर्यटन प्रोत्साहन और बुनियादी ढाँचे के विकास के लिए कार्यक्रम तैयार किया।

अठारह साल तक अपनी रियासत का औपचारिक प्रमुख रहने के बाद वास्तविक निर्णय प्रक्रिया और उसके क्रियान्वयन से यह मेरा पहला साबका था और मैंने पूरे जोश और उत्साह से इस कार्य में स्वयं को झोंक दिया। मैं डिजाइन, संवर्धन और होटल के क्षेत्र में निजी क्षेत्र से संबंधित कुछ बेहद सृजनशील हस्तियों का सहयोग पाने में सफल रहा। इसी दौरान पर्यटन के मानचित्र पर दक्षिण भारत उभरा और इस उद्योग की अपार संभावनाएँ लोकचेतना की मुख्यधारा में प्रविष्ट होनी शुरू हुईं। मंत्रालय का कार्यभार सँभालने के तुरंत बाद मुझे एक विचार सूझा और वही हमारी सफलता की चाभी साबित हुआ। मैंने यह महसूस किया कि जहाँ एक ओर पर्यटन विभाग के विदेश में मात्र आधा दर्जन कार्यालय थे, वहीं एअर इंडिया ने कई वर्षों में करीब सौ कार्यालय स्थापित कर लिये थे। चूँकि दोनों एक ही मंत्रालय के तहत आते थे, इसलिए यह स्वाभाविक था कि दोनों संगठन परस्पर घनिष्ठ सहयोग करते हुए काम करें। पर मुझे जल्द ही समझ

आ गया कि अंग्रेजों के जमाने से चले आ रहे नौकरशाही के तौर-तरीके कुछ नया करने के खिलाफ हैं। फिर भी प्रधानमंत्री के सहयोग से केवल दो सालों में मैं आवश्यक तालमेल बिठाने में सफल रहा और इसके बाद एअर इंडिया और पर्यटन विभाग का संयुक्त प्रोत्साहन अभियान 'ऑपरेशन यूरोप' शुरू किया गया, जिसे बाद में दूसरे देशों में भी ले जाया गया। इस अभियान से पर्यटन की आय में काफी वृद्धि हुई, हालाँकि अब भी विश्व के इस सबसे बड़े उद्योग में हमारा हिस्सा नाममात्र ही है।

इसी दौरान कई महत्त्वपूर्ण राजनीतिक घटनाएँ हुईं। कैबिनेट में मेरे शामिल होने के तुरंत बाद प्रिवीपर्स का पूरा विवाद खड़ा हुआ। परदे के पीछे से मैंने समझौते का एक फार्मूला तैयार करने की कोशिश की जिसके तहत प्रिवीपर्स समाप्त कर देना था लेकिन इनकी भरपाई के लिए राजाओं के नाम बॉण्ड जारी किए जाने थे जिनका व्यावहारिक उद्देश्य यह था कि पूर्व शासक उपयुक्त आय प्राप्त कर सकें। लेकिन सरकारी कदम के बाद बनी रियासतदारों की संधि (कॉन्कॉर्ड ऑफ प्रिंसिज) ने कड़ा रुख अपनाते हुए दावा किया कि यह कार्रवाई विलय के समय भारत सरकार द्वारा हर शासक के साथ दस्तखत किए गए प्रतिज्ञा पत्र का खुला विश्वास भंग है। हालाँकि प्रिवीपर्स सालाना कुछ करोड़ रुपयों का ही मामला था पर यह कदम निश्चित रूप से इंदिरा गाँधी द्वारा उनकी रेडिकल छवि मजबूत करने के लिए एक राजनीतिक हथियार के तौर पर उठाया गया था। जब यह मामला लोक सभा में पेश हुआ तो काफी उत्तेजना थी, और मैंने एक निजी व असूचीबद्ध हस्तक्षेप करते हुए इस कदम का समर्थन किया। बाद में राज्य सभा में यह बिल केवल एक वोट से गिर गया और पूरे मामले को एक अध्यादेश के जरिए लागू करना पड़ा।

पर्यटन और नागरिक उड्डयन मंत्री के तौर पर मेरे कार्यकाल में एक और बड़ा विवाद एव्रो विमानों को लेकर हुआ। इन विमानों का निर्माण भारत में ही हुआ था और मेरे मंत्री बनने के तुरंत बाद इन्हें इंडियन एअर लाइंस के बेड़े में शामिल किया गया। बाद में इस विमान के सुरक्षा पहलुओं को लेकर आशंका जताई गई और संसद के दोनों सदनों में इस मुद्दे पर तीखी बहस हुई। मैंने विमान और उसके सुरक्षा संबंधी रिकॉर्ड का समर्थन किया। एक दिन एक एव्रो विमान दुर्घटनाग्रस्त हो गया और उसमें कई यात्री मारे गए। मैंने महसूस किया कि इस दुर्घटना की नैतिक जिम्मेदारी मेरी थी और मैंने अपना इस्तीफा इंदिरा गाँधी को भेज दिया, जिससे संसद के भीतर और बाहर सनसनी फैल गई। तीसरे दिन प्रधानमंत्री ने संकेत दिया कि वे मेरा इस्तीफा स्वीकार नहीं करेंगी। बाद में पता चला कि हादसे का विमान की संरचना से वास्ता नहीं था बल्कि यह हादसा पायलट की गलती का नतीजा था। इस दौरान एक और दुर्भाग्यपूर्ण हादसा बोइंग दुर्घटना के रूप में हुआ जिसमें मेरे अच्छे मित्र और सहयोगी मोहन कुमार मंगलम की मृत्यु हो गई।

मंत्रालय की जिम्मेदारी के अतिरिक्त इंदिरा गाँधी ने मुझे 'भारतीय वन्य जीवन परिषद' का अध्यक्ष नियुक्त किया। हमने पहला काम यह किया कि राष्ट्रीय पशु शेर,

जो अब सिर्फ गिर के जंगलों में पाया जाता है, की जगह ज्यादा व्यापक रूप से पाए जाने वाले बाघ को राष्ट्रीय पशु घोषित किया। इसके साथ ही 'प्रोजेक्ट टाइगर' की शुरुआत हुई, जिसे एक समय दुनिया की सफलतम परियोजना माना गया था। सन् 1977 में इंदिरा गाँधी के सत्ता से हटने तक मैं इस प्रोजेक्ट की संचालन समिति का अध्यक्ष रहा। बाद में इस प्रोजेक्ट के पिछड़ने की चिंताजनक रपटें मिलीं जिससे हमारे वन्यजीवन की धरोहर के प्रतीक इस खूबसूरत प्राणी को खतरा पैदा हो गया। एक राज्यपाल की भूमिका निभाने के बाद, जहाँ बाहरी दुनिया से अलग एक कवच में बंद रहना पड़ता है, मुझे संसद की चुनौती तीखी और कई बार चौंकानेवाली लगी। लोक सभा में आमतौर पर माहौल मेरे लिए दोस्ताना था पर राज्य सभा में यंगटर्क्स नाम का एक गुट मुझ पर प्रहार करने का कोई मौका नहीं चूकता था। मैंने अपना बचाव काफी अच्छी तरह से किया, पर यह स्वीकार करना ही होगा कि यह कोई सुखद अनुभव नहीं था, हालाँकि इसके जरिए मुझे विरोधियों से निपटने का बहुमूल्य प्रशिक्षण प्राप्त हुआ। मेरा दृढ़ विश्वास है कि संसद में आपको पूरी तरह ईमानदार और पारदर्शी होना चाहिए। अगर किसी मंत्री की नेकनीयती संदेह के घेरे में है तो चाहे जितनी चतुर जुमलेबाजी या व्यंग्योक्ति की जाए उससे वास्तव में विश्वास कायम नहीं हो सकता। मैं इस मामले में सौभाग्यशाली रहा कि मंत्री के रूप में अपने पूरे कार्यकाल के दौरान मेरी न सिर्फ अपनी पार्टी के सदस्यों के बीच बल्कि विपक्ष के प्रमुख नेताओं के बीच भी पर्याप्त साख रही। संसद की अपनी अलग दुनिया है, भले ही कोई इसकी प्रक्रियाओं के बारे में कई ग्रंथ पढ़ डाले पर इसकी कार्यप्रणाली की वास्तविक गत्यात्मकता तभी जान सकता है जब वह इसका सदस्य बने।

बांग्ला देश युद्ध एक ऐसी विशिष्ट घटना थी जिसमें इंदिरा गाँधी की नेतृत्व क्षमता उच्च स्तर पर प्रदर्शित हुई। इसकी उत्पत्ति विभाजन की उस योजना में देखी जा सकती है जिसकी वजह से दो सिरोंवाले पाकिस्तान का जन्म हुआ जिनमें न सिर्फ हजारों मील भारतीय भूमि की दूरी थी बल्कि सांस्कृतिक और भाषाई पृष्ठभूमि में भी जमीन-आसमान का अंतर था। स्पष्ट रूप से पूर्वी बंगाल में शेख मुजीबुर्रहमान और उनकी पार्टी अवामी लीग का वर्चस्व था और उतने ही स्पष्ट तौर पर पंजाबीबहुल पश्चिमी पाकिस्तान उन्हें संयुक्त देश का नेता मानने को तैयार नहीं था। युद्ध का एक तात्कालिक कारण इंडियन एअर लाइंस के एक विमान का अपहरण था और उड्डयन मंत्री होने के नाते घटनाक्रम से मैं करीब से जुड़ा हुआ था।

उसके बाद पूर्वी पाकिस्तान से शरणार्थियों का पलायन तीव्र हो गया और इंदिरा गाँधी ने दुनिया के तमाम देशों की राजधानियों में अपने मंत्री भेजकर अपील की कि वे पाकिस्तान के शासकों की दमनकारी और जातिसंहारक गतिविधियों को रोकें। मैं तत्कालीन जर्मन डेमोक्रेटिक रिपब्लिक गया। मैंने रोमानिया की यात्रा की और राष्ट्रपति चाइशेस्कू से मिला। चेकोस्लोवाकिया गया। यूगोस्लाविया में मैंने राष्ट्रपति टीटो से लंबी बातचीत की। साठ के दशक में स्वागत में नियुक्त मंत्री की हैसियत से राष्ट्रपति टीटो

के भारत आगमन पर मैं उनके साथ रहा। ईरान के शाह से भी मिला जो इस बात से चिंतित थे कि पाकिस्तान के राष्ट्रपति यहिया खान, जो उन्हीं की तरह शिया थे, किस तरह स्थिति को बिगाड़ रहे हैं। आखिरकार सारे राजनयिक प्रयास बेकार गए और बुद्धिमत्तापूर्ण तरीके से लड़ी गई पंद्रह दिवसीय लड़ाई में भारत की अप्रत्याशित जीत हुई और स्वतंत्र देश के रूप में बांग्ला देश का उदय हुआ। इंदिरा गाँधी ने जब खुशी से अभिभूत हो संसद में ढाका समर्पण की घोषणा की तो मैं उनके ठीक पीछे बैठा हुआ था। वे अपनी भावनाएँ बिरले ही प्रकट करती थीं पर उस अवसर पर वे अपनी विजय और उपलब्धि की अनुभूति को छिपा नहीं सकीं। वह सचमुच उनका सर्वोत्कृष्ट क्षण था।

सन् 1973 तक मैं पर्यटन और नागरिक उड्डयन मंत्रालय में छह साल पूरे कर चुका था और बदलाव चाहता था। प्रधानमंत्री चाहती थीं कि मैं इसी मंत्रालय में बना रहूँ पर मेरे जोर देने पर वे मेरा विभाग बदलने पर राजी हो गईं और नवंबर 1973 में मैंने स्वास्थ्य और परिवार नियोजन मंत्रालय का दायित्व सँभाला। तकरीबन तुरंत बाद मुझे इतिहास की सबसे लंबी मेडिकल हड़तालों में से एक का सामना करना पड़ा, जिसमें दिल्ली के अस्पतालों के जूनियर डॉक्टरों ने सौ से भी अधिक दिनों तक काम ठप्प रखा। आखिरकार हम एक सर्वमान्य हल निकाल सके, जिसके तहत जूनियर डॉक्टरों का अपर्याप्त वजीफा बढ़ा दिया गया पर हड़ताल की अवधि का वेतन उन्हें नहीं दिया गया। भारत जैसे देश की स्वास्थ्य समस्याएँ, जहाँ दुनिया की आबादी का सातवाँ हिस्सा रहता है, हिला देने वाली हैं, भले ही इसके शीर्ष पर कुछ बेहतरीन संस्थान हैं, पर पिरामिड का आधार जो ग्रामीण स्वास्थ्य सेवा से बनता है, आज भी बहुत कमजोर है। इसे सिर्फ राज्य सरकारों के पूर्ण सहयोग और समर्थन से मजबूत बनाया जा सकता है। मैंने सामूहिक निर्णयों में राज्यों के स्वास्थ्य मंत्रियों की भागीदारी का पूरा प्रयास किया।

इस दौरान हमारी सबसे बड़ी उपलब्धि रही—चेचक का जड़ से उन्मूलन। संभवतः ऐसा पहली बार हुआ था कि कोई रोग वास्तव में धरती के चेहरे से मिटा दिया गया। विश्व स्वास्थ्य संगठन के महानिदेशक डॉ. हैफदन मैलर चेचक उन्मूलन के उपलक्ष्य में विशेष रूप से आयोजित समारोह में दिल्ली आए। समारोह अखिल भारतीय आयुर्विज्ञान संस्थान में आयोजित किया गया जिसका मैं पदेन अध्यक्ष था। इस मौके की स्मृति के रूप में मैंने उन्हें नटराज की खूबसूरत कांस्य प्रतिमा भेंट की जो अब जिनेवा स्थित विश्व स्वास्थ्य संगठन के मुख्यालय की शोभा बढ़ा रही है।

लेकिन सबसे अधिक राजनीतिक प्रभाव परिवार नियोजन कार्यक्रम का हुआ। जनसंख्या की समस्या में मेरी हमेशा से दिलचस्पी थी और राज्यपालों के सम्मेलन में मैं कई बार यह मामला उठा भी चुका था। जब मैंने इस मंत्रालय का कार्यभार सँभाला तो पाया कि समूचा परिवार नियोजन कार्यक्रम आवश्यकताओं के मुताबिक पूरी तरह अनुपयुक्त था। आजादी के बाद से जनसंख्या में जबर्दस्त वृद्धि के सामने आर्थिक विकास के लाभ फीके पड़ने लगे थे और भविष्य में भी ऐसी कोई भी उपलब्धि निश्चित

तौर पर व्यर्थ साबित होने वाली थी। मैं परिवार नियोजन कार्यक्रमों में पूरे उत्साह से जुट गया और प्रधानमंत्री को भी इस बात के लिए राजी कर लिया कि वे इस मुद्दे को अपने भाषणों का मुख्य विषय बनाएँगी। सन् 1974 में बुखारेस्ट में आयोजित विश्व जनसंख्या सम्मेलन में मैंने भारतीय प्रतिनिधिमंडल का नेतृत्व किया। वहाँ मेरा बयान कि 'विकास सर्वोत्तम गर्भनिरोधक है' बहुचर्चित हुआ और इसका अक्सर हवाला दिया जाता है। लेकिन मुझे स्वीकार करना होगा कि बीस साल बाद मेरी सोच उलट चुकी है और अब मेरा मानना है कि 'गर्भनिरोध ही सर्वोत्तम विकास है।'

अप्रैल, 1976 में मैंने संसद में राष्ट्रीय जनसंख्या नीति पेश की जिसे राज्य सरकारों, गैरसरकारी संगठनों और इस क्षेत्र के विशेषज्ञों से व्यापक विमर्श के बाद मैंने खुद तैयार किया था। मैं अब भी दावे के साथ कह सकता हूँ कि यह नीति विश्व के किसी भी देश द्वारा उस समय तक अपनाई गई जनसंख्या नीति में सबसे व्यापक और प्रगतिशील थी। अगर हम इस नीति के अनुसार चलते तो कम-से-कम पाँच करोड़ अतिरिक्त जन्म रोके जा सकते थे। लेकिन यह संपूर्ण नीति एक समानांतर घटना यानी आपातकाल लागू होने के साथ ही पटरी से उतर गई।

भारतीय राजनीति के इस दुर्भाग्यपूर्ण अध्याय का मैं केवल संक्षिप्त वर्णन कर सकता हूँ। इंदिरा गाँधी की सर्वोत्कृष्ट घड़ी बांग्ला देश संकट के समय थी जब उन्होंने देश को अप्रत्याशित विजय दिलाई और न सिर्फ इतिहास बल्कि भूगोल भी रचा। इसके बाद वे सत्ता के शिखर पर थीं और अगर उसी तरह से काम करती रहतीं तो भारत का इतिहास कुछ और ही होता। लेकिन नियति रहस्यपूर्ण ढंग से अपना मकसद पूरा करती है और 1975 में इलाहाबाद हाई कोर्ट का फैसला, जिसने उनके स्टाफ के एक सदस्य के इस्तीफे में तकनीकी गड़बड़ी के कारण उनका चुनाव रद्द कर दिया था, पूरी राजनीतिक प्रक्रिया को भंग करने का बहाना बन गया। विपक्ष की खुशी का ठिकाना न रहा क्योंकि इससे उन्हें इंदिरा गाँधी को हटाने का अवसर मिल गया जो कि सामान्य राजनीतिक प्रक्रिया के जरिए उन्हें नहीं मिलनेवाला था।

विपक्ष ने जनांदोलन का कार्यक्रम शुरू किया जिसका स्पष्ट उद्देश्य इंदिरा गाँधी को इस्तीफा देने के लिए मजबूर करना था और उसने इंदिरा गाँधी की उस गहरी असुरक्षा भावना को जगा दिया जिससे वे सत्ता में इतने वर्ष रहने के बाद भी मुक्त नहीं हो सकी थीं। यही वह समय था जब उनके छोटे बेटे संजय गाँधी ने राजनीतिक पटल पर प्रमुखता से कदम रखा और अपनी माँ के आशीर्वाद से युवा कांग्रेस के नेता के रूप में उभरे।

यह हैरत की बात है कि कैसे नगण्य से दिखनेवाले कारकों पर देश का भाग्य निर्भर करता है। इंदिरा गाँधी ने शुरू में बीस सूत्री कार्यक्रम अपनाया था और संजय गाँधी ने उसमें युवा कांग्रेस के लिए चार सूत्री कार्यक्रम जोड़ दिया। इससे सनकी लोगों को इस पूरे कार्यक्रम को 4-20 कहने का मौका मिल गया। इसके बारे में सब जानते हैं कि वह भारतीय दंड संहिता की अपमानजनक धारा का प्रतिनिधित्व करता है। इससे

बचने के लिए संजय ने इसमें एक और कार्यक्रम जोड़ने का फैसला किया जो दुर्भाग्य से परिवार नियोजन था। अपनी विशिष्ट ऊर्जा के साथ उन्होंने खुद को इस कार्यक्रम में इस हद तक झोंक दिया कि उत्तर भारत के कुछ राज्यों के मुख्यमंत्रियों ने, जो उन्हें राजनीतिक क्षितिज पर उभरता सितारा समझ रहे थे, बंध्याकरण के लक्ष्य को अपनी तरफ से ही बढ़ा दिया। मेरे मंत्रालय की ओर से ये लक्ष्य कहीं नहीं बढ़ाए गए थे बल्कि मैंने मुख्यमंत्रियों और स्वास्थ्यमंत्रियों को पत्र लिखकर और बैठकें बुलाकर उनसे आग्रह किया था कि बल प्रयोग न किया जाए। संजय गाँधी ने मेरे कार्यक्रमों में कभी सीधे दखल नहीं दिया। और अपने कार्यकाल के दौरान मुझे ऐसा एक भी मौका याद नहीं पड़ता जब हम एक साथ परिवार नियोजन संबंधी किसी कार्यक्रम में मौजूद रहे हों क्योंकि हम अपने-अपने आयोजनों में एक-दूसरे को आमंत्रित ही नहीं करते थे। लेकिन कई मुख्यमंत्रियों पर उनका जबर्दस्त असर था। उदाहरण के तौर पर दिल्ली प्रशासन के तहत सभी अस्पतालों में उन लोगों के लिए विशेष फीस तय कर दी गई जिन्होंने नसबंदी नहीं कराई थी पर भारत सरकार के तहत आनेवाले अस्पतालों में ऐसा नहीं किया गया।

फिर भी नुकसान तो हो ही चुका था। हालाँकि 1975-76 में नसबंदी संबंधी आँकड़े तेजी से बढ़े। लेकिन आपातकाल के बाद हुई प्रतिक्रिया ने परिवार नियोजन कार्यक्रम की प्रक्रिया को कम-से-कम एक महत्त्वपूर्ण दशक के लिए पीछे कर दिया। परिवार नियोजन एक गंदा शब्द बन गया और मंत्रालय का नाम तक बदलकर परिवार कल्याण रख दिया गया। स्वाधीन भारत के सबसे विचित्र नेताओं में एक राजनारायण मेरी जगह पर स्वास्थ्य मंत्री बनाए गए जिससे संकट और गहरा हो गया। फिर तो 1990 के दशक के आरंभ में ही सरकार जनसंख्या नियंत्रण आंदोलन के सूत्र पकड़ने की शुरुआत कर पाई। मेरे कार्यकाल के दौरान मंत्रालय ने सन् 2000 के लिए भारत की जनसंख्या के संबंध में तीन आँकड़े पेश किए थे—सबसे आशावादी अनुमान यह था कि सन् 2000 में भारत की जनसंख्या नब्बे करोड़ होगी, मध्यम अनुमान के मुताबिक 95 करोड़ और सबसे निराशावादी अनुमान के अनुसार एक अरब होगी। आपातकाल और उसके बाद की विकृतियों के चलते अब तो यह लगभग तय सा है कि सन् 2000 तक हम एक अरब जनसंख्या का आँकड़ा छू लेंगे और इसके साथ ही विकास प्रक्रिया पर जनसंख्या वृद्धि के दुष्प्रभाव भी निश्चित रूप से पड़ेंगे।

मंत्रिमंडल के लगभग सभी सदस्यों के लिए आपातकाल का लागू होना एक आश्चर्यजनक घटना थी। 25 जून को मैं दिल्ली में था जब तड़के ही मेरे शयनकक्ष का दरवाजा खटखटाकर मुझे सूचना दी गई कि सुबह छह बजे प्रधानमंत्री के निवास पर मंत्रिमंडल की बैठक बुलाई गई है। वहाँ पहुँचने पर हमें पता चला कि आपातकाल तो पहले ही लागू हो चुका है, सभी प्रमुख विपक्षी नेता गिरफ्तार कर लिये गए थे और सेंसरशिप की घोषणा की जा चुकी थी। उस बैठक के बाद मैं और मेरा एक सहयोगी लंबी ड्राइव पर निकले और इस दौरान हमने स्थिति पर चर्चा की। स्पष्ट था या तो हम

प्रधानमंत्री का समर्थन करते या तुरंत इस्तीफा दे देते। हमारे पास तीसरा कोई विकल्प नहीं था। अंततः अच्छे या बुरे के लिए हमने उनका समर्थन करने का निश्चय किया।

अगर आपातकाल मात्र छह महीने रहा होता और चुनाव तय कार्यक्रम के अनुसार सन् 1976 के आखिर में हो गए होते तो प्रतिक्रिया उतनी उग्र नहीं होती। दुर्भाग्य से संसद का कार्यकाल एक साल बढ़ा दिया गया। इस घटना ने कई संस्थाओं को विकृत करने और संविधान में मूलभूत परिवर्तन का रास्ता खोल दिया। वस्तुतः हममें से कुछ लोग चाहते थे कि चुनाव जल्दी हों पर कुछ लोग ऐसे भी थे जो चुनाव आगे टालने के लिए प्रधानमंत्री पर दबाव डाल रहे थे। पर यह खुशी की बात थी कि उन्होंने इस सलाह को स्वीकार नहीं किया। मैं यहाँ यह बताना चाहूँगा कि इलाहाबाद हाई कोर्ट के फैसले के तुरंत बाद मैंने इंदिरा गाँधी को व्यक्तिगत तौर पर एक पत्र लिखकर सुझाव दिया था कि उन्हें अपना इस्तीफा राष्ट्रपति फखरुद्दीन अली अहमद को भिजवा देना चाहिए। बदले में राष्ट्रपति उन्हें सुप्रीम कोर्ट में अपील के निपटारे तक कार्यभार सँभालने के लिए कह सकते थे। यह एक गरिमापूर्ण व्यवहार होता और इससे वे उस आलोचना से बच सकती थीं जिसका बाद में उन्हें सामना करना पड़ा, पर तब तक संजय और उसका गुट उन पर पूरी तरह हावी हो चुका था।

सन् 1977 में कांग्रेस की हार के बाद मोरारजी देसाई के नेतृत्व में जनता पार्टी सरकार ने कार्यभार सँभाला। हालाँकि इस सरकार ने खुद को एक दलीय सरकार माना पर वास्तव में यह अलग-अलग और परस्परविरोधी राजनीतिक ताकतों का इंदिरा विरोधी मोर्चा था। आपातकाल विरोधी आंदोलन के सच्चे नायक जयप्रकाश नारायण थे। पर इस समय तक वे मरणासन्न थे। उन्होंने स्वतंत्र चुनाव के जरिए जनता पार्टी को अपने नेता के चुनाव का मौका देने के बजाय मोरारजी देसाई के रूप में एक योग्य किंतु हठी व्यक्ति को मनोनीत कर दिया। हालाँकि चौधरी चरणसिंह और बाबू जगजीवन राम देसाई मंत्रिमंडल में शामिल हो गए लेकिन उनकी नाराजगी खत्म नहीं हुई। सरकार में जनसंघ के मंत्रियों—अटलबिहारी वाजपेयी और लालकृष्ण आडवाणी का प्रदर्शन बढ़िया रहा। मगर इंदिरा विरोधी गुटों के बीच वैचारिक मतभेद बहुत प्रबल थे और मात्र ढाई साल के शासन के बाद सरकार गिर गई। असल में सरकार एक ऐसे अविश्वास मत पर गिरी जिसका मसविदा कांग्रेस (एस) ने तैयार किया था और जिसे संसद में हमारे तत्कालीन नेता वाई. वी. चह्वाण ने पेश किया। कांग्रेस संसदीय दल के कार्यालय में इस बात का निर्णय लिया गया कि मसविदे का काम कांग्रेस (आई) पर न छोड़ा जाए। उस समय हमने यह सोचा तक न था कि इस प्रस्ताव के जरिए जनता पार्टी सरकार सचमुच गिर जाएगी। जनता पार्टी का विभाजन होते ही मोरारजी देसाई को त्यागपत्र देना पड़ा। नतीजतन, जून 1979 में चौधरी चरणसिंह की अगुवाईवाले लोक दल और वाई. वी. चह्वाण के नेतृत्व वाली कांग्रेस (एस) की साझा सरकार बनी। शिक्षा और संस्कृति मंत्रालय मुझे आबंटित किया गया जो मेरी दिलीपसंद के विभाग थे। लेकिन नई सरकार टिकाऊ नहीं रही और संसद का एक दिन भी सामना किए बिना गिर गई।

इंदिरा गाँधी की वापसी निश्चित तौर पर इतिहास की सर्वाधिक आश्चर्यजनक राजनीतिक वापसी थी। हालाँकि उनके अंतिम कार्यकाल में वह स्पष्टता और निर्णायक क्षमता नहीं थी जो पहले के दो कार्यकालों में थी। विमान हादसे में संजय की मौत उनके लिए भयानक आघात था। हालाँकि उन्होंने शीघ्र ही बाहरी संयम हासिल कर लिया पर यह स्पष्ट था कि उनके बेटे के साथ उनके भीतर भी कुछ मर गया है। हालाँकि इस दौर की सबसे भीषण त्रासदी पंजाब में पैदा हुई खौफनाक स्थितियाँ थीं, जिसकी शुरुआत कांग्रेस के भीतरी संघर्ष और कांग्रेस बनाम अकाली वैमनस्य से हुई, जिसने ऑपरेशन ब्लू स्टार के भयंकर प्रतिरोध के साथ पूर्णरूपेण अलगाववादी गृह-युद्ध का रूप ले लिया।

मुझे बचपन से ही दरबार साहिब और अपने श्री रघुनाथ मंदिर का बराबर आदर करना सिखाया गया था। मेरे लिए गुरुद्वारे के अहाते में हुआ खूनखराबा और तबाही गहरे दुख और शर्म का विषय था। निश्चित तौर पर उग्रवादियों को उस पवित्र स्थल से निकालने की सीमित समस्या को कम घातक तरीकों से हल किया जा सकता था। दरअसल राजनीतिक बदइंतजामी की वजह से पहले पूरी स्थिति इस हद तक बिगड़ी और बाद में उसकी कीमत निषेधात्मक हो गई। न सिर्फ इंदिरा गाँधी को अपने अंगरक्षकों के हाथों जान गँवानी पड़ी बल्कि अगले दशक में दिल्ली और पंजाब में भी हजारों जानें गईं।

जम्मू और कश्मीर में भी डॉ. फारूक अब्दुल्ला को हटाकर जी. एम. शाह को थोपने के फैसले से घटनाओं का एक ऐसा सिलसिला शुरू हुआ जो घातक विस्फोटों तक पहुँचा जिसकी शुरुआत 1989 में हुई और आज तक जारी है। जाहिर है कि प्रधानमंत्री के रूप में अपने आखिरी कार्यकाल में इंदिरा गाँधी को मिलनेवाली सलाहों का स्तर शुरुआती कार्यकालों के मुकाबले निम्न था। व्यक्तिगत तौर पर उन्होंने अपनी हार और निजी क्षति से जूझने में संपूर्ण साहस का परिचय दिया। मुझे इस बात की विशेष खुशी थी कि उन्हें उन दो क्षेत्रों में अंतर्राष्ट्रीय पुरस्कार मिले, जिनसे उनके पिछले कार्यस्थलों में मैं करीबी तौर पर जुड़ा था। ये क्षेत्र थे परिवार नियोजन व पर्यावरण।

सन् 1980 के बाद से सरकार के कामों में मैं शामिल नहीं रहा। पर मैंने भारत और विदेशों में यात्रा करने का सिलसिला जारी रखा। आशा और मैं अक्षरशः पृथ्वी के सभी छोरों तक घूम आए हैं और हमारे तमाम यात्रा वृत्तांत-भाषण 'वन मैनूस वर्ल्ड' और 'एसेज ऑन हिंदुइज्म' सहित अन्य पुस्तकों में संकलित हैं। अपनी माँ की नृशंस हत्या और दिल्ली में सिखों के खिलाफ हुए खौफनाक दंगों के बाद सत्ता सँभालने वाले राजीव गाँधी ने 1989 में मुझे बुलाकर कहा कि क्या मैं कैबिनेट स्तर के राजदूत की हैसियत से वाशिंगटन जाना पसंद करूँगा। मैं दो साल के कार्यकाल के लिए राजी हो गया। पर घटनाओं ने कुछ ऐसा मोड़ लिया कि राजीव गाँधी 1989 का आम चुनाव हार गए और मुझे काफी पहले ही वापस आना पड़ा।

इस पूरी घटना का विस्तृत ब्यौरा, 'ब्रीफ सॅजर्न : सेवन मंथ्स एज एंबेस्डर टू द

यूनाइटेड स्टेट्स' नामक पुस्तक में दर्ज हैं। यह जिम्मेदारी थोड़े समय के लिए ही सही, चुनौतीपूर्ण और आनंददायक साबित हुई। मई, 1991 में श्री पेरुंबुदूर में मानव बम के जरिए राजीव गाँधी की विकृत हत्या एक दुखद घटना थी जिसे रोका जा सकता था। इस बात की कोई वजह न थी कि एल.टी.टी.ई. प्रभावित क्षेत्रों में उन्हें देर रात गए चुनावी दौरा करने पर मजबूर किया जाता विशेषकर जब उनका विशेष सुरक्षा कवच भी हटा लिया गया था। पाँच साल प्रधानमंत्री और दो साल विपक्ष का नेता रहने के बाद राजीव सार्वजनिक जीवन में अपना और अधिक योगदान देने के लिए तैयार ही हो रहे थे। चुनावों से कुछ समय पहले राजीव और सोनिया ने हमारे साथ भोजन किया था। अध्ययन कक्ष में राजीव और मेरे बीच चली कोई घंटे भर की बातचीत के दौरान उन्होंने स्वीकारा था कि पहली बार प्रधानमंत्री का पद शायद उन्हें कुछ ज्यादा आसानी से मिल गया था।

हालाँकि राजीव गाँधी युवा थे और पार्टी महासचिव के संक्षिप्त कार्यकाल के अलावा उन्हें राजनीति का कोई अनुभव नहीं था और प्रशासनिक अनुभव तो बिलकुल नहीं था पर वे बेहद सकारात्मक प्रधानमंत्री साबित हुए। कुर्सी सँभालते ही उन्होंने पंजाब, असम, जम्मू कश्मीर और श्रीलंका में राजनीतिक समझौतों का सिलसिला शुरू किया जिसके लिए भारी साहस और निर्णय क्षमता की आवश्यकता थी। यह सही है कि इनमें सभी समझौते सफल नहीं हुए पर उत्तराधिकार में मिले विवादों को ध्यान में रखते हुए इस दिशा में उनकी पहल को वह श्रेय नहीं मिला जो मिलना चाहिए था। कुछ मामलों में उन्होंने राष्ट्रीय हित को ध्यान में रखते हुए संकीर्ण दलगत हितों की अनदेखी की। दूसरी ओर उन्होंने विकास संबंधी व्यापक दायरे के लिए प्रौद्योगिकी अभियानों का सिलसिला शुरू किया और उनके द्वारा नौकरशाही की अड़ियल प्रणाली में बाहर से लाए गए नए विचारों और अंतर्दृष्टि का समावेश किया। यहाँ भी नतीजे हालाँकि विषम ही थे, मगर राष्ट्रीय साक्षरता मिशन जैसी कुछ सकारात्मक उपलब्धियाँ भी थीं। उन्होंने नए सिरे से जान फूँककर पंचायती राज बिल को पुनर्गठित किया ताकि उदारीकरण की नई नीति और भावी आर्थिक विकास के लाभ सीधे जनता के स्तर तक पहुँचे और बिचौलियों के स्तर पर न अटकें।

उनके अंतर्राष्ट्रीय संबंध बहुत अच्छे थे और वे विश्व परिदृश्य पर सर्वाधिक लोकप्रिय नेताओं की कतार में जा पहुँचे। छह राष्ट्रों की शांति पहल और दिल्ली घोषणा उनकी बड़ी उपलब्धियाँ थीं। अमेरिका में रहते हुए मैं देख पा रहा था कि इस देश की किसी बड़ी सफलता के लिए कैसे न सिर्फ भारतीयों की बल्कि विश्व समुदाय की उम्मीदें भी उनके इर्द-गिर्द घूम रही थीं। मैं बोफोर्स मामले के संबंध में कुछ कहना नहीं चाहता पर दुख की बात है कि इस विवाद ने उनके पूरे कार्यकाल को ढक लिया और इसकी वजह से वे न सिर्फ आम चुनाव हार गए बल्कि परोक्ष रूप से इसी कारण उन्हें अपनी जान भी गँवानी पड़ी क्योंकि उनके उत्तराधिकारी ने उनकी सुरक्षा के लिए जरूरी विशेष सुरक्षा घेरा हटा दिया था।

उन्होंने अपने अनुभव से काफी कुछ सीखा था और वे अपने नेतृत्व में भारत को इक्कीसवीं शताब्दी में ले जाने के लिए तैयार थे जिसके बारे में वे प्रायः कहते रहते थे। पर भाग्य के निर्मम चक्र को कुछ और ही मंजूर था। वे अपने परिवार के प्रति निष्ठावान व समर्पित इंसान थे। भारत को पड़ोसी राष्ट्र श्रीलंका की मदद करने के नेक इरादे की भारी कीमत उनकी हत्या के रूप में चुकानी पड़ी। कैसी दुखद विडंबना है कि इंदिरा और उनके दोनों पुत्रों को हिंसक मौत मिली। वे दोनों ही अपनी युवावस्था में थे। यही है भाग्य को चलानेवाला रहस्यमय कर्मचक्र, जिसकी समीक्षा नहीं हो सकती।

वी. पी. सिंह के अनियमित और अनिश्चित नेतृत्व में दूसरी जनता सरकार बनी जो 18 महीने में बदनाम होकर गिर गई। वी. पी. सिंह 1970 में इंदिरा गाँधी के मंत्रिमंडल में उपवाणिज्य मंत्री के रूप में शामिल हुए थे। उस समय कैबिनेट में मेरा सातवाँ वर्ष चल रहा था। उनके बाद चंद्रशेखर आए जिनका कार्यकाल चौधरी चरणसिंह की तरह ही मात्र छह महीने था। इसी दौरान मुझे ऑरोविला फाउंडेशन की अध्यक्षता का निमंत्रण मिला। यह संस्था 1988 में संसद के एक अधिनियम के तहत बनाई गई थी। मैंने इस पद को खुशी-खुशी स्वीकार कर लिया क्योंकि यह श्री अरविंद आंदोलन से जुड़ने की कड़ी थी जिससे मेरा नाता तीन दशकों से भी अधिक, खासकर 1972 में श्री अरविंद की जन्मशती के बाद से था।

पिछले कुछ दशकों में कई क्षेत्रों में मेरी रुचियाँ विस्तृत और गहरी हुई हैं। सी. पी. स्नो के शब्दों में विज्ञान और दर्शन रूपी 'दो संस्कृतियों' का संगम मुझे मोहक लगा है। इंटरनेशनल सेंटर फॉर साइंस, कल्चर एंड कॉन्शसनेस की मदद से विश्व के चुनिंदा बुद्धिजीवियों के साथ विज्ञान और आध्यात्मिकता पर बातचीत का मुझे अवसर मिला है। इंडिया इंटरनेशनल सेंटर भी बौद्धिक और सांस्कृतिक गतिविधियों के विशिष्ट केंद्र के रूप में विकसित हुआ है। तीन दशक पहले जब सी. डी. देशमुख ने यह संस्था स्थापित की थी तब से एक ट्रस्टी के तौर पर मेरा इससे नाता रहा है। 1992 में इसका अध्यक्ष बनने के बाद संस्था के बौद्धिक और सांस्कृतिक कार्यक्रमों में मेरी भागीदारी और अधिक हो गई। पंद्रह सदस्यीय यूनेस्को इंटरनेशनल कमीशन ऑन एजुकेशन फॉर ट्वंटी फर्स्ट सेंचुरी की सदस्यता के जरिए विश्व स्तर पर शिक्षा संबंधी नीतियों के पुनर्निर्धारण में मेरी रुचि बढ़ी है। क्लब ऑफ रोम का सदस्य होने के नाते मैं मानव समाज की वर्तमान स्थिति और इसकी आगामी दिशा के विषय में कार्य कर रहा हूँ।

मेरी रुचियों ने मुझे देश-भर में और शाब्दिक रूप से कहें तो पृथ्वी के छोर तक यात्रा कराई है। इन यात्राओं के दौरान बौद्धिक रूप से समृद्ध, विभिन्न रुचियों और संस्कृतियों से संपन्न स्त्रियों व पुरुषों से संपर्क का मुझे सौभाग्य मिला है जिससे विश्व समुदाय की मेरी धारणा को बल मिला। विश्व के सभी भागों के श्रोताओं के समक्ष जहाँ एक ओर मैंने वेदांत और उसके सार्वभौम सिद्धांतों के विषय में वक्तव्य देना जारी रखा है, वहीं दूसरी ओर टैंपल ऑफ अंडरस्टैंडिंग और ग्लोबल फोरम ऑफ स्पिरिचुअल एंड पार्लियामेंटरी लीडर्स फॉर ह्यूमन सरवाइवल के माध्यम से अंतरधर्म आंदोलन में मेरी रुचि

बढ़ी है। यह विकासशील आंदोलन अलग-अलग धार्मिक संप्रदायों के व्यक्तियों के बीच रचनात्मक और सद्भावपूर्ण संवाद स्थापित करने की कोशिश करता है। बैठकों और सम्मेलनों की संपूर्ण शृंखला, विशेषकर जो इस संबंध में ऑक्सफोर्ड, मास्को, क्योटो और शिकागो में हुईं, धीरे-धीरे ठोस रूप ग्रहण करते हुए आंदोलन बन गईं। सन् 1993 विशेष तौर पर एक महत्त्वपूर्ण वर्ष था क्योंकि इस साल ऐसे तीन विशिष्ट व्यक्तियों के जीवन की महत्त्वपूर्ण घटनाओं के सौ वर्ष पूरे हो रहे थे जिन्होंने हमारे आध्यात्मिक और राजनीतिक जीवन को नई दिशा दी। संयोगवश मैं तीनों शताब्दी समारोहों में शामिल हुआ। 6 फरवरी, 1893 को श्री अरविंद इंग्लैंड में चौदह साल विद्यार्थी रहने के बाद 21 वर्ष की उम्र में भारत वापस आए थे। 8 फरवरी, 1893 को वे बंबई से सीधे बड़ोदरा पहुँचे थे। इस ऐतिहासिक अवसर की याद में वहाँ सौ साल बाद एक बड़ा समारोह हुआ जो वर्ष भर चलनेवाले समारोहों का हिस्सा था। 29 मई, 1893 को एक 22 वर्षीय बैरिस्टर मोहनदास करमचंद गाँधी लंदन के इनर टेंपल से दक्षिण अफ्रीका के शहर डरबन पहुँचे थे। सौ साल बाद वहाँ हुए एक जनसमारोह में भी मैं उपस्थित था जहाँ पीटरमारिट्जबर्ग में महात्मा गाँधी की प्रतिमा का अनावरण किया गया। यह वही स्थान था जहाँ जोहेन्सबर्ग जाते हुए महात्मा गाँधी को गाड़ी से धक्के देकर बाहर निकाल दिया गया था। 30 जून, 1893 को तीसवर्षीय अनजाने संन्यासी स्वामी विवेकानंद वेदांत का अमर संदेश लेकर पश्चिम की ओर गए थे और बाद में उसी साल शिकागो की विश्व धर्म संसद में उन्होंने नाटकीय शुरुआत की थी। इस घटना के शताब्दी समारोह का आयोजन शिकागो में विश्व धर्म संसद की दूसरी बैठक बुलाकर किया गया। मैं इस बैठक में शामिल हुआ और कई भाषण दिए। स्वामी विवेकानंद, श्री अरविंद और महात्मा गाँधी आधुनिक भारत के श्रेष्ठ आध्यात्मिक, बौद्धिक, नैतिक और राजनीतिक सोच का प्रतिनिधित्व करते हैं। यह भारत का दुर्भाग्य है कि इस असाधारण त्रयी से हम पर्याप्त प्रेरणा नहीं ले रहे।

प्रोजेक्ट टाइगर की शुरुआत से ही पर्यावरण में मेरी रुचि और गहरी हुई है। रियो सम्मेलन से कुछ समय पहले हमने 'पीपुल्स कमीशन ऑन एनवायरमेंट एंड डेवलपमेंट' (इंडिया) नामक गैरसरकारी संस्था का गठन किया जिसने उत्तर में जम्मू से लेकर दक्षिण में ऑरोविले, पश्चिम में बड़ोदरा से लेकर पूर्व में कोहिमा तक विभिन्न स्थानों पर पर्यावरण और उसके विकास प्रक्रिया के संबंधों पर अब तक 18 जन 'सुनवाइयाँ की हैं। इन बैठकों के जरिए जमीनी स्तर पर कार्यरत पर्यावरण गुटों और कार्यकर्ताओं की बहुमूल्य अंतर्दृष्टि और सोच सामने आई है। विशेष तौर पर उन ग्रामीण महिलाओं के विचार जानने को मिले जो बड़ी मुश्किल से सामने आते हैं। इससे हमारे जैसे उन सभी लोगों के अतिरिक्त आयामों का पता चला जो, इस पृथ्वी ग्रह को उस पर पनाह पानेवाली अब तक की सबसे विध्वंसकारी जाति यानी मनुष्य से बचाने के कठिन कार्य में लगे हैं। मिखाइल गोर्बाचेव के निमंत्रण पर मैं ग्रीन क्रास इंटरनेशनल के बोर्ड में ट्रस्टी के तौर पर शामिल हो गया और 1992 की शुरुआत में क्योटो में इस संस्था के गठन

पर मौजूद रहा।

हालाँकि पिछले एक दशक से भी लंबे समय से जम्मू और कश्मीर की घटनाओं से मेरा कोई सीधा सरोकार नहीं रहा, पर वहाँ जारी दुखद घटनाओं से मुझे गहरा विक्षोभ है। इस बदहाली को अब पाँच साल होने को आए हैं। इसके चलते लोगों ने अकथनीय पीड़ा सही, लोगों की जानें गईं, व्यापक पलायन हुआ, संपत्ति का नुकसान हुआ और अर्थव्यवस्था अस्त-व्यस्त हो गई। अक्टूबर, 1993 में हजरतबल विवाद के समय आशा और मैंने तय किया कि हम उस धार्मिक स्थल और शिव मंदिर, जिसकी पौड़ी में श्रीनगर में हम रहते हैं, में पूजा करेंगे। हमारी इस यात्रा पर न सिर्फ दरगाह में बंद उग्रवादियों बल्कि कश्मीरी अखबारों ने भी महत्त्वपूर्ण प्रतिक्रिया की, जिसे कश्मीरी जनमत का साफ आईना समझा जा सकता है। इस यात्रा को भारत और विदेशों के अखबारों और टेलीविजन में व्यापक कवरेज मिला। 'संडे' पत्रिका ने इस पर आवरण कथा छापी। विचित्र संयोग है कि ठीक तीस साल पहले हुई एक यात्रा की प्रतिक्रिया भी बिलकुल ऐसी ही थी जिसका जिक्र इस आत्मकथा में है। हालाँकि मैं क्षेत्रीय राजनीति से राष्ट्रीय राजनीति में पहुँच गया हूँ और फिर अंतर्राष्ट्रीय मुद्दों से जुड़ा हूँ, फिर भी मुझे अभी मेरे पूर्वजों द्वारा स्थापित इस खूबसूरत राज्य का कुछ कर्म-ऋण चुकाना है जिसे चुकाने की प्रक्रिया में शायद मैं भारत और पाकिस्तान के संबंधों में स्थिरता कायम कर इन दोनों देशों में रहनेवाले एक अरब लोगों का बड़ा कल्याण कर पाऊँगा।

मेरा मानना है कि स्वतंत्रता के बाद से निस्संदेह भारत ने उन्नति की है पर भारत वास्तव में वह भूमिका नहीं निभा पाया जिसकी कल्पना स्वामी विवेकानंद और श्री अरविंद ने की थी। निश्चित तौर पर पुनर्जीवित भारत की यह कल्पना, जो सिर्फ एक और राष्ट्र-राज्य की नहीं बल्कि मानव जाति का बौद्धिक, नैतिक और आध्यात्मिक नेतृत्व प्रदान करने वाले राष्ट्र की है, महज कपोलकल्पना कहकर खारिज नहीं की जा सकती। और जब तक हम अपने पड़ोसी देशों, पाकिस्तान और चीन, के साथ झगड़ों में उलझे रहेंगे तब तक तेजी से उभर रहे भूमंडलीय समाज में नेतृत्व की भूमिका नहीं निभा सकेंगे। इन झगड़ों का निपटारा जम्मू और कश्मीर समस्या के शांतिपूर्ण और मान्य हल पर निर्भर है। विशेषकर कश्मीर घाटी इतिहास के उषाकाल से ही कई धार्मिक और आध्यात्मिक परंपराओं को आत्मसात् करती आई है। वैदिक हिंदूवाद, बुद्धवाद, कश्मीरी शैववाद, सूफीवाद, सिखवाद और आधुनिक हिंदूवाद ने इस सुंदर घाटी के विशिष्ट आध्यात्मिक परिवेश में अपना योगदान दिया है। क्षेत्रीय दावों की तुलना में इस परिवेश का क्षरण कहीं गहरी त्रासदी का प्रतिनिधित्व करता है। क्षितिज पर मँडरा रहे एक और संघर्ष में यह पूरी तरह नष्ट हो जाए, इससे पहले इस प्रक्रिया को उलटना ही होगा। जम्मू और लद्दाख के अल्पसंख्यक क्षेत्रों की समस्याओं पर भी कभी पर्याप्त ध्यान नहीं दिया गया है। मसले के उचित और स्थायी हल के लिए इस समस्या पर गंभीरता से विचार करने की आवश्यकता है।

सन् 1967 की अवधि में यह आत्मकथा पूरी होती है तब हमारी नन्ही-मुन्नी

बोर्डिंग स्कूल में और दोनों बेटे शैशवावस्था में थे। इस दौरान हमारे बच्चे बड़े और विवाहित भी हो चुके हैं और अब इनके भी बच्चे हैं। इस आमुख को लिखते समय आशा और मेरे दांपत्य जीवन के 44 साल गुजर चुके हैं और एक से बारह वर्ष की उम्र के बीच हमारे छह पोते-पोतियाँ हैं। अपने बच्चों को परिपक्व होते देखना एक सुखद अनुभव से गुजरना है। जबकि पोते-पोतियों को बड़ा होते देखना तो और भी विस्मयकारी है। जब इस बात का अहसास होता है कि ये बच्चे अगली शताब्दी की शुरुआत के बाद ही वयस्क होंगे तो इक्कीसवीं शताब्दी की बात ज्यादा सच और सार्थक हो जाती है। लिखित इतिहास की शुरुआत से ही विचारकों को इस बात की चिंता रही है कि यह विश्व किस तरह का होगा और आनेवाली पीढ़ियों के लिए हम विरासत में क्या छोड़कर जा रहे हैं। पर तेज हो रही समय की गति और नतीजतन विश्व में हो रहे त्वरित बदलाव के चलते भविष्य का सामना कर पाना लगातार मुश्किल होता जा रहा है। लेकिन फिर भी, सामना तो हमें करना ही होगा। और वह भी हर बदलते झोंके के साथ उड़ते चले जा रहे तिनकों की मानिंद नहीं बल्कि आध्यात्मिक केंद्र से संपन्न प्राणियों की तरह। इसी केंद्र की ओर समय बीतने के साथ हमें निरंतर बढ़ना होगा। दरअसल मेरे लिए आध्यात्मिक जिज्ञासा केंद्रीय चिंता का विषय है। मैंने अपने को जिस भी स्थिति में पाया, उसे अपनी चेतना में सबसे आगे रखने की चेष्टा की। मेरी आत्मकथा बाहरी घटनाओं के ब्यौरे के साथ ही मेरे आंतरिक विकास की कुछ झलक भी देने का प्रयास करती है। श्री कृष्णप्रेम के देहावसान के बाद आशा और मैंने नियमित रूप से मीरटोला जाना जारी रखा और कुछ समय बाद उनके शिष्य और उत्तराधिकारी श्री माधव आशीष से वैष्णव धर्म में दीक्षा ली। श्री माधव आशीष भी मूलतः अंग्रेज हैं। वास्तव में यह मेरी दूसरी दीक्षा थी। पचास के दशक की शुरुआत में कश्मीर में स्वर्गीय पंडित परमानंद से मैंने शाक्त मत में पहली दीक्षा ली थी। बाद में 18 वर्ष के एक असाधारण चक्र की समाप्ति के साथ ही मुझ पर भगवान शिव की कृपा प्रकट होने लगी और सन् 1905 में अमेरिकी स्वामी शिवया सुब्रमण्या, जिनका हवाई के कुवोई द्वीप में भव्य नटराज मंदिर और आश्रम है, से औपचारिक दीक्षा ली। इस तरह हिंदू उपासना की तीन धाराओं—शाक्त, वैष्णव और शैव में मुझे स्नान करने का सौभाग्य मिला जो मिलकर आधुनिक हिंदुत्व के शुभ संगम का प्रतिनिधित्व करती हैं।

चार दशक पहले दक्षिण भारत की अपनी यात्रा के दौरान जब मैंने पहली बार नटराज के दर्शन किए तभी से ब्रह्मांड (तांडव) नृत्य के स्वामी भगवान शिव की छवि मुझे विशेष तौर पर प्रभावित करती रही है। साठ के दशक में जम्मू में महान श्री रघुनाथ मंदिर के अहाते में मैंने नटराज का एक मंदिर बनवाया। यह शायद उत्तर भारत में इस तरह का पहला मंदिर था। इस मंदिर की स्थापना के लिए दूसरी मूर्तियों के अलावा मैंने अपने एक जर्मन मित्र से स्फटिक का 30 इंच ऊँचा शिवलिंग गढ़वाया जो इस मंदिर को समर्पित किया गया है। इसके नीचे यथासमय मेरी और आशा की अस्थियाँ रखी जाएँगी। कुछ साल बाद एक मित्र के जरिए मुझे नटराज की सात फुट ऊँची भव्य प्रतिमा

प्राप्त हुई। बहुत सालों से मेरी इच्छा शीशे का एक ऐसा मंदिर बनवाने की थी जिसके भीतर नटराज की प्रतिमा सचमुच नृत्य करती हो। जिससे विश्व प्रतिमा-विज्ञान की इस उत्कृष्ट कलाकृति की गत्यात्मकता और भी उभरकर सामने आए। एक दशक से भी अधिक समय तक अपनी इस कल्पना की विभिन्न संभावनाओं पर मैंने विचार किया और इसकी पूरी योजना अमेरिका में बतौर राजदूत मेरे संक्षिप्त कार्यकाल में तय हुई। पश्चिम वर्जीनिया के योगविला में स्वामी सच्चिदानंद के सुंदर ग्रामीण आश्रम में इस मंदिर का निर्माण किया गया, और मार्च, 1991 में इस मंदिर का अभिषेक हुआ।

बहरहाल बाहर से कोई प्रतिमा कितनी ही भव्य क्यों न हो, जरूरी यह है कि वास्तविक आध्यात्मिक संवृद्धि हमारी चेतना के भीतरी कोर में पनपे। जैसा कि उपनिषदों में कहा गया है, "सुदूर स्वर्णिम आवरण में निर्विकार ब्रह्म का निवास है, वह प्रकाश के बीच देदीप्यमान प्रकाश है। इसी सत्य को आत्मा के ज्ञाता जानते हैं।" मेरी दृष्टि में आध्यात्मिक जीवन हमारी बाह्य गतिविधियों का आवश्यक आधार है—वह केंद्र जहाँ से हमारी सभी बाहरी गतिविधियाँ उत्पन्न होती हैं, उस मर्म को लगातार इन गतिविधियों के हवाले करते रहना चाहिए। अपने जीवन और चेतना को इसी प्रकार केंद्रित करके हम इसी जीवनकाल में बोध और मुक्ति की ओर बढ़ने की उम्मीद कर सकते हैं। यह अधिक महत्त्वपूर्ण नहीं है कि हम क्या कर रहे हैं; ज्यादा महत्त्वपूर्ण है हमारी भीतरी चेतना की संरचना। जैसा कि गीता में कहा गया है, "अपने कर्मों द्वारा उस सर्वशक्तिमान सर्वव्यापी की उपासना कर मनुष्य पूर्णता की प्राप्ति कर सकता है।" समय के स्थायी तीर के आरपार शिव के विशाल तांडव में हम सबको अपनी भूमिका निभानी होगी। अनंत तक पहुँचने का यही द्वार है। इसके बाद ही शायद हम तमिल शैव संत तिरुवल्लुवर की उस परिकल्पना को साकार कर सकते हैं जो उन्होंने तिरुमंथिरम (श्लोक 3030) में की है :

जन्म के समय प्राप्त कर्म के परत-दर-परत आवरण में फँसे लोगों ने अंत में ईश्वर को समझा और स्वर्णिम हो गए। वह दिव्य परमात्मा प्रकाश की चिनगारी के बीच स्फुलिंग है। अगर तुम उन तक पहुँचते हो तो तुम भी प्रकाशमान हो जाओगे।

—कर्ण सिंह

सूची

अध्याय 1

कान्—भूमध्य सागर के तट पर बसा एक छोटा सा खूबसूरत, लेकिन शांत शहर। एक जमाना था, जब यूरोप के ज्यादातर अभिजात लोग अपनी छुट्टियाँ यहीं बिताते थे। और जिस मौसम में यूरोपीय पर्यटक वहाँ नहीं जा पाते थे, उन दिनों हिंदुस्तानी राजे-रईस वहाँ पहुँच जाते थे। वहाँ अनेक उल्लेखनीय पर्यटक आरामगाहों में एक है—होटल मार्टिनेज, जो मशहूर कोत् द' आजूर (Cote d' azur) के साथ-साथ बना हुआ है। इसी होटल में मेरा जन्म हुआ था। बात सन् 1931 की है। तेज-तर्रार और आकर्षक व्यक्तित्व के स्वामी महाराजा सर हरी सिंह अपनी प्रिय पत्नी महारानी तारा देवी के साथ वहाँ उस होटल की समूची तीसरी मंजिल पर अपने दलबल के साथ डेरा डाले हुए थे। दरअसल उस साल महाराजा लंदन में आयोजित एक राउंड टेबल कान्फ्रेंस में हिंदुस्तान के राजाओं का प्रतिनिधित्व कर रहे थे। लेकिन सर्दी के मौसम में खुशनुमा कुछ भी नहीं था। था तो बस, कुहासा ही कुहासा, जबकि कान् में मौसम बहुत ही खुशगवार था। मनोरंजन और मदिरा की कोई कमी नहीं थी वहाँ। जी भरकर पोलो खेलिए और जमकर शैंपेन का लुत्फ उठाइए। इस सबसे बढ़कर थे अभिजात उदात्तता लिये भूमध्य सागर से उठते गुदगुदाते-सहलाते हवा के झोंके। आने वाले कल की इस दस्तक से बेखबर, कि दुनिया के मुल्कों से राजे-रजवाड़ों के दिन अब लदने को थे।

होटल मार्टिनेज आज भी एक चौरस, खूबसूरत इमारत के रूप में वहाँ मौजूद है। समुद्र का बहुत ही मनोरम दृश्य यहाँ से दिखाई देता है। इसी होटल की तीसरी मंजिल पर सुइट नंबर 318-19-20 में ठहरी थीं—महारानी तारा देवी। तब उनकी उम्र थी मात्र 21 वर्ष और वो पूरे गर्भ से थीं। दासियों का एक दल हर वक्त उनकी सेवा-टहल में जुटा रहता। इनमें से कुछ हिंदुस्तानी थीं, और कुछ फ्रांसीसी भी। जाहिर है तब तक यूरोप में नौकर-चाकरों का चलन बरकरार था। सब कुछ ठीक चल रहा था, लेकिन ऐन मौके पर कुछ उलझनें पैदा हो गईं। महारानी की प्रसव-पीड़ा, अनावश्यक रूप से ज्यादा लंबी खिंच गई। महाराजा के निजी चिकित्सक कर्नल जे. एच. ह्यूगो, नर्स तथा दासियाँ दिन-रात उनकी देखभाल में लगे रहे थे। इस दौरान महाराजा अपने मित्रों और लाव-लश्कर के साथ दिन-भर पोलो खेलते रहे और फिर देर रात शैंपेन के दौर चलते रहे। आखिर वो क्षण आ ही गया, जिसकी सबको बेसब्री से प्रतीक्षा थी। 9 मार्च, 1931 को उन्हीं लम्हों में मैंने जोर-जोर से चीखते हुए इस दुनिया में आँखें खोलीं। वजन था

कुल नौ पौंड। बहरहाल, मेरी जीवन यात्रा शुरू हो चुकी थी।

मेरे जन्म की खबर से पूरी जम्मू-कश्मीर रियासत में उत्सव का-सा माहौल बन गया। युवराज के आगमन पर जनता ने अभूतपूर्व उत्साह और उमंग से खुशियाँ मनाईं। इसमें हर वर्ग, हर जाति और हर धर्म के लोग शामिल थे। ऐसा कुछ तो इसलिए भी था कि हिंदुस्तान में राजाओं और राजघरानों के प्रति गौरव की भावना अभी बाकी थी। फिर युवराज (वो भी उत्तराधिकारी) का जन्म होने पर खुशियाँ मनाने की परंपरा तो शाश्वत चली आ रही थी। लेकिन मेरा जन्म रियासत के लिए कुछ विशेष महत्त्व का था। मेरे पिता अपने चाचा (uncle) महाराजा प्रताप सिंह की मृत्यु के बाद गद्दी पर बैठे थे। चाचा ने 40 साल तक राज किया। उस दौर में रूसी साम्राज्य की बढ़ती ताकत से अंग्रेज चिंतित हो उठे थे। अतः उन्होंने सामरिक दृष्टि से महत्त्वपूर्ण उत्तर के गिलगित और स्कार्दू राज्यों पर अपनी पकड़ मजबूत करने की योजना बनाई। ये दोनों राज्य रूसी साम्राज्य की सीमा से लगभग सटे हुए थे। लेकिन महाराजा गुलाब सिंह अंग्रेजों के इरादे पहले ही भाँप चुके थे। अतः दूरदृष्टि से काम लेते हुए उन्होंने वजीर जोरावर सिंह जैसे अपने योग्य जनरलों की सैन्य प्रतिभा के बल पर इन दोनों राज्यों का विलय जम्मू-कश्मीर राज्य में कर लिया था। दरअसल ब्रिटेन के कूटनीतिज्ञों (Political Department) ने महाराजा प्रताप सिंह के शासन-काल में ही उन्हें गद्दी से हटाने का षड्यंत्र बुन लिया था। इस गुप्त योजना के तहत महाराजा पर 'विदेशी ताकत' से साँठ-गाँठ का आरोप लगाकर उनकी सत्ता एक कौंसिल ऑफ रीजेंसी को सौंप देने की बात थी। महाराजा सचमुच ही गद्दी से हटा दिए जाते, लेकिन कलकत्ता से प्रकाशित होने वाले एक समाचार पत्र 'अमृत बाजार पत्रिका' ने 'कंडैम्ड अनहर्ड' शीर्षक से एक लेख के जरिए अंग्रेजों के इस कुचक्र का पर्दाफाश कर दिया। इस रहस्योद्घाटन से ब्रिटिश संसद में इतना बवाल मचा, कि लंदन को अपनी यह योजना रद्द करनी पड़ी।

मेरे पिता ने चार विवाह किए। महारानी तारा देवी उनकी चौथी पत्नी थीं। इससे पूर्व के तीन विवाहों के परिणामस्वरूप दो महारानियाँ सौराष्ट्र से और एक पड़ोसी राज्य चंबा से आई थीं। महाराजा की पहली पत्नी उम्मीद से थीं, लेकिन गर्भ-काल में ही उनकी मृत्यु हो गई। शेष दो विवाहों से उन्हें कोई संतान नहीं हुई। ऐसे में गद्दी के उत्तराधिकारी को लेकर सबका चिंतित होना स्वाभाविक ही था। एक अज्ञात आशंका लोगों के मन में घर करने लगी थी कि अगर महाराजा के कोई पुत्र न हुआ, तो ब्रिटिश शासन का सर्वेसर्वा वायसराय 'वंश समाप्ति के सिद्धांत' (Doctrine of Lapse) जैसे काले कानून की आड़ में रियासत को सीधे ब्रिटिश शासन के अधीन कर लेगा। अतः मेरे पिता ने एक और विवाह करने का निर्णय किया। इस बार उन्होंने जो लड़की चुनी, वो पुराने पंजाब के कांगड़ा जिले में व्यास नदी के किनारे बसे एक सुदूर गाँव की रहने वाली थी। आशा की किरण एक बार फिर जगमगाने लगी। और जब नई महारानी के गर्भवती होने की खबर लोगों के बीच फैली, तो उनमें उत्साह की लहर दौड़ गई।

मेरी माँ का गर्भकाल लगभग पूरा हो चुका था, प्रसव का दिन नजदीक आता जा

रहा था। इसी बीच राउंड टेबल कान्फ्रेंस में महाराजा के लंदन जाने का कार्यक्रम भी बन गया। अतः उन्होंने माँ का प्रसव भी यूरोप में ही करवाने का फैसला किया। पिता के इस निर्णय का लोगों ने अपनी-अपनी तरह से अर्थ लगाया। कुछ लोगों का मानना था कि महाराजा ने भावी संतान को राजघराने के 'जनाना' में रहने वाली पूर्व महारानियों, रानियों, अन्य महिलाओं और दासियों के विद्वेषी षड्यंत्र के दुष्प्रभाव से बचाने के लिए ऐसा किया है। जबकि कुछ लोगों का खयाल था कि महाराजा ने ब्रिटिश साम्राज्य के एजेंटों की किसी भी अनिष्टकारी कार्रवाई से बचने के लिए फ्रांस में प्रसव कराने का निर्णय लिया है। ब्रिटिश साम्राज्य की व्यापकता के विषय में उन दिनों यह मशहूर था कि वहाँ सूरज कभी अस्त नहीं होता। उसके गुप्त और राजनीतिक एजेंट हर जगह मौजूद थे तथा लंदन के एक इशारे पर कुछ भी करने को तत्पर रहते थे। लेकिन फ्रांस इसका अपवाद था। बहरहाल, उस समय के दस्तावेजों और विवरणों को सच माना जाए, तो युवराज के जन्म की खबर से रियासत की जनता में हर्षोल्लास की अभूतपूर्व लहर दौड़ गई थी। शाही ऐलानों की झड़ी लग गई। पूरी रियासत में तीन दिन—10, 11 और 12 मार्च की सार्वजनिक छुट्टियाँ घोषित कर दी गईं तथा हर तरह की पशु-हत्या पर रोक लगा दी गई। यहाँ तक कि मछली पकड़ने और शिकार खेलने पर भी पाबंदी लगा दी गई। मंदिरों, मस्जिदों और गुरुद्वारों में प्रार्थनाएँ की गईं। स्कूलों में सभी बच्चों को मिठाइयाँ बाँटी गईं और उनसे कहा गया कि वे युवराज की दीर्घायु के लिए प्रार्थना करें। आज भी मुझे अकल्पनीय स्थानों पर ऐसे लोग मिल जाते हैं, जिन्हें बचपन में मिली उस मिठाई की याद है। श्रीनगर और जम्मू में मेरे जन्म की घोषणाएँ अलग-अलग की गईं। श्रीनगर में यह घोषणा सेना तथा लोक निर्माण मंत्री जनरल जनक सिंह ने की और जम्मू में एक अन्य मंत्री मिस्टर विकफील्ड ने।

17 मार्च को जनरल जनक सिंह द्वारा लिखी गई एक संक्षिप्त टिप्पणी इस प्रकार थी :

> बर्फीली ठंड के लंबे दौर के बाद 9 मार्च पहला खुशनुमा दिन था। उस दिन कश्मीर में खुलकर धूप खिली थी। इसी दिन अखबारों के जरिए गाँधी-इरविन समझौते का शुभ समाचार श्रीनगर पहुँचा। कश्मीर की जनता ने इन घटनाओं को अच्छा शगुन माना और विश्वास जताया कि युवराज का भविष्य उज्ज्वल होगा।

कान् में छह हफ्ते बिताने के बाद महाराजा के पूरे दल ने पी. एंड ओ. कंपनी के जहाज 'केसर-ए-हिंद' में भारत वापसी की यात्रा शुरू की। यह यात्रा अप्रैल के अंत में समाप्त हुई और जहाज बंबई बंदरगाह पर पहुँचा। इस तरह भारत में मेरा पहला परिचय कश्मीर से नहीं, बंबई से हुआ। विचित्र संयोग यह है कि मेरे जीवन के अगले तीस वर्षों में बंबई की भूमिका महत्त्वपूर्ण रही। बंबई में मेरे पिता के स्वागत के लिए जम्मू-कश्मीर के बहुत से अधिकारियों और सभासदों के अलावा विभिन्न रियासतों के

शासक युवराज भी खासी तादाद में गेट-वे ऑफ इंडिया पहुँचे थे। बीती बातों को याद करना मेरे पिता का प्रिय व्यसन था। इन्हीं बातों को दोहराते हुए उन्होंने बताया कि स्वागत के लिए गेट-वे ऑफ इंडिया पहुँचने वाले शाही मेहमानों में बीकानेर के स्वर्गीय महाराजा गंगा सिंह जी भी थे। वैसे तो गंगा सिंह जी का व्यक्तित्व ही खासा रुआबदार था, लेकिन सबसे ज्यादा चर्चा उनकी मूँछों की होती थी। मैं तो उन मूँछों की एक झलक देखते ही दहाड़ें मारकर रोने लगा। और मेरा रोना तभी रुका जब महाराजा गंगासिंह हमारे कक्ष से बाहर हो गए। पालनपुर के स्वर्गीय नवाब ताले मोहम्मद खाँ भी वहाँ मौजूद थे। वे मेरे पिता के इतने घनिष्ठ मित्र थे कि हमारे श्रीनगर वाले घर का नाम, उन्हीं के नाम पर रखा गया था। पिता का स्वागत करने वालों में 'भारत कोकिला' सरोजनी नायडू भी थीं। तीन मई को हम लोग ट्रेन से जम्मू पहुँचे, जहाँ हमारा भव्य स्वागत हुआ। गोया हम किसी युद्ध से विजयी होकर लौटे हों। मेरे माता-पिता ने एक खुली बग्घी में बैठकर पूरे शहर का चक्कर लगाया। उनके पीछे-पीछे मैं अपनी अंग्रेज नर्स मिस डोरिस ट्रांस्लेल (miss Doris Trancliell) के साथ एक कार में चल रहा था। इसके पाँच दिन बाद यही सब श्रीनगर में भी दोहराया गया। फाइलों में दर्ज विवरणों और विभिन्न लोगों के संस्मरणों के अनुसार कई दिनों तक उत्सव जैसा माहौल बना रहा। स्वागतों और प्रीतिभोजों के आयोजन के अलावा जगह-जगह रोशनी की गई। सिनेमाघरों में फिल्में मुफ्त दिखाई गईं। संगीत सभाओं का आयोजन भी किया गया। मिठाइयाँ बाँटी गईं और तरह-तरह से जश्न मनाए गए। 11 मई को मेरे नामकरण की औपचारिक रस्म भी संपन्न हुई। अंत में श्री विकफील्ड ने विधिवत घोषणा की, कि मुझे 'श्री युवराज कर्ण सिंह जी बहादुर' के नाम से पुकारा जाएगा।

ऐतिहासिक दृष्टि से इसे जम्मू-कश्मीर में डोगरा-शासन का चरम उत्कर्ष काल कहा जा सकता है। उत्सवों का माहौल खत्म होने के लगभग तुरंत बाद से ही रियासत में गंभीर राजनीतिक उथल-पुथल होनी शुरू हो गई। अटपटी सी बात लगती है, लेकिन संयोग ऐसा बना कि मेरे जन्म के साथ ही रियासत के राजनीतिक क्षितिज पर एक ऐसे व्यक्ति का नाम उभरना शुरू हुआ, जो अभी तक एक अनजान स्कूल टीचर था। इस शख्स ने रियासत की राजनीति को इस कदर प्रभावित किया, कि उसके परिणाम आज तक देखे जा सकते हैं। उस स्कूल टीचर का नाम था—शेख मोहम्मद अब्दुल्ला। इस स्थिति की पृष्ठभूमि को लेकर अलग-अलग बातें कही जाती हैं। एक वर्ग का मानना है कि रियासत में उथल-पुथल और शेख अब्दुल्ला की गतिविधियाँ अंग्रेजों के षड्यंत्र का ही एक हिस्सा थीं। इस सोच के पक्ष में दो तर्क दिए जाते हैं। पहला तो यह कि मेरे जन्म से अंग्रेजों का 'वंश समाप्ति का सिद्धांत' (Doctrine of Lapse) रियासत के लिए बेअसर हो गया। दूसरे यह कि अंग्रेज मेरे पिता को सबक सिखाना चाहते थे। क्योंकि उसी साल लंदन की 'राउंड टेबल कान्फ्रेंस' में मेरे पिता ने देशभक्ति से ओतप्रोत अपने भाषण में अंग्रेजों से भारतीय जनता की इच्छाओं का आदर करने का आग्रह किया था। अपने भाषण में उन्होंने कहा था कि 'हम सबने भारत की धरती पर जन्म लिया

है और इसकी मिट्टी में पले-बढ़े हैं। अतः भारतीय होने की हैसियत से हम सभी युवराज 'ब्रिटिश कॉमनवैल्थ ऑफ नेशंस' में भारत की सम्मानजनक स्थिति और समानता के अधिकार के लिए पूरी निष्ठा के साथ अपने सभी देशवासियों के साथ हैं।'

घटनाएँ जो भी रही हों, उनका संयोग मुझे अपना अतीत टटोलने पर विवश करता है। अपने जन्म पर मनाए उत्सवों और खुशियों के किस्से-कहानियाँ और समय-समय पर मेरे भविष्य को लेकर की गई रहस्यमय भविष्यवाणियाँ मेरे लिए बहुत सुखद रही हैं। कभी-कभी मैं सोचता हूँ कि मैंने अपने जीवन में जो कुछ किया क्या वह मेरे जन्म से उपजी खुशियों व उम्मीदों की कसौटी पर खरा उतरा ? रियासत की जनता ने जितनी बड़ी संख्या में खुशियाँ मनाईं, उनमें से अगर बहुत थोड़े लोगों ने भी राज-परिवार के प्रति वफादारी की औपचारिकता निभाने की बजाय मन की गहराइयों से खुशी महसूस की हो, तो वो मेरे ऊपर उनका एक कर्ज था। ऐसा कर्ज, जिसकी भरपाई मुझे आने वाले बरसों और दशकों में करनी थी। बदरंग होती पुरानी फाइलों में मेरे जन्म से संबंधित हर धार्मिक आयोजन, हर अनुष्ठान का विवरण विस्तार से मौजूद है। उसकी एक-एक बारीकी पर नजर डालते हुए महसूस होता है कि हर बात, हर काम मेरे पिता की बेहद अनुशासित कार्यशैली के अनुरूप ही संपन्न हुआ था। कार्यक्रमों की सूची पूरे विस्तार से तैयार की गई थी और उसे नफासत से छपवाया गया था। उस सूची में हर कार्यक्रम से जुड़ी छोटी-से-छोटी कार्रवाई की रूपरेखा भी पूरी बारीकी के साथ बताई गई थी। 8 फरवरी, 1932 को मुझे पहली बार अन्न चखा कर मेरा 'अन्न प्राशन' कराया गया। और 7 दिसंबर, 1933 को मेरा 'मुंडन' संस्कार संपन्न हुआ। 1947 से पहले तक हर साल मेरे जन्म-दिन पर सार्वजनिक छुट्टी रहती थी। उस दिन सभी किलों की प्राचीर से 17 तोपों की सलामी दी जाती थी। साथ ही शिकार खेलने, मछली पकड़ने और जानवरों का वध करने पर प्रतिबंध लगा दिया जाता था। कैदियों की सजाएँ माफ कर दी जाती थीं और गरीबों को दान दिया जाता था। श्रीनगर और जम्मू के सभी महल और सरकारी इमारतें रोशनी से जगमगा उठती थीं। कुछ धार्मिक अनुष्ठान भी किए जाते थे, जिनमें अपने माता-पिता तथा अन्य सगे-संबंधियों के साथ मैं भी शामिल होता।

बचपन की सबसे पुरानी स्मृतियों का एक दृश्य अक्सर मेरी आँखों के आगे घूम जाता है। जम्मू के हमारे छोटे से 'अमर महल' के बाहर जब मैं आकाश की अनंत नीलिमा को निहार रहा होता, तो कोई मुझे वहाँ उड़ते हुए गिद्ध को दिखाने की कोशिश करता। गर्दन घुमाकर उस ओर देखता, तो विस्तृत आकाश में एक बेहद छोटा, काले धब्बे जैसा कुछ दिखता। और बाद की स्मृतियों में जो घटना मुझे सबसे ज्यादा याद आती है, वो है अपने को दर्पण में निहारना। दरअसल उसी महल के अहाते में एक छोटी सी इमारत भी थी। उसी के एक कमरे में लगे शीशे में मैं अपना प्रतिरूप इस तरह निहारता, मानो खुद को पहली बार देख रहा होऊँ ! लेकिन अचानक ही मेरे जीवन में एक ऐसा मोड़ आया, जिसकी उस नन्ही उम्र में कल्पना नहीं की जा सकती थी। तब मेरी उम्र रही होगी कोई तीन बरस की। एक दिन मुझे मेरी माँ से अलग कर दिया

गया। मेरे रहने के लिए श्रीनगर और जम्मू में बिलकुल अलग घरों में व्यवस्था की गई। श्रीनगर वाला घर गर्मियों के लिए और जम्मू वाला घर सर्दियों के लिए। इस स्वतंत्र निर्वासन के दौरान मुझे हर रोज एक घंटे के लिए माँ से मिलने की इजाजत दी गई थी। लेकिन पिता से मिलना हफ्ते में सिर्फ तीन दिन ही हो पाता था। इतनी छोटी उम्र के बच्चे के लिए स्पष्ट ही यह कोई आदर्श पारिवारिक माहौल नहीं था। असल में मेरा यह 'एकांतवास' मेरे माता-पिता के बीच तेजी से गहराते मतभेदों का परिणाम था। दोनों में परस्पर सामंजस्य का बेहद अभाव था। दोनों की प्रकृति अलग, विचार अलग। मेरी माँ कांगड़ा के एक गाँव की एक सीधी-सरल लड़की थी, जबकि मेरे पिता हिंदुस्तान की पाँच सौ से ज्यादा देसी रियासतों में सबसे बड़ी रियासत जम्मू-कश्मीर के शासक थे। मेरी माँ अत्यधिक धार्मिक प्रवृत्ति की थीं। भजन-पूजन में उनकी गहरी आस्था थी। दूसरी ओर मेरे पिता एक तरह से घोर नास्तिक थे और अंत तक वैसे ही रहे। माँ सहज, संवेदनशील और सामाजिक विचारों वाली महिला थीं। उन्हें बच्चों से बहुत प्यार था। लेकिन महाराजा यानी मेरे पिता, कठोर प्रकृति और गंभीर मिजाज के व्यक्ति थे। हमेशा तने-तने से रहते। बहुत चुनिंदा लोगों में वो उठते-बैठते। उनके मित्रों का दायरा बहुत छोटा था। मेरी माँ को बातें करना बहुत अच्छा लगता था, लेकिन पिता थे कि एकदम धीर-गंभीर। उनका रुआब ऐसा था कि उनके सामने सामान्य-सहज बातचीत हो ही नहीं सकती थी। वह हर समय राजसी गरिमा में सिमटे रहने वाले व्यक्ति थे—बने-ठने, नफासतपसंद और चौकस। गंभीरता का ऐसा अभेद्य आवरण वे हमेशा ओढ़े रहते थे, कि उनके मनोभावों को पढ़ पाना असंभव था। पर मेरी माँ—अंधविश्वासी, भावुक व अपने मनोभावों को खुलकर व्यक्त करने वाली स्त्री थीं। एक सहज और संवेदनशील महिला दोनों के बीच मौजूद इस मनोवैज्ञानिक और भावनात्मक असंतुलन के कारण ही परस्पर संबंधों में तनाव और संघर्ष की स्थिति बन गई थी।

पूरे माहौल और सभी परिस्थितियों को देखते हुए, जाहिर है शुरू में मेरी सहानुभूति अपनी माँ के साथ रही। मैं बड़ी बेसब्री से माँ से मिलने के समय की प्रतीक्षा करता। यही स्थिति मेरी माँ की भी होती थी। उसके पास जाकर मुझे बहुत अच्छा लगता। वो मुझे खूब दुलारती-पुचकारती, अत्यधिक स्नेह करती। उसने इस बात का विरोध किया कि मुझे इस बिला पर उससे अलग रखा गया है कि उसके लाड़-दुलार से मैं बिगड़ जाऊँगा। एक घंटा उसके पास रहने के बाद मेरे वापस लौटने के क्षणों में अक्सर उसकी आँखें छलछला आतीं। बेटे के लिए उसकी यह तड़प, यह दुख देख-देखकर मैं भी बरसों दुखी होता रहा। अक्सर रातों को बिस्तर पर लेटे-लेटे घंटों मैं माँ के बारे में सोचता रहता और चुपचाप सिसकियाँ भरता। माँ बहुत सुंदर थी, उसकी आँखें भी बहुत आकर्षक थीं—बड़ी-बड़ी, बोलती आँखें। माँ की आँखों के बारे में मेरे पिता के एक मित्र कहा करते थे कि वो आँखों से ही बहुत कुछ कह देती थीं। निस्संदेह बरसों तक वे मेरे लिए सौंदर्य और प्यार की आदर्श प्रतिमूर्ति बनी रहीं। जब मैं उसके पास जाता, तो सबसे पहले वह मुझे अपने पूजाघर ले जाती। वहाँ ले जाकर मेरे हाथ में फूल और

कुछ सिक्के रखकर उन्हें वहाँ सजा कर रखी विभिन्न देवी-देवताओं की तसवीरों पर चढ़ाने को कहती। इसके बाद हम दोनों बैठ जाते और कोई खेल खेलते। कभी-कभी माँ की नौकरानी या फिर वहाँ मौजूद मेरे एकमात्र हमउम्र रिश्तेदार—उसके भानजे-भतीजियाँ भी हमारे खेल में शामिल रहते। क्योंकि पिता के परिवार का कोई निकट-संबंधी वहाँ नहीं था।

कभी-कभी हम लोग 'अमर महल' के बरामदे में बैठकर जम्मू की धुली-धुली स्निग्ध शाम का आनंद लेते। वहाँ से सामने फैली गगनचुंबी शिवालिक पर्वत शृंखलाओं का अत्यंत मनोरम दृश्य देखने को मिलता था। तीन चोटियों वाली इस पर्वत शृंखला में अपनी ऊँचाई के कारण वैष्णो देवी का पहाड़ सबसे भव्य दिखता था। और उसकी गोद में बल खाती बहती तवी नदी की तो छटा ही निराली थी। बरामदे के बीचोबीच मिट्टी के एक गमले में तुलसी का पौधा रखा था, जिसकी पूजा होती थी। मिट्टी के दीये जलाए जाते और भजन गाए जाते। अपनी मातृभाषा डोगरी में गाए जाने वाले ये भजन बहुत ही कर्णप्रिय होते और हृदय की गहराइयों में उतर जाते। बरसों बाद इनमें से एक भजन का मैंने अंग्रेजी रूपांतर किया। यह भजन कांति की देवी, ज्वालाजी को समर्पित था :

पर्वतों पर विराजने वाली ओ ज्वाला माँ,
हमारी सभी इच्छाएँ पूर्ण करो।
चमकते लाल वस्त्र से आपका शरीर सुसज्जित है
और माथे सजा केसरिया तिलक,
पंच रंग की शॉल से ढका है सिर
जिसके किनारों की सुनहरी कढ़ाई चमकती है,
पर्वतों पर विराजनेवाली ओ ज्वाला माँ,
हमारी सभी इच्छाएँ पूर्ण करो।

पृथ्वी के सभी कोनों से, ओ माता,
भक्त आते हैं और आपकी महिमा के गीत गाते हैं,
आपकी वेदी पे सिर नवाने के बाद
हो जाती हैं पूरी उनकी सारी कामनाएँ।
पर्वतों पर विराजने वाली ओ ज्वाला माँ,
हमारी सभी इच्छाएँ पूर्ण करो।

सृष्टिकर्त्ता ब्रह्मा आपके समक्ष वेदपाठ करते हैं
पर्वतों के बीच शंकर आपका ही ध्यान धरते हैं;
जो भक्त आपकी महिमा का गान करता है
आप उसकी सारी अभिलाषाएँ पूरी करती हैं।
पर्वतों पर विराजने वाली ओ ज्वाला माँ,
हमारी सभी इच्छाएँ पूर्ण करो।

भजनों की स्वर-लहरियों में पावनता और सांसारिकता, इहलोक और परलोक का अद्भुत सामंजस्य मुझे बहुत भाता था। हालाँकि उनमें बहुत से ऐसे शब्द थे, जिनका अर्थ मैं ठीक से नहीं समझ पाता था। फिर भी उनका मुझ पर बहुत गहरा असर पड़ा। मेरी माँ को लोक संगीत बहुत अच्छा लगता था। उसका कंठ मधुर और आवाज में दम था। अपनी दासियों तथा परिवार की अन्य महिलाओं के साथ वो घंटों ढोलकी बजाते हुए समवेत स्वर में भजन-कीर्तन करती रहती। माँ से मिलने बहुत सी महिलाएँ शहर से भी आती रहती थीं। वे भी अक्सर इस भजन-कीर्तन में शामिल होतीं। ऐसे संगीतमय माहौल में डोगरी के पर्वतीय संगीत की जो स्मृतियाँ बचपन में मेरे दिलो-दिमाग में बस गई थीं, उन्होंने मुझे भी पक्का संगीत प्रेमी बना दिया हमेशा के लिए। संगीत मेरे चेतन का सबसे प्रभावशाली हिस्सा बन चुका था।

माँ से मिलने का सिलसिला पहले हर रोज का था, लेकिन बाद में यह हफ्ते में तीन दिन का हो गया। जहाँ मुझे माँ से मिलने का बेसब्री से इंतजार रहता, वहीं पिता के पास जाने का समय आते ही मुझे घबराहट होने लगती। हालाँकि वे मुझे बहुत प्यार करते थे, पर उसका प्रदर्शन नहीं करते थे। वे अपने सुनहरे सिगरेट-केस में हमेशा मेरा फोटो रखते। लेकिन उनका व्यक्तित्व इतना रुआबदार था, कि उनके सामने पड़ते ही मेरी सिट्टी-पिट्टी गुम हो जाती। मैं कुछ भी नहीं बोल पाता था। माँ से मिलते वक्त जो सहज खुशी, स्वाभाविक उत्साह महसूस होता था, पिता के मामले में वो सब नदारद था। दरअसल मेरे पिता बाहर से जो दिखते थे, अंदर से वैसे न थे। कठोरता और गंभीरता का बाहरी आवरण उन परिस्थितियों की देन था, जिनसे उन्हें गुजरना पड़ा था। इस बात का अहसास मुझे बरसों बाद धीरे-धीरे ही हो पाया। पिता अपने माता-पिता की इकलौती संतान थे और उनका लालन-पालन राजपरिवार और राजदरबार के षड्यंत्रकारी तथा रहस्यमय वातावरण में हुआ। ऐसा लगता था कि पूरी तरह युवा होने और परिपक्वता प्राप्त करने से पहले निश्चय ही उन्हें कष्टप्रद अनुभवों से गुजरना पड़ा होगा। इसके तुरंत बाद ही अपनी पहली इंग्लैंड-यात्रा के दौरान उन्हें दुर्भाग्यपूर्ण और जर्बदस्त ब्लैकमेल के षड्यंत्र का सामना करना पड़ा। इसके परिणामस्वरूप उन बातों के लिए उनकी घोर निंदा की गई, जिनके लिए वो कतई जिम्मेदार नहीं थे। जब मेरा जन्म हुआ तो उनकी आयु 36 वर्ष की थी और राजा बने उन्हें 6 साल हो चुके थे। मेरे लालन-पालन के तौर-तरीकों में वो हमेशा गहरी रुचि लेते और उन पर पैनी नजर रखते। लेकिन उनकी गंभीर प्रकृति और खुलकर वात्सल्य-प्रदर्शन न करने की आदत के कारण उनसे मेरे संबंध उतने सहज न हो सके, जैसे माँ के साथ थे। अलबत्ता बीच में एक ऐसा संक्षिप्त दौर भी आया जब ये संबंध सहज और खुशनुमा हो सकते थे, पर शायद नियति को यह मंजूर नहीं था और इतिहास के कठोर प्रहार ने इसे नाकाम कर दिया।

अध्याय 2

मेरी देखभाल और लालन-पालन के लिए महाराजा ने कर्मचारियों और अभिभावकों की फौज नियुक्त कर रखी थी। अकेले कर्मचारियों की संख्या ही पंद्रह के लगभग थी। मुझे पढ़ाने और अन्य कामों के लिए समय-समय पर अलग-अलग अंग्रेज अभिभावक रखे गए थे। ग्यारह बरस की उम्र तक मैं इनकी देखरेख में रहा, फिर मेरा दाखिला एक पब्लिक स्कूल में हो गया। मेरे सबसे पहले अभिभावकों में एक थीं—मिसेज विंडहैम। इनके पति रियासत में असिस्टेंट रेजिडेंट थे। मिसेज विंडहैम की धूमिल सी छवि ही अब मेरे जेहन में है। वो एक बुजुर्ग महिला थीं, और एक बड़ा सा हैट हमेशा पहने रहतीं। मुझे कर्नल विंडहैम का दिया, धातु का बना वो खाली सिगार-बाक्स भी याद है, जिसके एक तरफ एल्युमिनियम की चटचटाती परत और चाँदी चढ़ी थी जबकि दूसरी तरफ चटख लाल रंग। विंडहैम दंपति के बाद मेरे अभिभावक बने श्री व श्रीमती रित्शी। रित्शी साहब लाहौर के 'एचीसन चीफ्स कॉलेज' (Aichison chiefs college) में पढ़ा चुके थे। उन्हें देखने से ही पता चल जाता था कि वो स्कॉटिश हैं। उनके बारे में मुझे सिर्फ इतना ही याद है कि हमें उन्होंने स्कॉटलैंड के लोक संगीत की कुछ मधुर धुनें और प्रयाण गीत सिखाए। इसके विपरीत मिसेज रित्शी दबंग किस्म की, कठोर स्वभाव, महिला थीं। हम तो क्या, उनके पति भी उनसे डरते थे। हम उनका सम्मान तो करते थे, पर उसमें भय का अंश ज्यादा होता था।

लगभग 1935 की बात है, तब मैं चार साल का था। मेरे साथ रहने दो और बच्चे आ गए। ये दोनों मेरे पिता के नजदीकी राजपूत सभासदों के बेटे थे। इनमें से एक का नाम था दिग्विजय सिंह, जिसे प्यार से 'दिग्बी' कहा जाता था। दिग्बी के पिता राव बहादुर करतार सिंह, एक वरिष्ठ और चतुर प्रशासक थे। रियासत के प्रशासन में उनकी भूमिका काफी महत्त्वपूर्ण थी। मेरा दूसरा साथी था दिग्पाल सिंह। इसका भी एक प्यार का नाम था—बिल्टी। 'बिल्टी', मेजर फकीर सिंह का बेटा था। फकीर सिंह कई वर्षों तक मेरे पिता के सबसे प्रिय अफसर रहे। लेकिन जिस दिन 'दिग्बी' और 'बिल्टी' मेरे साथ रहने आए मुझे पिता का एक विचित्र निर्देश भी सुना दिया गया। और इसे बार-बार दोहराया जाता रहा। निर्देश यह था कि अगर कभी मैं इन्हें एक थप्पड़ लगा दूँ, तो बदले में वे मुझे दो थप्पड़ लगाएँगे। लेकिन इस निर्देश को तोड़ने और अमल करने की कभी नौबत ही नहीं आई, क्योंकि वो दोनों मुझसे उम्र में बड़े भी थे और

तगड़े भी। यह एक फिजूल का निर्देश था।

तब तक मुझे भी 'टाइगर' का उपनाम मिल चुका था। हुआ यह कि एक दिन पिताजी अपने अभिन्न मित्र जोधपुर के शासक महाराजा उमेद सिंह जी के साथ बैठे गपशप कर रहे थे। तभी मैं भी घुटनों चलता हुआ, उनके सामने जा पहुँचा। मुझे इस तरह चलता देख उमेद सिंह जी ने कहा कि इस तरह चलते हुए तो यह बिलकुल टाइगर (बाघ) जैसा लगता है। बस, उस दिन से मेरा यह उपनाम मुझ पर चस्पाँ हो गया। मेरे पिता और उनके सभी मित्र मुझे 'टाइगर' के नाम से ही बुलाने लगे। इस घटना के बरसों बाद जवाहरलाल नेहरू और उनकी पीढ़ी के अन्य लोग भी मुझे 'टाइगर' कहकर बुलाते रहे। कई दशक बाद एक अजीब संयोग यह हुआ कि मुझे एक बिलकुल नई परियोजना 'प्रोजेक्ट टाइगर' का मुखिया बना दिया गया। यह परियोजना बाघ जैसे शानदार वन्य प्राणी की लगभग लुप्त होती प्रजाति को बचाने और संवर्धन करने के उद्देश्य से शुरू की गई थी। इसके साथ ही मुझे 'इंडियन बोर्ड फॉर वाइल्ड लाइफ' का अध्यक्ष भी बना दिया गया। इस बोर्ड के अध्यक्ष पद पर रहते हुए मैंने ही शेर के स्थान पर बाघ को भारत का 'राष्ट्रीय पशु' बनाने की जिम्मेदारी निभाई थी।

मैं यानी टाइगर, दिग्बी और बिल्टी कई बरस तक साथ-साथ रहे—अपने ही संसार में खोए हुए, एक-दूसरे में मस्त। श्रीनगर में हम लोग शंकराचार्य पहाड़ी पर बने एक खूबसूरत कॉटेज 'ताले मंजिल' में रहते थे इस कॉटेज का यह नाम पिताजी के एक बहुत ही घनिष्ठ मित्र पालनपुर के राजा ताले मोहम्मद खान के नाम पर रखा गया था। यहाँ से आसपास के दो बहुत ही भव्य दृश्य दिखते थे। एक ओर तो नंगी, ऊँची पहाड़ियाँ हैं, जिनके बीच हमेशा बर्फ से ढका रहने वाला हरमुख शिखर शान से सिर उठाए खड़ा है। इस मनोरम पृष्ठभूमि में फैली हुई है मशहूर डल झील। 'ताले मंजिल' के दूसरी ओर नजर आती है सदा हिमाच्छादित पीर पंजाल पर्वत शृंखला, जो पूर्व में गुलमर्ग से शुरू होकर पश्चिम में बनिहाल तक फैली हुई है।

जम्मू में हम 'कर्ण निवास' नाम के एक छोटे से भवन में रहते थे। यह भवन वहाँ की राज-संपदा (Royal Estate) का ही एक हिस्सा था। इस रॉयल-एस्टेट में कई बड़े-बड़े महल बने हुए थे। यह भवन ऐसे ही एक महल का 'स्टाफ हाउस' था। 'कर्ण निवास' में नौकर-चाकरों की एक पूरी पलटन मौजूद थी। इनके साथ हम फुटबाल खेला करते थे। इनके अलावा फर्नांडीज, लोबो और डि'सूजा भी थे, जो कभी-कभी हमारे साथ बैडमिंटन खेलने आ जाते थे। ये तीनों ही मेरे पिता के खानसामा थे, और मूलतः गोआ के रहने वाले थे। हमारा खान-पान, पढ़ना-लिखना और मनोरंजन—सब कुछ पूरी तरह से अनुशासित और नियमबद्ध होता था। हिंदुस्तानी खाना और मिठाइयाँ—हमारे लिए निषिद्ध थे। लिहाजा हमें अपने अंग्रेज अभिभावकों की पसंद के अँगरेजी भोजन से ही संतोष करना पड़ता था। चाँदी की तश्तरियों में सैंडविच तो अनिवार्य रूप से पेश किया जाता था, साथ ही हंटले एंड पामर्स की बनाई छोटी ब्रेड (जो काफी स्वादिष्ट होती थी) और मक्खनी स्कोन तथा स्पंज फिंगर्स भी दिए जाते थे। इस सबके साथ होती थी चाय,

जो हमारा सबसे बेहतरीन 'भोजन' था। सच पूछिए तो चाय और नाश्ता—दो आइटम ही ऐसे होते थे, जिनमें अंग्रेजी की पाक कला का सर्वश्रेष्ठ रूप देखने को मिलता था।

हमारी पढ़ाई-लिखाई के लिए एक हिंदुस्तानी अध्यापक लगाए गए—अमरनाथ खोसला। खोसला साहब हमें अंग्रेजी, गणित तथा अन्य विषय पढ़ाया करते थे। हर महीने वो हमारी पढ़ाई, खेल-कूद तथा सामान्य व्यवहार की शानदार रिपोर्ट तैयार करते थे, जो हमारे अभिभावकों से होती हुई मेरे पिता तक पहुँचती थी। खोसला साहब को हम 'मास्टरजी' कहा करते थे। ये मास्टरजी एक दिन हमें दिखाने के लिए काले संगमरमर की एक पट्टिका लेकर आए। उस पट्टिका पर सीपी की भराई करके धोती लपेटे एक कमजोर से व्यक्ति की आकृति बनी हुई थी। मास्टरजी ने हमें बताया कि यह गाँधीजी हैं, भारत के महान नेता। वो पट्टिका उन्होंने हमें दिखाई जरूर, लेकिन हमारे पास नहीं छोड़ी। उन्हें डर था कि अगर हमारे अभिभावकों की नजर उस पर पड़ गई, तो वे गंभीर मुसीबत में पड़ सकते हैं। भद्दी और फूहड़ भाषा में हमें यह समझाने की कोशिश की गई, कि अगर सारे भारतीय एक साथ सामूहिक रूप से मूत्र-विसर्जन करें तो हिंदुस्तान में रह रहे तमाम अंग्रेजों को समुद्र में बहाया जा सकता है। कुछ कारणों से हम तीनों भी ब्रिटिश-विरोधी थे, लेकिन हमने कभी खुलकर इसका प्रदर्शन नहीं किया। सितंबर, 1939 की यह एक घटना मुझे अच्छी तरह याद है। तब मैं यही कोई साढ़े आठ बरस का था। उस दिन मैंने रेडियो पर खबर सुनी कि दूसरा विश्व-युद्ध छिड़ गया है। उस दिन से हम गुप्त रूप से जर्मनी के पक्षधर हो गए और रेडियो पर जब भी किसी मोर्चे पर ब्रिटिश फौजों की पराजय या नुकसान का समाचार मिलता, तो हम खुशी से उछल पड़ते। लेकिन हमें अपने एक नौकर रघुनाथ सिंह पर बहुत गुस्सा आता था। जब भी हम अंग्रेजों की पराजय की खुशी मना रहे होते, तो रघुनाथ हमेशा यही कहता कि देखना आखिर में जीत अंग्रेजों की ही होगी। इस पर हम उसे ताने मारते, उसका उपहास करते, लेकिन वो अपनी बात से टस से मस न होता। चर्चिल की तरह उसे भी अंग्रेजों की विजय पर अटल विश्वास था। बाद में पता चला कि वो कई बरस तक हिंदुस्तानी सेना की रेजिमेंट में रह चुका था।

रित्शी दंपति के बाद हमारी देखरेख का दायित्व सँभाला कैप्टेन रेफोर्ड और श्रीमती रेफोर्ड ने। कैप्टेन रेफोर्ड उर्फ रैजी (रेगी) प्रथम विश्व-युद्ध में अपना एक बाजू गवाँ बैठे थे और रियासत के जनगणना आयुक्त रह चुके थे। आश्चर्यजनक रूप से वो अपने कटे हाथ का बहुत सटीक इस्तेमाल कर लेते थे और एक बेहतरीन निशानेबाज थे। उनकी पत्नी कैथरीन रिफोर्ड सौम्य और कार्यकुशल महिला थीं। उनके दो बच्चे थे—जोन और डगलस। ये दोनों ही इंग्लैंड में अपनी स्कूली पढ़ाई कर रहे थे। साल में एक बार छुट्टियों में ही वो अपने माता-पिता से मिलने भारत आ पाते थे। वैसे भी उम्र में वो हमसे काफी बड़े थे। रेफोर्ड-दंपति की देख-रेख में हमने बैडमिंटन, टेनिस और फुटबाल विधिवत सीखना शुरू किया। क्रिकेट का प्रशिक्षण भी हमें इन्हीं से मिला। उस जमाने की किंवदंती बन चुके ब्रेडमैन और हैमंड जैसे खिलाड़ियों को हम पत्र भी लिखते। लेकिन

इस सबके बावजूद क्रिकेट मेरा प्रिय खेल कभी नहीं बन सका। मेरे लिए यह रहस्य ही बना रहा, कि यह खेल इतना लंबा क्यों खेला जाता है ? शायद यही कारण था, कि मैं कभी भी इसका नियमित खिलाड़ी नहीं बन सका। कभी-कभी हमें बाजार जाने और खरीदारी करने की इजाजत भी मिल जाती थी। जब हम श्रीनगर में होते, तो खरीदारी के लिए गुलमर्ग जाते। गर्मी के दिनों में वहाँ के बाजार की रौनक देखते ही बनती थी। उन दिनों वहाँ अंग्रेजों की भीड़ लगी रहती और दुकानें नई से नई डिजाइनों वाली विदेशी वस्तुओं से भरी होतीं। सर्दियों में हम लोग जम्मू आ जाते थे। यहाँ हम हर पंद्रह दिन में एक बार अपने अभिभावक के साथ सियालकोट जाते थे खरीदारी करने। जम्मू से सियालकोट पहुँचने में हमें एक घंटा लगता था। वहाँ हम गुलाम कादिर के डिपार्टमेंटल स्टोर में चाय पीते और उसके सामने ही एक कोने में बने एक छोटी सी बुकशॉप से कॉमिक्स खरीदते। इंग्लैंड से आने वाले तीन कॉमिक्स के तो हम नियमित ग्राहक थे। मेरी पसंद 'टाइगर टिम' थी, जबकि डिग्बी 'डोनाल्ड डक' का शौकीन था और बिल्टी को 'पक' बहुत अच्छा लगता था।

मेरे पिता घुड़सवारी में माहिर थे। भारी-भरकम होने के बावजूद पोलो खेलने के बहुत शौकीन थे। अपने ज्यादा वजन के कारण वो पोलो के बेहतरीन खिलाड़ी तो नहीं बन सके, लेकिन प्रतियोगिता के छठे 'हैंडीकैप' तक पहुँचकर अपना सम्मानजनक स्थान उन्होंने बना लिया था। वो मुझे भी एक महान पोलो खिलाड़ी के रूप में देखना चाहते थे। अतः तीन साल की उम्र से जबर्दस्ती घुड़सवारी सिखाई जाने लगी। शायद ही कोई दिन ऐसा गुजरता, जब मुझे घोड़े पर न बिठाया जाता हो। क्योंकि मैं काफी छोटा था, इसलिए शुरुआत छोटे घोड़े और छोटी काठी से हुई। काठी क्या थी, हाथी के हौदे का एक लघु संस्करण था—बक्से के रूप में। धीरे-धीरे घोड़े का कद और काठी का आकार बढ़ता गया। इस प्रशिक्षण के दौरान कई बार मैं गिरा भी। एक बार तो गजब हो गया। जम्मू के पोलो ग्राउंड में मेरा प्रशिक्षण चल रहा था कि अचानक मेरा घोड़ा चौंक कर बेतहाशा दौड़ने लगा। मेरे तो होश उड़ गए। जैसे-तैसे उसकी गर्दन पकड़कर लटका रहा, आखिर वो घोड़ा दौड़ते-दौड़ते थक गया और खुद ही रुक गया। अपने प्रशिक्षण के वर्षों में मुझे दुनिया का कुछ बेहतरीन पोलो देखने को मिला। उन दिनों पोलो में जयपुर की टीम विश्व की सर्वश्रेष्ठ टीमों में मानी जाती थी। और यह टीम पोलो प्रतियोगिता में भाग लेने के लिए हर साल श्रीनगर आती थी। इसका खेल इतना बढ़िया था कि यह संभावित 40 हैंडीकैप में से अधिकतम 35 संयुक्त हैंडीकैप स्कोर कर लेती थी। पोलो ग्राउंड में बने जनाना पेवेलियन में बैठकर हम खेल का आनंद लेते। हमारे साथ मेरी माँ, दादी तथा श्वेत वस्त्रों में परिवार की अन्य महिलाएँ भी होतीं। ये उन गिने-चुने अवसरों में से एक होता, जब मैं अपने सभी बुजुर्ग संबंधियों से मिल सकता था। वैसे माँ भी हर दूसरे-तीसरे महीने मुझे उनसे मिलवाने जनाना महलों में ले जाती थी।

सन् 1935 के मई महीने में क्वेटा में जबर्दस्त भूकंप आया था। मैं इस घटना को कभी नहीं भुला पाता। कई सप्ताह तक 'ताले मंजिल' के अंदर सोने पर रोक लगी रही।

खुले बागीचे में हमें कई रातें बितानी पड़ीं। लेकिन हमें इसमें बहुत मजा आया। खुले में सोने का रोमांच कितना अद्‌भुत होता है ! एक और घटना है। मेरा टांसिलों का ऑपरेशन होने वाला था। इसके लिए जम्मू के 'कर्ण निवास' के ही एक कमरे को ऑपरेशन थिएटर का रूप दिया गया। ऑपरेशन के लिए नामी सर्जन कर्नल हार्पर नेल्सन लाहौर से जम्मू बुलवाए गए। मुझे याद है क्लोरोफार्म की मास्क चेहरे पर लगा दिए जाने के बाद डर के मारे मैं किस कदर हाथ-पाँव पटक रहा था। बाद में पिताजी मुझे देखने वहाँ आए। यह भी अपने आपमें एक दुर्लभ अवसर था। अपने हाथ में एक 'जिग्सा पजल' लिये वो मेरे बेड पर बैठे रहे। मुझे आइसक्रीम खाता देख उन्हें सुखद आश्चर्य हो रहा था। गले के ऑपरेशन के बाद आइसक्रीम खाना गले के लिए फायदेमंद माना जाता है।

भारत-भूमि से मेरा पहला परिचय बंबई की सरज़मीं पर हुआ था। लेकिन मेरे जीवन के अनेक प्रारंभिक अनुभव इस महान शहर से जुड़े हैं। हालाँकि अपनी युवावस्था के प्रारंभिक वर्षों में मेरे पिता पोलो के समर्पित खिलाड़ी रहे थे, लेकिन बाद में घुड़दौड़ उनका मुख्य शौक हो गया। उन दिनों बंबई का रेसकोर्स हिंदुस्तान का बेहतरीन रेसकोर्स हुआ करता था और बंबई की रेस सबसे बड़ी मानी जाती थी। लिहाजा रेस के चक्कर में सर्दियों के चार महीने पिताजी बंबई में ही बिताते थे, जबकि जम्मू में वो सिर्फ दो महीने ही रहते थे। लेकिन गर्मियों के छह महीने श्रीनगर में ही बीतते थे। 1940 में हम पहली बार बंबई गए और वहाँ कारमिशेल रोड पर 'निशात हाउस' नाम के किराए के भवन में ठहरे। उस बंबई यात्रा की मुझे बस इतनी ही स्मृति है कि वहाँ हमें 'प्योर गोल्ड' नाम का स्वादिष्ट संतरे का पेय पीने को मिलता था और हम 'स्ट्रॉ' से बड़े चटखारे ले-लेकर उसे पीते थे। मुझे यह भी याद है कि वहाँ से रवाना होने से एक दिन पहले हम तीनों को सोफों और गलीचों को स्याही बिखेरकर खराब कर देने पर जमकर डाँट सुननी पड़ी थी। इसके बाद तो भविष्य में बंबई में अपना ठिकाना बनाने के लिए पिता ने नेपियन सी रोड पर फ्लैटों का एक ब्लॉक ही खरीद डाला था। और अगले साल बंबई में हम अपने ही फ्लैटों में ठहरे थे। पिता सबसे ऊपर, यानी छठी मंजिल पर ठहरे। लेकिन मेरे लिए उन्होंने पहली मंजिल का फ्लैट चुना, क्योंकि इसके छज्जे पर एक खूबसूरत बागीचा भी था। उन दिनों 'टैरेस गार्डन' लगाना एक बिलकुल नई बात थी।

हम वहाँ अपने अंग्रेज अभिभावकों के साथ कुछ महीने रहे। उसी दौरान उनके स्थान पर कर्नल कैलाश नारायण हक्सर को हमारा गार्जियन नियुक्त किया गया। असल में मेरे पिता कर्नल हक्सर को राजनीतिक सलाहकार के रूप में नियुक्त करना चाह रहे थे, और उनकी यह इच्छा कोई छिपा रहस्य नहीं थी। इसके लिए पारदर्शी कूटनीति से काम लेते हुए उन्होंने कर्नल हक्सर को अपने निर्विवाद उत्तराधिकारी, यानी मेरा, अभिभावक नियुक्त किया लेकिन पिता के ऐसे ही निर्णय अंततः उनकी राजनीतिक विफलताओं के कारण सिद्ध हुए। उनकी एक बड़ी कमजोरी यह थी, कि लोगों पर से

उनका विश्वास जल्दी डोलने लगता था। यहाँ तक कि अपने 'प्रधानमंत्री' तक वो बड़ी जल्दी-जल्दी बदल डालते थे। हालाँकि उनका चुनाव वे बहुत सावधानीपूर्वक और भली-भाँति सोच-समझकर ही करते थे। लेकिन जैसे ही किसी व्यक्ति को प्रधानमंत्री नियुक्त करते, उस पर कूटनीतिक दबाव बनाने या प्रति-संतुलन के लिए किसी दूसरे को आगे बढ़ाने की रणनीति बनाने लगते। राजा महाराज सिंह, बी. एन. राव., कर्नल के. एन. हक्सर, पंडित रामचंद्र काक, जनरल जनक सिंह—सभी एक के बाद एक जल्दी-जल्दी बदले गए। रद्दोबदल का यह सिलसिला 1947 के राजनीतिक संकट तक चलता रहा। इस सूची में सिर्फ एक ही नाम अपवाद था—गोपालास्वामी अयंगर का। श्री अयंगर 1937 से लेकर लगातार छह वर्षों तक रियासत के प्रधानमंत्री पद पर बने रहे।

कर्नल हक्सर ! विशालकाय शरीर के स्वामी थे। बड़ी-बड़ी, गुच्छेदार भवें, सैनिक चाल और आँखों पर सुनहरे फ्रेम का चश्मा—उनके व्यक्तित्व को रुआबदार बनाने के साथ-साथ, थोड़ा डरावना भी बनाते थे। बाहर से सख्त-मिजाज दिखने के बावजूद कर्नल मुझसे बहुत स्नेह करते थे। अक्सर बड़े प्यार से वो मुझे अपनी बाँहों में समेटकर घुटनों पर बिठा लेते। कभी-कभी मुझे लगता, कि शायद मेरे पिता भी उनसे थोड़ा डरते थे। हालाँकि कर्नल की अनुपस्थिति में वो उनको लेकर हँसी-मजाक करते, लेकिन उनके सामने बहुत सँभलकर बात करते। जहाँ तक कर्नल का सवाल था, वो मेरे पिता के प्रति पूरी तरह निष्ठावान थे। पर साथ ही, जहाँ उचित समझते, दो-टूक आलोचना भी करते। पिताजी के कई कामों से वो असहमत थे। एक बार जब पिताजी से मिलकर हम लोग कार से लौट रहे थे, तो मुझे लगभग गुस्से के स्वर में नसीहत देते हुए कहा कि 'टाइगर, सब कुछ अच्छी तरह देखते-समझते रहो, ताकि जब तुम बड़े हो जाओ तो तुम्हें यह मालूम रहे कि क्या नहीं करना चाहिए।' कर्नल हक्सर की सबसे बड़ी बेटी श्यामा वट्टाल के साथ हम बच्चों की खूब पटती। उसी के प्रोत्साहित करने पर मैंने अपनी पहली 'किताब' लिखी। आठ पृष्ठों की इस हस्तलिखित पुस्तक में कविताओं और लघु निबंधों का संग्रह था।

सन् 1940 की बात है। तब हम अपने बंबई प्रवास में थे। उन दिनों वहाँ का एक नामी स्कूल था—केथेड्रल हाई स्कूल। वैसे तो इस स्कूल में उन दिनों अंग्रेज, पारसी और एंग्लो-इंडियन बच्चे ही आमतौर पर लिये जाते थे। लेकिन प्रभावशाली लोगों के लिए इस तरह के बंधन कोई ज्यादा मायने नहीं रखते। अतः मुझे, दिग्बी और बिल्टी तीनों का दाखिला यहीं करा दिया गया। इस तरह मेरी स्कूली शिक्षा की शुरुआत बंबई से ही हुई। हम तीनों को सिंह-I (प्रथम), सिंह II (द्वितीय) तथा सिंह III (तृतीय) के नामों से ही पुकारा जाता। लेकिन मुझे ये संबोधन कुछ अच्छा नहीं लगा और मैं जल्दी ही इससे ऊब गया। हालाँकि अगले वर्ष गर्मियों के सत्र में मैंने फिर उसी स्कूल में पढ़ाई की। पर मैं निश्चयपूर्वक नहीं कह सकता कि अपने जमाने के इस सम्मानित स्कूल से मुझे कुछ विशेष लाभ हुआ हो। बाद में मुझे दून स्कूल भी भेजा गया। वहाँ मेरे साथी

बने पीलू मोदी। उन्होंने बताया कि कैथेड्रल स्कूल में जुल्फिकार अली भुट्टो भी उनके सहपाठी थे। लेकिन मुझे याद नहीं कि भुट्टो को मैंने कभी वहाँ देखा हो ! कैथेड्रल स्कूल में सभी अध्यापक अंग्रेज थे। यहाँ तक कि उर्दू पढ़ाने वाला अध्यापक भी अंग्रेज था, जो इस बेहद खूबसूरत जबान का एक वाक्य भी ठीक से नहीं बोल पाता था। इसका एक उदाहरण तो यही है कि 'उर्दू' को वहाँ 'ओरडू' उच्चारित किया जाता था।

कुछ युवराज साथियों के अलावा मेरे पिता के अधिकांश मित्र रेस के शौकीन भी थे। कुछ विदेशी मित्र भी थे। इनमें से कुछ के नाम तो मुझे अब भी अच्छी तरह याद हैं। मसलन, फ्रांस के एक जौहरी थे विक्टर रोसेंथल (Victor Rosenthal)। इनका जीवन अनेक उतार-चढ़ावों और रोमांस से भरपूर रहा। अपनी जीवन-यात्रा में इन्होंने बहुत कुछ खोया और पाया भी। तराशी हुई दाढ़ी और आकर्षक व्यक्तित्व वाले विक्टर, एक खुशमिजाज व्यक्ति थे। मेरे पिता के जेवरात और विदेशों में पूँजी लगाने का ज्यादातर काम विक्टर ही देखते थे। दोनों की मित्रता कई दशक पुरानी थी। गर्मियों में वो हर वर्ष कश्मीर आते और मेरे लिए ढेरों सुंदर-सुंदर उपहार लाते। स्विट्ज़रलैंड की चॉकलेट, प्लास्टिक के हेयरब्रश के अलावा मोपासाँ और ओ-हैनरी की किताबें। ये किताबें मुझे इतनी दिलचस्प लगतीं, कि इन्हें खत्म किए बिना मैं छोड़ता नहीं था। विक्टर को फ्रांसीसी मैंने सिर्फ इसलिए बताया कि वो पेरिस में रहते थे, और हम सबका खयाल था कि यही उनकी राष्ट्रीयता है। यह तो मुझे बाद में पता चलता कि वो मूलतः रूस के रहने वाले थे। उधर रूस में लेनिन का उदय हुआ, इधर इन्होंने पेरिस की ओर रुख किया। पिता के विदेशी मित्रों की सूची में फ्रैडी और बेरिल स्टिलमैन का भी नाम था। ये एक अंग्रेज दंपति थे और मेरे पिता के अच्छे मित्र थे। फ्रैडी एक ब्रिटिश कंपनी किलिक निक्सन में अच्छे ओहदे पर थे। उनकी पत्नी बेरिल जितनी खूबसूरत थीं, उतनी ही जिंदादिल भी। वे लगभग मेरे पिता की ही उम्र की थीं, और जहाँ तक मुझे याद पड़ता है, वो एकमात्र ऐसी व्यक्ति थीं जो उनसे छेड़छाड़ कर लेती थीं। उन दिनों मेरे पिता से सहज बातचीत करना बहुत हिम्मत का काम माना जाता था और श्रीमती बेरिल को यह श्रेय प्राप्त था।

रेस के मैदान में पिता के दोस्त बने एम. एच. अहमदभाई, जो उनके खास हिंदुस्तानी मित्रों में थे। अपनी पत्नी रुखसाना के साथ अक्सर वो हमारे यहाँ आते रहते थे। वैसे पिता से उनकी मित्रता सिर्फ रेस के कारण नहीं, बल्कि इसलिए भी थी कि वो बहुत अच्छा गाते थे। पिताजी के लिए वे 'अहमदभाई' नहीं, 'महमूद सेठ' हुआ करते थे। ठुमरी में उनको महारत हासिल थी। हालाँकि गाते समय वे कुछ ज्यादा ही मुद्राएँ बनाते थे, लेकिन मैंने उनके जैसा सुरीला और सिद्ध शौकिया गायक दूसरा नहीं सुना। उनके साथ पिताजी आए दिन संगीत की महफिलें आयोजित करते। इन महफिलों में हिंदुस्तान के कुछ बेहतरीन कलाकार शामिल होते, मसलन—केसरबाई केरकर, सिद्धेश्वरी बाई, बेगम अख़्तर तथा मेनेका शिरोडकर आदि। हालाँकि मेरे पिता स्वयं नहीं गाते थे, लेकिन अच्छी गायकी की कद्र करना जानते थे। लगभग इन्हीं दिनों मेरी संगीत शिक्षा

भी शुरू हो गई। आज मुझे शास्त्रीय संगीत की जो थोड़ी-बहुत समझ है, उसके लिए मैं जीवन-पर्यंत अपने पिता का आभारी रहूँगा। मेरे पहले संगीत शिक्षक कोई बहुत जाने-माने संगीतज्ञ तो नहीं थे, पर ज्ञानी और योग्य थे। नेपाल तराई के रहने वाले इस शिक्षक का नाम था—बलराम सिंह रावत। रावत साहब का सिखाने-समझाने का ढंग इतना सरल और अच्छा था, कि डेढ़-दो साल में ही मैंने कई राग सीख लिये। इसके अलावा 'आगरा घराने' के शिखर गायक उस्ताद विलायत हुसेन से भी मुझे संगीत सीखने का सौभाग्य प्राप्त हुआ। दो साल तक गर्मियों में श्रीनगर आकर उन्होंने मुझे शास्त्रीय संगीत सिखाया। इसके लगभग तीन साल बाद मेरे पिताजी ने हिंदुस्तान की रिकॉर्ड बनाने वाली प्रसिद्ध कंपनी एच. एम. वी. से विशेष रूप से मेरी गायकी के रिकॉर्ड (78 आर. पी. एम.) बनवाए और गर्व से उन्हें अपने परिचितों और मित्रों में बाँटा।

संगीत मेरे जीवन की बहुत बड़ी शक्ति रहा है। जहाँ तक मुझे याद पड़ता है, चार वर्ष की उम्र में मैंने पहला सुर-ज्ञान प्राप्त किया था। वो भगवान कृष्ण की प्रशस्ति में गाया जाने वाला एक लोकप्रिय भजन था, और उसके बोल थे—'सुना दे, सुना दे, सुना दे कृष्णा, तू बाँसुरी दी तान सुना दे कृष्णा।' कुछ बरसों बाद श्रीनगर में 'अमरीश थिएटर' नाम से नया सिनेमा हाल खुला। असल में इसके मालिक पंडित कृष्ण बल इसका नाम मेरे नाम पर रखना चाहते थे। लेकिन पिताजी ने उन्हें इसकी इजाजत नहीं दी। आखिर उन्होंने अपने सबसे छोटे बेटे के नाम पर ही इसका नाम रख दिया। इसके उद्घाटन समारोह में उस समय की ख्यातिप्राप्त नृत्यांगना साधना बोस को विशेष रूप से आमंत्रित किया गया था। अपने माता-पिता के साथ मैं भी इस समारोह में शामिल हुआ। आज भी अत्यल्प वेशभूषा में उनकी नृत्य करती छवि की मूर्तिवत मुद्राएँ मेरी आँखों के सामने घूम जाती हैं। मूर्तियों में उकेरी गई पारंपरिक नृत्यांगनाओं की तरह एक विशाल ड्रम पर उन्होंने नृत्य किया। उस अवसर पर और भी नृत्य प्रस्तुत किए गए थे। इनमें से एक नृत्य मुझे बहुत अच्छा लगा।

यह एक युगल नृत्य था। नीले वस्त्र पहने पुरुष सागर की भूमिका में था, जबकि हरित वस्त्रों में लड़की नदी का प्रतीक थी। हालाँकि यह नृत्य बहुत संक्षिप्त था, लेकिन आकर्षक और लयबद्ध था। इसकी धुन हमेशा मेरे कानों में गूँजती रहेगी, जो पंचतान के राग भोपाली में संयोजित थी। उस धुन को सुनते ही मुझे ऐसा लगा, मानो मेरे अंदर कोई झरना फूट पड़ा हो और मेरी अँगुलियों की पोरों से संगीत की धाराएँ बह निकली हों। उन मोहक सुरों का जादू कई हफ्तों तक मेरी नसों में दौड़ता रहा, उद्वेलित करता रहा। बाद में मैंने बलराम सिंह जी से इसी राग में कई बंदिशें सीखीं। इसके अलावा मैंने राग दुर्गा और मालकौंस में भी कुछ रचनाएँ सीखीं। शायद यह ईश्वर की कृपा ही थी कि जो भी राग मैं एक बार सीख लेता था, उसको पल्लवित करने और मांजने में मुझे कोई असुविधा नहीं होती थी। मैं उसमें इतना डूब जाता कि उसकी लयबद्धता मेरी रग-रग में समा जाती थी।

मेरे पिता राइफल और शॉट-गन चलाने में बहुत माहिर थे। उनकी निशानेबाजी

इतनी अचूक थी कि बत्तखों और कश्मीरी चकोर के शिकार में उन्होंने अंतर्राष्ट्रीय कीर्तिमान बनाए। उनकी शिकार पार्टियाँ अक्सर बहुत सुनियोजित ढंग से आयोजित होती थीं। शिकार के लिए वो अकेले नहीं, पूरे दलबल के साथ जाते थे। पार्टी में शामिल प्रत्येक मेहमान को कारतूसों के पैकेट के साथ-साथ रेड वाइन समेत लंच-पैक भी दिए जाते। बत्तखों का शिकार श्रीनगर के पश्चिम में उथले पानी की होकर सर और हिंगम नाम की झीलों पर किया जाता था। शूटिंग के लिए हम लोगों का एक पूरा का पूरा कारवाँ कारों में निकलता, और सब लोग झील के किनारे इकट्ठे होते। निश्चित समय पर हम सब अलग-अलग नावों पर सवार होकर अपनी-अपनी बंदूकें सँभाल लेते। बत्तखों की विभिन्न प्रजातियों की हत्या का यह कार्यक्रम पूरे-पूरे दिन चलता। इस दौरान कभी-कभी इक्का-दुक्का जंगली हंस भी चपेट में आ जाते। कुछ मौकों पर पिताजी मुझ पर खास लाड़ दिखाते हुए अपने पीछे बिठा लेते। जब भी वे कोई पक्षी मार गिराते, मैं गिनती गिनने वाले सिक्के से खट-खट करता। शिकार के लिए पिताजी वेब्ले एंड स्कॉट की तीन दुनाली शाट-गन इस्तेमाल करते। बंदूक खाली होने पर उसे फिर से 'लोड' करने के लिए दो आदमी हमेशा उनके आजू-बाजू खड़े रहते। एक बंदूक दागने के बाद वो उसे अपनी बाईं तरफ खड़े आदमी को थमा देते और दाएँ बाजू वाले से लोड की हुई बंदूक ले लेते। जब तक दूसरी बंदूक खाली होती, पहली वाली बंदूक फिर से उनके लिए तैयार रहती। बंदूकों की अदला-बदली का यह क्रम घंटों ऐसे ही चलता। ऐसा कई बार हुआ कि बत्तखों का एक झुंड झील के दूसरी ओर से उड़ता हुआ आ रहा होता और जैसे ही वो उनकी ज़द में पहुँचता, पिताजी पहली बंदूक से दो बत्तखों को मार गिराते। दूसरी बंदूक से वो सिर के ऊपर से गुजर रही दो बत्तखों को निशाना बना लेते। और तीसरी बंदूक से वो उन दो बत्तखों की खबर लेते, जो उनके सामने से फड़फड़ाती हुई आगे निकल चुकी होतीं। इससे पहले कि वो ज़द से बाहर हो पातीं, बंदूक की लिबलिबी दब चुकी होती। मैं उनकी निशानेबाजी का कायल था।

उड़ते पक्षियों का लक्ष्य-बेध करने के साथ-साथ मेरे पिता दौड़ते, कुलांचें भरते जंगली जानवरों का शिकार भी कुशलता से करते थे। जम्मू में ऊधमपुर क्षेत्र तथा कश्मीर के आसपास की उपघाटियों में उन्होंने कुछ बेहतरीन शिकारगाह विकसित करवाए थे। बड़े जानवरों का शिकार करते हुए उन्होंने काले भालू, जंगली सुअर, चीते और भव्य कश्मीरी हिरण 'हंगल' मारे थे। अत्यंत खेद की बात है कि 'हंगल' की प्रजाति तो अब लगभग लुप्त हो चुकी है। मुझे याद है अक्तूबर के महीने की सुबहें बड़ी शांत और निर्मल होती थीं। शुद्ध और ताजा हवा। पतझड़ की शुरुआत के कारण पहाड़ियों का रंग भूरा और सुनहरा पड़ने लगता। ऐसे में पुरखों की खानदानी परंपरा के रूप में चला आ रहा शिकार का शौक जब जोर मारता, तो नसों में उत्तेजना की एक लहर सी दौड़ जाती। शिकार के अलावा कश्मीर में ट्राउट मछली का व्यवसाय दुनिया के बेहतरीन व्यवसायों में से है। सौ साल पहले मेरे परदादा महाराजा रणवीर सिंह ने इंग्लैंड की महारानी विक्टोरिया को कश्मीर की सुप्रसिद्ध पश्मीना भेड़ों का एक जोड़ा उपहार में

दिया। जो व्यक्ति इस उपहार को प्राप्त करने आया था, उसने लौटकर महारानी को बताया कि कश्मीर के पहाड़ी झरने ट्राउट मछलियों के लिए सबसे अनुकूल हैं। उपहार के बदले महारानी ने परदादा के लिए ट्राउट मछलियों से भरा एक टैंकर उपहार में भिजवा दिया। और कश्मीर का पानी इन मछलियों को इतना रास आया, कि इंग्लैंड के मुकाबले ये यहाँ बड़ी तेजी से बढ़ीं। इंग्लैंड में एक पौंड से ज्यादा वजन की मछली पकड़ लेना बड़ी बात मानी जाती थी। लेकिन मेरे पिताजी दो पौंड से कम की मछली पर हाथ नहीं डालते थे। अपने जीवन में जो सबसे बड़ी मछली उन्होंने पकड़ी, उसका वजन साढ़े चौदह पौंड था। हरवान के मछली पालन केंद्र में तो एक भूरी ट्राउट का वजन 27 पौंड मापा गया।

मछली पकड़ने के लिए मेरे पिता अक्सर लिड्डर नदी के रास्ते पहलगाम से थ्रिकर और नमबल जाया करते थे। उनके साथ इस अभियान पर जाने में मुझे बहुत मजा आता था। लिड्डर एक तरह से बगीचे के बीच से बहती थी। सुबह जल्दी उठिए और नाश्ते के लिए मछलियाँ पकड़िए। इस अभियान के दौरान हम सारा-सारा दिन मछलियाँ पकड़ते और शाम को ही लॉज पर लौटते। अगर ढेर सारी बड़ी मछलियाँ पिताजी के हाथ लग जातीं, तो खूब जश्न मनता। लेकिन अगर उन्हें ज्यादा सफलता न मिलती या कोई बड़ी मछली हाथ से निकल जाती, तो फिर उनका मूड बुरी तरह उखड़ जाता। उस दिन ये तय माना जाता कि आज रात किसी किस्मत के मारे नौकर या शिकारी की छुट्टी होकर रहेगी। उस वक्त हम सब चुपचाप बैठ जाते। किसी की कुछ बोलने की हिम्मत नहीं होती थी। उस निस्तब्ध वातावरण में किसी की आवाज सुनाई पड़ती, तो बस जलते पेट्रोमैक्स और बाहर बहती नदी की।

मेरे पिता को हार या असफलता से सख्त नफरत थी। और उनकी यह मानसिकता एक प्रकार से विरासत में मिला 'सामंती संस्कार' था। शिकार बत्तख का हो या मछली का, पोलो हो या रेसकोर्स का मैदान—मामूली सी असफलता पर भी वो इतने विचलित हो जाते थे कि उसकी परिणति दूसरों पर गुस्सा उतारने में होती। यह भी नहीं होता था बात वहीं डाँट-डपटकर खत्म कर दी जाए, मामला एक 'मुकदमा' हो जाता। लाचार नौकरों-कर्मचारियों के तथाकथित गलत व्यवहार या अक्षमता की बाकायदा जाँच होती लेकिन जैसे-जैसे मैं बड़ा होता गया, पिता का यह निरंकुश व्यवहार मुझे बुरा लगने लगा। नतीजतन धीरे-धीरे मैं अपने को इस जन्मजात सामंती व्यवस्था और माहौल से दूर रखने लगा। उस व्यवस्था में उदारताविहीन सत्ता थी और करुणाविहीन शक्ति।

श्रीनगर से मात्र बारह मील दूर दाचीगाम मेरे पिता का पसंदीदा स्थान था। हरवान, जिसके बारे में यह माना जाता है कि चौबीस सौ साल पहले यहाँ दूसरा विश्व बौद्ध समागम हुआ था, अपने जलाशय के लिए भी मशहूर है। इस जलाशय के आगे की सड़क मुड़कर एक गहरी घाटी में उतर जाती है। जलाशय के क्षेत्र में प्रवेश से चार मील पहले एक बड़ी साफ-सपाट सी जगह है। यहाँ पर कभी मेरे पिता ने अपना प्रसिद्ध शूटिंग लॉज बनवाया था। यह पूरा क्षेत्र मेरे पिता की सुरक्षित शिकारगाह थी। यहाँ पर

अन्य मौसमों में काले भालुओं और जंगली सुअरों की भरमार रहती, तो पतझड़ के महीनों में 'हंगल' भी चारे की तलाश में अपने बर्फ से ढक चुके क्षेत्रों से नीचे उतर आते थे। यहाँ का लॉज साधारण, लेकिन सुंदर बना हुआ था। इसमें अटैच्ड बाथरूम सहित छह बेडरूम थे। इसके अलावा एक ड्राइंग और डाइनिंग रूम था। इनकी दीवारों पर हल्के भूरे रंग का रेशम लगा हुआ था। यहाँ से आसपास की दृश्यावली बहुत भव्य नजर आती थी। इसके तीन तरफ ऊँचे-ऊँचे पहाड़ों वाले घने जंगल थे। लॉज के ठीक पीछे की तरफ एक घासदार और बड़े-बड़े काले पत्थरों से सजी एक नीची पहाड़ी थी। इससे पूरा नजारा बहुत संतुलित लगता था ! यहाँ एक छोटा सा बागीचा भी था, जिसमें बहुरंगी गुलाबों के साथ-साथ अखरोट के कुछ पौधे भी लगे हुए थे। अलबत्ता मखमली घास से भरा यहाँ का लॉन काफी बड़ा था।

शिकार के मौसम में हम यहाँ कम-से-कम पाँच-छह बार आते थे। वैसे तो हम यहाँ अक्सर पिकनिक मनाने आते थे। लेकिन पिताजी कभी-कभी भालू या सुअर का शिकार कर लिया करते थे। एक बार तो उन्होंने लॉज के बरामदे से ही एक रीछ को मार गिराया था। सहायता के लिए एक शिकारी हमेशा उनके साथ रहता था और उसका नाम था रहमान वानी। रहमान ठेठ कश्मीरी था, गठीले और धूप में तपे हुए बदन का। पिकनिक में कभी-कभी माँ भी हमारे साथ आती, पर अकेली नहीं। सगे-संबंधियों और नौकरानियों और दासियों का पूरा हुजूम उनके साथ रहता। इनमें उनकी खास नौकरानी वजीरनी सीता भी होती। लॉज के अहाते में हम गुलाब की झाड़ियों के बीच घंटों लुकाछिपी खेलते। बड़े-बड़े, ऊँचे पेड़ों से गुजरती हवा की संगीतमय सनसनाहट, घाटी में बहते झरने की कलकल और स्वच्छ, नीले आकाश के नीचे फैली जंगलों की हरियाली—समूचे परिदृश्य को अनूठी समरसता प्रदान करती थी। लगता था दाचीगाम कोई जादुई जगह है। वहाँ पहुँचने पर महसूस होता था, मानो हम ऐसी विलक्षण दुनिया में आ गए हैं, जहाँ मनुष्य की उपस्थिति एक प्रकार से अवांछनीय है। यहाँ मौजूद हर वस्तु, हर तत्त्व संपूर्ण रमणीयता के साथ समय और स्थान के प्रभाव से अछूता है।

डल झील में एक छोटे से टापू में हमारा एक कॉटेज था। यह भी बहुत खूबसूरत जगह थी। यह मेरे दादाजी की यादगार थी, उन्होंने इसे कबूतरों के लिए बनवाया था। इसीलिए इसे कश्मीरी में 'कोटरखाना' कहते थे। हालाँकि बाद में इसे 'लेक पेवेलियन' और फिर 'लक्ष्मी कुटीर' नाम दिए गए, लेकिन प्रचलित रहा, तो सिर्फ 'कोटरखाना'। इस कॉटेज से सामने की ओर 180 डिग्री में फैली पर्वत शृंखला का अत्यंत भव्य दृश्य दिखता था—एक विशाल रंगमंच की जीवंत पृष्ठभूमि की तरह। पहाड़ों पर चढ़ने में मेरी दिलचस्पी कभी नहीं रही, लेकिन वहाँ रहना मुझे हमेशा अच्छा लगा है। मन करता है हमेशा इन पहाड़ों को देखता रहूँ। इन्हें देखते रहने से मुझे एक उल्लास भरे रोमांच की अनुभूति होती है। उनकी प्रकृति प्रदत्त शांत, अविचल, गरिमामय छवि रोजमर्रा की ईर्ष्या और छद्म, शोरगुल और अफरा-तफरी की तुलना में बहुत सुखद लगती है। मुझे दुनिया के अनेक देशों में जाने और वहाँ के सुंदरतम स्थलों को देखने का सौभाग्य प्राप्त हुआ

है। उस अनुभव के आधार पर मैं दावे से कह सकता हूँ कि पहाड़ चाहे हिमालय का हो या आल्प्स और एंडीज़ का—सभी मनुष्य को समान संदेश देते हैं। उदात्तता का संदेश।

कश्मीर का प्राकृतिक सौंदर्य इतना अद्‌भुत है कि इसके सान्निध्य में, जीवन के रहस्यों को बूझने की उत्सुकता बढ़ती जाती है। व्यक्ति के चिंतन में स्वतः ही अध्यात्म का पुट आने लगता है। जीवन के प्रारंभिक वर्षों में मुझे जो भी धार्मिक या आध्यात्मिक संस्कार मिले, वे अधिकांशतः माँ की पारंपरिक भक्ति भावना की ही देन थे। लेकिन ये विशुद्ध होते हुए भी सीमित थे। अतीत में झाँकता हूँ, तो पाता हूँ कि कश्मीर की भौगोलिक सुंदरता ने मेरे सौंदर्य-बोध को वो तीव्रानुभूति प्रदान की, जो मनुष्य को मानव-मन के कोमल और सूक्ष्म पहलुओं के प्रति अधिक संवेदनशील बनाती है। कश्मीर के पहाड़, वादियाँ, नदियाँ और जंगल तथा घुमावदार रास्तों के अगल-बगल हहराते धान के खेत—सभी उस संचेतना को माँजने और जीवंत रखने में महत्त्वपूर्ण भूमिका अदा करते हैं, जो जिंदगी के तात्कालिक दबावों और तनावों के चलते संवेदन-शून्य हो जाती है। प्रकृति की गोद में पलना बढ़ना अत्यंत दुर्लभ और अकल्पनीय सौभाग्य की बात है। हैरानी होती है यह देखकर कि हम भारतीय प्रकृति की किस कदर उपेक्षा करते हैं। यही वजह है कि हमारी संतानें प्रकृति के इस आयाम से अपरिचित हैं। इसकी तुलना में मेरे अंग्रेज अभिभावक तथा बेरिल स्टिलमैन (Beryl Stileman) जैसे लोग यहाँ की मनोरम दृश्यावली और सूर्यास्त के दृश्यों को देखकर उल्लसित हो उठते थे। उनका यह भावातिरेक देखकर कई बार तो हमें हँसी आती थी। और हम मन-ही-मन यह सोचकर गौरवान्वित होते थे कि भारत निस्संदेह इंग्लैंड के मुकाबले ज्यादा सुंदर है। लेकिन धीरे-धीरे मैंने अपने देश के प्राकृतिक सौंदर्य को नए व खुले नजरिए से देखना शुरू किया।

राजपुत्रों के मन में सामाजिक संचेतना तलाशना, रेगिस्तान में मोती तलाशने जैसा है। मैं एक ऐसी दुनिया में पला-बढ़ा, जो स्वतः पूर्ण थी। उस परिवेश में नौकर-चाकरों की उपस्थिति, उनको हुक्म बजाते देखना स्वाभाविक और अनिवार्य था। वहाँ यह सवाल उठाना या पूछना सर्वथा बेमानी और अवांछनीय था कि क्यों कुछ लोग ही शासक होते हैं, और दूसरे शासित ? इसके बावजूद दूसरे राजपुत्रों की तुलना में मैं कुछ बेहतर स्थिति में था। जैसा कि मैं बता चुका हूँ, मेरी माँ एक गरीब ग्रामीण परिवार से थी। राजसी ठाट-बाट और ऐशो-आराम भले ही उसके जीवन का अंग बन गया हो, लेकिन गरीबों और दीन-दुखियों के लिए हमदर्दी उसके मन में हमेशा बनी रही। उनके दुख-दर्द को बाँटना, उनकी सहायता करना वह अपना पवित्र कर्तव्य समझती थी। तीस वर्षों तक वह महारानी रही। इस दौरान उसने अपने निर्धन संबंधियों की ही नहीं, बल्कि रियासत के सैकड़ों आम जरूरतमंदों और गरीबों की भी उदारतापूर्वक धन-धान्य से सहायता की। अनेक गरीब लड़कियों का उसने विवाह संपन्न कराया, अनेक बेघरों के लिए घर बनवाए। इसके अलावा मिठाई और कपड़े बँटवाना तो उसका रोजमर्रा का नियम था। वह मुझे हमेशा यह अहसास दिलाती रही कि गरीबों की सहायता और सेवा करना मेरा परम धर्म है। उसका कहना था कि अगर तुम अमीरों की मदद करोगे, तो वो तुम्हारा

पैसा तो ले लेंगे, लेकिन जैसे ही उन्हें सहायता देनी बंद करोगे, वो तुम्हारी निंदा करने लगेंगे। इसलिए हमेशा गरीबों की ही मदद करनी चाहिए। वे तुम्हारी प्रशंसा करेंगे, तुम्हारा आभार मानेंगे, तुम्हें आशीर्वाद देंगे और तुम्हारे लिए दुआ करेंगे। मेरे लिए तो यह अगर समाजवाद नहीं, तो कम-से-कम सामाजिक न्याय से पहला परिचय ही था। माँ ने दूसरी महत्त्वपूर्ण शिक्षा मुझे यह दी कि मैं हर अभिवादन का जवाब हाथ जोड़कर दूँ। गरीब या अमीर—जो भी मुझसे मिलने आएँ, मैं उनके साथ आत्मीयता से मिलूँ और उनके परिवार का हाल-चाल पूछूँ। अक्सर वह शिकायत करती कि तुम्हारे पिताजी आम लोगों से मिलते-जुलते नहीं हैं। उसे पिता की यह बात बहुत अखरती थी कि वो राजसी मानसिकता के दायरे से बाहर निकलकर रियासत का हाल जानने की बजाय हमेशा अपने चहेते और चाटुकार दरबारियों से घिरे रहना ही पसंद करते हैं।

मेरे पिता ने जम्मू-कश्मीर रियासत की सेनाओं के बहुत सारे अफसरों को अपना ए डी सी रखा हुआ था। इनमें हिंदू भी थे और मुसलमान भी। इसके अलावा दरबारियों में अनेक प्रमुख मुस्लिम हस्तियाँ भी शामिल थीं। हैदराबाद के नवाब खुसरू जंग इनमें से एक थे। जंग साहब एक सामंती खानदान के थे और हैदराबाद के निजाम ने उन्हें विशेष रूप से पिता की सहायता के लिए भेजा था। इस प्रकार एक 'महबूब' साहब थे, जो मेरे पिता के अंतरंग मित्र ही नहीं, बल्कि बरसों तक उनके सैनिक सचिव भी रहे। अपने दरबारी तौर-तरीकों और अपनी शानदार आवाज के कारण दरबार में उनका खास स्थान था। 'महबूब' साहब की दूसरी बड़ी विशेषता यह थी कि बेहतरीन घुड़सवार होने के साथ-साथ वे महिलाओं में भी बहुत लोकप्रिय थे। उनकी इस खूबी से हम लड़के लोग भी अच्छी तरह परिचित थे। एक और साहब थे—साहिबजादा नूर मोहम्मद खान। भारी-भरकम शरीर और भव्य व्यक्तित्व के स्वामी—खान साहब बलूचिस्तान से थे और कई वर्षों तक पिता के खास कर्मचारियों में रहे थे। इनके अलावा 'भाईजान' के नाम से मशहूर एक साहब थे—सरदार अब्दुल रहमान एफेंदी। एफेंदी पिता के घनिष्ठ मित्र थे और हमारे श्रीनगर महल के पास ही गुपाकर रोड पर रहते थे। वो अफगानिस्तान के एक शरणार्थी थे। वैसे वो अफगानिस्तान के शाह के संबंधी भी थे, जिन्हें अपदस्थ करके देश-निकाला दे दिया गया था। एफेंदी साहब की दूसरी पत्नी अच्छी लंबी-चौड़ी महिला थीं और पश्तो-उर्दू लहजे की जुबान बोलती थीं। श्रीमती एफेंदी मेरी माँ की सहेली थीं और उनके साथ टेनिस खेलती थीं। उनकी सास कोको जान एक याद रखने लायक महिला थीं। मैंने जब उन्हें पहली बार देखा, वह अस्सी बरस की थीं, लेकिन इतनी जिंदादिल कि पार्टियों की जान हुआ करती थीं। जाहिर था कि अपनी जवानी के दिनों में वे अफगान-दरबार में महत्त्वपूर्ण भूमिका अदा करती रही होंगी। पिता के दरबार में हिंदू-मुस्लिम के साथ किसी तरह का भेदभाव नहीं बरता जाता था, बल्कि कई मायनों में मुस्लिमों को ज्यादा तरजीह दी जाती थी। जहाँ तक दफ्तर के कामकाज का सवाल था, उसे मुख्यतः दीनानाथ जलाली और शंभुनाथ वांचू नाम के दो महानुभाव ही सँभालते थे। श्री जलाली एक अत्यंत योग्य कश्मीरी पंडित थे और मेरे पिता के साथ

पूरे पच्चीस वर्ष तक जुड़े रहे। इनके बाद श्री वांचू का नाम आता है, जो योग्यता और कद—दोनों में ही खास थे।

कश्मीर उस जमाने में भी पर्यटकों के आकर्षण का प्रमुख केंद्र था। अनेक राजा-महाराजा अपनी गर्मियाँ बिताने हर साल यहाँ आते थे। इनमें से कुछ तो मेरे पिता के मेहमान की हैसियत से आते। उनमें से बहुतों की यादें आज भी मेरे मन में ताजा हैं। राजकुमारी नीलोफर उनमें से एक थीं। गजब की खूबसूरत थीं वो, और हैदराबाद के निजाम साहब के दूसरे बेटे की पत्नी थीं। लेकिन अपने विवाह से खुश नहीं थीं। उन्हीं की एक रिश्ते की बहन थीं—राजकुमारी दुरिशेश्वर। ये निजाम साहब के सबसे बड़े पुत्र, बरार के युवराज की पुत्रवधू थीं। लेकिन वे, नीलोफर जितनी सुंदर नहीं थीं। मतलब यह कि हर साल गर्मियों में हमारे यहाँ राजा-महाराजाओं और नवाबों की खासी भीड़ इकट्ठी हो जाती थी। इनमें पालनपुर के नवाब और उनकी सुंदर आस्ट्रेलियाई पत्नी भी थे। उन शाही मेहमानों में से कुछ चुनिंदा लोगों से मुझे भी मिलवाया जाता था। मैं उनके पैर छूता और उन्हें 'अंकल' कहकर बुलाता। मिलने-मिलाने के ऐसे ही एक दौर में मेरी मुलाकात हुई जींद के महाराजा से। उनसे मिलकर मैं चमत्कृत रह गया। पता लगा कि वो पूरी तरह बहरे हैं और उनसे जो भी संवाद होता था, वह एक पाटी पर लिख-लिखकर ही किया जाता था। बहरहाल, ये महाराजा अपने अनोखे कुत्ता-संग्रह के कारण बहुत प्रसिद्ध थे। उनके इस संग्रह में विभिन्न नस्लों के अनेक कुत्ते शामिल थे। लेकिन मुझे उस छोटी उम्र में भी उनका यह शौक विसंगत सा लगता था। मैं सोचता था कि जितना पैसा वे अपने कुत्तों पर लुटाते हैं, अगर अपनी रियासत की जनता की भलाई के लिए खर्च करते, तो कहीं ज्यादा बेहतर होता।

हिंदुस्तानी रियासतों में अंग्रेज कम ही दिखते थे, जबकि पूरे हिंदुस्तान में उनका शासन था। हमारी रियासत में तो अंग्रेजों का दखल काफी कम था। इसका एक बड़ा कारण यह था कि मेरे पिता अंग्रेजों पर बिलकुल विश्वास नहीं करते थे। यहाँ तक कि उन्होंने अंग्रेजों को अपनी रेजीडेंसी जम्मू में रखने की बजाय पंजाब के सियालकोट में रखने के लिए बाध्य कर दिया था। गर्मी के महीनों में ब्रिटिश रेजिडेंट श्रीनगर में बंध पर बने एक घर में रहता था। बाद में इस घर को सरकारी हैंडीक्राफ्ट्स एंपोरियम में बदल दिया गया। लेकिन श्रीनगर में रेजिडेंट के रहने के बावजूद हमने शायद ही उसे कभी देखा हो ! और जहाँ तक मुझे याद पड़ता है, उसे महल में तो मैंने कभी देखा ही नहीं। वह हर साल एक फैंसी ड्रेस पार्टी आयोजित करता था। डिग्बी, बिल्टी और मैं उसमें जरूर शामिल होते। रेजिडेंट की पत्नी की अन्य विदेशी महिलाओं और गैर-कश्मीरी अधिकारियों की पत्नियों के साथ कभी-कभी मेरी माँ से मिलने महल में आती थी। वहाँ आने वाली जिन महिलाओं का अभी मुझको स्मरण है, उनमें एक थीं—लेडी दलाल। वे मुख्य न्यायाधीश सर बरजोर दलाल की पत्नी थीं, जो एक पारसी थे। लेडी दलाल बेहद सौम्य महिला थीं और जब भी वो हमारे यहाँ आतीं, मुझे ढेर सारी छोटी-छोटी पेंसिलें दे जातीं। इन पेंसिलों को मैं बड़े शौक से इकट्ठा करता।

कश्मीरी मुसलमानों से हमारा संपर्क बहुत सीमित रहा। ज्यादातर वे हमारे यहाँ माली का काम करते थे, या फिर शिकार और मछली पकड़ने के लिए गार्ड के तौर पर रखे जाते थे। एक कश्मीरी मुसलमान थे, गुलाम अहमद, जो एक महशूर जौहरी होने के साथ-साथ गलीचे भी बनाते थे। वैसे मेरे पिता के 'कला-सलाहकार' भी थे। एक बार पिताजी ने मुझे उनके साथ शहर देखने के लिए भेज दिया। शहर का चक्कर लगाते हुए झेलम के किनारे बनी इमारतों की जो जर्जर हालत देखी, तो मुझे बड़ा धक्का लगा। ऐसा लगा कि किसी भी पल वे नदी में गिर जाएँगी। मकानों और उनमें रहने वालों की ओर इशारा करते हुए अहमद साहब ने जरा नाटकीय अंदाज में कहा, 'देखो, ये सब तुम्हारी प्रजा हैं।' शहर की यह परिक्रमा मेरे लिए काफी दुखद रही। झेलम के किनारे खड़े उन खस्ताहाल मकानों और उनमें रहने वालों का दृश्य कई दिन तक रह-रहकर मेरी आँखों के सामने घूमता रहा। कभी मुझे वो नदी में गिरते मकान दिखाई देते, तो कभी अपना शानदार सभी सुख-सुविधाओं से भरपूर राजमहल ! इन दो परस्पर विरोधी उदाहरणों का ध्यान करके कई दिन तक मैं बहुत परेशान रहा।

लेकिन इसके अलावा रियासत में सियासत क्या करवटें ले रही है, या देश-भर में स्वतंत्रता-आंदोलन की लहर ने क्या गुल खिला रखे हैं—इसकी जानकारी हमें बहुत कम ही होती थी। हालाँकि हमारे घर लाहौर से प्रकाशित होने वाले 'द ट्रिब्यून' तथा 'सिविल एंड मिलिट्री गजेट' दोनों अखबार आते थे, पर मैं उन्हें पढ़ने और समझने लायक 'बड़ा' नहीं था। उस वक्त मैं दस साल का भी नहीं हुआ था। उन दिनों हम कभी-कभी रेडियो जरूर सुना करते थे, विशेषकर विश्व-युद्ध शुरू होने के बाद समाचार सुनना अच्छा लगता था। मुझे अभी तक याद है कि आल इंडिया रेडियो के कार्यक्रम शुरू होने से पहले बजने वाली धुन यानी 'सिग्नेचर ट्यून' मुझे बहुत अच्छी लगती थी। (और सुखद बात है कि यह धुन अभी तक चली आ रही है।) लेकिन इससे आगे क्या हो रहा है, क्यों हो रहा है—हम कुछ समझ नहीं पाते थे। दरअसल हम अपने एक ऐसे सीमित संसार में रह रहे थे, जहाँ बाहर का कुछ पता ही नहीं चल पाता था। सच पूछिए तो हम बाहरी दुनिया में हो रही सभी राजनीतिक और आर्थिक उठापटकों से पूरी तरह बेखबर और अलग-थलग थे। तमाम राजसी सुख-सुविधाओं के बीच रहने के बावजूद अपने बचपन में मैंने शायद ही कभी वास्तविक खुशी महसूस की हो। मेरे मन में कहीं गहरे एक अजीब सा डर हर समय बना रहता। ये क्या डर था, उसे समझना और बता पाना तो बहुत मुश्किल है। लेकिन उसका अहसास एकदम स्पष्ट और तीखा था। शायद ऐसा मेरे माता-पिता के परस्पर बिगड़ते संबंधों के कारण हो, या फिर माँ से मुझे जबरन अलग रखे जाने के कारण। बहरहाल, कारण जो भी रहा हो, उससे मेरे प्रारंभिक जीवन का एक महत्त्वपूर्ण हिस्सा प्रभावित हुआ।

1940 और 1941 की सर्दियों में बंबई के केथेडरल स्कूल में अपने दाखिले की बात पहले बता चुका हूँ। उन्हीं गर्मियों में मैंने श्रीनगर में राजबाग के प्रेज़ेंटेशन कॉन्वेंट स्कूल में भी जाना शुरू किया था। इस स्कूल तक पहुँचने का एक शार्ट-कट रास्ता था

झेलम पर बने अमीरा कदल पुल से होकर। हालाँकि यह झेलम पर बने सात ऐतिहासिक पुलों में से एक था, लेकिन इसे पार करने के लिए शहर के बीच से होकर जाना पड़ता था। लेकिन ड्राइवर को पिता का निर्देश था कि वो शहर होकर गाड़ी न ले जाए। लिहाजा ड्राइवर गाड़ी को झेलम के किनारे-किनारे 'पेस्टन जी' और 'अहदूस' नाम के दो शो-रूम के बगल से निकालता था। ये दोनों ही बहुत पुरानी दुकानें थीं और लगभग एक संस्था का रूप ले चुकी थीं। यहाँ से मैं एक शिकारे में नदी पार करता और स्कूल के बहुत पास ही उतरता था। इस बीच ड्राइवर गाड़ी को पुल पार कर इस तरफ ले आता था और वहाँ मेरा इंतजार करता। अब मैं बीती बातों के बारे में सोचता हूँ, तो मुझे समझ आता है कि पिताजी मुझे शहर में जाने से क्यों रोकते रहे। उन दिनों शेख अब्दुल्ला राजनीति में आ चुके थे और उनके नेतृत्व में नेशनल कान्फ्रेंस का डोगरा-शासन विरोधी आंदोलन जोर पकड़ता जा रहा था। अतः पिता ने मेरी सुरक्षा को ध्यान में रखकर ही शायद ऐसा आदेश दिया था। हालाँकि इसे कारण के तौर पर कभी बताया नहीं गया। प्रेजेंटेशन एक निहायत ही साफ-सुथरा और सुव्यवस्थित स्कूल था। इसका संचालन आइरिश ननों के एक ग्रुप के हाथों में था, जिनकी अगुआ थीं—मदर पीटर। वहाँ हमारी क्लास-टीचर हुआ करती थीं—सिस्टर अनुन्सियाटा (Sister Annunciata)। इसके मिशन-प्रमुख थे—फादर शैंक्स, जो बहुत ही मिलनसार किस्म के व्यक्ति थे। फादर समय-समय पर स्कूल का मुआयना करने आते थे। ये भी आयरिश थे। हालाँकि सभी अंग्रेजी बोलते थे, लेकिन उनका उच्चारण स्पष्ट रूप से भिन्न था। क्लास में मैं हमेशा अव्वल आता था (पर दुर्भाग्य से मुझे संदेह है कि ऐसा पूरी तरह योग्यता के आधार पर नहीं होता था)। पढ़ाई के अलावा स्कूल में संगीत, खेल, नाटक तथा अन्य मनोरंजक गतिविधियाँ भी होती थीं। दीवारों पर मदर मेरी और जीसस के सुंदर-सुंदर चित्र टँगे होते थे। यहाँ की सभी नन अत्यंत विनम्र और बहुत खयाल रखने वाली थीं। वहाँ के नाटकों में भी मैंने भाग लिया। मुझे याद है जब मैंने पहली बार एक नाटक 'रोबिनहुड' में भाग लिया था। यह नाटक स्कूल के वार्षिक समारोह में खेला गया और हमने कई दिन तक इसकी रिहर्सल की थी। पहले तो इसमें मेरी भूमिका किंग रिचर्ड की थी, लेकिन ऐन मौके पर बदलकर मुझे 'रोबिनहुड' बना दिया गया। मुझे लगा मेरे पिता यह सोचते थे कि मुझे यह मानकर नहीं चलना चाहिए कि एक राजकुमार को हमेशा राजा की ही भूमिका निभानी पड़ेगी।

पर मेरे पिता कुछ ही बातों में आधुनिक थे। यह पहले ही बता चुका हूँ कि मेरे पिता और जोधपुर के तत्कालीन महाराजा बरसों तक घनिष्ठ मित्र रहे। महाराजा जोधपुर उम्मेद सिंह जी पत्नी और बच्चों सहित हर वर्ष कश्मीर आते। उनकी पत्नी काफी मजबूत इरादों वाली महिला थीं। उनकी छह संतानें थीं—पाँच लड़के और एक लड़की। लड़की का नाम था सूसन। मुझे संदेह था कि सूसन के साथ मेरी सगाई की बात चल रही है। यह संदेह भविष्य में घटी कुछ विशेष घटनाओं की पृष्ठभूमि में और भी पुष्ट हो गया। दोनों महाराजाओं की मित्रता क्यों टूटी, इसका कारण मुझे आज तक समझ

में नहीं आया। मेरे पिता कट्टर सामंती परंपरा के व्यक्ति थे। 'सामंती धर्म' को निभाने के मामले में वो लगभग अतिवादी थे। उनका मानना था कि आदमी के लिए 'मध्य मार्ग' जैसी कोई चीज नहीं होती, या तो वो इधर होता है या फिर उधर। अतः इसे प्रतिक्रिया कहा जाए या बदले की भावना, जोधपुर शासक को नीचा दिखाने के लिए पिताजी ने मेरी सगाई तुरंत रतलाम के राठौर शासक महाराजा सज्जन सिंह जी की पुत्री के साथ कर दी। आजकल के पाठकों को यह जानकर धक्का लगेगा कि सगाई जैसे गंभीर संबंध दस-बारह साल की उम्र में भी कर दिए जाते थे। लेकिन वो जमाना चालीस के दशक के प्रारंभ का था। उन दिनों हिंदुस्तानी रियासतों में किसी भी युवराज की सगाई बड़े उत्सव से कम महत्त्व नहीं रखती थी। मेरी सगाई के अवसर पर, 'गुलाब भवन' के विशाल लॉन में परंपरागत भव्य शाही दरबार आयोजित किया गया। संवाद एजेंसी 'रायटर्स' ने दरबार का वर्णन करते हुए लिखा, "भारत के दरबार अपनी जिस शानो-शौकत व रंग-बिरंगी सजधज के लिए मशहूर हैं, यह दरबार भी वैसा ही भव्य था।" उस दिन मुझे जवाहरात से जड़े कीमख्वाब के वस्त्र पहनाए गए थे। और मुझे अच्छी तरह याद है कि भरे दरबार में प्रवेश करते समय मैं नितांत हास्यास्पद महसूस कर रहा था। दरबारियों का दल रतलाम के एक दरबारी विजय बहादुर के नेतृत्व में वहाँ आया। जब वो मुझे स्वर्ण मुद्रा देने लगा, तो उसमें से एक जमीन पर गिर गई। इस पर उसने मुझे कान में कहा कि मैं उसका खाली रुमाल ले लूँ और ऐसा जताऊँ कि उसने वो मुद्रा मुझे भेंट दे दी है, ताकि उसकी चूक पकड़ी न जा सके। उसकी भलमनसाहत को देखते हुए मैंने वैसा ही किया। मैं उसे निराश करना नहीं चाहता था।

रतलाम की राजकुमारी का वास्तविक नाम तो चंद्रकुँवर था, लेकिन उन्हें 'शांति' के नाम से ही पुकारा जाता था। चंद्रकुँवर उर्फ शांति अपने छोटे भाई और माता-पिता के साथ आई थीं। उनके साथ उसकी अभिभाविका मिसेज स्टूअर्ट भी थीं और वो सब लोग श्रीनगर में कुछ महीने तक ठहरे। वैसे तो राजकुमारी देखने में बहुत शालीन और सुंदर थीं, लेकिन उस वक्त मेरी वैसी उम्र ही नहीं थी कि मैं लड़कियों में दिलचस्पी लेता और चतुराई भरी बातें करता। कुछ बरस बाद मैं अमेरिका चला गया। मेरे वहाँ प्रवास के दौरान ही हम दोनों में खतो-किताबत शुरू हुई। लेकिन स्थिति निश्चय ही हास्यास्पद थी। गुत्थी सुलझते-सुलझते तब और उलझ गई, जब 1949 में न जाने किस आवेश में पिताजी ने हमारी सगाई तोड़ दी। बहरहाल, इसका जिक्र मैं बाद में करूँगा। दोनों ही मौकों पर मेरी कोई राय नहीं ली गई थी। लेकिन इतना मैं जरूर कहूँगा कि जिस तरीके से यह सब किया गया, वह स्पष्ट ही बहुत अपमानजनक था। रतलाम के राजपरिवार के प्रति यह सरासर अन्याय था—विशेष रूप से शांति के साथ। बल्कि इससे हमारे परिवार की गरिमा को भी धक्का लगा। बाद में पता चला कि शांति ने उत्तर प्रदेश के किसी व्यक्ति से विवाह कर लिया। कई वर्ष बाद एक सड़क दुर्घटना में वो गंभीर रूप से घायल हो गई जिससे अंततः उसकी मृत्यु हो गई।

अध्याय 3

देहरादून में दून स्कूल की स्थापना 1935 में ब्रिटेन के मशहूर ब्रिटिश पब्लिक स्कूल की अवधारणा पर की गई थी। भारत में अपनी तरह का यह पहला स्कूल था। इसी दून स्कूल में कर्नल हक्सर का नाती (grandson) विवेक नेहरू भी पढ़ता था। कर्नल हक्सर ने मेरे पिताजी को मुझे भी इस स्कूल में भेजने के लिए मना लिया। इससे पूर्व हिंदुस्तानी रियासतों के युवराजों की स्कूली शिक्षा या तो इंग्लैंड में होती थी, या फिर अजमेर, राजकोट, इंदौर तथा अन्य स्थानों में चल रहे तथाकथित रजवाड़ों के स्कूलों में। इनमें हिंदुस्तान के अभिजात वर्ग की संतानों की शिक्षा-दीक्षा होती थी। इन रईसजादों को आमतौर पर निजी सेवादार रखने की सुविधा होती थी। जो जितना बड़ा रईसजादा, उसका खर्च भी उतना ही बेहिसाब रहता। मुझे दून स्कूल में भेजने का निर्णय अच्छी तरह सोचा-समझा और दूरंदेशी का निर्णय था। यह मेरे भावी जीवन को स्थायी रूप से प्रभावित करने वाला फैसला रहा। अगर मुझे जबर्दस्ती दून स्कूल में चार अप्रिय साल न बिताने पड़ते, तो मेरे लिए अपने सामंती संस्कार छोड़कर जीवन-शैली को प्रजातांत्रिक ढर्रे में ढाल पाना कहीं ज्यादा मुश्किल होता। क्योंकि कुछ साल बाद मुझे यही जीवन-शैली अपनानी थी। लेकिन उस वक्त मैं भविष्य के प्रति आशावान नहीं था। देहरादून के लिए मेरी रवानगी के वक्त माँ बहुत रोई थी, यहाँ तक कि वो रोते-रोते बेहोश होकर अपनी नौकरानी की बाँहों में निढाल हो गई। स्कूल की भावी जिंदगी को लेकर मेरे मन में तरह-तरह की शंकाएँ थीं। कर्नल हक्सर ने बार-बार समझाया था कि वहाँ मुझे अपना बिस्तर खुद लगाना पड़ेगा, जूते भी खुद ही पॉलिश करने होंगे। और मुझे सिर्फ पाँच रुपए महीने के जेबखर्च पर गुजारा करना पड़ेगा। अपनी जिंदगी के प्रारंभिक ग्यारह साल अत्यधिक संरक्षण और सुविधाओं के वातावरण में बिताने के बाद, जाहिर है यह बदलाव कोई बहुत सुखद नहीं होने वाला था। फिर भी सितंबर, 1942 में दून स्कूल में मेरा दाखिला करा दिया गया। कर्नल हक्सर स्वयं मुझे देहरादून छोड़ने आए। आशा के अनुरूप मुझे 'कश्मीर हाउस' में रहने का आदेश हुआ। दून स्कूल में मेरा रोल नंबर 259 था।

इस स्कूल में शुरू के कुछ सत्र तो निराशाजनक रहे। मुझे घर की बहुत याद आती थी। हर रात सोने से पहले मैं जितना संभव हो उतना छिपाकर खूब रोता। स्कूल की हर मंजिल पर लगभग एक दर्जन कमरे थे और एक कमरे में चार छात्रों के रहने की

व्यवस्था थी। हर मंजिल पर दो-दो शौचालय थे। यहाँ मुझे अँधेरे में सोना पड़ता था, और मुझे अँधेरे में सोने की आदत नहीं थी। यहाँ के बिस्तर पर जो चादर बिछी रहती थी, वह भी सीली हुई रहती थी ओढ़ने के लिए मोटे व खुरदुरे नीले कंबल दिए गए थे। फिर मच्छरों से बचाव के लिए नीची मच्छरदानी—ये सब मुझे बेहद अखरता था। सौभाग्य से यहाँ के अन्य लड़कों ने मुझसे कभी मारपीट या किसी तरह की असभ्यता नहीं की। मैं राजकुमार हूँ ये जानकर वो मुझसे सहज नहीं हो पाए। असल में अधिक कठिनाई इस बात से हुई कि यहाँ मेरा दाखिला मेरी उम्र के बच्चों की तुलना में दो क्लास आगे कराया गया था। दाखिले से पहले मुझे घर पर कई महीनों तक जबर्दस्त कोचिंग दी गई थी। हालाँकि पढ़ाई में मेरी इस सफलता से मेरे माता-पिता बहुत खुश थे और मेरी प्रतिभा के कायल थे, लेकिन इससे कुल मिलाकर मेरी स्थिति बड़े असमंजस की हो गई थी। मेरी क्लास में सभी लड़के मुझसे दो-दो साल बड़े थे, जबकि मेरे हमउम्र मुझसे दो क्लास पीछे। नतीजा यह रहा कि न तो मैं अपने सहपाठियों से घुलमिल पाता था, और न अपने हमउम्र लड़कों के साथ ही दोस्ती कर पाया। इसके अलावा मैं बड़ा संकोची और अंतर्मुखी भी था। स्पष्ट था कि जिस माहौल में और जिस तरीके से अब तक मेरा लालन-पालन हुआ था, उसमें मैं पब्लिक स्कूल की कठोर जीवन-शैली के लिए मानसिक रूप से जरा भी तैयार न हो सका था।

वहाँ का खाना भी एक बड़ी परेशानी था। ज्यादातर ऐसी सब्जियाँ बनतीं, जो मुझे पसंद नहीं थीं, जैसे—शलगम, बंदगोभी और भिंडी। नौबत यहाँ तक आ पहुँची कि मुझे खाने से अरुचि हो गई। मैं तो कहूँगा कि पब्लिक स्कूलों के साथ जुड़ी यह आम धारणा कि वे रईसों के नकचढ़े बच्चों के लिए मौज-मस्ती के अड्डे हैं, बिलकुल गलत है। कम-से-कम जब तक मैं वहाँ रहा, तब तक तो वहाँ का वातावरण कठोर अनुशासन और सादगी वाला रहा। हालाँकि माता-पिता को पत्र लिखते समय मैं इस बात का विशेष ध्यान रखता था कि यहाँ के कठोर जीवन और दुख-दर्द की भनक भी उन्हें न लगे (इन पत्रों की फाइल मुझे मेरे पिता की मृत्यु के बाद ही देखने को मिल सकी), लेकिन मैं पहले ही दिन से सत्र खत्म होने का इंतजार करने लगता। कैसे भूल सकता हूँ कि जब भी छुट्टियों से वापस स्कूल जाने लगता, तो घबराहट के मारे मेरे पेट में हलचल होने लगती।

स्कूल की दिनचर्या में पढ़ाई-लिखाई के साथ-साथ खेल-कूद तथा अन्य शौकिया गतिविधियाँ भी शामिल रहती थीं। यों इसमें कुछ अनोखापन नहीं था, लेकिन यहाँ मैं उसका संक्षिप्त वर्णन जरूर करना चाहूँगा। खास तौर पर इसलिए कि यह मेरी पहले की जीवन-शैली से एकदम भिन्न था। यहाँ रहने और पढ़ने के लिए मुझे काफी समझौते करने पड़े। होस्टल का चौकीदार सुबह छह बजते ही वहाँ के अहाते में लटके हुए विशालकाय घंटे को बजा देता था। उसकी जोरदार गूँज सुनते ही बिस्तर छोड़ देना आवश्यक था। 'छोटा हाजरी' में एक कप दूध और एक ब्रेड-स्लाइस लेने के बाद हम सब स्कूल के मुख्य मैदान में पी. टी. के लिए जाते तो ज्यादा ड्रिल तो मैं जैसे-तैसे पूरी

कर लेता था, लेकिन वहाँ हफ्ते में एक बार जिम्नेजियम भी जाना पड़ता था। इस मौके पर मेरी जो हालत होती थी, वो क्या बताऊँ ! वहाँ एक इक्सरसाइज के तहत एक बड़े बक्से पर 'फारवर्ड रोल' करना होता था। कुछ कारणों से इस व्यायाम को लेकर मेरे मन में बेतुका डर बैठ गया। वो भय मुझ पर इस कदर हावी हो गया था कि जब भी मैं उस बक्से पर चढ़ता, एकदम जड़ हो जाता। फिर लाख कोशिशें करने और कहने-सुनने के बावजूद मैं वो कलाबाजी (समरसाल्ट) नहीं कर पाता था। लगभग हर बार मेरी स्थिति हास्यास्पद होती। न मालूम उस बक्से में ऐसा कौन सा अजूबा था कि मैं कलाबाजी खाने की बजाय उस पर बैठ जाता और सारी क्लास मेरी हालत देखकर मुझ पर हँसती। मैं शर्म से पानी-पानी हो जाता। यहाँ तक कि सख्त व अनुशासन प्रिय प्रिंसिपल मि. ए. ई. फूट से बातचीत का भी कोई लाभ नहीं हुआ। अपने समूचे स्कूली जीवन के दौरान मैं इस तिलस्म को नहीं तोड़ पाया। पी. टी. में स्कूल के सभी छात्र एक साथ शामिल होते थे। इसके बाद सब अपने-अपने हाउस में लौट आते थे। वहाँ कुल मिलाकर चार हाउस थे—कश्मीर, हैदराबाद, जयपुर और टाटा। हाउस लौटकर हम लोगों का नहाना-धोना होता था, फिर नाश्ता। इसके बाद स्कूल-बिल्डिंग में 'एसेंबली' के लिए हम इकट्ठा होते और अपनी-अपनी कक्षाओं में चले जाते। स्कूल में हर अध्यापक के जिम्मे एक कक्षा होती। सुबह के सत्र के बाद हम सब लंच के लिए अपने-अपने हाउस लौट आते। दोपहर को थोड़ा आराम करने के बाद फिर हमारी क्लासें लगतीं। शाम की चाय के बाद खेल का सत्र होता, जिसमें हर विद्यार्थी को कोई-न-कोई गेम खेलना होता। खेल सत्र के बाद फिर अपने-अपने हाउस लौटते, नहाते और शाम का 'होम वर्क' निपटाते (होमवर्क का समय होने के बावजूद कुछ अबूझे कारणों से इस सत्र को 'टॉय टाइम' यानी खिलौनों का समय कहा जाता था)। फिर डिनर होता और उसके बाद सोने का वक्त। स्कूल का जितना नाम था, उसकी पढ़ाई भी वैसी ही थी। हालाँकि मैं अपेक्षाकृत छोटी उम्र का था, लेकिन इसके बावजूद मुझे सीखने-समझने में ज्यादा समय नहीं लगता था। यही कारण था कि पढ़ाई में मेरा स्तर बराबर बना रहा। स्कूल में सीनियर कैंब्रिज स्तर तक की पढ़ाई होती थी और उस वक्त इसमें कुल नौ विषय पढ़ाए जाते थे। यहाँ अध्यापकों का स्तर आमतौर पर संतोषजनक ही था। लेकिन कुछ अध्यापकों ने मुझ पर अमिट छाप छोड़ी। इनमें सबसे उल्लेखनीय नाम था—वी. एस. चारी का। ये वही साहब थे, जो बाद में वी. सिद्धार्थचारी के नाम से भारतीय विदेश सेवा यानी आई. एफ. एस. में चमके। चारी साहब हमें अंग्रेजी पढ़ाया करते थे। चारी साहब ने ही मेरा परिचय अंग्रेजी कविता से कराया। उनके पढ़ाने का ढंग इतना सुंदर था कि पीरियड खत्म होने की घंटी बजने के बाद भी कक्षा में सभी विद्यार्थी तब तक अविचल बैठे रहते, जब तक कि वो अपनी बात पूरी नहीं कर लेते। जहाँ तक विद्यार्थियों का सवाल है, उनका व्यवहार हरेक अध्यापक से उतना आदरपूर्ण नहीं था, जितना कि चारी साहब के साथ। इस सबसे मुझे एक अत्यंत उपयोगी शिक्षा यह मिली कि व्यक्ति अपनी योग्यता और गरिमा के बल पर ही दूसरों के आदर का पात्र हो सकता है। अगर

अध्यापक बहुत नर्म रवैए वाला और अनिर्णय का शिकार है, तो विद्यार्थी उसके साथ डराने-धमकाने जैसा अभद्र व्यवहार करने लगते हैं।

पब्लिक स्कूलों का एक खास जुनून होता है कि उनके विद्यार्थी स्मार्ट और चुस्त-दुरुस्त दिखें। दून स्कूल भी इससे अछूता नहीं था। यहाँ सिर्फ खेल खेलने ही नहीं, खेलों में पारंगत होने पर भी काफी जोर दिया जाता था—चाहे वो टीम स्पर्द्धा हो या व्यक्तिगत। हर खेल में चारों हाउसों में एक-दूसरे को मात देने की होड़ सी लगी रहती। और हर मुकाबला काँटे का होता। इसके अलावा देहरादून में उन दिनों जिला-स्तर की खेल-कूद प्रतियोगिताएँ होती थीं। इन प्रतियोगिताओं में पूरा स्कूल भाग लेता था। मैं स्कूल की सिर्फ एक ही टीम में हमेशा शामिल रहा, और वो थी शतरंज की टीम। दो साल मैंने इस टीम का नेतृत्व भी किया। यूँ समझिए कि मेरा सबसे पंसदीदा खेल भी यही था। लेकिन जो खेल मुझे सबसे ज्यादा नापसंद था, वो थी 'क्रास कंट्री' दौड़। इसमें हमें स्कूल के आसपास की पहाड़ियों और बीहड़ों को पार करते हुए मीलों लंबी दौड़ लगानी पड़ती थी। दौड़ते-दौड़ते पहलुओं में दर्द होने लगता और फेफड़े लोहार की धौंकनी बन जाते। खेल-कूद के अलावा स्कूल में विभिन्न प्रकार की शौकिया गतिविधियाँ भी चलती थीं। हर विद्यार्थी को अपने पसंद की कम-से-कम दो गतिविधियों में अनिवार्य रूप से भाग लेना होता था। मैंने संगीत और बढ़ईगिरी का काम चुना। बढ़ईगिरी इसलिए कि लगभग हर विद्यार्थी यही काम ले रहा था। हर लड़के का एक रिपोर्ट-कार्ड होता था, जो हर महीने उसके अध्यापकों द्वारा भरा जाता था। गलती करने या काम न करने पर सजा भी मिलती थी, लेकिन यह सजा बड़ी दिलचस्प और लीक से हटकर होती थी। शारीरिक दंड की तो स्कूल में मनाही थी, वैसे सबसे बड़ी सजा थी (गंभीर किस्म के अपराधों के लिए निष्कासन की सजा थी, जो बहुत कम दी जाती थी) 'येलो कार्ड'। इस सजा के अंतर्गत स्कूल के नोटिस बोर्ड पर सूचना लगा दी जाती थी। साथ ही दंडित विद्यार्थी से एक महीने के लिए 'टक शाप' की सुविधा छीन ली जाती थी। यह एक बहुत बड़ी और सम्मानजनक सुविधा मानी जाती थी। इसके अलावा कभी-कभी हमें सिनेमा भी ले जाया जाता था, तो अगली दो बार के लिए यह सुविधा भी रद्द कर दी जाती थी। इसी तरह की कई सजाएँ थीं। पढ़ाई में लगातार फिसड्डी प्रदर्शन के लिए लाल कार्ड दिया जाता था। इसके साथ कुछ दायित्व भी जुड़े थे। होस्टल में छोटे-मोटे अपराधों के लिए संबंधित हाउस के प्रशासक (प्रीफैक्ट) भी नीला कार्ड जारी कर सकता था। समूचे स्कूली जीवन में मुझे सिर्फ एक येलो-कार्ड मिला था। वो भी इस जुर्म में कि इतिहास के एक टेस्ट के दौरान मेरे आगे बैठे लड़के ने मेरा लिखा एक उत्तर शब्दशः नकल कर लिया था, संयोग से जो गलत भी था। परिणामस्वरूप हम दोनों ही पकड़े गए।

हर सत्र के मध्य में तीन दिन का ब्रेक होता था। इस ब्रेक के दौरान सभी विद्यार्थियों को दून घाटी के आसपास के पर्वतीय स्थलों—दोईवाला, लाचीवाला, राईवाला पर विभिन्न प्रकार के अभियानों में शामिल होना पड़ता था। बड़ी उम्र के विद्यार्थी तो

पर्वतारोहण अभियानों पर जाना पसंद करते थे। लेकिन मेरा साहसिक अभियान या तो आसपास की नदियों में 'राफ्टिंग' या फिर पिकनिक स्थलों की सैर तक सीमित रहता था। जब मैंने इस स्कूल में दाखिला लिया था, तो मुझे तैरना बिलकुल नहीं आता था, बल्कि पानी में कूदने के नाम से ही डर लगता था। पानी और उसमें तैरने के लिए कूदने को लेकर मन में बसे इस मनोवैज्ञानिक भय को खत्म करने में मुझे कुछ साल लग गए। पब्लिक स्कूलों में किसी तरह की कायरता या डरपोकपन कोई अच्छी बात नहीं मानी जाती। अपने स्कूली जीवन में मैं इस अवगुण का शिकार रहा हूँ। इस कारण मैं इस स्कूल में बिताए दिनों का पूरी तरह आनंद नहीं उठा पाया। फिर मेरा दुर्भाग्य यह रहा कि जिस सत्र में मैंने दून स्कूल में प्रवेश लिया, उसी सत्र में 'कश्मीर हाउस' के इंचार्ज जैक गिब्सन को नौसेना से बुलावा आ गया। और जब वो स्कूल में लौटे तो वो मेरा आखिरी साल था। स्कूल के प्रधानाध्यापक मिस्टर फुट अलग-थलग रहने वाले और शुष्क किस्म के व्यक्ति थे। उनसे बात करने के लिए काफी हिम्मत जुटानी पड़ती थी। वैसे भी स्कूल की व्यवस्था कुछ इस तरह की थी कि विद्यार्थी जिस हाउस से संबद्ध होता, वही हाउस उसके जीवन की गतिविधियों का मुख्य केंद्र हो जाता। परिणाम यह हुआ कि जहाँ उम्र की वजह से मेरी मित्रता का दायरा बहुत सीमित रहा, वहीं मुझे एक बेहतरीन हाउस-मास्टर की छत्रछाया से भी वंचित रहना पड़ा। मेरी कठिनाइयाँ कुछ इस कारण भी बढ़ी हुई थीं, कि पिताजी ने स्पष्ट तौर पर यह आदेश दे रखा था कि जब तक मैं स्कूल में हूँ, कोई संबंधी, कोई परिचित मुझसे मिलने वहाँ न आए। ऐसे में मैं अपनी परेशानियों और अनिश्चितताओं के बारे में किसी से बातचीत भी नहीं कर सकता था।

हताशा और परेशानियों के इस आलम में एक राहत की बात यही थी कि यहाँ साल में दो बार छुट्टियाँ होती थीं। ढाई महीने की गर्मियों में और छह हफ्तों की सर्दियों में। दून स्कूल में आ जाने के बाद जम्मू और श्रीनगर में मेरे अलग रहने की व्यवस्था खत्म कर दी गई। उधर 'दिग्बी' और 'बिल्टी' भी अपने-अपने घरों को लौट गए। इस तरह अपनी छुट्टियाँ मैं माता-पिता के साथ ही बिताने लगा। सन् 1943 से 1946 तक का यही छोटा सा अरसा था, जो मैंने बचपन में एक सामान्य पारिवारिक माहौल में बिताया। संयोगवश इस दौरान मेरे माता-पिता के संबंध भी पहले की तुलना में काफी सौहार्दपूर्ण चल रहे थे। हमेशा की तरह मेरी गर्मियों की छुट्टियाँ श्रीनगर में बीततीं। इस दौरान हम सब अपने मुख्य महल 'गुलाब भवन' में ही रहते। आजकल यह भवन 'ओबरॉय पैलेस होटल' के नाम से जाना जाता है। 'गुलाब भवन' मेरे पिता की गहरी वास्तु-रुचि का एक शानदार नमूना था। आयताकार स्थान पर तीन तरफ बने इस भवन से 'डल झील' का एक बहुत ही मनोरम दृश्य दिखाई पड़ता। जहाँ उस जमाने के अन्य समकालीन महल विक्टोरियाई वास्तुकला के विशाल नमूने जैसे लगते थे, वहीं हमारा गुलाब भवन उनसे बिलकुल भिन्न दिखता था। इसकी स्पष्ट रूपरेखा और स्वच्छ एवं खुला बाह्य स्वरूप यहाँ की पृष्ठभूमि के पूरी तरह अनुरूप था। भवन के बिलकुल पीछे

जंगलों से भरपूर नीचे जाती हुई पहाड़ियाँ थीं। इसी गुलाब भवन के मुख्य लॉन में मेरे पिता ने एक चीते को मार गिराया था। इसी तरह बीकानेर के स्वर्गीय महाराजा सारदूल सिंह ने इसी महल में अपने गुसलखाने की खिड़की से एक रीछ को अपना निशाना बनाया था। (बाद के वर्षों में एक मित्र ने उनके इस शिकार पर टिप्पणी करते हुए कहा था कि 'दो पहलवान खम ठोककर आमने-सामने थे।)

'गुलाब भवन' के आगे वाले लॉनों को बहुत कलात्मक तरीके से सजाया-सँवारा गया था। कश्मीर की ताजा हवा में तरह-तरह के रंग-बिरंगे फूल हर वक्त खिले रहते। हालाँकि अब दशकों बाद कश्मीर की हवा में ताजगी की महक कुछ कम हो गई है। महल का कोना-कोना दुर्लभ चीनी और यूरोपीय मूर्तियों से बहुत ही सुरुचिपूर्ण ढंग से सजाया गया था। महल के हर कमरे और गलियारों में गलीचे बिछे रहते। इसके अलावा हमारे यहाँ समय-समय पर इंग्लैंड से बहुत सा फर्नीचर आता रहता था, जो श्रीमती सदरलैंड (Mrs. Sutherland) के सौजन्य से हमें मिलता था। श्रीमती सदरलैंड एक अंग्रेज महिला थीं और रियासत के सेनाध्यक्ष की विधवा थीं। श्री सदरलैंड उस दौर में रियासत के सेनाध्यक्ष थे, जब मुस्लिम कान्फ्रेंस ने शेख अब्दुल्ला के नेतृत्व में अपना पहला डोगरा शासन विरोधी आंदोलन छेड़ा था। महल की सजावट में जितने भी कालीन और गलीचे लगे थे, वो सब तो कश्मीरी ही थे, लेकिन पर्दे, सोफा-कवर तथा फिटिंग वगैरह यूरोपियन ही थे। मेरे माता-पिता महल के दक्षिणी ब्लॉक की पहली मंजिल पर रहते थे। और इस मंजिल का प्रत्येक खंड आपस में जुड़ा हुआ था। यानी एक खंड से दूसरे खंड में आसानी से आया-जाया जा सकता था। मुझे महल की निचली मंजिल में एक बहुत बढ़िया सुइट दिया गया था, जहाँ से डल झील साफ नजर आती थी। अभी तक तो मैं यह मानकर चल रहा था कि हमारा घर बहुत शानदार है। लेकिन दून स्कूल के संघर्षपूर्ण वातावरण में रहने के बाद मुझे पहली बार यह अहसास हुआ कि हमारा घर सचमुच बहुत सुंदर और शानदार है।

मैंने यह भी अनुभव किया कि अब पिताजी भी मेरी छुट्टियों का बेसब्री से इंतजार करते हैं। छुट्टियों में हम मछली पकड़ने जाते और कभी-कभी दाचीगाम भी। वहाँ शिकार के साथ-साथ पिकनिक का भी लुत्फ उठाते। वहाँ हम लॉन में चिनार के पेड़ों के नीचे बैठकर रमी, बैकगम्मून और लूडो खेलते। उस वक्त विक्टर रोसेंथेल और स्टिलमैन भी अक्सर श्रीनगर आ जाते। इनके आने से हमारा आनंद और बढ़ जाता। घंटों हम लोग लंच और डिनर पार्टियों की योजना बनाते। इन पार्टियों में कौन-कौन आएगा, इसकी लिस्ट बनाई जाती, यह भी तय किया जाता कि कौन कहाँ बैठेगा, मेहमानों के बैठने की व्यवस्था कैसे होगी। पकवानों की सूची पर भी जमकर बहस होती थी। मेरे माता-पिता दोनों ही बहुत अच्छा भोजन बनाना जानते थे। इसलिए हफ्ते में एक बार 'कुकिंग पार्टी' जरूर होती। कुकिंग पार्टी के दिन परंपरागत वस्त्रों में सजे पीली पगड़ियाँ पहने नौकर-चाकर एसबेस्टास के बने छोटे-छोटे स्टैंड लाकर यथास्थान रख देते। छह इंच ऊँचे इन स्टैंडों की लंबाई पाँच फुट और चौड़ाई तीन फुट होती थी। इन

स्टैंडों पर कोयले की अँगीठियाँ रखी जातीं और उन पर चाँदी के पतीले तथा विभिन्न आकारों के बर्तन चढ़ा दिए जाते। बर्तनों का आकार इस पर निर्भर करता था कि किसमें क्या पकवान बनना है। इसके बाद जो-जो भोजन बनना होता, उसका पूरा सामान फोल्डिंग मेजों पर करीने से सजाकर लाया जाता। फिर पकाने का दौर शुरू होता। कुल मिलाकर माता-पिता सहित तीन-चार लोग खाना बनाने के काम में लग जाते। जबकि बाकी लोग ये सारा तमाशा देखते और गप्पें लगाते रहते। जो भी व्यंजन तैयार होता, उसे चखने का काम मुख्यतः एक पुराने दरबारी वजीर तेजराम किया करते। वजीर साहब उम्र में पिताजी से कुछ साल बड़े थे तथा वो और फकीर सिंह महल में आयोजित डिनर पार्टियों के नियमित मेहमान होते थे।

पार्टी में सबसे पहले मदिरा-पान का दौर चलता। छोटे-छोटे गिलासों में व्हिस्की पेश की जाती। पिताजी भी इसमें शामिल रहते थे, लेकिन मुझे याद नहीं पड़ता कि कभी उन्होंने अपनी निर्धारित सीमा से ज्यादा शराब पी हो। वो हमेशा तीन डबल पैग ही लेते थे। और यह भी तब, जब वो फुरसत और तफरी के मूड में होते थे और यदि स्टाफ संबंधी कोई समस्या नहीं उठ खड़ी होती, तो पार्टी का यह हल्का-फुल्का तनाव-रहित माहौल यूँ ही बना रहता। पकाने, पीने-पिलाने और गप्पों का यह सिलसिला घंटों तक चलता। डिनर ग्यारह बजे से पहले नहीं परोसा जाता था। ऐसी पार्टियों में शुरू के कुछ घंटे मैं भी वहाँ बैठता। रात नौ बजे एक ट्रे में मेरा भोजन लाया जाता। मैं भोजन करता, जबकि बाकी सब लोग पार्टी में व्यस्त रहते। भोजन के बाद कुछ देर तक तो मैं वहाँ बैठा रहता। फिर साढ़े नौ बजे अपने माता-पिता के पैर छूकर और पार्टी में मौजूद अन्य लोगों का झुककर अभिवादन करने के बाद मैं अपने कमरे में लौट आता। थोड़ी ही देर में गहरी नींद मुझे अपने आगोश में लेने लगती तथा बाहर लॉन से कानों में पड़ने वाला पार्टी का शोरगुल मद्धिम पड़ता जाता।

यहाँ भी मेरे हमउम्र दोस्त नहीं थे। बस कुछ ममेरे-मौसेरे भाई थे, जो कभी-कभी मेरे पास आते और साथ खेलते। लड़कियों से मेरी मुलाकात माँ के घर होती थी, जबकि लड़के मेरे कमरे पर ही आ जाते और हम लोग बगीचे में जाकर खेलते। इन साथियों में सबसे बड़ी उम्र का लड़का था—नसीबचंद, जो मुझसे कुछ साल बड़ा था। अगर मैं किसी को सही अर्थों में सच्चा मित्र कह सकता था, तो वह नसीबचंद ही था।

गर्मियों की छुट्टियों के दौरान अक्सर सरकारी समारोह होते थे। लेकिन पिताजी को ये आयोजन बहुत अखरते थे। दरअसल पिता का व्यक्तित्व कुछ विचित्र था। कई बातों में वो बहुत गुणी और प्रतिभाशाली थे, लेकिन लोगों के बीच जाने में उन्हें संकोच और असुविधा महसूस होती थी। अपनी इस संकोची प्रवृत्ति के स्पष्टीकरण में अक्सर वह अपने मित्रों को कहते कि 'कर्ण इक्कीस का हो जाए, तो मैं रियासत के झंझटों से छुट्टी पाऊँ।' मुझे रियासत की जिम्मेदारियाँ सौंपकर वो अपने शिकार, मछली पकड़ने, कुकिंग, रेसिंग और निर्माण जैसे शौकों में रम जाना चाहते थे। और ठीक इक्कीस बरस की उम्र में मैंने पिताजी से रियासत की बागडोर सँभाली। लेकिन विडंबना

यह रही कि जब मैंने बागडोर सँभाली, तो पिता की सत्ता नाममात्र को रह गई थी। लेकिन उन दिनों के हालात को देखते हुए इस नाममात्र की सत्ता के बारे में सोचना भी बहुत बड़ी बात थी।

सार्वजनिक जीवन के लिए मेरा प्रशिक्षण काफी पहले शुरू हो गया था। तब मेरी उम्र थी ग्यारह बरस की। उन दिनों श्रीनगर में एक वार्षिक व्यापार एवं उद्योग मेला लगा करता था। इसमें आम जनता के लिए मनोरंजन और खाने-पीने का भी खासा इंतजाम रहता था। उस साल इस मेले का उद्घाटन मैंने किया और एक छोटा सा उद्घाटन भाषण भी दिया। इस तरह ग्यारह बरस की छोटी उम्र में मेरा पहला सार्वजनिक भाषण हुआ। इस मेले का उद्घाटन मेरी गर्मी की छुट्टियों के दौरान ही हुआ। लेकिन इसके बाद तो यह मेरे हर साल का नियम ही बन गया। मुझे याद है जितने जोर-जोर से मैं अपना पहला भाषण पढ़ रहा था, मेरा दिल भी उतने ही जोर-जोर से धड़क रहा था। लेकिन मैंने बड़ी हिम्मत और कोशिश से घबराहट का भाव चेहरे पर नहीं आने दिया। भाषण के बाद कर्नल हक्सर मुझे दाचीगाम ले गए, जहाँ मेरे पिता मेरा इंतजार कर रहे थे। उस वक्त मेरे प्रति गर्व का भाव उनकी आँखों में सहज ही देखा जा सकता था। हालाँकि मेरे पिता किसी तरह का भाव-प्रदर्शन नहीं करते थे, पर ऐसे किसी भी मौके पर उनके मनोभाव पढ़ पाना कोई मुश्किल काम नहीं था। कुछ बरस बाद गोपालास्वामी अयंगार ने इस घटना का मेरी माँ को लिखे एक पत्र में जिक्र किया था। "इसमें मेरे पहले भाषण की तारीफ करते हुए उन्होंने लिखा था कि "टाइगर अब जवान हो गया होगा...जब मैं रियासत में था, तब उसने जो अपना पहला भाषण दिया था, वो मुझे अच्छी तरह याद है। इतने सारे श्रोताओं के सम्मुख उसने जिस आत्मविश्वास और स्पष्ट उच्चारण से जो भाषण दिया, उसकी कितनी तारीफ हुई थी।"

मेरी गर्मी की छुट्टियाँ श्रीनगर में बीतती थीं। लेकिन सर्दियों में मेरे माता-पिता बंबई चले जाते थे और कई महीने वहीं रहते थे। अतः मेरी सर्दियों की छुट्टियाँ बंबई में ही बीतती थीं। बंबई में हमारी गतिविधियाँ मुख्यतः रेसिंग पर ही केंद्रित होतीं।मेरे पिता बरसों तक घुड़दौड़ के प्रमुख संरक्षक रहे थे। उनके पास रेस के कई बेहतरीन घोड़े थे, जिनका वो बहुत खयाल रखते थे। इन घोड़ों को रेसकोर्स के पास ही महालक्ष्मी की एक घुड़साल में रखा जाता। पिताजी हर रोज शाम को घुड़साल जाते और अपने घोड़ों को वहाँ अभ्यास करते देखते। उनकी सरपट और तेज दौड़ देखी जाती। इसके अलावा वहाँ रेस से संबंधित कई प्रकार की छोटी-बड़ी किताबें भी रहती थीं, उनका भी अध्ययन-मनन होता था। घुड़सवारों और प्रशिक्षकों के साथ विचार-विमर्श भी चलता रहता। प्रतिद्वंद्वी मालिकों के प्रति कहीं दबा-छिपा वैरभाव भी देखा जा सकता था। इन सब गतिविधियों और माहौल में न जाने सप्ताह कैसे बीच जाता था और अंततः रेस के दिन यानी शनिवार-इतवार आ जाते। लगता था गोया पूरा हफ्ता इस एक दौड़ की तैयारी में बीता हो।

रेस में पिताजी कम-से-कम दो घोड़े तो उतारते ही थे और कई बार तो चार घोड़े

तक दौड़ा देते थे। रेस में भाग लेने वाला और रेस देखने आने वाला हर व्यक्ति पिताजी के लाल और सुनहरे रंगों से परिचित था। बरसों तक वो अच्छे-खासे घुड़साल के मालिक रहे और इस दौरान उन्होंने कई महत्त्वपूर्ण रेस जीतीं। खाल देखकर घोड़ों की पहचान करने में वो बहुत माहिर थे। बंबई के सालाना घोड़ा-बाजार में छोटी उम्र के घोड़े चुनने में वो बहुत मेहनत करते थे। पिता के इस अत्यधिक घुड़-प्रेम और अनुभव का परिणाम यह हुआ कि जम्मू से कुछ मील दूर नागबनी में उन्होंने अपना ही एक स्टड-फार्म खोल लिया। इस फार्म में अपने जीवन-काल में उन्होंने कुछ सबसे बेहतरीन नस्ल के घोड़े और नस्ल तैयार करने वाली घोड़ियाँ जुटा ली थीं। मुझे यह कहने में कोई संकोच नहीं है कि पिताजी रियासत का प्रशासन देखने की बजाय रेस खेलने में ज्यादा आनंद महसूस करते थे। रियासत का अधिकतर काम तो उन्होंने अपने सबसे योग्य और भरोसे के प्रधानमंत्री और उनकी छोटी सी मंत्रिपरिषद पर छोड़ दिया था।

उनके इस प्रशासनिक दल के ज्यादातर सदस्य रियासत से बाहर के थे। उस दौर में हालाँकि पिताजी को पूरी सत्ता प्राप्त थी, लेकिन उन्होंने हमेशा अपनी भूमिका रियासत के संवैधानिक मुखिया की ही रखी। यही कारण है कि उन्होंने मंत्रिपरिषद के कामकाज में शायद ही कभी दखल दिया हो। इस मामले में अन्य रियासतों के अपने समकालीन राजाओं की तुलना में मेरे पिता काफी प्रगतिशील दृष्टिकोण के थे।

छुट्टियों का मुझे हमेशा ही बेसब्री से इंतजार रहता। जहाँ स्कूल में बिताए दिन अंतहीन लगते थे, वहीं छुट्टियों के दिन पलक झपकते ही खत्म हो जाते। समय एक जैसी रफ्तार से नहीं दौड़ता। मेरे जैसे घर जाने के लिए अधीर स्कूली लड़के के लिए तो बिलकुल नहीं। यह बात मैंने बहुत जल्दी समझ ली थी, हालाँकि वक्त की आँखमिचौली से भी मैंने बहुत कुछ सीखा। समय बीतने के साथ धीरे-धीरे मैंने खुद को काफी हद तक स्कूली जीवन के अनुरूप ढालना सीख लिया। पर मित्रता के मामले में कोई विशेष प्रगति न हो सकी। सच तो यह है कि मुझे स्कूल में रहना हमेशा ही असुविधाजनक महसूस हुआ। लेकिन अब मैं विश्वासपूर्वक कह सकता हूँ कि अगर मैं घर पर रहता या किसी सामंती स्कूल में जाता, तो मेरे बिगड़ जाने या आराम-पसंद हो जाने की पूरी संभावना थी। मैं उन चुनौतियों का सामना नहीं कर पाता जो कुछ साल बाद ही मेरे सामने आने वाली थीं।

पिता की सख्ती और स्कूल में बेहतरीन हाउस-मास्टर का अभाव, इन दो बातों का मुझे सबसे ज्यादा मलाल है। इन्हीं कारणों से अपने जीवन-निर्माण के वर्षों में मैं ऐसे प्रभावशाली व्यक्तित्व के संसर्ग से वंचित रहा, जो मेरे मन में असहज असुरक्षा से उत्पन्न शून्य को भर सकता। असुरक्षा की इस भावना ने मुझे बहुत गहराई तक प्रभावित किया। कर्नल हक्सर के बाद पंडित रामचंद्र काक को मेरा अभिभावक नियुक्त किया गया। काक साहब ने एक दिन मुझ पर टिप्पणी करते हुए कहा कि उन्हें युवराज के तौर पर मेरे भविष्य को लेकर बड़ी आशाएँ और विश्वास हैं। मुझे अच्छी तरह याद है कि काक साहब की इस अनौपचारिक टिप्पणी ने मुझ पर कैसा जादुई असर किया था। कई

महीनों तक मैं अपने भीतर आश्चर्यजनक उत्साह और आत्मविश्वास की लहर महसूस करता रहा। पंडित काक कई बातों में बड़े गजब के व्यक्ति थे। वे मुँहफट थे, लेकिन अपने सिद्धांतों के पक्के थे। वे मुझे समझाया करते थे कि आदमी को विषम परिस्थितियों में भी अपना मानसिक और भावनात्मक संतुलन बनाए रखना चाहिए। और उन्होंने खुद ही इसकी मिसाल भी पेश की। कुछ ही बरस बाद उनके जीवन का बहुत कठिन दौर आया, लेकिन उन्होने पूरे धैर्य व जीवट से उसका सामना किया।

इस बीच मेरी किशोरावस्था प्रारंभ हो चुकी थी। मानव-शरीर के सदाबहार रहस्य एक-एक करके मेरे सामने खुलने शुरू हुए। हालाँकि हरेक के साथ ऐसा होता है, लेकिन फिर भी हर कोई उसके बारे में नयापन और कुतूहल महसूस करता है। शारीरिक परिवर्तनों के ये कुछ साल हर लड़के के लिए आश्चर्य और जिज्ञासा से भरे होते हैं। वह खुद को संपूर्ण मर्द मानने लगता है, लेकिन होता नहीं। इतने बरसों तक अपने शरीर में छिपे रहस्यों के क्रमशः उजागर होने से वो हैरान-परेशान हो जाता है। इस अनुभूति और आत्म-ज्ञान के लिए कश्मीर एक बेहतरीन जगह है। ठंडी, गुदगुदाती हवा और दूर कहीं से आती हुई पक्षियों की हूक भरी कूक। और अनंत तक फैले नीले आकाश की पृष्ठभूमि में सिर उठाए ऊँचे-ऊँचे चिनार—ऐसे रूमानी वातावरण में यौवन की देहरी पर दस्तक देता किशोर चकित, भयभीत, रोमांचित !

छुटपन से ही मुझे पुस्तकें पढ़ने का शौक हो गया था। स्कूल की पढ़ाई पूरी होते-होते तो मैंने बहुत सा साहित्य पढ़ लिया था। उन दिनों बरनैस ऑक्ज़ी (Baroness Orczy) की 'स्कारलेट पिंपरनेल' नाम की थ्रिलर सीरीज तथा पी. जी. वुडहाउस (P. G. Wodehouse) की हास्य प्रधान 'जीव्स स्टोरीज' मेरी प्रिय पुस्तकें थीं। इसके अलावा डिकंस, स्कॉट, हार्डी तथा ब्रिटेन का अन्य श्रेष्ठ साहित्य भी मैंने खूब पढ़ा। फ्रांसीसी साहित्य में मोपासाँ, ड्यूमा तथा विक्टर ह्यूगो के नाम लिये जा सकते हैं। रूसी लेखकों में टालस्टाय, चेखव और गोर्की मेरे पसंदीदा रहे। कविताओं से तो मुझे हमेशा ही बहुत लगाव रहा। एक दौर तो ऐसा भी था, जब पाल्ग्रेव के 'गोल्डन ट्रेजरी' की दर्जनों कविताएँ मुझे अच्छी तरह कंठस्थ थीं। जहाँ तक पद्य का संबंध है, इसमें मेरी स्मृति अधिकांश विद्यार्थियों की तुलना में कहीं ज्यादा तेज थी। संभवतः काव्य में लयबद्धता के कारण ऐसा होता हो, क्योंकि लय संगीत का एक अभिन्न अंग है और संगीत में मेरी गहरी रुचि रही है। इसके अलावा अभिनय में भी मेरी दिलचस्पी थी। स्कूल और अपने हाउस के नाटकों में मैंने काफी सक्रियता से भाग लिया। मेरा सबसे यादगार अभिनय 'ट्वैल्थ नाइट' नाटक में ओलिविया की भूमिका में रहा। लेकिन ये उस उम्र की बात है, जब मेरी आवाज भारी होनी शुरू नहीं हुई थी। बाद में छोटे लड़कों को लेकर मैं नाटकों का निर्देशन भी करने लगा।

उन दिनों फिल्में भी मेरे जीवन का महत्त्वपूर्ण अंग थीं। जिन फिल्मों ने मुझे काफी प्रभावित किया, उनमें से कुछ का जिक्र मैं करना चाहूँगा। जैसे जॉन, हाल, मारिया मौंतेज और साबू की प्राचीन परिकथाओं पर बनी फिल्में। हिंदुस्तानी फिल्मों में 'भरत मिलाप'

और 'राम राज्य' जैसी फिल्मों के नाम उल्लेखनीय हैं। विजय भट्ट की इन प्रसिद्ध ऐतिहासिक फिल्मों ने एक संपूर्ण पीढ़ी के सामने रामायण की कथा को जीवंत रूप में प्रस्तुत किया था। इसी तरह सोहराब मोदी और पृथ्वीराज कपूर की 'सिकंदर'; नसीम और सोहराब मोदी की 'पुकार', जयश्री और चंद्रमोहन की 'शकुंतला'; राणाप्रताप की भूमिका में बिपिन गुप्ता के सशक्त अभिनय से सजी 'राजपूतनी'; चाणक्य की यादगार भूमिका में नायमपल्ली की 'चंद्रगुप्त' तथा अन्य कई फिल्मों के नाम गिनाए जा सकते हैं। फिल्में बच्चों के अपरिपक्व मानस पर कितना स्थायी प्रभाव डालती हैं, बड़े लोग बहुधा इसका सही अंदाजा नहीं लगा पाते। उसी के दुष्परिणाम आज स्पष्ट देखे जा सकते हैं।

कुछ खराब प्रदर्शन के बावजूद पढ़ाई में मैं अच्छा चलता रहा। सबसे महत्त्वपूर्ण परीक्षा के नजदीक आते-आते मैं पढ़ाई में और भी बेहतर हो गया था और मुझमें आत्मविश्वास भी आ चुका था। दिसंबर, 1945 में मैंने सीनियर कैंब्रिज की परीक्षा दी।

दूसरा विश्व-युद्ध तब खत्म हो चुका था। परीक्षाएँ हमारे ही स्कूल में संपन्न हुईं, लेकिन निरीक्षक बाहर के थे। उन दिनों इस परीक्षा के लिए प्रश्नपत्र इंग्लैंड में तैयार होते थे और वहीं जाँचे भी जाते थे। लेकिन हिंदी का प्रश्नपत्र भारत में बनाया जाता था। इस बीच मैं अपनी अनेक अंतर्बाधाओं से उबर चुका था। और सही अर्थों में पहली बार स्कूली जीवन में मुझे आनंद आने लगा था। उन दिनों विद्यार्थियों की सुविधा के लिए दून स्कूल में उससे आगे की एक और परीक्षा उपलब्ध थी—यू. पी. बोर्ड ऑफ एजूकेशन की इंटरमीडिएट परीक्षा। यह परीक्षा 'इंटर साइंस' और 'इंटर आर्ट्स के दो अलग-अलग वर्गों में होती थी। यह लगभग पहले से तय होता कि अधिक प्रतिभाशाली छात्र, साइंस वर्ग को ही चुनते। जहाँ तक मेरा सवाल था, मुझे तो सार्वजनिक जीवन में उतरना था। अतः स्वाभाविक था मैं आर्ट्स ही चुनता। वही मेरे अनुकूल भी था। इस वर्ग में अर्थशास्त्र, राजनीतिशास्त्र और इतिहास विषय शामिल थे। सीनियर कैंब्रिज के बाद 1946 में जब मैं पहले सत्र के लिए वापस लौटा तो मैंने इंटर-आर्ट्स में दाखिला लिया। यहाँ आकर पता चला कि अपनी क्लास में मैं सबसे अव्वल हूँ, क्योंकि आशानुरूप प्रतिभाशाली विद्यार्थियों ने पहले विज्ञान चुन लिया था। मैं प्रथम श्रेणी में उत्तीर्ण हुआ था। जीवन में पहली बार मैंने अपने घर तार भेजा। जल्दी ही मेरे नाम बधाई-तारों का ताँता लग गया। पिताजी के अलावा उनके बहुत से विश्वासपात्रों ने भी मुझे बधाई के तार भेजे। स्कूल के ऑफिस में इतने ज्यादा तार पहले कभी नहीं आए थे। इससे काफी बौखलाहट भी हुई। लेकिन इस सबसे मुझे बहुत खुशी हुई। मेरी खुशी और संतोष की सबसे बड़ी वजह यह थी कि मैंने उम्र में दो साल छोटे होने की मानसिक बाधा को पार कर लिया था। मेरा रिजल्ट अपने से उम्र में बड़े कई सहपाठियों से बेहतर था।

हमारा स्कूल, सिर्फ स्कूल था, पढ़ाई का स्कूल। बाहरी दुनिया में क्या हो रहा है, क्या-क्या बदलाव आ रहे हैं—इन खबरों की वहाँ न चर्चा होती थी, न कोई भनक ही

लगती थी। दुनिया की राजनीति क्या करवटें ले रही है, इसकी हमें कोई खबर नहीं होती थी। हमें इस बात का जरा भी पूर्वाभास न हो सका कि एक साल के अंदर ही भारत को आजादी तो मिल जाएगी, लेकिन देश के टुकड़े भी हो जाएँगे। हालाँकि पहले हमने 'क्रिप्स मिशन' और बाद में 'कैबिनेट मिशन' के बारे में पढ़ा था, लेकिन हमें ऐसी कोई जानकारी नहीं हो सकी जिससे लगता कि आधुनिक इतिहास में एक नया युग शुरू होने जा रहा है। कैबिनेट मिशऩ के नेता को लार्ड 'पैथेटिक' (बेचारा !) लारेंस कहने में हमें बड़ा मजा आता था। स्वाभाविक तौर पर हम लोगों की सहानुभूति गाँधीजी के प्रति ही थी। लेकिन हमारे स्कूल में ज्यादातर बच्चे या तो सिविल सेवा के अफसरों के बेटे थे या फिर सैनिक अधिकारियों औंर संपन्न व्यापारियों के बच्चे। जाहिर है राष्ट्रीय आंदोलन की मुख्य धारा में इनके शामिल होने की उम्मीद करना ही व्यर्थ था।

उन्हीं दिनों मेरे हाथ नेहरूजी की आत्मकथा लगी। उसे पढ़कर मैं रोमांचित हो उठा। मैंने जाना कि यह व्यक्ति बुद्धिमान और संवेदनशील है। हालाँकि इसका जन्म ऐशो-आराम के माहौल में हुआ, लेकिन उस सबको छोड़कर यह व्यक्ति करोड़ों देशवासियों की उम्मीदों और अपेक्षाओं के साथ बँध गया है। उस विशेष दौर में उनकी यह आत्मकथा पढ़कर बहुत सी बातों का पता चला। पहली बार यह बात कुछ-कुछ मेरी समझ में आई कि ऐतिहासिक शक्तियाँ कितनी प्रभावशाली होती हैं। मुझे यह भी समझ आया कि परिवर्तन को टाला नहीं जा सकता। राष्ट्रीय स्वतंत्रता आंदोलन की महिमा का अहसास भी मुझे इसी पुस्तक से हुआ। इसके बाद तो मैंने उनकी 'भारत की खोज' (Discovery of India) भी पढ़ डाली। इस पुस्तक ने तो मेरे समूचे चिंतन को ही झकझोर डाला। इसमें शक नहीं कि मुझमें हिंदुस्तानी होने का गर्व सामान्यतः तो था ही, लेकिन अपने देश के लंबे और वैभवशाली इतिहास से मेरा परिचय पहली बार ही हुआ था। न ही मैंने विविधता में एकता की अपनी सांस्कृतिक विशेषता को इतनी गहराई से समझा था। मानव इतिहास का सबसे उजला पक्ष था यह। नेहरूजी की ये दो पुस्तकें पढ़ने से मुझे नया ज्ञान मिला। इसका परिणाम यह हुआ कि सामंतशाही के विरोध में जो प्रवृत्ति मुझमें बलवती होती जा रही थी, वह और दृढ़ हो गई। मुझे स्पष्ट रूप से समझ में आ गया कि प्राचीन सामंती व्यवस्था अब ढहने के कगार पर है। और फिर किसी भी सूरत में, मेरे पिता का जीवन मेरे लिए नहीं है। मैं नहीं जानता था, इसका विकल्प क्या है, लेकिन भावनात्मक रूप से अब मैं परिवर्तन के लिए तैयार था।

अध्याय 4

तूफान आने को था। सदियों से चले आ रहे पश्चिमी साम्राज्यवाद के पाँव अब उखड़ चुके थे। भारत की अगुवाई में दुनिया के विभिन्न देशों की अब तक दबी-कुचली जनता की आजादी का संघर्ष अब विजय-पथ की ओर अग्रसर था। मानव-इतिहास में मनुष्य के संघर्ष का इतना महान दृश्य पहले कभी देखने को नहीं मिला था। हमारी विशाल और प्राचीन भूमि पर अंदर-ही-अंदर गहन मंथन चल रहा था। नव-निर्माण का चमत्कार एक बार फिर होने को था। भारत पुनः जाग रहा था। मानव-जाति द्वारा लड़ा गया सबसे विध्वंसात्मक युद्ध अभी खत्म ही हुआ था। युद्ध के दौरान ही मेरे पिता विंस्टन चर्चिल की 'वार कैबिनेट' के सदस्य की हैसियत से इंग्लैंड गए हुए थे। साम्राज्यवादी ब्रिटिश इस प्रकार के बड़े-बड़े ढोंग रचाने में माहिर थे। इस प्रकार के दिखावों का उद्‌देश्य ब्रिटिश साम्राज्य के सदस्यों को मात्र यह दिलासा देना होता था कि ब्रिटिश शासन में उनका भी कुछ दखल है। लेकिन यह दिखावे से ज्यादा कुछ नहीं था, क्योंकि इन प्रतिनिधियों को ऐसे अधिकार ही नहीं होते थे, जिनसे वो शासन के निर्णयों को प्रभावित कर सकें। जिन दिनों पिताजी इंग्लैंड में थे, उन दिनों जर्मनी ने सबसे भयानक बमबारी की थी। हिंदुस्तान वापस लौटने पर उन्होंने बताया कि हवाई-हमले की चेतावनी के सायरन बजते रहने के बावजूद थिएटरों में बैठे लोग अपनी सीट से हिलते नहीं थे। लंदन यात्रा से पूर्व पिता ने मध्य-पूर्व में जाकर अपनी रियासत के सैनिकों की मिजाजपुर्सी की थी, जहाँ से लौटने पर जनता ने उनका उत्साह से स्वागत किया था।

युद्ध के दिनों में मेरी माँ भी बहुत सक्रिय रही। उसने एक युद्ध सहायता समिति (वार एड कमिटी) गठित की जिसका काम मोर्चे पर डटे जवानों को जरूरी चीजें मुहैया कराना था। फौजियों के लिए कपड़े बुनने और सिलने के अलावा समिति की महिलाएँ अचार वगैरह भी तैयार करतीं। समिति के सदस्य नियमित बैठक करके सभी कामों का जायजा भी लेते। इस समूचे प्रसंग में माँ की भूमिका इतनी बढ़िया रही कि उसे 'क्राउन ऑफ इंडिया' की उपाधि से सम्मानित किया गया। यह सम्मान सिर्फ विशिष्ट महिलाओं को ही दिया जाता था। माँ से पहले सिर्फ दो या तीन भारतीय महिलाएँ ही यह सम्मान पा सकी थीं। माँ बहुत खुश थी। उसकी यह खुशी तब और भी बढ़ गई, जब उसी साल पिताजी के लिए एक शाही सम्मान की घोषणा की गई, हालाँकि वरीयता क्रम में यह सम्मान कुछ छोटा था। सामाजिक रीति-रिवाजों से संबंधित कुछ मांमलों में माँ काफी

प्रगतिशील विचारों की थी। 1947 के पवित्र नवरात्रों में माँ ने पूजा के लिए नौ लड़कियों में हरिजन लड़कियों को शामिल करके माँ ने एक क्रांतिकारी पहल की। क्योंकि उन दिनों हरिजनों को घोर अछूत माना जाता था।

इंटर क्लास का यह पहला सत्र था और मुझे इसमें पहले बिताए सत्रों से ज्यादा आनंद आ रहा था। लेकिन तभी एक ऐसी अप्रत्याशित घटना घटी, जो भविष्य में मेरे लिए काफी कष्टप्रद साबित हुई। नींद के दौरान जब भी मेरा दायाँ पैर बाहर की ओर पड़ता तो मेरे कूल्हे में बहुत तेज, शूल जैसा दर्द होने लगता। मुझे इसका सही कारण कभी पता न चल सका, मैं सोचता शायद छुटपन में घुड़सवारी के दौरान गिरने से लगी छिपी चोट के कारण ऐसा होता है। लेकिन जब यह दर्द जल्दी-जल्दी होने लगा तो मेरा माथा ठनका। इसको लेकर दिन पर दिन मेरी चिंता बढ़ने लगी। लेकिन महीनों इसके बारे में मैंने किसी को कुछ नहीं बताया। पंद्रह साल के किशोर के लिए ऐसी लापरवाही सामान्य सी बात थी। लेकिन यही लापरवाही मुझे बहुत महँगी पड़ी। मेरा दायाँ कूल्हा जिंदगी भर के लिए 'स्टिफ' हो गया।

बहरहाल, पहला सत्र खत्म हुआ। अगले सत्र में मिलने की उम्मीदें लिये, हम लोग अपने-अपने घरों को लौट गए। लेकिन 1946 के मध्य तक पहुँचते-पहुँचते देश की सांप्रदायिक स्थिति काफी बिगड़ गई। आए दिन हिंदू-मुस्लिम फसाद होने लगे, और भयंकर मारकाट होने लगी। उधर अंग्रेज हिंदुस्तान से अपना बोरिया-बिस्तर समेटने के लिए तैयार थे। ऐसे माहौल में कांग्रेस और मुस्लिम लीग परस्पर खतरनाक संघर्ष में उलझे हुए थे। स्कूल में मेरा वह अंतिम सत्र था। इसी माहौल में कुछ इधर-उधर से मुझे अपहृत करने अथवा स्कूल में रहते हुए नुकसान पहुँचाने की धमकियों की अफवाहें उड़ने लगीं। जाहिर था ऐसी बातों को हम लोगों ने हँसी में उड़ा दिया। लेकिन मेरे पिता कोई जोखिम उठाना नहीं चाहते थे, उस पर माँ की दुश्चिंता और आग्रह ने उन्हें और भी विचलित कर दिया। अतः उन्होंने अपने इकलौते बेटे और उत्तराधिकारी को देश की अराजक स्थिति के मद्देनजर घर से इतनी दूर स्कूल में भेजना उचित नहीं समझा। शायद वो ठीक भी थे। लेकिन गर्मी की छुट्टियों में घर लौटने पर जैसे ही मुझे उनके फैसले का पता चला, तो मैं बहुत परेशान हुआ। अजीब विडंबना थी। जब मैं स्कूल में नहीं जाना चाहता था, तो मुझे निष्ठुरतापूर्वक वहाँ भेजा गया। और अब जब मुझे स्कूल रास आने लगा था, तो न भेजने का निरंकुश आदेश जारी कर दिया गया।

बहरहाल हमेशा की तरह, इस फैसले पर भी मेरी कोई राय नहीं ली गई। और जब मेरी माँ ने बड़े उत्साह से यह खबर मुझे सुनाई, तो मुझमें उनका विरोध करने की हिम्मत न हुई। इस तरह दून स्कूल के माहौल में खुद को ढालने की कष्टप्रद कोशिशों और अरुचिकर भोजन का चार वर्षों से चला आ रहा सिलसिला खत्म हुआ। लेकिन इस दौरान आत्मनिर्भरता का जो अनुभव मिला था, वह मेरे जीवन में बहुत काम आया। स्कूल की पुरानी टाई को लेकर मैं जरूरत से ज्यादा भावुक नहीं हूँ। लेकिन मैं अपने पिताजी और स्कूल, दोनों का बहुत आभारी हूँ। पिताजी का इसलिए, कि उन्होंने मुझे

दून स्कूल भेजा, और स्कूल का इसलिए कि वहाँ के कठिन माहौल में रहकर मैं घर के सामंती माहौल से बचा रहा। यह भी स्मरणीय है कि दून से मुझे एक उपयोगी बौद्धिक धरातल प्राप्त हुआ।

हालाँकि दून स्कूल की मेरी पढ़ाई बीच ही में रुक गई, लेकिन मैं अपनी पढ़ाई जारी रखना चाहता था। अतः मैंने श्रीनगर के ही श्री प्रताप कॉलेज में दाखिला लेने का विचार बनाया। सौभाग्य से पिताजी इसके लिए राजी हो गए। उन दिनों इसे एक प्रगतिशील और प्रजातांत्रिक कदम माना गया। अब मैं रोज कॉलेज जाता। हालाँकि मेरे साथ ए. डी. सी. रहता था, लेकिन मैं बाकी विद्यार्थियों के साथ कक्ष में ही बैठता था। इंग्लिश, नागरिकशास्त्र, इतिहास तथा अर्थशास्त्र मेरे विषय थे। इसके अलावा वाद-विवाद तथा अन्य प्रतियोगिताओं में भी मैं भाग लेता था। एक बार तो मैंने एक प्रतियोगिता में इनाम भी जीता। ये पुरस्कार कॉलेज के वार्षिक पुरस्कार वितरण समारोह में मेरी माँ के हाथों ही दिया जाता था। लेकिन मेरा दुर्भाग्य कि इस कॉलेज में मैं सिर्फ 1946 की गर्मियों तक ही रहा। उन दिनों प्रोफेसर बी. के. मदान मेरे शिक्षक हुआ करते थे। वे कश्मीरी पंडित थे। उन्हें विलक्षण तो नहीं कहा जा सकता, लेकिन अच्छे प्रतिभावान थे। सामान्यतः उनकी जानकारी अच्छी थी और वे ज्ञानी आदमी थे। अपने व्यक्तित्व के अनुरूप उन्होंने मुख्य शिक्षा मुझे यही दी कि विषय-वस्तु से ज्यादा उसका प्रस्तुतीकरण महत्त्वपूर्ण होता है। अक्सर वो कहा करते थे कि आवरण चाहे मखमली कागज का हो या टीन का, इससे कोई फर्क नहीं, सारा खेल तो चीज को पेश करने का है। लोग प्रस्तुतीकरण से ही सबसे अधिक प्रभावित होते हैं। बहुत कम लोग वस्तु को परखने की जहमत उठाते हैं। मदान साहब का यह सिद्धांत बेशक सनक लग सकता है, लेकिन इस अधकचरी दुनिया में कुछ हद तक उपयोगी भी है।

इस बीच हमारे घर में एक विचित्र घटना घटी। हमारे स्वर्गीय पुरखे महाराजा प्रताप सिंह जी के जमाने में कोई स्वामी संत देव हुआ करते थे, जो रियासत में ही रहते थे। उनके बारे में कहा जाता था कि मेरे पिता ने गद्‌दी सँभालने के साथ ही उन्हें रियासत से निकाल दिया था। अचानक बड़े रहस्यमय ढंग से वो फिर प्रकट हो गए। स्वामीजी का पुनरागमन 1944 के आसपास हुआ था और 1946 होते-होते राजगुरु के रूप में मजबूती से जम गए। पिता ने उन्हें श्रीनगर के शानदार चश्माशाही गेस्ट हाउस में ठहराया और जम्मू में उनके लिए वही घर सुरक्षित कर दिया, जहाँ बचपन में मैं रहा करता था। हालाँकि मेरे पिता किसी भी लिहाज में धार्मिक नहीं थे, लेकिन अचानक पता नहीं कैसे वो स्वामीजी के परम शिष्य बन गए। घंटों वो स्वामीजी के सामने फर्श पर बैठे रहते, और जब तक उनके पास रहते सिगरेट को हाथ तक न लगाते। पिता ने स्वामीजी को रेशम के वस्त्र, चाँदी का एक हुक्का तथा अन्य बहुत सी सुविधाएँ देने के साथ-साथ एक कार भी दी। कई मायनों में स्वामीजी गजब के व्यक्ति थे और कई विषयों के ज्ञाता थे। काफी बूढ़े होने के बावजूद उनका रंग एकदम गुलाबी था। अपनी उम्र तो, खैर, वो कभी किसी को बताते नहीं थे, लेकिन अफवाह यह थी कि स्वामीजी

की उम्र अस्सी साल से ज्यादा थी। वो अफीम का नियमित सेवन करते थे और अक्सर बैठे-बैठे सो जाते थे। स्वामीजी की इस निद्रावस्था को उनके चेले अक्सर समाधि का नाम दिया करते और कहा करते कि स्वामीजी इस समय ईश्वर से बात कर रहे हैं।

स्वामीजी काफी बदनाम भी थे। लेकिन कुल मिलाकर मेरे पिता के व्यक्तिगत जीवन पर उनका काफी अच्छा प्रभाव पड़ा। स्वामीजी ने पिता से धूम्रपान और मद्यमान कम करने का आग्रह किया। पिता की आक्रामक प्रवृत्ति को उन्होंने आमतौर पर धार्मिक उपदेशों से बाँधने की कोशिश की। यही नहीं, मेरे माता-पिता को एक-दूसरे के नजदीक लाने में उनकी भूमिका प्रभावशाली रही। धार्मिक प्रवृत्ति की होने के कारण माँ हालात में आए इन परिवर्तनों से बहुत खुश हुई। उसके बड़े भाई ठाकुर नचिंत चंद, बरसों से ड्योढ़ी अधिकारी थे। लेकिन अब दरबार में उनका रुतबा काफी महत्त्वपूर्ण हो चला था। विशेषकर स्वामीजी और पिताजी के बीच मध्यस्थ के रूप में। मुझे भी स्वामीजी के दर्शन करने नियमित रूप से जाना पड़ता था। लेकिन कूल्हे के दर्द के कारण मुझे उनके सामने पालथी मारकर बैठने में काफी परेशानी होती थी, इसलिए मैं वहाँ जाने से अक्सर बचा करता था। इसमें शक नहीं कि वो मुझे बहुत प्यार करते थे। वो अच्छे शास्त्रीय संगीत के प्रशंसक थे। जब भी मैं उनके पास जाता, तो वो अपना प्रिय राग जैजैवंती भावविभोर होकर सुना करते।

लेकिन राजनीतिक क्षेत्र में स्वामी का प्रभाव विनाशकारी सिद्ध हुआ। हिंदुस्तान से विदा होने की तैयारी में अंग्रेज एक-एक करके रियासतों को स्वतंत्र रूप से उनके राजाओं को सौंपते जा रहे थे—विशेषकर बड़ी रियासतों को। पिता के लिए स्वतंत्र सत्ता सँभालना एक बड़ा प्रलोभन था। ब्रिटिशों से उनके संबंध कभी खुशगवार नहीं रहे थे, लेकिन साथ ही वह सामंती परंपराओं में इस कदर पगे हुए थे कि रियासत और उपमहाद्वीप में जोर पकड़ती जा रही प्रजातांत्रिक ताकतों से समझौता कर पाने में भी असमर्थ थे। सामंती व्यवस्था की एक प्रमुख कमजोरी यह है कि शासकों को वही बताया जाता है, जो उनके दरबारियों की राय में राजा सुनना चाहता है और यह कभी भी वस्तुस्थिति से मेल नहीं खाता। स्वामीजी ने पिता की इसी सामंती महत्त्वाकांक्षा का बड़ी कुशलता से लाभ उठाया। उन्होंने पिता के दिमाग में यह बिठा दिया कि जिस लाहौर में हमारे पूर्वज महाराजा गुलाब सिंह और उनके भाइयों—राजा ध्यान सिंह और राजा सुचेत सिंह ने महत्त्वपूर्ण भूमिका अदा की थी, मेरे पिता रियासत को उसी लाहौर तक बढ़ा सकते हैं। यह मानने के भी कुछ कारण हैं कि स्वामीजी कांग्रेस के कुछ नेताओं के संपर्क में थे। 1947 के प्रारंभ में रियासत में आचार्य कृपलानी का आना भी स्वामीजी के सीधे हस्तक्षेप का परिणाम था।

चाहे जो भी रहा हो, डोगरा शासन का अंत निकट था। उपमहाद्वीप में हो रही जबर्दस्त उथल-पुथल से बेखबर मेरे पिता इस खुशफहमी में थे कि सब कुछ पूर्ववत् है। शेख अब्दुल्ला की 1931 में स्थापित मुस्लिम कान्फ्रेंस, नेशनल कान्फ्रेंस का रूप ले चुकी थी। और इस पार्टी के नेहरूजी के साथ निजी व सैद्धांतिक स्तर पर अच्छे संबंध बन

चुके थे। हिंदुस्तानी रियासतों में भारतीय राष्ट्रीय कांग्रेस का बृहद ब्रिटिश विरोधी आंदोलन हिंदुस्तान रियासतों में जनआंदोलन के रूप में जोर पकड़ने लगा था और कश्मीर की रियासत भी उससे अछूती नहीं थी। इसमें शेख अब्दुल्ला खासे सक्रिय थे। हालाँकि सरदार पटेल जैसे अपेक्षाकृत अधिक परंपरावादी कांग्रेसी नेताओं ने कभी शेख अब्दुल्ला को भरोसे लायक नहीं समझा, लेकिन वो नेहरूजी के विश्वासपात्र बनने में सफल रहे थे। इसकी एक वजह शायद यह भी है कि नेहरूजी भी कश्मीरी मूल के थे और कश्मीर में उनकी निजी दिलचस्पी थी।

लेकिन जिन्ना के लिए शेख अब्दुल्ला और उनके साथियों का कोई विशेष उपयोग नहीं था। इसकी एक वजह यह थी कि शेख अब्दुल्ला जिन्ना के सिद्धांतों और रास्ते पर चलने को तैयार नहीं थे। दूसरी वजह यह थी कि जिन्ना खुद को व अपनी मुस्लिम लीग को उपमहाद्वीप के मुसलमानों के हितों का एकमात्र मसीहा समझने लगे थे। इसके विपरीत अब्दुल्ला की रणनीति साधारण, लेकिन असरदार थी। डोगरा-विरोधी भावनाओं से वो हमेशा लबालब रहते। नेहरूजी के सामंतवाद-विरोधी विचारों का लाभ उठाते हुए उन्होंने मेरे पिता को अपने राजनीतिक हमले का प्रमुख लक्ष्य बनाया। मई, 1946 में शेख अब्दुल्ला और उनकी नेशनल कान्फ्रेंस ने गाँधीजी के चार साल पहले शुरू किए 'भारत छोड़ो' आंदोलन की तर्ज पर 'कश्मीर छोड़ो' आंदोलन छेड़ दिया। इस आंदोलन के शुरू होने से पहले मेरे पिता ने रियासत में लोकप्रिय शासन स्थापित करने की दिशा में कुछ कदम उठाए थे। 1944 में उन्होंने आंशिक रूप से चुनी हुई 'प्रजा सभा' के गठन के रूप में द्वितंत्रात्मक प्रणाली को आजमाया। लेकिन इससे नेशनल कान्फ्रेंस को तसल्ली न हुई। वो सत्ता में पूरी भागीदारी चाहती थी। 1945 में सोपोर में नेशनल कान्फ्रेंस का सम्मेलन हुआ, जिसमें पं. जवाहरलाल नेहरू और खान अब्दुल गफ्फार खाँ भी शामिल हुए। उधर रियासत की पीपुल्स कान्फ्रेंस का आमतौर पर समर्थन करने वाली भारतीय राष्ट्रीय कांग्रेस ने देश के विभाजन तथा जवाहरलाल नेहरू और शेख अब्दुल्ला के बीच गहरे दोस्ताना संबंधों को ध्यान में रखते हुए कश्मीर में विशेष दिलचस्पी दिखाई। दुर्भाग्यवश मेरे पिता निकट भविष्य में होने वाले परिवर्तनों के व्यापक प्रभाव का अंदाजा नहीं लगा पाए। 20 मई को शेख अब्दुल्ला और उनके कई साथियों की गिरफ्तारी के बाद जवाहरलाल नेहरू ने रियासत में आने की इच्छा जाहिर की, तो उनके कश्मीर में प्रवेश पर प्रतिबंध लगा देने से यह तथ्य और भी साफ हो गया। नेहरूजी ने अपने स्वभाव के अनुरूप इस प्रतिबंध को तोड़ते हुए कश्मीर में घुसने का निर्णय किया। कोहाला पुल पर रियासत की सेना की एक टुकड़ी को तैनात कर दिया गया। संगीन लगी बंदूकें लिये सैनिकों ने पुल पर आधे रास्ते में एक मोर्चा बाँध लिया। लेकिन नेहरूजी संगीनों को एक तरफ धकेलते हुए हमेशा की तरह आगे बढ़ते हुए चले गए। संयोगवश इस टुकड़ी के कमांडर गोरखा मेजर भगवान सिंह एक चतुर और समझदार अफसर थे। भगवान सिंह ने नेहरूजी से पुल पार करने का विनम्र अनुरोध किया। जब नेहरूजी पुल पार पहुँच गए, तो उन्हें विनम्रतापूर्वक सूचित किया गया कि वो अब

हिरासत में हैं।

यह खबर गुलाब भवन पहुँची। रियासत के तत्कालीन प्रधानमंत्री पंडित काक ने अपनी गर्वानुभूति और उत्तेजना को जैसे-तैसे दबाते हुए पिताजी को सूचना दी कि जवाहरलाल गिरफ्तार कर लिये गए हैं। इस समाचार से मैं तो स्तब्ध रह गया। स्वतंत्रता के राष्ट्रीय आंदोलन का सबसे करिश्माई नेता, 'आत्मकथा' और 'भारत की खोज' जैसी पुस्तकों का लेखक भारतीय गणराज्य के घोषित भावी प्रधानमंत्री कश्मीर रियासत का एक कैदी है ! उसका स्वागत करने और उसके साथ सहयोग करने के बजाय हमने उसे बंदी बना लिया ! मैं बेहिचक कह सकता हूँ कि उनकी गिरफ्तारी रियासत के इतिहास का एक जबर्दस्त मोड़ सिद्ध हुई। जवाहरलाल जी को उड़ी में नजरबंद रखा गया। तीन दिन बाद कांग्रेस कार्य समिति ने उन्हें भारत लौटाने के लिए मना लिया। बाद में राज्य सरकार ने जुलाई में उनके कश्मीर प्रवेश पर से प्रतिबंध हटा लिया। इसके बाद नेहरूजी कश्मीर आए और जेल में शेख अब्दुल्ला से मुलाकात की। लेकिन तब तक बहुत देर हो चुकी थी। भविष्य तय हो चुका था। अब तो सिर्फ निर्णायक दिन का इंतजार था।

मुझे हमेशा यह बहुत दुखद लगा है कि मेरे पिता जैसा समझदार व्यक्ति, जो कई बातों में संवैधानिक और प्रगतिशील था, अपने शासन के उन अंतिम वर्षों में देश की राजनीतिक स्थिति को समझने में असफल रहा। सामान्यतः वे उदार शासक थे। 1932 में ही उन्होंने रियासत के सारे मंदिरों को हरिजनों के लिए खोल दिया था। जम्मू में तत्कालीन राज पंडित और हमारे पारिवारिक मंदिर के मुख्य पुजारी ने पिताजी के इस कदम का विरोध किया। इस पर पिताजी ने उन्हें तुरंत पद से हटा दिया और उनके छोटे भाई को मुख्य पुजारी के पद पर नियुक्त किया मगर इस शर्त पर कि वो मंदिरों में हरिजनों के प्रवेश पर कोई आपत्ति नहीं करेंगे। इसी प्रकार प्रशासनिक और भूमि सुधारों के मामलों में भी अन्य हिंदुस्तानी रियासतों के मुकाबले में मेरे पिता बहुत आगे थे। एक बार मंत्रियों की नियुक्ति करके और उन्हें काम सौंपकर वे फिर उनके काम में दखल नहीं देते थे। इन मंत्रियों में कुछ मुसलमान भी होते थे और कुछ हिंदू भी। मुसलमान मंत्री ज्यादातर उत्तर प्रदेश के ही होते थे। पर एक बार एक दुर्भाग्यपूर्ण घटना जरूर घटी थी। हमारे जम्मू महल के ठीक बाहर रह रहे एक व्यक्ति ने अपनी संपत्ति के अधिग्रहण के पिताजी के आदेश को अदालत में चुनौती दे डाली। और वह यह केस जीत भी गया। दरअसल मेरे पिता ने 30 साल की उम्र में 23 सितंबर, 1925 को गद्दी सँभाली थी। गद्दी सँभालने से पूर्व पिता ने घोषणा की थी कि "मेरा धर्म न्याय है और नियुक्तियाँ करते वक्त मेरा मानदंड सिर्फ योग्यता होगा। इसमें जाति, धर्म और लिंग के आधार पर किसी तरह का भेदभाव या पक्षपात नहीं होगा।" अपने शासन के दौरान उन्होंने अनेक प्रशासनिक और राजनीतिक सुधार किए, जिनकी परिणति 1944 में द्वितंत्रात्मक प्रणाली के प्रयोग में हुई। इस प्रणाली के तहत एक दशक पहले स्थापित 'प्रजा सभा' को छह सदस्यों का एक पैनल मनोनीत करने का अधिकार दिया गया। इनमें से महाराजा दो सदस्य चुनकर अपने मंत्रिमंडल में ले सकते थे। इससे सरकार को

पहली बार लोकतांत्रिक स्वरूप मिला। 1944 के अंत में इस व्यवस्था के अंतर्गत मिर्जा अफजल बेग और वजीर गंगाराम को मंत्री नियुक्त किया गया। दोनों ने ही हिंदू और मुसलमान उम्मीदवारों में सबसे अधिक मत प्राप्त किए थे।

जहाँ देसी रियासतों के अधिकांश शासक निजी और सरकारी संपत्ति में फर्क नहीं करते थे, वहीं मेरे पिता ने परिवार के जेवर, शाल, गलीचे और करोड़ों का राजचिह्न रियासत के तोशाखाने (खजाने) में दे दिए थे। अपने निजी हितों के लिए जनता को कभी तंग नहीं किया और महल में अलग-थलग किंतु अपने में संतोषपूर्ण जीवन जीते रहे। निष्पक्ष प्रेक्षक आज भी उनके प्रशासन और न्याय-व्यवस्था को 1947 के बाद की व्यवस्था के मुकाबले ज्यादा बेहतर मानते हैं। पिता के शासन के दौरान रियासत में भ्रष्टाचार बहुत ही कम था और जब भी कोई ऐसा मामला सामने आता, कड़ा दंड दिया जाता।

प्रगतिशील शासक होना एक बात है, लेकिन ऐतिहासिक अपवादों से निपटना अलग बात। उस दौरान उपमहाद्वीप में चार प्रमुख शक्तियाँ सक्रिय थीं। ब्रिटेन अंततः अपने साम्राज्य के सबसे ज्यादा चमकदार हीरे का परित्याग करने के लिए तैयार था। हालाँकि मेरे पिता को अंत तक यह विश्वास नहीं हुआ था कि अंग्रेज सचमुच चले जाएँगे, लेकिन मेरे पिता इस कदर कट्टर देशभक्त थे कि उनसे कोई गुप्त समझौता करने के लिए कतई तैयार नहीं थे। फिर महात्मा गाँधी से प्रेरित भारतीय राष्ट्रीय कांग्रेस थी, जिसका नेतृत्व जवाहरलाल नेहरू, वल्लभभाई पटेल, मौलाना आजाद जैसे स्वतंत्रता आंदोलन के दिग्गज नेता कर रहे थे। मेरे पिता इस पार्टी के खिलाफ इसीलिए थे क्योंकि नेहरूजी उनके कट्टर विरोधी शेख अब्दुल्ला के मित्र थे। जहाँ तक मोहम्मद अली जिन्ना के नेतृत्व वाली मुस्लिम लीग का सवाल है, तो ये पार्टी वैसे तो रियासतों के शासकों के अपने-अपने राज्य का भाग्य निर्णय करने के अधिकार का समर्थन करती थी। साथ ही, कश्मीर में शेख अब्दुल्ला और उनकी नेशनल कान्फ्रेंस का हर तरह से विरोध भी कर रही थी। लेकिन मेरे पिता में हिंदुत्व की भावना ज्यादा ही थी। लीग की आक्रामक मुस्लिम सांप्रदायिकता किसी तरह भी उनके गले नहीं उतर रही थी। अतः उन्होंने पाकिस्तान का प्रलोभन-भरा प्रस्ताव भी नामंजूर कर दिया। इन सबके अलावा रियासत में ही शेख अब्दुल्ला के नेतृत्व वाली नेशनल कान्फ्रेंस थी, जो यहाँ का प्रमुख राजनीतिक दल बन चुकी थी, जबकि पिताजी शेख अब्दुल्ला और उनकी पार्टी को दशकों से अपनी गद्दी और डोगरा शासन के लिए सबसे बड़ा खतरा मानते थे। नतीजा यह हुआ कि निर्णायक क्षण आने पर सभी दूसरे पाले में बैठे दिखे। फिर मेरे पिता भी कोई ठोस निर्णय नहीं ले पाए थे। ऐसे नाजुक समय में वे एकदम अकेले थे, उनका न कोई दोस्त था, न हमदर्द। जिस डोगरा शासन को स्थापित करने में हमारे पुरखों ने तरह-तरह के कष्ट उठाए और विपरीत परिस्थितियों का मुकाबला किया, वो बड़ी आसानी से खत्म हो गया। मैंने महसूस किया कि उस वक्त अगर मेरी उम्र दस साल ज्यादा होती, तो शायद इतिहास दूसरा ही होता। पर यह भी तो संभव था कि तब मैं भी सामंती प्रवृत्ति

का शिकार हो जाता !

नेहरूजी की गिरफ्तारी से उत्तेजना का जो माहौल बना था, वो फिलहाल तो शांत हो गया। उन गर्मियों में मैं श्रीनगर में कॉलेज जाता रहा। सप्ताहांत में मैं अपने माता-पिता के साथ शिकार तथा मछली पकड़ने का आनंद लेता। जीवन में पहली बार मुझे बड़ा शिकार करने की अनुमति मिली। 318 की बंदूक लेकर ठाकुर हरनाम सिंह पठानिया के साथ मुझे दाचीगाम भेजा गया। ठाकुर साहब रियासत की फारेस्ट सर्विस के एक वरिष्ठ अफसर थे और बंदूक चलाने में माहिर थे। अपनी योग्यता के बल पर बाद में वो 'मुख्य संरक्षक' (चीफ कंजर्वेटर) के पद तक पहुँचे। शिकार के दिन हम अलस सुबह ही दाचीगाम के लिए रवाना हो गए और सूर्योदय से पहले ही अभयारण्य पहुँच गए। ठंडी हवा में जंगल की खास गंध और सूर्योदय के स्पर्श से जीवंत होते पहाड़, अलग ही रोमांच पैदा कर रहे थे। रोमांच की उत्तेजना मैं आज भी महसूस कर सकता हूँ। एक हाथ में बंदूक लिये हम जंगल में अपना रास्ता बनाते हुए चल रहे थे। थोड़ी देर बाद सूरज चढ़ने के साथ आसपास की पहाड़ी ढलानों का पतझड़ी रंग रोशन हो उठा। शिकार के लिए हम किसी कश्मीरी हिरन की तलाश में थे, लेकिन हिरन नहीं मिला। कुछ हिरनियाँ जरूर मिलीं। वो निश्चल खड़ी हमारी ओर ही ताक रही थीं। उनकी आँखों में नम्रता और अनुनय का भाव स्पष्ट देखा जा सकता था। जैसे ही हम उनके पास पहुँचे, कुलाँचें मारते हुए वो जंगल में गायब हो गईं।

लगभग दस बजे तक हमने जंगल का काफी बड़ा हिस्सा छान मारा था। तभी हरनाम सिंह अचानक मेरा हाथ पकड़कर कानों में फुसफुसाए, 'क्या तुम भालू पर हाथ आजमाना चाहोगे ?' पेड़ों के बीच झाँकते हुए मैंने देखा कि करीब सौ गज के फासले पर एक विशालकाय काला रीछ खड़ा था। मैंने अपनी राइफल कंधे से लगाई और गोली दाग दी। गोली भालू को बिलकुल ठीक निशाने पर लगी थी। लेकिन भालू जैसे जंगली जानवर काफी सख्त-जान होते हैं और जब तक प्राणघाती रूप से घायल न हो जाएँ, उन्हें पाना बहुत मुश्किल होता है। हम लोग बहुत सावधानी से उस स्थान की ओर बढ़े जहाँ भालू गिरा था। हरनाम सिंह जानवर के किसी भी प्रत्याक्रमण से निपटने के लिए अपनी राइफल लिये पूरी तरह तैयार थे। हमें वहाँ पड़ा हुआ खून तो मिला, लेकिन भालू नदारद था। कहा जाता है कि भालुओं के छिपने की जगह गुप्त होती है, जहाँ वे बीमार पड़ने या घायल होने पर जा छिपते हैं, ताकि जंगली जड़ी-बूटियों से अपना इलाज कर सकें। जो भी बात रही हो, वो भालू हमें कभी नहीं मिला। शायद यह मेरे लिए एक संकेत था। मेरे भाग्य में शिकारी बनना-कहलाना नहीं था। कुछ साल बाद मैंने शिकार और मछलियाँ पकड़ना बिलकुल ही छोड़ दिया।

गर्मियाँ खत्म हुईं। और कश्मीर का खूबसूरत पतझड़ शुरू हो गया। चिनारों के पत्ते भूरे पड़ने लगे। धान की फसल पक चुकी थी। एक ओर घाटी की हरियाली थी, तो दूसरी ओर पकी फसल के सुनहरे लहलहाते खेत। हवा में भावी घटनाओं की सुगबुगाहट सुनाई देने लगी थी। उपमहाद्वीप में महत्त्वपूर्ण घटनाएँ घट रही थीं। कैबिनेट मिशन

आया और वापस चला गया। उधर जिन्ना की भारत-विभाजन माँग ने समूचे उपमहाद्वीप में भूचाल सा ला दिया। एक आँख वाले निष्पक्ष वायसराय लार्ड वॉवेल के स्थान पर खूबसूरत मगर आडंबरी लार्ड माउंटबेटन आ चुके थे। उनके साथ उनकी खूबसूरत पत्नी एड्वीना भी आई थीं। इतिहास का एक अध्याय नाटकीय रूप से सामने आने को था। इस सबके बावजूद हम छोटी-छोटी निरर्थक बातों में उलझे हुए थे। याद आते हैं पिता के दरबार में चल रहे निंदनीय दुष्चक्र, उनको हर समय घेरे रहने वाले संकुचित दृष्टिकोण के लोग, जी-हजूरिए और अवसरवादी।

स्वामीजी के बढ़ते प्रभाव के साथ-साथ दरबार में माँ के बड़े भाई ठाकुर नचिंत चंद का दबदबा भी बढ़ता जा रहा था। माँ के विवाह के समय वह डोगरा रेजिमेंट में गैर कमीशंड अफसर थे। माँ के विवाह के बाद उन्हें एक बड़ी जागीर दे दी गई थी और दरबार में ऊँचा रुतबा भी। कई वर्षों तक वो एक तरह से माँ के संरक्षक भी रहे। माँ पर उनका जबर्दस्त प्रभाव था। वैसे भी वो उससे उम्र में कई साल बड़े थे और एक बार तो उन्होंने माँ को विजयपुर (Bijeypur) के तालाब में डूबने से भी बचाया था। हालाँकि वो चतुर और मूलतः निष्ठावान थे, लेकिन उनकी अपनी बौद्धिक सीमाएँ थीं। साधुओं और स्वामियों का आशीर्वाद पाने में उनकी अटूट आस्था थी। इसमें संदेह नहीं कि विवाह के बाद गाँव की इस सीधी-सादी लड़की के अचानक राजदरबार के षड्यंत्रकारी मकड़जाल में उलझने पर आरंभ में जो कठिनतम समय माँ को भोगना पड़ा, तो उन्होंने ही उसे सँभाला, ढाढस बँधाया। लेकिन जब भी उन्हें मौका मिला, वह माँ को याद दिलाने से नहीं चूकते थे कि अगर वो न होते तो वो मेरे जन्म से पहले ही खत्म हो गई होती। इसके लिए उन्हें दरबार में विरोधी खेमे की नाराजगी भी झेलनी पड़ी और काफी अलोकप्रिय हो गए थे। पिताजी के स्वजन जामवाल बारादरी तो उन्हें बेहद नापसंद करती थी। लेकिन स्वामीजी के आने से अचानक उनका महत्त्व बहुत बढ़ गया और वो पिताजी तथा स्वामीजी के बीच मुख्य संदेशवाहक बन गए।

नवंबर के पहले सप्ताह में हम लोग हमेशा की तरह जम्मू चले गए। मेरे ट्यूटर प्रोफेसर मदान को पूछताछ करने पर जानकारी मिली कि मैं प्राइवेट विद्यार्थी के तौर पर इलाहाबाद विश्वविद्यालय से इंटरमीडिएट की परीक्षा दे सकता हूँ। मेरे पिता ने इस प्रस्ताव को लेकर कोई खास उत्साह नहीं दिखाया। वह खुद भी मेयो कॉलेज में मैट्रिक से आगे नहीं बढ़ पाए थे। लेकिन प्रोफेसर मदान और मेरी माँ के आग्रह के आगे आखिरकार उन्हें झुकना पड़ा। इसके लिए मैं मदान साहब का अत्यधिक आभारी हूँ, क्योंकि अगर उस वक्त मेरी पढ़ाई का क्रम टूट जाता, तो फिर मैंने बाद में जो पढ़ाई की, वो नहीं कर पाता। हमारे जम्मू के स्टाफ आवासों में एक विशेष परीक्षा केंद्र खोला गया। 1947 के प्रारंभ में मैंने इंटरमीडिएट की परीक्षा दी। इसमें अंग्रेजी, नागरिकशास्त्र, अर्थशास्त्र और हिंदी मेरे विषय थे। वैसे यह परीक्षा बड़ी हड़बड़ी में दी गई थी। दून स्कूल में सीनियर कैंब्रिज के बाद इंटर के एक सत्र की पढ़ाई मैंने वहाँ की। फिर एक सत्र मेरा श्रीनगर कॉलेज में पूरा हुआ और आखिर के कुछ महीनों में जम्मू में ताबड़तोड़

ट्यूशन ली गई। इस सबको देखते हुए मेरे लिए द्वितीय श्रेणी में इंटर पास करना काफी संतोषप्रद रहा।

अतीत में झाँकने पर आज मैं यह महसूस करता हूँ कि जिस तेजी से मैं जवान होता जा रहा था, उतनी ही तेजी से सामंती दरबार का विनाशकारी प्रभाव छद्म रूप से मेरे व्यवहार में घुलता जा रहा था। बात-बात पर नौकरों पर रौब जमाता, कुत्तों को मारता-दुत्कारता। धीरे-धीरे मुझमें ऐसी प्रवृत्तियाँ पनपने लगीं, जो सामंती जीवन में भी पसंद नहीं की जाती थीं। मेरा मित्र नसीब लखनऊ में कॉलेज की पढ़ाई कर रहा था। अतः किसी हमउम्र साथी के अभाव में मेरा अधिकांश समय स्टाफ के लोगों के साथ ही बीतता। लगता था, मेरे माता-पिता एक-दूसरे के करीब आ रहे हैं। हालाँकि उनके बीच मूलभूत तनाव पहले जैसा ही था, और इसी कारण अक्सर उनके बीच ऐसे तीखे और कटु संवाद होते कि मैं खुद को अत्यंत अपमानित महसूस करता। इन दिनों माँ 'अमर महल' में रह रही थी। जम्मू में ईंटों का यह विशाल महल मेरे दादा ने बनवाना शुरू किया था, जो कभी पूरा नहीं हो सका। इसके साथ ही एक छोटी इमारत थी 'हरी निवास'। यह मेरे पिता का आवास था। इसी 'हरी निवास' के एक कमरे में मैं भी रहता था। भोजन के समय माँ इधर ही आ जाया करती और तब हम लोग जी भरकर रमी और बैकगैमन खेला करते थे। श्रीनगर के मुकाबले हम लोग जम्मू में और ज्यादा एकाकी हो जाते थे। हम लोग यहाँ से सिर्फ ऊधमपुर ही जाते थे, जो जम्मू से चालीस मील दूर था। ऊधमपुर में मेरे पिता ने कुछ बेहतरीन शिकारगाह विकसित करवाए थे। उन्होंने यहाँ ठहरने के लिए एक घर भी बनवाया था। और मुझे हैरानी के साथ खुशी भी हुई कि इसका नाम मेरी माँ के नाम पर 'तारा निवास' रखा गया गया था। विभिन्न रक्ख (Rakhs) में शिकार पर जाने से पहले हम यहीं रुका करते थे। हालाँकि ऊधमपुर में कश्मीर जैसे शानदार पहाड़ नहीं थे, फिर भी यहाँ चीते और जंगली भालू सहित छोटे-बड़े शिकार मिल जाते थे।

इस दौरान मेरे दाएँ कूल्हे का दर्द लगातार बढ़ता जा रहा था। इस दर्द के डर से मैं रात को सोने की कल्पना से ही घबराने लगा। मेरे दाएँ कूल्हे और पैर की मांसपेशियाँ धीरे-धीरे क्षीण होने लगीं। नतीजतन मैं थोड़ा लँगड़ाने लगा। जब भी मेरी माँ मेरे लँगड़ेपन पर कुछ टिप्पणी करने लगती, मैं बात बदल देता। लेकिन एक दिन पिताजी ने यह देख लिया। उन्होंने महल के चिकित्सक डॉ. एस. के. शांगलू से मेरी जाँच करने को कहा। मांसपेशियों के क्षीण होने की जानकारी इसी डॉक्टरी जाँच के बाद हुई। इलाज की शुरुआत उन्होंने तेल मालिश से की और कुछ सप्ताह इसे जारी रखा। लेकिन कोई लाभ नहीं हुआ। आखिर पिताजी ने विशेषज्ञों से सलाह-मशविरे के लिए मुझे बंबई भेजने का निर्णय किया। पारिवारिक मामलात के नियंता ब्रिगेडियर एन. एस. रावत भी मेरे साथ बंबई गए। वहाँ मेरी कई तरह की जाँच और एक्स-रे हुए। टाटा कैंसर इंस्टीट्यूट के संस्थापक डॉ. खानोलकर ने भी मेरी जाँच की। किसी ने कैंसर की आशंका भी जाहिर की थी, लेकिन डॉ. खानोलकर की जाँच के बाद यह आशंका खत्म हो गई। हमें सलाह

दी गई कि यदि तीन महीनों में दर्द खत्म नहीं होता है, तो फिर कूल्हे के जोड़ को कुछ दिन आराम देने के लिए प्लास्टर चढ़ाना जरूरी हो जाएगा।

मन में हताशा लिये मैं जम्मू लौट आया। मार्च के बाद का समय हमेशा की तरह मेरे पिता ने ज्यादातर स्विमिंग-पूल में बिताया। शाम को वो अपने स्टाफ तथा कुछ चुनिंदा नौकरों के साथ वाटर-पोलो खेलते। मैं कोई अच्छा तैराक नहीं था, इसलिए सिर्फ औपचारिकता ही निभाता। वहाँ बैठकर तमाशा देखने के बजाय या तो मैं 'अमर महल' चला जाता और माँ के साथ समय बिताता, या फिर 'कर्ण निवास' जहाँ स्वामीजी रहते थे। वास्तव में मेरे पास कोई काम नहीं था, और मैं परिस्थितियों और अपने कूल्हे के दर्द को लेकर बहुत परेशान था। गर्मियाँ शुरू हो चुकी थीं, लेकिन लगता था कि पिताजी श्रीनगर लौटने के ज्यादा इच्छुक नहीं हैं। लौटने का कोई दिन उन्होंने तय ही नहीं किया था। आखिर माँ ने हस्तक्षेप करते हुए पिता से कहा कि जम्मू में गर्मी अब बर्दाश्त नहीं हो रही है; हमें श्रीनगर लौट चलना चाहिए। इस पर पिता ने आश्चर्यजनक रूप से तीखी प्रतिक्रिया व्यक्त की। माँ का यह सुझाव उन्हें बहुत अपमानजनक लगा और वह कई दिन तक नाराज रहे। बीती घटनाओं का विश्लेषण करने पर मैं सोचता हूँ कि कहीं पिता को यह पूर्वाभास तो नहीं हो गया था कि शासक के रूप में उनकी यह अंतिम कश्मीर-यात्रा होगी।

अंततः मई के अंत में हम लोग कश्मीर के लिए रवाना हो गए। वहाँ पहुँचते ही पूरी राजशाही नए वायसराय लार्ड लुइस माउंटबेटन और लेडी माउंटबेटन की आगामी कश्मीर-यात्रा की तैयारियों में पूरे जोर-शोर से जुट गई। वैसे हिंदुस्तानी रियासतों के लिए वायसराय की यात्रा कोई नई बात नहीं थी। जो भी वायसराय होता वो इन रियासतों में नियमित रूप से जाता था। मुझे थोड़ा-थोड़ा याद है कि तीस के दशक में लार्ड लिनलिथगो भी कश्मीर आए थे। उस समय मैं बहुत छोटा था। उन्होंने मुझे घुड़सवारी के लिए सोने के छल्ले लगी छड़ी भेंट की थी। लेकिन इस बार की यह वायसराय यात्रा साधारण नहीं थी। सिर्फ इसलिए नहीं कि अंग्रेज भारत में जाने और भारतीयों को सत्ता सौंपने की घोषणा कर चुके थे, जहाँ तक मैं समझता हूँ, वायसराय का यह दौरा इसलिए अधिक महत्त्वपूर्ण था कि उनकी इस यात्रा से अनेक बड़ी हस्तियाँ जुड़ी थीं। कुछ हद तक शुष्क स्वभाव और अनाकर्षक लार्ड वावेल के तुरंत बाद ग्लैमर से भरपूर माउंटबेटन-दंपति का आना बड़ा कुतूहल पैदा कर रहा था। उनसे मिलने के लिए मैं बहुत उत्सुक था। मेरे पिता ऐसे समारोह आयोजित करने में माहिर थे। कार्यक्रम विवरण को बहुत नफासत से छपवाकर उस पर सुनहरे कागज का आवरण चढ़ाया गया। फिर इस आवरण पर मॅरून रंग का सरफंद (बो) लगाया गया। दरअसल सुनहरा और मॅरून—दोनों ही रियासत के शाही रंग थे। मेहमानों की सूची तथा अन्य सूचियों में छोटी-से-छोटी बारीकी का पूरा ध्यान रखा गया। पिताजी घंटों इन बारीकियों पर विचार-विमर्श करते और उनको अंतिम रूप देते। कार्यक्रम में थोड़ी सी भी गड़बड़ होने पर किसी-न-किसी की नौकरी पर बन आती। लिहाजा पूरा घर एक अजीब तनाव में था। क्योंकि उन दिनों मैं कुछ

विशेष नहीं कर रहा था, इसलिए स्टाफ के कामों में मैंने भी मदद की। कहने की आवश्यकता नहीं कि पूरे तामझाम में मेरी भूमिका बहुत नगण्य थी। अंततः वो ऐतिहासिक दिन भी आ पहुँचा। सलामी तोपों की गड़गड़ाहट के बीच वायसराय और उनकी पत्नी ने कश्मीर की धरती पर कदम रखे। (यह तो मुझे याद नहीं कि उन्हें कितनी तोपों की सलामी दी गई। पर मेरे खयाल से यह संख्या 31 की रही होगी, क्योंकि ओहदे के अनुरूप पिता को 21 तोपों की सलामी दी जाती थी।) उनका अभिवादन करने के लिए मैं भी अपने माता-पिता के साथ द्वारमंडप में बैठा था। माउंटबेटन-दंपति के बारे में जो कल्पनाएँ मेरे मन में थीं, वो सभी सही साबित हुईं। हर तरह से वे एक खुशनुमा दंपति थे। उन्हें देखते ही मुझे ऐसा लगा मानो बैरोनेस ऑर्क्जी (Baroness orczy) के उपन्यासों के मेरे प्रिय पात्र सर पर्सी ब्लैक्ने (Percy Blakney) और उसकी खूबसूरत पत्नी मार्गरीट (Marguerite) साक्षात् मेरे सामने आ खड़े हुए हों—उसके किसी उपन्यास के पन्नों से निकलकर। लंबे, खूबसूरत प्रभावशाली माउंटबेटन और सुंदर, सौम्य और मोहक लेडी माउंटबेटन। अपने दरबार के शुष्क और कठोर वातावरण की एकरसता तोड़ने की ललक में मेरी किशोर कल्पना को माउंटबेटन-दंपति के रूप में ऐसा बेहतरीन झरोखा मिल गया, जहाँ सत्य और स्वप्निल कल्पना का मेल किया जा सकता था।

अभिजात पृष्ठभूमि होने के बावजूद उन लोगों में कहीं कोई औपचारिकता का दिखावा नहीं था। उनकी अनौपचारिकता और हँसमुख स्वभाव मुझे बहुत अच्छा लगा। पिता ने 'टाइगर' कहकर उनसे मेरा परिचय करवाया और अपनी कश्मीर-यात्रा के दौरान उन्होंने मुझे टाइगर कहकर ही संबोधित किया। बल्कि उसके बाद भी वो मुझे हमेशा 'टाइगर' ही बुलाते रहे। स्वागत-समारोहों, प्रीतिभोजों और उद्यान-पार्टियों का सिलसिला लगातार चलता रहा। उस दौरान घटी दो दिलचस्प घटनाओं का जिक्र मैं यहाँ करना चाहूँगा। निर्धारित कार्यक्रम के अनुसार प्रीतिभोज की समाप्ति पर शाही बैंड को 'गॉड सेव द किंग' की धुन बजानी थी। इसका संकेत देने के लिए पिता की मेज के नीचे एक गुप्त बटन लगा हुआ था, जिसे भोज खत्म होने पर उन्हें दबाना था। पिता के साथ ही माउंटबेटन भी बैठे थे। डिनर के दौरान ही संयोगवश लंबा होने के कारण उनके घुटनों से बटन दब गया और घंटी बज गई। फिर क्या था, निर्देशानुसार बैंड ने इंग्लैंड की राष्ट्रीय धुन बजानी शुरू कर दी। आधे भोज में ही हम सब लोग उस धुन के सम्मान में खड़े हो गए। उस हड़बड़ाहट में सबकी हालत देखने लायक थी। पिताजी का चेहरा गुस्से से तमतमा गया, लेकिन सौभाग्यवश इस गलती के लिए किसी को जिम्मेदार नहीं ठहराया जा सकता था। माउंटबेटन को जब सारी बात पता चली, तो उन्होंने खूब ठहाके लगाए। मुझे तो हँसी का ऐसा दौरा पड़ा कि मैं हँसते-हँसते दोहरा हुआ जा रहा था, और उधर मेज के दूसरी तरफ बैठी माँ आँखों-ही-आँखों में मुझे धमकाए जा रही थी।

दूसरी घटना भी कम मजेदार नहीं थी। हुआ यह कि एक उद्यान-पार्टी में मेरे पिता वायसराय से रियासत के वरिष्ठ अधिकारियों का परिचय कराने वाले थे। उन्होंने सबको

एक पंक्ति में खड़ा कर दिया और सूची से क्रमानुसार सबके नाम भी अच्छी तरह याद कर लिये। लेकिन पता नहीं क्यों एक अधिकारी अपने निर्धारित स्थान पर न खड़ा होकर किसी दूसरे के स्थान पर खड़ा हो गया। इससे सारा क्रम ही गड़बड़ा गया। पिता ने परिचय कराया, तो उन्हें एकाएक लगा कि वो हरेक का नाम गलत बता रहे हैं। लेकिन इस मामले में कौन ज्यादा लापरवाह था, पिताजी या अधिकारी, यह मैं आज तक तय नहीं कर पाया। पर लगता है कि लार्ड माउंटबेटन को या तो इस गड़बड़ी का पता नहीं चला या फिर वो इतने विनम्र थे कि उन्होंने कोई प्रतिक्रिया ही नहीं दिखाई।

हँसी-मजाक, मनोरंजन और अभिनंदन समारोहों के बीच माउंटबेटन एक गंभीर राजनीतिक उद्‌देश्य भी पूरा करने में लगे थे। भारत से अंग्रेजों के विदा होने में अब ज्यादा दिन नहीं रह गए थे। देश का विभाजन तय हो चुका था। देसी रियासतें अपनी-अपनी भौगोलिक स्थितियों को देखते हुए यह निर्णय करने में व्यस्त थीं कि उन्हें भारत या पाकिस्तान, किस देश के साथ मिलना है ? लेकिन अब भी कुछ रियासतें ऐसी थीं, जो कुछ फैसला नहीं कर पाई थीं। इनमें भारत की दो बड़ी रियासतें थीं—हैदराबाद और कश्मीर। भौगोलिक रूप से हैदराबाद पूरी तरह भारतीय संघ के बीच में था। लेकिन जम्मू-कश्मीर की एक सीमा भारतीय संघ से लगी थी, तो दूसरी प्रस्तावित नए राष्ट्र पाकिस्तान से। इसके अलावा हमारी रियासत बहुजातीय थी। यहाँ शिया-सुन्नी मुसलमान भी थे, हिंदू, बौद्ध तथा अन्य धार्मिक संप्रदायों के लोग भी। मुझे अब भी संदेह है कि उस वक्त तक भी पिता को यह विश्वास नहीं था कि अंग्रेज सचमुच भारत से चले जाएँगे। अपने अनिर्णायक स्वभाव के चलते यहाँ भी उनका रवैया टालू ही रहा।

निस्संदेह स्थिति की जटिलता और किसी आसान विकल्प के अभाव को देखते हुए उन्हें पूरी तरह दोषी नहीं ठहराया जा सकता। उनके सामने अनेक कठिनाइयाँ थीं। अगर वो पाकिस्तान के साथ मिलने का निर्णय करते, तो उनके समूचे डोगरा-आधार सहित उन्हीं के अधिकांश लोग स्वयं को अपमानित महसूस करते। भारत के साथ मिलते तो रियासत के अधिकांश मुस्लिम वर्ग के विमुख होने का जोखिम था। स्वतंत्र राज्य अपने आपमें एक आकर्षक प्रस्ताव हो सकता था। लेकिन उसे व्यवहार में लाने के लिए बड़ी समझ-बूझ से तैयारी करने की आवश्यकता थी। सभी संबद्ध पक्षों से लंबी बातचीत और जबर्दस्त राजनीतिक व कूटनीतिक क्षमता की जरूरत थी। माउंटबेटन की कश्मीर यात्रा का वास्तविक उद्‌देश्य पिता को 15 अगस्त से पहले-पहले कोई निर्णय कर लेने का आग्रह करना था। वह भारतीय नेताओं से यह आश्वासन भी लेकर आए थे कि महाराजा जो भी निर्णय करें, चाहे पाकिस्तान में मिलना चाहें, उन्हें कोई आपत्ति नहीं होगी।

विषम परिस्थिति आने पर उसका सामना करने से बचना, यह स्वाभाविक सामंती प्रवृत्ति है। मेरे पिता अक्सर यही किया करते थे। माउंटबेटन के कश्मीर आने का फायदा उठाते हुए समग्र स्थिति पर सार्थक विचार-विमर्श करने और विवेकपूर्ण निर्णय लेने की बजाय उन्होंने वायसराय को तरह-तरह से टालने की कोशिश की। पहले तो उन्होंने

माउंटबेटन को मछली पकड़ने के लिए थ्रिकर भेज दिया। यह अलग बात थी कि वहाँ वायसराय महोदय ने पूर्ण नग्नावस्था में धूप-स्नान करके हमारे स्टाफ को सकते में डाल दिया। दिल्ली के लिए रवाना होने से पहले वायसराय ने उनके साथ एक मीटिंग रखी थी। लेकिन मेरे पिता ने असहनीय पेट दर्द का बहाना बनाकर मीटिंग को भी टाल दिया। इस घटना को माउंटबेटन के सहायक ने मीटिंग के विवरण के साथ दर्ज करते हुए लिखा कि वायसराय महाराजा की मंशा समझ गए और दिल्ली लौट आए। कश्मीर पर राजनीतिक समझौते का यह अंतिम और सही अवसर था, जो गवाँ दिया गया।

अध्याय 5

अभी तक मेरे कूल्हे के दर्द में कोई कमी नहीं आई थी। हारकर लाहौर से वहाँ के जाने-माने सर्जन कर्नल मिरजकर को बुलाया गया। अच्छी तरह जाँच करने के बाद कूल्हे के जोड़ को स्थिर करने के लिए उन्होंने प्लास्टर चढ़ाने की सलाह दी। इसका मतलब यह था कि मुझे लंबे समय तक बिस्तर पर पड़े रहना होगा, और यही बात बहुत परेशान करने वाली थी। लेकिन दर्द था कि दिन पर दिन बढ़ता जा रहा था। अतः डॉक्टर की सलाह मानने के अलावा और कोई उपाय नहीं था। डॉ. मिरजकर ने अपने हाथों से प्लास्टर चढ़ाया। जून का महीना था। अचानक ही एक अच्छा-खासा आदमी लगभग पंगु हो गया। प्लास्टर चढ़ाए लंबे समय तक बिस्तर पर पड़े रहना बहुत ही कष्टप्रद होता है। अनेक मनोवैज्ञानिक और शारीरिक समस्याएँ उठ खड़ी होती हैं। इनकी पीड़ा वही समझ सकता है, जो इस अनुभव से गुजर चुका हो। प्लास्टर कमर से लेकर दाईं टाँग पर पूरा नीचे तक चढ़ाया गया था। उसकी सख्ती से मुझे काफी असुविधा महसूस हो रही थी। हालत यह थी कि बिस्तर पर भी मैं किसी की सहायता के बिना हिल-डुल नहीं सकता था। प्लास्टर के अंदर लगभग हर समय बेचैन करने वाली खुजली उठती रहती थी, और उससे छुटकारा मिलने की कोई संभावना नहीं थी। शौच जाने की असमर्थता पर तो मुझे बहुत ही क्रोध आता था।

रातें मेरे लिए भयावह होती थीं। दिन में मुझे बिस्तर से उठाकर व्हील-चेयर पर अपने माता-पिता और अन्य लोगों के पास ले जाया जाता। वे सभी मुझे खुश रखने, हँसाने की पूरी कोशिश करते, मेरे साथ रमी और लूडो खेलते। शाम को मेरे ममेरे-मौसेरे भाई वगैरह आ जाते या फिर मैं कोई पुस्तक पढ़ता। लेकिन रात होते ही मैं बिस्तर में अकेला पड़ा होता और प्लास्टर फिर मुझे पूरी प्रबलता से कचोटने लगता। मेरा दिल बैठने लगता और मैं बहुत हताश व असहाय महसूस करने लगता। कुछ सांत्वना मिलती थी तो बस प्रार्थना से। माँ ने मुझे एक सुमिरनी (जाप करने की माला) और दुर्गा माता की तसवीर दी थी—शेर पर सवार उस देवी का चित्र मैं हमेशा अपने पास बिस्तर पर रखे रहता। अक्सर मैं घंटों जाप करता रहता। इसी बीच मेरी आँख लग जाती और सुमिरनी मेरे हाथों में ही रह जाती। कभी-कभी मैं सपने में देखता कि यह सब एक दुःस्वप्न है और सुबह उठूँगा, तो खुद को पूरी तरह स्वस्थ पाऊँगा। लेकिन सुबह जागता तो पता चलता कि मेरी अस्वस्थता एक कटु सत्य है। मैं समझता हूँ यही वो दिन थे,

जब मैंने यथार्थ से समझौता करना सीखा, चाहे वो कितनी ही विकट क्यों न हों। वैसे तो मैं हमेशा से अंतर्मुखी था, लेकिन इस बेहद लंबी लाचारी ने मुझे और भी अंतर्मुखी बना दिया। जबकि यह वो समय था, जब मेरी उम्र के लड़के सबसे ज्यादा सक्रिय होते हैं।

मुझे बताया गया था कि प्लास्टर तीन महीने तक रहेगा। उसके बाद मैं स्वस्थ हो जाऊँगा और सामान्य जीवन जी सकूँगा। इसी उम्मीद में दिन हफ्तों में बदलते गए और हफ्ते महीनों में। मुझे एक-एक दिन भारी पड़ रहा था। यह 1947 का वर्ष था। वो साल, जब भारत खून-खराबे और तबाही के दलदल से निकलकर आजादी की साँस लेने वाला था। हमारे स्वतंत्रता संघर्ष की अहिंसक प्रकृति के बारे में बहुत कुछ कहा गया है। दुनिया के लिए यह सवाल आज भी एक पहेली है कि आखिर हमने हथियार उठाए बिना आजादी हासिल कैसे की ? यह निर्विवाद सत्य है कि आजादी के संघर्ष में अंग्रेजों के खून की एक भी बूँद नहीं बहाई गई। गाँधीजी वास्तव में बहुत ही विलक्षण नेता थे। लेकिन भारत को इस अहिंसक आंदोलन की कीमत खून से चुकानी पड़ी। 1946 और 1947 में पूरा उपमहाद्वीप दुखद किंतु बेहद हिंसक सांप्रदायिक दंगों की चपेट में आ गया ! उन दंगों में हजारों-हजार निर्दोष स्त्री-पुरुष और बच्चे धार्मिक असहिष्णुता और उन्माद की भेंट चढ़ गए। हिंदू और मुसलमान एक घातक और असमान संघर्ष में उलझ गए। असमान इसलिए, क्योंकि मारकाट के सभी मामलों में हर बस्ती में सबसे ज्यादा नुकसान वहाँ की अल्पसंख्यक आबादी को ही उठाना पड़ा—चाहे वो हिंदू रही हो या मुसलमान। पड़ोस के पंजाब राज्य से आने वाले हिंदू और सिख शरणार्थियों का ताँता लग गया। जम्मू-कश्मीर रियासत लंबे अरसे से सांप्रदायिक सौहार्द की मिसाल रहा था। जब समूचा हिंदुस्तान सांप्रदायिकता की आग में झुलस रहा था, ऐसा लगता था मानो कश्मीर शांति और सद्भाव की जन्नत बना रहेगा। शायद गाँधीजी भी ऐसा ही समझते थे। तभी तो उन्होंने कहा था कि यदि अंधकार के आवरण में आशा की किरण कहीं से आनी है, तो वो कश्मीर से ही आएगी।

असल में गाँधीजी उस साल अगस्त में कश्मीर आए थे। उनके आने की खबर पाकर हम सब बहुत प्रसन्न और उत्सुक थे। और जब हमें यह पता चला कि अपनी सामान्य परंपरा को तोड़ते हुए वे पिताजी से मिलने महल में ही आएँगे, तब तो हमारी खुशी का पारावार न रहा। मेरे पिता भी इस खबर से रोमांचित थे। मैं भी उनसे मिलने के लिए बहुत इच्छुक था, अतः मैंने भी पिताजी को अपना आग्रह बता दिया। विचार-विमर्श के बाद आखिर यह तय रहा कि पिताजी, माँ और मैं 'गुलाब भवन' के सामने वाले लॉन में किसी चिनार की छाया में मिलेंगे। गाँधीजी के सत्कार के लिए बकरी के दूध और फलों का विशेष प्रबंध किया गया। और हम लोग नियत समय से एक घंटा पहले अपने-अपने स्थान पर बैठ गए। मुझे ठीक-ठीक याद है, एक अगस्त को शाम ठीक पाँच बजे गाँधीजी वहाँ आए। पिताजी ने ड्योढ़ी पर जाकर उनका स्वागत किया। और वे दोनों बगीचे में चलते हुए उस पेड़ के पास आए, जहाँ माँ और मैं उनकी प्रतीक्षा

कर रहे थे। उन क्षणों को मैं कभी भूल नहीं सकता। गाँधीजी की दुबली-पतली काया को अपनी ओर आता देख मैं भाव-विभोर हो गया था। छोटे कद के गाँधीजी और उनकी बगल में चलते हुए लंबे कद के मेरे पिता। मैंने देखा, यही वो व्यक्ति है, जिसने सिर्फ अपने नैतिक बल से दुनिया के सबसे बड़े साम्राज्य को हिलाकर रख दिया था। हालाँकि मेरी याददाश्त बहुत अच्छी है, लेकिन उस अवसर पर हुए वार्तालाप की स्मृति बहुत ही कम है। बैठते ही गाँधीजी मेरी तरफ मुड़े और पूछा, 'कैसे हो ?' उसके बाद वे बहुत देर तक धीमी और अस्पष्ट आवाज में न जाने क्या कुछ कहते रहे। एक तरह से यह उनका एकतरफा संवाद था। उन्होंने क्या-क्या कहा, यह मैं ठीक से नहीं समझ सका। पिताजी बहुत आदरपूर्वक उनकी बातें सुनते रहे। जहाँ तक मुझे याद है, अपनी ओर से उन्होंने शायद ही कुछ कहा हो। पर गाँधीजी के उस अस्फुट संवाद से मैं जो कुछ समझ सका, उसका यही सार था कि रियासत के बारे में कोई भी निर्णय लेने से पहले मेरे पिता वहाँ की जनता की जनभावनाओं का ध्यान रखें और उसे विश्वास में लें। देश में मौजूदा राजनीतिक उथल-पुथल के माहौल में वो रियासत की जनता को साथ लेकर चलें।

करीब नब्बे मिनट बातचीत करने के बाद गाँधीजी उठ खड़े हुए। माँ ने उनसे थोड़ा दूध और फल ग्रहण करने का आग्रह किया। लेकिन गाँधीजी ने यह कहते हुए मना कर दिया कि अभी उनके खाने का समय नहीं है। फिर भी माँ के जोर देने पर गाँधीजी गाड़ी में फल रखवाने के लिए राजी हो गए। चलते समय मुस्कुराते हुए मेरा अभिवादन स्वीकार किया। लेकिन इस मुस्कुराहट में एक अजीब उदासी झलक रही थी। उनके लौटने का वह दृश्य आज भी मेरी स्मृति में ताजा है। शरीर पर सफेद धोती लपेटे गाँधीजी और उनके पीछे-पीछे विदा करने जाते मेरे माता-पिता। उनकी वो उदास मुस्कान मैं आज तक नहीं भूला हूँ। जीवन में फिर कभी उनसे मुलाकात न हो सकी। लेकिन एक बार बड़े अजीबोगरीब स्वप्न में उन्हें जरूर देखा। हत्यारे की गोलियों का शिकार होने के कई बरस बाद।

घटनाचक्र अब तेज हो चला था। अंग्रेज 15 अगस्त तक भारत छोड़ देने के प्रति सचमुच गंभीर लगते थे। उनके बारे में यह बहुत सही कहा जाता है कि भारत में उन्होंने जो भी किया, वो उतना गरिमामय नहीं था, जितना कि उनका यहाँ से पलायन। और यह बहुत उल्लेखनीय तथ्य है कि स्वतंत्रता मिलने के थोड़े समय बाद ही दोनों देशों के बीच उत्पन्न तमाम कटुता समाप्त हो गई। निस्संदेह गाँधीजी के नेतृत्व में भारतीय राष्ट्रीय कांग्रेस द्वारा चलाए गए अनोखे स्वतंत्रता-आंदोलन के प्रति यह एक प्रकार की श्रद्धांजलि थी। उनके विरोध में घृणा नहीं थी, और संघर्ष में हिंसा का कोई स्थान न था। गाँधीजी की यह नीति ब्रिटेन की, विशेषकर युद्ध के बाद आई लेबर सरकार की उत्कृष्ट सहज बुद्धि और सशक्त उदारवादी परंपरा के अनुरूप थी। लेकिन कांग्रेस और मुस्लिम लीग के बीच गतिरोध जारी रहने के फलस्वरूप उपमहाद्वीप का बँटवारा अपरिहार्य हो गया था।

उधर भारत की पाँच सौ से ज्यादा देसी रियासतों की स्थिति सिद्धांततः अस्पष्ट ही रही, क्योंकि अंग्रेजों का यह मानना था कि उनके भारत से विदा हो जाने के बाद रियासत के शासक अपनी पसंद के किसी भी नए राष्ट्र के साथ मिलने को स्वतंत्र हैं। लेकिन जैसा कि माउंटबेटन ने चैंबर आफ प्रिंसेज को दो टूक शब्दों में बता दिया था कि उनका चुनाव भौगोलिक बाध्यताओं से निर्देशित होगा। जहाँ भी इन बाध्यताओं का उल्लंघन करके निर्णय लिया गया, उसका परिणाम पूर्वानुमानित ही रहा। इस संदर्भ में जूनागढ़ और हैदराबाद रियासतों के उदाहरण लिये जा सकते हैं। ये दोनों ही रियासतें पूरी तरह भारतीय संघ की सीमा में स्थित थीं। लेकिन जम्मू-कश्मीर का मामला इन दोनों से बिलकुल अलग था। भारत के नक्शे पर सरसरी नजर डालने भर से इस रियासत की विशिष्ट भौगोलिक स्थिति का पता चल जाता है। इसकी सीमाएँ भारत और पाकिस्तान दोनों देशों से ही लगती थीं। और पूर्व में तिब्बत भी था, जबकि उत्तर की ओर अफगानी भूभाग की क्षीण सी पट्टी इसे सोवियत संघ से अलग करती थी। कश्मीर के उत्तरी प्रांत गिलगित के प्रति अंग्रेजों की विशेष दिलचस्पी का जिक्र मैं पहले कर चुका हूँ। अनेक इतिहासकारों ने तो इस महत्त्वपूर्ण रणनीतिक क्षेत्र पर अंग्रेजों द्वारा नियंत्रण करने की लगातार कोशिशों को आधार बनाकर एक संपूर्ण विचारधारा खड़ी की है। असल में अंग्रेजों ने बहुत पहले 1935 में ही 'गिलगित एजेंसी' उन्हें साठ साल के लिए लीज पर देने के लिए मेरे पिता पर काफी दबाव डाला था। रियासत की बहुमिश्रित जनसंख्या के कारण स्थिति और भी जटिल हो गई थी। इसमें विभिन्न जातियों, संस्कृति और धार्मिक समुदायों के लोग शामिल थे। घाटी क्षेत्र में सबसे ज्यादा संख्या सुन्नियों की थी, थोड़े से शिया, सिख और कश्मीरी पंडित भी थे। जम्मू क्षेत्र में अधिकांश आबादी डोगरा हिंदुओं की थी। मुस्लिमों की संख्या भी काफी थी, विशेषकर मुजफ्फराबाद से मीरपुर तक का पश्चिमी इलाका, जहाँ पंजाबी मुसलमानों का बाहुल्य था। जबकि गिलगित, स्कार्दू और कारगिल में शिया मुसलमान और लद्दाख में लामा बौद्ध थे। राज्य की यह अजीबोगरीब संरचना मेरे महान पूर्वज महाराजा गुलाब सिंह की देन थी, जिन्होंने उन्नीसवीं सदी के मध्य में बहुत सोच-समझकर रियासत का वर्गीकरण किया था। जहाँ तक पाकिस्तान का सवाल था, तो जब तक वह एक धारणा के रूप में था, तब तक रियासत की जनता कुल मिलाकर राज-परिवार के प्रति एकजुट रूप से निष्ठावान थी। हालाँकि तीस-चालीस के दशक में शेख अब्दुल्ला का प्रखर डोगरा-विरोधी आंदोलन कश्मीर घाटी के राजनीतिक रूप से जागरूक वर्गों को थोड़ा-बहुत प्रभावित करने में सफल रहा था। लेकिन अंग्रेजों का जाना सुनिश्चित होने और पाकिस्तान बनना तय हो जाने के बाद पूरी स्थिति में जबर्दस्त बदलाव आ गया। रियासत में आंतरिक अराजकता फैलने लगी थी। पंजाब तथा पश्चिमोत्तर सीमा के भावी पाकिस्तानी प्रांतों की सीमा से लगते क्षेत्रों में असंतोष फैलने लगा। घाटी में शेख अब्दुल्ला के नेतृत्व में राजनीतिक आंदोलन जोरों पर था। शेख अब्दुल्ला नेहरू समर्थक थे, लेकिन मेरे पिता के विरोधी थे। इसके विपरीत मुस्लिम कान्फ्रेंस मेरे पिता की तो समर्थक थी, लेकिन

उसका रुझान पाकिस्तान की ओर था।

स्थिति इतनी जटिल थी कि मेरे पिता की जगह समकालीन वास्तविकताओं की कहीं ज्यादा बेहतर समझ रखने वाले व्यक्ति के लिए भी किसी स्पष्ट और शांतिपूर्ण समाधान पर पहुँचना लगभग असंभव ही था। जैसा कि मैंने पहले कहा कि अगर पिताजी पाकिस्तान के पक्ष में फैसला करते तो उस वक्त उत्तरी भारत में फैला सांप्रदायिक उन्माद रियासत के हिंदू क्षेत्रों को तबाह कर देता। और अगर वो पहले ही हिंदुस्तान से जुड़ने का फैसला कर लेते, तो उन्हें रियासत की पचहत्तर प्रतिशत मुस्लिम आबादी का आक्रोश झेलना पड़ता। अतीत की पृष्ठभूमि में इस समस्या का एकमात्र व्यावहारिक समाधान यही हो सकता था कि पिताजी दोनों नए देशों के अनुरूप अपनी रियासत के विभाजन के लिए वैचारिक पहल करते। लेकिन ऐसे निर्णय के लिए स्पष्ट राजनीतिक दृष्टि और कई वर्षों की सुविचारित योजना की आवश्यकता थी। और असल में देखा जाए, तो अंततः रियासत का विभाजन ही हुआ। लेकिन उसके लिए जो खून-खराबा हुआ, वो बयान नहीं किया जा सकता। इससे भारत और पाकिस्तान के संबंधों में कड़वाहट आई, जो आज तक बनी हुई है।

विभाजन अब दूर नहीं था। इस संबंध में मेरे पिता की एकमात्र सकारात्मक प्रतिक्रिया थी, तत्कालीन दोनों 'डोमिनियन' के साथ एक 'गतिरोध समझौते' पर दस्तखत करने की पेशकश। पाकिस्तान ने इस पर दस्तखत तो कर दिए। लेकिन इसके बाद जल्द ही उसने आवश्यक सेवाओं की आपूर्ति से छेड़छाड़ करके रियासत पर दबाव बनाना शुरू कर दिया। उस समय रियासत की संचार-व्यवस्था मुख्यतः बरास्ता पाकिस्तान से ही थी। मसलन, कोहाला से आने वाली सड़क तथा रावलपिंडी और सियालकोट से आने वाले रेल-मार्ग। इस प्रकार कश्मीर विलय के लिए पिता पर दबाव डालने की गरज से पाकिस्तान ने एक प्रकार से आर्थिक अड़ंगेबाजी का सहारा लिया। लेकिन भारत ने इस समझौते पर दस्तखत करने से पहले कुछ और स्पष्टीकरण माँगे। उन दिनों रियासत के प्रधानमंत्री या वजीरे आजम थे मेहरचंद महाजन। उन्होंने इस संबंध में एक पत्र नेहरूजी को लिखा था। इसके जवाब में नेहरूजी ने 20 अक्टूबर, 1947 को जवाबी पत्र लिखा, जो इस प्रकार है :

> प्रिय श्री महाजन,
>
> मुझे आपका दिनांक 18 अक्तूबर का पत्र मिला। हाल के दिनों में कश्मीर को जिन कठिनाइयों का सामना करना पड़ा, मुझे उसकी जानकारी है। विशेषकर पाकिस्तान ने जो रवैया अपनाया है, वो और भी कष्टप्रद है। पिछली बार आप जब यहाँ आए थे, तो हमने इस बाबत बात भी की थी। उस वक्त मैंने आपको आश्वासन दिया था कि कश्मीर और उसके लोगों के प्रति हमारी भावनाएँ अत्यधिक मैत्रीपूर्ण हैं। कश्मीर को विशेष रूप से जो भी सामग्री चाहिए, हम वो सब मुहैया कराने की भरसक कोशिश करेंगे। मानवीय आधार पर तो हम यह करेंगे ही, साथ ही इसलिए भी कि

जम्मू-कश्मीर रियासत की जनता के भविष्य के प्रति हमारी गहरी दिलचस्पी है। हमारे आत्महित के लिए भी यह आवश्यक है। हमारा यह दृढ़ मत है कि कश्मीर रियासत और वहाँ की जनता पर किसी प्रकार का दबाव नहीं डालना चाहिए। उन्हें स्वेच्छा से रहने और काम करने तथा अपने हितों के अनुसार निर्णय लेने की पूरी स्वतंत्रता होनी चाहिए। हमारे सभी प्रयत्न इस नीति को आगे बढ़ाने वाले होंगे।

यह तो आप समझते ही होंगे कि वर्तमान में भारत और कश्मीर के बीच समुचित संपर्क स्थापित करने में कुछ कठिनाइयाँ हैं। हमें आशा है कि हमारे संयुक्त प्रयासों से जल्दी ही इन कठिनाइयों पर काबू पा लिया जाएगा। जहाँ तक कश्मीर को आवश्यक सामग्री भेजने की बात है, आप हमें स्पष्ट रूप से बताएँ कि आपको क्या चाहिए ? आप जानते ही हैं भारत में भी आवश्यक वस्तुओं की स्थिति गंभीर ही है। आपूर्ति कम होने के कारण बहुत सी जरूरी वस्तुओं की यहाँ राशनिंग है। उन वस्तुओं में से हम आपको कितनी मुहैया करा पाएँगे, कहना मुश्किल है। फिर भी आपको वो सभी वस्तुएँ भिजवाने की कोशिश करेंगे, जो आप कहेंगे। मैं समझता हूँ कश्मीर की जनता को इस समय नमक और मिट्टी के तेल की विशेष जरूरत है। कृपया आप मुझे स्पष्ट रूप से बताएँ कि आपको तुरंत क्या चाहिए।

जहाँ तक अन्य प्रकार की सहायता की बात है, हमारी सदेच्छाएँ आपके साथ हैं। पर यह तो आप मानेंगे ही कि ये सब परिस्थितियों पर निर्भर करेगा। मेरा सुझाव है कि कश्मीर प्रशासन और हमारी सरकार के बीच लगातार संपर्क बना रहना चाहिए, ताकि साझा हितों के मामले में सहयोग सुनिश्चित हो सके।

भवदीय

जवाहरलाल नेहरू

पुंछ और मीरपुर के सीमांत क्षेत्रों व सियालकोट क्षेत्रों के हमारे गाँवों में सीमा पार के आतताई गिरोहों द्वारा बड़े पैमाने पर नरसंहार, लूट तथा बलात्कार की गुप्तचर सूचनाएँ मिलने लगी थीं। अब यह स्पष्ट होता जा रहा था कि रियासत के बाहरी क्षेत्रों पर से हमारा नियंत्रण खत्म होता जा रहा है। मुझे याद है, इस अहसास के साथ ही महल का वातावरण काफी गंभीर हो चला था। कभी-कभी पिताजी मुझे उनमें से कुछ रिपोर्टें देकर माँ को डोगरी में समझाने के लिए कहते। उस समय मेरी स्थिति बड़ी असमंजस की होती। माँ के सामने 'रेप' आदि कुछ शब्दों को कहने-समझाने में बड़ी हिचक होती थी। मुझे उसके लिए समानार्थी शब्द न मिलते। इस बीच पिताजी के मुसलमान दोस्त भी एक-एक करके उनसे अलग होते गए। इनमें भाईजान 'एफेंदी' भी शामिल थे। मेरे निजी सूत्रों ने मुझे बताया कि अपने परिवार के साथ रावलपिंडी जाने से पहले, उन्होंने पिताजी से मिलने की भरसक कोशिश की, लेकिन उन्हें महल की ड्योढ़ी से ही लौटा

दिया गया। मैं समझता हूँ, वो निकट भविष्य में आने वाले विनाश से बचने में हमारी मदद करने की आखिरी कोशिश करना चाहते थे।

इसके साथ ही महल में नए और अनजान लोगों की आवाजाही शुरू हो गई। रामचंद्र काक एक ऐसे व्यक्ति थे, जो एक स्वीकार्य समझौता करा पाने की दिशा में कुछ सुसंगत प्रयास करने में बौद्धिक रूप से सक्षम थे। परंतु पिता से अपमानित होने के बाद वो पहले ही त्यागपत्र देकर चले गए थे। उनकी जगह एक बुजुर्ग डोगरा मंत्री काँगड़ा के जनक सिंह कटोच आ चुके थे। हालाँकि कटोच साहब पुराने वफादारों में से थे और उन्होंने हमारे परिवार की बहुत सेवा की थी। लेकिन वो सिर्फ नाममात्र के ही प्रमुख थे। पंजाब के किसी अनजान इलाके के रामलाल बत्रा उपप्रधानमंत्री बनाए गए। इससे पहले वो उत्तर भारत की किसी छोटी पर्वतीय रियासत के दीवान रह चुके थे। उनकी योग्यता से भी यह बात बड़ी साफ झलकती थी। लेकिन उनसे पहले एक और सज्जन आ चुके थे और अगले कुछ महीनों के घटनाक्रम में महत्त्वपूर्ण भूमिका अदा करने वाले थे। उनका नाम था—लाला मेहरचंद महाजन। ये भी काँगड़ा के ही थे और बड़े ही नाजुक वक्त में सरदार पटेल के आशीर्वाद से रियासत के प्रधानमंत्री बने थे। हालाँकि बाद में यह स्पष्ट हो गया कि नेहरूजी उन्हें बिलकुल पसंद नहीं करते थे।

मेरे पिता महल के पूर्वी खंड की नीचे की मंजिल के गलियारे में बैठते थे और यही हमारे घर में गतिविधियों का सबसे बड़ा केंद्र था। नाश्ता करने के बाद व्हील-चेयर में मुझे भी वहाँ ले जाया जाता। माँ भी नीचे आ जाती थी। तमाम दरबारी और अन्य सलाहकार—सब वहीं इकट्ठे होते। हम सब सारा दिन वहाँ बैठकर रेडियो सुनते, लूडो, बैकगैमॅन या रमी खेलते। विक्टर रोजेंथल भी हमारे साथ ही थे। वो पिताजी को खुश करने, हँसाने की भरसक कोशिश करते, क्योंकि उन दिनों वे और भी ज़्यादा गंभीर और चिंतामग्न रहने लगे थे। यहाँ तक कि वे महल से बाहर भी नहीं जाते थे। स्वामी संत देव अब भी चश्माशाही वाले घर में जमे हुए थे। लेकिन जैसे-जैसे स्थिति बिगड़ती गई, उनका महल में आना-जाना कम होता गया। पिताजी भी अब उनसे बहुत कम मिलते थे। मुझे लगता है, पिताजी को अब यह समझ में आ गया था कि स्वामीजी इतने दैवी शक्ति संपन्न नहीं हैं, जितना दावा किया जाता था। पिताजी अपने पुराने संशयवादी रंग में लौटने लगे थे, लेकिन अब बहुत देर हो चुकी थी।

रियासत की फौजों में नौ इन्फेंट्री बटालियन, घुड़सवार अंगरक्षक तथा दो माउंटेन बैटरियाँ शामिल थीं। ये सभी गिलगित से मीरपुर तक फैली रियासत की सैकड़ों मील लंबी सीमा पर छोटे-छोटे सैनिक दस्तों में तैनात थे। सौ साल पहले जम्मू-कश्मीर रियासत की स्थापना के समय महाराजा गुलाब सिंह ने इन सैन्य बलों का गठन किया था। तब से लेकर अब तक देश-विदेश में रियासत की इस सेना का प्रदर्शन शानदार रहा था। सैनिकों में हिंदू और मुसलमान दोनों ही थे। इनके अलावा काँगड़ा के डोगराओं और नेपाल के गोरखाओं ने भी अनेक दशकों तक भाईचारे और बहादुरी की मिसाल कायम रखी थी। लेकिन अब एक नई बात हो गई थी—और इसकी गंभीरता न मेरे

पिता समझ पाए, न उनके सलाहकार। उपमहाद्वीप में सांप्रदायिकता की जो विध्वंसक आँधी चल रही थी, उससे हमारी रियासत भी अछूती न रही होगी। रियासत की सेना में जो मुसलमान भरती किए जाते थे, वो मीरपुर और पुंछ के प्रांतों से आते थे। यहीं के मुसलमान राजपूतों के बहुत से योद्धा वर्गों के हजारों जवान भारतीय सेना में थे। विभाजन के बाद इन सभी ने पाकिस्तान की सेना का हिस्सा बनना पसंद किया। क्योंकि ये क्षेत्र नवगठित पाकिस्तान से सीधे सटे हुए थे और धार्मिक तथा पारिवारिक संबंधों से परस्पर बँधे हुए थे। अतः राजपरिवार के प्रति अपनी परंपरागत निष्ठा के बावजूद ये लोग पिता के विरुद्ध हो गए। इस प्रकार न केवल रियासत की सेनाओं का खतरनाक रूप से अति-विस्तार हुआ, बल्कि इनमें से एक-तिहाई ने तो अपनी निष्ठा ही बदल ली। उन्हें प्रतीक्षा थी, तो बस, पाला बदलने के लिए उपयुक्त अवसर की। इसके अलावा पाकिस्तान से सटे कश्मीरी क्षेत्रों में असंतोष इतना बढ़ गया था कि उसे बगावत ही कहा जा सकता था। जिन्ना का एकमात्र लक्ष्य कश्मीर को नए राष्ट्र के मुकुट का सबसे चमकदार हीरा बनाना था। पाकिस्तान के निर्माण की लड़ाई भी जिन्ना ने अपने ही दम पर लड़ी थी। बारूद तैयार था, बस चिनगारी लगाने भर की देर थी। और यह चिनगारी पाकिस्तान की ओर से जम्मू-कश्मीर पर किए गए कबाइली आक्रमण के रूप में सामने आई।

आखिर रियासत पर तूफान टूट ही पड़ा। वो दशहरे का दिन था—22 अक्तूबर। अब वह सब आश्चर्य ही लगता है। हमारा सालाना दरबार हमेशा की तरह श्रीनगर में संपन्न हुआ। अब तक सीमा पर काफी गड़बड़ फैल चुकी थी। मेरे पिता ने बिग्रेडियर राजिंदर सिंह जामवाल को बुला भेजा। ब्रिगेडियर जामवाल ने हाल ही में जनरल स्कॉट के स्थान पर रियासत की सेना के प्रमुख का भार सँभाला था। मैं उस वक्त दरबार में था। पिता ने उन्हें उड़ी जाने का आदेश देते हुए कहा था कि 'स्थिति बहुत गंभीर है। जब तक आपके पास एक भी सैनिक और एक भी गोली है, आपको हमलावरों से लड़ना है।' ब्रिगेडियर राजिंदर सिंह अत्यंत मितभाषी थे। मुझे याद है पिताजी से निर्देश मिलने के बाद, कैसे उन्होंने माता-पिता को सैल्यूट किया, मुझे देखकर मुस्कुराए और फिर तेजी से चलते हुए कमरे से बाहर निकल गए। उसके बाद जो कुछ हुआ, वो सैनिक इतिहास का हिस्सा बन चुका है। अद्भुत शौर्य और आत्मबलिदान की यह कहानी दुनिया की किसी भी शौर्य गाथा से कम नहीं है।

ब्रिगेडियर राजिंदर सिंह 22 अक्तूबर की रात को ही उड़ी-डोमेल के लिए रवाना हो गए। अविश्वसनीय शौर्य और रणनीति से काम लेते हुए आक्रमणकारियों को बारामुला पहुँचने से पहले ही, वो उनकी बढ़त तीन दिन तक रोकने में कामयाब रहे। ये तीन दिन बहुत महत्त्वपूर्ण सिद्ध हुए, क्योंकि इन तीन दिनों में भारत सरकार के साथ 'इंस्ट्रूमेंट ऑफ एक्सेशन' पर दस्तखत हो गए और भारतीय सेनाएँ हवाई जहाज से श्रीनगर पहुँचनी शुरू हो गईं। संख्या में आक्रमणकारियों से कम पड़ने, अपने मुसलमान अफसरों के विद्रोही हो जाने तथा स्वयं गंभीर रूप से घायल हो जाने के बावजूद

ब्रिगेडियर ने जोर दिया कि उन्हें एक रिवाल्वर देकर वहीं सड़क के किनारे छोड़ दिया जाए, क्योंकि उन्होंने पिताजी को वचन दिया था कि आक्रमणकारी उनकी लाश पर पैर रखकर ही आगे बढ़ सकेंगे। स्वतंत्र भारत के वो पहले सैनिक थे, जिन्हें वीरता पुरस्कार से सम्मानित किया गया। उत्कृष्ट वीरता और बलिदान के लिए उन्हें मरणोपरांत 'महावीर चक्र' प्रदान किया गया। इससे सौ साल पहले जनरल जोरावर सिंह ने मध्य एशिया में शानदार डोगरा-अभियान में अद्‌भुत सफलता प्राप्त कर इतिहास रचा था। और अब एक बार फिर एक डोगरा सैनिक के विलक्षण शौर्य प्रदर्शन के साथ डोगराओं के सौ वर्षीय शासन का समापन किया। उड़ी को जाने वाली सड़क पर एक साधारण, लेकिन प्रेरक स्मारक आज भी उस स्थान पर खड़ा है, जहाँ अपने राजा का आदेश पालन करते हुए ब्रिगेडियर राजिंदर सिंह ने अपना आखिरी मोर्चा लिया और प्राण न्यौछावर किए थे। उधर ब्रिटिश कमांडर मेजर ब्राउन के नेतृत्व में 'गिलगित स्काउट्स' ने एक अन्य वरिष्ठ अफसर और उत्तरी प्रांत गिलगित के गवर्नर ब्रिगेडियर धनसारा सिंह को बंदी बना लिया था। 'गिलगित स्काउट्स' अपनी निष्ठा बदलकर पाकिस्तान के साथ हो गए थे।

ये सारी बातें हमें बहुत बाद में पता चलीं। वह निर्णायक दिन था। महल में मैं अकेला था। मेरे पिता तथा स्टॉफ के लोग झेलम के किनारे बने महल के शानदार हाल में हो रहे दरबार में भाग लेने गए हुए थे। इस हाल की छत विशेष प्रकार से तैयार किए गए कागज से आकर्षक ढंग से सजाई गई थी। अचानक बिजली चली गई। आक्रमणकारियों ने माहुरा पावर-हाउस पर कब्जा करके उसे नष्ट कर दिया था। डोमेल से श्रीनगर आने वाली सड़क पर स्थित श्रीनगर के लिए यह एकमात्र बिजलीघर था और हमलावर इसी सड़क से होते हुए आगे बढ़ रहे थे। घुप्प अँधेरे में मैं अकेला चुपचाप अपनी व्हील-चेयर पर बैठा रहा। कुछ मिनटों के भयावह सन्नाटे के बाद समूचे वातावरण में गीदड़ों की सिहरा देने वाली चीख गूँज गई। ये डरांवनी चीखें रह-रहकर वातावरण में गूँजतीं और थम जातीं, और बेहद कर्कश उत्कर्ष में फिर शुरू हो जातीं। मौत और विनाश तेजी से श्रीनगर की ओर बढ़ रहे थे। भाग्यचक्र पूरा घूम चुका था। हमारा दंभी संसार हमारे चारों ओर खंडित हुआ पड़ा था। अचानक गतिविधियाँ बहुत बढ़ गईं। उसके बाद की घटनाएँ दिमाग में गड्डमड्ड पड़ी हैं। नौकर-चाकर पेट्रोमैक्स लेकर इधर-उधर भाग रहे थे। मेरे पिता को बीच दरबार से लौटना पड़ा था। उनका चेहरा जर्द और गंभीर था। वी. पी. मेनन पिता को जम्मू चले जाने के लिए राजी करने को हवाई जहाज से श्रीनगर पहुँचे थे। पहले तो मेरे पिता इसके लिए राजी नहीं हुए। लेकिन मेनन साहब के बहुत कहने, समझाने और दबाव डालने पर उन्हें यह सुझाव मानना पड़ा। 25 अक्तूबर देर रात को श्रीनगर से हमारा कारवाँ उस लंबी दुर्भाग्यपूर्ण पलायन-यात्रा पर रवाना हुआ।

उस संकट की घड़ी में माँ ने न केवल अपने को बहुत अच्छी तरह सँभाले रखा, बल्कि अपना विवेक भी बनाए रखा। उपप्रधानमंत्री की पत्नी श्रीमती बत्रा तो कई बार

बेहोश हुई। लेकिन मेरी माँ ने स्टाफ के सभी कर्मचारियों की महिलाओं और परिवारों को इकट्ठा किया, उनके भोजन का प्रबंध किया और मेरी ऑस्ट्रेलियाई नर्स मिसेज स्टीवर्ट के सहयोग से रात-भर की यात्रा की तैयारी की। आखिर हमारा कारवाँ श्रीनगर से रवाना हुआ। मेरे पिता अपनी कार खुद ड्राइव कर रहे थे। उनकी बगल में विक्टर रोजेंथल बैठे थे तथा पिछली सीट पर स्टाफ के दो कर्मचारी भरी हुई पिस्तौलें लिये मुस्तैद बैठे थे। भारी-भरकम प्लास्टर चढ़ा होने के कारण मैं किसी भी तरह कार में बैठने की हालत में नहीं था। अतः मुझे व्हील-चेयर समेत उठाकर एक स्टेशन वैगन में पीछे की ओर रख दिया गया। यह स्टेशन वैगन पिताजी अपने शिकार-अभियानों के लिए इस्तेमाल करते थे। बहुत सवेरे जब हमारा कारवाँ महल से बाहर निकला था, तो कड़ाके की ठंड थी। हमलावर मारकाट, लूटपाट और बलात्कार करते हुए सीमा पार से आते जा रहे थे। अफवाहें थीं कि जम्मू वाली सड़क काट दी गई है और रास्ते में उनसे हमारी भिड़ंत हो सकती है। महल के रक्षकों के अलावा हमारे साथ और कोई सशस्त्र सुरक्षा नहीं थी। प्रभु का नाम लेकर हम लोग रवाना हुए, अब वही हमारा रक्षक था। यात्रा अनंत लग रही थी, रास्ते में हम कई जगह रुके। मैं सो तो गया, लेकिन नींद बड़ी उखड़ी-उखड़ी सी रही। क्षीण सी उम्मीद मन में थी कि सुबह मेरी आँख खुलेगी तो खुद को अपने कमरे के सुरक्षित और आरामदेह माहौल में पाऊँगा । समूचा घटनाचक्र एक दुःस्वप्न की तरह गुजर जाएगा। लेकिन जब भी मेरी नींद खुली तो यही पाया कि रात और भी ठंडी और अँधेरी हो गई है। अचानक मेरा कूल्हा दर्द से फड़कने लगा।

वो पूरी खौफनाक रात हमने कार में सफर करते हुए ही बिताई। हम बहुत धीमे और रुकते हुए चल रहे थे, मानो उस खूबसूरत वादी को छोड़ने से हिचकिचा रहे हों, जिस पर हमारे पुरखों ने शासन किया था। सूरज की पहली किरण के साथ हम लोगों ने बनिहाल दर्रा पार किया। यह दर्रा नौ हजार फुट से कुछ ज्यादा ऊँचाई पर पड़ता है। जम्मू से 60 मील पहले हम लोग एक छोटी सी बस्ती कुद पर रुके। हमने देखा कि दूधिया रंग की एक कार हमारे कारवाँ में शामिल हो गई थी। ये स्वामी संत देव थे, जिनकी दैवी शक्तियाँ भी हमें आततताइयों का सामना करने की सामर्थ्य नहीं दे पाई थीं। विक्टर ने मुझे बताया कि पूरी यात्रा में मेरे पिता बिलकुल मौन साधे रहे, उन्होंने किसी से कोई बातचीत नहीं की। अगले दिन शाम को जब हम लोग जम्मू पहुँचे, तो वहाँ महल में पाँव रखते ही पिताजी ने सिर्फ एक ही वाक्य बोला, 'हम कश्मीर खो बैठे हैं।'

इसके बाद के कुछ हफ्ते जैसे बीते, उनकी धुँधली सी याद अब भी मेरे जेहन में है। कूल्हे की स्थिति में कोई सुधार दिखाई नहीं दे रहा था और मैं अपंग सा होकर रह गया था। महीने दर महीने बीतते रहे, तो मुझे भयानक खयाल सताने लगा कि अब मैं जिंदगी भर चल नहीं पाऊँगा। लेकिन मैं ऊपर से मुस्कुराता रहता। इस पर दूसरे लोगों को हैरानी होती। पर अंदर-ही-अंदर यह भय मुझे खाए जा रहा था। मेरी हताशा इतनी बढ़ चुकी थी कि अक्सर रातों को मैं बिस्तर पर निस्सहाय, निराश पड़ा जागता

रहता। पाकिस्तानी आक्रमण अब तक पूरा जोर पकड़ चुका था। पाकिस्तान के भड़कावे में आकर हजारों हथियारबंद कबाइली घाटी में घुस आए थे और प्रबलता से आगे बढ़ते जा रहे थे। सादे कपड़ों में पाकिस्तानी सैनिक भी उनकी मदद कर रहे थे। गनीमत यही रही कि श्रीनगर और वहाँ के हवाई अड्डे पर उनका कब्जा होते-होते रह गया। अगर वो इसमें सफल हो जाते, तो घाटी तो हमारे हाथ से निकल ही जाती। क्योंकि भारतीय सेना के पास सड़क के रास्ते मोर्चे तक पहुँचने का वक्त ही नहीं था। राजिंदर सिंह की शौर्यपूर्ण आत्मघाती रणनीति से आक्रमणकारियों को तीन महत्त्वपूर्ण दिन रोकने में सफलता मिली थी जिस दौरान भारतीय सेनाओं को हवाई जहाज से कश्मीर पहुँचाया जा सका। भारतीय वायुसेना तथा थलसेना ने अद्वितीय साहस और बलिदान से पहले तो श्रीनगर को बचाया, फिर उसके बाद दुश्मन पर जवाबी हमले की कार्रवाई शुरू की।

जनरल कुलवंत सिंह की सर्वोच्च कमान में ब्रिगेडियर परांजपे जम्मू क्षेत्र में सैनिक कार्रवाई का संचालन कर रहे थे। अक्सर वे मदिरापान करने और पिताजी से बातचीत करने महल में आते रहते थे। तत्कालीन पटियाला शासक महाराजा यादवेंद्र सिंह भी अपने राज्य का एक सैन्य-दल लेकर आए थे। उनका डीलडौल बहुत आकर्षक था। पगड़ी में उनकी लंबाई साढ़े छह फुट होती थी। उनके चेहरे पर सौम्यता थी तथा रौबीले व्यक्तित्व के मुकाबले उनकी आवाज बहुत ही खुशनुमा थी। बातचीत में 'एल ऑफ सी' (लाइन ऑफ कम्युनिकेशंस), 'एच. क्यू.' (हेड क्वार्टर्स), 'पी. ओ. एल.' (पेट्रोल, तेल और लुबरिकेंट) तथा 'सी. ओ.' (कमांडिंग ऑफिसर) जैसे शब्द ज्यादा-से-ज्यादा बोले जाने लगे थे। जम्मू प्रांत में आक्रमणकारियों ने महत्त्वपूर्ण सफलताएँ प्राप्त कर ली थीं। मीरपुर, मिंबर, राजौरी तथा सीमा पर स्थित सभी महत्त्वपूर्ण कस्बों पर उनका कब्जा था। संवेदनशील पुंछ उनकी घेरेबंदी में था। हालाँकि मेरे पिता ऊपरी तौर पर संतुलित लग रहे थे, लेकिन पराजय की हर खबर पर अंदर से वो इतने हताश हो जाते थे, मानो उनके अंदर कुछ मर गया हो। जब छिब और माऊ राजपूतों के गढ़ देवा और बटाला गाँवों के पतन का समाचार उन्हें मिला, तो मैंने पहली बार उनकी आँखों में आँसुओं की झलक देखी।

मेरी माँ शरणार्थियों के लिए चलाए जा रहे सहायता कार्यों में बड़ी सक्रिय थी। पाकिस्तानी कब्जे वाले क्षेत्रों से हजारों स्त्री-पुरुष और बच्चे जम्मू पहुँच रहे थे। शहर और उसके आसपास लगे शरणार्थी शिविरों में आश्रय और भोजन दिया जाता। लेकिन ये वो कुछ लोग थे, जो सौभाग्यशाली रहे थे। हजारों तो उस आगजनी और कत्ले-आम का शिकार हो गए, जो हमलावरों के आने के साथ शुरू हुआ था। शायद ही कोई परिवार बचा हो, जिसके आधे या आधे से ज्यादा सदस्य इस कत्ले-आम में न मारे गए हों। ऐसे भी बहुत से किस्से हुए जब किसी संयुक्त परिवार का एक ही बच्चा अपनी जान बचाकर भाग आने में सफल हो पाया। उनके दुखों और कष्टों का वर्णन नहीं किया जा सकता था। ऐसे कठिन समय में मेरी माँ की हिम्मत और आश्चर्यजनक प्रबल संगठन क्षमता उजागर हुई। अक्सर वो पूरा-पूरा दिन शरणार्थी शिविरों में घूमते हुए बिता देती

थी। देर रात तक उन लोगों में राशन और कपड़े बाँटती। उसने शरणार्थियों के बीच विवाह-संबंध कराने के लिए न सिर्फ धन से सहायता की, बल्कि विवाह का इंतजाम भी करवाया। इससे टूटे, छिन्न-भिन्न परिवारों को थोड़ी राहत मिली। वास्तव में माँ और उसके कार्यकर्ताओं का दल उन लोगों के लिए दया के फरिश्ते बन चुके थे। आज भी ऐसे लोग हैं, जो उस समय निराश्रित और आतंकग्रसित शरणार्थियों के लिए की गई उसकी विलक्षण सेवाओं को याद करते हैं। माँ ने महिलाओं का एक स्वयंसेवक दल भी गठित किया था—महारानी सेवादल। सैनिक अधिकारियों से मिलकर उसने इस दल की सदस्याओं को अर्द्धसैनिक प्रशिक्षण दिलाने की भी व्यवस्था कराई थी। दूसरे विश्व युद्ध के दौरान 'युद्ध सहायता समिति' के गठन के बाद माँ ने दूसरी बार राहत कार्यों में भाग लिया था। ऐसा लगता था कि इस प्रकार की परिस्थितियों में ही माँ का सर्वश्रेष्ठ रूप उजागर होता था। इसकी तुलना में मेरे पिता उन दिनों शायद ही महल से बाहर निकले हों, हालाँकि इक्का-दुक्का मौकों पर माँ उन्हें किसी शरणार्थी शिविर या सेवादल के किसी समारोह में जरूर ले गई थी।

मेरे लिए उस दौर की सबसे स्मरणीय घटना नेहरूजी से मेरी पहली मुलाकात है। जम्मू की अपनी पहली यात्रा के समय वे बहुत थोड़ी देर के लिए हमारे महल में आए थे। लेकिन उनका कार्यक्रम इतना व्यस्त था कि मेरा उनसे मिलने का कोई संयोग ही न बन पाया। बाद में मैंने नेहरूजी से न मिलवाने के लिए पिताजी से शिकायत भी की। लेकिन जब दूसरी बार नेहरूजी हमारे यहाँ आए, तो पिताजी उन्हें मेरे कमरे में ही ले आए। लगभग इष्ट स्वरूप व्यक्ति से साक्षात्कार के वे क्षण बहुत ही महान थे। नेहरूजी के कमरे में प्रवेश के साथ ही उनकी दो बातों ने मुझे उनका कायल कर दिया—एक तो उनकी चुस्ती-फुर्ती और दूसरी उनकी अविस्मरणीय मुस्कान। उदास होते हुए भी उनमें गहरी मानवीयता थी। पिताजी ने मेरा परिचय कराते हुए कहा, 'टाइगर आपका जबर्दस्त प्रशंसक है।' उन्होंने मेरा हालचाल पूछा और पहली बार में न मिल पाने के लिए सहज रूप में क्षमा-याचना की। भावातिरेक से मैं इतना सकपका गया था कि उनकी बात का कोई जवाब ठीक-ठाक नहीं दे पाया। अतः मैंने उनसे 'आत्मकथा' की प्रति पर अपने ऑटोग्राफ देने का आग्रह किया। मेरे कमरे में वो मुश्किल से तीन मिनट ही रुके होंगे, लेकिन मेरे लिए वो तीन मिनट चिर-स्थायी बन गए।

सरदार वल्लभभाई पटेल भी दो या तीन बार जम्मू आए। उनके साथ राज्य सचिव वी. पी. मेनन भी थे। सच पूछिए तो सरदार पटेल ने मेरी स्थिति देखकर यह भाँप लिया था कि मौजूदा इलाज से तो मैं शायद ही कभी ठीक हो पाऊँ। उन्होंने इलाज के लिए मुझे अमेरिका भेजने का सुझाव दिया। पहले तो मेरी माँ ने इस प्रस्ताव का जोरदार विरोध किया। लेकिन सरदार पटेल हमारे परिवार के हमदर्द ही नहीं, मित्रवत भी थे। आखिर उनके और पिताजी के बहुत समझाने-बुझाने पर वो मुझे अमेरिका भेजने के लिए राजी हो गई। मैं इस फैसले से बहुत खुश था। न केवल इसलिए कि इससे मेरे स्वस्थ होने की उम्मीद फिर से बँध गई थी, बल्कि इसलिए भी कि तनाव और संघर्ष का

वातावरण मुझ पर मनोवैज्ञानिक रूप से बहुत भारी पड़ रहा था। मैं यहाँ से दूर जाने को लालायित हो उठा।

सरदार पटेल ने मेरे इलाज के खर्चे के लिए विदेशी मुद्रा का विशेष प्रबंध करवाया। यह तय हुआ कि मेरे साथ ब्रिगेडियर एन. एस. रावत और कैप्टन रंजीत सिंह अमेरिका जाएँगे। ब्रिगेडियर रावत रियासत की सेना के एक वरिष्ठ गोरखा अफसर थे तथा कैप्टन रावत पिता के सहायक। विक्टर रोजेंथल पिता के एकमात्र ऐसे मित्र थे, जिनके अमेरिका में कुछ संपर्क-सूत्र थे। अतः वहाँ पूछताछ करने तथा न्यूयार्क के किसी उपयुक्त अस्पताल में मुझे दाखिल कराने की जिम्मेदारी उन्हें सौंपी गई। कुछ ही हफ्तों में विक्टर ने अपना काम पूरा कर लिया। और अंततः दिसंबर के आखिर में जम्मू से मेरी रवानगी की तारीख तय कर दी गई। जाने से पहले मैंने अपनी माँ से मेरे सभी वस्त्र शरणार्थी बच्चों में बाँट देने को कहा। बिस्तर पर पड़े रहने के दौरान मैंने उनका इस्तेमाल भी नहीं किया था, और मुझे उनको सहेजकर रखने का कोई औचित्य भी नहीं जान पड़ता था। हम लोग शुभ मुहूर्त में शाम को महल से निकले। वह रात हमने सतवारी छावनी में बिताई। मुझे विदा करते समय माँ की आँखों में आँसू थे। भावनाओं का आवेग तो पिता भी महसूस कर रहे थे, लेकिन उनके चेहरे पर कठोरता ही बनी रही। हालाँकि हममें से किसी ने ऐसा कुछ नहीं कहा, लेकिन हमारे दिमाग के किसी कोने में यह भयानक खयाल था कि अब हम शायद एक-दूसरे को कभी न देख पाएँ।

चार्टर्ड डी सी-3 विमान से हम लोग बंबई के लिए रवाना हुए, उसे वहाँ पहुँचने में लगभग पूरा दिन लग गया। दो दिन बाद 21 दिसंबर को हम तीनों—रावत, रंजीत और मैं बंबई हवाई अड्डे से टी. डब्ल्यू. ए. के चार इंजन वाले विमान 'स्काई मास्टर' में सवार हुए। विमान तक मुझे एंबुलेंस में ले जाया गया, फिर मुझे उठाकर केबिन में दो सीटों पर बहुत सारे कुशन बिछाकर लिटा दिया गया। अमेरिका पहुँचने तक अब यही मेरा 'बिस्तर' था। जब मुझे उठाकर विमान की सीढ़ियों से ऊपर ले जाया जा रहा था, उस समय मेरे मन में अजीब सा भाव था। देश से बाहर जाने के दुख में शुरू होने वाली अनजान यात्रा के प्रति उत्साह का भाव भी शामिल था। केबिन में मेरे पहुँचने के कुछ ही देर बाद चालक-दल भी वहाँ आ गया। जाहिर है वे सभी अमरीकी ही थे। कैप्टेन ने मेरे पास आकर मेरी कुशल-क्षेम पूछी। शाम को लगभग पाँच बजे हमारा विमान अपनी मंजिल की ओर उड़ चला। हमारा पहला पड़ाव खाड़ी के किसी देश में था, जबकि दूसरा कैरो में। वहाँ से हम लोग रोम की ओर उड़ चले और भारी बर्फीले तूफान के बीच वहाँ के हवाई अड्डे पर उतरे। अन्य यात्री तो विमान के अंदर-बाहर आते-जाते रहे, लेकिन मैं हिल भी नहीं सकता था। बाहर जो कुछ चल रहा था, उसे खिड़की से देखकर ही संतोष करना पड़ा। यहाँ से विमान पेरिस के लिए रवाना हुआ। पेरिस पहुँचते-पहुँचते अँधेरा हो चुका था। ऊपर से देखने पर पेरिस ऐसा लगता था मानो धरती पर जगमगाता गलीचा बिछा हो। पेरिस से हम लोग आयरलैंड में शेनॉन पहुँचे। वहाँ से हमारी अटलांटिक यात्रा शुरू हुई। उन दिनों प्रोपेलर विमानों के कारण यात्रा

बहुत लंबी महसूस होती थी। भूमि के दोनों छोरों को मिलाने का सबसे छोटा मार्ग आयरलैंड में शेनॉन से न्यूफाउंडलैंड में गैंडर होकर ही था। इस यात्रा में ही लगभग पूरा दिन लग गया। गैंडर पहुँचे तो शाम हो चुकी थी। वहाँ से हमारी न्यूयॉर्क यात्रा का अंतिम चरण शुरू हुआ।

न्यूयार्क में अभी पिछले साठ सालों का रिकॉर्ड-तोड़ हिमपात हुआ था। 31 दिसंबर की शाम ढले जब हमारा विमान वहाँ उतरा तो शहर में दो-दो फुट से भी ज्यादा बर्फ पड़ी हुई थी। विमान का दरवाजा खुलते ही शरीर को चीर देने वाली बर्फीली हवाएँ आनी शुरू हो गईं। हवाई अड्डे पर हमारी अगवानी के लिए विक्टर रोजेंथल की प्रतिनिधि मिसेज टूले मौजूद थीं। काफी सारी औपचारिकताएँ पूरी करने के बाद विमान में स्ट्रेचर लाया गया और मुझे उठाकर उस पर लिटा दिया गया। नीचे लाकर मुझे एक एंबुलेंस गाड़ी में चढ़ाया गया। मेरे न्यूयार्क में पहुँचने की खबर लेने के लिए एक न्यूज फोटोग्राफर वहाँ मौजूद था। रंजीत मेरे साथ और श्रीमती टूले आगे ड्राइवर के साथ बैठीं। और सायरन बजाती हुई हमारी गाड़ी न्यूयार्क शहर की सड़कों पर दौड़ने लगी। हिमपात इतना जबर्दस्त था कि कुछ फुट से ज्यादा आगे देखना भी असंभव था।

इस तरह 1947 खत्म होते-होते, मैं आधी दुनिया पार कर एक अजनबी देश में था। क्योंकि मैंने सर्दियाँ कभी श्रीनगर में नहीं बिताई थीं, अतः यहाँ पहुँचकर मुझे जिंदगी में पहली बार हिमपात देखने का मौका मिला। एंबुलेंस तेजी से अपनी मंजिल की ओर बढ़ती जा रही थी और उसमें पड़ा हुआ मैं अब तक की अपनी जिंदगी के पन्ने पलट रहा था। मेरा बचपन, स्कूल के दिन और पिछले दो साल में तेजी से घटी घटनाएँ। रह-रहकर अजीब ख़याल यह भी आता था कि क्या मैं वापस अपने देश लौट पाऊँगा या अपने माता-पिता से फिर मिल सकूँगा ? जिस रियासत का मैं जन्मतः उत्तराधिकारी था, उसका क्या होगा ? क्या मैं फिर से चल-फिर सकूँगा ? या फिर जिंदगी भर के लिए अपाहिज बनकर रह जाऊँगा ? उस वक्त तो मुझे सिवाय अँधेरे के, कोई दूसरी संभावना नजर नहीं आती थी। घोर निराशा के उन क्षणों में मेरा एक ही संबल था—माँ का दिया मंत्र। कई साल पहले यह मंत्र माँ ने मुझे देवी आराधना के लिए सिखाया था। उसने मुझे सख्त हिदायत दी थी कि मुसीबत और जरूरत के समय यह मंत्र कभी मत भूलना। माँ ने मुझे सिंहवाहिनी दुर्गा का एक छोटा सा चित्र भी दिया था। शेर पर सवार अष्ट भुजाओं वाली देवी भौतिक शक्ति का दैवी स्रोत और सशक्त प्रतीक थी। अपनी हवाई यात्रा के दौरान मैं इस तस्वीर को हाथों में लिये रहा और निराशा के उन क्षणों में वह तस्वीर बराबर अपने सीने से लगाए रहा। मुझे इससे काफी शांति भी मिली।

हम न्यूयार्क में प्रवेश कर रहे थे। मैंने उस महान शहर की पहली झलक देखी। कम-से-कम तीन-चार महीने तो यहाँ रहना ही था। लेकिन मेरा प्रवास मेरी कल्पना से कहीं लंबा खिंचेगा, इसका मुझे कोई अहसास नहीं था। वहाँ की विशाल इमारतें उस बर्फीले तूफान को भेदती हुई सी लग रही थीं। तूफान इतना घना था कि उन इमारतों

की ऊपरी मंजिलें नजर नहीं आ रही थीं। लगभग दो घंटे की सड़क-यात्रा के बाद हमारी एंबुलेंस 321 ईस्ट की बयालीसवीं स्ट्रीट पर जाकर रुकी, जहाँ 'हास्पिटल फॉर स्पेशल सर्जरी की इमारत खड़ी थी। रात काफी हो चुकी थी। पहली नजर में यह इंस्टीट्यूट उजाड़-बियाबान सा लगा। लेकिन जल्दी ही एक व्यक्ति आया और मुझे एंबुलेंस से उठाकर अस्पताल के बरामदे में ले जाया गया। और फिर स्ट्रेचर पर लिफ्ट से मुझे पाँचवीं मंजिल पर पहुँचाया गया। फिर मैं गलियारे के एक छोर पर बने कमरा नंबर 509 में पहुँचा। बिस्तर पर लेटने और एंबुलेंस स्टाफ के वापस लौटने तक रात के बारह बज चुके थे। उन सबको नए साल की पार्टी में जाना था। जहिर था वो जल्दी- से-जल्दी छुट्टी पाने के चक्कर में थे। मेरे बगल के कमरा नं. 508 में रंजीत साहब थे। कुछ देर के लिए वो भी अपने कमरे में गए। आखिर मुझे थोड़ा एकांत मिला। अब मेरे साथ थे—माँ दुर्गा का चित्र और मेरे माता-पिता की एक तस्वीर, जो बगल की एक ऊँची टेबल पर रख दिए गए थे। दूर कहीं बड़ा घड़ियाल बारह बजने का संकेत दे रहा था। एक नया साल शुरू हो चुका था, और मेरा नया जीवन भी।

अध्याय 6

अमरीका गजब का देश है। चाहे उसे मेरे जैसा कोई हिंदुस्तानी किशोर वहाँ के अस्पताल के बिस्तर पर पड़े हुए ही क्यों न देखे। वहाँ का समूचा वातावरण भिन्न है। वहाँ एक अनौपचारिकता और ताजगी है। अस्पताल के अनुभव से ही शुरू करता हूँ। यहाँ की नर्सें, डॉक्टर तथा वार्ड-अटेंडेंट—सभी के मन में मेरे प्रति एक बेबाक उत्सुकता थी। मेरे वहाँ पहुँचने का समाचार सचित्र, 'डेली मिरर' में छप चुका था। जाहिर है, भारतीय राजाओं के बारे में वहाँ अजीब-अजीब कहानियाँ प्रचलित थीं। अतः जब उन लोगों को यह पता चला कि मैं इस अस्पताल में भरती हो गया हूँ, तो कुछ 'अजूबा' देखने की जिज्ञासा उनके मन में ज्यादा थी। उनका व्यवहार बहुत दोस्ताना था और मुझे अंग्रेजी बोलते देख वे खुश भी हुए और हैरान भी। सच तो यह है, मैं उनमें से अधिकांश से ज्यादा बेहतर अंग्रेजी बोलता था। लेकिन मुझे उनके अमेरिकी उच्चारण का अभ्यस्त होने में कई सप्ताह लग गए। उनकी भाषा की एक विशेषता ने मुझे बहुत आकर्षित किया कि बातचीत में वो कई दिलचस्प शब्द प्रयोग करते थे, जैसे बिस्कुटों के लिए 'क्रैकर' तथा पेस्ट्री के लिए 'कुकीज' आदि।

अस्पताल में दाखिल होने के दो दिन बाद डॉ. फिलिप डी. विल्सन मुझे देखने आए। उस जमाने में डॉ. विल्सन अमेरिका के नामी-गिरामी अस्थि रोग विशेषज्ञों में गिने जाते थे। और जैसा कि सिद्ध डॉक्टरों के बारे में कहा जाता है कि उनकी उपस्थिति मात्र से मरीजों का खोया विश्वास लौट आता है, मेरे साथ भी कुछ ऐसा ही हुआ। उन्होंने मुझसे बहुत से सवाल पूछे और फिर निर्देश दिया कि मेरी टाँग का प्लास्टर हटा दिया जाए तथा एक्स-रे, ब्लड-टेस्ट और अन्य प्रकार के परीक्षण पूरे किए जाएँ। इन परीक्षणों की रिपोर्टों के आधार पर ही इलाज के तरीके के बारे में कोई निर्णय किया जा सकता था। प्लास्टर काट दिया गया। उसकी जगह आठ पौंड वजन का एक संकर्षण मेरे पैर से बाँध दिया गया ताकि मेरा हिप-ज्वाइंट अपनी जगह बना रहे। कई महीने तक प्लास्टर में रहने के कारण मेरा घुटना और टखना पूरी तरह जाम हो चुके थे और कूल्हे का जोड़ तो मैं बिलकुल हिला ही नहीं सकता था। इन जोड़ों को खोलने या पुनः सक्रिय करने के लिए मुझे हर सुबह अस्पताल के गर्म पानी से भरे स्वीमिंग-पूल में ले जाया जाता। यह स्वीमिंग-पूल विशेष रूप से अपुष्ट मांसपेशियों के इलाज के लिए बनाया गया था। छह महीने के अंतराल के बाद पानी में पहली बार डुबकी लगाना अपने

आपमें अत्यंत सुखद अनुभव था। मैं पानी में आसानी से घूम सकता था। धीरे-धीरे पैरों की शक्ति लौटने लगी, वे पुष्ट होते गए। कुछ दिनों बाद मुझे अपने कमरे में बैसाखियों के बल पर खड़े होने की इजाजत भी मिल गई। छह महीने बिस्तर पर चित पड़े रहने के बाद जमीन पर कैसे भी पाँव टिका कर खड़े होना किसी विलक्षण अनुभव से कम नहीं था।

न्यूयार्क पहुँचने के कुछ ही दिन बाद हमने एक रेडियो खरीद लिया। मुझे यह देखकर बहुत आश्चर्य हुआ कि यहाँ रेडियो पर इतने ज्यादा स्टेशनों से प्रसारण उपलब्ध हैं। और ये प्रसारण भी दिन में अठारह-अठारह घंटे तक चलते थे—सुबह छह बजे से आधी रात तक। साथ ही कार्यक्रमों में इतनी विविधता थी कि क्या कहने ! चाहे वो संगीत हो या नाटक, वार्ताएँ हों या समाचार अथवा खेल जगत पर टिप्पणियाँ। मैंने इनमें से अपनी पसंद के प्रोग्राम चुन लिये—इसमें पॉप म्यूजिक का प्रोग्राम मुख्य था। वास्तव में संगीत ने मेरे जीवन के इस कठिनतम दौर में एक बार पुनः महत्त्वपूर्ण भूमिका अदा की। हालाँकि भारतीय शास्त्रीय संगीत और यहाँ के पॉप संगीत में जमीन-आसमान का अंतर था, लेकिन मैंने पाया कि किसी भी रूप में संगीत दिमाग को राहत देने और आदमी को अवसाद या गहन निराशा से बचाने में सक्षम है। बाद में हमने एक टेलिविजन भी खरीद लिया। इससे तो मेरी अस्पताल की जिंदगी में एक नया आयाम ही जुड़ गया। इसके अलावा यहाँ दो और प्रमुख आकर्षण थे। एक तो साप्ताहिक फिल्म शो था, जो तीसरी मंजिल पर आयोजित किया जाता था। जो मरीज चल-फिर सकते थे या जिन्हें वहाँ ले जाया जा सकता था, वो इस फिल्म शो का आनंद लेते। दूसरा आकर्षण यहाँ की छठी मंजिल पर बना 'सौर उपचार गृह' था। यह काँच के फलकों से बना एक विशाल कक्ष था, जिसमें तरह-तरह के पात्रों में विभिन्न पेड़-पौधे लगाए गए थे। ऊपर जाकर उस कक्ष में सूरज की धूप लेने में अद्‌भुत आनंद था—बाहर की बर्फीली ठंड के दंश से पूरी तरह सुरक्षित।

अस्पताल-प्रवास के चंद दिनों में ही यह स्पष्ट हो गया था कि अमेरिकी मेरे प्रति खास तौर से दोस्ताना हैं। न केवल अस्पताल का समूचा स्टाफ लीक से हटकर हर तरह से मुझे प्रसन्न रखने की कोशिश करता, हँसी-मजाक करता, बल्कि बहुत से लोग मुझसे मिलने आने लगे। इनमें रोजेंथल के कुछ पुराने परिचित और मित्र भी शामिल थे। ऐसे ही मिलने वालों में एक प्रौढ़ दंपति थे—नोरिस और डोरोथी हार्कनेस। एक भारत के पुराने विशेषज्ञ भी थे—मेजर जॉन नेदरसोल और उनकी पत्नी आर्लीन। आज मैं वो सब याद करता हूँ तो आश्चर्य होता है कि कैसे ये सब लोग मेरे प्रति इतने सहृदय थे। ये लोग हर दूसरे-तीसरे दिन अस्पताल आते, मेरे लिए मिठाइयाँ और कुकीज लाते। साथ ही घंटों मेरे साथ बैठकर गप्पें लगाते या ताश अथवा बैकगैमॅन खेलते। विशेष रूप से महिलाएँ तो मेरे साथ बहुत जल्दी मातृवत स्नेह करने लगतीं। मुझे हैरानी होती है कि कहीं यह सब शायद इस कारण तो नहीं था कि मैं अपनी माँ से बहुत दूर था और मुझे उसकी बहुत याद आती थी।

इस बीच कश्मीर विवाद संयुक्त राष्ट्र में पहुँच चुका था उससे संबंधित खबरें अमरीकी समाचारपत्रों के पहले पन्ने पर सुर्खियों में होतीं। पाकिस्तानी प्रतिनिधिमंडल के नेता जफरुल्ला खाँ बहुत घाघ शख्स थे। अपने वाक्चातुर्य और कूटनीतिक कौशल से वो भारतीय प्रतिनिधिमंडल पर भारी पड़ रहे थे। हालाँकि भारतीय प्रतिनिधिमंडल के नेता कश्मीर मामलों के अनुभवी और रियासत के पूर्व प्रधानमंत्री सर गोपालास्वामी अयंगार थे। श्री अयंगार मुझसे मिलने अस्पताल भी आए। वो बेहद थके और टूटे हुए लग रहे थे। उन्हें 30 जनवरी को महात्मा गाँधी की हत्या का समाचार मिल चुका था। भारतीय प्रतिनिधिमंडल के एक और सदस्य भी मुझसे मिलने आए, और वो थे शेख मोहम्मद अब्दुल्ला। बचपन से उनके बारे में बहुत कुछ सुनता आया था। लिहाजा उनके आने पर मैं बहुत प्रसन्न था। उनका व्यक्तित्व अत्यंत प्रभावशाली था। छह फुट चार इंच का कद और सुगठित शरीर। दिलचस्प बात थी कि जिस शख्स से मुझे भविष्य में घनिष्ठ राजनीतिक संबंध बनाने थे, उससे मेरी मुलाकात कश्मीर से हजारों मील दूर हो रही थी।

इतने शुभचिंतकों के आने और ध्यान बँटाने के उपक्रमों के बावजूद वास्तविकता यह थी कि मैं अब भी अपंग ही बना हुआ था। चल-फिर नहीं सकता था। अब भी स्पंज-स्नान और शौच के लिए बैडपैन का दुखद सिलसिला जारी था। मेरे एक्स-रे वगैरह देखने तथा दो अन्य विशेषज्ञों से सलाह करने के बाद जनवरी के अंत में डॉ. विलसन ने यह निर्णय लिया कि ऑपरेशन की जल्दी करने के बजाय वे मेरे कूल्हे के जोड़ का परिचालन करने और प्रति-प्लास्टर चढ़ाने की कोशिश करेंगे। इस तरह अब मुझे एनेस्थीशिया देने का दौर शुरू हुआ। स्वेच्छा से अपने होशो-हवास खोने के इस अनुभव से जो लोग नहीं गुजरे हैं, उन्हें इसमें कोई अजूबा नहीं लग सकता। लेकिन इच्छाशक्ति वाला कोई भी व्यक्ति यह मानेगा कि बेहोश होने की संभावना कोई सुखद बात नहीं होती। लेकिन मुझे बेहोशी की इतनी चिंता नहीं थी, जितना यह खौफनाक खयाल कि कहीं ऑपरेशन के दौरान मुझे होश आ गया तो क्या होगा ! एनेस्थीशिया देने वाले डॉक्टर को मैं हर बार यह ताकीद करता कि वो यह अच्छी तरह सुनिश्चित कर ले कि जब तक ऑपरेशन पूरा न हो जाए, मुझे होश नहीं आना चाहिए।

एनेस्थीशिया को लेकर दो खास डर मेरे मन में बैठे हुए थे—एक तो यह कि कहीं इससे मेरी मानसिक सजगता प्रभावित न हो जाए। या कहीं मैं अपना पुरुषत्व न खो बैठूँ। हर ऑपरेशन के बाद मैं यह चेक करता कि मैं मानसिक रूप से सजग हूँ या नहीं ? और ये जाँचने के लिए मैं अपनी इंटर परीक्षा के लिए रटी गई इकोनॉमिक्स की 'आप्टीमम पापुलेशन' की परिभाषा दोहराता। इस काम के लिए यही दिमागी फार्मूला चुनने का कोई विशेष कारण नहीं था। लेकिन यह विचित्र संयोग रहा कि लगभग पच्चीस साल बाद मुझे भारत सरकार ने राष्ट्रीय जनसंख्या नीति तैयार करने का जिम्मा सौंपा। जहाँ तक दूसरे डर के परीक्षण की बात थी, तो उसके लिए कुछ दिन इंतजार जरूरी था—जब तक कि ऑपरेशन का दर्द पूरी तरह खत्म नहीं हो जाए।

प्लास्टर और प्रति-प्लास्टर के इलाज की यह प्रक्रिया कई महीने चलती रही। न्यूयार्क की जमा देने वाली ठंड खत्म हो चुकी थी और गर्मी तथा उमस का मौसम शुरू हो गया था। मैंने रेडियो से कई हिट धुनें सीख ली थीं। इसके अलावा मैंने शतरंज सीखनी भी शुरू कर दी और अध्ययन जगत से भी पुनः कुछ संपर्क बनाने शुरू किए। शतरंज में मेरा गुरु था बोरिस सिफ, जो सप्ताह में तीन बार अस्पताल आता और मुझे इस खेल की बारीकियाँ समझाता। बोरिस बहुत ही बढ़िया आदमी था और उसने मुझे इस चमत्कारिक खेल के कई नए पहलुओं से परिचित कराया। बाकी के तीन दिन मैं कोलंबिया यूनिवर्सिटी के मिस्टर जे. ई. ब्राउन से अर्थशास्त्र और राजनीतिशास्त्र के पाठ पढ़ता। मैं निश्चित रूप से कह सकता हूँ कि ब्राउन साहब का असली नाम कुछ और ही रहा होगा, क्योंकि उच्चारण से वो मध्य यूरोपीय मूल के लगते थे। पूरी तरह से वामपंथी विचारधारा के आदमी थे और अमेरिका की पूँजीवादी व्यवस्था के घोर आलोचक। उन्होंने ही मुझे पहली बार यह सिद्धांत समझाया कि अमेरिका के युद्ध सामग्री निर्माता दक्षिण अमेरिका के कई हिस्सों में युद्ध भड़काने में सक्रिय रूप से शामिल थे, ताकि वो अपने उत्पाद इन बेहद फायदेमंद बाजारों में नियमित रूप से बेच सकें।

जैसे-जैसे सप्ताह गुजरते गए, मुझे यह विश्वास हो गया कि अमेरिका में जल्दी स्वास्थ्य-लाभ करने की संभावनाएँ बहुत कम हैं। उधर जम्मू-कश्मीर में घटनाक्रम तेजी से बदल रहा था। कबाइली आक्रमण अब बाकायदा भारत-पाकिस्तान की सेनाओं के बीच पूरी तरह युद्ध का रूप ले चुका था। इस लड़ाई में रियासत की फौजें और भारतीय सेना, पाकिस्तान की नियमित सेना और कबाइलियों से मुकाबिल थीं। पिताजी के पत्रों से मुझे सैनिक कार्यवाहियों की जानकारी मिलती रहती थी। उन पत्रों से मैंने अनुमान लगाया कि भारतीय सेनाएँ अब आक्रमणकारियों को पीछे खदेड़ने में सफल हो रही हैं। एक-एक करके शहरों को पाकिस्तानी कब्जे से छुड़ाया जा रहा था। लेकिन यह सब बहुत धीमी गति से चल रहा था। राजनीतिक स्तर पर भी उनके परिवर्तन हो रहे थे। मेहरचंद महाजन रियासत से जा चुके थे। और पिताजी ने आपात्कालीन प्रशासन की घोपणा कर दी थी, जिसके प्रमुख शेख अब्दुल्ला बनाए गए थे। स्पष्ट था कि यह नेहरूजी के दबाव में किया गया है। असल में 'इंस्ट्रूमेंट ऑफ एक्सेशन' पर दस्तखत हो जाने के बाद पिताजी के अधिकार बहुत सीमित हो गए थे। हालाँकि काफी समय बाद तक व्यवस्था को औपचारिक रूप नहीं दिया गया था।

उन दिनों भारतीय संविधान भी तैयार किया जा रहा था। अपने एक पत्र में पिताजी ने भविष्यवाणी करते हुए लिखा था, "मैं नहीं जानता कि भारत का नया संविधान हमें किस रूप में प्रभावित करेगा ? लेकिन एक बात मुझे तय लगती है कि वो दिन दूर नहीं जब भारत से राजाओं का नामोनिशान तक मिट जाएगा।" अस्पताल में वहाँ के मोटे-मोटे दैनिक समाचारपत्रों में मैं भारत से संबंधित खबरें बड़ी उत्सुकता से ढूँढ़ा करता। अखबार के आकार और बेहिसाब पृष्ठों को देखते हुए ये खबरें यहाँ-वहाँ बिखरी हुई और अपर्याप्त होती थीं। अमेरिका के अखबारों का आकार देखकर मुझे

हमेशा हैरानी होती थी। विशेष रूप से 'न्यूयार्क टाइम्स' का रविवासरीय संस्करण तो परिशिष्टों से भरा होता था। कभी-कभी तो यह संस्करण दो सौ पृष्ठों तक का निकलता। मुझे पढ़ने का बहुत शौक था, लिहाजा इन अखबारों से मैंने काफी जानकारी और नए विचार हासिल किए।

हालाँकि प्लास्टर के कारण मैं अपाहिज सा बना हुआ था, लेकिन अपने शरीर और बुद्धि—दोनों के तेजी से होते विकास को मैं स्पष्ट महसूस कर रहा था। शरीर तो इसलिए तेजी से बढ़ा क्योंकि उन दिनों मैं डटकर स्वादिष्ट समांगित दूध पीता था। मेरे सत्रहवें जन्म-दिन पर अस्पताल में हम लोगों ने एक भव्य पार्टी आयोजित की। इस अवसर पर डॉक्टर विल्सन से जन्म-दिन का केक लेते हुए मेरा एक चित्र अगले दिन 'न्यूयार्क टाइम्स' के पहले पन्ने पर छपा। इस चित्र में डॉ. विल्सन के अगल-बगल दो नर्सें और ताई लूंग यांग नाम का एक चीनी मरीज भी मौजूद था। रिपोर्ट का समापन इस रहस्यात्मक टिप्पणी के साथ किया गया था, ''सर हरी सिंह ने हाल ही में अपने निरंकुश शासन का उदारीकरण किया है। उनके पुत्र के बारे में कहा जाता है कि वो लोकतांत्रिक विचारों के हैं। लेकिन उस नौजवान ने किसी भी राजनीतिक मामले पर बातचीत करने से इनकार कर दिया।'' उधर मैंने 'जूनियर रिपोर्टर' कार्यक्रम के माध्यम से अपना पहला रेडियो प्रसारण भी किया। इस प्रोग्राम में किशोर लड़के-लड़कियाँ उस समय के सबसे चर्चित विषय पर बातचीत करते थे। जब मेरी बारी आई तो मैंने कहा कि मुझे उम्मीद है कि भारत जल्दी ही विश्व के महान देशों में अपना उचित स्थान प्राप्त कर लेगा। भविष्य की जिम्मेदारी नौजवानों के कंधों पर है। आपसी समझ और भाईचारे के भाव को प्रोत्साहित करने के लिए हम सभी को एकजुट होकर संघर्ष करना चाहिए।

पिछले दिनों के बारे में सोचते हुए मुझे लगता है कि अमेरिका के बिलकुल नए माहौल ने मेरे दिमाग को सामंती विचारधारा से टूटने और नए व अपेक्षाकृत आजाद माहौल को अपनाने का मौका दिया। 1948 वैसे भी अमेरिका का चुनावी वर्ष था। अखबारों में और टेलिविजन पर वहाँ की अद्‌भुत चुनाव-प्रक्रिया को मैंने बहुत बारीकी से समझा। देखा कि कैसे डेमोक्रेटिक कन्वेंशन में हर्बर्ट हंफ्री, हैराल्ड स्टासन तथा अन्य राजनीतिज्ञों ने राष्ट्रपति ट्रूमैन से नामांकन हथियाने की असफल कोशिश की। रिपब्लिकन सम्मेलन में थामस डेवी को अत्यधिक उत्साह के वातावरण में उम्मीदवार चुनना, इन सम्मेलनों में नेताओं के जोरदार स्वागत-समारोह, बैंड-बाजों और तमाशेबाजी को देखकर मुझे बहुत आश्चर्य हुआ। लेकिन मिस्टर ब्राउन मुझे हमेशा यही समझाते रहे कि यह तमाम शोर-शराबा और समारोह आदि विभिन्न हितों का प्रतिनिधित्व कर रहे घोर पेशेवर दिमागों का खेल है। इस तरह ये लोग यह सुनिश्चित कर लेते हैं कि कोई भी दल पूँजीवाद और 'स्वतंत्र उद्यम' के रास्ते से एक सीमा से ज्यादा इधर-उधर न भटके।

पिताजी को लिखे मेरे पत्रों में ज्यादातर कश्मीर विवाद को लेकर सुरक्षा परिषद की कार्यवाहियों तथा राज्य में चल रहे सैनिक अभियान की प्रगति के बारे में सवाल ही होते। जवाब में पिताजी हिंदुस्तानी फौजों द्वारा किसी शहर पर पुनः कब्जा करने की

'खास खबर' के साथ-साथ कश्मीर में सैनिक अभियान की प्रगति की जानकारी देते। आश्चर्य तो यह था कि इतनी संकटपूर्ण परिस्थितियों के बावजूद पिताजी की दिलचस्पी बंबई के रेसकोर्स में बनी हुई थी। अक्सर अपने पत्रों में शिकायत करते कि हमारे घोड़े अच्छा नहीं दौड़ रहे और ट्रेनर उनका ठीक से ध्यान नहीं रख रहा है। पिताजी के अलावा मैं माँ को भी नियमित रूप से पत्र लिखता, लेकिन उसे मैं हिंदी में लिखता। और वो अपने सौभाग्यसूचक गुलाबी कागज पर मुझे उत्तर देती। उसकी लिखावट लगभग अपठनीय होती। असल में माँ की कोई औपचारिक शिक्षा-दीक्षा नहीं हुई थी, लेकिन बातचीत और भाषण के मामले में वह काफी प्रभावशाली थी। लेखन उसका कभी अच्छा नहीं रहा।

कूल्हे पर प्लास्टर चढ़ाने-उतारने का सिलसिला शुरू हुए लगभग एक साल हो चला था। और इसकी शुरुआत हुई थी श्रीनगर में डॉ. मिरजकर के इलाज से। इतने लंबे समय तक प्लास्टर के कारण निष्क्रिय रहने के बावजूद इलाज का असर डॉ. विल्सन के मनमाफिक नहीं हो रहा था। 6 जुलाई को डॉ. विल्सन मेरे कमरे में आए और मुझे बताया कि कल सुबह वो मेरा ऑपरेशन कर रहे हैं तथा इसके लिए मेरे पिता की अनुमति ले ली गई है। दरअसल ऑपरेशन का फैसला कई दिन पहले ही ले लिया गया था, पर मुझे इसलिए नहीं बताया गया कि कहीं मैं अनावश्यक तनाव में न आ जाऊँ। एक तरह से यह अच्छा ही रहा, क्योंकि अब तो ऑपरेशन में कुछ घंटे ही बचे थे। अब जो भी तनाव या चिंता हो कुछ घंटे के लिए ही थी। अगले दिन जो ऑपरेशन हुआ, वो हम लोगों के अनुमान से कहीं ज्यादा गंभीर रहा। इस ऑपरेशन में कूल्हे में बारह इंच लंबा अर्द्धगोलाकार चीरा लगाकर बोन ग्राफ्टिंग (अस्थि रोपण) की गई। फिर एक छह इंच लंबा धातु-पिन डालकर कूल्हे के जोड़ को हमेशा के लिए अविचल कर दिया गया। कई घंटे मैं ऑपरेशन टेबल पर रहा। होश भी मुझे दोपहर बाद ही आया। अगले पाँच दिन मेरे लिए सबसे कष्टप्रद रहे। कूल्हे की प्रमुख मांसपेशी को अलग करने के कारण दर्द के जबर्दस्त दौरे उठते और मैं उछल-उछल पड़ता। दर्द के हर दौरे के साथ पूरा बेड हिल जाता। मुझे दिन-भर में सोलह इंजेक्शन लगाए जाते, जिसमें आठ पेंसिलीन के होते और आठ दर्द-निवारक। इसके अलावा 250 सी सी खून की पाँच बोतलें भी मुझे चढ़ाई गईं। अगर आदमी के चेतन के अलावा वास्तव में कहीं स्वर्ग या नर्क है, तो मैं समझता हूँ मुझे ऑपरेशन के बाद के इन भयानक दिनों में नर्क की अनुभूति तो अच्छी तरह हो गई थी।

इस कठिन समय में रंजीत लगभग हर वक्त मेरे कमरे में मौजूद रहे। उसके अलावा तीन नर्सें भी मेरी देखभाल के लिए तैनात थीं, जो आठ-आठ घंटे की ड्यूटी करती थीं। इन सभी ने मेरी पीड़ा कम करने की पूरी कोशिश की। एनेस्थीशिया के प्रभाव में मुँह का स्वाद कई दिनों तक खराब रहा, मेरी भूख बिलकुल मर चुकी थी। वैसे भी मैं कुछ खाने की स्थिति में नहीं था और लगभग एक हफ्ते तक सिर्फ तरल भोजन ही दिया गया। कूल्हे में धातु-पिन डालने की बात का कुछ दिन तक तो मुझे पता ही नहीं चला।

फिर एक दिन एक नर्स ने यों ही बातों-बातों में इसका जिक्र कर दिया। इस रहस्योद्घाटन से तो मेरा दिल ही बैठ गया। तब मैंने महसूस किया कि अब मैं कभी चल ही नहीं सकूँगा। मेरे साहस और आस्था की यह कड़ी परीक्षा थी। अपने को पूरी तरह हताश होने, टूटने से बचाने के लिए मुझे अपनी पूरी शक्ति लगानी पड़ी।

लेकिन डॉ. विल्सन ऑपरेशन से संतुष्ट थे। उन्होंने मुझें आश्वस्त किया कि कुछ ही महीनों में मैं पूरी तरह स्वस्थ हो जाऊँगा। आज अगर मैं टेनिस खेल पाता हूँ और बिना किसी परेशानी के लंबे-लंबे चुनावी दौरे कर पाता हूँ, तो यह डॉ. विल्सन के कौशल का ही कमाल है। सचमुच मेरी यह सफलता उस महान सर्जन को एक बेहतरीन श्रद्धांजलि है। डॉ. विल्सन विकलांग चिकित्सा इतिहास के चोटी के सर्जनों में से एक हैं। अक्सर वह मेरे बिस्तर के पास आकर बैठ जाते, और पितृवत मुझे बताते कि कैसे उन्होंने नवविकसित 'बोन बैंक' से हड्डी लेकर उसकी ग्राफ्टिंग की। स्मृति-चिह्न के तौर पर कूल्हे में डाले गए पिन की एक प्रतिकृति भी उन्होंने मुझे उपहार में दी। वो प्रतिकृति आज भी मेरे पास है–जीवन के उन संघर्षपूर्ण दिनों की स्मृति के रूप में।

मैं युवा था और जाहिर है तगड़ा भी था। लेकिन मैंने महसूस किया कि मेरी शक्ति और क्षमता, मेरी कल्पना से कहीं ज्यादा थी। ऑपरेशन के बाद पिताजी को पहला पत्र मैंने 14 जुलाई को लिखा, यानी ठीक एक हफ्ते बाद। पत्र क्या था, ऑपरेशन की पूरी कहानी थी–पूरे सात पृष्ठों की। तब तक मेरा जख्म भरना शुरू हो गया था। दर्द कम हो चला था, लेकिन बहुत धीरे-धीरे। और सबसे बढ़िया बात तो यह थी कि अब मेरी भूख भी खुल गई थी। यह जवानी का जोश ही था, जिसने मुझे मनोवैज्ञानिक अवसाद की स्थिति में जाने से रोका। इससे बहुत फर्क पड़ा। अस्पताल में और न्यूयार्क में हम जितने लोगों को जानते थे, सभी का व्यवहार हमारे प्रति बहुत सौहार्द व स्नेहपूर्ण रहा। जितने महीनों तक मैं वहाँ रहा, मैंने बहुत से दोस्त बनाए। मेरा कमरा हमेशा फूलों और कैंडी से भरा रहता। दर्द और निराशा को छिपाने की मेरी जिजीविषा को देख, लोग मुझे साहसी और बहादुर कहने लगे। पिताजी ने भी अपने अगले पत्र में मुझे शाबाशी देते हुए लिखा, "इतनी बड़ी मुसीबत को जिस धैर्य और बहादुरी से तुमने झेला...उस पर सचमुच मुझे गर्व है।" निस्संदेह पिताजी द्वारा की गई यह प्रशंसा मेरे लिए बहुत अहम थी।

डॉ. विल्सन उन दिनों अपनी गर्मी की छुट्टियों से लौट आए थे। इधर ऑपरेशन को भी दो महीने हो चुके थे। उन्होंने मेरी जाँच करके भारी-भरकम प्लास्टर हटाकर अपेक्षाकृत छोटा और हल्का प्लास्टर चढ़ाने का निर्देश दिया। इन दो महीनों में मेरा जख्म भी पूरी तरह भर चुका था। मुझे याद है वह दिन जब महीनों बिस्तर पर पड़े रहने के बाद मुझे पहली बार अपने आप खड़े होने की इजाजत दी गई। जमीन पर पाँव रखने और खड़े होने की वो अनुभूति सचमुच रोमांचित करने वाली थी। मुझे चक्कर सा आया और मैं गिरने को हुआ। खड़े होने का यह क्रम अब रोज दोहराया जाने लगा और हर दिन, पिछले दिन से ज्यादा समय के लिए। और जब महीनों बाद कमरे में चलने के

लिए पहला कदम उठाया, तो लगा जैसे फिर से चलना सीख रहा हूँ। नौ महीनों में पहली बार 24 सितंबर तक मैं इतना स्वस्थ हो चुका था कि अस्पताल से बाहर जा सकूँ। मुझे खुली कार में थोड़ी देर के लिए शहर घूमने की इजाजत मिली थी। मुझे व्हील-चेयर में नीचे ले जाया गया और फिर उठाकर कार में बिठा दिया गया। न्यूयार्क घूमने का वो पहला रोमांचकारी अनुभव मैं कभी नहीं भूलूँगा। गगनचुंबी ऊँची भव्य इमारतें, शहर की हलचल और भागदौड़—सब देखकर ऐसा लगा गोया मैं काल और समय की सीमाओं से परे किसी दूसरी दुनिया में पहुँच गया हूँ। महीनों अस्पताल की चारदीवारी में सिमटे रहने के बाद स्वस्थ होकर फिर से घूम-फिर सकने का अहसास अद्भुत था।

इन महीनों के दौरान शतरंज सीखने और राजनीतिशास्त्र का अध्ययन करने का क्रम जारी रहा। इसके अलावा मैंने बंबई से पत्राचार 'पेल्मैनिज्म कोर्स' भी शुरू किया, लेकिन उसे पूरा न कर सका। बिना शार्ट-हैंड का एक 'स्पीड राइटिंग' यानी फटाफट लिखने का कोर्स भी शुरू किया। मुझे टेलिविजन देखने का बहुत शौक था। राष्ट्रपति पद के लिए ट्रूमैन और डेवी के देशव्यापी चुनावी दौरों और एक के बाद एक भाषणों को मैं पूरी दिलचस्पी से देख रहा था। हालाँकि यहाँ सबको यही विश्वास था कि अपेक्षाकृत ईमानदार डेवी ही चुनाव जीतेंगे, लेकिन मैंने महसूस किया कि संघर्ष क्षमता और कर्मठता के मामले में डेवी के मुकाबले ट्रूमैन कहीं ज्यादा बेहतर थे। समकालीन राजनीति से संबंधित विभिन्न पुस्तकें और उपन्यास भी मैंने खूब पढ़े।

घर से आने वाली खबरों में कोई शुभ समाचार नहीं था। पिताजी बहुत सँभालकर पत्र लिखते। उन्होंने हमें आगाह कर दिया था कि चिट्ठियाँ सेंसर हो सकती हैं। लेकिन यह स्पष्ट था कि नेहरूजी ने दबाव डालकर सारे प्रभावी अधिकार 'आपात्कालीन प्रशासन' के प्रमुख शेख अब्दुल्ला को दिलवा दिए थे। यही शेख अब्दुल्ला बाद में कश्मीर के प्रधानमंत्री बने। पिताजी और शेख अब्दुल्ला के परस्पर संबंध तनावपूर्ण और कट्टर विरोध के थे। उदाहरण के लिए 18 सितंबर के एक पत्र में उन्होंने लिखा था :

> मौजूदा सरकार रियासत की सेनाओं को अपने अधीन लेने के लिए बहुत उत्सुक थी। पर क्योंकि सेना एक सुरक्षित विषय था, इसलिए मैंने इस कदम का डटकर विरोध किया। मामला विचारार्थ राज्य मंत्रालय के सामने पेश हुआ और सरदार पटेल ने बातचीत के लिए मुझे दिल्ली आमंत्रित किया। लंबे विचार-विमर्श के बाद शेख अब्दुल्ला की इच्छाओं के विरुद्ध यह तय किया गया कि राज्य की सेनाएँ फिलहाल भारतीय सेना को सौंप दी जाएँ। मैं उनका कमांडर-इन-चीफ बना रहूँगा।

धीरे-धीरे मेरी गतिशीलता बढ़ने लगी। मैं बैसाखियों के सहारे चलने लगा और रंजीत के साथ अस्पताल से बाहर जाकर एक नुक्कड़ पर स्थित दवाइयों की दुकान पर आइसक्रीम खाता। बयालीसवीं स्ट्रीट पर स्थित 'डेली न्यूज' के भवन का ग्राउंड फ्लोर भी मैं घूम-घूमकर देख सकता था। यहाँ एक कमरे में नक्शों, ताजे समाचारों की आमद

के बीच एक विशालकाय ग्लोब भी रखा था, जो घूमता था। यह एक अद्‌भुत जगह थी। मुझे इतना मजा आया कि मैं नियमित रूप से वहाँ जाने लगा। कई बार तो दो-दो, तीन-तीन घंटों तक वहीं रमा रहता। मैंने अपने लिए कुछ सूट, टाइयाँ और एक फ्लैट हैट भी खरीद लिया था। अपने कुछ ताजा फोटोग्राफ भी माता-पिता को भेजे। वो यह देखकर बहुत खुश हुए कि अब मैं कितना जवान हो गया हूँ। इधर अमेरिका में राष्ट्रपति चुनाव का माहौल जोरों पर था। डेवी को हराकर ट्रूमैन भारी बहुमत से विजयी हुए। मजे की बात यह रही कि इस जीत पर मैं एक डॉक्टर से शर्त में दस डालर जीत गया। डॉक्टर का मानना था कि ट्रूमैन के जीतने के अवसर दस के मुकाबले एक पैसा ही है।

हालाँकि मेरी हालत में धीरे-धीरे सुधार हो रहा था, लेकिन मुझे ऐसा कोई भ्रम नहीं था कि मैं बहुत जल्दी ठीक हो जाऊँगा या पूरी तरह ठीक हो जाऊँगा। पिताजी को एक पत्र में मैंने लिखा, "मेरी दाईं टाँग की मांसपेशियों के खुलने और उनमें ताकत आने में अभी काफी समय लगेगा। पर प्लास्टर के पूरी तरह हट जाने के बाद यह थोड़े ही समय में संभव हो सकेगा। आप जानते ही हैं और यह सच भी है कि दायाँ कूल्हा हमेशा सख्त बना रहेगा। लेकिन थोड़े अभ्यास और अपने बैठने-चलने के तरीकों में थोड़ा फेर-बदल करने के बाद मुझे नहीं लगता कि मुझे कोई ज्यादा असुविधा होगी। हाँ, इसका अभ्यस्त होने में थोड़ा समय जरूर लगेगा।" आखिर पहली नवंबर को प्लास्टर का आवरण पूरी तरह हटा दिया गया और मैंने 'स्वीमिंग-पूल में फिर से जाना शुरू कर दिया। एक बार फिर गरम पानी में गोते लगाना बड़ा सुखद लग रहा था, और वो भी बिना प्लास्टर के। मिस हेलेन क्लार्क नियमित रूप से पानी के अंदर मेरी मालिश करतीं ! वह बहुत ही योग्य फीजियोथेरेपिस्ट थीं। अस्पताल में दाखिला लेते ही मुझे उनके सुपुर्द कर दिया गया था। रुपहले बालों वाली इस फीजियोथेरेपिस्ट की मालिश से मुझे इतना लाभ हुआ कि मेरे दाएँ कूल्हे और पैर में धीरे-धीरे सुधार होने लगा और उनमें ताकत आने लगी। डॉक्टर विल्सन मेरे स्वास्थ्य की प्रगति देखकर इतने प्रसन्न थे कि एक दिन उन्होंने कहा कि अब कुछ ही दिनों में मैं अस्पताल से जा सकता हूँ। पर साथ ही उन्होंने यह भी कहा कि अस्पताल से छुट्‌टी मिलने के बाद दो महीनों के लिए मुझे किसी होटल में रहना होगा। क्योंकि अभी कुछ समय तक मुझे डॉक्टर की देख-रेख और फीजियोथेरेपिस्ट की आवश्यकता रहेगी। आखिर 15 नवंबर को मुझे अस्पताल से छुट्‌टी मिल ही गई। और मैंने III ईस्ट के अड़तालीसवीं स्ट्रीट पर होटल बार्कले में अपना डेरा जमाया। हॉस्पिटल फॉर स्पेशल सर्जरी में मैं पूरे साढ़े दस महीने गुजार चुका था।

बायरन ने अपनी एक कविता में कहा है कि अगर कोई कैदी भी लंबे समय तक जेल की कोठरी में अकेला रहता है, तो उसे उस कोठरी से लगाव हो जाता है। निस्संदेह अस्पताल, वहाँ काम करने वाली नर्सों, वार्ड-स्टाफ, डॉक्टरों और साथी मरीजों के साथ मेरा भी काफी मोह हो गया था। हालाँकि वहाँ मुझे काफी शारीरिक कष्ट उठाना पड़ा, लेकिन वहाँ के वातावरण और देखरेख से मेरा मनोबल बना रहा। इसी बूते पर मैं वो

सब झेल सका। अस्पताल से विदा लेते समय वातावरण काफी भावुक रहा। समूचे स्टाफ की ओर से मुझे भव्य विदाई दी गई। बीस साल बाद 1967 में मैं दोबारा न्यूयार्क गया, पर इस बार भारत सरकार के पर्यटन और नागरिक उड्डयन मंत्री की हैसियत से। बयालीसवीं स्ट्रीट पर अस्पताल की पुरानी इमारत गिरा दी गई थी, और अब वो इंस्टीट्यूट शहर में अन्यत्र एक अपेक्षाकृत आधुनिक और सुंदर इमारत में स्थानांतरित हो गया था। डॉ. विल्सन अब भी वहीं थे। अस्सी वर्ष की अवस्था में भी उनका उत्साह और दमखम देखने लायक था। उन्होंने बड़े गर्व से मुझे अस्पताल की वो चमचमाती इमारत दिखाई। सब कुछ बहुत अच्छा था, लेकिन फिर भी न जाने क्यों मुझे पुरानी इमारत की याद आती रही।

बार्कले काफी बड़ा और आरामदेह होटल था। हालाँकि यह पड़ोस के 'वाल्डार्फ एस्टोरिया' जितना शानदार और महँगा नहीं था। लेकिन फिर भी मेरे पिता मेरे लिए इलाज के लिए जितने डालर भेज पाते थे, उन्हें देखते हुए बार्कले बिलकुल सही होटल था। इतने महीनों बाद गर्म पानी से नहाने में मुझे बहुत आनंद आया। आज भी मैं जब गरम पानी के टब में घुसता हूँ, तो ईश्वर का ध्यान करते हुए उसे मौन धन्यवाद देता हूँ। साथ ही खुद को याद दिलाता हूँ कि जब तक हमें जीवन की सुविधाएँ मिलनी बंद नहीं होतीं, तब तक हम यही मानकर चलते हैं कि ये तो मिलती ही रहेंगी। होटल में आने के बाद भी मैं कुछ दिन बैसाखियों के सहारे चलता रहा। लेकिन जल्दी ही दो छड़ियों के सहारे घूमने-फिरने लगा। हफ्ते में तीन 'अंडर वाटर थिरेपी' के लिए मुझे अस्पताल जाना पड़ता था। जबकि बाकी तीन दिन मिस क्लार्क होटल में आकर ही मेरी मालिश करतीं। अब मैं खुद टैक्सी में बैठ सकता था, अतः रावत और रंजीत के साथ न्यूयार्क शहर का नजारा लेने के साथ-साथ खूब सैर-तफरीह होती और वहाँ के स्वादिष्ट व्यंजनों का आनंद भी लिया जाता।

न्यूयार्क सचमुच गजब का शहर है। यहाँ की रातें दिन से भी ज्यादा रोशन होती हैं। खासतौर पर 'टाइम्स स्क्वायर' और 'ब्राडवे' तो दर्शनीय होते हैं। रात को जलते-बुझते नियोन-साइन ऐसे लगते हैं मानो अनेक प्रकाश-पुंजों में एकसाथ विस्फोट हो रहा हो। सिनेमा के विशालकाय विज्ञापन तो मुझे बहुत ही आकर्षक लगे। 'जोन ऑफ आर्क' अभी हाल ही में रिलीज हुई थी। इसकी मुख्य भूमिका में उस समय की मशहूर अभिनेत्री इनग्रिड बर्गमैन थी और उसका एक बहुत ही विशाल कट-आउट हिंदुस्तान की किसी भी ऊँची इमारत से ऊँचा ही लगता था। हमने 'जोन ऑफ आर्क' तथा अन्य फिल्में देखीं, जिनमें 'थ्री मस्कीटीयर्स' (जीन कैली, लाना टर्नर, जून एलिसन और एंजिला लांसबरी), 'एनचांटमेंट' (डेविड निवेन) तथा 'पेल फेस' (बाबा होप, जेन रसेल) जैसी फिल्में शामिल थीं। ब्राडवे में हमने कुछ नाटक भी देखे। ये थे—'मिस्टर राबर्ट्स (हेनरी फोंडा), नोएल कोवार्ड का 'प्राइवेट लाइव्स' (ताल्लुलाह बैकहैड), हार्वे (इसका मुख्य पात्र एक विशालकाय अदृश्य सफेद खरगोश था) तथा एक कामेडी 'व्हेयर इज चार्ली (रे बोल्गर)।

फिल्मों और नाटकों के अलावा हम लोगों ने 'एंपायर स्टेट बिल्डिंग' को भी देखा और उसकी सबसे ऊपर की मंजिल तक गए। रॉकफैलर सेंटर न्यूयार्क का एक अन्य आकर्षण है। हम वहाँ भी गए। साक्स एंड मैसी में हमने शापिंग की। रेडियो सिटी म्यूजिक हाल के रॉकेट (अग्निबाण) भी हमें बहुत अच्छे लगे। मेडिसन स्क्वायर गार्डन में आइस हाकी के मैच का आनंद लिया। सेंट्रल पार्क के आसपास के क्षेत्र की हमने गहरी छानबीन की और अंततः हमने खाने-पीने की बहुत सी अच्छी जगह ढूँढ़ ली, जिनमें कई अच्छे भारतीय रेस्तराँ भी थे। 19 ईस्ट की बावनवीं स्ट्रीट पर 'बारबैरी रूम' नाम का रेस्तराँ था, जिसकी छत ऐसी थी मानो सितारे जड़े हों। उसकी कुर्सियाँ न्यूयार्क शहर के तमाम रेस्तराओं में सबसे अधिक आरामदेह थीं। यों न्यूयार्क शहर में होने का अपना ही एक रोमांचकारी अनुभव था, खासतौर पर अठारह महीने बिस्तर पर पड़े रहने के बाद। अस्पताल से छुट्टी मिलने के बाद न्यूयार्क शहर में बिताए वो दिन मेरे जीवन के सबसे खुशनुमा दिन थे। एक रोज हम ट्रेन में रात-भर का सफर करके बुफैलो तक गए, जहाँ से कनाडा की सीमा पर पहुँचे और 'नियाग्रा फाल' देखा।

1948 का वर्ष समाप्त हो चुका था। इस बार हमने नया साल न्यूयार्क टाइम्स के 'टाइम्स स्क्वायर' में मनाया, जहाँ लगभग पाँच लाख लोग इकट्ठा थे, जबकि पिछले साल नए साल की पूर्व संध्या पर मुझे एंबुलेंस में अस्पताल ले जाया जा रहा था—भारी हिमपात के बीच, सुनसान सड़कों पर। हालाँकि इस बार भी 31 दिसंबर की रात कड़ाके की ठंड पड़ रही थी, लेकिन हम भरपूर उत्साह में थे। जैसे ही घड़ियाल ने बारह बजाए, हर कोई जैसे पागल हो गया। थोड़ी देर बाद ही हम लोग पास के एक भारतीय रेस्तराँ में जा पहुँचे, जिसके मालिक ने हम लोगों को गर्मागर्म केसर-चाय पिलाई। मैंने अपने बहुत से दोस्तों से सुना था, और हमारी विदेश सेवा में कार्यरत गुरुबचन सिंह ने भी वाशिंगटन की खूबसूरती की तारीफ की थी। अतः मैंने अपने पिता से एक हफ्ते के लिए वहाँ जाने की इजाजत माँगी। उनकी सहमति मिलते ही हम वाशिंगटन के लिए रवाना हो गए। हम वहाँ पहुँचे भी एक विशेष मौके पर। 20 जनवरी, 1949 को नवनिर्वाचित राष्ट्रपति ट्रूमैन पहली औपचारिक परेड की सलामी लेने वाले थे। गुरुबचन के सहयोग से हमें उसके टिकट भी मिल गए। हमारे राजदूत श्री रामाराव (उनके भाई सर बी. एन. राव मेरे पिता के प्रधानमंत्री रह चुके थे) शहर से बाहर गए हुए थे। लेकिन उनकी सौम्य पत्नी लेडी धन्वंति रामाराव और पुत्री श्रीमती प्रमिला वागले ने हमारा बहुत ध्यान रखा। वाशिंगटन सचमुच बहुत ही प्यारा शहर है। और वहाँ के पब्लिक मेमोरियल तो देखने लायक हैं। अमेरिका के महानतम राष्ट्रपति लिंकन का यूनानी शैली में बना स्मारक उसी देश के अपेक्षाकृत कम औपचारिक और आत्मीय लगने वाले, छोटे-छोटे तालाबों और फूलों की झाड़ियों से घिरे जैफरसन मेमोरियल से बिलकुल अलग था। इसके अलावा हम माउंट वेरनॉन भी गए और वहाँ जार्ज वाशिंगटन का पैतृक घर भी देखा। न्यूयार्क का सदाबहार ग्लैमर और वाशिंगटन की कलात्मक गरिमा ने एक-दूसरे से इतनी भिन्न होते हुए भी, मुझे गहरे प्रभावित किया।

अब चूँकि मेरी हालत में सुधार हो रहा था, मेरे माता-पिता जल्दी घर लौट आने पर जोर देने लगे। पिताजी को लिखे अपने पत्रों में अब मैं दो सवाल उठाता और दोनों ही इतने अहम थे कि वापस पहुँचने पर मुझे इन्हीं का सामना करना था। पहला सवाल मेरे विवाह से संबंधित था। मैं समझता था कि मेरा विवाह मेरी मँगेतर शांति से ही होगा। अस्पताल में रहते हुए मैंने उसके साथ पत्र-व्यवहार भी शुरू कर दिया था। लेकिन बाद में कुछ ऐसा हुआ कि मेरा अंदाजा गलत निकला। मैंने पिताजी को पत्र में लिखा, "हालाँकि मैं जल्दी विवाह करने की आपकी इच्छा की कद्र करता हूँ। लेकिन यह कहने की माफी चाहूँगा कि विवाह से पहले न तो मैं शांति से अच्छी तरह मिल सका हूँ और न ही उसे अच्छी तरह समझ सका हूँ। मैं समझता हूँ लगभग अजनबी रहकर विवाह करने की अपेक्षा अगर दोनों व्यक्ति एक-दूसरे को अच्छी तरह जानते-समझते हों, तो सफल विवाह की संभावनाएँ ज्यादा रहती हैं।" दूसरा प्रश्न मेरी भावी शिक्षा का था। इस संबंध में मैं यहाँ पिता को लिखे पत्र का एक अंश उद्धृत करूँगा :

> मैं आपको बताना चाहूँगा कि मैं बी. ए. की अपनी पढ़ाई जारी रखना चाहता हूँ और आगे की पढ़ाई भी करना चाहता हूँ। मेरी दृढ़ मान्यता है तेजी से बदलते इस युग में अच्छी शिक्षा आवश्यक है—(मेरे मामले में अर्थशास्त्र, कानून आदि विषयों की)। सिर्फ ऊँचे कुल में जन्म लेना की काफी नहीं है। मुझे विश्वास है कि आप भी मेरे विचारों से सहमत होंगे। मेरा मानना है कि वर्तमान समय में किसी भी व्यक्ति के लिए शैक्षिक रूप से पर्याप्त सक्षम और ज्ञानी होना आवश्यक है, ताकि वो अपनी जन्मजात कुलश्रेष्ठता की बजाय योग्यता और क्षमता के बल पर स्वयं को स्थापित कर सकें।

मेरे पैर में सुधार की तेजी से डॉ. विल्सन बहुत संतुष्ट थे। पूरी स्थिति का जायजा लेकर आखिर उन्होंने फैसला किया कि मैं फरवरी के पहले सप्ताह में घर लौट सकता हूँ, थोड़े-थोड़े दिनों के लिए लंदन और पेरिस रुकते हुए। न्यूयार्क में हमने आखिरी जगह जो देखी, वो हाइड पार्क स्थित स्वर्गीय राष्ट्रपति रूजवेल्ट का निवास-स्थान था। यहाँ हमारे साथ रूजवेल्ट के एक पुत्र इलियट रूजवेल्ट और उनकी पत्नी फाई भी थे। फाई अपने जमाने में अभिनेत्री भी रह चुकी थीं। संयोगवश हम उस दिन वहाँ गए, जो स्वर्गीय राष्ट्रपति का जन्म-दिवस था। वैसे मैं हमेशा से रूजवेल्ट का घोर प्रशंसक रहा हूँ। हाइड-पार्क में हमने उनकी समाधि पर आयोजित संक्षिप्त स्मृति-सभा में हिस्सा लिया। यहाँ हमारा स्वागत श्रीमती एलिनोर रूजवेल्ट ने किया और हमें पूरी जगह दिखाई। श्रीमती रूजवेल्ट प्रभावशाली व्यक्तित्व की उत्साही महिला थीं। वो 'न्यूयार्क वर्ल्ड टेलिग्राम' के लिए एक कॉलम भी लिखती थीं। मेरे रूजवेल्ट हाउस जाने और उस मुलाकात पर टिप्पणी करते हुए उन्होंने अपने कॉलम में लिखा, "ऑपरेशन के सिलसिले में अमेरिका आया हुआ कश्मीर का युवराज अपनी कॉलेज की पढ़ाई के दो साल पूरे करने के लिए कुछ ही दिनों में अपने घर लौट रहा है। उसकी इच्छा है कि अपनी शिक्षा

पूरी करके वह संयुक्त राष्ट्र में काम करे और शांतिमय संसार के निर्माण में मदद करे।''

स्वदेश वापसी की यात्रा एक साल पहले की न्यूयार्क तक की उदास व हताश भरी यात्रा से बहुत भिन्न थी। अभी तक एअर इंडिया ने इस रूट पर अपनी उड़ानें शुरू नहीं की थीं। अतः हमने अटलांटिक होते हुए जाने वाला पैन अमेरिकन विमान पकड़ा। हमारा पहला पड़ाव लंदन था। यहाँ हम पिताजी के पसंदीदा होटल सेवॉय में ठहरे। अपने स्वभाव के अनुरूप पिताजी ने मुझे खरीदारी के लिए कपड़ों की एक लंबी सूची लिख भेजी थी। साथ ही उन्होंने उन दुकानों के नाम भी लिख भेजे थे, जहाँ से ये खरीदारी करनी थी। उल्लेखनीय है कि युवावस्था में ये दुकानें उनकी सबसे पसंदीदा दुकानें हुआ करती थीं। कैप्टन रिफोर्ड सपत्नीक वहाँ मुझसे मिलने आए। पिताजी के बहुत से मित्र मुझसे मिलने आए। लंदन में प्रवास के दौरान मैं सिर्फ एक जगह गया—वो भी चार्टर हाउस स्थित पब्लिक स्कूल में शांति के छोटे भाई से मिलने के लिए। सेवॉय थिएटर में कुछ दिन पहले ही अगाथा क्रिस्टी के सर्वकालीन रिकॉर्ड तोड़ नाटक 'माउस ट्रैप' का प्रदर्शन शुरू हुआ था। हमने यह नाटक बहुत दिलचस्पी से देखा।

लंदन में लगभग एक हफ्ता रहने के बाद हम लोग पेरिस पहुँचे, जहाँ विटर रोजेंथल ने हमारे भव्य स्वागत की तैयारियाँ कर रखी थीं। उनके भाई के दो पोते जीन और ह्यूबर्ट मेरे ही हमउम्र थे। वही मुझे शहर घुमाने ले गए। लेकिन मैं अपनी छड़ी के कारण कुछ ज्यादा ही झिझक और शरमा रहा था। अतः शहर घूमने का भरपूर आनंद नहीं ले पाया। 'गेलरीज लाफयेत' जैसा बेहद खूबसूरत ढंग से सजाया गया जनरल स्टोर मैंने आज तक कहीं नहीं देखा। हमने वहाँ के दो मशहूर नाइट-क्लब भी देखे—'लिजे' और 'मोलिन रूज़'। एक रेस्तराँ में तो एडिथ पियाफ के संगीत का भी आनंद लिया। यहीं के कॉन्स शहर में मेरा जन्म हुआ था। विचार हुआ कि यह भी देख लिया जाए, लेकिन पिताजी का आदेश था कि अब घर लौटने में हमें देर नहीं करनी चाहिए। अतः कॉन्स जाने का विचार छोड़ देना पड़ा।

आखिर फरवरी के तीसरे सप्ताह में हमने अपनी वापसी यात्रा का आखिरी चरण शुरू किया और पेरिस से बंबई जाने वाला जहाज पकड़ा। लौटते हुए मन में कई तरह के भाव उठ रहे थे। एक साल पहले जब मैं घर से चला था, तो एक असहाय अपाहिज था। अब हालाँकि मैं चल-फिर सकता था, पर पूरी तरह स्वस्थ नहीं था। वैसे डॉ. विल्सन ने मुझे आश्वासन दिया था कि धीरे-धीरे मैं टेनिस खेलने लायक हो जाऊँगा। इसके अलावा घर से आने वाले पत्रों में कुछ इस प्रकार के अशुभ संकेत भी स्पष्ट थे, कि राजनीतिक रूप से परिस्थितियाँ हमारे परिवार के अनुकूल नहीं चल रहीं। मेरे विवाह का सवाल भी परेशान कर देने वाला था। इस उधेड़बुन के बीच मैं बड़े अनमने भाव से देर शाम अपनी फ्लाइट के बंबई पहुँचने का इंतजार करने लगा।

अध्याय 7

स्वदेश लौटने पर मेरा जैसा ठंडा स्वागत हुआ, उससे मेरी आशंकाएँ और भी बढ़ गईं। मैं तो सोचे बैठा था कि विमान से उतरते ही जोरदार स्वागत होगा, लेकिन ऐसा कुछ नहीं हुआ। विमान की सीढ़ियों के नीचे पिताजी के एक पुराने मित्र लिंबडी के फतेह सिंह जी (अंकल फैटी) खड़े थे। विमान से उतरते ही मुझे वो एक तरफ ले गए और कानों में फुसफुसाकर चुपचाप अपने पीछे-पीछे आने को कहा। थोड़ी दूर पर ही एक कार खड़ी थी, जिसमें पिताजी मेरा इंतजार कर रहे थे। जाहिर है, उन्हें कहीं से जान से मार देने की धमकी मिल चुकी थी, जिसके डर से वो मेरे आगमन का अनावश्यक प्रचार नहीं करना चाहते थे। मेरे बैठते ही कार तेजी से हमारे नेपियन रोड वाले बँगले की ओर दौड़ने लगी। यह घर पिताजी ने कुछ साल पहले मोदी-बंधुओं से खरीदा था। इतने लंबे समय बाद ऐसी परिस्थितियों में पिताजी से मिलना बहुत अजीब लगा। खैर, घर पहुँचे तो माँ ने मुझे कलेजे से लगा लिया। हाल ही में उसका बवासीर का ऑपरेशन हुआ था, और वह स्वास्थ्य-लाभ कर रही थी।

बहरहाल, लगभग चौदह महीने बाद मैं अपने घर में था। लेकिन इतनी लंबी हवाई-यात्रा के कारण बहुत थका हुआ तो था ही, साथ ही बेहद निराश भी था। उधर घर में घुसते ही पिताजी का उतावलापन शुरू हो गया। उनकी आदत थी कि जब तक उनकी पसंद की चीज उनके हाथ नहीं आ जाती, वो बहुत बेचैन रहते थे। उन्होंने मुझे सामान खोलने और वो सब वस्तुएँ दिखाने को कहा, जो हम उनके निर्देशों पर अमरीका से खरीद कर लाए थे। इन वस्तुओं में हजामत का सामान, तरह-तरह के सिगरेट लाइटर तथा अन्य यांत्रिक और विद्युत उपकरण शामिल थे। पिताजी को नई-नई टेक्नोलॉजी की चीजें खरीदने व रखने का बड़ा शौक था। उन चीजों को पाकर वो बहुत प्रसन्न होते। पिताजी की इन वस्तुओं के अलावा मैं कुछ पर्फ्यूम तथा अन्य सौंदर्य प्रसाधन माँ के लिए भी लाया था। पहला दिन तो इसी लेन-देन और अन्य बातों में बीता। लेकिन अगले दिन सुबह से ही काफी परेशान करने वाली खबरें मिलने लगीं। मुझे पता चला कि रियासत के राजनीतिक हालात काफी खराब चल रहे हैं। पिताजी अब वहाँ के नाममात्र के संवैधानिक प्रमुख रह गए थे। नेहरूजी के वरदहस्त के परिणामस्वरूप शेख अब्दुल्ला प्रधानमंत्री के रूप में राज्य प्रशासन के मुखिया बन चुके थे और सारे कार्यकारी अधिकारी उनके ही पास थे। पिताजी के साथ तो उनकी कभी बनी ही नहीं थी, लिहाजा

दोनों के बीच जबर्दस्त तनाव बना ही हुआ था। एक शताब्दी के डोगरा-शासन की समाप्ति के साथ ही डोगराओं और कश्मीरियों के बीच पुरानी कटुता फिर उभर आई थी। दोनों पक्षों की भूमिकाएँ बदल चुकी थीं। जैसा कि मैं पहले बता चुका हूँ, मेरे पिता की राजनीतिक या प्रशासनिक अधिकारों से संपन्न होने में कोई दिलचस्पी नहीं थी। वह तो बस, यही चाहते थे कि महाराजा के रूप में उनका सम्मान और सत्ता बनी रहे। जवाहरलाल नेहरू ने उनको जिस तरह सत्ता शेख अब्दुल्ला को सौंप देने पर बाध्य किया था, वो उन्हें बहुत अपमानजनक लगा। कश्मीर को पाकिस्तान के कब्जे से बचाने के लिए भारतीय सेना भेजने की निश्चित रूप से यह एक अनिवार्य शर्त थी। उनका आक्रोश इसी बात को लेकर था। पिताजी की यही सोच उनके और मेरे बीच गहरे मतभेदों का आधार बना। मेरे विचारों में पिताजी उस सामंतवादी सोच और व्यवस्था के प्रतीक थे, स्वतंत्र भारत में जो अब निरर्थक बन चुका था। फिर नेहरूजी के प्रति मेरे मन में बहुत सम्मान था। मैं उनका जबर्दस्त प्रशंसक भी था। एक प्रकार से मैं उन्हें अपना राजनीतिक गुरु मानता था।

अमेरिका से वापस आने के तुरंत बाद चौंका देने वाले जिस दूसरे घटनाक्रम की जानकारी मुझे हुई, वो मेरे विवाह से संबंधित था। पिताजी शांति से मेरी सगाई तोड़ना चाहते थे। उनकी राय में शांति किसी भी तरह मेरी पत्नी बनने योग्य नहीं थी। हालाँकि उनके इस निर्णय का कोई न्यायोचित कारण नहीं था, लेकिन फिर मेरी सगाई का निर्णय भी तो अपने आप में सही नहीं था। वो भी पिताजी ने तमाम तर्कों और औचित्य को नजरअंदाज करके ही कराई थी। अपने मूड और जिद में आकर उन्होंने वह निर्णय लिया था। सगाई का निर्णय करते वक्त मेरी कोई राय नहीं पूछी गई थी। हालाँकि इस बार सगाई तोड़ने के बारे में मेरी राय पूछी जा रही थी, लेकिन मैंने महसूस किया कि पिताजी पहले ही यह मन बना चुके थे और अब उनका फैसला बदलवाना मेरे वश में नहीं था। शांति से मेरी मुलाकात भी तभी हुई थी, जब कई वर्षों पहले वह श्रीनगर आई थी। अलबत्ता मेरे अमेरिका प्रवास के दौरान हम दोनों में पत्र-व्यवहार जरूर हुआ, लेकिन मुझे यह स्वीकार करना पड़ेगा कि भावनात्मक स्तर पर मैं उससे कभी जुड़ नहीं पाया था। अतः सगाई तोड़ने का निर्णय ले लिया गया। रतलाम के महाराजा-परिवार के प्रति यह बहुत अन्यायपूर्ण था। पिताजी के इस फैसले की सूचना देने के लिए एक दूत रतलाम भेजा गया। आश्चर्यजनक रूप से पिताजी ने उनसे सगाई में शांति को दिए जेवर तक वापस मँगा लिये। उस वक्त तक शांति के पिता महाराजा सज्जन सिंह का निधन हो चुका था और उनकी जगह शांति का भाई रियासत का नामचीन शासक था। मुझे अजीब सा दुखद संतोष हुआ जब उसने जेवर लौटाने से साफ मना कर दिया।

इस तमाम घटनाचक्र की पृष्ठभूमि भी मुझे जल्दी ही मालूम पड़ गई। हुआ यह था कि हैदराबाद में सैनिक कार्यवाही के लिए नेपाल के राणा प्रधानमंत्री महाराजा मोहन शमशेर ने मैत्री और सद्भाव के तौर पर अपने पुत्र जनरल सारदा शमशेर के नेतृत्व में एक सैन्य टुकड़ी भारत भेजी थी। दिल्ली में नेपाल के राजदूत और प्रधानमंत्री के

छोटे भाई जनरल सिंघा की पुत्री युवरानी भुवन व खेत्री के राजा के विवाह के दौरान मेरे माता-पिता की मुलाकात जनरल सारदा, उनकी पत्नी और उनके बच्चों से हुई। उनकी सबसे बड़ी संतान बेटी यशोराज्य लक्ष्मी थी, जो उस समय मुश्किल से बारह वर्ष की रही होगी। प्रत्यक्षतः सरदार पटेल ने कुछ ऐसे संकेत दिए थे कि कश्मीर और नेपाल के शासक परिवार यदि वैवाहिक संबंधों से जुड़ जाएँ तो नए भारत के लिए उसके महत्त्वपूर्ण राजनीतिक परिणाम हो सकते हैं, उस भारत के लिए, जिसे वह बड़े जतन से एकजुट करने में लगे थे। कम-से-कम मुझे तो यही बताया गया, हालाँकि इस समूचे प्रकरण की पुष्टि मैं कभी नहीं करा पाया। जो भी हो, समय रहते नेपाली युवरानी प्रकरण से पिताजी को यह अंतःप्रेरणा हुई कि उन्हें रतलाम वालों से यह संबंध तोड़ देना चाहिए। वैसे भी महाराजा सज्जन सिंह का स्वर्गवास हो जाने के बाद पिताजी के रवैए में उस रिश्ते के प्रति एक ठंडापन आ गया था। यह सब बदलते दौर का संकेत था कि वे मुझे राजकुमारी से मिलवाना चाहते थे ताकि उससे मिलकर ही मैं अपनी पसंद-नापसंद का फैसला करूँ। अतः बंबई से जम्मू लौटते हुए हम दिल्ली रुके। फरीदकोट हाउस में लंच पर हमारी मुलाकात की व्यवस्था की गई थी। वहाँ हमारा स्वागत जनरल और रानी सारदा तथा राजकुमारी ने किया। हालाँकि उस वक्त राजकुमारी की उम्र बारह साल से कुछ ही महीने ज्यादा रही होगी, लेकिन उस उम्र में भी वो बहुत सुंदर लग रही थी। हम लोग तो चपुचाप खाना खाते रहे, लेकिन हमारे माता-पिता खूब बतियाते रहे—विशेष रूप से हम दोनों की माताएँ। लंच खत्म हुआ और हमने विदा ली। कार में बैठने के बाद मुझसे राय पूछी गई, तो मैंने 'हाँ' कह दी। लेकिन बाद में मुझे पता चला कि राजकुमारी की राय जानने की तो किसी ने कोशिश ही नहीं की। इस प्रकार असामान्य परिस्थितियों में हमारा विवाह तय हुआ। कुछ लोग कहते हैं हम दोनों ही बहुत भाग्यशाली रहे, लेकिन मैं तो सिर्फ अपने लिए ही ये कह सकता हूँ।

जम्मू में जब हमारा चार्टर्ड विमान डी सी-3 पहुँचा, तो वहाँ हमारा शानदार स्वागत हुआ। लंबी अनुपस्थिति के बाद मेरे अमेरिका से लौटने पर पूरा शहर हमारे स्वागत को उमड़ पड़ा था। जम्मू की जनता ने मौके का लाभ उठाते हुए डोगरा राजपरिवार के प्रति अपने स्नेह और निष्ठा का प्रदर्शन किया। मैंने अपनी जिंदगी में एक ही जगह इतनी भीड़ कभी नहीं देखी थी। हालत यह रही कि एअरपोर्ट से रघुनाथ मंदिर होते हुए अपने महल तक पहुँचने में हमें लगभग तीन घंटे लग गए। अगले कुछ दिनों तक मुझे शरणार्थी शिविरों में ले जाया गया। वहाँ हजारों लोगों की दुर्दशा का दृश्य सचमुच बहुत ही हृदय विदारक था। मुजफ्फराबाद, मीरपुर, राजौरी, भिंबर तथा अन्य कस्बों में हुए नृशंस नरसंहार में बहुत से लोगों के सभी संबंधी मारे जा चुके थे। सभी का घर-बार लुट चुका था। जान बचाकर आए लोगों को शिविरों में भेड़-बकरियों की तरह डाल दिया गया था, और वो पूरी तरह खैरात पर निर्भर थे। मेरी माँ ने इन शरणार्थी शिविरों में बहुत शानदार काम किया था। वो पूरे जी-जान से राहत-कार्यों में जुटी हुई थी। असहाय लोगों

के लिए धन तो इकट्ठा किया ही था, हजारों-हजार रुपए उसने अपने पास से ही खर्च कर दिए थे। ज्यादातर शिविरों में मैं उसके साथ ही गया। मैंने देखा, कृतज्ञता से लोग उसके पैरों में गिरे जाते थे। कभी-कभी मेरे पिता भी इन शिविरों में आए, लेकिन वो भावनाओं का प्रदर्शन नहीं करते थे। अतः उनके साथ इन शिविरों का निरीक्षण लगभग औपचारिक ही होता।

मेरे अमेरिका जाने के समय से अब तक काफी कुछ बदल चुका था। भारतीय सेना की मौजूदगी अब महत्त्वपूर्ण थी। सेना के अफसरों से मेरे माता-पिता के अच्छे संबंध थे। अक्सर शाम को वो लोग हमारे यहाँ गपशप और मदिरापान के लिए आ जाते थे। जम्मू-कश्मीर के समूचे क्षेत्र की कमान जनरल कुलवंत सिंह के हाथ में थी। जनरल थिमैया घाटी में डिविजनल कमांडर थे और 1 जनवरी, 1949 को संयुक्त राष्ट्र के तत्त्वावधान में घोषित युद्ध-विराम तक आतताइयों को वापस खदेड़ने के लिए शुरू की गई प्रत्याक्रमण कार्यवाहियों में महत्त्वपूर्ण भूमिका निभा रहे थे। महल में आने वाले चेहरे भी अब चिरपरिचित नहीं रह गए थे। पहले आगंतुकों में कुछ चुनिंदा दरबारी और सलाहकार ही होते थे। लेकिन अब महल में आने-जाने वालों में ज्यादातर नए चेहरे ही दिखते थे। जाहिर है, शेख के विरुद्ध चल रहे राजनीतिक संघर्ष में निष्ठावानों को जीतने की पिताजी की यह आखिरी कोशिश थी।

इस वक्त का ज्वलंत मुद्दा जनमत संग्रह का एक प्रस्ताव था। पिता द्वारा हस्ताक्षरित 'इंस्ट्रूमेंट ऑफ़ एक्सेशन' को स्वीकार करते हुए भारत के गवर्नर-जनरल लार्ड माउंटबेटन ने अपने उत्तर में लिखा :

> महामहिम, आपने जिन विशेष परिस्थितियों का उल्लेख किया है उनके तहत, मेरी सरकार ने कश्मीर राज्य का भारतीय परिसंघ द्वारा अधिग्रहण स्वीकार करने का निर्णय किया है। मेरी सरकार की नीति रही है कि यदि किसी रियासत के अधिग्रहण के प्रश्न पर कोई विवाद हो, तो उसका फैसला राज्य की जनता की इच्छाओं के अनुसार किया जाए। इसी नीति के तहत मेरी सरकार यहं चाहती है कि जैसे ही जम्मू-कश्मीर में कानून-व्यवस्था सामान्य हो जाती है, और यहाँ की धरती से आक्रमणकारियों को खदेड़ दिया जाता है, राज्य के अधिग्रहण के मुद्दे को जनता के सामने विचारार्थ रखा और तय किया जाना चाहिए।

लेकिन यही प्रस्ताव बाद में समस्याओं और दिक्कतों का मुख्य कारण बन गया। कश्मीर विवाद का अनावश्यक रूप से अंतर्राष्ट्रीयकरण करने के लिए जवाहरलाल नेहरू की काफी आलोचना हुई। इसमें संदेह नहीं कि किसी भी (भारत और पाकिस्तान) देश के साथ मिलने की पिता की हिचकिचाहट और जवाहरलालजी का 'जनमत संग्रह' का प्रस्ताव—दोनों ही बातें ऐसी हैं, जिनकी भावी इतिहासकार बेहिचक जमकर आलोचना करेंगे। लेकिन इतिहासकारों के साथ समस्या यह है कि उन्होंने शायद ही कभी कश्मीर

देखा हो, जाहिर है ऐसे में उस वक्त रियासत में जो ताकतें और तत्त्व सक्रिय थे, उनका सही मूल्यांकन करना काफी मुश्किल होता है। पिता की उलझन पर मैं पहले ही कुछ कह चुका हूँ। नेहरूजी ऊहापोह से बच नहीं सके होंगे। एक ओर तो कश्मीर के प्रति उनका गहरा लगाव था, जो उनके पूर्वजों की धरती थी। और फिर उनके मन में नवजागृत भारतीय राष्ट्रवाद की बाध्यताएँ भी थीं। दूसरी तरफ उनका सच्चा आदर्शवाद, लोकतंत्र के प्रति पूर्ण प्रतिबद्धता तथा शेख अब्दुल्ला के प्रति स्नेह था। इसमें शक नहीं कि सरदार पटेल समूची स्थिति से अलग तरीके से निपटते। और सच तो यह है कि हैदराबाद और जूनागढ़ के मामले में उन्होंने ऐसा ही किया था। लेकिन जब किसी राष्ट्र का नेता नेहरूजी जैसा सच्चा दृष्टा होता है, तो कभी-कभी उसे आदर्शवाद का मूल्य भी चुकाना पड़ता है।

उस समय का 'जनमत संग्रह' का नारा, बाद में शेख अब्दुल्ला के लिए तुरुप का पत्ता बन गया। वही एक ऐसे व्यक्ति थे, जो भारत के पक्ष में सफल जनमत संग्रह करा सकते थे। जाहिर है वो पूरी तरह सौदेबाजी करने की स्थिति में थे। और उन्होंने ऐसा कई बार किया—न सिर्फ सत्ता हथियाकर बल्कि मेरे पिता के पीछे वो हाथ धोकर पड़ गए। उन्होंने पिता पर विभाजन के बाद हुए दंगों में आर. एस. एस. के माध्यम से जम्मू में मुसलमानों का कत्लेआम करने तक का आरोप लगाया, जबकि उनके इस आरोप की कभी पुष्टि नहीं हो सकी। हमें बताया गया कि उन्होंने नेहरूजी से यहाँ तक कहा कि मेरे पिता ने गाँधीजी की हत्या पर मिठाइयाँ बाँटीं। दुर्भाग्य यही था कि नेहरूजी और मेरे पिता कभी भी अच्छे मित्र नहीं रहे। शेख अब्दुल्ला नेहरूजी को यह विश्वास दिलाने में सफल रहे कि जब तक मेरे पिता राज्य में रहेंगे, उनके लिए 'जनमत-संग्रह' में सफलता पाना काफी मुश्किल होगा। कुल मिलाकर दोनों के बीच राजनीतिक तनाव असहनीय होता जा रहा था। और अब रियासत से किसी एक का हटाया जाना लगभग तय था, सिर्फ सही वक्त का इंतजार था।

पिताजी और शेख अब्दुल्ला—जम्मू-कश्मीर की इन दो महत्त्वपूर्ण हस्तियों के बीच टकराव की पृष्ठभूमि का जिक्र करना यहाँ आवश्यक है। मेरे मामा ठाकुर नचिंत चंद के माध्यम से इन दोनों हस्तियों की मुलाकात कराने की एक कोशिश कश्मीर पर पाकिस्तानी आक्रमण से पहले ही की गई थी। असल में 26 सितंबर, 1947 को शेख अब्दुल्ला ने जेल से मेरे पिता को एक पत्र लिखा था, जो बकौल मेहरचंद महाजन एक 'सशर्त माफीनामा' था। पत्र इस प्रकार था :

> "महामहिम,
> आशा है आप प्रसन्न होंगे।
> मुझे जेल में रहते हुए लगभग डेढ़ वर्ष हो गया, और अब मेरी बड़े दिनों की साध पूरी हुई। मुझे ठाकुर नचिंत चंद जी से मिलने और विस्तार से बातचीत करने का मौका मिला। इस दौरान राज्य में जो भी अप्रिय बातें हुई हैं, उनका मैं यहाँ जिक्र नहीं करना चाहता। लेकिन अब राज्य का हर शुभचिंतक यह

महसूस करता है कि बीते समय में जो दुखद बातें हुईं, वो ज्यादातर गलतफहमियों की वजह से हुई हैं। ऐसा लगता है कि कुछ लोगों ने निहित स्वार्थों के कारण ये गलतफहमियाँ पैदा कीं। रियासत के पूर्व प्रधानमंत्री आर. बी. काक ने अपने दुष्ट तरीकों और अचूक दाँव-पेंचों से इन गलतफहमियों को पराकाष्ठा तक पहुँचाया। अस्थायी तौर पर ही सही, कुछ हद तक वो अपनी कोशिशों में सफल रहे। उन्होंने मेरी ओर मेरे संगठन की अत्यंत खराब छवि पेश की और आपको आपकी प्रजा के नजदीक लाने की हमारी हर कोशिश में उन्हें नीचता और स्वार्थ नजर आया। लेकिन खुदा का शुक्र है कि आज रियासत और महामहिम के इन सभी दुश्मनों का चेहरा बेनकाब हो चुका है।

पहले जो हुआ है, उसके बावजूद महामहिम, मैं आपको विश्वास दिलाता हूँ कि मेरी और मेरी पार्टी की व्यक्तिगत तौर पर आपके, आपकी गद्दी व राजपरिवार के प्रति कभी कोई दुर्भावना नहीं रही। इस खूबसूरत देश का विकास और यहाँ के लोगों की भलाई ही हमारा साझा उद्देश्य और हित-साधन है। महामहिम, अपने और अपनी पार्टी के पूरे समर्थन का मैं आपको पूरा विश्वास दिलाता हूँ। यही नहीं, मैं आपको यह भी विश्वास दिलाता हूँ कि राज्य अथवा राज्य से बाहर की कोई भी पार्टी या ताकत हमें अपने लक्ष्य को पाने से रोकेगी या उसमें बाधाएँ डालेगी तो वो हमारी दुश्मन की तरह होगी और उससे दुश्मन का तरह ही व्यवहार किया जाएगा।

ऊपर बताए साझा लक्ष्य को प्राप्त करने के लिए आपसी विश्वास और भरोसा बहुत जरूरी है। इसके बिना हम अपनी रियासत पर सब तरफ से पड़ रही मुसीबतों का सफलतापूर्वक मुकाबला नहीं कर सकेंगे।

पत्र समाप्त करने से पहले, महामहिम मैं आपको अपनी अटूट निष्ठा के प्रति आश्वस्त करना चाहता हूँ और प्रार्थना करता हूँ कि रियासत को आपकी छत्रछाया में इतना अमन, समृद्धि तथा अच्छा शासन मिले कि दूसरों के लिए यह एक मिसाल हो।

महामहिम का आज्ञाकारी प्रजाजन
एस. एम. अब्दुल्ला

उम्मीदें जगाने वाले इस पत्र के बाद शेख अब्दुल्ला को जेल से रिहा कर दिया गया। फिर पिताजी और शेख अब्दुल्ला के बीच 'गुलाब भवन' में एक मुलाकात हुई। मुझे बताया गया कि इस मुलाकात के दौरान शेख ने परंपरागत दरबारी शैली में पिताजी को उपहारस्वरूप स्वर्ण-मुद्राएँ भेंट कीं। लेकिन इस मुलाकात का कोई ठोस परिणाम नहीं निकला। उधर पाकिस्तानी आक्रमण और विजय के बाद पूरी स्थिति में जबर्दस्त बदलाव आ चुका था। पिता के विरुद्ध वातावरण तैयार होने लगा। शेख अब्दुल्ला की लोकप्रियता पराकाष्ठा पर थी और उन्हें नेहरूजी का पूरा समर्थन प्राप्त था। शेख अब्दुल्ला से निजी

स्तर पर घनिष्ठ मैत्री संबंधों के अलावा नेहरूजी को पूरा विश्वास था कि मुस्लिम बहुल आबादी के कारण कश्मीर की विशेष परिस्थितियाँ हैं। अतः राष्ट्रीय और अंतर्राष्ट्रीय कारणों से राज्य की सरकार में शेख अब्दुल्ला की पूरी भागीदारी बहुत जरूरी है। अपनी इसी मान्यता के चलते 13 नवंबर, 1947 को उन्होंने मेरे पिता को एक पत्र लिखा, जो इस प्रकार था :

> कश्मीर में एक ही व्यक्ति सफल हो सकता है और वो शेख अब्दुल्ला है। यह मैं आपको बता ही चुका हूँ। कश्मीर में उनकी लोकप्रियता के बारे में दो राय नहीं हो सकती। संकट की स्थिति से वो जिस प्रकार जूझे हैं, उससे उनकी प्रकृति का अंदाजा हो जाता है। मैं उनकी एकनिष्ठा और वैचारिक संतुलन की बहुत तारीफ करता हूँ। उन्होंने बहुत संघर्ष किया है और सांप्रदायिक सौहार्द बनाए रखने में वो कामयाब रहे हैं। छोटे-छोटे मामलों में उनसे गलतियाँ हो सकती हैं, लेकिन मेरा खयाल है कि महत्त्वपूर्ण निर्णयों में वो गलती नहीं कर सकते।
>
> लेकिन मुद्दे की बात यह है कि कश्मीर में कोई संतोषजनक रास्ता सिर्फ शेख अब्दुल्ला के सहयोग से ही मिल सकता है। और अगर ऐसा है, तो फिर उन पर हमें पूरा विश्वास भी होना चाहिए। विश्वास और अविश्वास के बीच अधूरे या आंशिक विश्वास की कोई गुंजाइश नहीं होती। अधूरे विश्वास के फायदे कम हैं, नुकसान ज्यादा। और अगर पूरा विश्वास रखने में कुछ जोखिम हैं, तो हमें वो भी उठाने पड़ेंगे। अल्पकालिक और दीर्घकालिक परिणामों के मद्देनजर जहाँ तक मैं समझता हूँ, इसके अलावा और कोई उपाय नहीं है। शेख अब्दुल्ला तहेदिल से सहयोग करने के इच्छुक हैं और वो किसी भी उचित सुझाव को मानने के लिए तैयार हैं। मैं आपको सुझाव दूँगा कि आप उनसे निजी स्तर पर निकट संपर्क बनाए रखें और सीधे उनसे बात करें बिचौलियों के जरिए नहीं।

मैं अक्सर सोचता हूँ कि यदि मेरे पिता और शेख अब्दुल्ला के बीच किसी तरह का तालमेल बैठ जाता, तो इस उपमहाद्वीप की राजनीतिक स्थिति कितनी भिन्न होती। पिता के देहावसान के बाद कुछ कागजात मेरी नजर में आए। इनमें से एक वो पत्र भी था, जिसे मैंने अभी उद्धृत किया। उन कागजों पर नजर डालने से पता चलता है कि शेख अब्दुल्ला को सत्ता-हस्तांतरण के बाद भी मेरे पिता के साथ उनके तनावपूर्ण संबंधों में कोई कमी नहीं आई थी। 1947-48 के दौरान नेहरूजी द्वारा लिखे गए लंबे पत्रों को देखकर यह अंदाजा होता है कि उन्होंने दोनों के बीच तालमेल बैठाने का प्रयत्न किया था। इन पत्रों में मौजूदा राजनीतिक स्थिति से जुड़े कुछ पहलुओं की ओर इशारा करने की कोशिश की गई थी। लेकिन पिताजी और शेख अब्दुल्ला के बीच टकराव का रवैया उनके बीच तालमेल में हमेशा रुकावट बना। इस टकराव के कई कारण थे। एक

कारण कश्मीर 'रियासत' की सेनाओं के भविष्य का था, जिसके कमांडर-इन-चीफ मेरे पिता ही थे। शेख अब्दुल्ला की स्पष्ट माँग थी कि प्रधानमंत्री होने के नाते राज्य की सेनाओं का प्रशासनिक नियंत्रण भी उन्हीं को मिल जाना चाहिए। जब शेख की इस माँग को स्पष्ट रूप से ठुकरा दिया गया, तो उन्होंने सुझाव दिया कि उनका संचालन और प्रशासनिक नियंत्रण भारतीय सेना को सौंप दिया जाए। हालाँकि पाकिस्तानी आक्रमण के समय से ही रियासत की सेनाओं का संचालन भारतीय सेना के हाथ में था, लेकिन मेरे पिता स्पष्टतः उन्हें पूरी तरह हिंदुस्तान की सेना का अंग बना देने के लिए तैयार नहीं थे। शेख अब्दुल्ला के एक ज्ञापन के प्रत्युत्तर में पिता ने इस संबंध में दो महत्त्वपूर्ण पहलुओं का उल्लेख किया :

> मैंने आपके उक्त ज्ञापन में दिए सुझावों पर बारीकी से गौर किया है। ऐसा लगता है कि इस प्रश्न से जुड़े कुछ पहलुओं की ओर आपका ध्यान नहीं गया है। अतः आपसे मेरा अनुरोध है कि आप निम्न पहलुओं पर गंभीरता से विचार करके अपने सुझावों पर पुनर्विचार करें :
>
> (i) आपने सुझाया है कि रियासत की सेनाओं का प्रशासनिक नियंत्रण केंद्र सरकार को हस्तांतरित कर दिया जाए। इस संबंध में मेरा कहना यह है कि यदि ऐसा किया गया, तो पाकिस्तान के प्रचारक इसका लाभ उठाने से नहीं चूकेंगे। उन्हें यह प्रचार करने का जायज मौका मिल जाएगा कि हिंदुस्तान की सरकार ने कश्मीर की सेनाओं का पूरा नियंत्रण लेकर रियासत को पूरी तरह हिंदुस्तान में मिला लिया है। मेरा विचार है कि उन्हें इस तरह के प्रचार का कोई मौका नहीं दिया जाना चाहिए।
>
> (ii) दूसरे, मुझे लगता है कि जनमत संग्रह के दौरान भारतीय सेनाओं को कश्मीर से बाहर भेज देने के पाकिस्तानी सुझाव को कुछ हद तक हम पर थोपा जा सकता है। यदि रियासत की सेनाओं का नियंत्रण भारत सरकार को सौंप दिया जाता है, तो रियासत की सेनाओं की बहाली की माँग पर हम जोर नहीं दे सकेंगे, क्योंकि प्रशासनिक तौर पर दोनों में कोई फर्क नहीं होगा।

लेकिन शेख अब्दुल्ला अपनी जिद पर अड़े रहे। नेहरूजी को लिखे एक पत्र में रियासत की सेनाओं की जमकर भर्त्सना की। उन पर तरह-तरह के अपराध और दुष्कर्म करने के आरोप लगाए और इस बात पर जोर दिया कि उनका स्वतंत्र अस्तित्व खत्म कर दिया जाए। शेख ने अपने पत्र में यह सुझाव भी दिया कि रियासत की समूची सेना को भारतीय सेना के सुपुर्द कर दिया जाए। अपनी बात मनवाने के लिए दबाव डालने के उद्देश्य से उन्होंने पिताजी को सूचित किया कि उनकी सरकार ने 16 अगस्त, 1948 से इन सेनाओं के वेतन और सभी भत्तों का भुगतान बंद करने का फैसला किया है। यह खींचतान काफी लंबी चली और रियासत की सेनाओं को भारतीय सेनाओं में मिलाने का निर्णय कई वर्ष बाद लिया जा सका।

पिताजी और शेख में टकराव का एक अन्य कारण 'सुरक्षित विषय' थे, जो कि मेरे पिता के अधिकार-क्षेत्र में होने चाहिए थे। इनमें राज-परिवार के सदस्यों को मिलने वाली सभी प्रकार की पेंशन तथा अतिथि-सरकार (तवाज़ा) विभाग शामिल थे। फिर भूमि-सुधारों का मुद्दा भी था। शेख और उनकी पार्टी भूमि की किराया-व्यवस्था में क्रांतिकारी परिवर्तन चाहते थे, जबकि मेरे पिता स्पष्टतः ऐसे किसी कदम के विरुद्ध थे। रियासत के संस्थापक महाराजा गुलाब सिंह ने एक धर्मदाय संस्था—धर्मार्थ ट्रस्ट का गठन किया था। यह ट्रस्ट राज्य के विभिन्न भागों में हिंदू मंदिरों और तीर्थस्थलों का प्रबंध-कार्य देखती थी। यह ट्रस्ट भी असंतोष का एक बड़ा कारण बन गई। इस ट्रस्ट ने पाकिस्तानी आक्रमण के बाद जम्मू में शरणार्थियों को भोजन मुहैया कराने में लाखों रुपए खर्च किए थे। लेकिन शेख अब्दुल्ला ने आरोप लगाया कि धर्मार्थ ट्रस्ट के पैसे का इस्तेमाल राजनीतिक उद्देश्यों के लिए किया गया। हालाँकि यह आरोप न तो कभी सिद्ध किया जा सका, और न ही इसकी कोई पुष्टि हो सकी। पर शेख अब्दुल्ला यह ट्रस्ट और इसकी विपुल संपत्ति को सरकार के अधीन लाने के बहुत उत्सुक थे। ट्रस्ट के मामले को लेकर दोनों के बीच विवाद इतना कटु और उग्र हो गया कि आखिर सरदार पटेल को व्यक्तिगत रूप से हस्तक्षेप करना पड़ा। अंततः एक समझौते के तहत पिताजी को ट्रस्ट का एकमात्र ट्रस्टी तो रहने दिया गया, परंतु एक जानी-मानी चार्टर्ड अकाउंटेंट्स की फर्म को इस ट्रस्ट के फंड का पूरी तरह से आडिट करने के लिए नियुक्त कर दिया गया।

इन और ऐसे ही तमाम विवादों के अलावा, मुख्य बात यह थी कि पिताजी और शेख अब्दुल्ला दो ऐसी राजनीतिक संस्कृतियों का प्रतिनिधित्व करते थे, जो एक-दूसरे से इतनी अलग थीं कि दोनों में किसी प्रकार के समझौते की कहीं कोई गुंजाइश नहीं थी। मेरे पिता सामंती-व्यवस्था के प्रतीक थे, और अपनी तमाम योग्यता और प्रतिभा के बावजूद वो नई व्यवस्था और शेख अब्दुल्ला की जनवादी नीतियों को स्वीकार नहीं कर पाए थे। दूसरी ओर शेख अब्दुल्ला करिश्माई जननेता होने और कश्मीरी भाषा में शानदार भाषण देने में सक्षम होने के बावजूद घोर डोगरा-विरोधी भावनाओं तथा राजतंत्र विरोधी रवैए में पूरी तरह रँगे हुए थे। कई साल पहले 'नया कश्मीर' शीर्षक के अपने एक प्रपत्र में उन्होंने अपनी सामाजिक-आर्थिक नीति का आधार समतावादी और समाजवादी सोच को बनाया था, जिसमें कोई राजा ज्यादा-से-ज्यादा अधिकारविहीन शासनाध्यक्ष ही हो सकता था।

इसके अलावा शेख अब्दुल्ला वास्तव में उस कश्मीरी जनमत के प्रतिनिधि थे, जो संख्या की दृष्टि से तो बहुमत में था, लेकिन रियासत के एक ही क्षेत्र तक सीमित था। दोनों के बीच वैचारिक संघर्ष को प्रबलता प्रदान करने वाला एक जटिल तथ्य यह भी था। दूसरी ओर जम्मू में डोगराओं का बहुमत था और वे परंपरागत रूप से पिता के प्रति निष्ठावान थे। इस तरह 1947 में अंग्रेजों के जाने के बाद मेरे पूर्वजों द्वारा स्थापित जम्मू और कश्मीर रियासत के बहुक्षेत्रीय चरित्र में मौजूद जबर्दस्त विरोधाभासों ने ऐसी

घटनाओं को जन्म दिया। इस समूची स्थिति में यह तथ्य भी जुड़ गया कि कश्मीर अब एक अंतर्राष्ट्रीय विवाद बन चुका था और कई बरसों तक यह संयुक्त राष्ट्र की कार्य-सूची का स्थायी विषय बना रहा। परिणामस्वरूप जनमत-संग्रह का प्रस्ताव लगातार हमारे सिर पर तलवार की तरह लटका रहा और तनाव व अस्थिरता की वजह बना रहा।

मेरे पिता और कश्मीरी नेताओं में विरोध बहुत बढ़ गया था। इसलिए भी कि कबाइली आक्रमण के कारण 27 अक्तूबर, 1947 की रात उनके श्रीनगर से जम्मू चले आने के प्रसंग को लेकर शेख अब्दुल्ला ने उनकी जबर्दस्त निंदा और आलोचना की तथा उन्हें बदनाम किया। जबकि वी. पी. मेनन के अत्यधिक दबाव और सलाह के कारण उन्हें श्रीनगर छोड़ना पड़ा था। लेकिन शेख ने देश और दुनिया को यह बताया कि वो ऐसे शासक थे जो अपनी रियाया को कबाइलियों के अत्याचार और आक्रमण की आग में झुलसने के लिए छोड़कर अपने परिवार, हीरे-जवाहरात और दरबारियों को लेकर भाग खड़ा हुआ। नेशनल कान्फ्रेंस के नेताओं के घृणित प्रचार की गूँज दिल्ली और देश के अन्य क्षेत्रों के अखबारों में भी सुनाई दी। स्थिति की विडंबना यह थी कि शेख अब्दुल्ला खुद हमारे श्रीनगर छोड़ने से दो दिन पहले यानी 25 अक्तूबर को हवाई जहाज से दिल्ली चले गए थे और तब तक नहीं लौटे जब तक भारतीय सेना श्रीनगर पहुँच गई। इससे भी ज्यादा खराब बात यह हुई कि शेख अब्दुल्ला ने मेरे पिता पर सार्वजनिक तौर पर जम्मू में सांप्रदायिक दंगे करवाने का षड्यंत्र रचने का आरोप लगाया, जिसमें मुसलमानों का कत्लेआम किया गया था। यहाँ तक कि बरसों तक वो अपने भाषणों में यही दोहराते रहे कि डोगराओं के हाथ खून से रँगे हुए हैं। मेरे पिता जैसे आत्मसम्मानी और भावुक व्यक्ति के लिए इस प्रकार के आरोप बहुत निराशा और गुस्से का कारण बने। इस बात के लिए पिताजी की तारीफ करनी होगी कि इस जबर्दस्त भड़कावे के बावजूद उन्होंने सार्वजनिक तौर पर पूरी तरह मौन साधे रखा। और फिर मृत्यु-पर्यंत उन्होंने न तो ऐसा कहा और न कुछ ऐसा किया, जिससे उस नाजुक मौके पर देश-हित में कोई हानि पहुँचती।

लेकिन 3 दिसंबर, 1948 को शेख अब्दुल्ला के नाम एक ज्ञापन में उन्होंने अपना विरोध प्रकट किया था, जो इस प्रकार है :

> प्रधानमंत्री,
>
> मैं आपका ध्यान राज्य में और राज्य से बाहर मेरे विरुद्ध चलाए जा रहे दुष्प्रचार के प्रति आकर्षित करना चाहता हूँ। मैं समझता हूँ यह बात प्रधानमंत्री और मंत्रिमंडल को भी मालूम होगी। लेकिन मैं देख रहा हूँ कि इस तरह की गतिविधियों के विरुद्ध न तो कोई जवाबी कार्रवाई की गई है, और न ही इन पर रोक लगाने के लिए कोई कदम उठाए गए हैं। इस ज्ञापन के साथ मैं कुछ मंत्रियों और नेशनल कान्फ्रेंस के नेताओं के भाषणों के अंशों की प्रतिलिपियाँ भिजवा रहा हूँ, जो इस तरह की आपत्तिजनक बातें कहते हैं।

मुझे विश्वास है और आप भी इससे सहमत होंगे कि संवैधानिक और नैतिक दृष्टि से इस प्रकार के प्रचार में लिप्त होना सरासर अनुचित है। मैं आपसे कहना चाहता हूँ कि मेरी ही तरह मेरी सरकार के लिए भी यह सुनिश्चित करना आवश्यक है कि राज्य की संवैधानिक गरिमा और स्थिति का पूरा सम्मान किया जाए और उसे हानि पहुँचाने वाले से तुरंत और सख्ती से निपटा जाए, चाहे दोषी कोई भी हो। मुझे आशा है कि आप इस प्रकार की प्रवृत्तियों और प्रचार के विरुद्ध तुरंत ही कोई उपयुक्त कार्रवाई करेंगे। मुझे खुशी होगी, यदि आप मुझे इस संबंध में की जाने वाली कार्रवाई के बारे में कोई जानकारी देंगे।

महाराजाधिराज

3.12.48

उक्त ज्ञापन का कोई उत्तर फाइल में नहीं है। वैसे भी शेख अब्दुल्ला से किसी अनुकूल प्रत्युत्तर की उम्मीद करना भी बेमानी था। बल्कि वो दुगुने जोर-शोर से पिताजी को रियासत से हटाने की माँग करने लगे। चाहे उन्हें जबर्दस्ती शारीरिक रूप से रियासत से बाहर भेजा जाए या फिर राजत्याग अथवा किसी अन्य तरीके से उन्हें रियासत से निष्कासित किया जाए।

पिता के साथ संकल्प-शक्ति के इस संघर्ष में शेख अब्दुल्ला को एक बड़ा लाभ यह था कि उन्हें नेहरूजी का पूरा समर्थन प्राप्त था। इसके विपरीत पिताजी केंद्रीय गृहमंत्री सरदार पटेल तथा राज्य मंत्रालय से बहुत निकट संपर्क बनाए हुए थे। शेख अब्दुल्ला द्वारा परेशान किए जाने पर सरदार पटेल ने अक्सर पिताजी का साथ दिया और उनका बचाव किया। नेहरू मंत्रिमंडल में रियासत के पूर्व प्रधानमंत्री गोपालास्वामी आयंगर भी एक मंत्री थे। क्योंकि उन्हें रियासत के मामलों की गहरी जानकारी थी, अतः कश्मीर मामलों से निपटने के लिए अनेक अवसरों पर उनकी सेवाएँ ली गईं। लेकिन सरदार पटेल ने इसका जमकर विरोध किया। उनके पत्राचार के प्रथम खंड में प्रकाशित पत्रों से यह तथ्य उजागर होता है। पत्रों से यह रहस्योद्घाटन भी होता है कि एकबारगी तो मामले ने इतना तूल पकड़ लिया कि दोनों बड़े नेताओं—सरदार पटेल और नेहरूजी में मतभेद बहुत गहरे हो गए और सरदार पटेल ने अपना त्यागपत्र तक तैयार कर लिया। हालाँकि वो त्यागपत्र उन्होंने नेहरूजी को नहीं भेजा।

अधिग्रहण के समय से पिताजी ने सरदार पटेल से संपर्क हमेशा बनाए रखा और उनके साथ बहुत महत्त्वपूर्ण मामलों पर पत्र-व्यवहार करते रहे। इस पत्र-व्यवहार में मेरे पिता की ओर से शेख अब्दुल्ला द्वारा अपमानित और परेशान किए जाने को लेकर कई बार की गई अपीलें भी शामिल हैं। सरदार पटेल ने कई बार हस्तक्षेप करके मामलों को निपटाया भी। लेकिन उस समय मुख्य मुद्दा सुरक्षा परिषद की कार्यवाहियों का था और रियासत के आंतरिक प्रशासन में भारी फेरबदल की आवश्यकताओं को टाला नहीं जा सकता था। ऐसा प्रतीत होता है कि शुरू में कश्मीर के लिए 'मैसूर मॉडल' के अनुरूप

व्यवस्था सोची गई थी, जिसके अंतर्गत शेख अब्दुल्ला को प्रशासन का प्रमुख बनाने और पिताजी के लिए एक 'दीवान' नियुक्त करने की बात थी। इसी दीवान को सुरक्षित विषयों का जिम्मा सौंपा जाना था। इस तरह की कुछ कोशिश भी की गई। लेकिन शेख अब्दुल्ला उन दिनों चूँकि लोकप्रियता के शिखर पर थे, अतः वो संपूर्ण सत्ता हस्तांतरण से कम किसी भी समझौते के लिए राजी नहीं थे। पत्र-व्यवहार पर नजर डालने से यह भी पता चलता है कि आक्रमणकारियों के विरुद्ध सैनिक अभियान की धीमी प्रगति से भी पिताजी खुश नहीं थे। उनकी यह अप्रसन्नता 31 जनवरी, 1948 को सरदार पटेल को लिखे एक लंबे और भावावेशपूर्ण पत्र से जाहिर होती है। पत्र में असंतोषजनक सैन्य स्थिति, शरणार्थियों का अंतहीन आगमन तथा सुरक्षा परिषद की कार्यवाहियों में उत्पन्न गतिरोध के खासे लंबे विवरण के बाद उन्होंने कुछ टिप्पणियाँ की थीं, जिनका मैं यहाँ सविस्तार वर्णन करना चाहूँगा। इससे पिताजी की उस समय की मनःस्थिति तो उद्घाटित होती ही है, साथ ही इसमें कहीं उनके कश्मीर के दृश्य-पटल से हटने की संभावना का पहला संकेत भी मिलता है :

> ऊपर वर्णन की गई परिस्थितियों में मेरे दिमाग में उन संभावित कदमों का खयाल आता है, जो मैं अपनी तरफ से स्थिति का सामना करने के लिए उठा सकता हूँ। कभी-कभी मुझे लगता है कि मैंने भारतीय संघ से जो अधिग्रहण करार किया है, वो वापस ले लेना चाहिए। वैसे भी संघ ने अंतरिम तौर पर ही अधिग्रहण स्वीकार किया है और अगर भारत सरकार हमारा भूभाग पाकिस्तान से वापस नहीं ले सकती और अंततः सुरक्षा परिषद के निर्णय से सहमत होने जा रही है, तो फिर भारतीय संघ से जुड़े रहने में कोई लाभ नहीं है। हो सकता है फिलहाल पाकिस्तान से बेहतर संबंध संभव हों, लेकिन उसका कोई अर्थ नहीं होगा क्योंकि अंत में इसकी परिणति यही होनी है कि एक वंश खत्म हो जाएगा तथा रियासत से हिंदू व सिख भी खत्म हो जाएँगे। मेरे लिए इसका एक संभावित विकल्प यह है कि मैं अधिग्रहण करार वापस ले लूँ। उससे संयुक्त राष्ट्र के लिए यह मामला बेमानी हो जाएगा, क्योंकि अधिग्रहण वापस लेने के बाद सुरक्षा परिषद की कार्यवाईयों में भारत के भाग लेने का कोई अधिकार नहीं रह जाएगा। कश्मीर की स्थिति अधिग्रहण से पहले वाली हो जाएगी। उस स्थिति में कठिनाई यह होगी कि रियासत में भारतीय सेना को मदद करने वाले 'स्वयंसेवकों' के तौर पर ही रखा जा सकेगा। मैं अपनी सेनाओं की कमान स्वयं सँभालने को तैयार हूँ। और अगर भारत सरकार सहमत हो, तो भारतीय सेनाओं का नेतृत्व भी कर सकता हूँ। इससे कश्मीर की जनता और सेनाओं का मनोबल और उत्साह बढ़ेगा। आपके बहुत से जनरल 'मेरे देश' को महीनों और बरसों में जितना समझ पाएँगे, उसकी तुलना में मैं इसे कहीं ज्यादा बेहतर ढंग से जानता-समझता हूँ। यहाँ खाली बैठे तमाशा देखने की बजाय मैं यह कार्य पूरे दृढ़ निश्चय

> से करने को तैयार हूँ। अब यह आप पर है कि इस प्रस्ताव को किस स्थिति में स्वीकार करते हैं—अधिग्रहण संधि बरकरार रखते हुए या अधिग्रहण करार वापस लेने की स्थिति में ? मैं अपनी मौजूदा जिंदगी से तंग आ गया हूँ और सोचता हूँ कि अपनी जनता की दिल दहला देने वाली, दुर्दशा को असहाय देखते रहने से तो लड़ते हुए मरना कहीं ज्यादा बेहतर होगा।

जहाँ तक घरेलू राजनीतिक स्थिति का प्रश्न है, मैंने पूरा मामला निजी तौर पर आपके ऊपर छोड़ दिया है। मैं राज्य का संवैधानिक अध्यक्ष बनने को तैयार हूँ और नया संविधान बनने की स्थिति में मैं एक जिम्मेदार सरकार स्थापित करने के लिए भी तैयार हूँ। लेकिन मैं 'मैसूर माडल' के इतर किसी और व्यवस्था के लिए सहमत नहीं हूँ, क्योंकि मैं नहीं समझता कि नेशनल कान्फ्रेंस के नेता फिलहाल प्रशासक होने या हिंदुओं और सिखों का विश्वास प्राप्त करने में पूरी तरह सक्षम हैं ! बल्कि उन्हें मुसलमानों के एक बड़े वर्ग का विश्वास भी शायद ही प्राप्त हो। अतः मेरे लिए कुछ सुरक्षित सत्ता अपने पास रखना जरूरी है, इनके बारे में मैं आपको पहले ही बता चुका हूँ। साथ ही कैबिनेट सदस्य के रूप में, और संभव हो तो राष्ट्रपति की हैसियत में मुझे अपनी पसंद का दीवान नियुक्त करने की छूट होनी चाहिए।

एक अन्य विकल्प जो मेरे जेहन में आता है, वो यह है कि अगर मैं कुछ नहीं कर सकता तो मुझे रियासत छोड़कर (राज त्याग कर नहीं) कहीं बाहर रहना चाहिए, ताकि लोगों को यह भ्रम न रहे कि मैं उनके लिए कुछ भी कर सकता हूँ। ऐसे में अपनी तकलीफों के लिए वो नागरिक प्रशासन को या रियासत की सुरक्षा के लिए जिम्मेदार भारतीय सेना को जिम्मेदार ठहरा सकें। उस स्थिति में स्पष्ट रूप से जिम्मेदारी या तो भारत सरकार की होगी या फिर श्री अब्दुल्ला के प्रशासन की। तब यदि कोई आलोचना होगी, तो स्थिति के लिए जिम्मेदार लोगों की होगी। जनता के दुख-दर्द के लिए मैं जिम्मेदार नहीं होऊँगा। हालाँकि कश्मीर मैंने मेनन साहब की सलाह पर छोड़ा था, लेकिन लोगों ने कहना शुरू कर दिया कि मैं श्रीनगर से भाग खड़ा हुआ हूँ। अतः मैं उस नुक्ताचीनी का अंदाजा अच्छी तरह कर सकता हूँ। वो यही कहेंगे कि संकट की घड़ी में मैं उन्हें भगवान भरोसे छोड़ आया हूँ। लेकिन ऐसी स्थिति में रहने से क्या लाभ जिसमें आलोचना से बचने के लिए भी आप कुछ नहीं कर सकते। यह जरूर है कि अगर मैं रियासत से बाहर रहता हूँ, तो मुझे जनता को विश्वास में लेना होगा और लोगों को यह बताना होगा कि मैं यहाँ से क्यों जा रहा हूँ।"

सरदार का उत्तर 9 फरवरी को मिला। उल्लेखनीय अनुच्छेद संक्षिप्त, किंतु स्पष्ट था। उन्होंने लिखा था :

> आप जिस परेशानी और तनाव की स्थिति से गुजर रहे हैं, उसे मैं पूरी तरह महसूस कर सकता हूँ। मैं आपको विश्वास दिलाता हूँ कि कश्मीर की स्थिति और संयुक्त राष्ट्र में जो कुछ हो रहा है, उसके प्रति मैं भी कम चिंतित नहीं

हूँ। लेकिन वर्तमान स्थिति जैसी भी है, उसमें निराशा की तो कोई गुंजाइश ही नहीं है।

बाद के पत्रों में मेरे पिता द्वारा प्रभावी अधिकारों को शेख अब्दुल्ला को सौंपने की उद्घोषणा, ठाकुर बलदेव सिंह पठानिया के दीवान पद और कर्त्तव्यों की घोषणा, सुरक्षित विषयों की परिभाषा व उनका प्रशासनिक ब्योरा, जम्मू-कश्मीर रियासत की सेनाओं का भविष्य तथा इन सबसे ऊपर शेख अब्दुल्ला की घोषणाओं की चर्चा थी। पिताजी ने 20 अप्रैल, 1948 को सरदार पटेल को एक महत्त्वपूर्ण पत्र लिखा, जिसमें उन्होंने कुछ बातों का स्पष्ट तौर पर जिक्र किया था :

प्रिय सरदार पटेल,

मैं एक या दो बार पहले भी आपको, मेनन साहब तथा शंकर साहब को बता चुका हूँ कि मुझे अपने विरुद्ध चलाए जा रहे प्रचार के एक पहलू से अत्यधिक कष्ट पहुँचा है। इतना, कि मैं बयान नहीं कर सकता, क्योंकि इससे न सिर्फ एक शासक के रूप में मेरी स्थिति प्रभावित होती है, बल्कि मेरे निजी सम्मान को भी ठेस पहुँचती है। मैं तो इन्हें बेहूदा और आधारहीन आरोप ही कहूँगा। मुझ पर आरोप लगाए गए कि मैं रात के अँधेरे में अपना फर्नीचर और तमाम माल-असबाब लेकर श्रीनगर से भाग खड़ा हुआ। सामान्यतः मैं इन आरोपों की परवाह नहीं करता, लेकिन यह देखकर मुझे बहुत दुख हुआ और ठेस पहुँची कि मेरे मौजूदा प्रधानमंत्री अपने भाषणों में कुछ-कुछ ऐसा कहते रहे हैं। इस संदर्भ में मैं आपका ध्यान श्री अब्दुल्ला द्वारा सुरक्षा परिषद में दिए गए भाषण की ओर आकर्षित करना चाहूँगा, जिसमें उन्होंने ये बातें कही थीं :

1. महाराजा रात के अँधेरे में अपने दरबारियों सहित रियासत की राजधानी से भाग खड़े हुए, जिससे पूरी रियासत में भय व्याप्त हो गया। स्थिति को नियंत्रण में लेने वाला कोई नहीं था। ऐसी परिस्थितियों में सत्ता-हस्तांतरण हुआ और प्रशासन सँभालने की जिम्मेदारी हम लोगों पर आन पड़ी। बाद में महाराजा ने इसे कानूनी रूप दिया।

2. यह आरोप तथ्यों से कितना परे है, मुझे विश्वास है, आपके सचिव श्री मेनन इस बात को अच्छी तरह जानते होंगे। उन्हीं के कहने और दबाव डालने पर मैं बड़ी हिचकिचाहट के साथ श्रीनगर छोड़कर जम्मू आया था। दूसरा आरोप कि मैं ट्रकों में भरकर सामान ले गया, पूरी तरह झूठा और काल्पनिक है। सच तो यह है कि कुछ बसों में नौकरों के परिवार तथा उन अफसरों के परिवार मेरे पीछे-पीछे चल रहे थे, जो पहले ही किसी सरकारी काम से जम्मू चले गए थे। इन परिवारों को परिवहन सुविधा देना मैंने अपना कर्त्तव्य समझा। मेरे घर का पूरा सामान जो स्थायी रूप से श्रीनगर में हुआ

करता था और जो होना चाहिए, वो आज भी वहाँ जस का तस मौजूद है। मुझे विश्वास है आप यह मानेंगे कि जब नेशनल कान्फ्रेंस के सदस्य तथा प्रशासन में जिम्मेदार और ऊँचे पदों पर बैठे लोग इस तरह के भाषण देने लगें, तो उससे असंतोष पैदा होना स्वाभाविक ही है। साथ ही इससे शासक तथा उसकी जनता के बीच अविश्वास की भावना को भी बल मिलता है।

3. आप पूछ सकते हैं कि मैं यह मामला उन भाषणों के इतने समय बाद क्यों उठा रहा हूँ। तो इसका कारण तो यह है कि ये आरोप अभी तक चलाए जा रहे हैं, बल्कि लगातार प्रचार करके उनको महत्त्व दिया जा रहा है। मेरे प्रधानमंत्री के उस भाषण को पंफलेट के तौर पर छापा गया है, जिसका शीर्षक है–'कश्मीर : विश्व जनमत के नाम एक अपील'। मुझे आशा है कि आपका मंत्रालय आधिकारिक घोषणा द्वारा या सही तथ्यों को प्रस्तुत करते हुए एक विज्ञप्ति जारी करके इस झूठ का पर्दाफाश करेगा। साथ ही श्री अब्दुल्ला को अपनी यह गलती सुधारने के लिए बाध्य करेगा।

4. जब मैंने यह विषय उठाया ही है, तो मैं अपने विरुद्ध चलाए जा रहे इस प्रचार के एक अहम पहलू का जिक्र भी यहाँ करना चाहूँगा। यह प्रचार यह सिद्ध करने के लिए भी चलाया जा रहा है कि मैं एक निरंकुश और सामंतवादी शासक था। साथ ही यह भी, कि जन आंदोलन डोगरा तानाशाही के विरुद्ध चलाया जा रहा है और वर्तमान स्थिति जनता द्वारा मेरे और मेरे शासन के विरुद्ध चलाए जा रहे संघर्ष का परिणाम ही है। 1934 से सत्ता हस्तांतरण तक मैंने जनता के लिए जो सुधार-कार्य किए, उनके बारे में दावे से कह सकता कि हिंदुस्तान की किसी भी रियासत के शासक ने इतने प्रगतिशील कदम नहीं उठाए होंगे। मैं यह बात किसी भी निष्पक्ष व्यक्ति के सामने बताने व सिद्ध करने के लिए तैयार हूँ। मैं यह पूछना चाहूँगा कि अतीत को कुरेदने से क्या लाभ है ? अपनी तरफ से मैं अतीत की तमाम अप्रिय बातों को भुलाने की कोशिश कर रहा हूँ। आज सत्तारूढ़ लोगों से भी ऐसे ही व्यवहार की अपेक्षा करके मैं क्या गलती कर रहा हूँ ? वैसे भी मुझे निरंकुश बताने वाले शायद यह नहीं समझ पा रहे कि इससे सिर्फ पाकिस्तानी प्रचार को ही मदद मिल रही है। मैं सोचता था कि वो लोग पुरानी कड़वाहट को जिंदा रखने की बजाय पाकिस्तान के इस प्रचार का जवाब देने की तात्कालिकता को स्वयं महसूस करेंगे। जैसा मुझे कुछ जानकार लोगों ने बताया है कि पुंछ और मीरपुर के विद्रोह का औचित्य मंत्रालय द्वारा जारी की गई प्रचार-सामग्री के कुछ पृष्ठों में ढूँढ़ा जा सकता है।

5. मुझे उम्मीद है कि इस मामले में आपकी ओर से श्री अब्दुल्ला को इस वक्त दिए गए निर्देशों से भूल-सुधार होने में काफी हद तक मदद मिलेगी। आप यकीन कीजिए कि यदि मुझे यह नहीं लगता कि भारतीय

परिसंघ के साथ जम्मू-कश्मीर रियासत के स्थायी संबंधों की सफलता पर इस तरह के प्रचार का महत्त्वपूर्ण प्रभाव पड़ सकता है, तो मैं इन बातों पर इतना जोर नहीं देता।

आपका
हरीसिंह

लेकिन यह स्पष्ट था कि सरदार भी शेख अब्दुल्ला को नियंत्रित करने की स्थिति में नहीं थे। और जब मैं फरवरी, 1949 में भारत लौटा, तब तक स्थिति न केवल पूरी तरह असंभव हो चुकी थी, बल्कि उसमें खत्म न किया जा सकने वाला गतिरोध पैदा हो गया था। मार्च में मैं अठारह बरस का हो गया। लेकिन वातावरण इतना तनावपूर्ण और दुखद था कि इस तरफ किसी का ध्यान ही नहीं गया। कुछ ही दिनों बाद मेरे पिता को सरदार पटेल का निमंत्रण मिला, जिसमें उन्होंने पिताजी, माँ और मुझे—तीनों को बातचीत के लिए दिल्ली आने का सुझाव दिया था। अतः अप्रैल में हम सब एक चार्टर्ड विमान डी सी-3 में नई दिल्ली के लिए रवाना हो गए। जहाज में चढ़ते हुए मुझे यह अहसास भी नहीं था कि अब सिर्फ मेरे पिता की अस्थियाँ ही उनके प्रिय शहर जम्मू लौटेंगी।

अध्याय 8

दिल्ली पहुँचकर पहले तो हम पुरानी दिल्ली के मेडंस होटल में ठहरे, पर बाद में इंपीरियल होटल में चले गए। हमारे वहाँ पहुँचने के कुछ दिन बाद ही जवाहरलाल नेहरू ने पिताजी, माँ और मुझे तीन मूर्ति भवन में लंच पर बुलाया। हमारी मेजबान थीं इंदिरा गाँधी। हालाँकि पिताजी और नेहरूजी–दोनों एक-दूसरे की उपस्थिति में असहज महसूस कर रहे थे, पर जाहिरा तौर पर कोई खुला विरोध वहाँ देखने में नहीं आया। ऐसा लगता था कि नेहरूजी ने रियासत पर बातचीत का जिम्मा सरदार पटेल पर छोड़ दिया था। 29 अप्रैल को हमने सरदार के साथ भी खाना खाया। इस भोज में उनकी पुत्री मणिबेन और उनके निजी सचिव वी. शंकर भी मौजूद थे। डिनर के बाद मेरे माता-पिता और सरदार दूसरे कमरे में चले गए और कयामत वहीं बरपा हुई। सरदार ने मेरे पिता को बहुत ही शालीनता से, लेकिन दो टूक लहजे में यह बता दिया कि शेख अब्दुल्ला उनके राज त्याग के लिए बहुत जोर दे रहे हैं। पर भारत सरकार यह महसूस करती है कि यदि वे और महारानी कुछ महीनों के लिए रियासत से अनुपस्थित रहें, तो यही काफी होगा। उन्होंने कहा कि संयुक्त राष्ट्र में सक्रियता से उठाई माँग से उत्पन्न जटिलताओं को देखते हुए राष्ट्र-हित में यह आवश्यक है। उन्होंने मेरे लिए भी कहा कि अब क्योंकि मैं अमेरिका से लौट आया हूँ, अतः पिता अपनी अनुपस्थिति में अपनी जिम्मेदारियों और कर्त्तव्यों को निभाने के लिए मुझे अपना रीजेंट नियुक्त कर दें।

इस घटना से मेरे पिता तो हतप्रभ रह गए। हालाँकि पिछले कुछ समय से इस तरह की अफवाहें सुनने में आ रही थीं कि उन्हें रियासत से बाहर निकाला जा सकता है, लेकिन पिताजी को यह उम्मीद कभी नहीं थी कि सरदार पटेल भी उनसे ऐसा करने को कहेंगे। जब वो मीटिंग से बाहर आए, तो उनका चेहरा ज़र्द था, माँ रुआँसी हो रही थी और अपने आँसुओं को भरसक रोक रही थी। सरदार हमें छोड़ने दरवाजे तक आए, वो भी बहुत गंभीर लगे। मैं तुरंत समझ गया कि कोई बहुत गंभीर किस्म की बात हुई है, लेकिन उस वक्त माता-पिता से कुछ पूछने की कोई हिम्मत नहीं हुई। हम लोग होटल लौट आए, रास्ते भर सभी चुप रहे। कमरे में पहुँचकर पिताजी अपने सलाहकारों–बख्शी टेकचंद, मेहरचंद महाजन तथा अपने स्टॉफ के अन्य अधिकारियों के साथ तुरंत मंत्रणा में व्यस्त हो गए। माँ अपने कमरे में पलंग पर गिर के फफककर रोने लगीं। मैं भी उसके पीछे-पीछे कमरे में पहुँच गया। जब वो जरा शांत हुई, तो उसने मुझे बताया कि उसे

और पिताजी को रियासत से निकाला जा रहा है। उसने मुझे यह भी बताया कि भारत सरकार चाहती है कि पिता मुझे रीजेंट नियुक्त कर दें।

घटना-क्रम के इसी नाजुक मोड़ पर जवाहरलाल नेहरू ने मुझे अपने निवास पर बातचीत के लिए कई बार नाश्ते पर बुलाया। तीन मूर्ति भवन के डाइनिंग रूम की सीढ़ियाँ चढ़ते वक्त जो उत्तेजना मैं महसूस कर रहा था, उसे मैं आज भी नहीं भूला हूँ। मेज पर सिर्फ दो व्यक्तियों के लिए इंतजाम था। इंदिरा गाँधी और उनके पुत्र पहले ही नाश्ता कर चुके थे। नेहरूजी चुस्ती से चलते हुए अंदर आए और 'हैलो टाइगर' कह कर दोस्ताना ढंग से हाथ मिलाया। नाश्ता लगभग एक घंटे तक चला और इस दौरान नेहरूजी ने मुझसे कुछ सामान्य बातें पूछीं और फिर काफी देर तक स्वगत वार्तालाप करते रहे। अपने शुद्ध उच्चारण में उन्होंने कहा कि एक नए भारत का निर्माण किया जा रहा है, प्राचीन सामंती व्यवस्था तेजी से खत्म होती जा रही है, और एक नौजवान की हैसियत से मुझे तत्परता से स्वयं को नई परिस्थितियों के अनुरूप ढाल लेना चाहिए। इसके बाद वो कश्मीर-समस्या, शेख अब्दुल्ला की भूमिका तथा राष्ट्रीय हित के लिए राज्य में सौहार्दपूर्ण वातावरण स्थापित करने के महत्त्व की चर्चा करने लगे। संक्षेप में उन्होंने कहा कि मेरे पिता स्पष्ट रूप से नई व्यवस्था को न तो स्वीकार करना चाहते हैं और न ही स्वीकार कर पा रहे हैं। यह भी बताया कि वे खुद तथा शेख अब्दुल्ला—दोनों ही मुझे रीजेंट नियुक्त करना चाहते हैं, ताकि वर्तमान गतिरोध खत्म किया जा सके। मैंने देखा कि नए भारत की बात करते समय उनकी आँखों में सौम्य चमक आ गई थी और आवाज में सकारात्मक खनखनाहट।

अपने स्कूली जीवन से ही मैं इस व्यक्ति का प्रशंसक रहा था।...और उनके पास होना व उनकी बातें सुनना अपने आपमें एक अनूठा अनुभव था। जब उन्होंने विश्व-भर में सक्रिय व्यापक ऐतिहासिक शक्तियों का जिक्र किया, तो मुझे ऐसा लगा मानो उनकी पुस्तक 'डिस्कवरी ऑफ इंडिया' मेरे सामने साकार हो उठी हो। अपने पिता के दरबारी दायरे तथा घर के रहस्यमय और षड्यंत्रजनित तनाव वाले वातावरण की तुलना में यह कितना भिन्न था ! स्कूली जीवन में मैं एक कुशल शासक होने, अपनी जनता के लिए कुछ उल्लेखनीय करने की कल्पना किया करता था। लेकिन अब मुझे अहसास हो गया कि शासन करने के दिन हमेशा के लिए लद चुके हैं। लेकिन अब उससे भी कहीं सार्थक व्यापक राष्ट्रीय हित में कुछ करने का अवसर है, और वो भी एक ऐसे व्यक्ति के निजी आग्रह पर जो हमारे समय के महानतम नेताओं में से एक है।

अगले कुछ दिन अत्यधिक तनाव भरे थे। इंपीरियल होटल में हमारे पास कई 'सुइट' थे और वहाँ पिताजी से मिलने आने वालों का ताँता लगा हुआ था। इन मुलाकातियों में सरदार पटेल के निजी सचिव वी. शंकर भी थे। उन दिनों सरदार का स्वास्थ्य दिन पर दिन तेजी से बिगड़ता जा रहा था, जिससे राज्य मंत्रालय में शंकर साहब की अहमियत बढ़ रही थी। एक शाम सरदार पटेल ने मुझे बुला भेजा और पूरी स्थिति के बारे में लंबी और खुली बातचीत की। जहाँ नेहरूजी की बातचीत भारतीय राष्ट्रवाद

के व्यापक परिप्रेक्ष्य में थी, वहीं सरदार ने अपेक्षाकृत सीमित संदर्भ में बातचीत की। उन्होंने कहा कि हालाँकि वो अच्छी तरह समझते हैं कि मेरे पिता के साथ अन्याय हो रहा है, लेकिन व्यापक राष्ट्रीय हित में उन्हें इस प्रस्ताव से सहमत होना पड़ा है, विशेषकर शेख अब्दुल्ला की जिद के कारण। उन्होंने यह भी कहा कि मुझे पूरी स्थिति का बहादुरी से मुकाबला करना चाहिए...तथा अपने नए दायित्वों को हिम्मत और आत्मविश्वास के साथ सँभालना चाहिए। उन कठिन परिस्थितियों में सरदार की बातों से मुझे बहुत तसल्ली और प्रोत्साहन मिला। इस मुलाकात के कुछ दिन बाद ही सरदार देहरादून चले गए। यह निर्णय किया गया कि माता-पिता और मैं—तीनों बाद में देहरादून जाकर उनसे मिलेंगे। इस दौरान पिताजी, भारत सरकार द्वारा दिए गए अल्टीमेटम के मानसिक आघात से जूझने में लगे थे और धीरे-धीरे स्वयं को रियासत छोड़ने की अपरिहार्यता को स्वीकर करने के लिए तैयार कर रहे थे। मुझ पर रेजिडेंटशिप के प्रस्ताव को ठुकराने के लिए थोड़ा दबाव जरूर डाला जा रहा था। लेकिन मैंने यथासंभव पूरी विनम्रता से उस दबाव को मानने से इनकार कर दिया। मैंने कहा कि पूरे परिवार का रियासत से बाहर हो जाना उचित नहीं होगा। अगर ऐसा हुआ, तो जम्मू-कश्मीर से हमारे सारे संबंध खत्म हो जाएँगे।

मैं अभी अठारह साल का ही हुआ था, लेकिन जिन असामान्य परिस्थितियों में मैं पला-बढ़ा था, संभवतः यह उनका ही असर था कि मैंने महसूस किया कि मैं अकेले ही किसी भी नेता से अच्छी तरह बात कर सकता हूँ हालाँकि प्रकटतः आत्मविश्वास की कमी मैं अपने चेहरे व अपनी बातों से झलकने नहीं देता था। लेकिन मुझे यह स्वीकार करना चाहिए कि अंदर से मैं बहुत घबराया हुआ रहता था।

पिछले कुछ साल खासे बदलाव के रहे थे और इलाज के कारण मेरा अमेरिका-प्रवास भी कुछ ज्यादा लंबा खिंच गया था। इन सब कारणों से वातावरण की अस्थिरता और परायापन और भी बढ़ गए। मेरे बचपन के सभी जाने-पहचाने स्मृति-चिह्न खत्म हो चुके थे। यहाँ तक कि मेरी माँ, जिसके साथ मेरे गहरे भावनात्मक संबंध थे, भी मनोवैज्ञानिक रूप से टूटने के कगार पर थी।...दरअसल उसकी स्थिति अत्यधिक पीड़ादायक और कठिन थी। एक ओर तो स्वभावगत भिन्नताओं के बावजूद पिता के प्रति उसकी निष्ठा थी तथा दूसरी ओर अपनी एकमात्र संतान के प्रति उसका प्यार। अपने स्वभाव के अनुरूप पिता ने इस समस्या पर मुझसे कभी सीधे बात नहीं की। जो भी बात होती, वो या तो उनके निजी सचिव पंडित भीमसेन माहे या फिर प्रधानमंत्री पद छोड़ने के बाद भी पिता के खास विश्वस्त रहे मेहरचंद महाजन के माध्यम से होती थी। ऐसा लगता था कि प्रारंभिक सदमे के बाद पिता कुछ समय के लिए, रियासत से बाहर रहने के लिए मानसिक तौर पर तैयार हो गए थे। हालाँकि उन्होंने शायद यह भी महसूस कर लिया था कि उनके लिए लौटना अब कभी आसान नहीं होगा। लेकिन वो राज-त्याग प्रस्ताव के पूरी तरह विरुद्ध थे। उन्होंने सरदार को लिखे 6 मई के पत्र में यह बात कही थी। यहाँ मैं वो पत्र तथा उसके जवाब में देहरादून से भेजा सरदार का

पत्र भी जस का तस प्रस्तुत कर रहा हूँ। इन दोनों ने ही मेरे भावी जीवन में होने वाली घटनाओं को सशक्त रूप से प्रभावित किया :

प्रिय सरदार पटेल जी,

गत 29 अप्रैल और 1 मई, 1949 को आपसे हुई बातचीत के बाद मैंने उस पर काफी सोच-विचार किया है। लिहाजा अब मैं अपनी रियासत से अस्थायी तौर पर बाहर रहने के आपके प्रस्ताव पर अपनी निश्चित प्रतिक्रिया देने की स्थिति में हूँ।

प्रारंभ में ही मैं आपको यह बताना चाहूँगा कि मुझे इस बात से बहुत आघात पहुँचा। मैंने कभी यह सोचा भी न था कि आप मेरे सामने ऐसा प्रस्ताव रख सकते हैं। आपके प्रति शुरू से ही मेरी अटूट आस्था और विश्वास रहा है। वर्तमान और भविष्य में व्यक्तिगत रूप से मुझे और मेरी रियासत को प्रभावित करने वाले प्रश्नों पर हमेशा मैं आपकी सलाह मानता रहा हूँ। अब मैंने खुद को जैसे-तैसे इस प्रस्ताव के लिए तैयार कर लिया है। बहरहाल, अगर मैं इस विषय पर अपनी हताशा प्रकट नहीं करता, तो यह एक मनुष्य होने के नाते बहुत अस्वाभाविक बात होगी। जिस तरह मुझे अपनी प्रतिष्ठा, सम्मान और पद का बलिदान देने को कहा जा रहा है, उससे मुझे घोर आश्चर्य और निराशा हुई है। यह तो तब है, जबकि मैं भारत के प्रधानमंत्री अथवा अपनी ओर से रियासत में अपनी सवैधानिक स्थिति के बारे में मिलने वाली सलाह को कभी-कभी अपने विवेक और आत्मा के विरुद्ध होते हुए भी मानता रहा हूँ। और कभी-कभी तो ऐसा भी हुआ है कि कुछ महीने पहले किसी एक व्यवस्था पर हममें सहमति हुई, पर उसे नकारते हुए फिर एक बिलकुल अलग सलाह दी गई। मैं आपसे पक्षपातपूर्ण रवैए पर अपनी उस भावना को छिपाना भी ठीक नहीं समझता कि जहाँ शेख अब्दुल्ला को लिखित और वायदा की गई बातों को अपनी सुविधानुसार लाँघने की इजाजत दी जाती रही है...और जेल से मुक्त किए जाने के बाद मेरे प्रति निष्ठा के करारनामे के विरुद्ध उनके कार्य करने पर कोई आपत्ति नहीं उठाई गई, और प्रधानमंत्री बनते समय राज-भक्ति की शपथ उठाने के बावजूद उन्होंने अपने साथियों के साथ मेरे विरुद्ध रियासत में और रियासत के बाहर दुर्भावना और निंदा का खुला अभियान छेड़ दिया वहीं मेरे पदों में ही हेर-फेर होती रही—मेरे विचार में हरेक पद पर मुझे राज्य मंत्रालय के सुझावानुसार ही नियुक्त किया गया था।

इस प्रकार के भेदभावपूर्ण व्यवहार से निश्चय ही मुझे काफी ठेस पहुँची है। लेकिन एक बार फिर आपके फैसले पर तथा हमारे प्रति आपकी शुभेच्छा पर पूरी तरह विश्वास रखते हुए और संयुक्त राष्ट्र में मामला पहुँचने के परिणामस्वरूप पैदा हुई जटिलताओं तथा जनमत संग्रह जैसे तथ्यों के मद्देनजर

मैं आपकी इच्छानुसार रियासत से तीन या चार महीने के लिए अनुपस्थित रहने के लिए तैयार हूँ।

बहरहाल, इस प्रस्ताव से जुड़े कुछ प्रश्नों पर मैं अपनी स्थिति आपके सामने स्पष्ट कर देना चाहता हूँ। इन प्रश्नों पर यदि मुझे आपका आश्वासन मिलता है, तो मैं आपका आभारी रहूँगा। मुझे आशा है कि आप मेरी इस माँग की आवश्यकता का औचित्य समझेंगे। पिछले कई महीनों के कटु अनुभव के प्ररिप्रेक्ष्य में मुझे अपने निकट भविष्य के बारे में सोचना होगा। इन मामलों में स्वयं अपने, अपने परिवार तथा अपने वंश के लिए आपकी ओर से स्पष्ट आश्वासन प्राप्त करना मेरा कर्त्तव्य बनता है :

1. मैं यह आश्वासन चाहूँगा कि यह कदम रियासत से मेरे राज-त्याग की भूमिका नहीं बनेगा। मैं यह स्पष्ट कर देना चाहता हूँ कि मैं एक क्षण के लिए भी इस सुझाव को मानने-सुनने के लिए तैयार नहीं हूँ। और मैं इसके परिणाम भी भुगतने के लिए तैयार हूँ। मेरे प्रधानमंत्री और उनके सहयोगियों की यह माँग उन तमाम समझौतों का उल्लंघन है, जो समय-समय पर की गई संवैधानिक व्यवस्थाओं का आधार रहे हैं। यह तो उनकी निष्ठाहीनता, षड्यंत्र और धोखाधड़ी का स्पष्ट प्रमाण है।

2. शेख अब्दुल्ला को यह स्पष्ट रूप से बता देना चाहिए कि वो मेरे विरुद्ध निंदा अभियान को तुरंत बंद करें। साथ ही मेरे राज-त्याग के लिए शेख तथा उनके साथियों द्वारा रियासत में और रियासत के बाहर चलाई जा रही तमाम गतिविधियाँ भी बंद होनी चाहिए। यदि मेरे विरुद्ध निजी और सार्वजनिक तौर पर किए जा रहे अनर्गल प्रचार बंद नहीं होते तो निश्चित ही मुझसे अपेक्षित त्याग का कोई अर्थ नहीं रह जाएगा।

3. मुझे यह स्पष्ट आश्वासन दिया जाए कि मेरे तथा मेरे प्रति निष्ठावानजनों का किसी प्रकार भी कोई उत्पीड़न नहीं होगा। इस संदर्भ में अपनी जानकारी में आए कुछ तथ्यों के प्रति मैं आपका ध्यान विशेष रूप से आकर्षित करना चाहूँगा। मुझे पता चला है कि जिन लोगों ने मेरे राज-त्याग के माँगपत्र पर हस्ताक्षर करने से इनकार कर दिया, उन्हें जेलों में डाला जा रहा है।

4. जहाँ तक सवाल रियासत से मेरी तीन-चार महीने की अनुपस्थिति को स्वास्थ्य कारणों पर आधारित बताने का है, तो मुझे नहीं लगता कि कोई इस पर विश्वास करेगा ! इससे रियासत और रियासत से बाहर अनेक आशंकाएँ और भ्रांतियाँ पैदा हो सकती हैं। मसलन :

(i) रियासत में सभी को यह मालूम है कि मेरे स्वास्थ्य में ऐसी कोई गड़बड़ी नहीं है कि मुझे रियासत से बाहर इतना लंबा आराम करने की आवश्यकता पड़े। आपकी सलाह पर मैं अप्रैल की गर्मी में भी जम्मू प्रांत का

दौरा करता रहा हूँ।

(ii) कश्मीर तो स्वास्थ्य-लाभ के लिए सबसे बेहतर और उपयुक्त स्थल माना जाता है। ऐसे में अगर मैं स्वास्थ्य कारणों से रियासत से बाहर जाता हूँ, तो बड़ा अजीब लगेगा।

(iii) कश्मीर से बाहर मैं जहाँ कहीं भी अस्थायी रूप से रहूँगा, घर की चारदीवारी में तो बँधकर रह नहीं सकता। लोगों से मेरा मिलना-जुलना तो बना ही रहेगा। ऐसे में मुझसे मिलने वाले लोगों के गले यह बात नहीं उतरेगी कि मैं वहाँ स्वास्थ्य लाभ के लिए आया हूँ।

(iv) इसलिए मेरा आग्रह यह है कि रियासत से मेरी अनुपस्थिति का कोई ऐसा कारण बताया जाए जो सुनने में उचित लगे तथा जो मेरे सम्मान और प्रतिष्ठा के प्रतिकूल न हो। सबसे अच्छा तो यही होगा कि भारत सरकार मेरे लिए कोई उपयुक्त स्थान बनाए, जहाँ इन तीन-चार महीनों के प्रवास के दौरान मेरी सेवाएँ सार्थक ढंग से ली जा सकें।

5. मेरी अनुपस्थिति के दौरान युवराज के साथ महारानी का रियासत में रहना अत्यंत आवश्यक है। युवराज नौजवान हैं और अभी पूरी तरह परिपक्व नहीं हैं, उन्हें बुजुर्गों के मार्गदर्शन और व्यक्तिगत देखभाल की जरूरत है। इसलिए कम-से-कम एक अभिभावक उनके साथ रहना चाहिए। मुझे न तो ऐसी कोई राजनीतिक आवश्यकता महसूस होती है और न ही यह न्यायोचित लगता है कि एक माँ को उसकी एकमात्र संतान से अलग रखा जाए; और वो भी उससे...जिससे वह तेरह महीने बाद मिल रही है। आप जानते ही हैं युवराज इलाज के लिए अमेरिका गए हुए थे। इस अनुरोध को अस्वीकार करने से पहले इसके मानवीय पहलुओं पर विचार कर लें।

6. मेरी सभी निजी संपत्ति, मकानों तथा अन्य संपत्ति को शेख अब्दुल्ला की पार्टी की तोड़फोड़ और लूटपाट से पूरी तरह बचाया जाए। निश्चय ही वो लोग मेरे मकानों, बगीचों, जमीन तथा अन्य संपत्ति पर कब्जा करने की कोशिश करेंगे। भारत सरकार को इस तरह के अतिक्रमण से बचाने की गारंटी देनी चाहिए। मेरे वहाँ रहते तो वो लोग ऐसा दुस्साहस नहीं कर पाते, लेकिन मेरी अनुपस्थिति में वे ऐसी कोशिश जरूर करेंगे। मुझे सूचना मिली है कि मेरे जम्मू छोड़ने के बाद पिछले कुछ दिनों में ही श्रीनगर में मेरी जमीन पर कुछ अनधिकृत अतिक्रमण किए गए हैं।

7. शासक के विशेषाधिकारों, सवैधानिक स्थिति तथा रियासत की सेनाओं की मौजूदा व्यवस्था में मेरी सहमति के बिना कोई परिवर्तन न किया जाए। अपनी सेनाओं में से अपने लिए स्टाफ (सरकारी और निजी विभागों के लिए) रखने की व्यवस्था बनी रहेगी। मेरे महलों पर मेरी सेनाओं द्वारा तैनात सुरक्षा कर्मचारी महलों की निगरानी करते रहेंगे, जैसा कि 20 अगस्त

के मेरे पत्र और श्री मेनन द्वारा 3 सितंबर को भेजे जवाबी पत्र में तय हुआ था। बाहर रहते हुए मुझे जैसे स्टाफ की आवश्यकता होगी, मैं स्वयं रखूँगा।

8. भारत में मेरे प्रवास के दौरान पर्याप्त संख्या में मुझे सैनिक रक्षक रखने का अधिकार होना चाहिए, मैं चाहे जहाँ भी रहूँ।

9. युवराज की सुरक्षा और संरक्षण भारत सरकार की जिम्मेदारी होनी चाहिए।

10. राज्य सेना, नागरिक सूचियाँ, हजूर विभाग आदि के अनिर्णीत मामलात मेरे साथ बातचीत करके तुरंत तय किए जाएँ।

अंत में मैं कहना चाहूँगा कि इस विषय में अंतिम निर्णय उपरोक्त मुद्दों पर आपसे आश्वासन मिलने के बाद ही करूँगा।

शुभकामनाओं सहित,

इंपीरियल होटल, नई दिल्ली — भवदीय

6 मई, 1949 — हरी सिंह

इस पत्र के दो हफ्ते बाद ही देहरादून से सरदार पटेल का उत्तर भी आ गया, जो इस प्रकार है :

"कैंप : दून कोर्ट, देहरादून

23 मई, 1949

प्रिय महाराजा साहब,

1. आपका दिनांक 6 मई, 1949 का पत्र मिला। धन्यवाद !

2. मुझे यह जानकर बहुत प्रसन्नता हुई कि आपने स्वयं को इस प्रस्ताव के लिए तैयार कर लिया है, जो बातचीत के दौरान मैंने आपके समक्ष प्रस्तुत किया था। आप विश्वास करें यह प्रस्ताव पेश करते समय मेरे मन में कोई खुशी नहीं थी। इंस्ट्रूमेंट ऑफ एक्सेशन पर दस्तखत करने के बाद जो रवैया महामहिम ने अपनाया, उसे मुझसे ज्यादा कोई नहीं समझ सकता। महामहिम ने मेरे प्रति हमेशा से सहयोग और समझ का जो भाव रखा, उसके लिए मैं आपका बहुत आभारी हूँ। महामहिम, मैं आपको आश्वासन दे सकता हूँ कि वह प्रस्ताव आपके समक्ष प्रस्तुत करने से पहले इस पर बहुत सोचने-समझने के बाद मैं इस नतीजे पर पहुँचा था कि आपके, आपके वंश के तथा देश के हित की माँग के अनुरूप ही यह प्रस्ताव है जिस पर अमल करने के लिए अब आप सहमत हुए हैं। इसमें जो निजी त्याग निहित है, उसे मैं अच्छी तरह जानता हूँ। लेकिन मुझे विश्वास है कि जब आप इतने ज्यादा परिवर्तनों को देख चुके हैं, उनके अभ्यस्त हो चुके हैं, तो यह कदम भी आप देश के प्रति कर्तव्य की भावना से उठाएँगे। फिलहाल समझदारी इसी में है कि नियति चक्र

की प्रबलता के आगे सहजता और शांति से सिर झुका दिया जाए।

3. महामहिम ने जो मुद्दे उठाए हैं उनके बारे में मैं यह कहना चाहूँगा कि आपके राज-त्याग का तो सवाल ही नहीं उठता हमने शेख अब्दुल्ला के सामने सारी स्थिति स्पष्ट कर दी है और हम उम्मीद करते हैं कि इस संबंध में उठे सभी विवाद अब समाप्त हो जाएँगे। साथ ही अखबारों और रियासत में सार्वजनिक तौर पर उछाली जा रही बेहूदा बातें भी खत्म हो जाएँगी। महामहिम यह तो मानेंगे ही कि रियासत का भावी संविधान विधिवत चुनी गई संविधान सभा ही तय करेगी। महामहिम ने अपने पत्र के अनुच्छेद चार में जिस उत्पीड़न का उल्लेख किया है, मुझे अफसोस है कि ठोस प्रमाणों के अभाव में उनके संबंध में तो मैं कोई आश्वासन नहीं दे सकता। लेकिन मैं आपको यह विश्वास दिलाता हूँ कि अगर ऐसी कोई घटना हमारे सामने लाई जाती है तो हम उसकी जाँच करेंगे और देखेंगे कि न्याय हो।

4. जहाँ तक आपने रियासत से अनुपस्थित रहने का मुद्दा उठाया है, उसके लिए मैं आपकी भावनाओं की कद्र करता हूँ। लेकिन मैं यह मानता हूँ कि इसके लिए सिर्फ यही कहना बेहतर होगा कि पिछले कई महीने के तनावों और दबावों तथा लगातार खराब स्वास्थ्य के कारण महामहिम ने कुछ महीनों के लिए रियासत से बाहर रहने का निर्णय किया है। रियासत से बाहर रहने की वास्तविक अवधि बताने की कोई आवश्यकता नहीं।

5. हमने आपकी अनुपस्थिति में युवराज के साथ महारानी साहिबा के रहने के सवाल पर गंभीरता से विचार किया है। लेकिन हमें लगता है कि कतिपय कारणों से फिलहाल कुछ समय के लिए उनका अभी रियासत में रहना ठीक नहीं होगा। अलबत्ता कुछ समय बाद युवराज आपसे तथा महारानी से समय-समय पर मिलने आ सकते हैं।

6. आपने अपने पत्र के अनुच्छेद 6 में जिन निजी जायदाद, मकानों तथा अन्य संपत्तियों का उल्लेख किया है, उनकी पूरी सूची यदि हमें भिजवा सकें तो हम आपके आभारी होंगे। सूची प्राप्त होने पर हम उक्त मामले पर आपके मंत्रालय के साथ आवश्यक बातचीत करेंगे। इस बीच शेख मुहम्मद अब्दुल्ला के साथ विभिन्न विवादास्पद मुद्दों पर जो तय हुआ है, मुझे आशा है कि महामहिम की संपत्ति पर किसी भी प्रकार के अतिक्रमण को रोकने के लिए वह स्वयं उपयुक्त कदम उठाएँगे। युवराज के प्रति शेख की जो भावनाएँ हैं, उन्हें देखते हुए मुझे आशा है कि पिछले कई महीनों से चला आ रहा दुर्भाग्यपूर्ण अध्याय समाप्त हो जाएगा। साथ ही नेशनल कान्फ्रेंस के कार्यकर्ताओं तथा सरकार के रवैए में भी एक स्वस्थ बदलाव आएगा, महामहिम तथा राजपरिवार और सामान्यतया खानदान को प्रभावित करने वाली घटनाओं पर विराम लगेगा। आपने पत्र के सातवें अनुच्छेद में जिस

व्यवस्था-परिवर्तन की आशंका जताई है, मुझे आशा है कि ऐसी स्थिति नहीं आएगी। फिर भी कोई ऐसी स्थिति पैदा होती है तो निश्चित रूप से हम आपसे सलाह-मशविरा करेंगे। रही बात आपके दिल्ली प्रवास की, तो वहाँ हम आपकी सुरक्षा के लिए सभी उपयुक्त कदम उठाएँगे। युवराज की सुरक्षा और संरक्षण की भी हम पूरी जिम्मेदारी लेते हैं।

7. जहाँ तक अन्य मामलात की बात है, हम आपको अलग से पहले ही सूचित कर चुके हैं कि आपके लिए आपातकाल के दौरान 15 लाख की राशि निर्धारित की गई है इसके लिए 6 लाख रुपए राज्य सरकार देगी, जबकि 9 लाख रुपए भारत सरकार देगी। इस रकम में से महामहिम महारानी तथा युवराज को भी उनका हिस्सा देंगे। युवराज के रेजिडेंट बन जाने के कारण हिस्सा पहले की अपेक्षा ज्यादा होगा। मैं आशा करता हूँ कि महामहिम युवराज को उनकी आवश्यकताएँ देखते हुए उपयुक्त भत्ता देने की बात से सहमत होंगे। इस संबंध में आपके विचार जानकर मुझे प्रसन्नता होगी। इसी प्रकार मैं चाहूँगा कि महारानी के भत्ते पर भी आप अपना सुझाव दें। जहाँ तक हजूर विभाग का प्रश्न है, शेख साहब ने हमारा यह सुझाव पहले ही मान लिया है कि इस काम के लिए आपको पाँच लाख का भत्ता दिया जाए जो वस्तुएँ आपके नियंत्रण में और आपकी अनुपस्थिति में रीजेंट की हैसियत से युवराज के नियंत्रण में रहेंगी, उनकी सूची शेख साहब को दे दी गई है। इस संबंध में जितनी जल्दी संभव हो, अपनी राय देने का उन्होंने आश्वासन दिया है जैसे ही हमें उनकी राय मिल जाएगी, हम पूरा मामला अंतिम रूप से तय कर लेंगे। लेकिन इस बीच आप उन पाँच लाख रुपयों में से महत्त्वपूर्ण तथा राजकीय विभागों पर खर्च की रकम तय कर सकते हैं।

शुभकामनाओं सहित

भवदीय
बल्लभभाई पटेल

उसी दिन सरदार ने इस पत्र की प्रतिलिपि नेहरूजी को भी भिजवा दी। इस पत्र के साथ भेजी अपनी टिप्पणी में उन्होंने लिखा, ''जहाँ तक युवराज की बात है, हमने अच्छी तरह विस्तार से उनसे बातचीत कर ली है। और मैंने उन्हें संपन्न समझौतों के महत्त्व व उनके परिणामों के बारे में समझा दिया है। वह बुद्धिमान हैं और मुझे लगता है कि उन्होंने पूरी स्थिति काफी अच्छी तरह समझ ली है। वे अब अपनी जिम्मेदारियाँ भी महसूस करते होंगे। निस्संदेह अभी वो किशोरावस्था में हैं, और उन्हें मार्गदर्शन की आवश्यकता है। मैं उनके लिए एक ऐसा उपयुक्त सलाहकार तलाश रहा हूँ, जिसकी सलाह पर वो निर्भर रह सकें। ऐसे उपयुक्त व्यक्ति के चुनाव में हमें बहुत सावधान रहना होगा।''

इस पत्राचार के तुरंत बाद हम सब सरदार पटेल के सुझाव पर उनसे मिलने के

लिए देहरादून पहुँचे। उन दिनों वो वहाँ स्वास्थ्य लाभ कर रहे थे। मेरे माता-पिता तो एक होटल में ठहरे, लेकिन सरदार के विशेष आमंत्रण पर मैं उनका मेहमान बनकर वहाँ के मशहूर सर्किट हाउस में तीन हफ्ते तक ठहरा। यह सर्किट हाउस 'दून कोर्ट' के नाम से भी जाना जाता है। यह फूलों व पेड़-पौधों के बीच बड़े लंबे भूभाग पर बना है। जाहिर है सरदार और नेहरूजी—दोनों ने यह निर्णय किया था कि नई जिम्मेदारियाँ सँभालने से पहले मेरे लिए कुछ दिन उनके साथ रहना काफी फायदेमंद होगा। उन दिनों सरदार का स्वास्थ्य बड़ा खराब चल रहा था। उनकी पत्नी मनीबेन बड़े जतन से उनकी देखभाल कर रही थीं। सरदार ज्यादातर अपने कमरे में ही भोजन करते थे, लेकिन कभी-कभी मुझे बुला भेजते और कश्मीर पर चर्चा करते। हालाँकि उनकी बातचीत में नेहरूजी जैसा ओज और पैनापन नहीं था, लेकिन वे जो कुछ कहते पूरे विश्वास के साथ और अत्यंत प्रभावशाली ढंग से कहते। उनसे बात करके लगता था कि यह एक ऐसा आदमी है, जिसके लिए कोई भी समस्या इतनी जटिल नहीं है, कि उसे सुलझाया न जा सके। सिर्फ कश्मीर का मसला ही एक ऐसी समस्या थी, जो नेहरूजी स्वयं देख रहे थे। जाहिर है सरदार नेहरूजी की इस दखलंदाजी से खुश नहीं थे। हालाँकि उन्होंने मेरे सामने कभी भी नेहरूजी की आलोचना नहीं की थी, लेकिन उनसे बातचीत से यह साफ जाहिर था कि उन्हें नेहरूजी और शेख के संबंध पसंद नहीं थे। वो शेख को न केवल नापसंद करते थे, बल्कि स्पष्टतः उन पर विश्वास भी नहीं करते थे।

देहरादून में था, तो दून स्कूल जाने का लालच होना भी स्वाभाविक ही था। लिहाजा एक दिन मैं वहाँ भी गया। तीन साल पहले स्कूल छोड़ने के बाद दून स्कूल जाने का यह मेरा पहला अवसर था। अब तक मैं काफी ठीक हो चुका था और बिना छड़ी के चलने लगा था। हालाँकि जीवन भर के लिए मेरी चाल में कुछ लँगड़ापन जरूर आ गया था। स्कूल में घूमते समय एक अजीब उत्सुकता मेरे मन में थी—उन कमरों और मैदानों को देखने की जहाँ मैंने अपने लड़कपन के कई साल बिताए थे। मिस्टर फुट इंग्लैंड लौट चुके थे। जे.ए.के. मार्टिन स्कूल के प्रधानाध्यापक थे। जैक गिब्सन अब भी कश्मीर-हाउस के हाउस मास्टर थे। उन्होंने मेरा स्वागत ऐसे किया, गोया कोई खोया दोस्त मिल गया हो। उनके कॉटेज पर हमने शतरंज की कई बाजियाँ खेलीं। एक सप्ताहांत के लिए मैं मसूरी भी गया, वहाँ हमारा अधिकांश समय लक्ष्मी निवास विरला और उनके परिवार के साथ गुजरा। इस परिवार के सरदार और वी. शंकर से काफी आत्मीय संबंध थे।

मेरे माता-पिता मुझसे पहले दिल्ली लौट गए। और जब मैं दिल्ली लौटा तो यह निर्णय हो चुका था कि मेरे पिता मुझे रीजेंट नियुक्त करेंगे और मैं अपनी नई जिम्मेदारियाँ सँभालने के लिए 20 जून को हवाई जहाज से श्रीनगर जाऊँगा। मुझे बताया कि माँ भी काफी आनाकानी करने के बाद रियासत छोड़ने के लिए राजी हो गई है। लेकिन क्योंकि वह बंबई की गर्मी बर्दाश्त नहीं कर सकती, अतः कसौली जाएगी। मेरे श्रीनगर जाने से पहले अब सिर्फ एक काम बाकी रह गया था। माँ कट्टर हिंदू थी। उसका आग्रह था कि मेरा यज्ञोपवीत संस्कार हो जाना चाहिए। यह समारोह

मेहरचंद महाजन के निवास स्थान 5, हिस्टिंग्स रोड पर संपन्न हुआ। इसके लिए जम्मू से पंडित बुलाए गए तथा मेरे साथ दो राजपूत नौजवान लड़कों का भी जनेऊ संस्कार किया गया। उस अवसर पर हम सबने धोती पहनी। परंपरा के अनुसार तो मेरा मुंडन भी होना चाहिए था लेकिन मेरे पंडितों के दबाव के बावजूद अपने प्रबल विरोध के बल पर ही मैं अपना सिर मुँडवाने से बच सका। परंतु मुंडन के प्रतीक स्वरूप मेरे बालों की एक लट काट ली गई और इस तरह श्रीनगर जाकर रेजीडेंसी सँभालने से पहले बौद्ध भिक्षु जैसा दिखने से मैं बच गया।

19 जून की रात को मैं ठीक से सो न सका। मेरे दिमाग में भयंकर उथल-पुथल चल रही थी। मन में तरह-तरह के विचार और भावनाओं का ज्वार उठ रहा था। स्पष्ट था कि मैं एक अत्यंत संवेदनशील काम का जिम्मा सँभालने जा रहा हूँ, जिसमें जोखिम तो था ही, खतरा भी था। पिताजी पूरी स्थिति से बिलकुल भी संतुष्ट नहीं थे और उन्होंने अपना असंतोष, अपनी नाराजगी खुलकर व्यक्त की। हालाँकि उन्होंने अनहोनी के आगे सिर झुका दिया था, लेकिन मैंने महसूस किया कि इस पूरी प्रक्रिया में हमारे संबंध में कुछ खटास आ गई थी। उधर माँ भी लगभग टूटने के कगार पर थी। इससे समूची स्थिति में भावनात्मक अस्थिरता का नया आयाम जुड़ गया। मेरे लिए जवाहरलाल नेहरू के समर्थन तथा अपनी अंदरूनी शक्ति पर निर्भर रहने के अलावा और कोई चारा नहीं था। 20 जून, 1949 की तारीख मेरे जीवन में एक महत्त्वपूर्ण स्थान रखती है। मेरी रवानगी से पहले मेरे पिता अपने स्टाफ और नौकर-चाकरों के साथ सुबह ही बंबई के लिए रवाना हो चुके थे। उनके जाने के थोड़ी देर बाद ही माँ, मामा और उनकी सेविकाएँ कार से कसौली चले गए। होटल के कमरे में मैं आधा घंटे तक नितांत अकेला बैठा रहा और खुद को अतीत के बोझ और भावी जिम्मेदारियों के बीच तौलता रहा। यह क्षण जिंदगी के सबसे नाजुक क्षणों में एक था, जिसे मैं कभी नहीं भुला सकता। बड़े प्रयत्न से मैंने खुद को सँभाला और होटल से बाहर निकला...मेरे साथ मेरे स्टाफ अफसर कैप्टन महेल सिंह थे। वहाँ से हम सीधे सफदरजंग एअरपोर्ट पहुँचे, जहाँ एक डी सी-3 विमान हमें श्रीनगर ले जाने के लिए तैयार खड़ा था। यहीं हमारे दल में विष्णु सहाय भी शामिल हुए। सहाय साहब एक वरिष्ठ आई. सी. एस. अफसर थे, जो कश्मीर मामलों के सचिव थे। उन्हें नेहरूजी ने हमारे साथ जाने के लिए नियुक्त किया था।

बंबई के लिए रवाना होने से पहले, उसी सुबह मेरे पिता ने एक घोषणापत्र पर हस्ताक्षर किए थे। यह घोषणा-पत्र संक्षिप्त और स्पष्ट था, जो इस प्रकार था :

घोषणा-पत्र

स्वास्थ्य कारणों से मैंने अल्पकालिक अवधि के लिए रियासत से बाहर जाने का निर्णय किया है। इस अवधि में रियासत की सरकार से संबंधित अपने सभी अधिकारों और कर्तव्यों की जिम्मेदारी मैं युवराज कर्णसिंह जी बहादुर

को सौंपता हूँ।

अतः मैं निर्देश देता हूँ और घोषणा करता हूँ कि मेरी अनुपस्थिति के दौरान रियासत तथा उसकी सरकार से जुड़े मेरे सभी अधिकारों और कर्तव्यों को युवराज को सौंपा जाए। ये अधिकार और कर्तव्य चाहे विधायी हों या कार्यकारी–सभी युवराज में निहित रहेंगे। विशेष रूप से कानून बनाने, घोषणापत्र, आदेश जारी करने, अपराधियों की सजाएँ माफ करने के विशेषाधिकार भी युवराज के पास ही रहेंगे।

हरीसिंह
महाराजाधिराज

हवाई जहाज के उड़ान भरते ही मुझे याद आया कि हवाई यात्रा से मेरे जीवन की दो महत्त्वपूर्ण घटनाएँ जुड़ी हैं। मुझे अपंग के रूप में अपनी अमेरिका यात्रा तथा वापस लौटने पर खामोश स्वागत का स्मरण हो आया। अब एक बार फिर मैं लगभग नितांत अनजान भविष्य की ओर उड़ान भर रहा था। इसमें शक नहीं कि मैं घाटी से अच्छी तरह परिचित था, लेकिन मैंने महसूस किया कि आज मैं जिस कश्मीर में जा रहा हूँ, वो उस कश्मीर से काफी अलग है जिसे मैं अब तक जानता था। हालाँकि मैं वहाँ राज्याध्यक्ष के रूप में जा रहा था, लेकिन यह सब शेख अब्दुल्ला के दबाव में हुआ, जो वास्तव में प्रभावी अधिकार रखते थे। मेरे पिता ने एक दिन लंच के सनय बड़े खिन्न मूड में कहा, कि भले ही मैं रीजेंट के रूप में श्रीनगर जा रहा हूँ, लेकिन शेख अब्दुल्ला मुझे कुछ ही महीनों में अपमानजनक तरीके से निकाल बाहर करेंगे। पिता की यह बात माँ को बहुत बुरी लगी थी और वो नाराज भी हो गई थी। पिता की इस अशुभ भविष्यवाणी पर माँ की नाराजगी हालाँकि मुझे उचित लगी थी, लेकिन पिछले कुछ वर्षों के राजनीतिक घटनाक्रम को देखते हुए मैं पिता के इस कथन को हल्के से उड़ा नहीं सकता था।

हमें सीधे श्रीनगर पहुँचना था, लेकिन खराब मौसम और उस समय के कम विकसित वैमानिक उपकरणों के कारण हमें जम्मू उतरना पड़ा। वहाँ एक घंटा रुकने के बाद ही हम आगे बढ़ सके। जम्मू से उड़ते ही हमारा विमान बादलों में घिर गया। बनिहाल दर्रा पार करने के बाद बादलों का आवरण छँटा और हमें कश्मीर घाटी दिखाई देने लगी। हवाई जहाज से घाटी का दृश्य बहुत ही मनोरम लग रहा था। हमारे सामने घाटी का संपूर्ण सौंदर्य बिखरा पड़ा था–सचमुच अवर्णनीय। ऐसा लग रहा था मानो कोई अत्यंत दुर्लभ हीरा विशाल हिमालय की गोद में पड़ा हो।

अध्याय 9

श्रीनगर हवाई अड्डे पर शेख अब्दुल्ला अपने पूरे मत्रिमंडल और वरिष्ठ अधिकारियों के साथ मेरे स्वागत के लिए मौजूद थे। शेख सीढ़ियों के ऊपर आकर मुझसे मिले और फिर उन्होंने अपने साथियों से मेरा परिचय कराया। उस वक्त उनके मंत्रिमंडल में नौ मंत्री थे और इनमें उपप्रधानमंत्री बख्शी गुलाम मोहम्मद की खासी अहमियत थी। बख्शी साहब शेख की पार्टी के प्रमुख संगठनकर्ता थे। एक थे मिर्जा मोहम्मद अफजल बेग, अपनी किस्म के बेहद चालाक शख्स। कुछ साल पहले जब मेरे पिता ने स्व-शासन का लघु प्रयोग किया था, उस दौरान वो सरकार में रह चुके थे, और अब शेख मंत्रिमंडल में राजस्व मंत्री थे। इसके अलावा शेख साहब के अन्य सहयोगियों में गुलाम मोहम्मद सादिक, गिरधारी लाल डोगरा, शाम लाल सर्राफ, कर्नल पीर मोहम्मद तथा सरदार बुध सिंह भी थे। इनके अलावा एक दाढ़ी वाले सज्जन थे मौलाना मसूदी, जो नेशनल कान्फ्रेंस के महासचिव थे।

इस स्वागत-सत्कार के बाद हम सब 'कर्ण महल' के लिए रवाना हुए। कई वर्ष बाद बेहद बदली हुई परिस्थितियों में उस घर में लौटना काफी रोमांचक था, जहाँ मैंने अपने बचपन का अधिकांश हिस्सा बिताया था। कार से उतरकर उस सुंदर बँगले में घुसते हुए मेरे मन में उल्लास और आशंका की जो मिली-जुली अनुभूति हो रही थी, वह मुझे आज तक याद है। 'कर्ण महल' का बाग फूलों से भरा था। और झील के उस पार से ठंडी हवा के झोंके आ रहे थे। दिल्ली में तो भयंकर गर्मी पड़ रही थी। उस गर्मी से इतनी दूर आकर बड़ी राहत मिली। मेरे अंशकालिक सलाहकार की भूमिका निभा रहे विष्णु सहाय सड़क के उस पार मेहमान-बँगले में ठहरे। श्रीनगर में वह पंद्रह दिन रुके, फिर दिल्ली लौट गए। वह योग्य और स्थितप्रज्ञ व्यक्ति थे। उनके निष्कर्ष विवेकपूर्ण होते थे। रीजेंसी के प्रारंभिक दिनों में उन्होंने स्थिति के सभी पहलुओं को बिना किसी प्रकार की भावुकता या नाटकीयता दिखाए सही परिप्रेक्ष्य में प्रस्तुत करके मेरी बहुत मदद की।

हालाँकि मैं अपनी इस नई-नई मिली आजादी से खुश था, पर साथ ही मुझे इस तथ्य का भी अहसास था कि मैं अपेक्षाकृत कठिन परिस्थिति में हूँ। शेख अब्दुल्ला पूरे माहौल पर छाए हुए थे और नेहरूजी ने मुझे खास हिदायत दी थी कि मैं उनके साथ सौहार्दपूर्ण ढंग से काम करूँ। शारीरिक रूप से प्रभावशाली होने के साथ-साथ उस समय

शेख अब्दुल्ला सत्ता के शिखर पर भी थे। समय-समय पर वो मेरे पास आते और रियासत की राजनीतिक स्थिति पर लंबे-लंबे भाषण देते। वैसे उन्होंने मेरे पिता का जिक्र सीधे तौर पर कभी नहीं किया। मेरे प्रति भी उन्होंने सामान्यतः मित्रतापूर्ण रवैया अपनाया और मुझे उसमें कुछ सच्चाई भी नजर आती थी। लेकिन मैं अच्छी तरह समझता था कि मेरी स्थिति काफी नाजुक है और यह मेरी विकट परीक्षा का समय है। मेरे रीजेंट बनने पर पिताजी बिलकुल खुश नहीं थे और जम्मू की डोगरा जनता ने भी मेरी इस नियुक्ति के प्रति अपनी नाराजगी भरी अस्वीकृति जताई थी। अतः इस समूची पृष्ठभूमि को ध्यान में रखते हुए मुझे कोई ऐसा मध्य मार्ग निकालना और आजमाना था जो एक तरह से शेख के अनुकूल लगे लेकिन दूसरी तरफ उन्हें और नेहरूजी को नाराज भी करे।

इस बीच कई दिलचस्प काम करने थे। चूँकि कश्मीर का मुद्दा संयुक्त राष्ट्र में काफ़ी चर्चा में था, अतः श्रीनगर में मौजूद संयुक्त राष्ट्र के पर्यवेक्षकों और प्रतिनिधियों को काफी महत्त्व दिया जा रहा था। एक फ्रांसीसी सैन्य अधिकारी जनरल डेल्वोई इस दल का नेतृत्व कर रहे थे। इस दल में विभिन्न यूरोपीय तथा दक्षिण अमेरिकी देशों के अधिकारी शामिल थे। इनमें से अनेक तो सपरिवार श्रीनगर आए थे। उन दिनों अक्सर अलग-अलग स्थानों पर पार्टियाँ आयोजित की जातीं। इनमें तेज-तर्रार और हाजिर जवाब डिविजनल कमांडर जनरल टी. एस. थिमैया और उनकी पत्नी नीना का घर भी शामिल था। 'टिम्मी' बहुत ही मजेदार आदमी थे। बेहद खुशनुमा और करिश्माई व्यक्तित्व वाले। अपने सैनिकों में वो अत्यधिक लोकप्रिय थे, साथ ही नागरिक प्रशासन भी उनका मुरीद था। श्रीनगर पहुँचने के कुछ ही दिन बाद मैं उनके साथ युद्ध-विराम रेखा पर स्थित कुछ अग्रिम क्षेत्रों के दौरे पर गया। हम दस हजार फुट ऊँचाई पर स्थित नश्ताचुन दर्रा पार करके तंगधार और टिथवाल भी गए। कश्मीर घाटी से बाहर विस्तृत हिमालय को देखने का यह मेरा पहला और अविस्मरणीय अवसर था। श्रीनगर के अपने घर में बैठकर पहाड़ों को देखना एक बात थी लेकिन उनके बीच जाकर उनका रोमांच महसूस करना दूसरी। वातावरण में ठंडक थी और तीखी हवा ऊँचे, कद्दावर देवदार पेड़ों से छन-छनकर अनवरत बहे जा रही थी।

'टिम्मी' जबर्दस्त उत्साह में थे और जीप खुद ही चला रहे थे। साथ ही इन क्षेत्रों को पाक हमलावरों के कब्जे से मुक्त कराने के लिए एक साल पहले लड़ी गई लड़ाइयों का सजीव चित्रण भी करते जा रहे थे। मैंने देखा कि हमारी फौजें पूरी तरह मुस्तैद थीं और सैनिकों में उत्साह था। अत्यंत कठिन परिस्थितियों में रह रहे भारतीय सेना के जवानों और अफसरों के बीच जाने और उनसे मुलाकात करने का यह मेरा पहला मौका था। उसके बाद तो मैं कई बार उनके बीच गया और हर बार अपने कर्तव्य के प्रति उनकी समर्पण भावना और कैसे भी वातावरण के अनुरूप अपने को ढालने की उनकी क्षमता से अत्यधिक प्रभावित हुआ हूँ। सेना एवं नागरिकों के बीच सौहार्द ने भी मुझे प्रभावित किया। बहरहाल, दर्रा पार करते ही लोगों की बोली बदल गई। यह कश्मीरी

बोलने वाली नहीं, पंजाबी भाषी आबादी थी। लेकिन पाकिस्तान अधिकृत हिस्से के नजदीक होने और भौतिक व जातीय निकटता के बावजूद मुझे उनके व्यवहार में न तो आक्रोश दिखाई दिया और न किसी प्रकार का विरोध-भाव। सच तो यह है कि इन क्षेत्रों के दौरे पर आने वाला डोगरा शासकों के परिवार का मैं पहला व्यक्ति था। और यहाँ के लोगों ने बड़े स्नेह-भाव से मेरा स्वागत किया। बाद में हमने जोजीला दर्रे के पार के इलाकों का भी ऐसा ही दौरा किया। उल्लेखनीय है कि यहाँ जनरल थिमैया ने ऐसा ऐतिहासिक करिश्मा कर दिखाया था कि लोग उसकी तुलना हन्नीबाल द्वारा अपने हाथियों के साथ आल्प्स पर्वत पार करने से करते हैं। 'टिम्मी' ने इतनी ऊँचाई तक टैंक ले जाकर दुश्मन को भौंचक्का ही नहीं किया, बल्कि उन्हें जबर्दस्त शिकस्त भी दी। मानवता के इतिहास में इतनी ऊँचाई पर इससे पहले कभी टैंकों से युद्ध नहीं लड़ा गया था। जोजीला दर्रे के पार एक छोटे से गाँव द्रास में हमने रात बिताई, जो दुनिया में इंसानी आबादी वाला सबसे ठंडा क्षेत्र माना जाता है।

इन्हीं दिनों बहुत से लोगों से मेरी मुलाकात हुई। इनमें से एक थे दुर्गाप्रसाद धर। ये वो शख्स थे जिन्हें मेरी राजनीतिक जीवन में महत्त्वपूर्ण भूमिका अदा करनी थी। धर साहब खूबसूरत, मधुर स्वभाव और बुद्धिमान व्यक्ति थे और घाटी के सबसे विशिष्ट कश्मीरी पंडित परिवारों में से एक के वंशज थे। लेकिन वो काफी पहले से नेशनल कान्फ्रेंस के साथ सक्रियता से जुड़ गए थे। हालाँकि शेख के मंत्रिमंडल में वो मात्र उपमंत्री थे, लेकिन अधिकांश लोग यह स्वीकार करते थे कि शेख अब्दुल्ला को सत्ता तक पहुँचाने की योजना उन्हीं की बनाई हुई थी। सेना और नागरिकों के बीच संबंध बनाने में उनका कोई मुकाबला न था। इनके अलावा वो राज्य सरकार और भारत सरकार के बीच महत्त्वपूर्ण कड़ी की भूमिका भी निभा रहे थे। उनकी बुद्धि बहुत पैनी थी। लेकिन वे अपनी बुद्धि ठोस परिणामों में लगाने की बजाय गजब की रणनीति तैयार करने में लगाते थे। शेख मंत्रिमंडल में वो सबसे कम उम्र के मंत्री थे। शायद यही वजह थी कि हम दोनों में खूब पटती थी। उस वक्त क्या पता था कि यह दोस्ती संकट के दिनों में बहुत काम आने वाली है—सिर्फ चार साल बाद ही।

1949 की गर्मियों में नेहरूजी दो बार श्रीनगर आए, और मैं भी दो बार दिल्ली गया तथा नेहरूजी के पास ही तीन मूर्ति भवन में ठहरा। नेहरूजी की मेहमान नवाजी बड़ी खुशनुमा होती थी। अत्यधिक व्यस्तता के बावजूद वो अपने मेहमानों की मिजाजपुर्सी के लिए समय निकाल लिया करते थे। हमारी मुलाकात अक्सर खाने की मेज पर ही होती। ऐसे ही एक भोज के दौरान मुझे पंडित गोविंद वल्लभपंत और कृष्ण मेनन से पहली बार मिलने का संयोग हुआ। पंतजी एक ऊँचे कद के व्यक्ति थे—बड़ी-बड़ी नीचे की ओर फैली मूँछें उनके व्यक्तित्व को और भी प्रभावशाली बना देती थीं। उनका हर वक्त हिलता सिर देखकर यह अंदाजा भी नहीं किया जा सकता था कि यह व्यक्ति कितना प्रखर बुद्धि और सयाना है ! फिर कृष्ण मेनन भी थे—पतले-दुबले, लेकिन जबर्दस्त कूटनीतिक। तीन मूर्ति भवन में ही पद्मजा नायडू भी रहती थीं, जो हमेशा

अस्वस्थ रहने के बावजूद अपनी हल्की-फुल्की टिप्पणियों से हँसी-मजाक का वातावरण बनाए रखती थीं। नेहरूजी की मृत्यु के कई वर्ष बाद वो मेरी अच्छी मित्र बन गईं और तब हमने महसूस किया कि वो अत्यधिक स्नेहशील और खुले दिल की इंसान थीं। जहाँ तक जवाहरलाल नेहरू का संबंध है, उनकी शारीरिक और मानसिक चुस्ती-फुर्ती और सक्रियता ने मुझे हमेशा प्रभावित किया। उनकी चाल में गजब की फुर्ती थी, गोया कोई खिलाड़ी रेस में दौड़ने के लिए रेफरी की सीटी का इंतजार कर रहा हो। फिर भी जब कभी वो बातचीत के लिए सोफे पर आराम से बैठते, तो उनका चेहरा गहन चिंतन की मुद्रा लिये होता और उनके आकर्षण नाक-नक्श से एक अजीब सी उदासी झलकने लगती। वैसे वो बहुत अच्छा बोलते थे। संभ्रांत उच्चारण के साथ एक-एक शब्द बहुत नफासत भरा होता। लेकिन उनकी मुस्कुराहट सबसे आकर्षक होती थी। उदास होते हुए भी एक अजीब सी कशिश होती थी उसमें।

गर्मियों में घाटी में रहते हुए मैंने अपने बचपन के बहुत से प्रिय स्थान दोबारा देखे—विशेषकर दाचीगाम और थ्रिकर। वहाँ मैंने छोटा-मोटा शिकार किया और मछलियाँ पकड़ने के अलावा विशिष्ट मेहमानों और शहर के खास लोगों के लिए बहुत सी लंच और चाय पार्टियाँ आयोजित कीं। अभी मेरी उम्र मात्र अठारह बरस की ही थी, लेकिन पहली बार पूरी तरह स्वतंत्र होने पर एक दबी सी खुशी और आत्मविश्वास मैं महसूस कर सकता था। घाटी में मैंने बहुत से प्रसिद्ध तीर्थस्थल भी देखे। मेरे पिता शायद ही कभी इन तीर्थस्थलों पर गए हों। धर्म के प्रति उनका दृष्टिकोण आमतौर पर औपचारिक ही था। लेकिन मुझे माँ से ये संस्कार मिले थे। उसका अनुसरण करते हुए मैं अपनी दिनचर्या शुरू करने से पहले हर सुबह नियमित रूप से थोड़ा पूजा-पाठ जरूर करता था। इसके साथ ही मंदिरों और तीर्थस्थलों में भी मेरी रुचि बढ़ने लगी।

तभी एक ऐसी घटना हुई, जिसने भविष्य में आने वाली मुसीबतों का आभास दे दिया। जून में एक शुभ दिन देवी खीर भवानी को समर्पित तीर्थस्थल का वार्षिकोत्सव पड़ रहा था। पंडित परमानंद के नेतृत्व में कश्मीरी पंडितों का एक प्रतिनिधिमंडल मेरे पास आया और आग्रह किया कि मैं उस अवसर पर वहाँ जरूर आऊँ। पंडित परमानंद दृढ़-चरित्र वाले योग्य अफसर थे, जो कुछ ही समय पहले अकाउंटेंट-जनरल के पद से रिटायर हुए थे। यह स्पष्ट था कि शेख अब्दुल्ला की धर्मनिरपेक्षता की नीतिगत घोषणा के बावजूद कश्मीर की यह छोटी सी पंडित बिरादरी नई शासन-व्यवस्था से बहुत खुश नहीं थी। बहरहाल, मैंने सहर्ष उन लोगों का आमंत्रण स्वीकार कर लिया और मेरे वहाँ आने की घोषणा कर दी गई। इसके तुरंत बाद मुझे शेख अब्दुल्ला का संदेश मिला जिसमें उन्होंने मुझे सलाह दी थी कि उस दिन मैं वहाँ न ही जाऊँ तो बेहतर होगा। शेख के संदेश से मैं उलझन में पड़ गया। मैं उन लोगों से वायदा कर चुका था और मुझे लगा कि मैं उन्हें निराश नहीं कर सकता। मैं वहाँ गया और मेरा भव्य स्वागत हुआ। वहाँ हजारों की भीड़ थी। बुजुर्ग महिलाओं ने मुझे गले से लगाया मेरा माथा चूमा। उनका यह स्नेह प्रदर्शन मेरे लिए बहुत महत्त्वपूर्ण था। माथा उसी का चूमा जाता है,

जो आपको बहुत प्यारा हो। मंदिर के पवित्र तालाब के किनारे पूजा संपन्न करने में मुझे तीन घंटे लग गए। इस तालाब का पानी अत्यंत रहस्यमय ढंग से समय-समय पर अपनी रंगत बदलता रहता है। ऐसी मान्यता है कि तालाब के पानी के रंगों से भविष्य की घटनाओं का आभास मिलता है, गहरे रंग अपशकुन का प्रतीक माने जाते हैं। यह एक दिलचस्प तथ्य है कि पाकिस्तानी आक्रमण से कई महीने पहले यहाँ का पानी एकदम गहरा काला पड़ गया था। यह भी कम दिलचस्प नहीं कि जहाँ पाकिस्तानी आक्रमणकारियों ने घाटी के लगभग सभी हिंदू, सिख व ईसाई पूजा-स्थलों को नष्ट कर दिया, वहीं इस स्थान के एक पत्थर तक को उन्होंने नहीं छुआ था। हालाँकि यह तीर्थस्थल कई महीने तक उनके कब्जे में रहा। जब तक मैं उस तीर्थस्थल पर रहा, वातावरण स्वागत के नारों से गूँजता ही रहा। इनमें कुछ नारे 'डोगरा राज जिंदाबाद' के भी थे। हालाँकि शेख ने इस मामले पर मुझसे कभी कुछ कहा नहीं, लेकिन मुझे मालूम हो गया था कि वो मेरे वहाँ जाने पर काफी नाराज थे। भला 'कश्मीर का शेर' अपने प्रतिद्वंद्वी को कैसे बर्दाश्त कर सकता था, भले ही वो अभी 'शेर का बच्चा' ही क्यों न हो ?

पंडित परमानंद का मैं एक और बात के लिए बहुत ऋणी हूँ। उन्होंने संस्कृत से मेरा परिचय कराया। स्कूल और कॉलेज में मैंने इस शानदार भाषा का एक भी शब्द नहीं पढ़ा था। पंडित परमानंद ने मुझसे आग्रह किया और इस बात पर जोर दिया कि मुझे संस्कृत सीखनी शुरू कर देनी चाहिए। उन्होंने यहाँ तक कहा कि वो हफ्ते में तीन दिन मेरे घर आएँगे और मुझे संस्कृत के कुछ श्लोक सिखाएँगे। जिस तरह मुझे अंग्रेजी सिखाई गई थी, उसी तरह मैं अब संस्कृत सीखने लगा। यानी मैंने व्याकरण के माध्यम से नहीं, बल्कि सुन-सुनकर संस्कृत सीखी। यह भाषा मुझे बहुत मधुर और आसान लगी। मैंने महसूस किया कि मैं बिना किसी खास कठिनाई के पूरा पद पढ़ और कंठस्थ कर सकता हूँ। और इसका रहस्य संस्कृत पदों की विलक्षण संगीतमयता और लयबद्धता थी, चाहे वो वेदों का साहित्यिक माहात्म्य हो, उपनिषदों का प्रचंड ज्ञान, भगवद्गीता के अमर संदेश या आदि शंकराचार्य के उत्कृष्ट स्रोत।

इसी दौरान एक और घटना घटी, जिसने मेरे भावी जीवन पर महत्त्वपूर्ण प्रभाव डाला। श्रीनगर पहुँचने के कुछ ही दिन बाद मैंने सोचा कि यदि शिक्षा जगत से मेरे संबंध फिर जुड़ जाएँ, तो बहुत अच्छा होगा। लिहाजा मैंने वहाँ के शिक्षा निदेशक से किसी ऐसे विद्वान का नाम सुझाने का अनुरोध किया, जो रोज आकर मेरे साथ मौजूदा आर्थिक और राजनीतिक समस्याओं पर चर्चा करे। निदेशक महोदय ने मेरे पास प्रोफेसर पी. एन. चाकू को भेज दिया। जल्दी ही मेरा उनसे तालमेल भी बैठ गया। प्रोफेसर चाकू एक मँजे हुए बुद्धिजीवी थे और उन्होंने मुझे अनेक महत्त्वपूर्ण राजनीतिक और आर्थिक अवधारणाओं से परिचित कराया। जैसे अर्थशास्त्र में केन्स, राजनीति में लास्की तथा विकासशील अर्थ-व्यवस्था पर मार्क्स के सिद्धांत। मुझे इस बौद्धिक आदान-प्रदान में वास्तविक आनंद आने लगा और मैंने खूब पढ़ना शुरू कर दिया। उस जमाने में बर्टेंड

रसेल और एल्डस हक्सले, दो ऐसे लेखक थे, जिन्होंने मुझे अत्यंत प्रभावित किया। रसेल का प्रवाहपूर्ण गद्य तथा हक्सले के काल्पनिक संरूपण का मुझ पर गहरा प्रभाव पड़ा। मैंने इन लेखकों से एक प्रशंसक के तौर पर पत्र व्यवहार भी किया और इन तीनों महानुभावों का एक-एक पत्र मेरे पास आज तक सुरक्षित है। कुछ मुद्दों पर असहमति के बावजूद मेरे मन में उनके प्रति सम्मान में कोई कमी नहीं आई है।

रीजेंट की हैसियत से पिता की जगह अब मैं जम्मू-कश्मीर रियासत की सेनाओं का नामधारी कमांडर-इन-चीफ था। उस समय तक रियासत की सेनाएँ व्यावहारिक दृष्टि से भारतीय सेना का हिस्सा बन चुकी थीं। फिर भी जहाँ भारतीय परिसंघ में विलय कर चुकी अन्य रियासतों की सेनाएँ भारतीय सेनाओं का अंग बन चुकी थीं, वहीं हमारी सेनाओं का ऐसा कोई औपचारिक विलय नहीं हुआ था। अभी तक उनकी अलग पहचान बनी हुई थी। वैसे इसमें कोई शक नहीं कि कमांडर-इन-चीफ का पद विशुद्ध रूप से औपचारिक था। उसका इस्तेमाल समय-समय पर नए कागजात पर हस्ताक्षर करवाने के लिए ही किया जाता था। इसी तरह नव-स्थापित जम्मू और कश्मीर विश्वविद्यालय के कुलाधिपति का पद भी औपचारिक ही था, जो मुझे राज्याध्यक्ष के नाते पदेन मिला था, लेकिन यह मेरी रुचियों के अनुकूल था। 1947 से पहले राज्य की शिक्षा संस्थाएँ लाहौर स्थित पंजाब विश्वविद्यालय से संबद्ध थीं। लेकिन विभाजन के बाद अलग से विश्वविद्यालय की स्थापना करना अनिवार्य हो गया था। उस समय राज्य में ऐसा कोई कानून तो था नहीं, अतः 1948 में पिताजी के जारी किए गए एक अध्यादेश द्वारा ही जम्मू-कश्मीर विश्वविद्यालय की स्थापना हो सकी। नए विश्वविद्यालय का पहला औपचारिक दीक्षांत समारोह श्रीनगर में 24 सितंबर, 1949 को आयोजित किया गया। कुलाधिपति की हैसियत से मैंने इसकी अध्यक्षता की। इस अवसर पर जवाहरलालजी भी श्रीनगर आए। इस समारोह में मेरे द्वारा दिए जाने वाले दीक्षांत भाषण की एक प्रतिलिपि मैं उन्हें पहले ही दिल्ली भेज चुका था। इसका जवाब देते हुए 11 सितंबर के अपने एक पत्र में उन्होंने लिखा था, "शेख साहब आज शाम को मेरे पास आए थे और मुझे तुम्हारे उस भाषण की कॉपी दे गए, जो तुम यूनिवर्सिटी के चांसलर की हैसियत से पढ़ना चाहते थे। मैंने अभी इसे पढ़ा है और यह मुझे काफी दिलचस्प लगा। निश्चित रूप से तुम किसी यूनिवर्सिटी के सबसे कमउम्र चांसलर होगे।"

दीक्षांत समारोह अपने आप में बहुत आकर्षक था। हम सबने काले गाउन और गुलाबी पगड़ियाँ पहने एक गरिमापूर्ण जुलूस के रूप में अहाते में प्रवेश किया। शेख अब्दुल्ला उपकुलाधिपति थे, अतः वो, नेहरूजी और मैं तीनों इकट्ठे चल रहे थे। उपाधियाँ और पुरस्कार वितरण करने के बाद मैंने अपना भाषण पढ़ा और फिर नेहरूजी से आग्रह किया कि वे उपस्थित छात्रों तथा अन्य अतिथियों को संबोधित करें। इसके बाद तो मैंने नियम बना लिया कि अपना हर भाषण मैं खुद ही लिखूँगा। हाँ अपवाद-स्वरूप हर साल विधानसभा में दिए जाने वाले भाषण को मैंने कभी नहीं लिखा। लेकिन उसके लिए भी मैं एक रूपरेखा माँगता था और उन बातों को अपने शब्दों में

पेश करने की कोशिश करता। दीक्षांत समारोह के बाद मुझे हर तरफ से बधाइयाँ मिलीं। जाहिर था उस दिन मेरे दीक्षांत भाषण का गर्मजोशी से स्वागत किया गया। लेकिन मैं सोचता हूँ कि ऐसा शायद इसलिए हुआ, क्योंकि किशोर वय का मैं पहला कुलाधिपति था।

दोपहर को हम सब नौकाओं में बैठकर एक जुलूस की शक्ल में झेलम नदी के उस पार पहुँचे। इसके साथ ही मेरी आँखों के आगे अतीत के वो दृश्य फिर ताजा हो गए, जब कई बरस पहले ऐसे ही एक जुलूस में मैं पिताजी के साथ नाव में बैठा था। उस वक्त सफेद यूनिफार्म और पीली पगड़ी पहने दर्जनों सुप्रशिक्षित कश्मीरी नाविक जरी के कपड़े से सजे बजरों को झेलम बहाव के विरुद्ध खेते हुए ले जा रहे थे। वो नाव और नाविक तो आज भी वहाँ थे, लेकिन अब एक दशक बाद पूरा परिदृश्य बदल चुका था। नेहरूजी, शेख और मैं—तीनों प्रमुख बजरे में बैठे, जबकि नेहरूजी के साथ आए अन्य लोगों के साथ-साथ गोपालास्वामी अयंगार, सरदार बलदेव सिंह, राजकुमारी अमृत कौर तथा एन. वी. गाडगिल और भारतीय सेना के कमांडर-इन-चीफ जनरल करिअप्पा आदि हमारे पीछे छोटी नावों पर सवार थे। झेलम के किनारे-किनारे लोगों की अपार भीड़ इकट्ठा थी, जो नेहरूजी का अभिवादन करने के लिए आई थी। एक-एक करके हमने झेलम पर बने सातों ऐतिहासिक पुलों को पार किया पुलों पर झंडे लिये और नारे लगाते इतने लोग खड़े थे कि हर पुल के नीचे से गुजरते हुए ऐसा लगता कि लोगों के बोझ से से कहीं गिर न जाएँ। हजारों की संख्या में स्कूली बच्चे भी अपनी आकर्षक स्कूल यूनिफार्म में वहाँ मौजूद थे। उनकी उपस्थिति से पूरा माहौल और भी रंग-बिरंगा हो उठा। मेरे लिए यह नाटकीय और यादगार घटना थी। मैं जवाहरलाल नेहरू जैसी हैसियत वाले राष्ट्रीय नेता के साथ बैठने पर स्वयं को गौरवान्वित महसूस कर रहा था। शेख अब्दुल्ला और उनकी नेशनल कान्फ्रेंस द्वारा अपनी राजनीतिक ताकत दिखाने का यह सुनहरा अवसर था, जिसका पूरा लाभ उन्होंने उठाया। इससे पाकिस्तान का यह प्रचार भी झूठा साबित हो गया कि कश्मीरी जनता भारतीय-सेना के अत्याचारों के कारण त्राहि-त्राहि कर रही है। नेहरूजी को उस ऐतिहासिक अवसर पर कश्मीरी जनता का जो विशुद्ध प्यार और स्नेह मिला और उम्मीदें बँधीं, वो किसी से छिपा नहीं रहा होगा। फिर वहाँ विदेशी पत्रकार व कैमरा टीमें मौजूद थीं।

कश्मीर में रहने का मौसम अब लगभग खत्म हो रहा था और हम लोगों ने हर साल की तरह 'दरबार' जम्मू ले जाने की योजनाएँ बनानी शुरू कर दी थीं। वर्तमान परंपरा की तरह उस वक्त की राज्य सरकार की ग्रीष्मकालीन राजधानी गर्मियों के छह महीने (मई से अक्तूबर) श्रीनगर हुआ करती थी, बाकी छह महीने जम्मू शीतकालीन राजधानी होती थी। यह एक राजनीतिक अनिवार्यता थी, क्योंकि जम्मू और कश्मीर रियासत दो बड़े क्षेत्रों को मिलाकर बनाई गई थी और दोनों क्षेत्रों को समान महत्त्व देना आवश्यक था। सच तो यह है कि भविष्य में दोनों क्षेत्रों में जो तनाव और संघर्ष हुआ, उसका मुख्य कारण यही रहा था कि दोनों क्षेत्रों में समानता का संतुलन बनाए नहीं

रखा गया।

मैंने निर्णय किया कि हम 7 नवंबर को जम्मू के लिए रवाना हो जाएँगे जैसे-जैसे पतझड़ का मौसम सर्द हो जाता है, शिकार करने और मछली पकड़ने की संभावनाएँ बेहतर हो जाती हैं। मैंने सोचा कि जाने से पहले क्यों न ये आनंद भी उठा लिया जाए। इधर मैंने अपने 'स्टिफ' हो चुके कूल्हे के बावजूद टेनिस खेलना भी शुरू कर दिया था। मेरी योजना यह थी कि कुछ हफ्ते जम्मू रहकर पिताजी से मिलने बंबई जाऊँगा। नेपाल के राजाओं का संदेश मिलने के बाद अगले वर्ष 15 जनवरी को मेरा विवाह निश्चित कर दिया गया था। सब कुछ सहज रूप में होता नजर आ रहा था।

29 अक्तूबर को श्रीनगर से कुछ मील दूर खिरु में चकोर के शिकार का कार्यक्रम बना। हम लोग सुबह-सुबह रवाना हो गए। मैं ड्राइवर के साथ अगली सीट पर बैठा, जबकि ब्रिगेडियर रावत, मेरा ए डी सी कैप्टन महेंद्र सिंह और मेरा काला लेब्राडर तथा शिकार उठाकर लाने वाला डस्की पिछली सीट पर थे। पिछली रात वर्षा होने के कारण तारकोल सड़क के अलावा हर जगह फिसलन थी। अभी हमें चले हुए मुश्किल से पाँच ही मिनट हुए थे और हम प्राचीन पांद्रेठन मंदिर से आगे ही निकले थे कि सामने से आ रहा एक ट्रक हमें रास्ता देने के लिए कच्ची सड़क पर हो गया। लेकिन यह देखकर मेरे तो होश उड़ गए कि फिसलन के कारण ट्रक का संतुलन बुरी तरह गड़बड़ा गया और वह खतरनाक ढंग से हमारी ओर आने लगा। अंतःप्रेरणा से मैंने दायाँ कूल्हा बचाने के लिए बायाँ पैर आगे बढ़ाकर दबा दिया। ट्रक ने भयंकर आवाज करते हुए हमारी गाड़ी को जोर से टक्कर मारी। मैंने नीचे नजर डाली तो पाया कि मेरी बाईं टाँग घुटने से टखने के बीच टूटकर नब्बे डिग्री का कोण बनाते हुए मुड़ गई है। इसके साथ ही मेरे खराब कूल्हे में भी जबर्दस्त दर्द होने लगा। मुझे लगा मैं एक भयावह स्वप्न देख रहा हूँ और इसके टूटने पर मैं फिर पलंग पर पड़ा मिलूँगा। यह दुःस्वप्न तो था, लेकिन जागती आँखों का।

किस तरह मुझे कार से निकाला गया, घटनास्थल से कुछ सौ गज दूर स्थित सेना के अस्पताल पहुँचाया जाना, एक्स-रे, तुरत-फुरत एनेस्थीशिया दिया जाना और होश आने पर भयंकर पीड़ा के अहसास के साथ खुद को अस्पताल के कमरे में पाना, टाँग और कूल्हे—दोनों में प्लास्टर देखना आदि की कष्टप्रद यादें आज इतने बरस बाद भी दोहरा पाना मेरे लिए लगभग असंभव है। अगले दो दिन भयंकर दर्द में बीते। शेख अब्दुल्ला मुझे देखने आए, वह उन्होंने बड़े प्यार से मेरे चेहरे और सिर पर हाथ फेर कर बहुत सहानुभूति जताई। वह बहुत चिंतित लग रहे थे। मेरे पिता को इस दुर्घटना का समाचार मिला तो तुरंत मुझे बंबई पहुँचाने की माँग की। मैं दर्द खत्म होने तक वहीं रहना चाहता था, लेकिन पिताजी अपनी बात पर अड़े हुए थे। आखिर वायुसेना का एक डी सी-3 विमान किराए पर लिया गया और न्यूयार्क की तरह मुझे एक बार फिर हवाई जहाज में लाद दिया गया, लेकिन इस बार मेरा गंतव्य बंबई था। हमारा जहाज ईंधन लेने के लिए कुछ देर दिल्ली रुका। यहीं पर माँ से भी मुलाकात हुई। वह मेरी

दुर्घटना की खबर पाते ही कसौली से दिल्ली पहुँची थी। उसे तो मेरी हालत देखकर ऐसा झटका लगा, कि वो कुछ बोल ही नहीं पाई। दिल्ली से हमारा विमान बंबई के लिए रवाना हुआ, जहाँ हवाई अड्डे पर पिताजी मेरा इंतजार कर रहे थे। जैसे ही मैं 19 नेपियन रोड पहुँचा, विख्यात हड्डी विशेषज्ञ डॉ. किनी और डॉ. मुलगावकर को बुलाया गया। उस वक्त तक मेरा पाँव खतरनाक ढंग से सूज चुका था। एनेस्थीशिया देकर प्लास्टर हटाया गया। पता चला वहाँ बेहिसाब फफोले पड़े हुए थे। मुझे बंबई पहुँचने में अगर थोड़ी सी भी देर हो जाती, तो टाँग काटे जाने की पूरी संभावना थी।

एक बार फिर मैं पुरानी, बल्कि पुरानी से भी बुरी हालत में था। अमेरिका में तो सिर्फ मेरे कूल्हे की समस्या थी, लेकिन इस बार तो मेरे बाएँ पैर की दोनों हड्डियाँ टूटी हुई थीं। दुर्घटना के जबर्दस्त धक्के से मेरा कूल्हा भी दोबारा चटख गया था। अब मेरे दोनों पाँवों में प्लास्टर चढ़ा था और मैं गहन पीड़ा में था। मैं तो यह मान चुका था कि नियति मुझे कभी संपूर्ण जीवन नहीं जीने देगी। दुख को याद करना सहज नहीं होता। यह दूसरा हादसा ऐसा था, जिसमें मुझे इतनी तकलीफ हुई कि औसत आदमी शायद जिंदगी भर उतनी पीड़ा नहीं भोगता। हफ्तों मैं प्लास्टर में पड़ा रहा। लेकिन हड्डियाँ थीं कि ठीक होने का नाम ही नहीं ले रही थीं। मेरी माँ कसौली से बंबई पहुँच चुकी थी। अब सबसे महत्त्वपूर्ण प्रश्न यह था कि मेरे विवाह का क्या किया जाए ? आशा के चाचा, मामा जनरल विजय शमशेर मुझे देखने बंबई आए। जनरल शमशेर बाद में नई दिल्ली में नेपाल के राजदूत भी नियुक्त किए गए। जाहिर था कि जनवरी की तारीख को अब रद्द करनी ही थी, लेकिन कितने समय तक विवाह को टाले रखा जाए, यह मेरी स्थिति पर निर्भर करता था। एनेस्थीशिया देकर डॉ. किनी और मुलगावकर ने कई जोड़-तोड़ किए, लेकिन कोई कारगर नहीं हुआ। उधर मेरी बाईं टाँग के फफोलों को ठीक होने में कई हफ्ते लग गए। उसके लिए मुझे एंटीबायोटिक का लंबा कोर्स लेना पड़ा। यह एक और कष्टप्रद अनुभव था। कश्मीर में आजादी की संक्षिप्त गर्मियाँ बिताने के बाद, मैं पुनः निराशा के साए में था।

उधर बेशक देश का घटनाचक्र तेजी से आगे बढ़ रहा था। 26 जनवरी को देश में नया संविधान लागू कर दिया गया। यह खुशी का बहुत बड़ा अवसर था। भारत अब एक संपूर्ण प्रभुता संपन्न गणराज्य बन चुका था। डॉ. राजेंद्र प्रसाद ने गवर्नर-जनरल सी. राजगोपालाचारी के स्थान पर भारत के प्रथम राष्ट्रपति का पद सँभाला। इस अवसर पर बंबई में एक अभूतपूर्व जुलूस निकला, जो कई घंटों तक चला। मरीज के रूप में बिस्तर पर पड़े-पड़े ही मैंने स्वयं में पहली बार प्रभुता-संपन्न लोकतांत्रिक भारत का नागरिक होने का उत्साह महसूस किया। सौभाग्यवश मैं उस पीढ़ी से था, जिसने सत्ता का उपयोग प्राचीन सामंती परंपरा के अनुसार नहीं किया। अतः जहाँ अपनी रियासत के प्रति मेरे मन में एक विशेष लगाव था, वहीं हिंदुस्तानी होने के गर्व की अनुभूति उससे कहीं ज्यादा थी। 1947 का स्वतंत्रता दिवस और अब 1950 में गणतंत्र दिवस--दोनों ऐतिहासिक अवसरों पर मैं बिस्तर पर पड़ा था—इस बात का मुझे दुःख था। दोनों ही

अवसरों में मैं सक्रियता से भाग नहीं ले सका।

काफी कोशिशों के बाद भी जब हड्डियाँ नहीं जुड़ीं, तो अंततः डॉक्टरों ने मेरा ऑपरेशन करने का निर्णय किया। ऑपरेशन करके डॉक्टरों ने मेरे बाएँ पैर में धातु की एक पट्टी डाली और उसे छह पेचों से कस दिया ताकि मेरे दाएँ कूल्हे में लगे धातु के पिन का संतुलन बना रहे। ऑपरेशन वाले दिन मेरी माँ पूजा के कमरे में बंद रही। उसने हिदायत दे रखी थी कि ऑपरेशन खत्म होने और मेरे होश में आने पर ही उसे सूचित किया जाए, उससे पहले नहीं। अब चूँकि धातु की पट्टी डाल दी गई थी, और टूटी हड्डियाँ भी असामान्य रूप से न जुड़ने पर आमादा थीं, अतः ऐसा लग रहा था कि मुझे टूटी हड्डियों और प्लास्टर के साथ एक और साल न बिताना पड़ जाए। प्रकृति के तौर-तरीके अद्भुत होते हैं, लेकिन कुछ परिस्थितियों में योग्य सर्जनों की थोड़ी सी मदद भी बहुत मूल्यवान सिद्ध होती है।

ऑपरेशन के बाद स्वास्थ्य लाभ करते हुए मैं शेख अब्दुल्ला, उनके उपप्रधानमंत्री बख्शी गुलाम मोहम्मद जैसे रियासत के नेताओं से बराबर संपर्क बनाए हुए था। बख्शी काफी अलग तरह के व्यक्ति थे और भावी राजनीतिक घटनाक्रम में उनकी भूमिका महत्त्वपूर्ण रहने वाली थी। शेख अब्दुल्ला ने समय-समय पर मुझसे पत्र-व्यवहार बनाए रखा। यहाँ तक कि संयुक्त राष्ट्र में कश्मीर मुद्दे पर बहस में भाग लेने जब वो न्यूयार्क गए, तो वहाँ से भी उन्होंने पत्राचार का सिलसिला बनाए रखा। इस बीच डॉक्टरों से विचार-विमर्श के बाद मेरे विवाह की नई तारीख तय कर दी गई थी। डॉक्टरों का मानना था कि ऑपरेशन के छह हफ्ते बाद मैं फिर से चलने-फिरने लायक हो जाऊँगा। मेरी विवाह की तारीख तय करते वक्त पिताजी ने इस बात का खास ध्यान रखा कि उस 'शुभ तिथि' से उनके रेसिंग कार्यक्रम में कोई बाधा न पड़े। इसके लिए पंडितों को विशेष रूप से आगाह कर दिया गया था। अतः पंडितजी ने 5 मार्च का सुविधाजनक मुहूर्त निकाल ही लिया। आशा के दादा-नाना अब भी नेपाल के प्रधानमंत्री थे। नेपाल के राणा शासकों की वो आखिर कड़ी थे। राणा-वंश ने नेपाल पर लगभग एक शताब्दी तक राज किया था। यह भी एक विचित्र संयोग था कि हम दोनों के वंशों की स्थापना महाराजा गुलाब सिंह और महाराजा जंगबहादुर ने लगभग एक ही समय में की और अब लगभग पूरे सौ साल बाद दोनों का अंत भी लगभग एक साथ हुआ।

तारीख तय हो जाने के बाद आशा के माता-पिता जनरल तथा रानी शारदा शमशेर भी अपनी पाँचों संतानों सहित बंबई आ गए। उन्होंने अपना डेरा 'कच्छ कैसल' में जमाया। 'कच्छ कैसल' नेपियन सी रोड पर स्थित एक महलनुमा भवन था। सामान्य परिस्थितियों में हम लोग पूरी बारात लेकर धूमधाम से नेपाल गए होते, लेकिन चूँकि मैं सफर करने की स्थिति में नहीं था, अतः विवाह बंबई में ही संपन्न कराने का निश्चय किया गया। मेरे माता-पिता तो आशा और उसके माता-पिता से मिलने चले गए, जबकि मेरा वहाँ जाना और शादी से पहले आशा से मिलना ठीक नहीं समझा गया। 'कश्मीर हाउस' की सीढ़ियों के पास वाले हाल में सगाई की औपचारिक रस्म संपन्न हुई। सगाई

वाले दिन राणाओं का एक प्रतिनिधि दो नेपाली पंडितों को लेकर वहाँ आया। मेरे माथे पर केशर का शुभ-सूचक तिलक लगाया गया और अँगूठी पहनाई गई।

धीरे-धीरे मैं बिस्तर से उतरकर अमेरिका से लाई गई छड़ियों के सहारे चलने-फिरने लगा। जैसे-जैसे शादी का दिन नजदीक आता जा रहा था, घर में मेहमानों और रिश्तेदारों का ताँता लगना शुरू हो गया। यदि यही विवाह जम्मू में हुआ होता तो पूरे शहर में हलचल मची होती। लेकिन बंबई में पिताजी ने सिर्फ नजदीकी रिश्तेदारों को ही बुलाया था। अपने स्वभाव के अनुरूप यहाँ भी उन्होंने विवाह से पूर्व और बाद के सभी कार्यक्रमों की पूरी बारीकी से योजना बनाई, जबकि मेरी माँ ज्यादातर खरीदारी में ही लगी रही।

मैं अपने जीवन की इस महत्त्वपूर्ण घटना को लेकर खुश भी थी और आशंकित थी। इसमें कोई आश्चर्य भी नहीं था। माँ-बाप की अकेली संतान के रूप में मेरा लालन-पालन हुआ। फिर पढ़ा भी तो लड़कों के स्कूल में, जाहिर है कि लड़कियों से मेरा संपर्क भी बस नाममात्र का रहा। और विवाह से पहले तीन साल तक टूटी हड्डियों के कारण मेरा सामाजिक जीवन भी लगभग नगण्य रहा था। फरवरी खत्म होते-होते मैं बिना किसी सहारे के चलने लायक हो गया था, लेकिन फिर भी मुझे भरोसा नहीं था कि शादी के लंबे-चौड़े कार्यक्रम मैं बिना गिरे-पड़े पूरा कर पाऊँगा। इन्हीं आशंकाओं के बीच आखिर सामंती उपकरण मेरे काम आया। राजपूतों की शादी में दूल्हे के लिए तलवार रखना अनिवार्य होता है। तो यही तलवार मेरे लिए फेरों के समय छड़ी का काम भी दे गई और मैं किसी अप्रिय स्थिति में पड़ने से बच गया।

शादी के एक दिन पहले स्वयंवर की रस्म अदा की गई। विवाहेच्छुक उम्मीदवारों में से स्वयंवर द्वारा वर चुनने की प्राचीन और महत्त्वपूर्ण हिंदू परंपरा रही है। हालाँकि समय के साथ-साथ हिंदू समाज में महिलाओं की स्थिति काफी खराब हुई है और इसके अनेक दुष्परिणाम भी भुगतने पड़े हैं, लेकिन फिर भी बहुत से समुदाय प्रतीक रूप से ये रीति-रिवाज बरकरार रखे हुए थे—विशेषकर नेपाल के राणाओं के वंशज। मेरे लिए सुखद पहलू यह रहा कि यहाँ चुनाव के लिए एकमात्र उम्मीदवार मैं ही था, बहुत कुछ उस तरह जैसे कई देशों में चुनाव के मैदान में एक ही उम्मीदवार होता है, तो सारे वोट उसी को मिलते हैं। स्वयंवर के लिए मैंने जरी का लंबा कोट पहना था, सिर पर पगड़ी थी, जिसमें पन्ने की जड़ाऊ कलगी लगी हुई थी और एक रत्न-जड़ित तलवार भी थी। पिताजी और मैं एक बड़ी खुली कार 'पैकर्ड' में बैठकर 'कच्छ कैसल' गए। यह कार ध्रोल के ठाकुर साहब की थी और वो दुनिया के सबसे मोटे व्यक्तियों में एक थे। वैसे भी यही एक ऐसी कार थी, जिसमें मैं आराम से बैठ सकता था, अतः इसमें बैठकर बहुत अच्छा लगा। जनरल सारदा और जनरल सिंघा हमारी अगवानी के लिए खड़े थे। वे लोग हमें एक बड़े हाल में ले गए, जहाँ आशा पहले से मौजूद थी। लाल जरी की साड़ी में वो इस कदर लिपटी हुई थी कि एकबारगी तो मुझे लगा मानो कपड़ों का कोई बड़ा गट्ठर रखा हुआ हो। वैसे वह मेरे सामने ही एक कुर्सी पर बैठी हुई थी। संस्कृत

मंत्रों के उच्चारण के बीच आशा ने उठकर मुझे हार पहना दिया। वर चुनने की सांकेतिक प्रक्रिया पूरी हुई। इसके बाद मैंने भी उसके गले में माला डाल दी। उसके बाद आशा को एक सजी हुई पालकी में बिठाकर उसके नेपाली दास-दासियाँ अंदर ले गए। इस पूरी रस्म के दौरान उसका चेहरा पूरी तरह ढका रहा।

अगली सुबह 5 मार्च, 1950 को बिस्मिल्ला खाँ और उनके साथियों की शहनाई की मधुर धुनों के बीच मेरी नींद खुली। शादी-ब्याह के मौकों पर शहनाई वादन बहुत शुभ माना जाता है। वे लोग लॉन में बैठे शहनाई बजा रहे थे। सही समय पर विवाह करना भी एक प्रकार का जुआ होता है। और यहाँ तो मैं तेरह साल की एक ऐसी लड़की से शादी करने जा रहा था, जिससे मैं सिर्फ एक बार आधे घंटे के लिए ही मिला था—वो भी अपने और उसके माता-पिता के सामने। अतः मानसिक ऊहापोह के बीच मैंने अपने शादी के कपड़े पहने हल्की गुलाबी कमीज, तंग पाजामा, लंबा जरी का कोट लाल पगड़ी और हीरों का एक सेट। अवसर के अनुरूप पिता ने भी राजसी वेशभूषा पहनी। पन्ने और जवाहरात जड़ा शानदार मुकुट और उसी के मुकाबले की तलवार। अपनी छाती पर उन्होंने अपने तमाम तमगे भी सजा रखे थे। इन तमगों पर वो हमेशा गर्व करते थे। पूर्व महाराजाओं के साथ-साथ हमारी बारात के अन्य सदस्यों ने भी जरी की वेशभूषा पहन रखी थी। बारात के आगे-आगे सेना का एक बैंड चल रहा था। उसके पीछे 24 वर्दीधारी सेवक अपने हाथों में चाँदी की थालियाँ लिये चल रहे थे। इन थालियों में जवाहरात, कपड़े और सूखे मेवे और मिष्ठान्न थे। ये सब हमारी ओर से दुल्हन को उपहार में देने के लिए थे। इसके बाद अन्य राजा-महाराजाओं के साथ मेरे पिता, संबंधी तथा स्टाफ कर्मचारी पैदल चल रहे थे। सबसे अंत में मेरी कार थी। बहुत ही सुरुचिपूर्ण ढंग से सजी यह एक खुली कार थी। और इस कार में मैं पीछे की सीट पर पूरी शान से अकेला बैठा हुआ था। हमारे घर 19 नेपियन सी रोड से 'कच्छ कैसल' तक का रास्ता हमने आधा घंटे से कुछ ज्यादा समय में तय किया। 'कच्छ कैसल' के प्रवेश द्वार पर एक अन्य बैंड ने हमारा स्वागत किया और हमारी बारात धीरे-धीरे चलती हुई आखिर मुख्य भवन के सामने पहुँचकर रुक गई। यहाँ मेरे और आशा के पिता की औपचारिक मिलनी संपन्न हुई। दोनों पक्षों के अन्य लोगों ने भी एक-दूसरे का अभिवादन किया।

विवाह की विभिन्न रस्मों से राजपूतों की शौर्य परंपरा की स्पष्ट झलक मिलती थी। मध्यकालीन समय में यात्रा कठिन और जोखिम भरी होती थी। वंशगत शत्रुता तथा डाकुओं के हमले का खतरा हमेशा बना रहता था। अतः आत्मरक्षा के लिए तलवार रखनी तो अनिवार्य होती थी। उन दिनों दो वंशों के मुखिया का मेल विवाह बंधन में परिणत हो जाया करता था। बहिर्विवाह अपरिहार्य आवश्यकता होने के कारण काफी महत्त्वपूर्ण घटना मानी जाती थी। सभी राजपूत अपने पूर्वजों का संबंध राजपूताना के किसी-न-किसी प्रमुख वंश में ढूँढ़ निकालते हैं। इस तरह हमारा परिवार कुशवाह वंश से संबंधित है, जिसके मुखिया जयपुर के शासक थे। जबकि राणा खानदान अपने सूत्र उदयपुर के सिसोदिया वंश से जोड़ते हैं। बारातियों के जबर्दस्त ढंग से हथियार बंद होकर

दुल्हन के घर तक जाने और वापसी में पूरी सुरक्षा के साथ अपने किले तक दुल्हन को लाने की परंपरा असुरक्षा के उसी बीते दौर की बाध्यता दर्शाती है। इस तथ्य के बावजूद देखने में यह बेहद आकर्षक दृश्य प्रस्तुत करता है और आज तक प्रचलित है—भले ही इसका स्वरूप अब कुछ बदल गया है।

मिलनी के बाद पिता तथा बारात के अन्य लोग उस अवसर पर विशेष रूप से लगाए गए एक विशाल और रंग-बिरंगे शामियाने के नीचे बिठाए गए। मुझे पूजा मंडप में ले जाया गया। सारे धार्मिक कृत्य यहीं संपन्न होने थे। सर्वशक्तिमान के विभिन्न रूपों के प्रारंभिक स्तुति-गान के बाद आशा को मंडप में लाया गया। आठ दास उसकी पालकी को उठाए थे। उसके पीछे-पीछे लाल साड़ियों में सजी आठ नेपाली दासियाँ सफेद घोड़े की पूँछ के बालों से बने चँवर डुलाती चल रही थीं। यह चँवर बड़ा शुभ माना जाता है। आशा के आते ही विवाह की रस्में शुरू कर दी गईं। आशा, उसके माता-पिता और मैं इस समारोह के मुख्य पात्र थे। कन्यादान की रस्म माता-पिता द्वारा संयुक्त रूप से अदा की जाती है। पश्चिम में तो कन्यादान सिर्फ पिता के हाथों ही किया जाता है।

इसके बाद विवाह की सबसे महत्त्वपूर्ण रस्म—यानी दूल्हा-दुल्हन द्वारा पवित्र अग्नि के गिर्द सात फेरे लगाने की बारी आई। आशा इतनी तेज चल रही थी कि मैं बड़ी मुश्किल से उसका साथ दे पा रहा था। उस वक्त सहारा था तो बस मेरी भरोसेमंद तलवार का, जिसे मैं छड़ी के तौर पर इस्तेमाल कर रहा था। मेरी परेशानी देख पिताजी उठे और आशा के कान में फुसफुसाते हुए जरा धीरे चलने को कहा। फेरे पूरे होने के बाद हम दोनों को एक छोटी सी, लेकिन दिलचस्प नेपाली रस्म अदा करनी पड़ी। इस रस्म में नवविवाहित जोड़े को पलंग पर बैठकर हाथी-दाँत के लंबे मोहरों के साथ पाँसे का खेल खेलना होता है। उस प्रमुख नेपाली पंडित द्वारा खेल का नतीजा घोषित करने से पहले ही उसके मुख पर विजयी भाव देखकर ही मैं समझ गया था कि आशा ने बाजी आसानी से जीत ली है।

विवाह समारोह संपन्न होने के बाद बारात कश्मीर हाउस लौट आई। आशा 'कच्छ कैसल' में ही रही। अगले दिन शुभ मुहूर्त में आशा को अपने नए घर में प्रवेश करना था। मैं 'कच्छ कैसल' गया, वहाँ कई रस्में पूरी की गईं। इसके बाद हम लोग कार में इकट्ठे बैठकर 19 नेपियन रोड पहुँचे, जहाँ माता-पिता तथा अन्य उपस्थित मेहमानों ने हमारा स्वागत किया। कार से उतरने से पहले हम दोनों के सिर के ऊपर से एक बड़ी काली बकरी को गुजार कर बुरी नजर को टाला गया। उसके बाद सीढ़ियाँ चढ़ते हुए हम लोगों ने हाल में प्रवेश किया। वहाँ पर अवसर और परंपरा के अनुरूप शिरोभूषण तथा गहनों और वेशभूषा में सजी माँ तथा अन्य महिलाएँ हमारी प्रतीक्षा में थीं। कई बरस पहले हमारे पिता के एक प्रधानमंत्री हुआ करते थे—राजा महाराज सिंह। संयोगवश वो अब बंबई के गवर्नर थे। इस अवसर पर वो भी वहाँ मौजूद थे। बंबई के मुख्यमंत्री बी. जी. खेर भी आमंत्रित अतिथियों में थे। लेकिन राज्य के गृहमंत्री

मोरारजी देसाई वहाँ मौजूद नहीं थे। उनकी अनुपस्थिति का एक कारण संभवतः यह भी रहा होगा कि इस समारोह में शैंपेन का जबर्दस्त दौर चल रहा था। पार्टी देर रात तक चली। उस वक्त तक अधिकांश मेहमानों पर शैंपेन का रंग पूरी तरह चढ़ चुका था।

अंततः जब हम दोनों अपने कक्ष में पहुँचे उस वक्त रात के दो बज रहे थे। अपने तमाम आभूषण और जरी के कपड़े उतारने के बाद ही हम लोगों ने एक-दूसरे की सुध ली। हमने महसूस किया कि हम सचमुच कम उम्र अजनबी हैं। लेकिन हम लोग अब पति और पत्नी बन चुके थे।

अध्याय 10

अगले कुछ सप्ताह पार्टियाँ देने और पार्टियों में जाने में बीते। कुछ हमारी तरफ से, कुछ राणा-परिवार की तरफ से, तो कुछ दोनों के परस्पर मित्रों की तरफ से। इनमें से कुछ पार्टियों में पिताजी के कहने पर मुझे गाना भी पड़ा। छुटपन में संगीत में मेरी काफी रुचि थी। हालाँकि अब संगीत का रियाज छोड़े मुझे बरसों हो चुके थे, लेकिन सुखद आश्चर्य यही था कि लड़कपन में सीखे रागों और गानों को अब बरसों बाद भी याद करने और गाने में कोई परेशानी नहीं हुई। विवाह के चार दिन बाद ही मेरा उन्नीसवाँ जन्म-दिन भी था। इसके उपलक्ष्य में आशा ने मुझे एक जापानी रेडियो-ट्रांजिस्टर उपहार में दिया, जो उस समय अनूठा उपहार ही कहा जा सकता था। विवाह से कुछ महीने पहले ही आशा भी अपनी आयु के तेरह साल पूरे कर चुकी थी। अब उन बातों को याद करते हैं, तो यह आश्चर्य ही लगता है कि तब हम दोनों कितने छोटे थे ! और नई परिस्थितियों से तालमेल बिठाने में कठिनाइयाँ आने के बावजूद कैसे हमारा वैवाहिक जीवन धीरे-धीरे सुखमय होता चला गया। लेकिन आशा के लिए यह परिवर्तन निश्चय ही बहुत बड़ा था। संयुक्त परिवार में पली पाँच संतानों में एक आशा अचानक एक दिन लगभग एक अजनबी की पत्नी बनकर ऐसे परिवार में आ गई जिसका सिर्फ एक बेटा था और जहाँ ऐसी भाषा बोली जाती थी, जिसे वह शायद ही जानती-समझती थी। इस सबसे बढ़कर माँ का रवैया भी उसके प्रति उतना जानने-समझने का नहीं था, जितना कि होना चाहिए था। माँ मुझ पर हमेशा एकाधिकार जताना चाहती थी। मेरे लिए भी परिवर्तन कम महत्त्वपूर्ण नहीं था। माता-पिता की इकलौती संतान होने तथा लगभग अकेले पला-बढ़ा होने के कारण मेरे जीवन में किसी नए व्यक्ति का पदार्पण एक सर्वथा नई शुरुआत थी। और इस परिवर्तन के लिए मैं न भावात्मक तौर पर तैयार था और न मनोवैज्ञानिक तौर पर। किसी भी विवाह संबंध की सफलता के लिए काफी आपसी तालमेल की आवश्यकता होती है। लेकिन हमारे मामले में तो इसकी कुछ ज्यादा ही जरूरत थी।

स्वास्थ्य लाभ और विवाह की व्यस्तता में रियासत की राजनीतिक समस्याओं की ओर बिलकुल ध्यान नहीं दे पाया था। लेकिन अब समय आ गया था कि मैं बतौर रीजेंट अपनी जिम्मेदारियाँ फिर सँभाल लूँ। तय किया गया कि हम 28 अप्रैल को बंबई से रवाना होंगे। वैसे भी बंबई में गर्मी बढ़ने लगी थी। माँ को तो गर्मी बिलकुल भी पसंद

नहीं थी, लिहाजा उसने कसौली वापस जाने का फैसला किया। माँ का यह निर्णय पिताजी को बहुत नागवार गुजरा। वो शायद यह मानकर चल रहे थे कि मेरे विवाह के बाद माँ उनके साथ ही रहेगी। लेकिन माँ ने तय किया वह हमारी रवानगी से तीन दिन पहले ही चली जाएगी। मुझे आज भी याद है उस दिन शाम की गाड़ी पकड़ने के लिए जब माँ ने 'कश्मीर हाउस' की सीढ़ियों से नीचे उतरकर दोनों हाथ जोड़ अच्छी तरह झुककर पिताजी को प्रणाम किया था। लेकिन उस वक्त मैं यह नहीं जानता था कि अब उनके भाग्य में एक-दूसरे से मिलना नहीं है।

28 अप्रैल की सुबह मैं और आशा अपने स्टाफ तथा अन्य नौकर-चाकरों के साथ किराए के डी सी-3 विमान से अलस सुबह बंबई से रवाना हुए। दस बजे हम लोग दिल्ली हवाई अड्डे पर उतरे। यहाँ थोड़ा रुककर हम लोग सरदार पटेल से मिलना चाहते थे। उन दिनों वे 1 औरंगजेब रोड पर रहते थे और काफी अस्वस्थ चल रहे थे। इसके बावजूद उन्होंने हम लोगों से कुछ देर के लिए मुलाकात की। हम दोनों को पति-पत्नी के रूप में देखकर वे बहुत प्रसन्न दिखे। हमारा विवाह कराने में उन्होंने जो सक्रिय भूमिका निभाई थी, उसे देखते हुए हमने यह जरूरी समझा कि हमें दिल्ली में कुछ देर रुककर उनके प्रति आभार तो व्यक्त करना ही चाहिए। दोपहर का भोजन हमने आशा के दादा चाचा के साथ नेपाली दूतावास में किया, जो उन दिनों भारत में नेपाल के राजदूत थे। उसके बाद हम लोग जम्मू के लिए रवाना हो गए, और ठीक चार बजे हम वहाँ के हवाई अड्डे पर थे। हमने देखा कि अपार जनसमूह हमारे स्वागत के लिए उपस्थित था। बख्शी गुलाम मोहम्मद तथा अन्य राज्य अधिकारियों के अलावा पूरा जम्मू शहर वहाँ मौजूद था। पूरा जनसमूह अत्यधिक उत्साहित था और खुलकर हमारे प्रति अपनी स्नेह भावना व्यक्त कर रहा था।

हमारे जम्मू पहुँचने के अगले दिन शेख अब्दुल्ला श्रीनगर से वहाँ आए और शहर के पुराने महल 'मंडी मुबारक' में हमारे सम्मान में एक औपचारिक स्वागत-समारोह आयोजित किया। इस समारोह में शेख ने मुझे राज्य सरकार की ओर से पगड़ी में लगाने के लिए हीरों जड़ी एक कलगी उपहार में दी। महिलाओं का भी एक स्वागत-समारोह हुआ और महल में मुलाकातियों का ताँता लग गया। आशा ने इस पूरे तमाशे को बड़ी सहजता और दिलचस्पी से लिया। हालाँकि उसे डोगरी का एक शब्द भी नहीं आता था, लेकिन जो भी थोड़ी-बहुत हिंदी वह जानती थी, उसने उसी से बखूबी काम चला लिया। पंद्रह दिन जम्मू में रुकने के बाद हम विमान द्वारा श्रीनगर पहुँचे। एक बार फिर मैं 'कर्ण महल' में था, लेकिन इस बार मेरे साथ एक प्यारी-सी 'बालिका वधू' भी थी। श्रीनगर का यह घर आशा को बहुत पसंद आया और वह बहुत प्रसन्न हुई। फिर बंबई और जम्मू की भीड़भाड़ और असहनीय गर्मी के बाद यहाँ के शांत वातावरण और ठंडे मौसम की बात ही कुछ और थी।

धीरे-धीरे हम दोनों अपनी नई जिंदगी में रमने लगे। हालाँकि मुझे यह समझने में थोड़ा समय लगा कि अब सिर्फ मैं ही नहीं हूँ, बल्कि मेरे साथ ऐसा कोई और भी है,

जो अब हर समय मेरी जिंदगी और गतिविधियों में शामिल रहेगा। अब याद करता हूँ तो आश्चर्य होता है कि आशा ने कितनी जल्दी स्वयं को नई परिस्थितियों के अनुरूप ढाल लिया था। वो अब हिंदी सीखने लगी थी और श्रीमती हेनले उसे अंग्रेजी सिखाने-पढ़ाने आती थीं। श्रीमती हेनले एक हिंदुस्तानी महिला थीं, जिनका लालन-पालन कश्मीर के मिशनरियों द्वारा हुआ था और उस समय वो एक लेखक जेराल्ड हैनले की पत्नी थीं। आशा को पेंटिंग में कुछ दिलचस्पी थी, अतः हमने अंग्रेज महिला लिलियन पूर्बी की सेवाएँ लीं। उनके पति एक रिटायर्ड कश्मीरी अधिकारी थे। मिसेज पूर्बी नियमित रूप से आशा को कला की बारीकियाँ सिखाने आतीं। उधर मैंने एक बार पुनः प्रोफेसर चाकू से संपर्क साधा। एक दिन जब हम राजनीतिशास्त्र पर कुछ चर्चा कर रहे थे, तो उन्होंने मुझे सुझाव दिया कि इस तरह के निरर्थक और बेतरतीब अध्ययन से तो मेरे लिए जम्मू-कश्मीर विश्वविद्यालय के बी. ए. कोर्स की पढ़ाई करना और अगले साल प्राइवेट विद्यार्थी के रूप में परीक्षा देना ज्यादा बेहतर होगा। उनका यह सुझाव मुझे बहुत ठीक लगा और मैंने राजनीतिशास्त्र, अर्थशास्त्र और अंग्रेजी विषयों को लेकर अपनी पढ़ाई शुरू कर दी। इस बहुमूल्य सुझाव के लिए मैं प्रोफेसर चाकू का ऋणी हूँ। उनकी प्रेरणा और प्रोत्साहन से ही मैं अपनी शैक्षिक गतिविधियाँ दोबारा शुरू कर सका और यहीं से भावी विशेषज्ञता की नींव पड़ी। यह भी अपने किस्म की अनूठी मिसाल थी कि मैं उसी विश्वविद्यालय से स्नातक की पढ़ाई कर रहा था, जिसका कुलाधिपति भी मैं ही था।

बी. ए. की पढ़ाई के अलावा, पंडित परमानंद मुझे संस्कृत पढ़ाने के लिए पुनः आने लगे। इस प्रकार सरकारी दायित्वों को निभाने के साथ-साथ हमने कठिन शैक्षिक कार्यक्रम भी शुरू कर दिया। सरकारी कामकाजों के अंतर्गत उद्घाटन समारोहों में भाषण करना तथा बेहिसाब मुलाकातियों से मिलने-मिलाने का काम भी था। मैंने अपने पसंदीदा विचारकों बर्टेंड रसेल और एल्डस हक्सले को फिर से पढ़ना शुरू किर दिया। जिस कुशलता के साथ वे सार्थक विचारों को उठाते और उनका सूक्ष्म विवेचन करते, उससे मैं बहुत प्रभावित था। तभी मुझे यह ज्ञान भी हुआ कि विचारों की दुनिया, मनुष्य की दुनिया से कितनी श्रेष्ठ होती है। वहाँ न भ्रष्टाचार का लोभ है, न निपट अवसरवाद। होता है तो सिर्फ अनंत के अदृश्य पथ पर उड़ते हंसों की तरह साफ मस्तिष्क में आश्चर्यचकित कर देने वाले विचारों का समागम। उन्हीं दिनों मेरा परिचय यूनानी दार्शनिक प्लेटो के विचारों से हुआ, जिन्हें पढ़कर मैं आनंद विभोर हो गया। 'सिम्पोज़ियम' आज भी मेरी प्रिय पुस्तक है। और हालाँकि बाद में मेरा रुझान वेदांत की ओर हो चला था, फिर भी पश्चिम के इस संत के विचारों का पूर्व-परिचय मेरे लिए आज भी महत्त्वपूर्ण है। प्लेटो के 'रिपब्लिक' से मुझे 'दार्शनिक राजा' की अवधारणा मिली। इसे पढ़कर मेरी युवा कल्पना उस महान आदर्श का अनुकरण करने की संभावना पर उतावली हो उठी।

उधर राजनीतिक हलचलों का दौर जारी था। 13 जुलाई, 1931 के दिन जब शेख अब्दुल्ला की मुस्लिम कान्फ्रेंस ने अपना पहला डोगरा विरोधी आंदोलन शुरू किया था,

एक दुर्भाग्यपूर्ण घटना घटी। एक हिंदू दुकानदार पर हमला किया गया और उसकी मृत्यु हो गई। इसके परिणामस्वरूप सांप्रदायिक दंगे हो गए। स्थिति पर काबू पाने के लिए डोगरा पुलिस को गोली चलानी पड़ी, जिसमें अनेक कश्मीरी मारे गए। तब से नेशनल कान्फ्रेंस हर साल उस दिन की याद में 'शहीद दिवस' मनाती थी। 1950 में शेख अब्दुल्ला उस मौके पर अधिकतम राजनीतिक लाभ उठाने के लिए कोई नाटकीय घोषणा करना चाह रहे थे। अतः इससे एक महीना पहले उन्होंने दो प्रस्ताव मेरे पास हस्ताक्षर के लिए भेजे, जो जागीरदारी और जमींदार प्रथा को खत्म करने से संबंधित थे। जागीरदारी तो एक सामंती प्रथा थी, जिसके अंतर्गत एक पूरा इलाका किसी को जागीर के तौर पर दे दिया जाता था। शेख ने जो प्रस्ताव भेजे थे, उनमें जागीरदारी और जमींदारी खत्म करने के एवज में संबंधित व्यक्ति को किसी प्रकार का मुआवजा देने की कोई बात नहीं थी। मैं इन प्रस्तावों के विरुद्ध नहीं था और उन पर सहानुभूतिपूर्वक विचार करना चाहता था, लेकिन इन प्रस्तावों के लागू होने से बहुत से लोगों को नुकसान होने वाला था। विशेषकर रियासत का गैर-मुसलमान वर्ग। संयोगवश उन दिनों विष्णु सहाय श्रीनगर आने वाले थे। अतः इस मसले पर मैंने उनकी राय ले लेना ज्यादा बेहतर समझा, ताकि भारत सरकार इन प्रस्तावों के परिणामों पर विचार कर सके। लिहाजा वो कागजात मैंने उन्हें दे दिए। जब शेख अब्दुल्ला ने मुझे उन कागजों का स्मरण दिलाया, तो मैंने उन्हें बता दिया कि वो कागजात मैंने विष्णु सहाय को दिए हैं। इस पर शेख ने मुझे बेहद नाराजगी भरा ज्ञापन भेजा, जिसमें उन्होंने वो मामला कश्मीर मामलों के सचिव को विचारार्थ देने को लेकर मुझे काफी बुरा-भला कहा था :

> ऐसा लगता है कि राज्य के संवैधानिक प्रमुख के रूप में युवराज अपनी स्पष्ट सीमाएँ भूल गए हैं। युवराज की कार्यवाही वर्तमान सरकार स्थापित करने वाले 5 मार्च, 1948 के घोषणापत्र की भावना के पूरी तरह विरुद्ध है। यह अच्छी तरह समझा हुआ तथ्य है कि शासक अथवा सम्माननीय रीजेंट अनिवार्य रूप से राज्य के संवैधानिक प्रमुख की भूमिका निभाएगा। और वर्तमान सरकार इसी निहित आधार पर सत्ता में है।

शेख ने अपने इस ज्ञापन में यह महत्त्वपूर्ण टिप्पणी भी की :

> यह भी स्पष्ट है कि जो प्रस्ताव विचारार्थ प्रस्तुत किए गए थे, वे उन विषयों से संबंधित नहीं थे, जिनके तहत रियासत का भारत के साथ विलय हुआ था। अतः मौजूदा संवैधानिक व्यवस्था के अंतर्गत भारत सरकार का इस मामले में दखल देने का कोई अधिकार नहीं है।

हालाँकि यह शेख की जबर्दस्त निंदात्मक प्रतिक्रिया थी, फिर भी मैंने किसी दबाव में न आने का निर्णय किया। विष्णु सहाय पहले भी दो प्रस्तावों को लेकर दिल्ली जा चुके थे, अतः इस बार मैंने फौरन एक ए डी सी को शेख अब्दुल्ला का वह नाराजगी

भरा ज्ञापन देकर सहाय के पास भेजा। साथ ही मैंने उनसे इस मामले में 'हाई कमांड' से भी सलाह-मशविरा करने तथा उससे जवाब की एक रूपरेखा भेजने को कहा। 'हाई कमांड' से मेरा इशारा जवाहरलाल नेहरू, सरदार पटेल तथा गोपालास्वामी आयंगर से था। ए डी सी अगले दिन उत्तर के प्रारूप के साथ लौट आया। 12 जुलाई को मैंने उसे ड्राफ्ट के अनुसार जवाब बनाकर वह शेख को लौटा दिया। मेरा उत्तर इस प्रकार था :

> 5 नवंबर, 1948 के घोषणा-पत्र के तहत संवैधानिक स्थिति की मैं कद्र करता हूँ। लेकिन फिर भी मुझे ऐसा लगता है कि ये प्रस्ताव दूरगामी परिणामों वाले हैं, जिनसे एक बड़े वर्ग की आर्थिक स्थिति पर जबर्दस्त असर पड़ेगा। और फिर वर्तमान में इन प्रस्तावों को स्वीकृत कराने के लिए कोई उचित विधायिका कार्यरत नहीं है। अतः मौजूदा राजनीतिक हालात के मद्देनजर इस तरह के प्रस्तावों पर सबसे पहले केंद्र सरकार से विचार-विमर्श करके ही आगे बढ़ना चाहिए। बिना केंद्र सरकार की तसल्ली हुए यह कानून बनाने की जल्दबाजी नहीं की जानी चाहिए। मैं चाहूँगा कि मंत्रिमंडल मामले के इस पहलू पर गौर करे।

इसके बावजूद अगले दिन शेख ने श्रीनगर के लाल चौक में एक लंबा भाषण दिया, जिसमें उन्होंने इस प्रस्ताव को लागू करने की घोषणा कर दी। हालाँकि इस मसले पर बातचीत के लिए उन्हें दिल्ली बुलाया गया था, और फिर मेरे दस्तखत के बिना यह फैसला विधि-सम्मत नहीं था। भारत सरकार और शेख के बीच आने वाले कुछ वर्षों में उनकी कार्य-पद्धति और दृष्टिकोण लेकर उठे मतभेदों की यह एक शुरुआत थी और इसकी परिणति 1953 की नाटकीय घटनाओं में हुई। राज्याध्यक्ष की अपनी भूमिका के रूप में शुरू से ही मेरा लक्ष्य था कि जवाहरलाल नेहरू के नेतृत्व में भारत सरकार समय-समय पर रियासत के प्रति जो नीति अपनाती है, उसके अनुरूप मैं रियासत में राष्ट्रीय हितों की अधिक-से-अधिक रक्षा कर सकूँ। स्पष्ट ही इन अध्यादेशों पर मेरे हस्ताक्षर न करने से शेख को काफी झटका लगा था। क्योंकि वो तो मुझे अपने हाथों की कठपुतली मानकर चल रहे थे। इसके साथ ही मेरे और शेख के बीच सद्भाव की भावना खत्म होने लगी और मतभेदों का सिलसिला शुरू हो गया। हालाँकि इस टकराव को परंपरागत पुराने डोगरा-कश्मीरी कटुता के परिणाम के तौर पर देखा जा रहा था। जबकि वास्तविकता यह थी कि अपनी डोगरा परंपरा से लगाव रखने और इस पर गर्व होने के बावजूद, मेरी भरसक कोशिश एक भारतीय की तरह काम करने और सोचने की थी, एक डोगरा की तरह नहीं। यही कहना ठीक होगा कि मेरे लिए शेख के बीच आधारभूत फर्क यह था कि वो खुद को एक ऐसे कश्मीरी के रूप में देखते थे, जो परिस्थिति वश भारत में है, जबकि मैं स्वयं को ऐसे भारतीय के रूप में देखता था, जिसे हालात कश्मीर में ले आए हैं।

फिर जम्मू-कश्मीर की वास्तविक स्थिति का अनिर्धारित सवाल भी था। मैं पहले

कह चुका हूँ कि किस प्रकार मेरे पिता स्वतंत्र राज्य की अवधारणा के प्रति कहीं-न-कहीं आकर्षित थे। लेकिन तेजी से बदलती परिस्थितियों के आगे उन्हें वह विचार छोड़ना पड़ा। वे भारत में विलय, युद्ध, युद्ध-विराम तथा संयुक्त राष्ट्र के हस्तक्षेप सहित बाद की घटनाओं के विरुद्ध नहीं थे। अगले दो-तीन वर्षों में यह अच्छी तरह स्पष्ट भी हो गया। और अब राज्य विभाग के उन दस्तावेजों से भी यह तथ्य सार्वजनिक हो गया है, जिसमें 1950 की गर्मियों में तत्कालीन अमेरिकी राजदूत लॉय हैंडरसन और शेख के बीच हुई बातचीत का ब्यौरा सुरक्षित है। लेकिन इस दिशा में कुछ कर सकने से पहले शेख अब्दुल्ला ने महसूस किया कि उन्हें डोगरा-शासन के सभी अवशेषों को खत्म करके ही पूर्ण सत्ता प्राप्त हो सकती है। और अपने इसी लक्ष्य को प्राप्त करने के लिए वो पूरी निरंकुशता के साथ जी-जान से जुट गए। इस काम में राजस्व मंत्री मिर्जा अफजल बेग की अगुआई में सलाहकारों और सहायकों के लिए गुट ने उनकी सहायता की। बेग तो उस समय अपने अकबर के टोडरमल बने हुए थे।

इसी गंभीर स्थिति में मेरी एकमात्र रणनीति यही थी कि मैं भारत सरकार से बराबर निकट संपर्क के साथ-साथ नेहरूजी से भी निजी संपर्क बनाए रखूँ। शेख द्वारा इस घोषणा के बाद आशा और मैं दिल्ली चले गए। आशा मेरी माँ से मिलने कार द्वारा कसौली चली गई, जबकि मैं नेहरूजी के अतिथि के रूप में कुछ दिनों के लिए तीन मूर्ति भवन में रुक गया। उस समय वहाँ पद्मजा नायडू भी रह रही थीं। हमेशा की तरह अपने मजाकिया स्वभाव से उन्होंने अपनी लच्छेदार बातों से मेरा सारा तनाव दूर कर दिया। इंदिरा गाँधी हमारी मेजबान थीं, लेकिन पूरा शिष्टाचार बरतते हुए भी हमारी मंडली में शामिल नहीं होती थीं और बात भी बहुत कम करती थीं। राजीव और संजय तो उस समय बहुत छोटे थे और मुझे याद है कि घर के पिछवाड़े में नेहरूजी अपने नातियों को हाल ही में चीन से उपहारस्वरूप मिले विशालकाय पांडा दिखाने ले गए थे।

सरदार पटेल बहुत गंभीर रूप से बीमार थे, और अब कुछ समय के ही मेहमान थे। अतः उनसे बार-बार मिल पाना असंभव था। लेकिन मैंने राष्ट्रपति डॉ. राजेंद्र प्रसाद से नियमित मिलना-जुलना शुरू कर दिया। वे बहुत सहृदय और सुसंस्कृत व्यक्ति थे। मुझसे हमेशा बड़े स्नेह से मिलते और कश्मीर की स्थिति पर मेरी सूचनाओं को बड़ी दिलचस्पी से सुनते। स्पष्ट था कि कश्मीर के प्रति उनका दृष्टिकोण नेहरूजी की अपेक्षा सरदार के नज़रिए के ज्यादा करीब था। रियासत में हिंदू जिस कठिन स्थिति में रह रहे थे, उसके प्रति वो विशेष रूप से चिंतित थे। शेख अब्दुल्ला को लेकर सरदार पटेल को जो गंभीर आपत्तियाँ थीं, राजेंद्र बाबू उनसे सहमत थे कि अपनी भावनाओं को खुलकर अभिव्यक्त नहीं कर पाते थे। उसी मौसम में बाद में राजेंद्र बाबू श्रीनगर आए और विश्वविद्यालय के दूसरे दीक्षांत समारोह को संबोधित किया। एक बार पुनः मैंने इस समारोह की अध्यक्षता की।

कुछ ना-नुकुर के बाद भारत सरकार की सलाह को मानते हुए शेख द्वारा जागीरदारी और भूमि सुधार संबंधी अधिघोषणा में कुछ सुधार किए गए और यह विवाद

खत्म हो गया। अपने जीवन के अंतिम दिनों में सरदार पटेल ने भी इस मामले में पर्याप्त रुचि दिखाई थी। लेकिन इस सबके बावजूद यह स्पष्ट था कि शेख ने सुनियोजित रणनीति के तहत अपनी स्थिति मजबूत करने तथा संवैधानिक वैधता की अवहेलना करने की ताकत प्राप्त करने की दिशा में ये पहली चाल ही चली थी। यहाँ स्मरणीय है कि संयुक्त राष्ट्र में कश्मीर का मसला अभी तक एक अहम मुद्दा बना हुआ था। नेहरूजी के अत्यधिक आदर्शवाद और ईमानदारी ने समूचे मामले को भारत के लिए शर्मनाक रूप से जटिल बना दिया था। प्रस्तावित जनमत संग्रह को एक धमकी के रूप में इस्तेमाल करते हुए शेख अब्दुल्ला ने मेरे पिता के विरुद्ध अपना अथक अभियान जारी रखा। पिता को रियासत से बाहर भिजवाने के बाद भी उन्हें तसल्ली नहीं हुई थी, अब उन्होंने राजवंश के औपचारिक उन्मूलन के लिए दबाव डालना शुरू किया। इसके लिए शेख ने जो रास्ता चुना, वो रियासत के लिए संविधान सभा की अवधारणा का था। अब इसमें सबसे बड़ा पेंच यह था कि यह सभा मेरे अनुमोदन के बिना कानूनी रूप से अस्तित्व में नहीं आ सकती थी।

रियासत का संविधान-बनाने के लिए संविधान सभा की अवधारणा जनमत संग्रह के प्रश्न को निरर्थक बनाने की एक बृहत्तर नीति का हिस्सा थी। हालाँकि जवाहरलालजी ने अनेक अवसरों पर संयुक्त राष्ट्र और पाकिस्तान को बार-बार यह आश्वासन दिया था कि भारत अपने जनमत संग्रह के वायदे के प्रति वचनबद्ध है, लेकिन यह स्पष्ट था कि अगर संविधान सभा बैठती है और रियासत के भारत में विलय का अनुमोदन कर देती है, तो इसका अंतर्राष्ट्रीय मत पर असर पड़ेगा। इससे शेख अब्दुल्ला को निश्चय ही डोगरा वंश पर अंतिम प्रहार करने का सुनहरा अवसर मिलता और इस प्रकार उनके जीवन की सबसे महत्त्वपूर्ण महत्त्वाकांक्षा पूरी हो जाती। 1950 के पूरे दशक में राज्य सरकार और कश्मीर मामलों के केंद्रीय मंत्रालय के बीच इस विषय पर बातचीत होती रही। हालाँकि मेरे पिता ने मुझे बतौर रीजेंट नियुक्त किया था लेकिन कानूनन वे अब भी शासक थे। अतः संविधान सभा के मामले पर उनसे सलाह-मशविरा करना भारत सरकार के लिए अनिवार्य हो गया। और 30 नवंबर, 1950 को कश्मीर मामलों के सचिव विष्णु सहाय ने मेरे द्वारा जारी किए जाने वाले घोषणा-पत्र का प्रारूप एक पत्र के साथ उनकी टिप्पणियों के लिए भेजा। 10 दिसंबर को मेरे पिता ने सरदार पटेल को एक लंबा पत्र लिखा, जिसमें उन्होंने कई बातों की ओर उनका ध्यान आकर्षित किया था। उन मुद्दों को उन्होंने संक्षिप्त रूप से इस प्रकार व्यक्त किया था :

> 1. घोषणापत्र, जिसके उद्देश्य और भावना से मैं पूरी तरह सहमत हूँ, एक शासक के नाते मेरे द्वारा ही जारी किया जाना चाहिए। कानून के अनुसार ऐसा करने का अधिकार सिर्फ मुझे ही है, मेरे रीजेंट को नहीं।
>
> 2. जिस संविधान सभा के गठन का इरादा जताया जा रहा है, उसके अधिकार और कर्तव्य सुस्पष्ट, अच्छी तरह परिभाषित तथा उपयुक्त शब्दों में होने चाहिए। साथ ही जो विषय उसके अधिकार क्षेत्र में नहीं रखे गए

हैं, वे उसकी जाँच और विचार-विमर्श के दायरे में नहीं आने चाहिए।

3. उन्हें उस अधिकारी को रिपोर्ट करनी चाहिए जिसने उन्हें संवैधानिक सत्ता दी थी, और वो अधिकारी शासक है। शासक उस मसले पर भारत की संसद की राय माँगेगा।

इन टिप्पणियों के परिप्रेक्ष्य में यह स्पष्ट हो जाएगा कि जिस रूप में घोषणा-पत्र तैयार किया गया है, यदि वैसा ही जारी किया जाता है, तो उसे समुचित स्वीकृति नहीं मिलेगी और वह खामियों से भरपूर रहेगा। क्योंकि तब उसकी विभिन्न धाराओं में परस्पर विरोध होगा और स्वीकृत संवैधानिक सिद्धांतों तथा प्रस्तावित योजना के वास्तविक कार्यान्वयन में गंभीर कठिनाइयाँ पेश आएँगी। इस प्रकार उस घोषणा-पत्र का असली उद्देश्य ही खत्म हो जाएगा।

पिताजी ने मुझे भी पत्र लिखकर बताया कि वह इस मामले पर भारत सरकार से बातचीत कर रहे हैं। अतः जब तक मामला साफ न हो जाए, मुझे इस पर हस्ताक्षर नहीं करने चाहिए।

इसके कुछ ही समय बाद सरदार पटेल का स्वर्गवास हो गया, जिससे राष्ट्र में एक ऐसा शून्य आ गया, जिसे सही अर्थों में कभी भरा नहीं जा सका। 25 जनवरी को विष्णु सहाय ने मुझे एक पत्र लिखा जिसके साथ घोषणा-पत्र की एक प्रतिलिपि संलग्न थी। उस पत्र में मुझे सुझाव दिया गया था कि शेख अब्दुल्ला द्वारा इस मामले में 'अनुरोध' मिलने पर ही इस पर हस्ताक्षर करूँ। अंततः 27 जनवरी को मुझे वह अनुरोध पत्र मिला, जो इस प्रकार था :

> वर्तमान राज्य सरकार हमेशा ही इस अभिमत के प्रति वचनबद्ध रही है कि रियासत का संविधान बनाने का अधिकार सिर्फ राज्य की जनता को ही है। वो चाहे इसे जो भी स्वरूप प्रदान करे। इस काम के लिए उचित अवसर पर एक संविधान-सभा का आयोजन होना था। महाराजा ने भी इस सुझाव का समर्थन किया था तथा 5 मार्च, 1948 को जारी घोषणापत्र में यह प्रावधान था कि स्थितियाँ सामान्य होते ही एक राष्ट्रीय असेंबली बुलाई जाएगी। 1949 में सरकार ने मौजूदा हालात का जायजा लेने तथा भारत सरकार से विचार-विमर्श के बाद यह निर्णय लिया कि अब संविधान-सभा गठित करने का वक्त आ गया है। इस फैसले पर अमल करने के लिए राज्य में मतदाता सूचियाँ तैयार करने के लिए कदम उठाए गए। लेकिन यह जरूरी समझा गया कि राज्य में संविधान-सभा बुलाने के लिए एक घोषणा-पत्र जारी होना चाहिए।
>
> 5 मार्च, 1948 को जारी घोषणा-पत्र की धारा (4) से (6) को अनदेखा किया गया, क्योंकि ये मौजूदा आवश्यकताओं के अनुरूप नहीं हैं। इस घोषणा-पत्र की शर्तों तथा संविधान-सभा के अधिकार और कर्तव्यों पर

भारत सरकार के साथ लंबे समय से पत्राचार तथा बातचीत होती रही। और प्रधानमंत्री यह महसूस करते हैं कि इस मामले पर भारत सरकार तथा इस सरकार के विचारों में अंततः पूरी तरह सहमति हो गई है। संलग्न घोषणा-पत्र का प्रारूप दोनों सरकारों द्वारा संयुक्त रूप से तैयार किया गया है तथा इसे भारत सरकार की पूर्ण सहमति प्राप्त है। भारत सरकार चाहती है कि यह घोषणा-पत्र जल्द-से-जल्द जारी कर दिया जाए। अतः अनुरोध है कि श्री युवराज के हस्ताक्षर के बाद यह घोषणा-पत्र वापस किया जाए।

एस. एम. अब्दुल्ला
प्रधानमंत्री
27-1-1951

इस समूचे घटनाचक्र ने मुझे बहुत उलझन में डाल दिया। एक ओर मेरे पिता की तीव्र इच्छा थी कि मैं इस घोषणा-पत्र पर हस्ताक्षर न करूँ, दूसरी ओर भारत सरकार और शेख अब्दुल्ला—दोनों मुझसे इस पर हस्ताक्षर करने के लिए कह रहे थे। अतः मैंने तुरंत विमान द्वारा दिल्ली जाने का निर्णय किया। वहाँ मैं राज्यों के मंत्री गोपालास्वामी आयंगर से मिला और उन्हें अपनी स्थिति बताई। वापस लौटने पर मैंने शेख के अनुरोध-पत्र पर टिप्पणी लिखी :

वजीरे आज़म

जैसा कि आप जानते हैं, मुझे रीजेंट नियुक्त करने वाले महामहिम महाराजा के दिनांक 20 जून, 1949 के घोषणा-पत्र के अनुसार ही मुझे ये सारे अधिकार मिले हैं।

आपने जो घोषणा-पत्र मुझे अब भेजा है, वो बहुत महत्त्वपूर्ण दस्तावेज है तथा इससे रियासत के भविष्य के बहुत से दूरगामी परिणाम जुड़े हैं। राज्य मंत्रालय ने घोषणा-पत्र का एक प्रारूप महाराजा के पास उनकी टिप्पणियों के लिए भेजा है। महाराजा ने अपनी टिप्पणियाँ तत्कालीन माननीय राज्य मंत्री (स्व. सरदार पटेल) को भेज दी थीं। साथ ही उन्होंने मुझे बिना उनकी सहमति के ऐसे किसी घोषणा-पत्र पर हस्ताक्षर न करने का निर्देश भी दिया था।

अभी तक मुझे महाराजा की ओर से कोई सहमति प्राप्त नहीं हुई है। अतः यह तो आप भी मानेंगे कि अभी मैं आपके भेजे दस्तावेज पर हस्ताक्षर करने के लिए बाध्य नहीं हूँ। लिहाजा मेरा सुझाव है कि आप इस मामले में भारत सरकार को महाराजा से बात करने के लिए कहें।

कर्ण सिंह
रीजेंट
30.1.1951

गेंद एक बार फिर भारत सरकार के पाले में थी। इस बीच पिताजी ने इस मामले पर वकीलों की एक जानी-मानी संस्था काँगा एंड कंपनी से कानूनी सलाह ली। बाद में इसके आधार पर उन्होंने राष्ट्रपति को एक विस्तृत स्मरण-पत्र भेजा। कानून विशेषज्ञों का मानना था कि महाराजा ही अभी कश्मीर के शासक हैं तथा संविधान सभा की स्थापना के घोषणापत्र पर हस्ताक्षर करने का अधिकार भी सिर्फ उन्हीं को है। दुर्भाग्यवश सवाल कानूनी औपचारिकताओं का नहीं था, सवाल था राजनीतिक सत्ता की कठोर वास्तविकताओं का। वी. पी. मेनन ने बंबई में मेरे पिता से भेंट की। और 5 अप्रैल को गोपालास्वामी आयंगर ने उन्हें एक पत्र लिखा, जिसमें स्थिति दो टूक लहजे में स्पष्ट की गई थी :

> ...बहरहाल, चूँकि राज्य तथा लेक सक्सेस में इतना कुछ घट चुका है कि घोषणा-पत्र के मुद्दे को अब ज्यादा लटकाया नहीं जा सकता। भारत सरकार संविधान सभा बुलाने के लिए वचनबद्ध है। इसके लिए राज्य में काफी तैयारियाँ चल रही हैं। वो सभा तो अब बुलाई ही जाएगी, चाहे औपचारिक घोषणा-पत्र जारी हो या नहीं। भारत सरकार का विचार है कि अगर कश्मीरी जनता से किए गए वायदों का लेक सक्सेस के विचारों को अक्षरशः लागू करना है, तो सभा जरूर बुलानी चाहिए। शुरू से ही उनका मानना है कि यह संविधान सभा भारत के संविधान प्रावधानों के अंतर्गत ही बुलाई जानी चाहिए। और यह काम राज्याध्यक्ष द्वारा जारी घोषणापत्र के अधिकार के तहत संवैधानिक दृष्टि तथा रणनीति—दोनों पहलुओं को ध्यान में रखते हुए किया जाना चाहिए। इस घोषणा-पत्र के प्रारूप पर भारत के बीच सहमति हो चुकी है। अतः आप द्वारा युवराज को इस घोषणा-पत्र पर हस्ताक्षर करने और इसे जारी करने से रोकने का कोई लाभ नहीं होगा।
>
> जम्मू-कश्मीर रियासत या उसके किसी हिस्से के भारत में विलय तथा आपके वंश द्वारा राज्य के प्रमुख का पद सँभालने संबंधी जिन बातों को लेकर आपने जो आशंकाएँ जताई हैं, उनके बारे में मैं यह कहना चाहूँगा कि बुलाई जाने वाली संविधान सभा को इन मसलों पर कोई अंतिम निर्णय नहीं लेना चाहिए। मूलतः ये ऐसे मामले हैं, जो सिर्फ भारत सरकार और संसद तथा जम्मू-कश्मीर सरकार और संविधान सभा अथवा विधायिका के बीच सहमति से ही हल किए जा सकते हैं। उचित समय आने पर भारत सरकार इन मामलों पर निर्णय लेगी, इस बारे में कोई संदेह नहीं रहना चाहिए। इस संबंध में मैं आपको कोई आश्वासन देने की आवश्यकता नहीं समझता। इन मुद्दों पर जो भी निर्णय लिया जाएगा, वो आपके वंश और रियासत की जनता—दोनों के सम्मान और हितों के अनुरूप होगा। इसके लिए आपको रियासत की जनता और भारत सरकार के प्रति विश्वास की भावना से काम लेना होगा। अतः मैं आशा करता हूँ कि सहमत हुए घोषणा-पत्र पर युवराज के हस्ताक्षर

करने पर आपने जो पाबंदी लगा रखी है, उसे तुरंत हटा लेंगे। आपके रवैए ने युवराज को काफी उलझन में डाल रखा है...

श्री आयंगर के इस दो-टूक पत्र के दबाव में आखिर पिताजी को अपनी जिद छोड़नी पड़ी। उन्होंने मुझे पत्र लिखकर अपनी पाबंदी हटा ली और मामले को मेरे विवेक पर छोड़ दिया। इसके कुछ दिन बाद मुझे वी. पी. मेनन का एक पत्र मिला, जिसमें मुझसे घोषणा-पत्र पर हस्ताक्षर करने का अनुरोध किया गया था। और आखिर 21 अप्रैल को मैंने उस पर हस्ताक्षर कर ही दिए। लेकिन इतने दिनों तक घोषणा-पत्र पर मेरा हस्ताक्षर न करना शेख अब्दुल्ला को काफी नागवार लगा था। अतः दबाव बनाए रखने की गरज से, उन्होंने 9 अप्रैल को जम्मू से कुछ मील दूर एक सार्वजनिक सभा में मेरे पिताजी की निजी स्तर पर जबर्दस्त भर्त्सना की। एक बार फिर उन्होंने मेरे माता-पिता पर सांप्रदायिक दंगे भड़काने का आरोप लगाया और मुझे चेतावनी देते हुए कहा कि अगर मैंने समझदारी से काम नहीं लिया, तो मेरा भी वही हश्र होगा, जो पिताजी का हुआ है। इस तरह की भड़काऊ बातें कहने का कोई कारण नहीं था और मुझे काफी दुख पहुँचा। मैंने तुरंत शेख को एक पत्र लिखा और उसकी एक प्रतिलिपि नेहरूजी के पास भिजवा दी। उन दिनों नेहरूजी कश्मीर की यात्रा से वापस ही लौटे थे। इस पत्र के साथ मैंने एक प्रावरण-पत्र भी भेजा, जिसमें मैंने लिखा था कि "शेख साहब द्वारा सार्वजनिक तौर पर ऐसी बातें कहने से मुझे अत्यधिक ठेस पहुँची है। विशेषकर इसलिए भी कि उनकी ये टिप्पणियाँ तथ्यों पर आधारित नहीं थीं, बल्कि इनसे भ्रांतियाँ ही ज्यादा फैलेंगी।"

शेख ने मेरे पत्र के उत्तर में मुझे पाँच पृष्ठों का एक पत्र लिखा, जिसमें यह बड़े स्पष्ट तौर पर समझाया गया कि मुझसे यह उम्मीद की जाती है कि मैं सरकार की हाँ में हाँ मिलाता रहूँ। यहाँ तक कि सार्वजनिक गतिविधियों में भाग लेने से पहले मुझे उनसे सलाह-मशविरा कर लेना चाहिए। शेख के इस पत्र से मुझे यह इशारा भी मिला कि वह मुझे राज्याध्यक्ष के रूप में बर्दाश्त तो कर सकते हैं, लेकिन मेरे परिवार के प्रति अपनी विरोध भावना नहीं छोड़ सकते। लेकिन उन दिनों वह लोकप्रियता के चरमोत्कर्ष पर थे, और ऐसी स्थिति में मैं फिलहाल खामोश रहने के अलावा कुछ नहीं कर सकता था। पर मैंने नेहरूजी से अपना संपर्क बराबर बनाए रखा। जब भी मैं दिल्ली जाता, उनसे जरूर मिलता। वो भी मुझसे बहुत से विषयों पर खुली और विस्तृत बातचीत करते। कश्मीर का मसला उनके दिमाग पर हर वक्त छाया रहता। उस दौरान उन्होंने जो पत्र मुझे लिखे, उनमें से ज्यादातर में रियासत से संबंधित आंतरिक और अंतर्राष्ट्रीय घटनाओं की विस्तार से चर्चा होती। ऐसा लगता था, कि उन्हें मुझसे कुछ विशेष लगाव हो गया है। मुझसे मिलकर वो हमेशा खुश होते। 13 मई, 1951 को मेरी माँ को लिखे पत्र का अंत उन्होंने इन शब्दों में किया, "मैं 'टाइगर' से समय-समय पर मिला हूँ, और वो मुझे बहुत अच्छा लगने लगा है। वह एक बेहतरीन नौजवान है और मेरा मानना है कि उसके सद्गुण ही मुश्किलों से सामना करने में उसकी मदद करेंगे। मैं हर तरह से

उसकी मदद और मार्गदर्शन करूँगा।"

मैंने इसका उल्लेख इसलिए किया, क्योंकि बाद के घटनाचक्र पर इसका प्रभाव पड़ा। साथ ही यह भी पता चलता है कि भले ही शेख अब्दुल्ला विशिष्ट स्थिति में थे, लेकिन ऐसा भी नहीं था कि नेहरूजी दूसरे पक्ष की बात न सुनते हों। डी. पी. धर का भी नेहरूजी से सीधा संपर्क था। हम दोनों ने संयुक्त रूप से नेशनल कान्फ्रेंस के मिर्जा अफजल बेग के सख्त रवैए वाले खेमे और शेख के हिंसक मुस्लिम अति कश्मीरवाद का मुकाबला करने में कुछ हद तक तो सफल रहे। इस मामले में नेहरूजी का मनोविज्ञान दिलचस्प था। अगर किसी व्यक्ति की वास्तविकता उनकी कसौटी पर खरी नहीं उतरती थी, तो उसकी ओर से मिलने वाली कोई भी सलाह अथवा विचार तुरंत संदेहास्पद हो जाते थे। यही कारण था कि जम्मू के प्रजा परिषद के नेताओं को वे विशेष रूप से नापसंद करते थे। उनका मानना था कि वे सांप्रदायिक हैं और उनकी गतिविधियाँ कश्मीर के संदर्भ में भारत की स्थिति को कमजोर बनाती हैं। लेकिन यदि नेहरूजी किसी पर भरोसा करने लगते थे, तो भले ही उस व्यक्ति के विचार उनके विचारों से भिन्न हों, वे उसकी बात धैर्यपूर्वक सुनते थे।

नेहरूजी उस साल जून के प्रारंभ में श्रीनगर आए थे। स्पष्ट था कि शेख के जम्मू में दिए गए आपत्तिजनक भाषण के बाद मेरे साथ उनकी जो झड़प हुई थी, उसके बारे में वो पूरी रिपोर्ट नेहरूजी के दे चुके थे। और उन्होंने नेहरूजी को सुझाव दिया था कि मेरे स्टाफ में एक सचिव नियुक्त किया जाए। उन दिनों नेहरूजी 'चश्माशाही हाउस' में ठहरे हुए थे। वहीं से उन्होंने इस बारे में मुझे एक पत्र लिखा। वैसे 'चश्माशाही हाउस' नेहरूजी का सबसे प्रिय स्थल था। वह जब भी श्रीनगर आते, वहीं ठहरते। यह घर हमारा ही था और यहीं पर 1928 में मेरे माता-पिता का विवाह हुआ था। बाद में इस घर को विशिष्ट अतिथियों के 'गेस्ट हाउस' के तौर पर इस्तेमाल किया जाने लगा। सर तेज बहादुर सप्रू कई गर्मियों अपने पूरे परिवार के साथ यहाँ रहे। बाद में स्वामी संत देव भी यहीं ठहरे थे। 1947 के बाद से तो यह जगह नेहरूजी का सबसे पसंदीदा घर बन गई। इस घर से डल झील, शंकराचार्य तथा हरि पर्वत का बड़ा ही भव्य और मनोरम दृश्य नजर आता था। और इसकी पृष्ठभूमि में ऊँचे-ऊँचे पहाड़ इसे और भी रोमांचक बना देते थे। यहाँ से सूर्यास्त का दृश्य बहुत अद्‌भुत होता था। यह दृश्य देखने के लिए नेहरूजी अक्सर बरामदे में चुपचाप बैठ जाते और क्षितिज रेखा में सूरज को धीरे-धीरे डूबता देखते। यही 'चश्माशाही हाउस' अब 'राज भवन' बन चुका है।

इस दौरान मैं अपनी बी. ए. की परीक्षा की भी तैयारी करता रहा था। उधर आशा ने भी अंग्रेजी व हिंदी की पढ़ाई शुरू कर दी थी। साथ ही वह पेंटिंग भी सीख रही थी। अब हमारी जीवनचर्या एक ढर्रे पर आने लगी थी। सुबह के समय हम लोग लगभग दो घंटे अध्यापकों से पढ़ते। इसके बाद मुझे अधिकारियों व आगंतुकों से कुछ औपचारिक मुलाकातें करनी होती थीं। हफ्ते में दो या तीन बार हमारे यहाँ दोपहर के खाने पर कुछ मेहमान भी होते। इनमें कश्मीर आने वाले कुछ विशिष्ट अतिथि भी होते,

विभिन्न देशों के राजदूत, संयुक्त राष्ट्र संघ के अधिकारी तथा कुछ स्थानीय हस्तियाँ भी शामिल रहतीं। आशा ने बातचीत करने लायक अंग्रेजी तो सीख ली थी, लेकिन अभी उसमें थोड़ी झिझक बाकी थी। अतः अक्सर मुझे दोनों के लिए बातचीत करनी पड़ती थी—अपने लिए भी और आशा की तरफ से भी। इससे कई बार बड़ी मजेदार स्थिति बन जाती थी। हम लोग डाइनिंग टेबल के मध्य में आमने-सामने बैठते, जबकि मेहमानों को उनके पद की वरीयता के अनुसार अपने अगल-बगल बिठाते। हमारी डाइनिंग टेबल पर अधिकतम सोलह लोग बैठ सकते थे, इसलिए पार्टियों में एक आत्मीयता का वातावरण बना रहता। पार्टियों का यह सिलसिला सालों चलने के बाद मैंने यह महसूस किया कि ये निरर्थक नहीं होतीं, इनका अपना महत्त्व होता है। क्योंकि इन पार्टियों में देश के विभिन्न भागों के अलावा दुनिया के कई देशों के अलग-अलग विचारधारा के लोग भी शामिल होते थे। इनमें से कई तो अत्यधिक प्रतिभाशाली और प्रेरक होते थे। क्योंकि मेरी सीखने और समझने की क्षमता बहुत अच्छी थी, अतः उन वार्तालापों से उपयोगी सूचनाओं और विचारों को जल्द ही ग्रहण कर लेता था।

नए-नए विचारों में दिलचस्पी लेने के अलावा, शिक्षा के प्रति मेरा रुझान भी काफी था। इससे प्रेरित होकर मैंने पिता को सुझाव दिया कि क्यों न हम श्रीनगर का अपना मुख्य महल 'गुलाब भवन', नव-स्थापित जम्मू और कश्मीर विश्वविद्यालय को दान कर दें ! इसका जिक्र मैंने नेहरूजी और गोपालास्वामी आयंगर से भी किया और उन्होंने इस सुझाव के प्रति अनुकूल प्रतिक्रिया जाहिर की। इसके जवाब में नेहरूजी ने लिखा, ''यह जानकर मुझे बहुत प्रसन्नता है कि तुम 'गुलाब भवन' महल जम्मू और कश्मीर विश्वविद्यालय को दान करना चाहते हो। उस भवन का इससे बेहतर उपयोग नहीं हो सकता और मुझे विश्वास है कि जनता भी इस फैसले का स्वागत करेगी। उन दिनों मेरे पिता विदेश गए हुए थे, लेकिन उनके निजी सचिव भीमसेन माहे श्रीनगर में थे। अतः मैंने उन्हें 'गुलाब भवन' दान करने के अपने सुझाव के बारे में पिताजी को सूचित करने के लिए कहा। जाहिर है, उन्होंने पिताजी को मेरे इस सुझाव की कोई सूचना नहीं दी। लेकिन इस बीच गोपालास्वामी आयंगर ने उन्हें इस सुझाव का जिक्र करते हुए एक पत्र लिखा और इसे स्वीकार करने का आग्रह किया। इस सुझाव की जानकारी मिलते ही पिताजी बहुत नाराज हो गए और मुझे गुस्से भरा पत्र लिखा। जवाब में मैंने उन्हें वो सारे तथ्य बताए, जिनके आधार पर मैंने वो उपहार देने का सुझाव दिया था। अपने इस पत्र का समापन इन शब्दों के साथ किया :

> इन सब तथ्यों को ध्यान में रखते हुए कि एक इमारत जो तेजी से क्षतिग्रस्त होती जा रही है और जो विश्वविद्यालय के लिए सबसे अनुकूल है, साथ ही हमारे विश्वविद्यालय को एक उपयुक्त इमारत की आवश्यकता भी है, फिर इस काम के लिए शिक्षा से नेक और महत्त्वपूर्ण आधार दूसरा कोई हो ही नहीं सकता, मैं गंभीरता से महसूस करता हूँ कि यदि आप यह भवन दान कर देंगे, तो आपकी तरफ से यह बहुत ही शानदार उपहार होगा। मुझे पूरा

विश्वास है कि इस प्रकार के काम का आम जनता पर जबर्दस्त प्रभाव पड़ेगा।

लेकिन मेरे पिता सहमत नहीं हुए और उन्होंने फिर अपनी नाराजगी दिखाते हुए मुझे पत्र लिखा कि :

> जम्मू-कश्मीर की सरकार ने अपनी सीमाओं से बाहर जाकर मुझे व्यक्तिगत तौर पर परेशान किया है और जनता के सामने हमारे वंश को भी अपमानित किया है...मुझे आशा है कि तुम यह महसूस करोगे कि मौजूदा परिस्थितियों में ऐसा उपहार चाहे जितनी श्रेष्ठ भावना से दिया जाए, उसका गलत अर्थ लगाया जाएगा। बल्कि इसे शासक के नकारा और महत्त्वपूर्ण होने की एक और मिसाल माना जाएगा।

और यह प्रसंग फिलहाल वहीं खत्म हो गया। इसके तुरंत बाद 'गुलाब भवन' को एक खूबसूरत होटल का रूप दे दिया गया, जहाँ कश्मीर आने वाले पर्यटकों को पहली बार ठहरने की बेहतरीन सुविधाएँ प्रदान की गईं। लेकिन मैं विश्वविद्यालय के प्रति अपनी प्रतिबद्धता नहीं भूला था। कुछ साल बाद मैंने हजरतबल के नजदीक स्थित 120 एकड़ का बाग कश्मीर विश्वविद्यालय को दान कर दिया। (उसका नाम मेरे दादाजी के नाम पर अमर सिंह बाग था।) आज भी कश्मीर विश्वविद्यालय उस भव्य स्थान पर शान से खड़ा है।

अक्तूबर के अंत में मैंने बी. ए. की परीक्षा दी। कुलाधिपति होने के नाते, विश्वविद्यालय के अधिकारियों ने मेरे घर पर ही एक विशेष परीक्षा केंद्र बनाने की पेशकश की, लेकिन मुझे यह बात बहुत गलत लगी। और मैंने श्री प्रताप कॉलेज सेंटर में अन्य विद्यार्थियों के साथ परीक्षा देने का ही निर्णय किया। यहाँ मैंने अन्य परीक्षार्थियों की तुलना में सिर्फ एक ही छूट की माँग की कि मुझे ऊँची कुर्सी व डेस्क दिया जाए, क्योंकि नीचे या सामान्य ऊँचाई की डेस्क पर बैठने में मुझे अपने सख्त कूल्हे के कारण असुविधा होती थी।

5 नवंबर, 1951 को जम्मू-कश्मीर की संविधान सभा की बैठक हुई। एक घोषणा-पत्र जारी करके मैंने यह बैठक बुलाई थी। इससे पहले इस विधायिका के लिए चुनाव करवाए गए थे। लेकिन एकमात्र प्रभावी विरोधी ग्रुप जम्मू के प्रजा परिषद ने उन चुनावों का बहिष्कार किया। परिणामस्वरूप 75 में से 72 सदस्य नेशनल कान्फ्रेंस के टिकट पर निर्विरोध चुने गए। पंडित प्रेमनाथ डोगरा जैसे वरिष्ठ और बेहद सम्मानित नेता सहित प्रजा परिषद का एक भी सदस्य नहीं चुना गया। सभा के उद्घाटन सत्र में मैं नहीं गया। लेकिन शेख अब्दुल्ला के जीवन का तो यह सबसे सुनहरा क्षण था और उन्होंने उसका पूरा लाभ उठाया। कुछ हद तक आडंबरपूर्ण और भड़कीले उद्घाटन भाषण में बहुत सी बातों का जिक्र करते हुए उन्होंने थामस एक्वीनस को उद्धृत किया और कहा कि 'देश के भावी शासन के लिए' संविधान का निर्माण करने के अलावा यह सभा 'विलय के प्रति अपने तर्कसम्मत निष्कर्ष' की घोषणा करेगी। साथ ही सरकार

द्वारा पारित भूमि सुधारों को भी देखेगी। उपहास के स्वर में उन्होंने कहा कि 'देश के सामने दूसरा महत्त्वपूर्ण मुद्दा शाही खानदान के भविष्य से संबंधित है। डोगरा वंश और उसके कामकाज की ऐतिहासिक पृष्ठभूमि पर अपने विचारों को विस्तार से बताने के बाद उन्होंने मेरे पिता के विरुद्ध चौतरफा हमला बोलते हुए कहा :

> जनता द्वारा संपूर्ण सत्ता प्राप्त करने के बाद, महाराजा हरी सिंह को राज्य का पहला सवैधानिक अध्यक्ष स्वीकार कर लेना एक उचित और सद्भावनापूर्ण कदम होता। लेकिन मुझे अफसोस के साथ कहना पड़ रहा है कि उन्होंने जनता के हर वर्ग के विश्वास को तोड़ा है। बदलते हालात में खुद को न ढाल पाने की उनकी असमर्थता और महत्त्वपूर्ण समस्याओं पर उनके पुरातनपंथी विचार इस बात का स्पष्ट प्रमाण हैं कि वो लोकतांत्रिक प्रमुख जैसे ऊँचे पद के लिए पूरी तरह अयोग्य हैं।

लेकिन अपने भाषण के अगले दो अनुच्छेदों में मुझे पहला राज्याध्यक्ष चुने जाने की जमकर वकालत की। उन्हीं के शब्दों में :

> मैं विश्वास के साथ कह सकता हूँ कि हममें से कोई भी महाराजा के परिवार के साथ विवादों में नहीं पड़ना चाहता। सार्वजनिक मामलों में हर व्यक्ति के कार्यों का निष्पक्ष विवेचन होना आवश्यक है। हमारा फैसला किसी दुर्भावना या निजी विद्वेष से प्रेरित नहीं होना चाहिए। युवराज कर्ण सिंह से पिछले कुछ बरसों में हमारे साथ के दौरान मैं और सरकार में मेरे अन्य सहयोगी उनकी प्रतिभा, उनके उदार रवैए तथा देश-सेवा की उनकी ललक से बहुत प्रभावित हुए हैं। युवराज के ये गुण ही उन्हें सर्वश्रेष्ठ बनाते हैं। रियासत के पहले राज्याध्यक्ष के सम्मानित पद के लिए उनसे बेहतर विकल्प दूसरा कोई नहीं हो सकता था। इसमें कोई संदेह नहीं कि राज्य के एक नागरिक की हैसियत से युवराज कर्ण सिंह एक ऐसी लोकतांत्रिक व्यवस्था में परिवर्तन के उपयुक्त प्रतीक सिद्ध होंगे, जिसमें कल का शासक जनता का पहला सेवक बन जाए। ऐसा सेवक, जो जनता की सत्ता के अधीन व उसके प्रतिनिधि के रूप में काम करे।

स्पष्ट ही यह उस समझौते का परिणाम था, जो जवाहरलाल नेहरू तथा भारत सरकार के अन्य प्रतिनिधियों के साथ लंबी बातचीत के बाद किया गया था। यह एक चतुराई भरा कदम था। इससे एक ओर तो डोगराओं को पूरी तरह नाराज करने से परहेज किया गया तथा दूसरी ओर हमारे परिवार की सवैधानिक सत्ता बड़ी चतुराई से बरकरार रखी गई। आखिर भारतीय परिसंघ में कश्मीर-विलय की कानूनी और सवैधानिक वैधता मेरे पिता द्वारा हस्ताक्षरित 'इंस्ट्रूमेंट ऑफ एक्सेशन' पर निर्भर थी। अब उसी व्यक्ति को ऐसी सभा द्वारा अपमानजनक तरीके से अलग किया जा रहा था, जिसे उसी

के बेटे और रीजेंट यानी मेरे द्वारा हस्ताक्षरित घोषणा-पत्र के जरिए गठित किया गया था। जवाहरलाल नेहरू तथा शेख अब्दुल्ला—दोनों ही जिस राजनीतिक परिदृश्य से मेरे पिता को पूरी तरह हटाने की अनिवार्य बाध्यता समझ रहे थे, उससे एक दिलचस्प संवैधानिक गतिरोध पैदा हो गया था। इस असाधारण परिस्थिति में, मेरी उपस्थिति तसवीर में बिलकुल फिट हो गई और सभी संबंधित व्यक्तियों को अपनी इज्जत बचाने का आधार मिल गया।

समाधान चाहे कितना ही स्पष्ट रहा हो, वस्तुस्थिति यह थी कि यह तभी सफल या सार्थक हो सकता था, यदि मैं इससे सहमत होता हूँ। इस स्थिति ने इक्कीस बरस से भी कम उम्र में मुझे अपने अब तक के छोटे, लेकिन सनसनीखेज राजनीतिक जीवन की सबसे कठिन उलझन में डाल दिया। परिणामस्वरूप कई बार मुझे कठिन और महत्त्वपूर्ण निर्णय लेने पड़े। लेकिन मेरी स्मृति में यह निर्णय सबसे कष्टप्रद रहा।

अध्याय 11

राजशाही खत्म किए जाने के बाद यह सवाल बड़ी तेजी से जोर पकड़ गया कि मुझे राज्य के चुने गए अध्यक्ष का पद स्वीकर करना चाहिए या नहीं ? विशेष रूप से जम्मू में। विलय के घोषणा-पत्र पर हस्ताक्षर करने के बाद हैदराबाद के निजाम की तुलना में जिस प्रकार मेरे पिता को रियासत से निर्वासित किया गया था, उससे जम्मू की जनता काफी नाराज थी। उन्हें यह बात बहुत नागवार लगी थी कि निजाम सरकार द्वारा भारत के नए गणराज्य की अवहेलना करने और भारत के विरुद्ध सशस्त्र विद्रोह करने के बाद भी निजाम को हैदराबाद में क्यों रहने दिया जा रहा है ? जम्मू की जनता शेख अब्दुल्ला और उनके साथियों के डोगरा-विरोधी भाषणों और रवैए से भी काफी नाराज थी और उसने इन पर बहुत तीखी प्रतिक्रिया व्यक्त की थी। असल में स्वतंत्रता के बाद समूचे भारत में राजपरिवार पृष्ठभूमि में पड़ते जा रहे थे और उनका प्रभाव खत्म होता जा रहा था। लेकिन शेख अब्दुल्ला हमारे परिवार को 'समाप्त' करने को लेकर एक बड़ा वितंडा खड़ा कर रहे थे, यह डोगराओं के लिए बहुत कष्टदायक था। इन परिस्थितियों में मेरा राज्य का पहला 'कठपुतली' राज्याध्यक्ष बनना बहुतों को ऐसा विश्वासघात लग रहा था, जिससे शेख के क्रिया-कलापों को वैधता प्राप्त हो सकती थी। मेरे पिता के साथ जिस तरह का व्यवहार किया गया, उसको लेकर उनका गुस्सा उचित था। काफी ऊहापोह के बाद वे मुझे रीजेंट नियुक्त करने के लिए तैयार हुए थे। अपमानजनक तरीके से उनकी अनुपस्थिति में उन्हें हटाए जाने और मुझे राज्याध्यक्ष बनाए जाने का विचार उन्हें एकदम नापसंद था। 1953 के नाटकीय घटनाक्रम के बाद ही, वे स्थितियों से कुछ समझौता कर पाए।

उन समूची परिस्थितियों पर नजर डालने के बाद, मैं उनकी भावनाएँ अच्छी तरह समझ सकता हूँ। लेकिन इस समय कई बातें ऐसी थीं, जिनसे मेरा पक्ष मजबूत होता था। लेकिन इन सबसे बढ़कर मेरे अदंर खुद को सिद्ध करने की दबी-छिपी प्रबल इच्छा थी कि मैं अपने दम पर भी यह चुनौती स्वीकार कर सकता हूँ। मेरा यह मानना था कि चाहे मैं शेख के प्रस्ताव को स्वीकार करूँ या न करूँ, उन्होंने जो ठान लिया है, वो करके ही रहेंगे। अगर मैं मना करता हूँ, तो वो किसी और व्यक्ति को चुनकर इस पद पर बिठा देंगे। सच तो यह था कि नेशनल कान्फ्रेंस के कुछ हलकों में किन्हीं महाशय नाहर सिंह का नाम पहले ही इस पद के लिए लिया जाने लगा था। नाहर सिंह जम्मू

से चुने गए एक हरिजन सदस्य थे। अतः मेरे मना करने का सीधा मतलब यह था कि मैं भी अपने पिता की तरह बंबई में निर्वासन भुगतूँ। क्योंकि यह निश्चित था कि शेख मुझे कभी भी रियासत में डोगरा प्रतिरोध और असंतोष के संभावित केंद्र के रूप में बर्दाश्त नहीं करेंगे। स्थायी रूप से बंबई में रहने की संभावना में मेरे लिए कोई आकर्षण या प्रलोभन था ही नहीं, साथ ही इसका अर्थ रियासत से हमारे परिवार का आखिरी सूत्र भी तोड़ लेना होता। मुझे इस बात में जरा भी संदेह नहीं था कि कश्मीर परिदृश्य से मेरे हटने और परिवार का कोई और सदस्य न होने का शेख पूरा फायदा उठाते और कुछ ही समय में हमारी सारी जमीन-जायदाद पर कब्जा कर लेते। यहाँ तक कि हमारे पुरखों द्वारा स्थापित धार्मिक और पारिवारिक न्यासों को भी नहीं छोड़ते।

इन निजी कारणों के अलावा पूरे मामले में कई व्यापक जटिलताएँ थीं, जो राष्ट्रीय हित को प्रभावित करती थीं। मैंने महसूस किया कि नई स्थिति में बने रहकर मैं इस महत्त्वपूर्ण और संवेदनशील राज्य में राष्ट्रीय हित की रक्षा करने और अन्य कार्य करने में उपयोगी भूमिका निभा सकता हूँ। और इस दिशा में जाहिर था जवाहरलाल नेहरू भी यही चाहते हैं। अतः नेहरूजी और मेरे पिता के बीच टकराव एक बार फिर मेरे जीवन का मुख्य बिंदु बन गया। पिताजी के स्टाफ कर्मचारियों और वरिष्ठ डोगरा नेताओं के द्वारा मुझ पर जबर्दस्त दबाव डाला गया। मुझे समझाया गया कि अगर मैं यह पद स्वीकार कर लेता हूँ, तो यह कश्मीरियों के हाथों बिक जाने के बराबर होगा; इतिहास में मेरा नाम महाराजा गुलाब सिंह द्वारा स्थापित वंश के एक गद्दार के रूप में लिखा जाएगा; यह भी कि यदि मैं अपने पिता की अवज्ञा करता हूँ, तो मुझे विरासत में मिलने वाली करोड़ों की पैतृक संपत्ति से बेदखल किया जा सकता है।

इन सीधी धमकियों और दबावों के अलावा कई बेहूदा तर्क भी दिए गए। मसलन, यह कैसे पता चलेगा कि इस सारे खेल में शेख अब्दुल्ला की कोई गहरी चाल तो नहीं ? अब मेरी मिलीभगत से राजशाही खत्म करने के बाद राज-परिवार के प्रति जो उसकी जन्मजात घृणा है उसके चलते वो किसी-न-किसी बहाने जल्दी ही मेरे खिलाफ नहीं हो जाएँगे और मुझे भी रियासत से चलता नहीं कर देंगे ? क्या हाल ही में जम्मू में दिए भाषण में उन्होंने मेरे विरुद्ध सार्वजनिक रूप से अनर्गल बातें नहीं कही थीं ? और उसे मेरे लिए परेशानियाँ खड़ी करने और मेरी स्थिति इतनी विकट करने से कौन रोक सकता है कि या तो मुझे पद छोड़ना पड़े या फिर मैं घोर रूप से अपमानित होता रहूँ ! क्या शेख ने भारत सरकार को मेरे पिता से किए गए सभी वायदे एक-एक करके अनदेखे करने पर बाध्य नहीं किया ? और क्या वो मेरे साथ संभावित वायदों के प्रति भी वही कुटिल नीति नहीं अपनाएँगे ?

इतने तर्कों और दबावों के चलते मैं जबर्दस्त उलझन में पड़ गया—शेख का प्रस्ताव स्वीकार करूँ या न करूँ ? इस पेचीदा स्थिति में मेरी अंतरात्मा यही कह रही थी कि कोशिश करता रहूँ और मामला जितना लंबा खिंचे, उतना बेहतर होगा। और मैंने इसी नीति पर चलने का निर्णय किया। इसके पीछे एक बड़ा सशक्त आधार था। शेख

अब्दुल्ला उन दिनों भारत सरकार के साथ नई संवैधानिक व्यवस्थाओं को लेकर विस्तृत समझौता वार्ता में व्यस्त थे। इन व्यवस्थाओं में सिर्फ राज्याध्यक्ष का मुद्दा नहीं था, बल्कि नागरिकता, मूल अधिकार, सुप्रीम कोर्ट, वित्तीय समाकलन, झंडा, राष्ट्रपति के माफी अधिकार तथा इनसे जुड़े अन्य मामले शामिल थे। 26 जुलाई, 1952 को जवाहरलालजी ने इन सब मामलों के बारे में मुझे एक पत्र लिखा, जिसमें अन्य विषयों का जिक्र करते हुए उन्होंने कहा :

> मुझे विश्वास है जो मैं लिख रहा हूँ उसे तुम समझोगे। मुझे यह बताने की जरूरत नहीं कि अभी या बाद में मुझे तुम्हारा ध्यान रहेगा। और तुम मुझसे सलाह या कोई भी मदद माँगने कभी भी आ सकते हो। मैं अपनी तरफ से इसके लिए पूरी कोशिश करूँगा। फिलहाल तो सबसे अच्छी सलाह यही है कि प्रस्ताव में अरुचि दिखाने और उसे अनिच्छा से स्वीकार करने के बजाय जो परिवर्तन सुझाए गए हैं, उन्हें खुशी-खुशी और मन से स्वीकार कर लो। और इस तरह उन सब मामलों में तुम अग्रणी रहो। अगर हमें कोई काम करना है, तो उसे गरिमापूर्वक और अच्छी तरह से करना चाहिए, ताकि हमें दूसरों का आदर और सद्भाव मिल सके।

मौका देख, अपने उत्तर में मैंने अपना एक तर्क उनके सामने रखा। मेरा खयाल था कि इसमें काफी वजन है। मैंने लिखा :

> इससे पहले कि मैं बात आगे बढ़ाऊँ, मैं आपके प्रति अपना गहन आभार व्यक्त करना चाहता हूँ कि पिछले लगभग तीन वर्षों से, जब से मैं रीजेंट बना हूँ, आप मेरे मामलों में सहृदयता और सहानुभूतिपूर्ण दिलचस्पी ले रहे हैं। मैं आपको बता नहीं सकता कि आपको मार्गदर्शन और सलाह का मेरे लिए कितना महत्त्व है।
>
> जहाँ तक यह सवाल है कि मुझे पाँच साल के लिए चुने गए राज्याध्यक्ष का पद स्वीकार करना चाहिए या नहीं, इसके हर पहलू पर मैंने गहराई से विचार किया है—विशेषकर लगभग दस दिन पहले संसद में दिए आपके भाषण के बाद।
>
> मेरा सबसे बड़ा लक्ष्य अपने देश की जनता का प्रभावी ढंग से सेवा करने में सक्षम होना है। और ऐसा कोई भी पद, जो इस लक्ष्य-प्राप्ति में सहायक हो, मुझे सहर्ष स्वीकार है। लेकिन मौजूदा परिस्थितियों में, मैं यह महसूस करता हूँ कि जब तक संविधान सभा कश्मीर के नए संविधान को अंतिम रूप नहीं दे देती और भारत सरकार उसका अनुमोदन नहीं कर देती, मेरे लिए इस प्रस्ताव पर कोई निर्णय कर पाना संभव न होगा। मुझे विश्वास है कि आप यह तो मानेंगे कि मेरे लिए किसी भी ऐसे पद को स्वीकार करना मुमकिन नहीं होगा, जिससे जुड़े कर्तव्यों और कार्यों की स्पष्ट और सही-सही

जानकारी न हो। न ही उन दायित्वों की कोई जानकारी हो, जिनका मुझे निर्वाह करना है। मुझे किन शर्तों के तहत काम करना होगा, अभी यह भी स्पष्ट नहीं है।

इस पत्राचार के तुरंत बाद शेख़ अब्दुल्ला मेरे पास आए और उन्होंने फिर वही बात दोहराई कि 'सदरे रियासत' का पद स्वीकार करना है या नहीं, इस बारे में मुझे जल्दी ही फैसला करना होगा। मैंने तर्कों सहित अपनी बात उन्हें समझानी चाही, लेकिन उन सबको दरकिनार करते हुए उन्होंने कहा कि संविधान की रूपरेखा बनने में काफी समय लग सकता है, और वो तब तक इंतजार करने के लिए तैयार नहीं हैं। शेख के इस रवैए का विरोध करते हुए मैंने पुनः नेहरूजी को एक पत्र लिखा। कुछ दिन बाद 8 अगस्त को मुझे उनका जवाबी पत्र मिला, जो तीन पृष्ठों का था। पूरा संविधान बनने तक प्रतीक्षा करने के मेरे तर्क पर उन्होंने लिखा, "मैं तुम्हारी इस बात से बिलकुल सहमत हूँ कि संविधान के एक हिस्से को लेकर जल्दबाजी करना न तो सामान्य है, और न सामान्यतः उचित। उचित तो यही होता कि समूचा संविधान पहले पारित करवाया जाता, और फिर उस पर अमल किया जाता। लेकिन जब कश्मीरी प्रतिनिधिमंडल यहाँ आया था, उस दौरान हमने इस पर लंबा विचार-विमर्श किया था, और अंततः हम जिन निष्कर्षों पर पहुँचे, वो समझौते के मुद्दों में शामिल कर लिये गए थे। अब उन पर दुबारा विचार करने का कोई लाभ नहीं होने वाला, बल्कि इससे तो पुराने विवाद फिर उठ खड़े होंगे। बहुत कुछ ऐसा हो चुका है जिसे मौजूदा हालात में सुलझाया नहीं जा सकता। और अगर ऐसा प्रयास किया भी जाता है, तो उससे मामला और उलझ जाएगा। इसलिए, हमें वर्तमान स्थिति को जस का तस स्वीकार करना होगा। कहने का तात्पर्य यही है कि राज्याध्यक्ष से संबंधित संविधान के हिस्से को तयशुदा रूप में पहले अपना लेना चाहिए।"

और नेहरूजी ने इस सलाह के साथ अपना पत्र समाप्त किया :

> अगर तुम यह प्रस्ताव स्वीकार नहीं करते हो, तो जो भी विकल्प होगा, वो राज्य के लिए बहुत बुरा तो होगा ही, बल्कि तुम्हारे लिए भी कोई लाभकारी नहीं होगा। तुमने लिखा है कि तुम विदेश जाकर शिक्षा प्राप्त करना चाहते हो। इसमें संदेह नहीं कि एक साल या इससे ज्यादा विदेश-प्रवास से तुम्हें फायदा हो सकता है। लेकिन हम जीवन और उसकी समस्याओं के बारे में उनका मुकाबला करते हुए ज्यादा सीख सकते हैं, बनिस्पत इसके कि हम अपना भौगोलिक पर्यावरण बदल लें। यहाँ रहते हुए भी पढ़ाई करने के लिए तुम्हारे पास काफी समय होगा। तुम्हारा मन पढ़ाई करने का है, इसलिए विदेश की बजाय अपने राज्य में रहकर ही कई तरह से अच्छी तैयारी कर सकते हो। आजकल विदेशों में कई स्थानों पर युद्ध की तैयारियाँ और शोर-शराबा चल रहा है। अतः वहाँ सिर्फ थोड़े समय के लिए जाने में ही

आनंद है।

अतः मैं महसूस करता हूँ कि जैसा मैंने तुम्हें सुझाव दिया है, उसके अनुसार प्रस्ताव स्वीकार कर लेना ही तुम्हारे लिए उचित होगा। तुम अपनी जनता के बीच में रहोगे और इस तरह तुम उनकी कई तरह से सेवा कर सकोगे। यह बात अलग है कि तुम्हारे कोई काम तो बहुत स्पष्ट नहीं होंगे, लेकिन फिर भी महत्त्वपूर्ण हैं। और फिर, सबसे बड़ी बात तो यह है कि यदि परिस्थितियाँ वैसी बनती हैं, तो अपनी मर्जी का फैसला तो तुम बाद में भी ले सकते हो।

आखिर मैंने दिल्ली जाकर मामले पर खुद बातचीत करने का फैसला किया। नेहरूजी ने हमेशा की तरह बड़े स्नेह से मेरा स्वागत किया। हम लोग तीन मूर्ति के भव्य ड्राइंग-रूम में बैठे। उन दिनों नेहरूजी सत्ता के चरमोत्कर्ष पर थे। उन्होंने बहुत प्यार से, लेकिन बड़े विश्वास से बात की। मुझे समझाया कि क्यों वे और उनके साथी चाहते हैं कि मैं यह प्रस्ताव स्वीकार कर लूँ। जाहिर था कि संविधान पर बातचीत के लिए शेख अब्दुल्ला की टीम जिसमें वह स्वयं, मिर्जा अफजल बेग, डी. पी. धर तथा उनके संवैधानिक सलाहकार एम. ए. शाहमीरी थे, ने अड़ियल रवैया अपना लिया था। क्योंकि शेख अब्दुल्ला पर टिप्पणी करते हुए मैंने पहली बार नेहरूजी की नाराजगी की हल्की सी झलक देखी। हालाँकि उन्होंने वैसे शब्द बहुत कम इस्तेमाल किए, लेकिन मैंने अनुमान लगा लिया कि नेहरूजी मुझे राज्य में इसलिए रखना चाह रहे थे कि भविष्य में कोई परेशानी होने पर मैं मदद कर सकूँ। जब मैंने उन्हें जम्मू की जनता की राय को लेकर अपनी कठिनाई बताई, तो वे इस बात के लिए सहमत हो गए कि विचार-विमर्श के लिए मैं जम्मू के कुछ नेताओं को श्रीनगर बुला सकता हूँ। यह उनके दृष्टिकोण में महत्त्वपूर्ण परिवर्तन का स्पष्ट संकेत था, क्योंकि प्रजा परिषद के नेताओं के प्रति उनकी सख्त नापसंदगी जग-जाहिर थी। इससे यह भी जाहिर हुआ कि उन्हें मेरी कठिनाई का अहसास था।

इसी दिल्ली-यात्रा के दौरान, नेहरूजी के तीन मूर्ति भवन की लॉन में एक चाय-पार्टी के दौरान मेरी मुलाकात सी. राजगोपालाचारी से हुई, जो उन दिनों मद्रास के मुख्यमंत्री थे। वैसे मैं उनसे कई बरस पहले तब मिला था, जब वो भारत के गवर्नर-जनरल थे। मैं उनके पास गया और उनका अभिवादन किया। 'आपको शायद मेरी याद न हो, मैं कर्ण सिंह हूँ,' मैंने कहा। वो मुड़े, मुझे देखा और बोले, 'बिलकुल, मैं तुम्हें पहचानता हूँ। तुम्हारी आँखें बहुत सुंदर हैं।' बहुत कम अवसर ऐसे हुए हैं, जब कुछ कहने के लिए मुझे शब्द न मिले हों, लेकिन यह मौका ऐसा था, जब मेरे मुँह से कोई शब्द न निकला। मैं मौलाना आजाद से भी मिला, जो शिक्षा और संस्कृति की जीती-जागती मिसाल थे, और जिनसे वार्तालाप में बहुत आनंद आता था।

श्रीनगर वापस लौटने पर मैंने प्रजा परिषद के अध्यक्ष पंडित प्रेमनाथ डोगरा सहित जम्मू के विभिन्न नेताओं के साथ बातचीत का सिलसिला शुरू किया। बातचीत के बाद

पंडित प्रेमनाथ डोगरा ने एक बयान जारी किया, जिसमें उन्होंने अपनी यह माँग दोहराई कि कश्मीर का भारत में पूरी तरह विलय होना चाहिए। साथ ही यह भी कहा कि जब तक राज्य के लिए नया संविधान कोई ठोस रूप नहीं ले लेता, तब तक श्री युवराज बहादुर द्वारा राज्याध्यक्ष के पद को स्वीकार करने के अकेले मुद्दे पर कोई निश्चित राय देना अधकचरी बात होगी। सच तो यह था कि वे लोग मेरे द्वारा इस प्रस्ताव को स्वीकार करने के पूरी तरह विरुद्ध थे। लेकिन तीन दिन की बातचीत के बाद मैं मध्यस्थ की इस भूमिका पर उनकी सहमति पाने में सफल रहा। इस बीच मुझे पता चला कि पिताजी ने राष्ट्रपति को एक लंबा-चौड़ा ज्ञापन भेजा है। अखबारों में इस आशय के कुछ समाचार भी छपे थे कि राजशाही को बहाल रखने या हटाने के मुद्दे पर राज्य में जनमत संग्रह की माँग भी उन्होंने की है।

सितंबर के प्रारंभ में मैंने जम्मू नेताओं से हुई अपनी बातचीत की जानकारी देते हुए नेहरूजी को पत्र लिखा। इसमें मैंने उनके द्वारा बयान किए वास्तविक कष्टों और संदेहों का भी उल्लेख किया। मैंने नेहरूजी से अनुरोध किया कि केंद्र के तीन वरिष्ठ नेताओं–विशेषकर मौलाना आजाद, तत्कालीन गृहमंत्री डॉ. कैलाशनाथ काटजू तथा कश्मीर मामलों के मंत्री गोपालास्वामी आयंगर–को जम्मू के नेताओं से मुलाकात करके उनकी बातें सहानुभूतिपूर्वक सुननी चाहिए। अपने पत्र के अंत में मैंने पिता के ज्ञापन की खबर का उल्लेख किया, और हालाँकि मैं जानता था कि नेहरूजी इससे प्रसन्न नहीं होंगे, लेकिन फिर भी मैं आखिर में यह अनुच्छेद जोड़ ही दिया :

> मैं नहीं जानता कि इस पर आपकी क्या प्रतिक्रिया है। अगर जनमत संग्रह करवाना संभव है, तो मैं तो यह महसूस करता हूँ कि यह अच्छी बात होगी। मैं नहीं समझता कि यह असंभव होना चाहिए। इससे रियासत की जनता को इस मुद्दे पर पूरी तरह प्रजातांत्रिक तरीके से अपनी राय देने का मौका मिलेगा कि वो राज्य के संवैधानिक अध्यक्ष के रूप में राजवंश के किसी व्यक्ति को देखना पसंद करेंगे या समय-समय पर उसका चुनाव करना पसंद करेंगे ? इस तरह कोई भी वर्ग या समूह यह महसूस नहीं करेगा कि इस महत्त्वपूर्ण सवाल पर उसके विचारों की उपेक्षा हुई है। मैं यह भी कहना चाहूँगा कि जम्मू और घाटी क्षेत्र दोनों से जो संकेत मिल रहे हैं, उनके आधार पर मैं महसूस करता हूँ इस प्रकार के जनमत संग्रह का परिणाम अप्रत्याशित ही होगा।

अगले ही दिन नेहरूजी का जवाब भी आ गया। पत्र में जहाँ उन्होंने यह माना जम्मू की जनता को कई तकलीफें उठानी पड़ रही हैं, पर साथ ही उन्होंने प्रजा परिषद के कामकाज के तौर-तरीकों की भी भर्त्सना की। पिता के ज्ञापन का जिक्र करते हुए उन्होंने लिखा, ''मैंने तुम्हारे पिता का वो लंबा ज्ञापन देखा है, जो उन्होंने राष्ट्रपति को भेजा है। उसमें जनमत संग्रह का कोई जिक्र नहीं है। वह ज्ञापन तो गुस्से और

पक्षपातपूर्ण आरोपों से भरा एक दस्तावेज है। तुम्हारे पिता यह बिलकुल समझ नहीं पा रहे हैं कि दुनिया कितनी बदल चुकी है और कितनी तेजी से बदल रही है।"

मेरे जनमत संग्रह वाली बात पर कुछ टिप्पणियों के साथ उन्होंने अपना पत्र समाप्त किया :

> तुम्हारी जनमत संग्रह वाली बात पर मुझे थोड़ी हैरानी हुई है। क्षेत्रीय दृष्टि से और अंतर्राष्ट्रीय दृष्टि से यह कतई संभव नहीं है। हम दूसरे मुद्दों पर जनमत संग्रह की बात करते रहे हैं, और वह भी नहीं हो सका, क्योंकि इस पर कोई सहमति नहीं है। अगर एक सीमित मुद्दे पर जनमत संग्रह का सवाल उठाया जाता है, तो इससे आनन-फानन में तमाम तरह की अंतर्राष्ट्रीय समस्याएँ खड़ी हो जाएँगी और फिर फौरन ही एक बड़े क्षेत्र को लेकर जनमत संग्रह की माँग भी उठ खड़ी होगी। और यह जनमत संग्रह भी, यदि होता है, तो यही कहा जाएगा कि उस बृहत् इलाके के बारे में होना चाहिए, जिसमें पाकिस्तान के कब्जे वाला क्षेत्र भी शामिल है। रियासत की अपने नियंत्रण वाली मौजूदा सीमाओं में आने वाले क्षेत्र में जनमत संग्रह कराए जाने पर स्वाभाविक है कि कटुता और विवाद पैदा होंगे, जिसके परिणामस्वरूप असली मुद्दे की परवाह न करते हुए राज्य के विभाजन की बात कही जा सकती है। वास्तव में मेरा यह विश्वास है कि मौजूदा हालात में इस तरह का प्रस्ताव बिलकुल बेमानी है। इससे फायदा और किसी को नहीं, सिर्फ पाकिस्तान को होगा।

लगभग इन्हीं दिनों मुझे जवाहरलालजी के साथ लद्दाख तक की हवाई यात्रा पर जाने का अवसर प्राप्त हुआ। वहाँ पूर्वी लद्दाख के चुशुल में एक वायुसैनिक हवाई अड्डा बनाया गया था। यह अपने आपमें एक नाटकीय अनुभव था। यह हवाई अड्डा समुद्र की सतह से 14,270 फुट की ऊँचाई पर स्थित था। कहा जाता है कि यह दुनिया में सबसे ऊँचाई पर बना हवाई अड्डा है। उस विमान यात्रा में इंदिरा गाँधी, शेख अब्दुल्ला तथा कई अन्य लोग भी शामिल थे। विमान को उस जमाने के बेहतरीन पायलट एयर मार्शल मेहर सिंह उड़ा रहे थे। हम लोग डी सी-3 विमान में 20,000 फुट की ऊँचाई पर उड़ रहे थे, और अधिकांश यात्रा के दौरान ऑक्सीजन मास्क पहने रहे। आकाश में उड़ते हुए ऊँचाई से हिमालय का दृश्य अद्भुत था। पर्वत शृंखलाएँ चारों तरफ कैसे एक विशाल बर्फ के समुद्र जैसी लग रही थीं। विश्व की सबसे ऊँची चोटियों में एक नंगा पर्वत बर्फ में लिपटा सबसे अलग, शान से खड़ा था। एकदम अविस्मरणीय ! चुशुल हवाई अड्डे पर उतरने से पहले हमारा विमान नीली-फिरोजी रंग की एक विशाल झील के ऊपर से उड़ा। और विमान के उतरते ही मुझे संवेदी विभ्रम की अजीब सी अनुभूति हुई। रन-वे के निकट खड़े पहाड़ इतने नजदीक लग रहे थे कि इंदिरा गाँधी वहाँ तक पैदल जाने को तैयार हो गईं। लेकिन हमें यह जानकर हैरानी

हुई कि वे वहाँ से कम-से-कम दस मील दूर थे। हवा के कारण यहाँ दूर की चीज भी बहुत करीब नजर आती है। चुशुल हवाई अड्डे पर हम लोग कोई नब्बे मिनट रुके, इस बीच नेहरूजी वायुसेना के अफसरों के साथ बातचीत करते रहे। वहाँ आसपास न तो कोई बस्ती थी, न वनस्पति। यहाँ का शुष्क और कठोर प्राकृतिक सौंदर्य किसी दूसरे ग्रह पर होने का आभास देता था।

चुशुल की इस हवाई-यात्रा से लद्दाख-यात्रा करने की मेरी इच्छा और भी बलवती हो गई। और जल्दी ही मैंने दूर-दराज के 36,000 वर्ग मील के विशाल भू-भाग की यात्रा करने का कार्यक्रम बना लिया, जिसे महाराजा गुलाब सिंह के जमाने में जनरल जोरावर सिंह और उनकी जाँबाज सेना ने रियासत में मिला लिया था। यह उस समूचे इलाके का दो-तिहाई भाग था, जो हमारे नियंत्रण में रह गया था। अभी हमारे परिवार के किसी भी सदस्य ने लद्दाख की यात्रा नहीं की थी। अलबत्ता डोगरा-शासन में इस क्षेत्र का प्रशासन 'वजीर वजारत' (डिप्टी कमिश्नर के समकक्ष) के सुपुर्द था। 1947 में इस क्षेत्र को बड़ी मुश्किलों से पाकिस्तानी नियंत्रण में जाने से बचाया गया था। चीन के हाथों तिब्बत के पतन के बाद यह क्षेत्र आज भी दुनिया में लामा बौद्धों का परिक्षेत्र है। वैसे तिब्बत पर चीन का कब्जा नेहरूजी की कम सफल विदेश नीति के कुछ परिणामों में से एक था।

लेह पहुँचने पर आशा सहित मेरा शानदार स्वागत हुआ। लेह तथा आसपास के गाँवों की समूची जनता मुख्य लामा कुशक बाकुला के नेतृत्व में वहाँ मौजूद थी। विमान से बाहर कदम रखते हुए हमें ऐसा लगा कि हम एक दूसरी, लेकिन दोस्ताना, दुनिया में आ गए हैं। गहरा नीला आकाश, विदलित हवा, परंपरागत लद्दाखी वेशभूषा में सजे लद्दाखी और सुंदर फिरोजी रंग का स्कार्फ बाँधे महिलाएँ। लेह में हम तीन दिन रहे। इस दौरान हम वहाँ के सभी प्रमुख बौद्ध मठों में गए, चढ़ावा चढ़ाया तथा प्रार्थनाएँ कीं। बुद्ध और बोधिसत्व की कुछ मूर्तियाँ तो अद्भुत थीं। लामाओं के रहने के स्थान को लकड़ी के सुंदर फर्नीचर से सजाया गया था, जिस पर नया रंग-रोगन किया गया था। वहाँ अमूल्य बड़ी-बड़ी नामावलियाँ या थंका लटकी हुई थीं, जिनमें विभिन्न बौद्ध धर्मगुरुओं का उल्लेख था। सफेद धातु के सैकड़ों प्यालों में तेल के दीये जल रहे थे, जिनकी मद्धिम रोशनी उन तीर्थस्थलों को एक आनंदमय आभा प्रदान कर रही थी। और इस स्निग्ध वातावरण में बौद्ध भिक्षुओं का गंभीर, सतत मंत्रोच्चार एक सम्मोहन सा पैदा कर रहे थे। 'शेय' बौद्धमठ में बुद्ध की विशालकाय खोखली धातु की मूर्ति की छवि तो आज भी मेरे मानस-पटल पर अंकित है। यह बौद्धमठ तिमंजिला है और इतना बड़ा है कि पुराने जमाने में इसका उपयोग पूरे लेह शहर के लिए अन्न भंडार के तौर पर होता था।

हम अपने साथ कई हजार गज कपड़ा भी ले गए थे, ताकि लद्दाख के हर निवासी को एक कोट के लिए पर्याप्त कपड़ा मिल सके। यह देखकर हम भाव-विभोर हो गए कि बाँटे गए कपड़े को दूर-दराज गाँव के निवासियों ने भी बड़े आदर और श्रद्धा से

डोगरा शासक परिवार की यादगार के रूप में ग्रहण किया। इससे यह पूरी तरह स्पष्ट हो गया कि समय के साथ-साथ यहाँ के लोगों में डोगरा परिवार के प्रति कटुता खत्म हो चुकी थी, और अब उन लोगों के मन में था तो हमारे परिवार के प्रति सच्चा आदर। हमें ढेर सारे आकर्षक उपहार मिले, जिनमें लद्दाखी वेशभूषा थी, जिसे पहनाकर मेरा फोटो भी लिया गया। इसके कई बरस बाद जब मैं दोबारा लद्दाख की यात्रा पर गया, तो मुझे यह देखकर आश्चर्य हुआ कि वहाँ के प्रत्येक लामागृह में मेरा वही फोटो टँगा हुआ था। आशा तो लद्दाखी महिलाओं द्वारा सिर पर पहने जाने वाले फिरोजा जड़े गहनों से बहुत अभिभूत थी। लेह से हम विमान द्वारा कारगिल पहुँचे। यह लद्दाख का दूसरा बड़ा शहर है और शिया मुस्लिम आबादी वाले क्षेत्र का एक प्रकार से केंद्र है। यहाँ सेना की उपस्थिति ज्यादा महसूस होती है। हम लोग सिंधु नदी के किनारे बने ब्रिगेड हेडक्वार्टर्स में ठहरे थे। यह मुझे अजीब कौतूहलभरी बात लगती है कि हालाँकि हमारे देश का नाम और इसका मुख्य धर्म 'इंडस' से लिया गया है, जबकि हिंदुस्तान के जिस एकमात्र इलाके से यह नदी बहती है, वो लद्दाख ही है।

लद्दाख में अपने प्रवास के दौरान कुशक बाकुला तथा उनके सहयोगियों से मेरी कुछ गंभीर बातचीत भी हुई। मेरे लिए यह जानकारी कुछ आश्चर्यजनक ही थी कि जम्मू के लागों के मुकाबले लद्दाख की जनता शेख प्रशासन में कुछ ज्यादा असहजता और असुरक्षा महसूस कर रहे थे। क्योंकि उनकी संस्कृति कश्मीरियों से भिन्न थी, वे यह महसूस करते थे कि नई व्यवस्था में उनकी स्थिति काफी अनिश्चित सी है। उन्हें आशंका थी कि जनसंख्या के आधार पर राज्य विधान सभा में सिर्फ दो सदस्यों के चलते उनका समुदाय कश्मीरियों का सहायक होकर रह जाएगा। उन्होंने लद्दाख क्षेत्र से संबंधित सभी महत्त्वपूर्ण नियम-कानून बनाने के संदर्भ में एक सांविधिक सलाहकार समिति गठित करने का सुझाव दिया। उनका कहना था कि राज्य विधान सभा लद्दाख के संबंध में बनाए जा रहे सभी नियम-कानूनों को अंतिम रूप देने से पहले उन पर इस समिति की राय अनिवार्य रूप से ले। उनका यह आग्रह भी था कि लद्दाख को पूरी तरह शेख-सरकार के रहमो-करम पर छोड़ने की बजाय केंद्र सरकार यहाँ एक प्रशासक की नियुक्ति करे।

श्रीनगर लौटने के बाद मैंने नेहरूजी को लद्दाख के बारे में अपनी निजी रिपोर्ट और वहाँ की स्थिति सुधारने के लिए उठाए जा सकने वाले संभावित कदमों के सुझाव भी लिख भेजे। इस मामले में शीघ्र ही कार्यवाही करने का अनुरोध करते हुए मैंने उन्हें लिखा कि 'लद्दाख सामरिक दृष्टि से बहुत महत्त्वपूर्ण है, कश्मीर से भी ज्यादा भारत के लिए। यदि उन्हें अपने साथ मिलाकर काम करने की भावना के अभाव में लद्दाख की जनता अप्रसन्न और असंतुष्ट रहती है, तो यह एक त्रासदी ही होगी। और फिर वो आसानी से संप्रदायवादियों और साम्यवादियों द्वारा हर प्रकार के शोषण का शिकार हो जाएगी।' हमेशा की तरह नेहरूजी ने एक सप्ताह में अपना जवाब लिख भेजा। उन्होंने लिखा, 'लद्दाख के साथ असली कठिनाई यह है कि वहाँ जबर्दस्त आर्थिक

पिछड़ापन है।' और अपने पत्र का समापन उन्होंने इन टिप्पणियों के साथ किया, 'हम कुल्लू घाटी से लेह तक के लिए सड़क बनाना चाहेंगे। लेकिन यह काफी खर्चीला सौदा है और अभी हम इसे वहन करने की स्थिति में नहीं हैं। वैसे यह सड़क बन जाने से लद्दाख के खनिज भंडार का लाभ उठाया जा सकेगा। इससे उस क्षेत्र में कुछ सीमा तक समृद्धि लाई जा सकेगी।'

अक्सर कोई बाहरी संकट आंतरिक प्रतिक्रिया को जन्म देता है और यह प्रतिक्रिया ऐसी होती है कि हो रही घटनाओं के प्रवाहों या संकेतों से उसका कोई लेना-देना नहीं होता। जब ये सारी घटनाएँ हो रही थीं, उसी दौरान आंतरिक परिवर्धन की प्रक्रिया भी शुरू हो चुकी थी। आध्यात्मिक विचारों के प्रति मेरी रुचि दिन पर दिन बढ़ने लगी थी। एडविन ऑर्नोल्ड की एक प्रसिद्ध कविता है, 'द लाइट ऑफ एशिया'। ऑर्नोल्ड ने यह महान कविता महात्मा बुद्ध के जीवन और उपदेशों पर लिखी थी। इस कविता ने मुझे बहुत प्रभावित किया। लगभग इन्हीं दिनों मैं दाचीगाम गया और वहाँ एक रीछ का उस समय शिकार किया, जब वह एक पेड़ पर चढ़कर शहतूत खा रहा था। गोली लगते ही वह दर्द से छटपटाते बच्चे की तरह चीखता हुआ नीचे आ गिरा। उसकी वो दर्दनाक चीखें कई हफ्तों तक मुझे परेशान करती रहीं। परिणामस्वरूप मैंने शिकार करना और मछली पकड़ना छोड़ने का निर्णय किया। तब से लेकर आज तक मैंने इन दोनों में से किसी को भी हाथ नहीं लगाया। इसी हृदय-परिवर्तन का प्रभाव था कि मैंने 1 जनवरी, 1952 को अपनी निजी डायरी में एक हस्ताक्षरित नोट लिखा कि 'मेरा दूरगामी लक्ष्य आध्यात्मिक ज्ञान और शांति प्राप्त करना और उस संदेश को दुनिया भर में फैलाना है, ताकि घृणा, ईर्ष्या, द्वेष के रास्ते पर तबाही के भयानक और अंधकारपूर्ण रसातल की ओर भागी जा रही दुनिया को बचाया जा सके। उसे शांति, आनंद तथा सार्वभौम समृद्धि के विस्तृत और प्रशस्त सूर्य के प्रकाश से आलोकित मार्ग पर लाया जा सके। जब मैंने यह नोट लिखा था, उस वक्त मेरी उम्र 21 वर्ष से कुछ कम ही रही होगी। और हालाँकि वो प्रेरणा आज भी मेरे साथ है, लेकिन बीते वर्षों में मुझे यह अहसास होने लगा कि उस वक्त दुनिया को बचाने का काम जितना सहज लग रहा था, असल में उतना आसान नहीं है।

इसी बीच मेरा परीक्षा-परिणाम आ चुका था। मैंने बी. ए. पास कर लिया, लेकिन मात्र छह अंकों से मेरी प्रथम श्रेणी रह गई। इसके साथ ही संभवतः मैं विश्व-इतिहास में शायद पहला कुलाधिपति बना, जिसने अपनी ही यूनिवर्सिटी से स्नातक की डिग्री प्राप्त की। उस साल दीक्षांत भाषण देने दार्शनिक राजनेता डॉ. राधाकृष्णन आए। मैं उनके लेखन का जबर्दस्त प्रशंसक रहा हूँ। अपने विचारों को वे जिस तरह सुस्पष्ट, संक्षिप्त तथा भावपूर्ण वाक्यों में संस्कृत ग्रंथों के उद्धरणों के साथ प्रभावशाली ढंग से प्रस्तुत करते हैं, वह अपने आपमें अनूठा होता है। सच तो यह है कि उनकी इस शैली से प्रभावित होकर ही मैंने भी सार्वजनिक भाषणों में यही शैली अपनाने का निर्णय किया। उस वर्ष उन्होंने शानदार ढंग से धाराप्रवाह दीक्षांत भाषण दिया। यह समारोह

झेलम के किनारे शहर में बने पुराने महल के बगीचे में चिनार के भव्य पेड़ों की छाया में आयोजित किया गया था। आडिटोरियम की बजाय इस खुले वातावरण में आयोजित समारोह का आकर्षण ही कुछ और था। विश्वविद्यालय का कुलाधिपति होने के नाते स्नातकों को प्रमाणपत्र देना मेरा काम था, लेकिन जाहिर है मैं खुद को तो प्रमाण-पत्र नहीं दे सकता था। अतः सब स्नातकों को प्रमाण-पत्र देने के बाद मैं स्टेज से नीचे उतर आया और फिर डॉ. राधाकृष्णन से अपना प्रमाण-पत्र प्राप्त किया।

इस दौरान मैंने बहुत सी पुस्तकें पढ़ीं, लेकिन एक पुस्तक ऐसी है, जिसका मैं विशेष रूप से उल्लेख करना चाहूँगा। इस पुस्तक ने मेरा परिचय दो ऐसे महानुभावों से कराया, जिन्होंने आगे चलकर मेरे आंतरिक जीवन पर गहरा प्रभाव डाला। यह पुस्तक थी दिलीप कुमार राय द्वारा लिखित 'एमंग द ग्रेट'। इस पुस्तक में लेखक विश्व के पाँच महान चिंतकों—बर्टेंड रसेल, रोम्याँ रोलाँ, महात्मा गाँधी, रवींद्रनाथ टैगोर तथा श्री अरविंदो के साथ अपनी मुलाकात का ब्यौरा प्रस्तुत किया था। श्री अरविंदो पर लिखा निबंध सबसे रोचक था। हालाँकि व्यक्तिगत रूप से मैं श्री अरविंदो से कभी नहीं मिला था, लेकिन मानव चेतना के आध्यात्मीकरण के उनके अद्‌भुत दर्शन के प्रति मेरा आकर्षण बढ़ता जा रहा था। इससे भी ज्यादा महत्त्वपूर्ण बात यह थी कि इस निबंध में रोनाल्ड निक्सन नाम के एक अंग्रेज का जिक्र था, जो वैष्णव संन्यासी बन गया था और उसे नाम दिया गया था 'श्री कृष्णप्रेम'। इसी प्रसंग ने अंततः मुझे उस सबसे विलक्षण व्यक्ति के चरणों में ला बिठाया। अपने जीवन में इतने अद्‌भुत व्यक्तित्व से शायद मैं कभी नहीं मिला। इस तरह मैं दिलीप दा का और उस नियति का भी दोहरा ऋणी हूँ कि जिसने मेरे जीवन के सबसे नाजुक मोड़ पर वह पुस्तक मेरे हाथों में थमाई। श्री अरविंदो और श्री कृष्णप्रेम मेरी आत्मा की खोज के दो मार्गदर्शक सितारे बने। और यह खोज मुझे अमर बाँसुरी वादक की सुनहरी धुनों की शरण में ले आई।

उधर संवैधानिक घटनाचक्रों का सिलसिला पूरी निरंकुशता के साथ जारी था। मेरे पिता राज्य मंत्रालय के साथ लंबे अरसे से पत्राचार करते आ रहे थे। लेकिन उनके और राज्य मंत्रालय के विचारों में कोई साम्य नहीं था। मेरे पिता अपने अधिकारों और भारत सरकार द्वारा समय-समय पर किए गए वायदों पर ही जोर देते रहे। जबकि राज्य मामलों के मंत्री डॉ. के. एन. काटजू बार-बार राज्य की बदली राजनीतिक परिस्थितियों और अंतर्राष्ट्रीय राजनीति की व्यापक बाध्यताओं को ही दोहराते रहे। राज्य मंत्रालय के सचिव सी. एस. वैंकटाचार ने सितंबर में पूना जाकर पिताजी से मुलाकात की। इस मुलाकात के बाद पिताजी ने डॉ. काटजू को निराशा भरा पत्र लिखा। पत्र में राष्ट्रपति को भेजे अपने ज्ञापन का हवाला देते हुए उन्होंने याद दिलाया कि किस तरह भारत सरकार ने 'मेरे अधिकारों और मुझे दिए आश्वासनों की अवहेलना करके मुझे विपत्ति में डाला है और इस तरह मेरी स्थिति कमजोर करके मेरे विरोधियों को अनुचित और अनावश्यक लाभ पहुँचाया गया।' पत्र में उन्होंने यह भी लिखा कि 'क्या मैं आपसे यह पूछ सकता हूँ कि क्या मुझे जानने का भी अधिकार नहीं है कि मैं गलत हूँ या भारत

सरकार शेख अब्दुल्ला की बनाई नीति पर अमल करने के लिए बाध्य है, चाहे उसके लिए मेरी, मेरे परिवार तथा न्याय और समानता के कुछ बहुमूल्य सिद्धांतों की बलि ही क्यों न चढ़ानी पड़े ? क्या मैं उस व्यक्ति के सामान्य अधिकार भी खो चुका हूँ, जो स्वयं को उत्पीड़ित महसूस करता है और न्याय की माँग करता है ?'

प्राचीन यूनानी दुखांत नाटकों की तरह मेरे पिता को भी परिस्थिति हमेशा के लिए अपने विरुद्ध होती दिखाई दे रही थी। राज-त्याग के लिए उन पर भारी दबाव था, लेकिन वे पूरी दृढ़ता से इसका प्रतिरोध कर रहे थे। अंततः उनके प्रिवीपर्स तथा विशेषाधिकारों से संबंधित कुछ सामान्य मसलों पर बातचीत हुई और एक अंतरिम रूपरेखा पर सहमति हुई। उधर इस मसले में निर्णय टालने की मेरी कोशिशें भी अब आखिरी हद तक पहुँच रही थीं। यह उम्मीद, कि भारत सरकार और मेरे पिता के बीच परस्पर सहमति से कोई समाधान निकल आएगा, और मुझे भी अपनी भावी कार्यवाही तय करने में आसानी होगी, भ्रामक ही सिद्ध हुई। वास्तविकता से अब ज्यादा देर भागा नहीं जा सकता था। मैंने समझ लिया कि अपने दायित्व के बारे में मुझे जल्दी ही कोई निर्णय लेना होगा और उसके जो भी परिणाम हों, उन्हें भुगतने के लिए तैयार रहना होगा। कोई विकल्प शेष न था। अब मेरे सामने दो स्पष्ट विकल्प थे—या तो मैं सार्वजनिक जीवन हमेशा के लिए छोड़ दूँ और भूतपूर्व राजाओं की बिरादरी में शामिल हो जाऊँ, जो बंबई रेस क्लब के संरक्षक या सदस्य बने हुए हैं अथवा फिर मैदान में डटा रहूँ, संघर्ष करता रहूँ, चाहे अंत में पराजय ही क्यों न झेलनी पड़े। साथ ही यह दो व्यक्तियों की सलाह और प्रभाव में से एक को चुनने का भी मामला था। और दोनों व्यक्ति ही शक्ति-संपन्न तथा दृढ़ निश्चयी थे।

30 अक्तूबर, 1952 को जवाहरलाल नेहरू ने मुझे एक पत्र लिखा, जिसमें उन्होंने कहा था कि राज्याध्यक्ष के मामले पर शेख अब्दुल्ला के साथ चली आ रही लंबी बातचीत इस समझौते के साथ समाप्त हो गई है कि राष्ट्रपति को धारा 370 के तहत कार्य करते हुए इस पद से संबंधित व्याख्या में परिवर्तन करना चाहिए। उनका कहना था कि अब इस मसले को और टालना हितकर नहीं होगा और लगभग नवंबर के मध्य में इस संबंध में आवश्यक कदम उठाए जाएँगे। उन्होंने लिखा कि 'मुझे आशा है हमने जो उपाय सुझाए हैं, तुम उनसे सहमत होगे। अब हमारे लिए सिर्फ यही विकल्प बचा है कि हमें इसे स्वीकार करने से हिचकना नहीं चाहिए। कोई दूसरे विकल्प या मामले को टालने से कठिनाइयाँ और परेशानियाँ ही बढ़ेंगी।' पिता का उल्लेख करते हुए उन्होंने लिखा, 'मुझे दुख है कि तुम्हारे पिता यानी महाराजा का रवैया बहुत सहयोगपूर्ण नहीं रहा है। हमने उन्हें हर तरह से समझाने और यथासंभव मदद करने का प्रयास किया है। लेकिन लगता है दुनिया में आए बदलावों और हो रहे बदलावों से वे पूरी तरह बेखबर हैं। वो ऐसे तर्क प्रस्तुत करते हैं, जिनका वर्तमान समय में कोई औचित्य नहीं रह गया है।'

जब यह पत्र मुझे लिखा गया, ठीक उसी दौरान मैंने भी एक पत्र डॉ. काटजू को लिखा था, जिसमें मैंने 'सदरे रियासत' के प्रस्तावित पद की स्थिति और कर्तव्यों के बारे

में कुछ स्पष्टीकरण माँगे थे। मैंने यह भी जानना चाहा था कि नए संविधान के तहत राज्याध्यक्ष के पद का क्या नाम दिया जाएगा ? अपने इस पत्र की एक प्रति मैंने नेहरूजी को भी भेजी थी। नेहरूजी कश्मीर मामलों में कितनी गहरी दिलचस्पी लेते थे, इसका पता इस बात से चलता है कि इससे पहले कि डॉ. काटजू मुझे उत्तर भेज पाते, नेहरूजी ने तुरंत ही मुझे उत्तर लिख भेजा। मेरे उठाए मुद्दों पर संक्षिप्त टिप्पणियाँ करने के बाद अंत में उन्होंने लिखा, 'अगर तुम्हें नए संबंध बनाने हैं, तो यह जहाँ तक संभव हो अनुकूल संरक्षण में और सद्भावना के साथ होना चाहिए। किसी अन्य विकल्प की अपेक्षा ऐसा करने में ज्यादा मजबूत सुरक्षा है।' नेहरूजी के पत्र के दो दिन बाद डॉ. काटजू का भी जवाब आ गया। उन्होंने मेरे हर सवाल का, जिज्ञासा का विस्तार से जवाब दिया था। इसमें प्रिवीपर्स (जिसकी राशि 28 लाख से घटाकर 10 लाख कर दी गई थी और जिसे मेरे पिता, माँ तथा मुझमें बाँटा जाना था), सदर-ए-रियासत का वेतन और भत्ते, झंडा, पद की समयावधि आदि मुद्दे शामिल थे।

अंतिम निर्णय करने से पहले मैंने एक बार फिर दिल्ली जाने का निर्णय किया। हमेशा की तरह इस बार भी मैं नेहरूजी से मिला। नेहरूजी को मेरी कठिनाइयों का गहरा अहसास था। उन्होंने मेरे निर्णय के राष्ट्रीय प्रभावों के बारे में विस्तार से बातचीत की और समझाया कि किस तरह एक व्यक्ति को तमाम दबावों और झिझकों को नजरअंदाज करते हुए नाजुक मौकों पर स्पष्ट रवैया अपनाना चाहिए। उन्होंने उन उलझनों को भी दोहराया, जो शेख अब्दुल्ला से निपटने में उन्हें होने लगी थीं। उनका कहना था कि इन्हीं सब बातों को देखते हुए अब यह और भी जरूरी हो गया है कि मैं वहाँ रहूँ ताकि भविष्य में खड़ी होने वाली समस्याओं के वक्त उनकी मदद कर सकूँ। जहाँ तक मेरा संबंध था, इसी एक मुद्दे पर सारा मामला तय हो गया। हालाँकि उन्होंने कोई आश्वासन नहीं माँगा और मैंने भी उनसे कोई वायदा नहीं किया, लेकिन तीन मूर्ति भवन से विदा लेते वक्त मैं उस प्रस्ताव को स्वीकार करने का निर्णय कर चुका था।

12 नवंबर के आसपास मैं श्रीनगर लौटा। 15 तारीख को संविधान सभा की बैठक हुई और मुझे पाँच साल के लिए सदर-ए-रियासत चुन लिया गया। कुछ ही महीने पहले मैंने अपने जीवन के इक्कीस वर्ष पूरे किए थे, अतः राज्याध्यक्ष की सामान्य संवैधानिक आयु 35 वर्ष से घटाकर 21 वर्ष कर दी गई थी। इस अवसर पर नेहरूजी ने मुझे अर्द्ध-औपचारिक पत्र लिखा, जो इस प्रकार था :

> प्रिय युवराज,
> जम्मू-कश्मीर की जनता ने तुम्हें सदर-ए-रियासत चुनकर तुम्हें जो इतना बड़ा सम्मान दिया है, उसके लिए मैं तुम्हें बधाई देता हूँ। मुझे रियासत के लोगों को भी उनके इस बुद्धिमत्तापूर्ण चुनाव पर बधाई देनी चाहिए। अब तुम पर एक बड़ी जिम्मेदारी भी आ गई है, क्योंकि तुम्हें न सिर्फ स्थापित परंपराएँ ही निभानी हैं, बल्कि भविष्य के लिए परंपराएँ बनाने में भी सहयोग करना है। तुम जानते हो कि राज्य के भविष्य का मुझे कितना खयाल है। यह चिंता

मुझे इसलिए भी है कि कश्मीर से मेरे अपने गहरे संबंध हैं, इसलिए भी कि यह राज्य भारत के साथ कई बंधनों से बँधा है। हमारा भविष्य एक-दूसरे से जुड़ा है और हमें अच्छा-बुरा वक्त मिलकर झेलना होगा।

जम्मू-कश्मीर राज्य में अब एक नया अध्याय शुरू हुआ है। हालाँकि यह पुराने अध्याय की ही अगली कड़ी है, लेकिन नए रूप में है। चाहे वो किसी व्यक्ति की हो, या राष्ट्र की, जिंदगी की प्रक्रियाएँ सतत और अनवरत परिवर्तन—दोनों का ही संयुक्त रूप हैं।

मुझे पूरी उम्मीद है कि जम्मू-कश्मीर राज्य के संविधान में जो परिवर्तन किए गए हैं, उनसे रियासत की जनता की समृद्धि और खुशहाली बढ़ेगी और वो भारत से और भी निकटता से जुड़ेगी, क्योंकि वो वैसे भी भारत का अंतरंग हिस्सा है।

और क्योंकि तुम्हें इस छोटी आयु में यह भार उठाना है, यह जिम्मेदारी निभानी है, अतः उसके लिए मेरी शुभकामनाएँ और प्यार !

तुम्हारा
जवाहरलाल नेहरू

और अपने स्वभाव के अनुरूप इस पत्र में एक छोटी सी टिप्पणी उन्होंने और जोड़ दी थी :

प्रिय टाइगर,

बधाई और शुभकामना का एक अर्द्ध-औपचारिक पत्र मैं अलग से भेज रहा हूँ। मैं बिलकुल नहीं जानता कि ऐसे पत्र को कैसे संबोधित किया जाए। तुम जानते हो कि मैं अक्सर तुम्हारे बारे में सोचता रहता हूँ। और मैं तुम्हारी जो भी मदद और मार्गदर्शन कर सकता हूँ, तुम उस पर भरोसा कर सकते हो।

तुम्हारा
जवाहरलाल नेहरू

16 नवंबर की रात लगभग भोर होने तक मैं और आशा एक साथ बैठे हुए जागते रहे। मैं जानता था कि मैंने अब सामंती व्यवस्था से कभी नहीं जुड़ने वाली सीमा तक अपने संबंध तोड़ लिये हैं। मुझे यह अहसास भी था कि जाहिरा तौर पर हमारे संबंध कितने ही सौहार्दपूर्ण दिखें, इस नए पद को स्वीकार करने के लिए मेरे पिता मुझे आसानी से माफ नहीं करेंगे। मैंने महसूस किया कि शेख हमारे परिवार के कट्टर शत्रु हैं, और यह पद स्वीकार करके मैंने खुद को एक तरह से उनके रहमो-करम पर छोड़ दिया है। मैं अपने लोगों यानी जम्मू के डोगराओं की प्रतिक्रिया के बारे में भी जानता था कि कम-से-कम शुरू में तो वे मेरे विरुद्ध ही रहेंगे। लेकिन फिर भी मुझे इतना विश्वास था कि पुरानी व्यवस्था अब हमेशा के लिए खत्म हो चुकी है। भविष्य के गर्भ

में जो भी हो, वो मेरे लिए और मेरी जनता के लिए तभी हो सकता था, जब मैं नेहरूजी और नए भारत के साथ जा मिलूँ; क्योंकि इस भारत के निर्णय के लिए नेहरूजी ने इतना कुछ किया था और अब इतने साहस और दूरदर्शिता के साथ इसका मार्गदर्शन कर रहे थे। जहाँ मैं स्वयं को पुरानी सामंती परंपरा से अलग कर रहा था, वहीं मैंने महसूस किया कि नई चुनौती स्वीकार करके मैं पूरी दुनिया की आबादी के सातवें हिस्से का प्रतिनिधित्व करने वाले देश के भाग्य को बनाने-सँवारने के अपेक्षाकृत एक बृहद अभियान से भी जुड़ रहा था। नियति अपना खेल खेल चुकी थी, और अब सुबह होते ही मेरे जीवन और प्रारब्ध के अगले चरण की यात्रा शुरू होने वाली थी।

अगली सुबह 17 नवंबर, 1952 को मैं झेलम के किनारे राजगढ़ पैलेस पहुँचा। मेरे पिता के डल झील के किनारे वाले महल में जाने तक यह महल रियासत के पूर्व शासकों का आवास-स्थल रह चुका था। इसके दरबार हाल की छत पर पेपर मेशी की सीलिंग लगी हुई थी। और यह बीते जमाने की भव्यता का प्रतीक था। लेकिन अब इसे संविधान सभा के एक विधाई सदन के रूप में परिवर्तन कर दिया गया था। इस दरबार हाल में जब दरबार जुड़ता था, तो सिर्फ पिता ही सुनहरे सिंहासन पर बैठते थे जबकि बाकी सारे दरबारी नीचे गलीचे पर बैठते थे। अब वहाँ सदस्यों के बैठने के लिए बेंचें बना दी गई थीं, जबकि इस खूबसूरत हाल के दूसरे वाले छोर पर स्पीकर के आसन के लिए एक ऊँचा मंच बना दिया गया था। प्रवेश-द्वार पर शेख अब्दुल्ला, बख्शी गुलाम मोहम्मद तथा स्पीकर जी. एम. सादिक ने मेरी अगवानी की और फिर वो लोग मुझे दरबार हाल के उसी ऊँचे मंच पर ले गए। मेरे हाल में प्रवेश करते ही वहाँ उपस्थित सदस्य खड़े हो गए और जोरदार तालियाँ बजाकर उन्होंने मेरा स्वागत किया। पुरानी सामंती व्यवस्था का मैं अंतिम प्रतिनिधि था, जो जनता की सहमति से नई व्यवस्था में जनता का पहला सेवक बना।

जब मैं मंच पर अपना स्थान ग्रहण कर चुका, तो शेख अब्दुल्ला और उनके साथियों के साथ मुख्य न्यायाधीश वजीर जानकीनाथ उठ खड़े हुए और मुझे अपने पद की शपथ दिलाई। मैंने भी वह शपथ दोहराई। शपथ ग्रहण करने के बाद मैंने कई दिनों की मेहनत से तैयार किया अपना संक्षिप्त भाषण पढ़ा, जो इस प्रकार था :

> मैं जानता हूँ कि राज्य के मुखिया के कर्तव्य एकता की दृष्टि से महत्त्वपूर्ण भी हैं और कठिन भी। और यह बात उस राज्य में विशेष रूप से सही बैठती है, जहाँ परिस्थितियाँ असामान्य हों। जैसी कि इस राज्य में रही हैं। मुझे यह स्वीकार करना होगा कि यह जानते हुए कि इस पद के लिए योग्यता और अनुभव में मुझसे भी बेहतर अन्य कई लोग हो सकते हैं, इस पद से जुड़े दायित्वों को अपने ऊपर लेते हुए मुझे कुछ हिचक हो रही थी। लेकिन अब जो भरोसा और विश्वास मेरे प्रति दिखाया गया है, उससे मुझे नई जिम्मेदारियाँ निभाने के लिए आशा और साहस—दोनों ही मिले हैं। और मैं आपको विश्वास दिलाता हूँ कि मेरी तमाम योग्यता और क्षमता पूरी तरह राज्य और

उसकी जनता की सेवा में लगी रहेगी।

जैसा कि मैं कह चुका हूँ, हमारा राज्य अत्यंत असामान्य दौर से गुजर रहा है। पिछले कुछ बरसों में इसे असाधारण तनाव और दबाव झेलने पड़े हैं। हमारे इस सुंदर देश पर नृशंस और क्रूर हमला हुआ, जिसके परिणामस्वरूप लोगों को कष्ट और दुख ही मिले हैं। सैकड़ों लोगों का कत्लेआम हुआ, हजारों बेघर हो गए और उन्हें भय और अपमान की त्रासदी झेलनी पड़ी। हमारे देश के लंबे और घटनापूर्ण इतिहास में यह संभवतः सबसे बड़ा ऐसा संकट था, जिसका हमारी जनता को सामना करना पड़ा और संघर्ष करना पड़ा। यह उन्हें और उनके नेताओं को एक श्रद्धांजलि है, जिन्होंने समय को पहचाना और स्थिति का संतुलित व साहसपूर्ण ढंग से मुकाबला किया। लेकिन जनता की इस हिम्मत और साहस का लाभ हमारी फौजों के शौर्यपूर्ण प्रतिरोध के बिना नहीं मिल सकता था जो युद्धभूमि में अलग-थलग थीं और संख्या में भी काफी कम थीं। भारत के योगदान को भी हम कैसे भूल सकते हैं, जिसने संकट की सबसे नाजुक घड़ी में हमें मदद पहुँचाई।

मैंने अपना भाषण इन शब्दों के साथ खत्म किया :

हमारा राज्य इन सभी महत्त्वपूर्ण मुद्दों से निपटने में सक्षम हो सकता है, और उसके लिए चाहिए, सिर्फ जनता की संगठित शक्ति। रंगों और सौंदर्य की इस धरती पर भिन्न-भिन्न आस्थाओं और संप्रदायों के लोग एक महान अतीत और संस्कृति के साझा उत्तराधिकारी के रूप में रहते हैं। आइए उनके भविष्य के संयुक्त वास्तुशिल्पी की तरह उनमें एक अपेक्षाकृत वृहद एकता लाने के महत्त्वपूर्ण काम में हम जुट जाएँ। ऐसी चिरस्थायी एकता थोपी नहीं जा सकती, बल्कि यह राज्य के हर हिस्से में रहने वाले आम आदमी के हितों पर आधारित होनी चाहिए। इस राज्य के सभी क्षेत्रों तथा सभी लोगों की समान भागीदारी बनाने के लिए हममें से हरेक का यह पवित्र दायित्व हो जाता है कि इसके लिए जो कोई कुछ भी कर सकता है, करे। हमें अपना व्यक्तिगत योगदान देना होगा। आपकी दुआओं और शुभकामनाओं के साथ मैं यह आशा करता हूँ कि इस लक्ष्य की प्राप्ति के लिए मैं भी अपना सार्थक योगदान दे सकूँगा।

अध्याय 12

मेरे सदर-ए-रियासत का पद सँभालने के एक हफ्ते बाद ही सरकारी कार्यालय सर्दियों के लिए जम्मू चले गए। इसमें कोई संदेह नहीं कि मेरे द्वारा यह पद स्वीकार करने से प्रजा परिषद बहुत नाराज थी। उसने धमकी दी थी कि जिस दिन मैं जम्मू पहुँचूँगा, वो काले झंडों से मेरा स्वागत करेगी। बहरहाल, 24 नवंबर को इंडियन एयर लाइंस के विमान से मैं जम्मू पहुँचा। पहले जब भी, अमेरिका से स्वदेश लौटने पर और फिर विवाह के बाद, मैं जम्मू पहुँचा तो जम्मू की जनता ने मेरा बहुत ही आत्मीय और उत्साहपूर्ण स्वागत किया था। लेकिन इस बार जनता के तेवर पूरी तरह बदले हुए थे। कटाक्ष भरे आक्रामक नारे लग रहे थे। हवाई अड्डे से महल के दरवाजे तक समूचा शहर काले झंडों के समुद्र से भरा पड़ा था। मैं खुली जीप में था और मेरे साथ बख्शी गुलाम मोहम्मद भी थे। हालाँकि नेशनल कान्फ्रेंस ने स्वागत जैसा कुछ करने की कोशिश की, लेकिन वो डोगरा जनता के प्रखर विरोध में दबकर रह गया।

मुझे यह स्वीकार करने में कोई संकोच नहीं है कि यह एक बहुत कष्टप्रद अनुभव था। लेकिन मैंने धैर्य और संतुलन न खोते हुए अपनी मुस्कुराहट बनाए रखी और जनता का अभिवादन करता रहा। मैंने गौर किया कि इस विरोध के बावजूद बहुतों ने मेरे अभिवादन के जवाब में अपने हाथ हिलाकर प्रत्युत्तर दिया। दरअसल यह प्रदर्शन मेरे विरुद्ध इतना नहीं था, जितना पिता के प्रति निष्ठा और एकजुटता की भावना की अभिव्यक्ति। यह प्रदर्शन प्रजा परिषद के उस व्यापक आंदोलन को प्रतिबिंबित करता था, जो उसने 14 नवंबर को शेख अब्दुल्ला के विरोध में छेड़ा था। भारत के साथ कश्मीर के पूर्ण विलय का उनका नारा 'एक विधान, एक निशान, एक प्रधान' की उनकी सामूहिक आवाज में अभिव्यक्त था। यह आंदोलन पिछले कुछ महीनों में खासा जोर पकड़ चुका था, क्योंकि इसने डोगराओं के आक्रोश की भावना का प्रभावी ढंग से लाभ उठाया। डोगरा वर्ग की नाराजगी के कारण तो स्पष्ट ही थे। उन्हें राज्य में न सिर्फ अपनी प्रमुख हैसियत खोनी पड़ी थी, बल्कि एक झटके में उन्हें उनके कट्टर दुश्मन शेख अब्दुल्ला के रहमो-करम पर डाल दिया गया था। उल्लेखनीय है कि शेख ने अपनी तरफ से भी जम्मू की जनता की उग्र भावनाओं को शांत करने की कोशिश नहीं की, बल्कि अपना रवैया विरोधपूर्ण और आक्रामक ही बनाए रखा। इसकी एक मिसाल यह प्रश्न था कि जम्मू के सचिवालय पर कौन सा झंडा फहराया जाए। इमारत पर से

रियासत का पुराना झंडा उतार दिया गया था। मैंने सरकार को सुझाव दिया कि राज्य के नए झंडे के साथ-साथ राष्ट्रीय झंडा भी फहराया जाना चाहिए। लेकिन शेख ने बड़ी तल्खी से इस सुझाव को ठुकरा दिया। इसके जवाब में मैंने भी उनका यह सुझाव अस्वीकार कर दिया कि राज्य का नया झंडा व्यक्तिगत रूप से मुझे फहराना चाहिए।

जम्मू में व्यवस्थित हो जाने के बाद मैंने स्थिति को समझना शुरू किया। मुझे यह भाँपने में देर न लगी कि प्रजा परिषद का आंदोलन जम्मू क्षेत्र के कोने-कोने तक फैलकर गहरी जड़ें पकड़ चुका है। हालाँकि परिषद के प्रति नेहरूजी के विरोध से मैं अच्छी तरह परिचित था, फिर भी वास्तविक स्थिति से उन्हें अवगत करा देना मैंने अपना कर्तव्य समझा। अतः मैंने वहाँ की स्थिति के बारे में एक विस्तृत रिपोर्ट तैयार की, जिसमें पूरी स्थिति का विश्लेषण था। रिपोर्ट के साथ मैंने नेहरूजी को जम्मू तथा लद्दाख की जनता की जायज आकांक्षाओं को पूरा करने के लिए राजनीतिक व आर्थिक मोर्चे पर उठाए जाने वाले कुछ ठोस कदमों का सुझाव भी दिया था। और जैसा कि मैंने उन्हें लिखा, 'तमाम अनावश्यकताओं को अलग कर देने के बाद भी, स्थिति यह है कि जहाँ जम्मू और लद्दाख क्षेत्र की जनता भारत के साथ पूर्ण विलय की प्रबल समर्थक है, वहीं शेख साहब और उनके साथी भारत के साथ 'सीमित' विलय पर बहुत ज्यादा जोर देते रहे हैं और वो पूर्ण एकीकरण की सहमति के लिए तैयार नहीं हैं।' यह रिपोर्ट नेहरूजी को मैंने 22 दिसंबर को एक प्रावरण-पत्र के साथ भेज दी। इससे पहले पहली दिसंबर, 1952 को भी एक पत्र और रिपोर्ट उसी पत्र की अगली कड़ी में थे। मैंने दो टूक लहजे में अपनी बात कह दी थी। मैंने लिखा, 'स्थिति गंभीर है, लेकिन सैन्य दृष्टि से नहीं, बल्कि इस दृष्टि से कि परिषद के आंदोलन को जम्मू की अधिकांश जनता का जबर्दस्त समर्थन व सहानुभूति प्राप्त है। और मैं यह महसूस करता हूँ, कि इसके लिए मुख्य रूप से जिम्मेदार गहरी जड़ें जमाए अनेक वास्तविक आर्थिक तथा मनोवैज्ञानिक कारण हैं। और मैं नहीं समझता कि समूचे प्रकरण को एक प्रतिक्रियावादी गुट का काम मानकर अनदेखा करना, स्थिति का कोई सही आकलन होगा।'

यह पत्र भेजने के बाद मैंने दिल्ली जाना जरूरी समझा। वहाँ मैंने नेहरूजी के अलावा गृहमंत्री डॉ. काटजू तथा डॉ. राजेंद्र प्रसाद से भी बात की तथा वहाँ की स्थिति के बारे में उन्हें अपनी राय से अवगत कराया। मैंने उनसे जोर देकर कहा कि भारत सरकार को हस्तक्षेप करना चाहिए, ताकि राज्य सरकार जम्मू आंदोलन को सिर्फ पुलिस के दमन से ही नहीं, बल्कि ठोस राजनीतिक, आर्थिक तथा प्रशासनिक उपायों से निपटाएँ। नेहरूजी ने उसी महीने शेख अब्दुल्ला को पत्र लिखा जिसके जवाब में शेख ने उन्हें एक लंबा जवाबी पत्र लिखा। उस पत्र में उन्होंने अपनी सरकार के रवैए को सही ठहराते हुए, समूची जम्मू-समस्या को सांप्रदायिक संगठनों का काम बताया और कहा कि 'यह तो जम्मू के जमींदारों तथा अन्य उच्च वर्गों द्वारा एक हिंसक प्रतिक्रिया है।' नेहरूजी ने मेरे पत्र का भी उत्तर दिया, जिसमें उन्होंने कहा कि 'जम्मू की घटनाओं को लेकर तुम्हारी गहरी चिंता को मैं समझ सकता हूँ। स्वाभाविक है कि इन बातों को

लेकर मैं भी बहुत चिंतित हूँ और मैंने उन पर बराबर नजर रखी है। मैं तुम्हारी इस बात से पूरी तरह सहमत हूँ कि पुलिस कार्यवाही निस्संदेह आवश्यक है, लेकिन स्थिति से निपटने का यह एक नकारात्मक तरीका है...जम्मू की स्थिति काफी गंभीर है, हमें उस पर ध्यान देना चाहिए और उसे ठीक करने के लिए सभी आवश्यक सकारात्मक कदम उठाने चाहिए। लेकिन इसके साथ ही अन्य सभी महत्त्वपूर्ण मामलों की तरह, इन मामलों पर भी ठंडे दिमाग से बिना किसी भावावेश के विचार करना चाहिए।'

उसी महीने, बाद में मुझे नेहरूजी का संदेश मिला, जिसमें उन्होंने बताया कि फरवरी के प्रारंभ में राष्ट्रपति ने दिल्ली में राज्यपालों और राजप्रमुखों का एक सम्मेलन बुलाया है जिसमें मुझे भी आमंत्रित किया गया है, राष्ट्रपति स्तर की किसी बैठक में भाग लेने का मेरा यह पहला मौका था। इससे पूर्व मेरा पिछला सारा अनुभव सिर्फ जम्मू-कश्मीर की राज्यस्तरीय बैठकों का ही था। अतः कुछ उतावली के साथ यह आमंत्रण मैंने स्वीकार कर लिया। 3 फरवरी को मैं दिल्ली पहुँचा, वहाँ मुझे राष्ट्रपति भवन में सम्मानित अतिथियों के लिए सुरक्षित विशाल 'द्वारिका सुइट' में ठहराया गया। डॉ. राजेंद्र प्रसाद से औपचारिक भेंट के बाद मैं अपने कक्ष में लौट आया और उस रात काफी जल्दी ही सो गया। उस रात मुझे एक विचित्र स्वप्न आया। मैंने देखा कि मैं एक बड़े कमरे में खड़ा हूँ और महात्मा गाँधी वहाँ आए। मुझे स्वप्न वाली महात्मा गाँधी की छवि बहुत स्पष्ट याद है। आश्चर्यजनक रूप से मुझे यह उस छवि से भी कहीं अधिक स्पष्ट रूप से याद है जब कई साल पहले मैंने श्रीनगर में साक्षात् उन्हें देखा था—उनके नाक-नक्श, वस्त्र सब कुछ। वे मेरे पास आए, अपना बायाँ हाथ उन्होंने मेरे कंधे पर रखा और अपने दूसरे हाथ से उन्होंने मेरी दाईं हथेली पकड़ ली। एक क्षण को उन्होंने उसे देखा और फिर अंग्रेजी में बोले, 'यू विल बी ए वेरी वाइज मैन' (तुम एक बहुत बुद्धिमान व्यक्ति बनोगे)।

दो दिन का वह सम्मेलन मुझे अपने आपमें दिलचस्प लगा। यह सम्मेलन उन पंद्रह सम्मेलनों की लंबी शृंखला की पहली कड़ी था, जिनमें मुझे भविष्य में शामिल होने का अवसर प्राप्त हुआ। इस सम्मेलन का प्रारंभ राष्ट्रपति के औपचारिक भाषण के साथ हुआ। इसके बाद जवाहरलालजी ने एक घंटे का भाषण दिया, जिसमें उन्होंने वर्तमान राष्ट्रीय तथा अंतर्राष्ट्रीय मंच का एक व्यापक सर्वेक्षण प्रस्तुत किया। उन्होंने आर्थिक विकास के विभिन्न पहलुओं पर विशेष जोर दिया। दूसरे दिन विद्वान उपराष्ट्रपति डॉ. राधाकृष्णन का भाषण हुआ। अपने भाषण में उन्होंने बड़े ही विद्वत्तापूर्ण ढंग से शिक्षा और राष्ट्रीय विकास के संबंध में अपने विचार प्रस्तुत किए। उन दिनों भारतीय गणराज्य में विभिन्न रियासतों का पूर्ण विलय होना अभी बाकी था। फिलहाल ये विभिन्न भौगोलिक क्षेत्रों में बँटे हुए थे, जिनमें हरेक का मुखिया कोई वरिष्ठ राजा होता था, जिसे राजप्रमुख कहते थे। इस प्रकार इस सम्मेलन में मैसूर, नवानगर, पटियाला, त्रावणकोर, ग्वालियर और जयपुर के भूतपूर्व शासक उपस्थित थे। इसके अलावा विभिन्न राज्यों के राज्यपाल भी वहाँ मौजूद थे, जिसमें चंदूलाल त्रिवेदी, के. एम. मुंशी, आर. आर. दिवाकर,

जयरामदास दौलतराम, फजल अली तथा पट्टाभि सीतारमैया शामिल थे।

मात्र बाईस वर्ष का होने के नाते, मैं निस्संदेह वहाँ शामिल लोगों की उम्र से एक-तिहाई छोटा था। सामान्य भाषणों के बाद हरेक प्रतिनिधि ने अपने राज्य की संक्षिप्त रिपोर्ट प्रस्तुत की, जिसमें वहाँ पेश आने वाली मुख्य समस्याओं का विशेष उल्लेख होता था। अपनी टिप्पणी में मैंने राज्य में पिछले एक साल में घटी महत्त्वपूर्ण घटनाओं की समीक्षा की तथा जम्मू में चल रहे आंदोलन का भी जिक्र किया। राष्ट्रपति द्वारा औपचारिक भोज देने के अलावा, जिसमें केंद्रीय मंत्रीगण भी उपस्थित थे, नेहरूजी ने भी सभी मेहमानों के लिए एक रात्रि-भोज का आयोजन किया था। उन्होंने मुझे दोपहर के एक छोटे और निजी भोज पर भी बुलाया, जिसकी मेजबान इंदिरा गाँधी थीं। उस निजी भोज में एक शख्सियत और थी, जिनके बिना पार्टी का आनंद ही नहीं लिया जा सकता था—पद्मजा नायडू।

इस दौरान जम्मू-आंदोलन के शांत होने के कोई आसार दिखाई नहीं दे रहे थे। बल्कि अब दिल्ली में समान विचारों वाली पार्टियों ने इस मुद्दे को उठाना शुरू कर दिया—विशेषकर नवगठित पार्टी भारतीय जनसंघ ने। डॉ. श्यामाप्रसाद मुखर्जी इसके अध्यक्ष थे। डॉ. मुखर्जी और एन. सी. चटर्जी ने इसके समर्थन में अखिल भारतीय स्तर पर एक सत्याग्रह शुरू करने का निर्णय किया। उधर मैं बराबर यही कहता रहा कि राज्य सरकार तथा आंदोलनकारी नेताओं में बातचीत होनी चाहिए, लेकिन शेख अब्दुल्ला पर मेरे कहने का कोई असर नहीं पड़ा। नेहरूजी भी ऐसी बातचीत के पक्ष में नहीं थे। और जैसा कि उन्होंने अपने एक पत्र (दिनांक 22 मार्च, 1953) में लिखा, 'मेरी राय में इन लोगों ने जो कुछ किया है, वो देशद्रोह से कम नहीं है और लोगों को यह बात समझ लेनी चाहिए।' मैंने शेख अब्दुल्ला को सुझाव दिया कि 25 मार्च को असेंबली में दिया गया मेरा भाषण समझौता-वार्ता का एक अच्छा सूत्र बनाया जा सकता है। लेकिन शेख ने मेरा यह सुझाव अस्वीकार कर दिया।

हालाँकि शेख अब्दुल्ला ने समूचे प्रकरण को प्रतिक्रियावादी तत्त्वों का एक षड्यंत्र बताकर टालने की कोशिश की और प्रारंभ में भारत सरकार भी उनके इस रवैए का समर्थन करती प्रतीत होती थी, फिर भी मैं बहुत परेशान था। मैंने महसूस किया कि डोगराओं और कश्मीरियों में नए सौहार्दपूर्ण संबंध बनाने का आखिरी मौका गँवाया जा रहा है। ये संबंध ही राज्य की स्थिरता और कल्याण को सुनिश्चित कर सकते थे। जवाहरलालजी को लिखे अपने पत्रों में मैं इसी विषय पर बार-बार जोर देता रहा। हालाँकि मैं जानता था कि उन्हें जनसंघ और प्रजा परिषद के नेताओं से बहुत चिढ़ थी। 27 मार्च के अपने पत्र में मैंने लिखा, 'जो तथ्य मुझे सबसे ज्यादा परेशान करता है, वो यह है कि जम्मू और कश्मीर के बीच की खाई पिछले कुछ महीनों में और भी गहरी हो गई है। और यह खाई पाटने की बजाय बढ़ती ही जा रही है। किसी भी पार्टी को इसके परिणामों की चिंता नहीं है। और मुझे डर है कि आने वाले वर्षों में हमें इसके अत्यंत गंभीर परिणाम भुगतने पड़ सकते हैं।'

लगभग इन्हीं दिनों शेख अब्दुल्ला मंत्रिमंडल के उपप्रधानमंत्री बख्शी गुलाम मोहम्मद, वित्तमंत्री तथा जम्मू क्षेत्र के एकमात्र मंत्रिमंडलीय प्रतिनिधि गिरधारी लाल डोगरा राज्य की पूरी स्थिति पर विचार-विमर्श के लिए दिल्ली में जवाहरलाल नेहरू से मिले। शेख की तुलना में बख्शी साहब बिलकुल अलग किस्म के व्यक्ति थे—ज्यादा व्यावहारिक, बेहतरीन संगठनकर्ता तथा जनता के सभी वर्गों के साथ संपर्क बनाने में माहिर। जम्मू में भी उनका जनसंपर्क काफी अच्छा था। हालाँकि शेख अब्दुल्ला और नेशनल कान्फ्रेंस से उनके काफी निकट संपर्क थे, लेकिन उन्होंने शेख तथा एम. ए. बेग जैसा आक्रामक डोगरा-विरोधी रवैया कभी नहीं दिखाया। कश्मीर के भारत में विलय के संबंध में भी उनका समूचा दृष्टिकोण राज्य तथा केंद्र के बीच संबंध मजबूत बनाने के प्रति ज्यादा अनुकूल था। उसमें शेख अब्दुल्ला जैसा घोर कश्मीरी कट्टरवाद नहीं था।

जम्मू आंदोलन के अलावा केंद्र तथा राज्य के बीच सवैधानिक संबंधों के बारे में हुए 'दिल्ली समझौते' पर अमल करने का महत्त्वपूर्ण प्रश्न भी था। यह 'दिल्ली समझौता' काफी पहले शेख अब्दुल्ला की टीम तथा भारत सरकार के प्रतिनिधियों के बीच लंबी बातचीत के बाद हुआ था। जहाँ राजतंत्र खत्म करने के फैसले पर तो तेजी से अमल किया गया, क्योंकि ये शेख की इच्छाओं के अनुरूप था, वहीं समझौते में तय अन्य मुद्दों पर उन्होंने चुप्पी साध ली। यह तो मुझे प्रारंभ में ही स्पष्ट हो गया था कि वे अपने कार्यों के प्रति गंभीर नहीं हैं, उनकी तमाम कोशिशें इसी बात को लेकर थीं कि केंद्र के मुकाबले अपनी स्थिति कैसे मजबूत करें। अगर वो अपने कर्तव्यों के प्रति गंभीर होते, तो समझौते के दूसरे मुद्दों पर भी अमल न करते !

असल में शेख ने अपना पुराना और प्रिय हथकंडा अपनाते हुए नेशनल कान्फ्रेंस की कार्य समिति में भारत के साथ संबंधों के स्वरूप को लेकर एक बहस शुरू करा दी थी। इसमें मिर्जा अफजल बेग के नेतृत्व वाला दल जोर-शोर से यह कह रहा था कि ये संबंध विलय-दस्तावेज (इंस्ट्रूमेंट ऑफ एक्सेशन) में वर्णित तीन विषयों से बाहर नहीं होने चाहिए। जबकि बख्शी गुलाम मोहम्मद वाला दूसरा समूह, जिसमें जी. एल. डोगरा और डी. पी. धर भी शामिल थे, संबंधों को व्यापक बनाने का पक्षधर था। उसका कहना था कि न्यायपालिका, वित्तीय प्रबंध आदि महत्त्वपूर्ण क्षेत्र भी संबंधों के इस दायरे में आने चाहिए। नेशनल कान्फ्रेंस में अंदर-ही-अंदर चल रही इस खींचतान ने आगे चलकर गंभीर रूप धारण कर लिया। जहाँ शेख ने जाहिरा तौर पर खुद को इस तमाम विवाद से ऊपर दिखाने की कोशिश की, वहीं वो कट्टरपंथियों का अधिकाधिक समर्थन करने लगे। जम्मू आंदोलन की अपेक्षा शेख की इस कूटनीति ने नेहरूजी को अधिक परेशान करना शुरू कर दिया था।

21 अप्रैल और 23 मई को मेरी उनके साथ दो लंबी मुलाकातें हुईं। दूसरी मुलाकात में पहली बार उन्होंने दिल खोलकर बातें कीं तथा राज्य में जो स्थिति बन रही थी उसके प्रति अपनी गहरी चिंता जाहिर की। उन्होंने स्वीकार किया कि जब संसद में या संसद

से बाहर उनसे यह प्रश्न किया जाता है कि 'दिल्ली समझौते' को लागू क्यों नहीं किया गया, तो वे कोई जवाब नहीं दे पाते। उन्होंने बताया कि शेख को एक लंबा पत्र लिखा है, जिसमें इस बात का स्पष्ट उल्लेख किया गया है कि मामले को बहुत ज्यादा लटकाया जा चुका है। पत्र में उन्होंने यह भी लिखा था कि कुछ ही सप्ताह में वह विदेश जा रहे हैं तथा जाने से पहले इस समस्या को हल होते देखना पसंद करेंगे। जब मैंने उनसे पूछा कि उन्हें शेख का क्या उत्तर मिला, तो मेरी तरफ देखकर बहुत ही निराशाजनक और आहत स्वर में बोले, 'मुझे कोई उत्तर ही नहीं मिला।' उन्होंने मुझसे यह भी कहा कि शेख पूरी तरह से भ्रमित हैं और इसीलिए उनसे मिलने से कतरा रहे हैं।

मैंने उनसे कहा कि यदि राज्य सरकार के किसी भी कदम से ऐसा जाहिर होता है कि वो भारत सरकार के साथ किए समझौते से पीछे हट रही है, तो मेरी स्थिति तो कठिन हो जाएगी। मेरे लिए तो उनके साथ मिलकर चलना बहुत मुश्किल हो जाएगा, क्योंकि मैं भारत के साथ गद्दारी में कभी सहभागी नहीं बनूँगा। मेरी इस बात पर नेहरूजी ने थोड़ा सोचा तो, लेकिन तत्काल कोई प्रतिक्रिया व्यक्त नहीं की। जब मैं चलने के लिए उठने लगा, तो मेरी तरफ मुड़कर बोले, "देखो भई, तुम्हारी इस बात से तो मैं पूरी सहमत हूँ कि अगर हमारे समझौते टूटते हैं, या ऐसा ही कुछ होता है, तो तुम्हारी स्थिति बहुत कठिन हो जाएगी।" स्पष्ट था कि वो बहुत ज्यादा परेशान थे, लेकिन अभी उन्होंने स्थिति से निपटने के तरीके के बारे में पूरी तरह कोई मन नहीं बनाया था। शेख के रवैये से उन्हें विशेष आघात पहुँचा था। बल्कि वे हतप्रभ थे, कि उनका पुराना मित्र और शिष्य शेख अब्दुल्ला किस तरह का व्यवहार कर रहा है। वह मेरी इस बात से सहमत थे कि असीमित अधिकार मिल जाने से संभवतः शेख की फासीवादी तथा अधिनायकवादी प्रवृत्तियों का विकृत रूप ही उभरकर सामने आया है।

वास्तव में शेख का रुख दिन पर दिन दुराग्रही होता जा रहा था। जम्मू के निकट एक सीमावर्ती कस्बे रणबीरसिंहपुरा में अपने भाषण के दौरान उन्होंने जम्मू आंदोलन की उग्र रूप से कटु आलोचना की। साथ ही उन्होंने भारत पर सांप्रदायिक होने का आरोप भी लगाया और बाकायदा धमकी दी कि रियासत के इस विलय को सुनिश्चित और अंतिम न समझा जाए। मैं यूरोप यात्रा पर जाने की योजना बना रहा था, बल्कि इस बारे में मैं नेहरूजी और राष्ट्रपति को लिख भी चुका था। लेकिन जम्मू आंदोलन के परिणामस्वरूप गहराते तनाव तथा नेशनल कान्फ्रेंस में बढ़ती फूट को ध्यान में रखते हुए मैंने अपनी यूरोप यात्रा का कार्यक्रम फिलहाल रद्द कर दिया।

गर्मियों में हर साल की तरह सरकारी कार्यालय वापस श्रीनगर ले जाए गए। लेकिन राजधानी परिवर्तन से राज्य की स्थिति में कोई फर्क नहीं आया, बल्कि हालात और भी बिगड़ते दिखाई दिए। राज्य में अपने प्रवेश पर लगे प्रतिबंध को तोड़ते हुए डॉ. श्यामा प्रसाद मुखर्जी ने राज्य में प्रवेश किया, तो उन्हें गिरफ्तार कर लिया गया और नजरबंदी में रखा गया। 10 जून को मैंने लंदन की लंबी यात्रा पर गए नेहरूजी को अपनी रिपोर्ट भेजी, जिसमें लिखा था :

> यहाँ घाटी में राजनीतिक स्थिति बेहद अनिश्चित चल रही है। पार्टी के अंदर ही विभाजन होने से तनाव काफी बढ़ गया है। इसमें भारत-समर्थक गुट ने पक्का इरादा किया हुआ है, और उसका दावा है कि वो काफी मजबूत है तथा कार्य समिति तथा विधानसभा—दोनों जगह उसी का बहुमत है। कार्य समिति की बैठकें जल्दी-जल्दी बुलाई जाने का सिलसिला जारी है।
>
> पिछले हफ्ते शेख अब्दुल्ला के साथ मैंने एक निजी मुलाकात की। उनके विचार जानकर मुझे झटका भी लगा और मैं चौंका भी। संभवतः शेख ने विधिवत किए गए समझौतों और स्पष्ट किए गए वायदों से पलट जाने का निर्णय कर लिया। लेकिन इसकी इजाजत नहीं दी जा सकती, क्योंकि इससे हमारी स्थिति अत्यंत कठिन हो जाएगी। साथ ही यह हमारे राष्ट्रीय हितों पर बहुत बड़ी चोट होगी, स्वाभाविक है हमारी अंतर्राष्ट्रीय स्थिति को नुकसान होगा। मुझे यह बताने की आवश्यकता नहीं कि इसके कितने भयंकर परिणाम हो सकते हैं। मुझे आशा है कि वापस आने पर आप इस समस्या पर तुरंत ध्यान देंगे तथा इसका कोई निर्णायक और अंतिम समाधान ढूँढ़ निकालेंगे।

इसके कुछ ही दिनों बाद नजरबंद करके रखे गए डॉ. श्यामाप्रसाद मुखर्जी का निधन हो गया। सरकार ने न तो मुझे उनकी बीमारी की कोई सूचना दी थी और न उन्हें अस्पताल भेजने की। यहाँ तक कि उनकी मृत्यु का समाचार भी मुझे अनधिकृत सूत्रों द्वारा प्राप्त हुआ और वो भी काफी देर से। तब तक उनका शव भी हवाई जहाज द्वारा श्रीनगर से बाहर भेजा जा चुका था। राज्य सरकार की हिरासत में जिन परिस्थितियों में उनकी मौत हुई, उससे जन आक्रोश तो बढ़ा ही, साथ ही कई तरह की शंकाएँ भी उठीं। जम्मू में तो यह आक्रोश पराकाष्ठा पर था, क्योंकि डॉ. मुखर्जी प्रजा परिषद के पक्ष में संघर्ष करते हुए शहीद हुए थे। इस बात की खुली चर्चा थी कि डॉ. मुखर्जी स्वाभाविक मौत नहीं मरे। इस दुखद घटना से पूरा देश स्तब्ध रह गया। विशेषकर बंगाल के लोग, क्योंकि वहाँ उन्हें बहुत सम्मान की दृष्टि से देखा जाता था।

अब शेख खुलकर भारत सरकार की अवहेलना करने लगे थे। दिल्ली-यात्रा का बार-बार सुझाव मिलने पर तथा 3 जुलाई को नेहरूजी से ऐसा निमंत्रण मिलने के बावजूद उन्होंने दिल्ली जाकर समूची स्थिति पर बातचीत करने से इनकार कर दिया। कुछ दिनों के लिए मौलाना आजाद भी श्रीनगर आए, लेकिन अवसर का लाभ उठाते हुए उनसे मिलकर मतभेदों को निपटाने की बजाय शेख अब्दुल्ला ने स्पष्टतः उनकी उपेक्षा की। यही नहीं, नेशनल कान्फ्रेंस के कार्यकर्ताओं ने मौलाना का बाकायदा अपमान भी किया। शेख के भाषणों का कटु स्वर दिन पर दिन और भी तीखा होता जा रहा था। अब यह अच्छी तरह स्पष्ट हो चुका था कि वह कश्मीर को स्वतंत्र दर्जा दिलाने की रणनीति पर चल रहे हैं। और यदि ऐसा होता, तो इसका सीधा मतलब था भारत के साथ कश्मीर के विलय को नकारना। लगभग इन्हीं दिनों एडलार्ड स्टीवेंसन श्रीनगर आए और उन्होंने

शेख के साथ लंबी बातचीत की। यह तो ठीक से पता नहीं चल पाया कि दोनों में क्या बातचीत हुई, लेकिन आम धारणा यही थी कि इस बातचीत में शेख के 'स्वतंत्र कश्मीर' के सिद्धांत की ही पीठ थपथपाई गई।

इस दौरान नेशनल कान्फ्रेंस के आपसी मतभेद खुलकर सामने आ गए। यह सभी जानते थे कि शेख अब्दुल्ला मिर्जा अफजल बेग के नेतृत्व वाले कट्टरपंथियों का समर्थन कर रहे हैं, जबकि दो कैबिनेट मंत्रियों—सी. एल. डोगरा व शामलाल सर्राफ तथा उपमंत्री डी. पी. धर सहित अन्य वरिष्ठ नेता बख़्शी गुलाम मोहम्मद के साथ थे। बख़्शी साहब राज्य के सैनिक बोर्ड संबंधी कार्यों के लिए दो-चार बार मेरे निवास पर भी आए थे, क्योंकि मैं इस बोर्ड का चेयरमैन था। इन मुलाकातों में जब बाकी सभी लोग चले जाते थे, तो वे कुछ मिनटों के लिए मेरे पास रुकते। जहाँ मैं इस बात के लिए सचेत रहता कि लोगों में यह भ्रम न फैले कि मैं किसी विवाद में शामिल हूँ, वहीं मुझे भारत समर्थक खेमे से भी निकट-संपर्क बनाए रखना होता था। डी. पी. धर मुझसे मिलने अक्सर आते और वो उस नाटक के एक प्रमुख पात्र थे जो जल्द ही खेला जाने वाला था। 'डी. पी.' सौम्य और स्थितिप्रज्ञ व्यक्ति थे, वे तीक्ष्ण बुद्धि तो थे ही, कूटनीति में उनका जवाब नहीं था। नेशनल कान्फ्रेंस की अंदरूनी खींचतान की खबर दिल्ली पहुँचाने में उनकी महत्त्वपूर्ण भूमिका होती थी। जवाहरलालजी उन्हें पसंद करते थे और उनके राजनीतिक निर्णयों की कद्र करते थे।

यही वो समय था जब हम यह महसूस करने लगे कि शेख अब्दुल्ला पर अंकुश लगाने के लिए कोई बड़ा कदम उठाना होगा, अन्यथा स्थिति धीरे-धीरे खराब ही होती जाएगी। और एक दिन स्थिति काबू से बाहर हो जाएगी, जिसके नतीजे पूरे देश के लिए बड़े गंभीर और अकल्पनीय होंगे। कश्मीर का मुद्दा सुरक्षा परिषद की कार्य-सूची में अब भी एक महत्त्वपूर्ण विषय बना हुआ था। ऐसे में राज्य के प्रधानमंत्री की हैसियत से शेख को भारतीय प्रतिनिधिमंडल के साथ लेक सक्सेस भेजना भयंकर भूल हो सकती थी। क्योंकि वह वहाँ जाकर अपना रुख पलट भी सकते थे। मैंने समूची घटनाओं पर पूरी चौकस निगाह रखी और तमाम आशंकाओं के मद्देनजर निर्णय किया कि मुझे एक बार और दिल्ली जाकर स्थिति के बारे में जवाहरलालजी से बातचीत करनी चाहिए। यह जुलाई के तीसरे सप्ताह की बात है।

इस बार जब मैं नेहरूजी से मिला, तो मैंने उनका रवैया काफी बदला हुआ पाया। उन्होंने शेख का बचाव करने की कहीं कोई कोशिश नहीं की। बल्कि कश्मीर में जैसी स्थिति बनती जा रही थी, उसे लेकर वो भी उतने ही परेशान दिखे, जितना मैं। ऐसा आभास मिला कि मेरे पत्रों के अलावा, उन्हें इंटेलीजेंस ब्यूरो (उस वक्त बी. एन. मलिक उसके मुखिया थे), डी. पी. धर तथा राज्य के अन्य सूत्रों के हवाले से वहाँ की स्थिति के बारे में विस्तृत रिपोर्ट मिल चुकी थी। इसके अलावा मौलाना आजाद तथा नेहरूजी के राजनीतिक विश्वासपात्र रफी अहमद किदवई से तो उन्हें आँखों देखा हाल ही पता चल गया होगा। मेरी पूरी बात को वो गंभीर मौन धारण किए सुनते रहे। बीच-बीच

में 'हाँ, हूँ' भी करते जाते थे। मैंने उनके समक्ष कोई ठोस प्रस्ताव नहीं रखे, लेकिन साफ तौर पर यह जरूर बता दिया कि अगर शेख अब्दुल्ला अपना विरोधी रवैया नहीं छोड़ते हैं, तो हमारे रास्ते अलग-अलग हो जाएँगे। मैं चलने लगा, तो वो उठे और मुझे छोड़ने दरवाजे तक आए। विदा लेते समय, उन्होंने अपना हाथ मेरे कंधे पर रखा और कहा, 'फिक्र मत करो, जो भी तुमसे बन पड़े, करो।'

श्रीनगर लौटते ही मैंने फैसला किया कि कुछ दिनों के लिए तमाम समस्याओं से छुट्टी पाकर, अमरनाथ की तीर्थयात्रा पर चला जाए। यह तीर्थस्थल भगवान शिव को समर्पित है तथा 13,000 फुट की ऊँचाई पर एक विशाल गुफा में स्थित है। मैं हमेशा वहाँ जाना चाहता था, और मैंने महसूस किया कि यह अमरनाथ-यात्रा के लिए उपयुक्त समय है। उम्मीद थी कि इस यात्रा से मुझे आसन्न संकट से निपटने के लिए नई शक्ति मिलेगी। इसके अलावा एक वजह और भी थी। जाहिर था कि मेरी अमरनाथ-यात्रा का खासा प्रचार होगा, जिससे मेरी अचानक दिल्ली यात्रा से उपजी संभावित शंकाएँ खत्म हो जाएँगी। वैसे तो अमरनाथ की यह तीर्थयात्रा श्रावण मास की पूर्णिमा को संपन्न होती है, जो अगस्त के महीने में किसी दिन पड़ती है। लेकिन कुछ श्रद्धालु एक महीना पहले ही इस यात्रा के लिए निकल पड़ते हैं। और इस बार जुलाई में पूर्णिमा 26 तारीख की पड़ रही थी। अतः हम लोग 23 जुलाई को श्रीनगर से अमरनाथ-यात्रा के लिए निकल पड़े।

यह यात्रा मेरी सबसे अविस्मरणीय यात्राओं में से एक थी। पहलगाम से मैं डांडी में चला, क्योंकि तब तक मेरा पैर सीधी चढ़ाई चढ़ने लायक ठीक नहीं हुआ था। लेकिन आशा पूरी यात्रा पैदल ही तय करने पर आमादा थी। अमरनाथ की प्रसिद्ध गुफा तक पहुँचने से पहले तीन रात हमने चंदनवाड़ी, शेषनाग तथा पंचतरणी में डेरा जमाया। इस समूचे रास्ते की दृश्यावली बेहद खूबसूरत थी। विशेष रूप से बर्फ से ढकी तीन चोटियों की पृष्ठभूमि में शानदार दूधिया-हरे पानी वाली शेषनाग झील की तो छटा ही निराली थी। प्राकृतिक सौंदर्य की उदात्त शक्ति से मैं एक बार फिर चमत्कृत था—विशेषकर ऊँचाई वाले क्षेत्रों का सौंदर्य तो अद्भुत होता है। अपनी इस अनुभूति को बाद में मैंने 'हिंदुस्तान टाइम्स' के रविवारीय परिशिष्टों में प्रकाशित एक लेखमाला में अभिव्यक्त किया, 'इस दृश्यावली को देखकर व्यक्ति को प्रकृति में व्याप्त वृहत्तर, अधिक शक्तिशाली तथा शुद्ध शक्ति का स्पष्ट आभास होता है। इसके आगे उसे उसका 'स्व' भी तुच्छ लगने लगता है। प्रकृति को उसके शुद्ध और बेदाग गरिमापूर्ण सुंदर स्वरूप में देखकर मैं ठगा सा रह जाता हूँ। समय की अबाध गति भी यहाँ ठहर सी जाती है। जीवन की समस्याएँ और संघर्ष महत्त्वहीन हो जाते हैं, और मैं एक गहरी ध्यानावस्था में पहुँच जाता हूँ। हृदय के किसी एकांत कोने में इच्छा जगती है कि एक दिन मैं भी ऐसे ही परिवेश में एक आश्रम बनाऊँ, जहाँ तन और मन दोनों बिलकुल शुद्ध रहें। लालसा, भय, अहं तथा मोह की छाया तक उसे छू न पाए। ऐसे में शायद मुझे आत्मज्ञान मिल जाए !'

बाद में ये लेख 'द ग्लोरी ऑफ अमरनाथ' के नाम से एक छोटी-सी पुस्तिका के

रूप में भी प्रकाशित हुए। और यह मेरा पहला साहित्यिक प्रयास था।

गुफा मेरी कल्पना से भी कहीं अधिक बड़ी थी। गुफा के एक कोने में लगभग पाँच फुट ऊँचा बर्फ का झिलमिलाता शिवलिंग था—शिवजी की रचनात्मक शक्ति का साक्षात् प्रतीक। इस तीर्थ की विशेषता यह है कि यह शिवलिंग हर वर्ष अपने आप बनता है और ऐसा माना जाता है कि चाँद के आकार के साथ यह घटता-बढ़ता रहता है। यात्रा के दौरान मैं पॉल ब्रंटन की पुस्तक 'सर्च इन सीक्रेट इंडिया' पढ़ रहा था। इस यात्रा के अनुभव ने मुझे गहरे प्रभावित किया। मैंने पाया कि कोई भी बाहरी संकट व्यक्ति की आंतरिक आकांक्षाओं को प्रगाढ़ करने का सर्वाधिक उपयुक्त समय होता है। संघर्ष का जितना दबाव पड़ता है, अंतरात्मा की आवाज का महत्त्व उतना ही बढ़ जाता है।

28 जुलाई को मैं श्रीनगर लौट आया। मेरी गैरमौजूदगी में नेशनल कान्फ्रेंस की कार्यकारिणी समिति की कुछ और बैठकें हो चुकी थीं। पता चला कि इन बैठकों में परस्पर विरोधी गुटों के बीच खासी झड़पें भी हुई थीं। शेख अब्दुल्ला अब सारे विवाद में खुलकर पक्षपात करने लगे थे, लेकिन उन्हें मंत्रिमंडल के सिर्फ एक ही सदस्य मिर्जा अफजल बेग का समर्थन प्राप्त था। मंत्रिमंडल का यह मतभेद 7 अगस्त को पराकाष्ठा पर पहुँच गया, जब शेख ने निहायत ही मामूली कारण बताते हुए विरोधी खेमे के विरुद्ध कार्रवाई करने का निर्णय किया। और इसकी पहली कड़ी में पंडित शामलाल सर्राफ से इस्तीफा देने की माँग की। 8 तारीख की सुबह सर्राफ ने शेख को लिखे लंबे पत्र की एक प्रतिलिपि मुझे भेजी। इस पत्र में सर्राफ ने शेख पर राज्य तथा भारतीय संघ के बीच संबंधों को लेकर नेशनल कान्फ्रेंस की घोषित नीतियों की अवहेलना करने का आरोप लगाया था। उन्होंने यह कहकर इस्तीफा देने से इनकार कर दिया कि 'जिस तरह से आपने जनता के सामने अपने उत्तेजक भाषणों से देश में एक खतरनाक स्थिति पैदा कर दी है तथा मंत्रिमंडल में आपका जो निरंकुश रवैया है, उससे मुझे यकीन हो गया है कि मेरे इस्तीफा देने से स्थिति में तो कोई सुधार होगा नहीं, बल्कि उससे आपको अपनी नीतियों पर बेकाबू चलने के लिए और प्रोत्साहन मिलेगा। और यह रास्ता देश के लिए आत्मघाती होगा।'

इसके कुछ घंटे बाद मुझे उपप्रधानमंत्री बख्शी गुलाम मोहम्मद, वित्तमंत्री जी. एल. डोगरा तथा स्वास्थ्य मंत्री पंडित शामलाल सर्राफ द्वारा हस्ताक्षरित शेख को भेजे गए एक ज्ञापन की प्रतिलिपि मिली। पाँच पृष्ठों के इस दस्तावेज में शेख तथा एम. ए. बेग पर पार्टी की स्वीकार्य नीतियों की खुली अवमानना करने का स्पष्ट आरोप लगाया गया था। इसमें लिखा था :

> संविधान सभा बुलाने के बाद 'दिल्ली समझौते' में भारत के साथ राज्य के संबंधों के कुछ अपरिहार्य पहलुओं की व्याख्या की गइ थी। और हम सबके प्रतिनिधि के रूप में इसका प्रारूप तैयार करने में आपकी मुख्य भूमिका रही थी। आपके दृष्टिकोण का सरकार, नेशनल कान्फ्रेंस, भारतीय संसद तथा राज्य की संविधान सभा ने एकमत से अनुमोदन किया था, क्योंकि वो हमारी

नीतियों का मूल आधार है। लेकिन आपने उस समझौते को लागू करने में न सिर्फ जानबूझकर विलंब किया, बल्कि जनता के बीच खास मकसद से और खुलकर इनकी निंदा की। इस प्रकार आपने एकतरफा ढंग से राज्य तथा भारत के संबंधों में एक दरार पैदा करने की कोशिश की।

ज्ञापन में यह भी लिखा था :

> एम. ए. बेग लगातार संकुचित अलगाववाद और सांप्रदायिक नीतियों पर चल रहे हैं, जिनसे राज्य की अभिन्नता पर गहरा प्रभाव पड़ा है। यह दुर्भाग्यपूर्ण है कि आप मंत्रिमंडल में उनकी नीतियों को तथा जनता में उनकी गतिविधियों को समर्थन देते रहे हैं। इससे रियासत की विभिन्न संघटक इकाइयों की जनता के मन में अविश्वास और संदेह की कटु भावनाएँ पैदा हुई हैं। आपने इन सभी दुर्भाग्यपूर्ण घटनाओं को देखते-समझते हुए भी जानबूझकर अनेदखा किया है और इस तरह विघटनकारी ताकतों को मजबूती दी है तथा प्रोत्साहन दिया है। नतीजतन हमारे राज्य के दो मूलभूत पहलू—एकता तथा धर्म निरपेक्ष चरित्र—खतरे में पड़ गए हैं।

ज्ञापन का समापन करते हुए तीनों मंत्रियों ने लिखा :

> इन गलत और नुकसानदायक प्रवृत्तियों को विराम देने और खत्म करने के लिए हम आपसे लगातार अनुरोध करते आ रहे हैं। हमने आपसे यह अनुरोध भी किया था कि जनता के मनोबल को पुनः बनाने और बढ़ाने के लिए संयुक्त प्रयास करने चाहिए। लेकिन हमारी तमाम सदाशयता के बावजूद हम अपनी कोशिशों में असफल रहे हैं। अतः अत्यंत खेदपूर्वक हम आपको अपना यह निर्णय सूचित करना चाहते हैं कि वर्तमान में मंत्रिमंडल का गठन जैसा भी है, उसके प्रयोजन और कर्म अलग-अलग हैं। उनमें साम्य नहीं है। यह मंत्रिमंडल जनता का विश्वास खो चुका है और जनता यह मानने लगी है कि यह सरकार उन्हें साफ-सुथरा, कार्यकुशल और स्वस्थ प्रशासन देने में अक्षम है।

हालाँकि यह घटनाक्रम पूरी तरह अप्रत्याशित नहीं था, लेकिन इस पत्र के मिलते ही मामला पूरी तरह मेरे हाथ में आ गया। कानूनी नजरिए से मंत्रिपरिषद सदर-ए-रियासत की इच्छा पर ही कार्यरत रह सकती थी। मंत्रिपरिषद को नियुक्त करने का अधिकारी होने के नाते, मुझे उसे भंग करने या हटाने का भी अधिकार था, भले ही मेरे अधिकारों में इसका विशेष या अलग से उल्लेख नहीं किया गया था। लेकिन कोई भी महत्त्वपूर्ण कार्यवाही करने से पहले, मैंने शेख से एक बार बातचीत कर लेना ही उचित समझा। अतः मैंने तुरंत उन्हें जितनी जल्दी हो सके मिलने आने के लिए आमंत्रित किया। दोपहर बाद शेख गुलमर्ग जाने वाले थे, अतः वो लगभग दोपहर बारह बजे मुझसे मिलने मेरे

निवास पर आए। मैंने उनसे स्थिति के बारे में पूछा तो उन्होंने शामलाल सर्राफ से संबंधित तीन लंबी, लेकिन मामूली घटनाओं का वर्णन किया और मुझे बताया कि उन्होंने उनसे इस्तीफा देने को कहा है। शेख ने यह भी बताया कि सुबह ही उन्हें दिल्ली से कश्मीर ट्रेड कमिश्नर ने टेलिफोन पर सूचित किया कि अखबारों में 'कश्मीर में संवैधानिक संकट' के संबंध में बड़ी-बड़ी सुर्खियाँ छपी हैं। उन्हें हैरानी थी कि वहाँ तक इस खबर की भनक कैसे पहुँची ?

मैंने कहा कि ताजा घटनाक्रम से मैं बहुत निराश हुआ हूँ और चिंतित भी। विशेषकर मंत्रिमंडल में एकता का नितांत अभाव तो अत्यधिक चिंता का विषय है। मैंने उनसे कहा कि अगर आज शाम वह और उनके मंत्रिमंडलीय सहयोगी मेरे निवास पर आ जाएँ, तो उससे कुछ बात बन सकती है, ताकि पूरे मामले पर गंभीरता से बातचीत हो सके। लेकिन शेख ने मेरे इस सुझाव को दरकिनार करते हुए गुस्से में हिंदुस्तानी प्रेस को बुरा-भला कहना शुरू कर दिया। उन्होंने भारतीय प्रेस पर गलतबयानी करने तथा मंत्रिमंडल के मतभेदों को बढ़ा-चढ़ाकर छापने का आरोप लगाया। शेख ने आश्चर्यजनक रूप से दावा करते हुए कहा कि उनके मंत्रिमंडल में कुछ मतभेद तो हैं, लेकिन वो कोई बुनियादी राजनीतिक प्रशासनिक मतभेद नहीं है। जब मैंने स्थिति को सुधारने के लिए कुछ करने की आवश्यकता पर दोबारा जोर दिया, तो उन्होंने साफ कहा कि जब तक भारत के साथ-साथ पाकिस्तान को भी स्वीकार्य कोई बाहरी समाधान नहीं निकाला जाएगा, तब तक कोई आंतरिक समाधान भी संभव नहीं है।

शेख की इस बात से उनके असली इरादों का पता चल गया। कुछ समय पहले तक भारत के साथ कश्मीर के विलय को स्पष्ट रूप से अटूट और अंतिम बताने वाले शेख अब्दुल्ला पिछले कुछ महीनों में कुछ दूसरे ही सुर में बात करने लगे थे। जाहिर था उन्हें उम्मीद थी कि भारत पर कश्मीर को लगभग पूर्ण स्वतंत्र दर्जा देने के लिए कोई अंतर्राष्ट्रीय दबाव पड़ेगा। और यही वो कारण था, जिसके चलते केंद्र तथा राज्य के संबंधों को और ज्यादा मजबूती प्रदान करने वाले 'दिल्ली समझौते' को लागू करने में वो टालमटोल कर रहे थे। मेरे साथ मुलाकात के दौरान वे न केवल यह आश्वासन देने में असफल रहे कि उनके मंत्रिमंडल की आंतरिक कलह खत्म कर ली जाएगी, बल्कि 'बाहरी समाधान' की बात कहकर उन्होंने अनिश्चितता का एक नया आयाम भी स्थिति में जोड़ दिया।

हम लोगों की यह मुलाकात लगभग पौन घंटा चली। उसके बाद वे यह कहकर विदा हो गए कि मैं सप्ताहांत के लिए गुलमर्ग जा रहा हूँ। मेरे सामने अब सारी तस्वीर साफ थी। स्थिति को और ज्यादा बिगड़ने से बचाने के लिए मेरे लिए अब तुरंत कोई कार्यवाही करना जरूरी हो गया था। मैंने अपने राजनीतिक और कानूनी सलाहकारों को बुलवाया, साथ ही डी. पी. धर और ब्रिगेडियर (बाद में जनरल) बी. एम. कौल को भी। ब्रिगेडियर कौल उस समय मेरे और दिल्ली के बीच अनाधिकारिक संदेशवाहक बने हुए थे। हालाँकि भ्रष्टाचार और कुशासन से शेख की साख को कुछ हद तक नुकसान पहुँचा था, लेकिन

इसके बावजूद शेख घाटी में अब भी काफी लोकप्रिय थे। अतः अगर हम उन्हें अपना पक्ष जनरल के सामने रखने का जरा सा भी मौका देते, तो वे बड़ी आसानी से कश्मीरी जनता की सांप्रदायिक और कश्मीरी कट्टरवादी की भावनाएँ भड़का सकते थे, जिसके परिणामस्वरूप राज्य में गंभीर तथा हिंसक घटनाएँ हो सकती थीं। घाटी में राष्ट्र-विरोधी तत्त्व और एजेंट सक्रिय थे, और यदि उन्हें थोड़ा सा भी मौका मिलता तो वे समूचे राज्य में अराजकता फैलाने से नहीं चूकते। उन दिनों संसद का सत्र भी चल रहा था, अतः यहाँ होने वाली किसी भी घटना का राष्ट्रीय परिदृश्य पर असर तो पड़ता ही।

इसलिए हमने निर्णय लिया कि शेख को पद से हटाना ही होगा। उनकी गिरफ्तारी को लेकर मैं थोड़ा हिचक रहा था, लेकिन बख्शी गुलाम मोहम्मद ने साफ कह दिया कि अगर शेख और बेग को अपने विचारों का प्रचार करने के लिए आजाद छोड़ा गया, तो वो सरकार चलाने की जिम्मेदारी नहीं सँभालेंगे। पदासीन प्रधानमंत्री को बर्खास्त करना और नजरबंद करना कोई आसान काम नहीं था, क्योंकि इसकी सारी योजना पूरी तरह गुप्त रूप से तैयार करनी थी। पुलिस का बंदोबस्त करना था, साथ ही भारतीय सेना को भी सावधानी से सूचित करना था। इसके अलावा मीडिया से भी बहुत सूझबूझ से निपटने की जरूरत थी। खुशकिस्मती से डी. पी. धर हमारे साथ थे। 'डी. पी.' रणनीति बनाने में माहिर थे और ऐसी स्थिति में तो उनकी प्रतिभा अपने सर्वश्रेष्ठ रूप में उजागर होती थी। इस संकट से तीन दिन पहले शेख मंत्रिमंडल में उपगृहमंत्री डी. पी. ने इन तमाम बारीकियों पर विस्तार से सब काम कर लिया था।

बहरहाल, चूँकि शेख ने गुलमर्ग जाने का निश्चय किया था सो, अंतिम क्षणों में योजना में कुछ परिवर्तन करने पड़े। मेरे घर से शेख के विदा लेते ही हम लोग उनकी बर्खास्तगी के पत्र का प्रारूप तैयार करने में जुट गए। इसके साथ भिजवाने के लिए शेख के नाम एक प्रावरण-पत्र (कवरिंग लेटर) भी मैंने लिखवाया। ये पत्र इस प्रकार थे :

गोपनीय

कर्ण महल
श्रीनगर
8 अगस्त, 1953

प्रिय शेख अब्दुल्ला,

आपको याद होगा कि आज हुई हमारी मुलाकात में मैंने आपके मंत्रिमंडल में चल रहे गंभीर मतभेदों पर गहरी चिंता व्यक्त की थी। बातचीत के दौरान मैंने मंत्रिमंडल की नीतियाँ लागू करने के लिए इसके सदस्यों के बीच सौहार्द तथा प्रयोजन की एकरूपता बहाल करने की तात्कालिक आवश्यकता

पर बल दिया था। लेकिन इन उग्र मतभेदों को दूर करने संबंधी कोई आश्वासन आप मुझे नहीं दे सके।

मंत्रिमंडल में चल रहे इन मतभेदों के कारण पिछले काफी समय से राज्य की जनता के मन में अत्यधिक विभ्रम और शंकाएँ पैदा हो रही हैं। समूची स्थिति एक अभूतपूर्व संकट के कगार पर पहुँच गई है। हालत यह है कि आपके मंत्रिमंडल के तीन सदस्यों ने आपको एक ज्ञापन भेजकर आपकी कार्यवाहियों तथा नीतियों के प्रति पूरी तरह असंतोष जाहिर किया है। इस ज्ञापन की एक प्रतिलिपि उन्होंने मुझे भी भेजी है। इसमें उन्होंने स्पष्ट कहा है कि वर्तमान मंत्रिमंडल जनता का विश्वास खो चुका है। इस ज्ञापन से स्पष्ट संकेत मिलता है कि आपके मंत्रिमंडल में व्याप्त मतभेद एक विस्फोटक बिंदु पर पहुँच गए हैं कि जिससे राज्य की एकता, खुशहाली तथा स्थिरता को बहुत गंभीर धक्का पहुँचा है।

आज हुई मुलाकात में मैंने आपको यह सुझाव भी दिया था कि आज शाम को मेरे घर पर ही मंत्रिमंडल की एक आपात् बैठक रख लें, ताकि हम सब संयुक्त रूप से देश के लिए स्थिर, एकजुट तथा कुशल सरकार की संभावनाएँ तलाश सकें। लेकिन मुझे खेद है कि आप इस मुद्दे को टाल गए।

इन परिस्थितियों में, राज्य का प्रमुख होने के नाते, मैं इस निर्णय पर पहुँचने को बाध्य हो गया हूँ कि वर्तमान मंत्रिमंडल को अब और पदासीन नहीं रहने दिया जा सकता। अतः आपको सूचित करते हुए मुझे दुख होता है कि आपके नेतृत्व वाले मंत्रिमंडल को मैंने भंग कर दिया है। इससे संबंधित मेरे आदेश की एक प्रति इस पत्र के साथ संलग्न है।

मुझे पुनः यह बताने की आवश्यकता नहीं कि यह कदम उठाते हुए मुझे कितनी निराशा हुई है। लेकिन राज्य की जनता का हित मेरे लिए सर्वोपरि है। मुझे विश्वास है कि इस निर्णय से हम दोनों के मन में एक-दूसरे के प्रति जो सम्मान और सद्भाव है, उसमें कोई फर्क नहीं आएगा।

आपका शुभेच्छु
कर्ण सिंह
सदर-ए-रियासत

आदेश

क्योंकि मैं कुछ महीनों से बहुत चिंता के साथ यह देख रहा था कि सदर के सदस्यों के बीच कुछ मूलभूत राजनीतिक, आर्थिक तथा प्रशासनिक मुद्दों पर गहरे मतभेद चल रहे हैं, जिनसे राज्य के महत्त्वपूर्ण हितों पर विपरीत प्रभाव पड़ रहा है;

तथा क्योंकि सदर के सदस्य इन मुद्दों पर सार्वजनिक रूप से तीखे विरोधी बयान दे रहे हैं;

तथा क्योंकि इन मूलभूत मुद्दों पर मंत्रिमंडल के अधिकांश सदस्यों के विचार प्रधानमंत्री और उनके एक सहयोगी के विचारों से बिलकुल विपरीत हैं;

और क्योंकि उन्हें एक टीम के रूप में एकजुट करने और सद्भावपूर्ण ढंग से काम करने की तमाम कोशिशें असफल हो चुकी हैं तथा मंत्रिमंडल के अधिकांश सदस्यों का कहना है कि प्रयोजन और कार्य में कोई एकरूपता नहीं रह गई है, अतः वर्तमान मंत्रिमंडल लोगों का विश्वास खो चुका है;

और क्योंकि लोगों के आर्थिक कष्ट बहुत बढ़ गए हैं, जिनकी तरफ तुरंत और गंभीरतापूर्वक ध्यान देने की आवश्कयता है;

और क्योंकि अब स्थिति ऐसे नाजुक दौर में पहुँच गई है, जिसमें ईमानदार और कार्यकुशल प्रशासन की कोई संभावना नहीं रह गई है;

अंत में, क्योंकि वर्तमान मंत्रिमंडल के लिए सामूहिक दायित्व के साथ काम करना अब बिलकुल असंभव हो गया है, और इस आपसी खींचतान के परिणामस्वरूप राज्य की एकता, खुशहाली तथा स्थिरता बुरी तरह प्रभावित हुई है;

अतः मैं, सदर-ए-रियासत कर्ण सिंह, राज्य की उस जनता के हित में, जिसने मुझे राज्य का प्रमुख बनाकर जिम्मेदारी और अधिकार दिए हैं, कार्य करता हुआ जम्मू और कश्मीर राज्य के प्रधानमंत्री पद से शेख मोहम्मद अब्दुल्ला को बर्खास्त करता हूँ, इसके साथ ही उनके नेतृत्व वाला मंत्रिमंडल भी भंग किया जाता है।

श्रीनगर
8 अगस्त, 1953

सदर-ए-रियासत
जम्मू तथा कश्मीर

ये सारे कागजात तैयार होते-होते लगभग रात हो चली थी। मौसम भी तूफानी हो चला था। धुआँधार बारिश के साथ बादलों की गड़गड़ाहट और बीच-बीच में बिजली भी चमक रही थी। गुलमर्ग जाने और शेख को वह पत्र देने का काम मैंने ए डी सी मेजर बी. एस. बाजवा को सौंपा। उसके बाद एक पुलिस पार्टी भी भेजी गई। लेकिन मूसलाधार बारिश और तंगमार्ग के आगे खराब सड़क के कारण इस दल को थोड़ा रुकना पड़ा। कागजात भेजने के बाद हम लोग 'कर्ण महल' बैठकर इस संदेश का इंतजार करने लगे कि वे शेख तक पहुँचा दिए गए हैं। क्योंकि इसमें कुछ विलंब हुआ, अतः वातावरण में तनाव भी बढ़ने लगा। हमारा यह दाँव काफी जोखिम भरा था, क्योंकि अगर शेख को इस तमाम कार्यवाही की जरा सी भी भनक लग जाती, तो वे गुस्से से बेकाबू हो जाते, यहाँ तक कि हमारी जान भी खतरे में पड़ जाती। लेकिन पाँसा फेंका जा चुका था। अब तो बस हम प्रार्थना ही कर सकते थे कि यह समूची कार्यवाही

निर्विघ्न पूरी हो जाए।

और अंततः हमारी प्रार्थनाएँ सुन ली गईं। शेख को इस समूचे घटनाचक्र की हवा तक नहीं लग सकी थी। सत्ता के मद में वो इतने मगरूर थे कि उन्होंने कल्पना भी नहीं की होगी कि कोई उन्हें चुनौती देने का दुस्साहस कर सकता है। जब तक ए डी सी और पुलिस दल गुलमर्ग पहुँचा, इस वक्त तक काफी रात हो चुकी थी तथा शेख और उनकी बेगम गहरी नींद में थे। थोड़ी दिक्कतों और देर तक दरवाजा खड़काने के बाद शेख को जगाया गया और उन्हें वह आदेश-पत्र व गिरफ्तारी का वारंट सौंपा गया। पत्र पढ़ते ही शेख साहब गुस्से से बौखला गए, चीखते हुए बोले, 'सदर-ए-रियासत कौन होता है मुझे बर्खास्त करने वाला ! अरे, मैंने ही तो उस मामूली छोकरे को सदर-ए-रियासत बनाया था।' लेकिन तब तक पुलिस उनके घर की पूरी घेरेबंदी कर चुकी थी। नमाज पढ़ने और जरूरत का सामान बाँधने के लिए उन्हें दो घंटे का वक्त दिया गया। बाद में हमें पता चला कि इन दो घंटों में उन्होंने अपने पास रखे बहुत से कागजात को जला दिया था। उन्हें ऐसा करने से रोका जा सकता था, लेकिन हमने पुलिस को सख्त हिदायत दी थी कि शेख और बेगम के साथ अत्यंत शालीनता से पेश आया जाए। उनके साथ किसी तरह का बल प्रयोग न किया जाए। 9 तारीख की बहुत सवेरे ही उन्हें पूरी हिफाजत के साथ एक कार में बैठाया गया और उन्हें घाटी से बाहर ऊधमपुर के 'तारा निवास गेस्ट हाउस' में ले जाया गया, जहाँ उन्हें नजरबंदी में रखा जाना था। उस रात शेख के अलावा एम. ए. बेग तथा अन्य कई नेताओं को श्रीनगर तथा घाटी के विभिन्न स्थानों से गिरफ्तार किया गया।

इस तमाम घटनाचक्र के बीच यह देखना मेरी जिम्मेदारी थी कि राज्य के प्रशासन में कहीं किसी प्रकार का संवैधानिक शून्य न पैदा हो। शेख अब्दुल्ला की बर्खास्तगी के साथ ही मैंने पत्र लिखकर बख्शी गुलाम मोहम्मद को मुलाकात करने तथा नई सरकार के गठन पर विचार-विमर्श के लिए निमंत्रण भेजा। बख्शी को भेजे अपने पत्र के अंत में मैंने लिखा कि 'नई सरकार का पद पर बने रहना इस पर निर्भर करेगा कि वह आगामी विधान सभा सत्र में विश्वास मत प्राप्त करती है या नहीं !' पत्र पाते ही बख्शी साहब मुझसे मिलने आए और हम लोगों ने स्थिति पर विचार-विमर्श किया। मैंने महसूस किया कि नई सरकार को शपथ दिलाने में जरा भी देर नहीं करनी चाहिए। अतः हमने मुख्य सचिव एम. के. किदवई को बुला भेजा। उन्हें पूरे घटनाचक्र के बारे में कुछ भी मालूम नहीं था। जब उन्हें शेख की बर्खास्तगी और गिरफ्तारी के बारे में पता चला तो अपना सिर पकड़कर धप्प से सीढ़ियों पर ही बैठ गए। जब उन्हें कड़क व्हिस्की के दो-तीन पेग पिलाए गए, तब कहीं जाकर उनके होशोहवास दुरुस्त हुए।

9 अगस्त को अलस सुबह मैंने बख्शी गुलाम मोहम्मद और जी. एल. डोगरा को पद की शपथ दिला दी ताकि घाटी में शेख की बर्खास्तगी की खबर फैलने के साथ स्थिति में जो तनाव अनिवार्यतः पैदा होगा, वे उससे निपट सकें। इसके बाद मैंने सारी घटनाओं का ब्यौरा देते हुए राष्ट्रपति को भिजवाने के लिए एक रिपोर्ट तैयार की तथा

प्रावरण-पत्र के साथ इसकी एक प्रतिलिपि नेहरूजी के पास भी भिजवा दी। अपने प्रावरण-पत्र में मैंने ये दो अनुच्छेद भी शामिल किए थे :

'हम सब जो कदम उठाने के लिए मजबूर हुए हैं, उसकी गंभीरता तथा राज्य में और राज्य के बाहर उसके संभावित परिणामों की व्यापकता को हम अच्छी तरह समझते हैं। इस पूरे मामले में मैंने लोकतांत्रिक और संवैधानिक तरीके से काम करने की कोशिश की है और पिछली मुलाकात में आपने जो बात कही थी, उसका विशेष ध्यान रखा है। कुल मिलाकर मैं यह महसूस करता हूँ कि मौजूदा हालात में हम जो भी सबसे उचित कार्यवाही कर सकते थे, वही की है।'

बर्खास्तगी के बाद शेख अब्दुल्ला का क्या किया जाए, निश्चय ही यह निर्णय तो नई सरकार को ही लेना था। अपनी तरफ से तो मैंने बर्खास्तगी के एकदम बाद शेख को गिरफ्तार करने से उन्हें रोकने की पुरजोर कोशिश की। लेकिन उन्हें इस बात की प्रबल आशंका थी कि इस समय घाटी में शेख की उपस्थिति से जनता की प्रतिक्रियाएँ बहुत तीखी हो सकती हैं। स्थिति के पूरी तरह हाथ से निकल जाने और हिंसा तथा खून-खराबे का गंभीर खतरा भी था। अतः उन्हें आज सुबह गुलमर्ग में गिरफ्तार कर लिया गया है और उन्हें ऊधमपुर ले जाया जा रहा है, जहाँ उन्हें सरकारी गेस्ट हाउस में रखा जाएगा। मैंने इस बात पर पूरा जोर दिया है कि उन्हें और उनके परिवार के साथ पूरी शालीनता बरती जाए और उनका पूरा खयाल रखा जाए।

समूची कार्यवाही पूरी होते-होते सूरज निकल आया था। पिछले दो दिनों से चला आ रहा बादलों और तूफान का सिलसिला खत्म हो चुका था। आसमान अब पूरी तरह साफ था। आठ बजे से कुछ पहले मैंने फोन पर नेहरूजी से बात की, लेकिन लाइन में कुछ गड़बड़ थी। अपने सुबह के समाचार बुलेटिन में आल इंडिया रेडियो ने पंद्रह में से तेरह मिनट कश्मीर की घटनाओं पर विस्तृत रिपोर्ट को दिए। उस रात मैंने पलक भी नहीं झपकी थी। और आश्चर्यजनक रूप से मैं खुद को हल्का और तटस्थ महसूस कर रहा था। मैं जानता था कि जो कुछ मैंने किया है, वो राष्ट्रहित में है। और यदि देश को इससे लाभ होता है, तो ये सारे जोखिम और खतरे उठाने लायक थे। उस दिन आशा भी सारी रात अपने कमरे में बैठी जागती रही। धीरे-धीरे सीढ़ियाँ चढ़ता हुआ मैं ऊपर गया और आशा के कमरे में पहुँचा। 'काम पूरा हो गया', मैंने कहा और हम दोनों मुस्कुराए। आशा जिंदगी के सोलह साल पूरे करके सत्रहवें में पहुँची थी और मुझे बाईस साल पूरे होकर तेईसवाँ लगा था। मेरी हालत यह थी कि बिस्तर पर लेटा नहीं, कि नींद आ गई।

अध्याय 13

जम्मू-कश्मीर की नाटकीय घटनाओं के अंत के तौर पर मेरे द्वारा शेख अब्दुल्ला को बर्खास्त करने तथा उनके स्थान पर बख्शी गुलाम मोहम्मद को राज्य का मुख्यमंत्री बनाने पर पाकिस्तान में तीखी और बौखलाहट-भरी प्रतिक्रिया हुई। पाकिस्तान की नजरों में यह समूची कार्यवाही एक 'भारत समर्थक' तख्ता-पलट था। इससे वहाँ की सरकार पागलपन की हद तक बौखला उठी। उसने बख्शी गुलाम मोहम्मद के नेतृत्व वाली नई सरकार के विरुद्ध अनर्गल और धुआँधार प्रचार शुरू कर दिया। वहाँ के अखबारों तथा रेडियो—विशेषकर तथाकथित 'आजाद कश्मीर रेडियो' ने अत्यधिक भड़काऊ और आग उगलने वाला हिंदू तथा भारत विरोधी प्रसारण आरंभ कर दिया। इस तरह के प्रसारण का उद्देश्य धार्मिक कट्टरता का दुरुपयोग करना और घाटी की जनता को नई सरकार के विरुद्ध विद्रोह के लिए भड़काना था। उसके साथ ही उन्होंने कश्मीर में पहले से चल रही व्यापक गुप्तचर गतिविधियाँ और तेज कर दीं।

अप्रैल, 1953 में पाकिस्तान में गवर्नर-जनरल ने प्रधानमंत्री निजामुद्दीन को बर्खास्त करके उनके स्थान पर मोहम्मद अली को नियुक्त किया था। मोहम्मद अली ने नेहरूजी को संदेश भेजकर तुरंत एक मीटिंग करने का सुझाव दिया। हालाँकि नेहरूजी ने उनके इस प्रस्ताव के प्रति कोई ज्यादा उत्साह नहीं दिखाया था, फिर भी वे बातचीत के लिए सहमत हो गए। 16 अगस्त को मोहम्मद अली दिल्ली पहुँचे और बातचीत शुरू हुई, जो 20 तारीख को एक संयुक्त विज्ञप्ति के साथ खत्म हुई। इस विज्ञप्ति में स्पष्ट कहा गया :

> दोनों प्रधानमंत्री इस बात पर सहमत थे कि इन समस्याओं को दोनों देशों के आपसी लाभ के लिए यथाशीघ्र शांतिपूर्वक और सहयोगपूर्ण ढंग से हल होना चाहिए। कश्मीर-विवाद पर विचार-विमर्श विशेष रूप से लंबा चला। दोनों नेताओं का दृढ़ मत था कि इस विवाद का हल राज्य की जनता की इच्छाओं के अनुरूप होना चाहिए जो लोगों के लिए कल्याणकारी हो, और जिससे आम जनता को कम-से-कम परेशानी हो। जनता की इच्छा को जानने का सबसे व्यावहारिक तरीका निष्पक्ष और साफ-सुथरा जनमत संग्रह ही था। लेकिन कुछ मूल मुद्दों पर सहमति के अभाव में इस विषय में कोई प्रगति न हो सकी। दोनों प्रधानमंत्री इस बात पर सहमत थे कि इन मूल मुद्दों को

> उन्हें सीधे स्वयं ही देखना होगा ताकि उन पर सहमति हो सके। इस समझौते को व्यावहारिक रूप देना और फिर अगले कदम के तौर पर जनमत संग्रह प्रशासकीय अधिकारी की नियुक्ति—इस सहमति के दो खास मुद्दे थे। इस सिलसिले में वैकल्पिक समय-सीमा निर्धारित करने के उद्देश्य से...यह निर्णय किया गया कि अप्रैल, 1954 के अंत तक प्रशासकीय अधिकारी की नियुक्ति कर दी जानी चाहिए। लेकिन इससे पहले...मूल मुद्दों पर निर्णय हो जाना चाहिए और उन्हें कार्य-रूप देने के लिए प्रयत्न किए जाने चाहिए।

उस शाम रेडियो पर ये खबर प्रसारित हुई तो बख्शी साहब ने इस पर तीखी प्रतिक्रिया व्यक्त की। उन्होंने अत्यंत भावावेश में अपने हाथ से इस्तीफा लिखा और मेरे निवास पर ही भिजवा दिया। जाहिर था मुझे उस पर कोई कार्यवाही नहीं करनी थी, सो नहीं की, अलबत्ता फौरन ही दिल्ली संपर्क किया। जवाहरलालजी ने बख्शी साहब को समझाने-बुझाने और पूरी स्थिति स्पष्ट करने के लिए अजित प्रसाद जैन और विष्णु सहाय को श्रीनगर भेजा। 20 तारीख की शाम को 'कर्ण महल' में हम सबने एक मीटिंग की...लेकिन बख्शी गुलाम मोहम्मद अभी भी उस झटके से उबर नहीं पाए थे। वो अपने घर के कोप भवन में पड़े रहे। जब मैंने नेहरूजी को बख्शी साहब के इस्तीफे के बारे में बताया, तो बुरी तरह भड़क गए...और इस 'हास्यास्पद मूर्खता' पर बहुत नाराज हुए। मैंने फोन का चोगा अजित प्रसाद को थमा दिया...वो तब तक उसे कान से लगाए रहे जब तक जवाहरलालजी ने फोन पटक नहीं दिया। इसके बाद हम लोग बख्शी साहब को समझाने-बुझाने और मनाने में लगे...आखिर हमारी कोशिशें रंग लाईं। हम उन्हें मनाने में सफल हो गए। ये सारा काम बड़े गुपचुप ढंग से निपटाया गया। क्योंकि अगर किसी को जरा भी ये भनक लग जाती कि बख्शी डावाँडोल हो रहे हैं (भले ही किसी भी कारण से), तो स्थिति इतनी नाजुक थी कि उसके परिणाम विनाशकारी हो सकते थे। राज्य में कानून-व्यवस्था में अभी सुधार आना शुरू ही हुआ था।

बख्शी साहब की नाराजगी का असली कारण जनमत संग्रह अधिकारी की नियुक्ति के लिए निर्धारित समय-सीमा थी। उनका ये महसूस करना कुछ हद तक उचित था कि अगर हिंदुस्तान सचमुच में जनमत संग्रह की योजना लागू करने का इरादा रखता है, तो उनका शेख अब्दुल्ला को मुख्यमंत्री पद से हटाने में सहयोग देना रियासत की जनता के सामने एक धोखाधड़ी ही साबित होगा। बहरहाल हमारे स्पष्टीकरण और समझाने-बुझाने पर उनका गुस्सा ठंडा हुआ, उन्होंने इस्तीफा वापस ले लिया। 21 जनवरी को उन्होंने ये वक्तव्य जारी किया, 'ये घोषणा हमारी सहमति से भारत सरकार की ओर से की जा रही है। और हम इसका पूरी तरह से समर्थन करते हैं।' एक बड़ा संकट आते-आते टल गया। जैसा कि बाद में हुआ...जवाहरलाल और मोहम्मद अली के बीच हुए पत्राचार से जाहिर हो गया कि—दोनों की समझ में जमीन-आसमान का फर्क था। उधर साल खत्म होते-होते ये भी साफ हो गया कि अमेरिका पाकिस्तान को सैन्य मदद देने का फैसला कर चुका है। इन सब बातों ने समूचे हालात को एक नया

और अशांत मोड़ दे दिया। मैं समझता हूँ कि यही वजह थी कि अंततः जवाहरलाल ने जनमत संग्रह वाले प्रस्ताव को दरकिनार करना ही बेहतर समझा। अब तो जम्मू-कश्मीर के अस्थायी विभाजन को स्वीकार करने की दिशा में सोचने लगे थे। लिहाजा 20 अगस्त को जारी भारत और पाकिस्तान के बीच सहमति पूर्ण समाधान का आखिरी अवसर थी।

उन दिनों राजधानी दिल्ली में संसद का सत्र भी चल रहा था। नेहरूजी ने शेख अब्दुल्ला के विरुद्ध हमारी कार्यवाही और कश्मीर के समूचे घटनाक्रम की विस्तृत रिपोर्ट संसद में प्रस्तुत की। पूरी संसद ने उसे पूरे ध्यान और दिलचस्पी से सुना...और इस कदम की सराहना की। देश-भर के अखबारों में इस कदम पर प्रशंसात्मक संपादकीय टिप्पणियाँ लिखी गईं। लेकिन घाटी में काफी तीखी प्रतिक्रिया रही...शुरुआती सदमे से उबरने के बाद घाटी में विभिन्न स्थानों पर प्रदर्शन किए जाने लगे—विशेषकर श्रीनगर और अनंतनाग में शेख को हटाने और नजरबंद करने के विरोध में जोरदार सभाएँ हुईं। स्थिति को सामान्य बनाने में बख्शी साहब को लगभग पंद्रह दिन लग गए। उग्र भीड़ पर काबू पाने के लिए पुलिस को कई जगह गोली चलानी पड़ी। लेकिन पुलिस को सख्त हिदायत थी कि जहाँ तक संभव हो कम-से-कम ताकत का इस्तेमाल किया जाए।

15 अगस्त को मैंने दो और कैबिनेट मंत्रियों को शपथ दिलाई। इनमें एक थे पंडित शामलाल सर्राफ और दूसरे, सैयद मीर कासिम। सैयद मीर कासिम अनंतनाग से थे और एक प्रतिभावान नौजवान वकील थे। मेरी उनसे पहली मुलाकत 'कर्ण महल' में शपथ ग्रहण समारोह के वक्त ही हुई। मुझे वे बढ़िया आदमी लगे और उस दिन के बाद हम दोनों कई बरस तक गहरे दोस्त रहे। उसी समारोह में डी. पी. धर और गुलाम रसूल रेंजू उपमंत्री नियुक्त किए गए। बाद में नेशनल कान्फ्रेंस के प्रमुख नेता और संविधान सभा के अध्यक्ष जी. एम. सादिक भी तीन अन्य उपमंत्रियों के साथ मंत्रिमंडल में शामिल किए गए। इनमें लद्दाख के प्रमुख लामा—कुशक बाकुला—भी शामिल थे।

शेख अब्दुल्ला को हटाने के फलस्वरूप किसी भी राजनीतिक प्रतिक्रिया से निपटने के लिए हम लोगों ने सिलसिलेवार ढंग से आर्थिक और प्रशासनिक कदम उठाने की योजना बना रखी थी। इनमें रियासत में प्राइमरी से लेकर स्नातक स्तर तक की शिक्षा पूरी तरह निःशुल्क करना तथा किसानों से निश्चित मूल्य पर अनाज वसूल करने की प्राचीन 'मुआवजा' प्रथा को खत्म करने संबंधी उपाय भी शामिल थे। इसी बीच बख्शी के नेतृत्व में नेशनल कान्फ्रेंस ने सितंबर में एक शानदार सम्मेलन आयोजित किया, और सिवाय कुछ कट्टरपंथियों के, जिनमें से ज्यादातर शेख के साथ गिरफ्तार किए गए थे, दूसरी पंक्ति के नेता और पूरी पार्टी नई सरकार के समर्थन में आ गई। जम्मू और लद्दाख में तो सरकार में आए इस बदलाव से बड़ी राहत और तसल्ली महसूस की गई।

जम्मू में तो खासतौर से जनता बहुत खुश थी। मेरे 'सदर-ए-रियासत' का पद स्वीकार करने से वहाँ की जनता में मेरे प्रति जो कटुता और संदेह पनप रहे थे, वो रातोरात गायब हो गए। सिर्फ जम्मू से ही नहीं, हिंदुस्तान के विभिन्न हिस्सों से भी मुझे बधाई-तार मिले। यहाँ तक कि अनजान लोगों ने भी पत्र लिखकर मेरी इस कार्रवाई

का समर्थन किया। दिलचस्प बात यह रही कि इन पत्रों में समूचे घटना-क्रम को राजनीति की उपेक्षा, निजी नजरिए से ज्यादा नापा-तौला गया था। बंगाल से आए लगभग सभी पत्रों में स्पष्ट लिखा था कि अंततः डॉ. श्यामाप्रसाद मुखर्जी की मृत्यु का हिसाब चुकता हो गया। जबकि बहुत से लोगों ने मुझे इसलिए बधाई दी कि ऐसा करके मैंने शेख अब्दुल्ला के हाथों अपने पिता को मिले निर्वासन और अपमान का बदला ले लिया। लेकिन मेरे पिता ने इस पर बहुत सोच-समझकर टिप्पणी की। अपने अगले पत्र में उन्होंने लिखा, 'सिर्फ यही कहा जा सकता है और उम्मीद की जा सकती है कि जो कुछ हो रहा है...वो रियासत और उसकी जनता की भलाई के लिए हो। यही मेरी प्रार्थना भी है। तुम्हारे लिए ये कुछ दिन...बेहद व्यस्तता और उत्तेजना और तनाव के रहे होंगे। अपना पूरा ध्यान रखना।' निजी तौर पर एक संदेश भेजकर उन्होंने मुझे अपनी सुरक्षा व्यवस्था और मजबूत करने की हिदायत दी...शायद इस अंदेशे से कि समर्थक कोई बदले की कार्यवाही न कर बैठें।

अब्दुल्ला की तुलना में बख्शी साहब...बिलकुल दूसरे ही किस्म के इंसान थे। हालाँकि वो बहुत कम पढ़े-लिखे थे, हाई स्कूल की परीक्षा भी उन्होंने पास नहीं की थी...लेकिन वो एक योग्य प्रशासक थे। इसका कारण उनमें काम करने की अपार क्षमता, गजब की संगठन क्षमता तो थी ही, साथ ही वे जनसंपर्क बनाने में भी बहुत कुशल थे। समस्याओं के प्रति उनका नजरिया व्यावहारिक था...और अपने लक्ष्य को प्राप्त करने के लिए इस्तेमाल किए गए तरीकों के औचित्य को लेकर वो ज्यादा परेशान नहीं हुआ करते थे। अपनी इस नई भूमिका में शुरू में तो वे काफी झिझके और एक तरह से बेहद घबराए हुए भी थे, लेकिन जल्दी ही उन्होंने खुद को सँभाला और पूरे दिलो-दिमाग से नई चुनौती से निपटने में जुट गए। भारत के प्रति उनकी प्रतिबद्धता पर शको-शुबहा की कोई गुंजाइश ही नहीं थी। उस नाजुक मौके पर उन्होंने जिस तरह राष्ट्रीय हितों को मजबूती दी, उसे कृतज्ञतापूर्वक याद किया जाना चाहिए।

राज्याध्यक्ष का दायित्व सँभालने के बाद...मैंने पहली बार खुद को पूरे हालात से जुड़ा पाया। वरना अब तक तो सिर्फ नाम का ही 'सदर-ए-रियासत' था। इसके साथ ही मैंने हर हफ्ते राज्य के सचिवों और विभागाध्यक्षों को पाँच-पाँच के समूह में चाय पर बुलाने का सिलसिला शुरू किया। इससे मुझे प्रशासनिक और विकास संबंधी समस्याओं को समझने-जानने में बहुत सुविधा हुई। स्थिति की जानकारी के साथ-साथ अधिकारियों के साथ इन बैठकों से मुझे प्रशासन की वास्तविकताओं या व्यावहारिकताओं को गहराई से समझने का मौका मिला। कई साल बाद जब मैं सक्रिय रूप से राजनीति में आ गया और मंत्री बना...तब यही अनुभव मेरे बहुत काम आया। यही नहीं, मैंने रियासत के विभिन्न क्षेत्रों का दौरा करना भी शुरू किया, विशेषकर जम्मू क्षेत्र का। अलग-अलग इलाकों में जाता और वहाँ जनता यानी आम लोगों से मिलता और उन परिस्थितियों का जायजा लेता, जिनमें अधिकांश जनता जी रही थी। इस प्रकार मैंने महलों की छत्रछाया और चारदीवारी से बाहर निकलना शुरू किया और अधिकांश जनता

की गरीबी और अभाव की तल्ख सच्चाइयों को ज्यादा गहराई से समझना शुरू किया। इन यात्राओं के दौरान मुझे जनता से जो प्यार और उत्साह मिला, उससे जाहिर होता था कि आज भी लोग हमारे परिवार के प्रति कितना सम्मान रखते हैं। मेरे भावी राजनीतिक जीवन का आधार यहीं तैयार हुआ...

इसी दौरान मेरी अंतरात्मा की खोज भी चलती रही। मैं समय-समय पर डायरी भी लिखता रहा...जिसे मैंने स्वयं टाइप किया था। मैंने देखा, उन डायरियों में इस प्रकार के प्रश्न भरे पड़े थे, 'आदि काल से ऋषि-मुनि जिस पूर्ण और निश्छल खुशी के बारे में लिखते आए हैं...वो रहस्यमय अनुभूति आखिर क्या है ? मगर कैसे ? कैसे ?' और फिर, 'पता नहीं कब मैं भी आत्मिक विकास की उस स्थिति में पहुँच पाऊँगा, जहाँ पहुँचकर सर्वज्ञाता...त्याग के देवता से मेरा सीधा और प्रगाढ़ संपर्क हो पाएगा !' निस्संदेह ये शब्द मैंने 'भगवद्गीता' में भगवान कृष्ण के उपदेशों से लिये थे।

इस प्रकार की इच्छाओं-अनुभूतियों की मुख्य प्रेरणा मिली रोम्याँ रोलाँ के 'लाइफ ऑफ विवेकानंद', श्री अरविंदो के 'सिंथेसिस ऑफ योगा' और परमहंस योगानंद के 'ऑटोबायोग्राफी ऑफ ए योगी' नामक ग्रंथों से। मैं नियमित रूप से प्रतिदिन अपना पूजा-पाठ करता था, हालाँकि इससे मुझे आंतरिक शक्ति मिलती थी, लेकिन उस दिव्य-दृष्टि का अहसास नहीं हो सका, जो इतने सारे जिज्ञासुओं-योगियों को हो चुका था। पर मेरे सपने दिन पर दिन आत्मिक होते चले गए।...सच तो यह है कि बीस साल की उम्र के बाद...मुझे हर रात अत्यंत विचित्र स्वप्न आते...कभी-कभी तो बहुत सारे स्वप्न एक के बाद एक जल्दी-जल्दी आते चले जाते। अंततः कुछ साल बाद, जब मैं श्री कृष्णप्रेम से मिला तो इस रहस्य की गाँठें खुलीं और मैंने महसूस किया कि यदि इन स्वप्नों की सही-सही व्याख्या की जाए, तो इनसे व्यक्ति की आत्मिक और मनोवैज्ञानिक समस्याओं के बारे में महत्त्वपूर्ण सूत्र मिल सकते हैं और जिंदगी के अनेक संकटों से निपटने में मदद मिल सकती है।

निश्चय ही हिंदू धर्म और संस्कृति का सबसे बड़ा आकर्षण इसकी अपार विभिन्नताओं में है, जिसमें अनेक प्रकार के मनोवैज्ञानिक और आध्यात्मिक पृष्ठभूमि वाले लोग मिल-जुल कर रह रहे हैं। इसमें हर व्यक्ति अपनी पसंद की धर्म-पद्धति चुनने के लिए स्वतंत्र है, वह किसी एक पद्धति के प्रति बाध्य नहीं है। यही नहीं, यहाँ की भक्ति का कोई स्वरूप नहीं...ये सार्वभौम है...व्यक्ति अपनी श्रद्धा और मान्यता के अनुसार ईश्वर का कोई भी रूप और भक्ति की कोई भी धारा चुन सकता है। हमारे परिवार के इष्ट श्री राम हैं, जम्मू में महाराजा रणवीर सिंह द्वारा बनवाया श्री राम का विशाल मंदिर निस्संदेह भारत के सबसे खूबसूरत मंदिरों में है। मुख्य मंदिर एक आयताकार आँगन से घिरा है, जिसमें सवा लाख शालिग्राम स्थापित हैं जो देश की विभिन्न पवित्र नदियों की तलहटी से लाए गए थे। इसके चारों तरफ और भी बड़ा आँगन है, जहाँ बहुत सारे मंदिर हैं, जिनमें हिंदू धर्म के लगभग सभी देवताओं की मूर्तियाँ स्थापित हैं। ये आँगन भी एक और बड़े आँगन से घिरा है, जिसमें शिव मंदिर बने हुए हैं...और यहीं हमारे

पूर्वजों की अस्थियाँ सुरक्षित हैं। कुछ समय पहले मैंने इसमें एक नटराज की मूर्ति स्थापित की, जो उत्तर भारत में पहली है। यहाँ पर सीसे के स्फटिक का शिवलिंग भी है, जो जर्मनी में बनवाया गया था। समय आने पर इसके नीचे मेरी और मेरी पत्नी की कुछ अस्थियाँ रखी जाएँगी।

हालाँकि राम हमारे परिवार के इष्ट हैं, लेकिन मेरा रुझान कृष्ण के प्रति अधिक रहा है। 1953 के अंत में सर्दियों के लिए जम्मू चले आने पर मैंने अपनी डायरी में लिखा, 'मैंने अब तक ना तो कोई विशिष्ट भक्तिधारा चुनी है, और न ही कोई विशेष...आराध्य...निस्संदेह ईश्वर सर्वव्यापी है। लेकिन यदि कोई व्यक्ति उसके किसी स्वरूप-विशेष की ही आराधना करता है, तो ये उसके लिए सहायक हो सकता है। मैं श्रीकृष्ण के दैवी स्वरूप के प्रति अद्भुत आकर्षण महसूस करने लगा हूँ। उनके प्रति एक गहरे अनुराग की भावना मेरे मन में घर करती जा रही है।...अब मुझे उत्सुकता से इंतजार है उस दिन का, जब मुझे योग की किसी विशेष धारा की दीक्षा मिलेगी...जो संभवतः मेरे जीवन में आध्यात्मिक ज्ञान की यात्रा का आरंभ होगा।'

शायद ये इसी प्रकार के ज्ञान के खोज की ललक ही थी कि कुछ ही दिनों बाद मैं पूर्वी और दक्षिण भारत की लंबी तीर्थयात्रा पर निकल पड़ा। परंपरागत तौर से भारत में आत्मिक सुख और शांति की खोज का संबंध देश के दूर-दूर क्षेत्रों में स्थापित तीर्थों की यात्रा से जोड़ा जाता है। इससे पहले तक...पंजाब, देहरादून, दिल्ली और बंबई के अलावा मैंने हिंदुस्तान में शायद ही कोई और स्थान देखा था ! और इसकी वजह यही थी कि ज्यादातर मैं अपने राज्य में ही रहा। आशा और मैं सबसे पहले अपनी माँ से मिलने काँगड़ा गए। वहाँ पर वो पालमपुर और बैजनाथ के बीच 'अलहिलाल' नामक स्थान पर बने भावलपुर के नवाब के खूबसूरत महल में किराए पर रह रही थीं। ये महल उन दिनों खाली पड़ा हुआ था...ये परित्यक्त संपत्ति घोषित किया जा चुका था। माँ के साथ हम लोग मंडी और सुकेत तक गए। ये दोनों ही हिमाचल की छोटी-छोटी रियासतें थीं। सांस्कृतिक स्तर पर ये जम्मू क्षेत्र से काफी मेल खाते हैं। इसके अलावा हम रिवाल्सर भी गए। इसे हिंदुओं और बौद्धों—दोनों का ही तीर्थ कहा जा सकता है। यहाँ पर एक झील है, जिसमें छोटे-छोटे द्वीप रहस्यमय ढंग से तैरते रहते हैं। इसके बाद हम कलकत्ता गए। पहली बार किसी एक शहर में लोगों की इतनी भीड़ देखकर मैं हैरान रह गया। यहाँ तो पूरे जम्मू-कश्मीर की आबादी से भी ज्यादा लोग थे।

दक्षिणेश्वर के उस विशाल काली मंदिर गए, जहाँ इतिहास के उल्लेखनीय महान धर्मगुरु श्री रामकृष्ण उन्नीसवीं सदी के मध्य में पुजारी रहे थे। उस समय जब देश में आध्यात्मिक और बौद्धिक संकट व्याप्त था तो रामकृष्णजी ने अपने-अपने विलक्षण आध्यात्मिक अनुभवों से हिंदू धर्म में लगभग क्रांति ला दी गई। मैंने उनके और उनके परम शिष्य नरेंद्रनाथ दत्त के विषय में काफी पढ़ रखा था। नरेंद्रनाथ तो स्वामी विवेकानंद के नाम से विश्व-विख्यात हुए। उन्होंने अपने गुरु के उपदेशों को हिंदुस्तान के कोने-कोने में ही नहीं, सात समंदर पार पश्चिमी दुनिया तक पहुँचाया। विवेकानंद

के व्यक्तित्व से मैं अभिभूत था...उनके चेहरे का तेज और ज्ञान की गरिमा—सब कुछ अद्‌भुत था। दक्षिणेश्वर-दर्शन बहुत प्रभावपूर्ण रहा...वापसी में हम बेलूर मठ भी गए, जहाँ स्वामी विवेकानंद ने रामकृष्ण मिशन की स्थापना की थी। ये मिशन आज भी अपना काम सक्रिय रूप से कर रहा है। हम कालीघाट देखने गए। इस शहर का नाम इसी कालीघाट से कलकत्ता पड़ा। यहाँ हमने दुष्टों का दमन करने वाली काली के रौद्र रूप के दर्शन किए। लेकिन रौद्र-रूप के बावजूद...अपने भक्तों के लिए वो देवी माता हैं...हिंदू धर्म में काली के इस रूप की बड़ी मान्यता है।

जम्मू लौटते हुए हम दिल्ली में रुके। हमारे दिल्ली प्रवास के दौरान ही एक हादसा हो गया। आशा के चाचा जनरल विजय शमशेर, उन दिनों भारत में नेपाल के राजदूत थे। उस दिन हम सिनेमा हाल में 'मॉर्निंग-शो' का आनंद ले रहे थे कि हमें खबर मिली कि आशा के चाचाजी को नहाते वक्त खराब इमरशन रॉड से करंट लग गया है। हम लोग तुरंत बाराखंबा-स्थित नेपाली दूतावास पहुँचे, जहाँ हमें उनका पार्थिव शरीर ही देखने को मिला। वो बहुत ही प्रतिभाशाली और गुणी व्यक्ति थे। राणाओं और शाहों के बीच पुरानी पारिवारिक प्रतिद्वंद्विता के बावजूद, वे महाराजा महेंद्र का विश्वास जीतने में सफल रहे थे। वो जिंदा होते तो नेपाल राजनीति पर अपनी छाप जरूर छोड़ते। अपने छोटे भाई की मृत्यु की खबर सुनकर आशा के पिता काठमांडू से दिल्ली पहुँचे। उनके पिता महाराजा मोहन शमशेर भी...जो 1951 में नेपाल छोड़ने के बाद बँगलौर में निर्वासित होकर रह रहे थे, विमान से दिल्ली पहुँचे। यह एक बहुत ही दुखद अवसर था...लगभग पूरा राणावंश...राजदूत के भारतीय मित्रों सहित दूतावास में इकट्ठा था। जनरल विजय के पुत्र पशुपति उस वक्त मात्र दस साल के थे...आगे चलकर वही राणा वंश की नई पीढ़ी में सबसे प्रतिभाशाली सिद्ध हुए। पिता के क्रिया-कर्म से निवृत्त होकर वो उनकी इच्छानुसार इंग्लैंड पढ़ाई के लिए चले गए।

कलकत्ता की यात्रा से मुझे भारत के अन्य स्थानों को देखने-जानने की प्रेरणा मिली। लिहाजा 1954 में मैं दक्षिण भारत की लंबी यात्रा पर निकल गया। और इस दौरान मैंने वहाँ के अनेक प्रसिद्ध तीर्थस्थल भी देखे। इस प्रकार की तीर्थयात्रा पर जाने की मेरी माँ भी हमेशा इच्छुक रही थी। अतः वो भी अपने बड़े भाई ठाकुर नचिंत चंद और कुछ सेवादारों के साथ हमारी यात्रा में शामिल थी। यानी यात्रा का दिन आते-आते हमारा काफिला खासा बड़ा हो चला था, इसलिए हमने रेल-यात्रा करना ही बेहतर समझा। मेरे लिए ये यात्रा एक अविस्मरणीय अनुभव थी। इस यात्रा में हमें सांस्कृतिक विरासत का वो रूप देखने को मिला, जिसके बारे में उत्तर भारत के हम लोग लगभग अनजान थे।

यहाँ हमें हिंदू परंपरा अपनी प्राचीन गरिमा और भव्यता के साथ देखने को मिली। गोपुरम के विशाल भव्य मंदिरों की छटा ही निराली थी...उनके ऊँचे, गगनचुंबी बुर्ज और कंगूरों पर तराशी चटख रंगों से सजी कलात्मक चित्रकारी; मंदिर के द्वार पर सर से पाँव तक परंपरागत ढंग से सजे हुए हाथी; हरेक मंदिर में वहाँ के पुजारी जिन्होंने हर मंदिर

में हमारा स्वागत किया...और उन ऐतिहासिक मंदिरों को बड़े आग्रह से दिखाया...मंदिरों के गर्भ गृह तक, जहाँ प्रधान देवता प्रतिष्ठित होते हैं; वातावरण में गूँजता कर्नाटक संगीत, जो उत्तर भारत को हिंदुस्तानी संगीत से भाषा-शैली और रागों से नितांत भिन्न होते हुए भी अलौकिक और आत्मा को स्पर्श करने वाला था; समवेत स्वर में संस्कृत के मंत्रों का पाठ जो...भक्ति रस से ओत-प्रोत उस वातावरण को जबर्दस्त सम्मोहक बना रहा था, साथ ही इससे विश्व की इस महानतम भाषा का ओज भी स्पष्ट उजागर हो रहा था—इन सभी से मिलकर बने उदात्त, पावन और भव्य वातावरण की छाप आज भी मेरी आत्मा में अमिट है। दक्षिण भारत के प्रति मेरा आकर्षण आज भी बरकरार है, लगता है कि मानो समय के उस अंतराल से मेरा कोई आध्यात्मिक संबंध रहा हो।

हमने मदुरै का भव्य मीनाक्षी मंदिर जो मत्स्य नेत्रा देवी मीनाक्षी की पीठ है और थंजावूर का बृहदेश्वर मंदिर भी देखे। बृहदेश्वर अपने विशाल शिवलिंग के लिए प्रसिद्ध है। संपूर्ण भारत में संभवतः ये सबसे भव्य मंदिर है। दक्षिण भारत के तीर्थस्थलों के दर्शन के क्रम में हमने तिरुवन्नामलई का सुप्रसिद्ध शिव-मंदिर देखने के अलावा पास के ही रमण महर्षि आश्रम के भी दर्शन किए। रमण महर्षि हमारे समय के महानतम संतों में से थे, जिनका देहांत चार वर्ष पहले हो चुका था। चिदंबरम् का विश्व-प्रसिद्ध नटराज मंदिर तो अद्भुत है, यहाँ शिवजी नृत्य-देवता यानी नटराज के रूप में प्रतिष्ठित हैं...मनुष्य की यह महानतम कलाकृति है। दक्षिण की एक और प्रमुख धर्म-स्थली है—तिरुचिरापल्ली का श्रीरंगम मंदिर, जो अपने आपमें एक संपूर्ण नगर है। संयोग से हम वहाँ वैकुंठ एकादशी के दिन पहुँचे, जो बहुत शुभ माना जाता है। इस दिन यहाँ का उत्तरी द्वार खोला जाता है।

हम रामेश्वरम भी गए। ये स्थान देश के उन चार प्रमुख धर्म-पीठों में से एक है, जो अठारहवीं सदी के विलक्षण दार्शनिक संत आदि शंकराचार्य द्वारा अभिषिक्त किए गए थे। देश की आध्यात्मिक एकता और हिंदू धर्म के पुनरुथान में आदि शंकराचार्य का बड़ा योगदान है। यहाँ पर लाखों हिंदुओं के लिए ईश्वर के अवतार स्वरूप और महाकाव्य 'रामायण' के नायक श्रीराम ने अपनी पत्नी सीता को श्रीलंका के राजा राक्षसराज रावण के चंगुल से मुक्त कराने का अभियान शुरू करने से पूर्व भगवान शिव की पूजा की थी।

तमिलनाडु के मंदिरों के दर्शन के बाद हम लोग सुदूर दक्षिण में केरल पहुँचे, वहाँ हम तीन महासागरों के संगम और भारत-भूमि के सुदूर छोर कन्याकुमारी भी गए। यहाँ हमने कुँवारी देवी का छोटा सा, मगर सुंदर मंदिर देखा। इससे कुछ ही मील दूरी पर सुचिंद्रम में हनुमानजी की एक विशालकाय प्रतिमा स्थापित है। त्रिचूर में हमने वहाँ का प्रसिद्ध शिव-मंदिर देखा...जो केरल के ठेठ पारंपरिक वास्तुशिल्प का बेहतरीन नमूना है। तमिलनाडु के मंदिरों की तुलना में कहीं छोटा और साफ-सुथरा। हालाँकि इन मंदिरों का इतिहास मिथकों और परंपराओं से भरपूर है, लेकिन फिर भी स्फूर्तिमय भक्ति और प्रेरक...रीति-रिवाजों से जीवंत हैं। हिंदू धर्म और संस्कृति कितनी समृद्ध है...इसका ज्ञान

पहली बार मुझे यहीं आकर हुआ। हजारों-हजार सालों तक विदेशी आक्रमणों और लूट के शिकार उत्तर भारत में रहते हुए मैंने जितना समझा और जाना था, उससे कहीं ज्यादा समृद्ध। हजारों बरसों की लूट और आक्रमणों में भारत के इस हिस्से के कितने ही मंदिरों को नष्ट किया गया और मूर्तियों को खंडित किया गया। उसकी तुलना में देश का ये हिस्सा हमारी संस्कृति और परंपराओं का विशाल सुरक्षित आगार है। मैंने महसूस किया कि हम उत्तर भारत के वासियों को दक्षिण भारत का ऋणी होना चाहिए कि अशांत सदियों के दौरान देश के इस भूभाग में हमारी महान सांस्कृतिक विरासत पूर्ण सुरक्षित रही।

दक्षिण भारत की यात्रा के दौरान ही मेरा परिचय भरतनाट्यम से हुआ। नृत्य का ये विशिष्ट स्वरूप भरत के नाट्यशास्त्र पर आधारित है। इस नृत्य में उच्च कोटि के कलात्मक अंग-संचालन समाहित हैं। भरतनाट्यम विश्व की सबसे नयनाभिराम एकल नृत्य शैली है। इसमें भाव, राग और ताल का अद्भुत समन्वय है। हमारे मद्रास-प्रवास के दौरान ही हमें पहली बार भरतनाट्यम देखने का मौका मिला—वहाँ की 'संगीत अकादमी' में वैजयंतीमाला का कार्यक्रम था। तीन घंटे तक लगभग लगातार चलने वाले इस कार्यक्रम में उनके चपल अंग-संचालन और मूर्तिवत मुद्राओं के अद्भुत सामंजस्य को देखकर मैं चकित रह गया। नृत्य में जितनी गहन ऐंद्रियता थी, आध्यात्मिक रूप से भी वह उतना ही प्रेरक भी था। तब से मैं नृत्य का शौकीन हो गया हूँ। इस दौरान मुझे बाला सरस्वती और यामिनी कृष्णमूर्ति सहित अनेक महान कलाकारों को देखने का अवसर मिला है। इन दोनों कलाकारों को मैं उनके समकालीनों में अग्रणी मानता हूँ।

दक्षिण की इस यात्रा में अगर मैं महर्षि अरविंद की कर्मभूमि पांडिचेरी न जाता, तो अधूरी ही रह जाती। वैसे भी इधर कुछ समय से देशभक्त और दार्शनिक श्री अरविंद के दर्शन में मेरी दिलचस्पी बढ़ती जा रही थी। इसके अलावा मैं उनसे और उनकी आध्यात्मिक सहयोगी मैडम अल्फासा से मिलना भी चाहता था। सब लोग उन्हें 'माँ' कहकर ही पुकारते थे। हमने उनके निवास पर ही उनसे भेंट की...उन्होंने भी पूरे सत्कार के साथ हमारा स्वागत किया। मुझे संदेह है कि मेरी माँ उनसे कोई खास प्रभावित नहीं हुईं, पर मुझे एक ऐसी विचित्र शख्सियत का अहसास हुआ, जो असामान्य मनोवैज्ञानिक शक्ति से संपन्न है। अनेक वर्षों बाद उनकी मृत्यु से पहले मैं उनसे दो बार और मिला। मैं श्री अरविंद के व्यक्तित्व और चिंतन से अभिभूत था, पर मैं उनके साक्षात् दर्शन कभी नहीं कर सका। उनके जोशीले राष्ट्रवाद, अंग्रेजी भाषा में उनकी महारत, उच्च आध्यात्मिक दृष्टि और व्यापक चिंतन ने मुझे अत्यधिक प्रभावित किया।...

दक्षिण भारत की इस यात्रा ने मेरे चिंतन को बहुत प्रभावित किया। इससे मुझे न केवल हिंदू धर्म और संस्कृति के अनेक शानदार आयामों के बारे में गहरी जानकारी मिली बल्कि यह अहसास भी हुआ कि भारत मेरी कल्पना से कहीं ज्यादा समृद्ध और विविधतापूर्ण है। मुझे ये भी महसूस हुआ कि हैरतअंगेज विभिन्नताओं के बावजूद, ये हिंदू संस्कृति ही है जो सबको एकता के सूत्र में पिरोए हुए है। हमारे लंबे और घटनाओं

से भरपूर इतिहास की ये पृष्ठभूमि रही है। यात्रा में मुझे कोई गुरु नहीं मिला, लेकिन फिर भी इससे मुझे अपने आध्यात्मिक ज्ञान और जागरूकता को पैना करने का अवसर मिला। पिछले कुछ वर्षों से राजनीतिक घटनाओं और गतिविधियों में व्यस्त होने के कारण इन सब बातों के लिए फुरसत ही कहाँ मिल पाई थी ? साथ ही मुझे यह भी अहसास होने लगा कि मैं अनिश्चित काल के लिए देश के एक ही कोने तक ही सीमित नहीं रहना चाहूँगा, भले ही ये कोना कश्मीर जैसा खूबसूरत क्यों न हो।

संविधान सभा की बैठकें फिर होने लगी थीं, लेकिन राजनीतिक हालात काफी बदले हुए थे। जबकि शेख अब्दुल्ला के शासन में राज्य सरकार दिल्ली समझौते को लागू करने से जी चुराती रही, सिवाय उन कुछ क्षेत्रों में जहाँ शर्तें उसके अनुकूल पड़ती थीं। लेकिन अब बख्शी ने स्पष्ट घोषणा कर दी कि समझौता पूर्ण रूप में लागू किया जाएगा। इस दौरान संविधान सभा विधान सभा का काम भी कर रही थी। सदर-ए-रियासत की हैसियत से मैंने उसे बजट सत्र को संबोधित किया। सरकारी अधिकारियों द्वारा तैयार किए गए भाषण को जस का तस पढ़ देने की औपचारिकता निभाने की बजाय मैंने उनसे सारी जानकारी और तथ्य मँगवाए और उनके आधार पर अपना भाषण खुद ही तैयार किया। पढ़े जाने से पहले इस भाषण को मंत्रिमंडल ने अपनी स्वीकृति दे दी थी।

सदर-ए-रियासत का पद सँभालने के तुरंत बाद मैंने राजकुमार शिवदेव सिंह नाम के एक बहुत ही योग्य अफसर को अपने सचिव के पद पर नियुक्त कर दिया। अपने सैनिक सचिव के लिए मैंने खुशमिजाज प्रकृति के कर्नल गुलाम कादिर को चुना जो हेरीनेदू के नाम से ज्यादा मशहूर थे। दरअसल कर्नल बेगम अब्दुल्ला के भाई भी थे। शेख अब्दुल्ला की बर्खास्तगी के बाद वे भी अपने पद पर बने रहे चूँकि वे बहुत गैर-राजनीतिक व्यक्ति थे। हमारे लिए शिकार और मछली पकड़ने के कार्यक्रम आयोजित करते रहते थे। लेकिन जब मैंने यह दोनों काम छोड़ दिए तो उन्हें बहुत निराशा हुई। मेरे सहायकों में ज्यादातर लोग जम्मू-कश्मीर रियासत की सेना-अफसरों में से ही लिये गए। उल्लेखनीय है कि मेरे सुझावों को मानते हुए रियासत की सेना को अन्य रियासती सेनाओं की तरह खत्म न करके समग्र रूप से भारतीय सेना में जम्मू एंड कश्मीर रेजीमेंट के नाम से शामिल कर लिया गया। आज भी यह रेजीमेंट देश की प्रतिरक्षा में महत्त्वपूर्ण भूमिका अदा करती आ रही है। इसके अलावा डोगरा रेजीमेंट भी है जिसमें मुख्यतया डोगरा समुदाय के सदस्यों को ही लिया जाता है। डोगराओं की एक लंबी और गौरवमयी शौर्य परंपरा रही है।

इन बातों के अलावा रियासत और शेष भारत के बीच संबंधों को मजबूत करने के लिए कुछ और कदम भी उठाए गए। 13 अप्रैल, 1954 को बैसाखी के दिन रियासत में बाहर से आने वाली वस्तुओं पर से सीमा शुल्क हटा लिया गया। उसका एक तुरंत लाभ यह हुआ कि रियासत में आवश्यक वस्तुओं के दामों में भारी कमी आई। इसके

अलावा रियासत की जनता पर भी मनोवैज्ञानिक तौर पर महत्त्वपूर्ण असर पड़ा क्योंकि इससे एक बाधा खत्म हो गई। इसी दौरान मेरे निमंत्रण पर राष्ट्रपति डॉ. राजेन्द्र प्रसाद जम्मू के आधिकारिक दौरे पर आए। रियासत की जनता के राजनीतिक मतभेदों के बावजूद बड़ी आत्मीयता से उनका स्वागत किया। राजेन्द्र बाबू सादगी की प्रतिमूर्ति थे। अहंकार और दर्प उन्हें छू तक नहीं गया था जो भी उनसे मिला वह उनके गुणों और विनम्रता का कायल हो गया। मैंने उन्हें जम्मू के सभी महत्त्वपूर्ण मंदिरों के दर्शन कराए जहाँ उन्होंने परम भक्तिभाव से पूजा अर्चना की। जम्मू छावनी के सतवारी क्षेत्र में उन्होंने जम्मू-कश्मीर रियासत की सेनाओं के युद्ध स्मारक कक्ष का उद्घाटन भी किया। इस समारोह में हजारों की संख्या में सेना के पूर्व कर्मचारियों और अधिकारियों ने भाग लिया जिनमें अनेक बुजुर्गों ने भी अपनी कमीजों पर तमगे लटकाए हुए थे। राष्ट्रपति और उनके दल के लोग हरी निवास में मेरे निजी मेहमान के तौर पर ठहरे। इसके कई बरसों बाद जब भी हम लोग मिले तो राजेन्द्र बाबू बहुत ही खुश होकर अपने उस प्रवास की यादें दोहराते थे। और ये भी कि उनके निवास से तवी नदी के पार की पहाड़ियों का दृश्य कितना मनोरम दिखाई देता था।

केंद्र और राज्य के संबंधों को मजबूत करने की प्रक्रिया में अब तेजी आने लगी थी। 14 मई, 1954 को राज्य सरकार के आग्रह पर राष्ट्रपति ने एक आदेश जारी किया, जिसके तहत भारत के संविधान की विभिन्न धाराएँ जम्मू-कश्मीर राज्य पर भी लागू होने लगीं। इस समय तक हम गर्मियों के लिए श्रीनगर पहुँच गए थे। श्रीनगर से जम्मू और जम्मू से श्रीनगर दो बार सालाना स्थानांतरण एक ऐसी प्रक्रिया है, जो राज्य में रहने वाले निवासियों की जिंदगी का हिस्सा बन गई है...एक प्रकार से इसे प्राकृतिक घटना माना जाता है। इस प्रकार के स्थानांतरणों में समय और पैसा—दोनों ही काफी खर्च होते हैं। लेकिन इससे जम्मू और कश्मीर की द्विपक्षीय प्रकृति का परिचय भी मिलता है। जम्मू-कश्मीर का तीसरा और सबसे बड़ा क्षेत्र है लद्दाख। यहाँ की आबादी कम है। लेकिन मुख्य प्रदेश से इसकी दूरी कम नहीं हुई, ये उतना ही सुदूर और उपेक्षित क्षेत्र बना रहा। हालाँकि मंत्रिपरिषद में कुशक बाकुला के शामिल होने से लद्दाख को पहली बार राजनीतिक प्रतिनिधित्व मिला।

1954 में होटल व्यवसाय की जानी-मानी हस्ती एम. एस. ओबराय (जो राय बहादुर के नाम से मशहूर थे) डी. पी. धर की मार्फत मेरे पास आए। उनका सुझाव था कि मैं श्रीनगर में हमारा मुख्य महल 'गुलाब भवन', जो ज्यादातर खाली पड़ा रहता है, उन्हें लीज पर दे दूँ।...मुझे यह प्रस्ताव बहुत अच्छा लगा था, हालाँकि लीज में मिलने वाली रकम खास बड़ी नहीं थी, पर इसमें एक आकर्षण यह था कि भवन का रख-रखाव अच्छी तरह से हो सकेगा। साथ ही कश्मीर में पहला फाइव-स्टार होटल खुल जाएगा। इस तरह का निर्णय लेने वाला किसी भी राज-परिवार का मैं पहला व्यक्ति था। कुछ साल बाद...जयपुर और उदयपुर के राजपरिवारों ने भी यही किया। और अब ये अच्छी तरह से स्पष्ट हो चुका है कि देश-भर में फैले ये विशाल महल...देश के पर्यटन के ढाँचे

को मजबूत बनाने में महत्त्वपूर्ण भूमिका अदा कर सकते हैं।

जवाहरलालजी के निर्देश पर भारत सरकार के विभिन्न विभागों और मंत्रालयों के साथ-साथ अनेक निजी संस्थाओं के सम्मेलन श्रीनगर में होने लगे। हमारे यहाँ हमेशा से एक सुसंगठित तवाजा (स्वागत-सत्कार) विभाग रहा है। बख्शी के शासन में तो आधिकारिक आगंतुकों के मनोरंजन का स्तर...ललित कला के स्तर तक उन्नत हो गया। बख्शी साहब काफी उत्साही मेजबान थे। पार्टियों में अक्सर वो ये बिना जाने ही कि उनका मेहमान शाकाहारी है अथवा मांसाहारी, उनके मुँह में 'गोश्ताबा' (गोश्त के कश्मीरी कोफ्ते) ठूँस दिया करते थे। सच तो यह है कि बख्शी पार्टियों की जान हुआ करते थे। हालाँकि शुरुआत के लिए ये ठीक था, लेकिन बाद के वर्षों में इस तरह की बेहद महँगी पार्टियाँ ऐसे मेहमानों को ही दी जाने लगीं, जिनसे कुछ काम निकलवाना होता था। इसमें शक नहीं कि बख्शी साहब की 'गोश्ताबा मेहमाननवाजी' कश्मीर की दंत-कथाएँ बन गई हैं।

मैंने अपनी पढ़ाई दोबारा शुरू करने का फैसला किया...और आशा ने भी यही निर्णय लिया। उसने हिंदी की 'भूषण' परीक्षा की तैयारी शुरू कर दी। यह इंटर की डिग्री के बराबर का कोर्स होता है। आशा ने 'आल इंडिया विमेंस कान्फ्रेंस' की शाखा शुरू की और 'स्टेट सोशल वेलफेयर बोर्ड' की अध्यक्ष बन गई। मैंने राजनीतिशास्त्र से एम.ए. करने का फैसला किया, पर इस बार दिल्ली विश्वविद्यालय से।...और क्योंकि मैं उसी परिवार के एक विश्वविद्यालय का उपकुलपति था, अतः दिल्ली विश्वविद्यालय ने मुझे घर पर ही पढ़ाई करने की अनुमति दे दी। अब सिर्फ इम्तहानों के लिए ही दिल्ली जाने की बात थी। एम. ए. का पाठ्यक्रम दो भागों में बँटा था—प्रीवियस और फाइनल। दोनों भागों में चार-चार पेपर थे, जिनके तहत भारतीय और पश्चिमी राजनीतिक विचारधाराओं के साथ-साथ, भारत तथा अन्य देशों के संविधान का तुलनात्मक अध्ययन, अंतर्राष्ट्रीय संबंध और अंतर्राष्ट्रीय कानून आदि विषय शामिल थे। इन विषयों में मार्ग-दर्शन के लिए मैंने प्रोफेसर पी. एन. चाकु और हाल ही में 'लंदन स्कूल ऑफ इकोनॉमिक्स' से लौटे डॉ. जे. एन. भान तथा जम्मू के एक युवा शिक्षक प्रोफेसर सत्य भूषण जैसे विशेषज्ञों की मदद ली।

हमारी नियमित चाय और लंच पार्टियों के साथ-साथ...देश-भर से और दुनिया-भर के मेहमानों का ताँता हमारे यहाँ बराबर लगा ही रहा। उस बरस आने वालों में गाँधीजी की अंतरंग सहयोगी मीराबेन (मागरिट स्लेड) भी थीं। मीरा बेन लंबे कद और प्रभावशाली व्यक्तित्व की महिला थीं। उन्होंने नारंगी रंग की साड़ी पहन रखी थी। उन्होंने सिंध घाटी में कंगन के निकट जानवरों का एक फार्म शुरू किया था जहाँ उन्होंने इग्लैंड के कुछ अच्छी नस्ल वाले जानवरों को मँगवाया था। हमारे यहाँ आए दिन होने वाली यह मुलाकातों और मेहमानों का जमावड़ा हालाँकि विशुद्ध रूप से सामाजिक आयोजन होते थे लेकिन इनके जरिए मुझे विभिन्न जीवन शैली और वर्गों के लोगों से बातचीत करने और उन्हें समझने का मौका मिला। इनसे मुझे बहुत कुछ सीखने को मिला। अब तक

आशा अंग्रेजी बोलने में काफी निपुण हो गई थी और अब वह हमारी बातचीत में सक्रिय भाग लेने लगी थी। इस बीच राष्ट्रीय-स्तर पर विभिन्न राजनीतिक दलों में काफी बदलाव हो रहे थे। कश्मीर तथा अन्य बहुत से मामलों में जवाहरलालजी के मुख्य सलाहकार रह चुके रफी अहमद किदवई का दिल का दौरा पड़ने से अचानक निधन हो गया। प्रजा सोशलिस्ट पार्टी के अशोक मेहता और उनके कुछ साथी राज्य के दौरे पर आए और जम्मू-कश्मीर में राष्ट्रीय राजनीति का विस्तार करने का प्रयत्न किया। उन्होंने राज्य में अपनी पार्टी की एक शाखा भी खोली इसके अध्यक्ष ओमप्रकाश शराफ और सचिव ख्वाजा उमर बट थे। इसके साथ ही प्रजा परिषद ने भारतीय जनसंघ से संबद्ध होने की घोषणा की। इसी तरह यहाँ कांग्रेस और नेशनल कान्फ्रेंस ने आपस में घनिष्ठ संबंध बनाए रखने का निर्णय किया, वहीं राज्य के राजनीतिक दलों का शेष भारत राजनीतिक दलों के साथ मिलने-जुलने की प्रक्रिया तेज हो गई। हालाँकि कुछ कांग्रेसियों को यह घटनाक्रम बड़ा नागवार गुजरा। क्योंकि वह हर मुद्दे को पार्टी संदर्भ के संकुचित दायरे में रखकर ही सोचते थे। लेकिन हममें से बहुतों का यह मानना भी था कि यह एक शुभ संकेत है, जिससे शेष भारत और जम्मू-कश्मीर की जनता के बीच राजनीतिक स्तर पर जुड़ने का क्रम शुरू हो गया था।

मेरा मानना था कि इस प्रकार के संबंधों को सुदृढ़ करने वाले सभी प्रयासों को प्रोत्साहित करने की आवश्यकता है। यही सोचकर मैंने 25 जुलाई, 1954 को जवाहरलालजी को एक लंबा पत्र लिखा जिसमें मैंने उनसे लेह को मनाली और रोहतांग दर्रे के रास्ते मुख्य भारत भूमि के साथ जोड़ने के लिए एक सड़क बनाने पर जोर दिया था। अपने इस प्रस्ताव के समर्थन में मैंने सामरिक, आर्थिक और राजनीतिक तर्क प्रस्तुत किए थे। पत्र में मैंने लिखा था :

> लद्दाख एक शताब्दी से भी ज्यादा समय से जम्मू-कश्मीर रियासत का हिस्सा रहा है। मैं समझता हूँ कि यहाँ के लोगों में भारत के प्रति प्यार और वफादारी है। और अगर यह उन पर छोड़ दिया जाए तो वे भारत के प्रति वफादार रहेंगे। लेकिन 'दुनिया की छत' कहे जाने वाले इस क्षेत्र में हाल की घटनाओं के मद्देनजर अब ये अत्यंत आवश्यक हो गया है कि भारत के साथ उसके इन संबंधों को इतना मजबूत किया जाए कि ये अटूट बन जाएँ। अभी तक तिब्बत के शासन ने लद्दाख में कोई बहुत ज्यादा दिलचस्पी नहीं दिखाई है। लेकिन इस बात की कोई गारंटी नहीं कि उसका ये रवैया हमेशा ऐसा ही बना रहेगा। तिब्बत में अपनी स्थिति मजबूत करने के बाद उनसे ये उम्मीद करना अति आशावादिता होगी कि लद्दाख की ओर उनका ध्यान नहीं जाएगा। हमारी सूचना भले ही साधारण हो, लेकिन उससे ये स्पष्ट हो जाता है कि चीन ल्हासा को पीकिंग से जोड़ने वाली सड़क को तेजी से पूरा करने में लगा है, जबकि दोनों शहरों के बीच हजारों मील की दूरी है। इसके अलावा वे तिब्बत में भी सड़कों का जाल बिछा रहे हैं।

एक सप्ताह के अंदर ही नेहरूजी का संक्षिप्त, लेकिन सकारात्मक जवाब आ गया। पत्र उन्होंने 28 जुलाई, 1954 को लिखा था :

> मेरे प्रिय टाइगर,
> तुम्हारे 20 जुलाई के पत्र के लिए धन्यवाद ! तुमने मनाली के लेह तक सड़क बनाने के संबंध में काफी सशक्त तर्क पेश किया है। तुम्हारा प्रस्ताव काफी आकर्षक है। मैं चाहता हूँ कि इस मसले पर गौर करूँ। लेकिन इसमें काफी कठिनाइयाँ हैं। फिर भी मैंने संबंधित अधिकारियों से इस मसले पर ध्यान देने के लिए कहा है। अपनी तरफ से मैं इतना ही कहूँगा कि अगर ऐसा करना जरा सा भी संभव है तो मैं इस सड़क को बना हुआ देखना चाहूँगा।
>
> हमेशा तुम्हारा
> जवाहरलाल नेहरू

राष्ट्रीय सुरक्षा के लिए ये सड़क इतनी महत्त्वपूर्ण थी कि इसके लिए निरीक्षण-कार्य तुरंत शुरू कर दिया गया। बहरहाल, इस काम में कुछ देरी हो गई, जिससे आठ साल बाद यानी 1962 के चीनी आक्रमण की त्रासदी को टाला नहीं जा सका। इसके कुछ ही समय बाद श्रीनगर और लेह के बीच इंडियन एयर लाइंस की पहली व्यावसायिक उड़ान का उद्घाटन हुआ। हालाँकि ये उड़ान पंद्रह दिन में एक बार ही हुआ करती थी, लेकिन इससे जम्मू-कश्मीर के इस सबसे संवेदनशील क्षेत्र को एक क्षीण सांकेतिक संपर्क-सूत्र मिल गया।

विभाजन के बाद से हमारा रेल-संपर्क भी लगभग खत्म हो गया था, जबकि पहले जम्मू-सियालकोट के बीच रेल सेवा थी। उस जमाने में सबसे नजदीक रेलवे स्टेशन पठानकोट हुआ करता था। पर 1954 के समाप्त होते-होते इस रेल-लाइन को जम्मू और पंजाब की सीमा पर लखनपुर तक बढ़ाने का निर्णय किया गया। इस पर काम शुरू कर दिया गया, पर इस रेल-लाइन को जम्मू तक पहुँचने में कई बरस लग गए। इस बीच जम्मू-श्रीनगर राजमार्ग को पूरे साल खुला रखने के उद्देश्य से बनिहाल दर्रे में से एक सुरंग निकालने की महत्त्वाकांक्षी योजना शुरू की गई। इस काम में जर्मनी से तकनीकी सहयोग लिया गया। कुल मिलाकर देखें तो 1954 की घटनाओं को जम्मू-कश्मीर रियासत और शेष भारत के बीच संबंधों को और प्रगाढ़ बनाने के प्रयत्नों को और गतिमान बनाने वाली प्रक्रिया कहा जा सकता है। मैंने तहेदिल से ये महसूस किया कि ये जितना रियासत की जनता के हित में है, उतना ही राष्ट्रहित में भी है। इस प्रकार की गतिविधियों को प्रोत्साहित करने के लिए मैं जो कुछ कर सकता था, सो किया।

उधर राजनीतिक मोर्चे पर भी घटनाचक्र में कुछ विरोधी बदलाव हुए। हालाँकि शेख अब्दुल्ला अब भी नजरबंद थे, लेकिन उनके सबसे निकट सहयोगी मिर्जा अफजल बेग तथा कुछ अन्य नजरबंद लोगों को रिहा कर दिया गया। उन लोगों ने घाटी में, विशेषकर श्रीनगर और अपने गृह-जिले अनंतनाग में अपनी कुछ राजनीतिक गतिविधियाँ

शुरू भी कर दी थीं। असल में बेग ने राज्य विधान सभा में ग्यारह लोगों का एक विपक्षी दल गठित कर लिया था। लेकिन संतोष की बात यही थी कि नेशनल कान्फ्रेंस के ज्यादातर सदस्य बख्शी गुलाम मोहम्मद के प्रति वफादार बने रहे और सरकार को किसी प्रकार का खतरा नहीं हुआ।

मीरपुर शरणार्थी समिति की तरफ से इस बात को लेकर एक आंदोलन शुरू किया गया कि सरकार ने 1947 के बाद आए शरणार्थियों को समुचित मुआवजा देने और पुनर्वास सुविधाएँ मुहैया कराने के अपने वायदे पूरे नहीं किए। इस आंदोलन के फलस्वरूप जम्मू-कश्मीर के शरणार्थियों के प्रति भारत सरकार की नीति में एक विचित्र विरोधाभास का रहस्योद्घाटन हुआ और ये विरोधाभास आज तक यथावत है। जहाँ तत्कालीन पश्चिमी पंजाब से आए शरणार्थियों को पूरा मुआवजा मिला, वहीं पाक अधिकृत जम्मू-कश्मीर के क्षेत्रों से आए शरणार्थियों को इस आधार पर मुआवजे से वंचित रखा गया कि उनकी जमीन तो कानूनन जम्मू-कश्मीर रियासत का ही एक अंग है। साथ ही यह भी कि उन्हें शरणार्थियों का दर्जा देने से अंतर्राष्ट्रीय स्तर पर हमारी स्थिति कमजोर पड़ जाएगी। यानी हमारे शरणार्थी, शरणार्थी समुदाय में ही दोयम दर्जे के होकर रह गए, जबकि इसमें उनका कोई दोष नहीं था। इसके अलावा ये तथ्य भी कम महत्त्वपूर्ण नहीं था कि लगभग दस हजार हिंदू परिवार (अधिकांश हरिजन) स्यालकोट सीमा के पार चल रही अल्पसंख्यकों की मारकाट से बचने के लिए इस तरफ चले आए थे। और वो सीमा पार से भी ज्यादा बुरी स्थिति में थे, हालाँकि सरकार ने उन्हें अपनी प्रजा नहीं माना। लिहाजा हमारे राज्य में शरणार्थियों को दोगुनी तकलीफें उठानी पड़ीं। हालाँकि ये मुद्दा मैंने कई बार भारत सरकार के साथ उठाने की कोशिश की, लेकिन नौकरशाहों के अड़ियल रवैए और कानूनी अड़चनों के चलते इस दिशा में कोई खास फर्क नहीं आया। इन अभागे लोगों के साथ पूरा न्याय करने में हम असमर्थ रहे।

इस दौरान मेरी भारत की खोज जारी रही। होशियारपुर में पंजाब विश्वविद्यालय के दीक्षांत समारोह को संबोधित करने के बाद मैं भाखड़ा नांगल में बृहद् जल-विद्युत परियोजना देखने गया। वहाँ बनाए जा रहे बाँध का आकार आश्चर्यजनक रूप से विशालकाय था। यह देखकर मुझे सुखद गर्वानुभूति हुई कि स्वतंत्रता-प्राप्ति के बाद इतने कम समय में हम इतनी बड़ी परियोजना पर काम करने में सक्षम हो सके हैं। देश के साथ-साथ अब विदेशों के बारे में जानने-समझने में भी मेरी दिलचस्पी होने लगी। और अब अखबारों के माध्यम से मुझे यह पता चला कि नेहरूजी सोवियत संघ की यात्रा पर जाने वाले हैं, तो मैंने पत्र लिखकर उनके साथ चलने की इच्छा प्रकट की। स्वभाव के अनुरूप उन्होंने तुरंत ही 21 मार्च, 1955 को मेरे पत्र का जवाब भी लिख भेजा :

प्रिय टाइगर,

तुम्हारा 19 मार्च का पत्र मिला। रूस-भ्रमण की तुम्हारी लालसा, मैं भलीभाँति समझ सकता हूँ। लेकिन मैं समझता हूँ कि मेरे साथ तुम्हारा चलना

न तो संभव है, और न उचित। मैं वहाँ एक विशेष आमंत्रण पर जा रहा हूँ। अपने कामों के लिए मैं बहुत छोटा स्टाफ ही रखता हूँ। वैसे भी अपने यात्री-दल में किसी अन्य महत्त्वपूर्ण व्यक्ति को शामिल करना मेरे लिए उचित नहीं होगा। इसके अलावा वहाँ तुम्हारी मौजूदगी की अपनी राजनीतिक अहमियत होगी, जो फिलहाल कश्मीर के हित में नहीं होगा।

पर मैं आशा करता हूँ कि तुम्हें वहाँ जाने का मौका जरूर मिलेगा। इस संबंध में कोई विशेष परेशानी नहीं होगी।

हमेशा तुम्हारा
जवाहरलाल नेहरू

हालाँकि उस साल मुझे रूस जाने का अवसर नहीं मिल सका, लेकिन रूस के मेहमान हमारे यहाँ आए। नवंबर, 1955 में सोवियत रूस के दो शिखर नेता बुल्गानिन और ख्रुश्चेव बहुचर्चित भारत-यात्रा पर आए। स्तालिन की मृत्यु के बाद ख्रुश्चेव द्वारा उठाए गए उदारीकरण के ठोस कदमों को भारत में बड़ी दिलचस्पी से देखा जा रहा था। स्तालिन शासन की दमनकारी नीतियों की पूरे विश्व में व्यापक और कड़ी आलोचना हुई थी। लेकिन बहुत से टिप्पणीकारों ने इसे अमेरिका द्वारा प्रायोजित साम्यवाद-विरोधी प्रचार कहकर नजरअंदाज भी किया था। लेकिन जब सुरक्षा-प्रमुख बेरिया के साथ एक संक्षिप्त, लेकिन हिंसक संघर्ष के बाद ख्रुश्चेव ने स्तालिन की गद्दी सँभाली और साइबेरिया के गुलामों के शिविरों सहित पूर्व शासन द्वारा किए गए घोर अत्याचारों की खुद निंदा की, तो स्टालिन के कट्टर समर्थकों को छोड़ ये सभी को स्पष्ट हो गया कि उसके शासन में रूस की जनता ने भौतिक प्रगति की भारी कीमत चुकाई है।

स्तालिन के समय में भारत के प्रति रूस का नजरिया खुले तौर पर संदेह और शत्रुता का रहा। यहाँ तक कि नेहरूजी को भी अपनी पार्टी के एक प्रकाशन में स्तालिन-शासन ने 'पश्चिमी साम्राज्यवाद का भगोड़ा कुत्ता' बताया था। बहरहाल, ख्रुश्चेव के सत्तारूढ़ होने के बाद से इस संबंध में रूस की नीति में महत्त्वपूर्ण परिवर्तन आया। अपने राष्ट्राध्यक्ष बुल्गानिन के साथ उनकी इस भारत-यात्रा से भारत-सोवियत संबंधों में एक नए युग की शुरुआत हुई। उनके आगमन से कुछ ही दिन पहले आशा और मैं दिल्ली में ही थे, लिहाजा अपने सहायक कैप्टन गोवर्धन सिंह के सुझाव पर हमने कुछ और दिन तक दिल्ली में ही रुकने का निर्णय किया। प्रधानमंत्री को जब यह पता चला कि हम दिल्ली में ही हैं, तो उन्होंने हमें अपने यहाँ रात्रि-भोज पर आमंत्रित किया। उस रात्रि-भोज में ही उन्होंने हमारा परिचय ख्रुश्चेव से कराया। हम पति-पत्नी को देखकर पता नहीं ख्रुश्चेव को क्या समानता दिखी कि पूरी मुलाकात के दौरान वो यही कहते रहे कि हम दोनों भाइ बहन लगते हैं ! खैर, बातचीत के दौरान मैंने उनसे कश्मीर आने का भी आग्रह किया। इस पर वो मुस्कुराते हुए जवाहरलालजी की तरफ देखने लगे।

जम्मू लौटने के फौरन बाद ही मुझे प्रधानमंत्री का पत्र मिला। 21 नवंबर के इस

पत्र में उन्होंने लिखा था, 'तुमने मुझसे बुल्गानिन और ख्रुश्चेव के कश्मीर आने की बाबत जो बात की थी, तो मैं तुम्हें यह बताना चाहूँगा कि उन्होंने तुम्हारा आग्रह स्वीकार कर लिया है, तारीख का फैसला मुझ पर छोड़ दिया है। ये कोई मामूली मसला नहीं है...पर हमें इसे सुलझाना भी है।' कुछ और बातों के ब्यौरे के बाद पत्र में आगे लिखा था, 'वे लोग खुले मौसम में पूरा एक दिन श्रीनगर में बिताना चाहते हैं। इसका मतलब है दो रातें और लगभग दो पूरे दिन...बहरहाल, मैं तुम्हें सूचित करता रहूँगा।' दो दिन बाद नेहरूजी ने उनकी यात्रा का पूरा कार्यक्रम लिख भेजा और साथ ही कुछ निर्देश भी दिए, 'मेरा सुझाव है कि इस यात्रा की तैयारी के लिए तुम्हें श्रीनगर में होना चाहिए। आखिर तुम्हारे अत्यधिक आग्रह पर ही उन्होंने कश्मीर आना स्वीकार किया है।' इसके बाद नेहरूजी के कई पत्र और आए, जिनसे पता चलता था कि वो इस यात्रा में व्यक्तिगत दिलचस्पी ले रहे हैं। वो ये सोचकर भी परेशान थे कि लजीज कश्मीरी भोजन उन पर भारी पड़ सकता है। एक पत्र में उन्होंने लिखा :

> मुझे सूचना मिली है कि बेहद व्यस्त कार्यक्रम से बुल्गानिन और ख्रुश्चेव—दोनों ही बहुत थक गए हैं। उन्होंने मुझसे आगे की कार्यक्रम-सूची में से कई आइटम हटाने को कहा है, जो मैं कर रहा हूँ। इसका मतलब ये हुआ कि श्रीनगर में उनका कार्यक्रम काफी हल्का होना चाहिए।

हालाँकि दोनों सोवियत नेता हृष्ट-पुष्ट और अच्छे दमखम वाले थे, लेकिन बर्मा सहित इस लंबे और बेहद व्यस्त यात्रा कार्यक्रम का असर उन पर दिखने लगा था।

अंततः सब कुछ तय हो गया। आशा और मैं श्रीनगर पहुँच गए। दोनों नेता 9 दिसंबर को वहाँ पहुँचे। उनके आने से एक दिन पहले इंदिरा गाँधी भी वहाँ आ गई थीं। मेहमानों के स्वागत के लिए इंदिरा गाँधी के साथ हम एयरपोर्ट पहुँचे। वे लोग एक विशेष विमान से वहाँ आए थे, और दिल्ली से मिले निर्देशों के अनुसार 'गार्ड-ऑफ ऑनर' में दोनों को एक जैसा सम्मान दिया गया। जाहिरा तौर पर भले ही बुल्गानिन रूस के राज्याध्यक्ष थे, लेकिन वास्तविक और प्रभावी सत्ता ख्रुश्चेव के पास ही थी। हवाई अड्डे पर भव्य स्वागत-समारोह के बाद मेहमानों के साथ मेरी कंवर्टिबल शेवरलेट में हम लोग शहर की ओर चले। खुली छत की गाड़ी में दोनों नेताओं को पिछली सीट पर बैठना था, और चूँकि मैं सदर-ए-रियासत था, लिहाजा मुझे भी उन्हीं के साथ बैठना पड़ा—मेरी जिंदगी की सबसे 'तंग' यात्राओं में था मेरा ये सफर। ख्रुश्चेव काफी खुशमिजाज व्यक्ति थे। इस तंग सफर पर ख्रुश्चेव ने भरपूर ठहाका लगाया और मुझे अपनी मैसूर-यात्रा के दौरान महाराजा 'जया चामराज वाडियार' के साथ हुए ऐसे ही अनुभव के बारे में बताया। गौरतलब है कि महाराजा मैसूर डीलडौल में मुझसे लगभग तीन गुने थे।

रूस से आए खास मेहमानों और उसके दल को 'गुलाब भवन' में ठहराया गया, इंदिरा गाँधी और दिल्ली से आई समूची टीम को भी वहीं ठहराया गया। गुलाब भवन

में आजकल ओबराय पैलेस होटल है। हमारी दुभाषिया अमीना अहमद एक प्रतिभाशाली भाषाविद् थीं। अमीना दिल्ली के मेयर नूरुद्दीन अहमद की पुत्री थीं। उस टीम में विष्णु आहूजा भी थे, जो उस वक्त विदेश मंत्रालय में जूनियर आफिसर थे, साथ ही रूसी भाषा के भी विशेषज्ञ थे। अब अमीना और विष्णु का प्रेम-प्रसंग रूसी भाषा में चला था उन्होंने उसे नितांत गोपनीय रखा—मेरे लिए ये आज भी रहस्य है। लेकिन इसके कुछ ही समय बाद ही वे विवाह-बंधन में बँध गए। आहूजा तो काफी आगे बढ़े और मास्को में भारत के राजदूत के पद पर रहते हुए रिटायर हुए।

जवाहरलालजी की सलाह के मुताबिक विशिष्ट अतिथियों को अगले दिन कर्ण महल में लंच पर आमंत्रित किया। महल की सुंदरता और आसपास के प्राकृतिक वैभव को देख वे मंत्रमुग्ध थे। विदा होते समय वे हमारे लिए रूसी हस्तशिल्प के बहुत से सुंदर उपहार दे गए। इन उपहारों में चीनी मिट्टी के बने 'समुद्र के राजा और रानी' की बेहद कलात्मक मूर्तियाँ भी थीं। मैंने टिप्पणी की कि जब मैंने सोचा था, साम्यवाद में तो राजा-रानी पर विश्वास नहीं किया जाता तो ख्रुश्चेव ने एक जोरदार ठहाका लगाया और कहा कि मिट्टी के राजा-रानी में कोई हर्ज नहीं है।

उसी शाम को झेलम पर बने राजगढ़ महल में मेहमानों का नागरिक अभिनंदन किया गया। ऊँचे चिनारों के नीचे शरद ऋतु की ठंडी हवा से भरे मनोरम वातावरण में ख्रुश्चेव ने अपना बहुचर्चित भाषण दिया। इस भाषण में रूसी नेताओं ने पहली बार स्पष्ट और खुले रूप में जम्मू-कश्मीर को भारत का अभिन्न अंग माना और भारत के पक्ष का समर्थन किया। सोवियत रूस की भारत से निकटता का उल्लेख करते हुए उन्होंने कहा, 'जब कभी भी आप विपत्ति में हों, आप बस इतना कीजिए कि इन पहाड़ों की चोटी पर खड़े होकर आवाज लगा दीजिए, हम आपकी मदद के लिए आ जाएँगे।' रूसी नेताओं द्वारा इसी तरह के उद्‌गार 11 दिसंबर को हवाई अड्डे पर दिए मेरे विदाई भाषण के जवाब में भी दोहराए गए। और इस प्रकार एक ऐतिहासिक यात्रा का समापन हुआ, और मुझे अंतर्राष्ट्रीय मामलों का पहला अनुभव भी।

अध्याय 14

वर्ष 1956 की शुरुआत में, भारत सरकार की सलाह पर, बख्शी गुलाम मुहम्मद ने शेख अब्दुल्ला को छोड़ने का फैसला किया। इससे हममें से उन लोगों में काफी चिंता और बेचैनी फैल गई, जिनका मानना था कि अगस्त 1953 के बाद बख्शी सरकार द्वारा जम्मू-कश्मीर व भारत के बीच बेहतर संबंध बनाने की दिशा में उठाए गए उपयोगी कदमों के बावजूद राजनीतिक स्थिति इतनी स्थिर नहीं थी कि ये खतरा उठाया जा सके। शांति व सुरक्षा व्यवस्था तेजी से खराब हो सकती थी। और चूँकि संविधान सभा अब भी क्रियाशील थी, इसलिए ये भी संभव था कि शेख अब्दुल्ला बख्शी सरकार गिराने के लिए पर्याप्त सदस्यों को अपनी तरफ कर लें। मैंने नेहरूजी को अपनी इन चिंताओं के बारे में विस्तार से लिखने का निश्चय किया। 11 जनवरी, 1956 को मैंने ये पत्र नेहरूजी को लिखा, "बेशक इस बात पर ध्यान देना होगा कि उन्हें (शेख अब्दुल्ला) कितनी देर तक नजरबंद रखा जा सकता है। जो सामान्य मत है, मैं उसका पूरी तरह समर्थन करता हूँ कि राज्य की सुरक्षा के मद्देनजर, जो हमारी सबसे बड़ी जिम्मेदारी है, उन्हें छोड़ने का उचित समय तभी होगा जब ये घोषित करना संभव हो जाए कि कश्मीर विवाद अंततः खत्म हो गया है, या कम-से-कम जब तक राज्य संविधान का पूरा अधिनियम और संविधान सभा रद्द न कर दी जाए।"

मैंने अपने ए.डी.सी. के हाथों ये पत्र दिल्ली भिजवा दिया और नेहरूजी ने उसी दिन यानी 11 जनवरी को ही इस पत्र का लंबा उत्तर लिख भेजा। उन्होंने अपनी बात इस तरह शुरू की, "एक साल या उससे भी ज्यादा वक्त से, शेख अब्दुल्ला को छोड़ने के मुद्दे पर प्रायः चर्चा होती रही है। जाहिर है, कि यह एक कठिन सवाल है और इस संदर्भ में बहुत सी बातों के संतुलन को ध्यान में रखना पड़ता है। जहाँ तक मेरा सवाल है, तो मैं किसी भी व्यक्ति को बिना मुकदमे के लंबे समय तक हिरासत में रखने के सख्त खिलाफ हूँ। मैंने इसका इतनी बार विरोध किया है कि स्वाभाविक है कि अब मुझे ये बात नापसंद है। लेकिन मैं समझता हूँ कि कई बार हालात इनसान को वह काम करने के लिए विवश कर देते हैं, जो सामान्यतः अवांछित होते हैं। इसलिए, आखिरकार मैंने यह जम्मू-कश्मीर सरकार के निर्णय पर छोड़ दिया है कि वह इस विषय में क्या फ़ैसला ले !"

अनेक पैराग्राफों के बाद उन्होंने लिखा, "इसमें जो खतरे हैं, मुझे उनका पूरा

अहसास है। लेकिन एक समस्या का हल या खतरों से बचने का तरीका महज उनसे भागना ही नहीं है। इसलिए, इस मामले पर काफी विचार करने के बाद, मेरा यह मानना है कि बख्शी गुलाम मुहम्मद ने जो फैसला लिया है, उन्हें उस पर काम करना चाहिए। इससे अधिक अनुकूल अवसर हो नहीं सकता। निस्संदेह हमें पूरी तरह तैयार रहना चाहिए। इस कठिनाई को पार कर लेने के बाद कश्मीर समस्या का भविष्य काफी सरल हो जाएगा।''

उनके पत्र में यह अंतिम पैरा था, जो टाइप किया गया था। इसके बाद उन्होंने अपने लेख में दो पैरा और लिखे थे :

> मैं आगे यह और जोड़ना चाहूँगा कि सोवियत नेताओं द्वारा कश्मीर का दौरा और उसका कश्मीर की भीतरी व बाहरी स्थिति पर प्रभाव, जोकि अच्छा ही रहा है और जिसने अनेक लोगों को सही दिशा में प्रभावित किया है, उसे भी मद्देनजर रखना चाहिए। पाकिस्तान और 'आजाद' कश्मीर में हालात खराब हैं। शेख अब्दुल्ला काफी मूर्खतापूर्ण व्यवहार कर सकते हैं लेकिन अब उनके बर्ताव का प्रभाव कम होगा और उससे सरलतापूर्वक निपटा जा सकेगा।
>
> ये सब एक जटिल स्थिति के कारण पैदा होने वाली समस्याओं का अनुमान भर है, जिनका सामना अभी या बाद में करना तो पड़ेगा ही। सवाल ये है कि कौन सा समय सर्वाधिक अनुकूल होगा। हमेशा डर में रहना अच्छी बात नहीं है। बेहतर होगा कि हम डर के इस भूत को अपने दिमाग से निकाल दें और उसका सामना करें।''

जैसी कि मेरी नीति थी और आदत भी कि मैं उन मुद्दों पर नेहरूजी को पत्र लिखता था, जो मुझे राज्य के संदर्भ में राष्ट्रीय महत्त्व के लगते थे, इसलिए दूसरा विषय जिसके बारे में मैंने उन्हें लिखा वो था राज्य पुनर्संगठन आयोग की रिपोर्ट का सवाल। हालाँकि जम्मू-कश्मीर को आयोग की चर्चा के विषयों से बाहर रखा गया था, फिर भी नेहरूजी का ध्यान मैंने उन तीन बातों की ओर आकर्षित किया, जो मेरे खयाल में विशेष महत्त्व रखती थीं। पहली बात यह थी, कि जम्मू-कश्मीर को कम-से-कम उस उत्तरी क्षेत्र में शामिल किया जाना चाहिए था जो आयोग द्वारा पारित क्षेत्रीय व्यवस्था के अंग के रूप में विचारणीय था। दूसरी बात थी—भाषाई अल्पसंख्यकों के संबंध में आयोग की सिफारिशें जम्मू-कश्मीर पर भी लागू होनी चाहिए। मैंने लिखा, ''जैसाकि आप जानते हैं, राज्य में दो महत्त्वपूर्ण भाषाई अल्पसंख्यक हैं—डोगरा और लद्दाखी और मुझे पूरा विश्वास है कि कोई भी उन्हें उन पूर्वोपायों से महरूम नहीं रखना चाहेगा, जो शेष भारत के भाषाई अल्पसंख्यकों को प्रदान किए जा रहे हैं।'' तीसरे, मैंने अपील की कि भारत के राष्ट्रपति को जम्मू-कश्मीर के प्रमुख को चुनने का अधिकार दिया जाना चाहिए, उस प्रमुख को जो भी नाम दिया जाए उचित होगा। मैंने आगे लिखा, ''जब तक हमें इस

बात का भरोसा है कि राज्य प्रमुख वृहद् राष्ट्रीय हितों को ध्यान में रखेगा और उसको केंद्र का पूरा समर्थन है, तब तक राज्य-प्रमुख कौन होता है—इससे फर्क नहीं पड़ता।''

गत वर्ष रोजाना कई घंटों एम.ए. कोर्स की कड़ी पढ़ाई करने के बाद, एम.ए. (प्रीवियस) की परीक्षा के एक महीने पहले अप्रैल की शुरुआत में ही मैं दिल्ली चला गया और मेडन्स होटल में ठहरा जो विश्वविद्यालय के काफी करीब है। परीक्षा दिल्ली विश्वविद्यालय में हुई। एक हॉल में मुझे भी पचास अन्य छात्रों के साथ सीट मिली। 'स्टिफ हिप' के कारण मुझे सिर्फ एक रियासत मिली—एक ऊँची कुर्सी और मेज की। हर पर्चा तीन घंटे का था और चूँकि मैंने पूरी तैयारी की थी, बल्कि निर्धारित पाठ्यक्रम से बाहर भी मैंने कुछ पढ़ाई की थी, इसलिए मैंने पूरे आत्मविश्वास के साथ उत्तर लिखे; मिले-जुले परिणाम अगले वर्ष फाइनल परीक्षा के बाद ही घोषित होने थे।

दिल्ली में मैंने चाणक्यपुरी में बननेवाले अपने नए मकान की निगरानी भी शुरू कर दी। तत्कालीन निर्माण व आवास मंत्री सरदार स्वर्ण सिंह के सुझाव पर मैंने वहाँ एक एकड़ जमीन ली थी और प्रतिभाशाली आर्किटेक्ट दुर्गाशंकर वाजपेयी से मकान को डिजाइन करने के लिए कहा था। दुर्गाशंकर प्रसिद्ध प्रशासनिक अधिकारी सर गिरिजाशंकर के सुपुत्र थे। उस वक्त चाणक्यपुरी (डिप्लोमेटिक एन्क्लेव) अशोक होटल के निकट एक बंजर इलाका था और हमारे कुछ मित्रों का मानना था कि उस बियावान में मकान बनाने का हमारा फैसला बुद्धिमत्तापूर्ण नहीं है। आज, निस्संदेह यह दुनिया का सबसे अनोखा रिहाइशी इलाका है जिसमें हर देश ने अपना अपने ही डिजाइन से बनवाया है, इसलिए यह समकालीन वास्तुकला का जीता-जागता संग्रहालय है।

दुर्गा ने हमारे लिए बहुत ही प्यारा मकान डिजाइन किया, जो आगामी वर्षों में हमारे लिए एक वरदान साबित होने वाला था। यह बहुत दुर्भाग्य की बात थी कि अभी हमारा मकान बन ही रहा था कि उन्हें मेनिन्जाइटिस हो गया। नतीजतन वे लगभग दस साल तक बीमार व असमर्थ रहे। यह इसलिए भी बहुत दुखद था क्योंकि वे स्वतंत्रता के बाद की पीढ़ी के सबसे प्रतिभाशाली वास्तुकारों में से एक थे। वह मकान, जिसे हमने 'मानसरोवर' नाम दिया था क्योंकि यह एक तालाब के किनारे स्थित था, बाद में दुर्गा वाजपेयी के मित्र व सहकर्मी पीलू मोदी द्वारा पूरा किया गया। दुर्गा और पीलू दोनों ही दून स्कूल में मुझसे कुछ क्लास सीनियर रहे थे।

इस दौरान, अपने विवाह के बाद 1950 से जिस विदेश यात्रा की योजना हमने बनाई थी, वो अब तक कार्यान्वित नहीं हुई थी। हमें उम्मीद थी कि 1953 में हम विदेश जा सकेंगे लेकिन उस वर्ष के राजनीतिक संकट के चलते हमने अपनी यात्रा टाल दी थी। 1956 में हमने दो महीने विदेश भ्रमण करने का निश्चय किया। मैंने इस बारे में नेहरूजी व बख्शी से चर्चा की। संवैधानिक सलाहकारों से परामर्श करने के बाद यह निश्चय किया गया कि राज्य से मेरी गैर-मौजूदगी के दौरान मेरा कार्यभार सँभालने के लिए किसी अन्य व्यक्ति को नियुक्त करने की आवश्यकता नहीं है और यदि उस स्थिति में किन्हीं महत्त्वपूर्ण कागजात पर मेरे हस्ताक्षर की जरूरत हो तो वे कागजात वहीं

भिजवा दिए जाएँ, जहाँ पर मैं उस वक्त मौजूद हूँ। मैंने डॉक्टर जे.एन. मान को साथ ले जाने का निश्चय किया क्योंकि वे कई वर्षों तक लंदन में रहे थे और सफर के दौरान मददगार साबित हो सकते थे। दिल्ली के प्रशासनिक वर्ग में कुछ त्यौरियाँ तो चढ़ीं क्योंकि मान का झुकाव वामपंथी विचारधारा की ओर था, मगर कोई गंभीर एतराज नहीं किया गया।

वर्ष 1950 से मेरे पिता राज्य के बाहर ही रह रहे थे। साल का ज्यादातर समय वे 'हरी भवन' नाम की इमारत की ऊपरी मंजिल पर बिताते। 'हरी भवन' फ्लैटों का एक खंड था, जो उन्होंने बंबई के 64 पेडर रोड पर बनवाया था। मगर मानसून के दौरान वे कुछ महीनों के लिए पुणे घुड़दौड़ के लिए चले जाते थे और सर्दियों में इसी उद्देश्य से बँगलौर। वे हमेशा एक बढ़िया रेसर रहे और उनके पास अच्छी नस्ल के चुनिंदा घोड़े भी हमेशा रहे। यूरोप की खोज पर जाने से पहले हमने कुछ समय उनके साथ बंबई में बिताया। जैसाकि सतर्क, चुस्त व सफाई पसंद उनका स्वभाव था, उन्होंने उन सभी छोटी-छोटी चीजों की सूची बनाई जो मुझे और आशा को साथ ले जानी चाहिए थीं और जब सब समान पैक हो गया तो उन्होंने सूटकेस को तोलकर देखा ये जानने के लिए कि कहीं हमारा सामान एयरलाइंस द्वारा अनुमत भार से अधिक तो नहीं है। आशा और मैं दोनों ही अपनी इस यात्रा को लेकर काफी रोमांचित थे। आखिर हम सालों से इसकी योजना बना रहे थे।

अब हम सैकड़ों-हजारों मील लंबी यात्रा कर चुके हैं—लगभग पृथ्वी के छोर तक। लेकिन पहली छुट्टी के सफर में एक खास बात थी—पाश्चात्य संस्कृति के महान कार्यों को देखने का रोमांच जिसमें दूसरे हनीमून का रुमान भी मिला था ! हम सबसे पहले कैरो में रुके, जहाँ हम चिर युवा स्फिंक्स और उसके पीछे खड़े विशालकाय पिरामिडों को अवाक् देखते ही रह गए। पिरामिड तो उस महान सभ्यता के अवशेष हैं जो सिंधु घाटी की सभ्यता से भी पहले स्थित थी। कैरो का संग्रहालय भी आकर्षक था, मगर 'ममी' देखकर थोड़ी निराशा हुई। दरअसल एक वयोवृद्ध महिला पास की ही एक बेंच पर बैठी थी जिसे आशा ने 'ममी' समझ लिया और जब वह उठकर डगमगाते हुए जाने लगी तो आशा हतप्रभ रह गई। मिस्र की प्राचीन सभ्यता वाकई मनुष्य की उपलब्धियों की पराकाष्ठा है, लेकिन मृत्यु और शारीरिक अनश्वरता के प्रति इसका अत्यधिक मोह एक अजीब तरह का कौतूहल पैदा करता है। यही मोह उनके द्वारा बनाए गए जटिल मकबरों और शरीर को संरक्षित रखने की कला में प्रतिबिंबित होता है। कैरो में ही हमने इस्लामी वास्तुकला का अद्भुत नमूना देखा—मुहम्मद अली मस्जिद जो सिलखड़ी से बनाई गई है। यह इस्लाम के सिद्धांतों के अनुसार मनुष्याकृति विहीन एक अद्भुत इमारत है। बहुत खूबसूरती और कुशलता से पवित्र कुरान की आयतें इस पर खुदी हुई हैं।

कैरो के बाद शुरू हुई हमारी यूरोप यात्रा। हम सबसे पहले इटली में रुके। रोम के महान चर्चों को देखकर हम अभिभूत हो गए। यही चर्च इसाई धर्म का केंद्र रहे हैं।

बाहर से, सेंट पीटर्स केथीड्रल—ताजमहल जैसी ही दुनिया की सबसे खूबसूरत इमारत है और मेरे खयाल से यह भीतर से दुनिया की सबसे श्रेष्ठ संरचना है। इस विशाल चर्च में प्रवेश करते ही इसाई धर्म की उस शक्ति और ऐश्वर्य का आभास होने लगता है, जिसके कारण दुनिया के इतिहास में इस धर्म ने इतनी महत्त्वपूर्ण भूमिका निभाई है। 'द पिएटा', माइकल एंजलो कृत एक अद्‌भुत मूर्ति जिसमें ईसा मसीह को सूली से उतारकर माँ मैरी की बाँहों में पड़ा हुआ दिखाया गया है, शायद विश्व की सर्वाधिक द्रवित कर देने वाली प्रतिमा है। यह मूर्ति कैथीड्रल में प्रवेश करते ही दाईं ओर दिखाई पड़ती है। फिर सिस्टीन चेपल भी वहाँ है, जिसे माइकल एंजेलो जैसे कुशल कलाकार ने ही दुर्लभ संगमरमर से बनाया था। इसी चैपल के गुंबज की दीवारों पर माइकल एंजलो ने वर्षों अपनी पीठ पर लेटकर अनूठी चित्रकारी की थी और ईसा मसीह के बपतिस्मा का मोजेक भी इतना खूबसूरत है कि बिलकुल वास्तविक प्रतीत होता है।

हमने रोम के अन्य महत्त्वपूर्ण चर्च भी देखे जिनमें सेंट पॉल को समर्पित चर्च भी शामिल था। सेंट पॉल ने ही सेंट पीटर की दृढ़ बुनियाद पर कैथोलिक चर्च को स्थापित किया था। एक अपेक्षाकृत छोटे चर्च में हमने माइकल एंजलो द्वारा बनाई एक और अनोखी प्रतिभा देखी—जिसमें मोजेज सिनाय पर्वत से उतर रहे हैं और उनके हाथ में कुछ फलक हैं। यह प्रतिभा इतनी वास्तविक लगती है कि कोई भी कसम खाकर कह सकता है कि ये वाकई वास्तविक है। हमारे साथ हमारा गाइड था हज़न जिसने इन मूर्तियों से जुड़ी सभी कहानियाँ व मिथक हमें बताए। ऐसा कहा जाता है कि मोजेज को बनाने के बाद, माइकल एंजलो उसकी तरफ काफी देर तक देखता रहा और फिर चिल्लाया, "मोजेज, मुझसे बात करो !" जब मूर्ति ने कोई प्रतिक्रिया व्यक्त नहीं की तो उसने अपनी छेनी मूर्ति पर दे मारी, मूर्ति पर एक हल्का-सा दचका इस बात का सबूत है। एक विलक्षण प्रतिभा में ऐसा ही दैवी पागलपन होता है !

माइकल एंजलो की तीसरी महान कृति है सोलह फीट ऊँची डेविड की प्रतिमा, जो फ्लोरेंस के प्रमुख चौराहे के बीचोबीच खड़ी है। इस नग्न प्रतिमा के विभिन्न अंगों का सटीक चित्रण ही इसे कला का अद्‌भुत नमूना बनाता है। पास ही की पहाड़ियों में लगने वाले रविवारी बाजार पर तो आशा मुग्ध ही हो गई। वहाँ ग्रामीण लोग अपने हस्तशिल्प की चीजें और बाँस की टोकरियाँ बेचने आते थे। आशा खुद अपनी रंग-बिरंगी भारतीय साड़ियों में बहुत आकर्षक लग रही थी और शायद ही कोई ऐसा इतालवी कस्बा होगा जहाँ उसे देखकर दोस्ताना सीटी न बजाई गई हो। इतालवी लोग स्त्री के सौंदर्य के बहुत प्रशंसक होते हैं और अपनी प्रशंसा को कभी छिपाते नहीं। मैं तो इस बात पर हैरान था कि वे देर रात तक खुले कॉफी हाउसों में कॉफी या वाइन पीते हुए बैठे रहते मानो उन्हें जीवन की कोई चिंता या परवाह ही न हो। फ्लोरेंस से हम वेनिस गए, जो समुद्र तट पर बसा एक अनूठा शहर है। यहाँ सड़कों की जगह नहरें हैं और इसका सेंट मार्क्स स्क्वेयॅर तो दुनिया में सबसे दर्शनीय जगह है। ट्रेन से बाहर निकलते ही हमने खुद को प्रमुख नहर पर पाया। वहाँ से हम अपने होटल तक नाव पर गए। हालाँकि यहाँ पर

पर्यटक बहुत आते हैं, फिर भी वेनिस दुनिया के दो सबसे रूमानी शहरों में से एक है। दूसरा रूमानी शहर है राजस्थान के रेगिस्तान का सुनहरा शहर जैसलमेर। इस प्रकार मनुष्य की कलात्मक प्रतिभा ने समुद्र व मरुस्थल दोनों को वास्तुशिल्प सौंदर्य का बेहतरीन गहना बना दिया है जो नियति के शिखर पर समय के छोटे से पल के लिए स्थित है।

इटली से हम जर्मनी के फ्रांकफुर्ट और ड्यूसेलडोर्फ के लिए रवाना हुए। यहाँ हमने कैसरश्ट्रासे में खरीदारी की और राइन नदी में कोलोन शहर तक की दिलचस्प यात्रा नाव से की। कोलोन में हमने एक विशाल कैथीड्रल देखा, जो फ्यूरर यानी हिटलर के शैतानी शासन के अंतिम दौर में हुई निरंतर बमबारी से चमत्कारपूर्ण ढंग से बच गया था। फिर हम स्विट्ज़रलैंड गए, जो आज तक भारत के बाहर मेरा सबसे प्रिय देश है। अपनी पहली यात्रा के दौरान हम जिनेवा गए और वहाँ से बर्न—जहाँ हमने बर्फ के पिंजड़ों में पोलर बीयर देखे। 'युंगफ्राऊ' की चोटी तक जाने वाले रोप-वे में सफर के दौरान लगातार बादल छाए रहे। फिर अचानक बादल छँट गए और एल्प्स पर्वतमाला की 'नवयुवती' चोटी हमें यूँ दिखाई दी मानो एक अद्भुत रहस्योद्घाटन हुआ हो !

वहाँ से हम पेरिस गए, जहाँ विक्टर रोजेन्थाल ने हमारे लिए भव्य स्वागत-पार्टी का आयोजन किया था। आशा और मैंने पूरा पेरिस शहर घूमा और तब हमारी यात्रा का महत्त्वपूर्ण पड़ाव आया—कॉन्स में उस जगह की यात्रा जहाँ मेरा जन्म हुआ था। वहाँ मैंने होटल मार्टिनेज में उसी सुईट में रहने का प्रबंध किया था, जहाँ 9 मार्च, 1931 को मेरा जन्म हुआ था। होटल के मालिक एम. मार्टिनेज अब भी जिंदा और चुस्त-दुरुस्त थे और उन्होंने सरगोशी से मेरा स्वागत किया। वे कहते ही रहे, "आप बिलकुल अपने पिता जैसे लगते हैं।" हमने प्रसिद्ध फोटोग्राफर जे. स्टारा से कॉन्स में कुछ फोटो खिंचवाईं, नीले भूमध्य सागर की सैर की और कॉन्स के निकट स्थित सेंट ट्रोपेज मोनैको व नाइस की यात्रा भी की।

अंततः हम बेरिल स्टिलमेन के साथ इंग्लैंड के लिए रवाना हुए। बेरिल फ्रांस से हमारा साथ देने के लिए आई थीं। हमेशा की तरह वे आकर्षक चुस्त व दिलचस्प थीं और उनके साथ रहने में मजा आता था। वे और उनके पति फ्रैडी मेरे माता-पिता के आजादी से भी पहले से अच्छे दोस्त थे। और उन्होंने बंबई में घुड़दौड़ का लुत्फ साथ-साथ उठाया था। लेकिन जल्द ही वे इंग्लैंड लौट गए थे। कुछ वर्षों बाद फ्रैडी का देहांत हो गया; बेरिल अब नब्बे वर्ष की हैं और आज भी हमारी अजीज दोस्त हैं। उन्होंने हमारे लिए एक रोचक कार्यक्रम तैयार किया था, जिसमें हाउस ऑफ कॉमन्स का दौरा भी शामिल था (जहाँ तत्कालीन संसदीय सचिव, एडवर्ड हीथ ने हमें दोपहर का भोजन भी कराया); ऑक्सफोर्ड (जहाँ हमने अनेक कॉलेज देखे और कुछ प्रमुख हस्तियों से भी मिले) और विंबल्डन (जहाँ हमने ऑस्ट्रेलियन रॉड लेवर को अपने ही देश के रॉय एमरसन को मैच में करारी हार देते देखा) की सैर भी हमने की। लंदन में हमने अगाथा क्रिस्टी का 'माउसट्रैप' और संगीतात्मक नाटक 'किस्मत' जैसे अनेक नाटक देखे।

'माउसट्रैप' तो एक थिएटर में सबसे देर तक चलनेवाला नाटक सिद्ध हुआ। हम बकिंघम पैलेस की एक 'गार्डन पार्टी' में भी शामिल हुए जहाँ एक बैंड 'ब्लू डेन्यूबे' नाम की धुन बहुत मधुरता व कुशलता से बजा रहा था। अब यह शानदार वॉल्टज उस सफर की स्मृतियों से जुड़ गया है क्योंकि जहाँ भी हम गए लगभग हर जगह हमने यह धुन सुनी। नेहरूजी की बहन व बेहद शालीन और बुद्धिमान विजयलक्ष्मी पंडित जो उस समय वहाँ हमारी हाई कमिश्नर थीं—उन्होंने हमें रात्रिभोज पर आमंत्रित किया।

कुल मिलाकर यह यात्रा जितनी मजेदार थी उतनी ही शिक्षाप्रद भी रही। जम्मू-कश्मीर के खोल से निकलकर मैं भारत की खोज तो आरंभ कर ही चुका था, इस यात्रा ने मेरी उस खोज में एक नया आयाम जोड़ दिया। भारत के बाहर की दुनिया की जानकारी ने मुझे अपने देश के विकास को एक स्पष्ट परिप्रेक्ष्य में देखने में मदद की। जब मैं 6 हफ्ते का ही था, तभी से मेरे जीवन की यात्राएँ शुरू हो गई थीं। मैं कह सकता हूँ, जैसाकि भारत में कहा भी जाता है कि 'मेरे पैर में चक्कर है' यानी मैं धरती के छोर तक यात्रा कर सकता हूँ। इन वर्षों में ध्रुवीय क्षेत्रों को छोड़कर ऐसा कोई प्रमुख महाद्वीप नहीं है, जो मैंने न देखा हो। और नए देशों को देखकर मैं तरोताजा महसूस करता हूँ। अब तो दुनिया पहले से कहीं छोटी हो गई है और यात्रा व संचार तकनीक में हर प्रगति के साथ दुनिया और भी सिकुड़ती जा रही है जिससे हमारे उन प्राचीन चिंतकों की धारणा तुरंत दिमाग में आती है जो पूरी मानवजाति को एक परिवार के रूप में देखते थे—वसुधैव कुटुंबकम्। वाकई, यदि मानव सभ्यता इक्कीसवीं सदी में भी इसी रूप में प्रवेश करती है, जिस रूप में हम इसे जानते हैं, तो संभव है कि मुझे चाँद पर जाने का भी मौका मिल जाए।

जव हम विदेश से वापस लौटे तो संविधान सभा द्वारा राज्य संविधान बनाने की प्रक्रिया तेज हो चुकी थी। मुझे उसके पहले मसौदे की एक प्रति मिल गई थी। उसका अध्ययन करने के बाद मैंने जुलाई के अंत में नेहरूजी को पत्र लिखा और उसके साथ ही संविधान के विभिन्न मुद्दों पर अपनी विस्तृत टिप्पणी भी भेजी। अन्य बातों के साथ-साथ मैंने यह सुझाव भी दिया कि एक अलग चुनाव आयोग बनाने की बजाय नेशनल डिलिमिटेशन कमेटी को ही ये काम सौंप दिया जाए—खासकर संसदीय चुनाव का काम तो इसी समिति को दिया जाए। तब तक जम्मू-कश्मीर के 6 लोकसभा सदस्य राज्य की विधान सभा में मनोनीत कर लिये गए थे, लेकिन 'मुझे इस बात में कोई तर्क नजर नहीं आता था कि हमारे राज्य के लोगों को ही सीधे अपने प्रतिनिधि चुनने के अधिकार से क्यों वंचित रखा जाए। मैंने जम्मू व कश्मीर के संबंध में पंजाब क्षेत्रीय फार्मूले का भी समर्थन किया और अपील की कि लद्दाख के विशाल किंतु कम आबादी वाले क्षेत्र के लिए विशेष उपाय किए जाएँ।

10 अक्तूबर, 1956 को यह ड्राफ्ट संविधान सभा के समक्ष रखा गया और 22

तारीख को इसकी हर धारा पर चर्चा हुई। इस बहस में भाग लेने का समान अवसर देने के लिए शेख अब्दुल्ला के अलावा सभी हिरासत में लिए गए नेताओं को छोड़ दिया गया। मिर्जा अफजल बेग के नेतृत्व में इन सभी नेताओं ने चर्चा में हिस्सा लिया और सरकार की कड़ी आलोचना करते हुए भारत का अंग बन जाने की वैधता पर ही प्रश्न खड़ा कर दिया। विधानसभा के बाहर अफजल बेग ने उग्र भाषण भी दिए जिसमें उन्होंने अपने समर्थकों को प्रोत्साहित किया कि वे संविधान के विरुद्ध अंतिम साँस तक संघर्ष करें चाहे उन्हें प्रमुख सरकारी अधिकारियों के प्रति हिंसा का इस्तेमाल ही क्यों न करना पड़े। इन उग्र भाषणों का नतीजा ये रहा कि मिर्जा बेग और उनके साथियों को फिर हिरासत में ले लिया गया। जेल से अब्दुल्ला ने संविधान सभा के अध्यक्ष जी.एम. सादिक को एक लंबा और गुस्से से भरा पत्र लिखा जिसमें उन्होंने 1953 में अपनी गिरफ्तारी के बाद से हुई सभी घटनाओं की कड़ी भर्त्सना की। राजनीतिक परिदृश्य के दूसरे छोर पर प्रजा परिषद ने संविधान सभा के विरुद्ध मुहिम इस आधार पर छेड़ दी कि राज्य के लिए अलग संविधान की कोई आवश्यकता नहीं और भारतीय संविधान यहाँ भी लागू होना चाहिए।

दोनों तरफ से ये तूफान झेलते हुए संविधान सभा ने अपना काम जारी रखा और 17 नवंबर को सभी सदस्यों ने नए संविधान पर दस्तखत कर दिए। इस तरह उतार-चढ़ावों से भरे जम्मू-कश्मीर के इतिहास का एक नया दौर आरंभ हुआ। जी.एम. सादिक की अध्यक्षता में मौजूद सभी 68 सदस्यों द्वारा एकमत से संविधान को पारित कर दिया गया। जी. एम. सादिक स्वयं नेशनल कॉन्फ्रेंस के एक पुराने और बहुत सम्मानित सदस्य थे। शेख अब्दुल्ला और मिर्जा बेग समेत सात सदस्य तो हिरासत में थे। संविधान की कुछ धाराएँ तो तत्काल लागू कर दी गईं लेकिन उसका ज्यादा भाग अगले गणतंत्र दिवस 26 जनवरी, 1957 से लागू होना था। यह योजना भी बनाई गई थी इसी वर्ष बाकी देश के साथ-साथ जम्मू-कश्मीर में भी चुनाव करवाए जाएँ। मेरे लिए ये सब गतिविधियाँ काफी संतोषप्रद थीं, क्योंकि इनसे राज्य व शेष भारत के बीच संवैधानिक, प्रशासनिक व राजनीतिक संबंध दृढ़ होने का संदेश मिलता था।

नवंबर के अंत में हम दिल्ली गए और वहाँ दलाई लामा व पंचेन लामा के साथ चीन के प्रमुख चाउ एन लाई के ऐतिहासिक प्रथम दौरे से संबंधित कार्यक्रमों में भाग लेने का हमें निमंत्रण मिला। अशोक होटल में एक भोज के दौरान जवाहरलाल मुझे चाउ एन लाई के पास ले गए और वे कश्मीर संबंधों के बारे में संक्षेप में बताकर मेरा परिचय दिया। मुझे ये चीनी प्रधानमंत्री बहुत सौम्य व मधुर स्वभाव के लगे। उनका मुसकराता हुआ चेहरा उनकी भीतरी भावनाओं को जरा भी जाहिर न होने देता था। लेकिन मेरी ज्यादा दिलचस्पी उन दो प्रसिद्ध तिब्बती लामाओं से मिलने में थी, जो मुझसे कुछ ही साल छोटे थे और जिनके बारे में हमने इतना कुछ सुन रखा था। दलाई लामा तो अद्भुत प्रभावशाली व्यक्तित्व के स्वामी थे और उस उम्र में भी उनके व्यक्तित्व से उनकी अध्यात्मिकता एक प्रबल छाप छोड़ती थी। उस वक्त मुझे इस बात का जरा भी अहसास

न था कि जल्द ही वे दुनिया के दो सर्वाधिक आबादी वाले राष्ट्रों के बीच मतभेद का दुखद प्रतीक बन जाएँगे और उन दो प्रमुख एशियाई नेताओं के बीच भी—जो उस शाम बहुत मैत्रीपूर्ण व्यवहार कर रहे थे।

मेरे जम्मू आने के कुछ दिनों बाद ही बनिहाल पर्वतों में बनी तीन किलोमीटर लंबी सुरंग के उद्‌घाटन के रूप में एक महत्त्वपूर्ण घटना घटित हुई। यह आधुनिक तकनीक का चमत्कार थी। इस सुरंग को जर्मन इंजीनियरों के सहयोग से रिकॉर्ड समय में पूरा किया गया था। खुदाई जम्मू व कश्मीर दोनों सिरों से एक-साथ शुरू की गई थी और यह कहा जाता था कि जर्मन इंजीनियर अपने तकिए के नीचे एक भरी हुई पिस्तौल लेकर सोता था कि अगर कुछ गलत गणना की वजह से दोनों तरफ से होती हुई खुदाई पर्वत के बीचोबीच आकर परस्पर नहीं मिली तो वह खुद को गोली मार लेगा। सौभाग्य से ऐसा हादसा नहीं हुआ और दोनों तरफ से आती सुरंगें एक-दूसरे के बिलकुल सीध में रहीं। इस पूरी परियोजना से संचार माध्यम का एक नया दौर शुरू हुआ। इससे पहले वाहनों को बनिहाल दर्रे की चोटी तक यानी 9000 फीट की ऊँचाई तक जाना पड़ता था। और ये दर्रा बर्फबारी के चलते साल में तीन-चार महीने बंद रहता था। नई सुरंग 7200 फीट की ऊँचाई पर बनी थी, जिसका मतलब था कि बर्फ हटाने वाली मशीनों की मदद से जम्मू-कश्मीर हाइवे को सेना व नागरिकों के लिए पूरे साल खोला जा सकता था।

हमने इस सुरंग को 'जवाहरलाल टनल' नाम देने का निश्चय किया क्योंकि उन्होंने ही इस परियोजना को मंजूरी दी थी और इसका समर्थन भी किया था। हम चाहते थे कि वही इस सुरंग का उद्‌घाटन करें। लेकिन अन्य प्रतिबद्धताओं के चलते उन्होंने इनकार कर दिया। सो मैंने डॉ. एस. राधाकृष्णन का नाम सुझाया, जो एक विलक्षण विद्वान थे और तत्कालीन उपराष्ट्रपति भी। उद्‌घाटन समारोह 22 दिसंबर को हुआ। डॉ. राधाकृष्णन, बख्शी और मैं अपनी भरोसेमंद कंवर्टिबल पर सवार होकर—रामबन की ओर चल पड़े, जो जम्मू और श्रीनगर के बीच स्थित है। वहाँ से हम एक रंग-बिरंगे जुलूस के साथ टनल की ओर चले, जहाँ पर रिबन काटा गया और भाषण भी दिए गए। फिर हम उस सुरंग में से गुजरे। यह एक अजीब अनुभव था क्योंकि सुरंग के घुप्प अँधेरे व ताजी हवा की कमी से कुछ भ्रमित-सा महसूस होता था। ऐसा लगा कि बहुत समय बीत गया, मगर दरअसल कुछ ही मिनटों बाद हम कश्मीर की तरफ तेज धूप में बाहर निकल आए। वह धूप सड़क के दोनों ओर इकट्ठा की गई बर्फ में प्रतिबिंबित होकर और भी तेज लग रही थी। सुरंग के दोनों ओर लोगों ने खूब खुशी मनाई। उस ऐतिहासिक घटना को देखने के लिए हजारों की तादाद में ग्रामीण लोग आए थे।

चाहे कोई बौद्धिक कार्यक्रम हो या सार्वजनिक, डॉ. राधाकृष्णन का भाषण सुनना हमेशा एक खुशगवार अनुभव रहा। बिना किसी कागज के टुकड़े के, वे बहुत प्रभावशाली भाषण देते थे। उनके स्पष्ट कड़क कथन संस्कृत उद्धरणों से भरे होते थे। उनका दिमाग स्पष्ट व बुद्धि तार्किक थी और वे अपने विचार संक्षिप्त लेकिन प्रभावशाली भाषा में

व्यक्त करते। भारत के आम नेता, जिनके पास सामान्यतः कुछ कहने को नहीं होता था और वे थोड़ा बहुत कहने में भी बहुत वक्त लगाते थे, उनके बीच डॉ. राधाकृष्णन एक स्वागत योग्य बदलाव थे। दरअसल डॉ. राधाकृष्णन को मैं पसंद था, खासतौर पर उपनिषद व भगवद्गीता के प्रति मेरी रुचि के कारण ! डॉ. राधाकृष्णन को इन दोनों ग्रंथों की विस्तृत जानकारी थी। जब भी मैं दिल्ली जाता, उनसे जरूर मिलता। हमारी काफी लंबी बातचीत होती। अपने विस्तृत ज्ञान के बावजूद उनका अभियान काफी दिलचस्प था। बनिहाल से वापस लौटते हुए, वे मेरी तरफ व्यंग्यपूर्ण मुसकराहट के साथ मुड़े और बोले, "तुम एक सुरंग के उद्घाटन के लिए बुलाते तो मुझे हो और फिर इसका नाम जवाहरलाल नेहरू पर रख देते हो।"

नए साल के आरंभ में ही कश्मीर का पूरा मुद्दा सुरक्षा परिषद में फिर उठाया गया। जाहिर था कि राज्य में जो संवैधानिक गतिविधियाँ हुईं थीं, उससे पाकिस्तान हड़बड़ा गया था। उसने 'कश्मीर दिवस' मनाया, संचार माध्यमों के जरिए भारत के विरुद्ध उग्र अभियान चलाना शुरू कर दिया। 16 जनवरी, 1957 को सुरक्षा परिषद् की पाकिस्तान के विदेश मंत्री फिरोज खान नून द्वारा लिखे गए एक पत्र पर चर्चा करने के लिए बैठक हुई। खुद नून ने पाकिस्तान का प्रतिनिधित्व किया, जबकि भारत के प्रतिनिधि थे कृष्ण मेनन। उन्होंने इसी दौरान अपना प्रसिद्ध भाषण दिया था, जो तीन बैठकों तक चला। इससे पहले भारत का केस इतने विस्तार से विभिन्न दस्तावेज व प्रेस रिपोर्टों के उद्धरण के साथ कभी नहीं रखा गया था। मेनन ने जो मुख्य मुद्दा रखा, वह था—कश्मीर क्षेत्रीय विवाद का हिस्सा नहीं है बल्कि यह साफ-साफ पाकिस्तान द्वारा जबरन अधिग्रहण का मामला है और सुरक्षा परिषद को 'आक्रमण के अपराध के अनुकूल ही कदम उठाना चाहिए।' संविधान सभा के संदर्भ में पाकिस्तान की आलोचना की प्रतिक्रिया में उन्होंने कहा कि संविधान सभा के काम घोषणात्मक होंगे, रचनात्मक नहीं क्योंकि वह एक उप-शासकीय संस्था होगी।

इसके बावजूद सुरक्षा परिषद ने यू.एन. व यू.एन.सी.आई.पी. द्वारा पारित पूर्व प्रस्तावों की पुष्टि करते हुए ही एक ओर प्रस्ताव रखा और 30 मार्च, 1957 के प्रस्ताव पर जोर दिया कि जैसाकि यू.एन. ने कहा है, संविधान सभा या उसका कोई कार्यकलाप राज्य के प्रबंध को निर्धारित नहीं करेगा। महत्त्वपूर्ण बात यह रही कि केवल सोवियत संघ ने इन विचारों का विरोध किया और कहा कि राज्य की संविधान सभा द्वारा संविधान को अपनाना इस बात को दर्शाता है कि राज्य के लोग 'राज्य को भारत के गणतंत्र का अटूट हिस्सा मानते हैं।'

सुरक्षा परिषद के प्रस्ताव के बावजूद, संविधान सभा 25 जनवरी को अपने अंतिम सत्र के लिए बैठी। मध्यरात्रि में नया संविधान लागू कर दिया गया और संविधान सभा का अपना कार्य संपन्न करने के बाद विलय कर दिया गया। इस सभा का गठन मैंने पाँच साल पहले 1952 में इसी उद्देश्य से किया था। कुछ दिनों के लिए ये सभा एक विधायी संस्था के रूप में कार्यरत रही चूँकि लेखानुदान बजट और अनेक अधिनियम

पारित करने थे, जिनमें जनप्रतिनिधि अधिनियम भी शामिल था। ये अधिनियम चुनाव करवाने के लिए पारित होना आवश्यक था। उसने व्यापार के कुछ नए नियम भी लागू किए जो सरकारी तंत्र द्वारा बेहतर व व्यवस्थित रूप से काम करने के लिए आवश्यक थे।

बहरहाल, इन सकारात्मक बदलावों के साथ-साथ घाटी में तनाव भी काफी बढ़ गया था। सुरक्षा परिषद के प्रस्ताव ने तो पाकिस्तान समर्थक बलों में नई जान ही डाल दी थी। और पाकिस्तानी प्रतिनिधि मंडल ने सुरक्षा परिषद के सामने एक पत्र पेश किया, जो तथाकथित रूप से शेख अब्दुल्ला द्वारा लिखा गया था। इससे काफी हलचल मच गई। ये अफवाहें फैलने लगीं कि 26 जनवरी को संविधान लागू करने के साथ ही पाकिस्तान राज्य पर धावा बोल देगा। लेकिन आखिरकार ऐसा कुछ भी नहीं हुआ। हाँ, बरसों बाद अवश्य युद्ध की स्थिति पैदा हुई।

जब राजनीतिक क्षेत्र में ये सरगर्मियाँ चल रही थीं तो घरेलू पहलू भी हलचल व बदलाव के दौर से गुजर रहे थे। जब 1950 में हमारा विवाह हुआ था तो आशा केवल 13 वर्ष की थी और हालाँकि मेरे माता-पिता दोनों ही पोते की आस लगाए बैठे थे—ये पुरानी हिंदू परंपरा आज तक प्रबलता से कायम है—लेकिन उस वक्त जल्द ही माँ बनने का खयाल भी बेतुका होता। बहरहाल, अपनी यूरोप यात्रा के बाद हमें ये जानकर बहुत खुशी हुई कि जुलाई के अंत तक हम माँ-बाप बन जाएँगे। मैंने अक्तूबर के अंत में अपने पिता को बंबई में खत लिखकर यह सूचना दी। उन्हें तो हमारे परिवार के डॉक्टर, डॉ. शंग्लू ने पहले ही यह बता दिया था इसलिए वे हमसे नाराज थे कि हमने उन्हें यह पहले क्यों नहीं बताया। उन्होंने तत्काल बेरिल स्टिलमैन को तार कर दिया कि गर्भावस्था के दौरान वे आशा के साथ रहें। हमने निश्चय किया था कि प्रसव बंबई में होगा, क्योंकि भारत में मौजूद प्रसूति सुविधाएँ—सबसे अच्छी बंबई में ही थीं। दिसंबर के आरंभ में हम बंबई आ गए और प्रसिद्ध स्त्री रोग विशेषज्ञ डॉ. वी.एन. शिरोडकर ने आशा की जाँच की। ये फैसला किया गया कि मैं आशा को पिताजी के घर पर रहने दूँ और खुद बच्चे के जन्म से कुछ हफ्ते पहले ही वहाँ आऊँ।

1956 में मेरी माँ हमारे करीब रहने के लिए काँगड़ा से कश्मीर आ गई थीं और वहाँ वे उस चश्माशाही महल में रहती थीं जहाँ उनका व मेरे पिता का विवाह 1927 में हुआ था। जम्मू में वे अमर महल में रहा करती थीं जहाँ विभाजन से पूर्व उन्होंने कई वर्ष बिताए थे। वे वापस आकर खुश थीं और मैं भी इस बात से खुश था कि वे हमारे साथ रहेंगी। बहरहाल, भारतीय सास की धारंणा काफी प्रभावशाली है और हालाँकि मेरी माँ व आशा के बीच खुले तौर पर विवाद कभी नहीं हुआ लेकिन आशा का जहाँ तक सवाल है, वह जरूर कुछ तनावग्रस्त हो गई थी। स्वाभाविक था कि जब मेरी माँ को पता चला कि आशा माँ बनने वाली है तो वे खुशी से फूली न समाईं क्योंकि पोते की लालसा उनमें मेरे पिता से कहीं अधिक थी। उन्हें बहुत उम्मीद थी कि पहले के मतभेदों के बावजूद मेरे पिता उन्हें आशा का खयाल रखने के लिए बंबई बुलाएँगे।

मगर मेरे पिता सरलता से भूलने व माफ कर देने वाले लोगों में से नहीं थे। और चूँकि हमारे विवाह के बाद वे भी वापस चली गई थीं—इससे दुःखी होकर उन्होंने इस मौके पर उन्हें नहीं बुलाया। हालाँकि इस बात से मेरी माँ को बहुत निराशा हुई लेकिन शायद यह अच्छा ही हुआ क्योंकि बंबई के घर में मेरे माता-पिता दोनों के साथ रहने से आशा का तनाव असहनीय हो सकता था। और फिर उसे मेरे बगैर बहुत से महीने वहाँ बिताने थे। मेरे पिता यूँ तो आशा को बहुत पसंद करते थे मगर वे काफी मूडी और जटिल व्यक्ति थे और बेरिल की मौजूदगी ही तनाव भरे माहौल को हल्का बनाने में मददगार साबित हो सकती थी। हर सुबह वे और आशा महालक्ष्मी रेसकोर्स के चारों ओर लंबा टहलने जाती थीं। इस दौरान मेरे पिता ने धीरे-धीरे वे सब चीजें खरीदनी शुरू कर दीं, बच्चे के लिए जिनकी जरूरत पड़ सकती थी। उन्होंने एक नर्स का इंतजाम किया, समुद्र के निकट ब्रीच कैंडी नर्सिंग होम में दो कमरे बुक करवाए—एक आशा और बच्चे के लिए तथा दूसरे अपने लिए व मिलने आने वाले लोगों के लिए। उन्होंने मुझसे मेरे जन्म संबंधित कागजात भिजवाने के लिए कहा। जाहिर था कि वे बेटा होने की स्थिति में क्या समारोह होगा—इसकी योजना बनाना चाहते थे।

आशा को बंबई छोड़कर मैं जम्मू वापस आ गया और एम.ए. (फाइनल) की परीक्षा की तैयारी में जुट गया जो अप्रैल में होने वाली थी। फरवरी के दूसरे हफ्ते में मैं फिर बंबई गया। तब तक आशा की गर्भावस्था लगभग अपने अंतिम चरण पर पहुँच गई थी और चूँकि मैंने किसी गर्भवती महिला को इतने करीब से पहले कभी नहीं देखा था, सो मुझे वह स्थिति काफी संकटपूर्ण लगी। बहरहाल मेरे पिताजी, बेरिल और डॉ. शिरोडकर आशा का पूरा-पूरा खयाल रख रहे थे। मैं तो प्रतीक्षा भर कर सकता था। मुझे काफी चिड़चिड़ाहट हुई जब इसी दौरान मुझे पैरा-टाइफाइड हो गया (क्या यह मनोवैज्ञानिक था ?) और जब आशा को प्रसव पीड़ा हुई उस दिन, यानी 23 फरवरी को मैं बिस्तर पर ही पड़ा था। बेरिल और वो ब्रीच कैंडी चली गईं। उनके पीछे-पीछे ही पिताजी व उनका स्टाफ भी वहाँ चला गया। फ्लैट में केवल मैं ही रह गया।

24 की सुबह हमारी बिटिया का जन्म हुआ और हालाँकि बाद में वह हमारी आँख का तारा बनी, लेकिन मुझे यहाँ यह स्वीकार करना पड़ेगा कि मेरे पिता को बहुत निराशा हुई। बेरिल ने बताया कि जब नर्स ने प्रसव कक्ष से बाहर आकर बताया कि लड़की हुई है, तो वे मंद स्वर में कुछ बड़बड़ाए। वह शब्द शायद 'सत्यानाश' था। मेरे खयाल से वे लड़के की उम्मीद इसलिए लगाए बैठे थे क्योंकि वे उसके नाम बहुत से जेवरात और संपत्ति लिखना चाहते थे। खैर, उन्होंने बहुत सावधानी से अपनी निराशा को छिपा लिया और जब वे आशा से मिले तो उसे गर्मजोशी से बधाई दी और एक भेंट भी। जब मेरी माँ को इस सूचना का तार मिला तो उनकी प्रतिक्रिया तो और भी नाटकीय थी। वे अपनी एक परिचारिका की बाँहों में गश खाकर गिर पड़ीं और बहुत अनिच्छा से उठीं। लेकिन उन्होंने लगभग एक हफ्ते तक सामान्य भोजन नहीं किया।

इस अजीबोगरीब प्रतिक्रिया ने मुझे हमारी प्रतिक्रियाओं के अजीब तरह से झक्की

होने का आभास करा दिया। एक तरफ तो हिंदू धर्म में स्त्री को आदरपूर्ण स्थान दिया जाता है क्योंकि किसी भी देवी की उसके पति से पहले पूजा की जाती है (सीता-राम, राधा-कृष्ण, लक्ष्मी-नारायण, गौरी-शंकर) और दूसरी तरफ पुत्री के जन्म को दुर्भाग्यपूर्ण व दुखद माना जाता है। अगर लड़कियाँ पैदा न हों तो मानव-जाति का जल्द ही नाश हो जाएगा। फिर भी इन प्रतिक्रियाओं में कोई तर्क साथ नहीं देता। जो भी हो, मेरे पिता ने इस बारे में कुछ नहीं कहा और वे गंभीर बने रहे और जहाँ तक मेरा सवाल था, तो मैं तो अपनी बिटिया के जन्म पर बहुत खुश हुआ। शुरू में तो वह इतनी छोटी और इतनी नाजुक लगती थी कि मुझे उसको गोदी में उठाने में भी डर लगता था। लेकिन उसका जन्म हमारे जीवन की एक महत्त्वपूर्ण घटना थी और इससे मेरे व आशा के संबंध और भी दृढ़ हुए। वह हमारे जीवन में खुशियों का स्रोत बनकर आई थी। लगभग एक सदी बाद हमारे परिवार में लड़की का जन्म हुआ था। हमने उसे नाम दिया—ज्योति—खुशी और उल्लास का दीप।

अध्याय 15

1957, मार्च के मध्य में राज्य के विधानसभा चुनाव संपन्न हुए। दुर्भाग्य से, घाटी में जो चुनावी झुकाव उस चुनाव में जाहिर हुआ, वह आगामी कई वर्षों तक कायम रहा। 43 सीटों में से 35 बहुत आसानी से नेशनल कॉन्फ्रेंस ने जीत लीं। इस प्रकार 75 सदस्यीय सभा में नेशनल कॉन्फ्रेंस का वर्चस्व स्थापित हो गया। यह इस वजह से भी हुआ कि विरोधी दल के अनेक उम्मीदवारों के नामांकन पत्र बहुत छोटी-छोटी गलतियों के आधार पर रद्द कर दिए गए थे। अपनी प्रशासनिक कुशलता के साथ-साथ बख्शी गुलाम मुहम्मद चुनावों का 'संचालन' करने में भी दक्ष थे। अंतिम परिणाम में पंडित प्रेमनाथ के नेतृत्व वाली प्रजा परिषद जम्मू में सिर्फ पाँच सीटें ही जीत सकी, शेष नेशनल कॉन्फ्रेंस को चली गईं। इससे बख्शी मंत्रिमंडल का और पाँच साल का कार्यकाल सुनिश्चित हो गया। विधानसभा से अब्दुल्ला-समर्थक बलों को बिलकुल अलग रखा गया और उन्होंने चुनाव भी नहीं लड़ा।

इसी बीच मैं एम.ए. (फाइनल) की परीक्षा की तैयारी में जुटा था और अप्रैल में परीक्षा देने के लिए दिल्ली गया। परीक्षा मेरी उम्मीद से अच्छी हुई। बाद में जब परिणाम घोषित हुए तो मुझे पता चला कि आठ पर्चों में मैंने औसतन 70 प्रतिशत अंक पाए थे। दिल्ली विश्वविद्यालय में राजनीति विज्ञान में यह एक रिकॉर्ड था, जो आज भी कायम है। देखा जाए तो यह कोई न्यायसंगत मुकाबला नहीं था क्योंकि दूसरे परीक्षार्थी तो केवल छात्र थे जबकि मैं राजनीतिक मामलात व संविधान-रचना में सक्रिय भूमिका निभा रहा था। फिर भी इस नतीजे से मुझे खुशी हुई क्योंकि अन्य कामों में व्यस्त रहने के बावजूद मैंने पढ़ाई में बहुत मेहनत की थी।

जब हम फिर श्रीनगर पहुँचे तब तक देश में दूसरे लोकसभा चुनाव हो चुके थे और नेहरूजी फिर सत्तारूढ़ हुए। उनके नेतृत्व में इंडियन नेशनल कांग्रेस द्वारा चुनाव जीतने पर किसी को कोई संदेह नहीं था। लेकिन हैरानी की बात तो यह थी कि कुल मतदान से 50 प्रतिशत वोट उन्हें कम मिले थे। चुनाव का यह ढर्रा भी आगामी अनेक वर्षों तक जारी रहा। नेहरूजी के साथ जो वृद्ध सहकर्मी थे—उनका देहांत हो चुका था। इनमें सरदार पटेल भी शामिल थे। इसीलिए गृह मंत्रालय जैसे संवेदनशील विभाग को सँभालने के लिए उत्तर प्रदेश से गोविन्द वल्लभ पंत को लाया गया था। वे भारत सरकार के महत्त्वपूर्ण लोगों में से एक हो गए।

इंदिरा गाँधी को कोई औपचारिक पद तो नहीं दिया गया था, मगर राजनीतिक मामलात में वे धीरे-धीरे महत्त्वपूर्ण भूमिका में उभर रही थीं। उनके पिता के घर में वे बतौर मेजबान मेहमानों का खयाल रखती थीं और इस हैसियत से मैं उन्हें बरसों से जानता था। मुझे लगा कि उनका धीरे-धीरे महत्त्वपूर्ण बनना एक अच्छा बदलाव है क्योंकि नेहरूजी की अपेक्षा मैं उनसे जम्मू-कश्मीर की समस्या पर अधिक विस्तार से बात कर सकता था। वे बहुत अच्छी श्रोता थीं और हालाँकि सामान्यतः वे अधिक कुछ नहीं कहती थीं मगर जानकारी और विभिन्न विचारों को वे जल्द ही ग्रहण कर लेती थीं। अपने पिता पर उनका प्रभाव भी बढ़ता जा रहा था। उस वक्त लोग उनके भव्य राजनीतिक भविष्य का अंदाजा भी नहीं लगा सकते थे। मगर विभिन्न मुद्दो पर उनका स्पष्ट और दृढ़ दृष्टिकोण बनता जा रहा था। नेहरूजी का सामीप्य भी उनके लिए राष्ट्रीय स्तर पर ध्यान आकृष्ट करने के उद्देश्य से बहुत फायदेमंद था, जिसका मुकाबला नेहरूजी के बाद की पीढ़ी के नेता नहीं कर सकते थे। फिर पुराने कांग्रेसी नेताओं की तुलना में राष्ट्रीय समस्याओं के संबंध में उनका नजरिया अधिक आधुनिक था।

उन गर्मियों में वे श्रीनगर आईं और मैंने उनसे उस समस्या पर चर्चा की जो दिन-ब-दिन चिंताजनक रूप धारण करती जा रही थी। बख्शी का भारत-समर्थक रवैया तो स्वागत योग्य था, लेकिन उनका प्रशासन तेजी से भ्रष्ट होता जा रहा था। और उनके मंत्रियों की योग्यता भी कोई विशेष न थी। उन दिनों भ्रष्टाचार को तिरस्कार से देखा जाता था और स्वतंत्रता आंदोलन के आदर्श इतने तो जीवित थे ही कि एक भ्रष्ट मुख्यमंत्री लज्जा व चिंता का विषय बन जाए। बख्शी को समर्थन देने के बावजूद मुझे यह गवारा न था। मैंने इंदिरा गाँधी से कहा कि वे नेहरूजी तक मेरी ये गुजारिश पहुँचा दें ताकि वे और पंत जी अपने हस्तक्षेप से स्थिति में सुधार ला सकें। नए मंत्रिमंडल के संदर्भ में मैंने कहा कि मंत्रिमंडल बनाने में बख्शी को पूरी आजादी होनी चाहिए लेकिन उनको अपने प्रशासन और पार्टी की कमजोरियों को हटाने की महत्ता भी समझा देनी चाहिए। मैंने यह भी आग्रह किया कि केंद्र द्वारा एक मुख्य सचिव नियुक्त किया जाए, राज्य सेवाओं के संगठन, जिस पर पहले ही सहमति हो गई थी, की गति को तेज किया जाए और भारत सरकार में कश्मीर मामलात के एक सचिव के पद को फिर से चालू किया जाए ताकि सबसे संवेदनशील भारतीय राज्य की राजनीतिक, आर्थिक व प्रशासनिक गतिविधियों पर एक उच्च प्रशासकीय अधिकारी नजर रख सके।

इंदिरा गाँधी की बढ़ती अहमियत के बावजूद नेहरूजी अब भी राजनीतिक्र सत्ता का स्रोत थे। भारत व विदेश में उनकी प्रतिष्ठा निर्बाध थी। और संसदीय व प्रशासनिक उत्तरदायित्वों के बोझ के बावजूद उनमें वो वृहत् दृष्टि व गहन समझ थी जो विश्व के राजनेता को अपने समकालीन नेताओं से विशिष्ट बनाती है। उनके व्यक्तित्व में हमेशा गहन विचार व कार्य का उचित समन्वय था और वे जिस सौम्यता व लालित्य से लिखते थे वह अद्भुत था। उन्होंने सभी मुख्यमंत्रियों को हर पखवाड़े में राष्ट्रीय व अंतर्राष्ट्रीय

समस्याओं पर अपने विभिन्न विचार लिखने शुरू कर दिए थे। इसके जरिए वे अपने विचारों का गहन विश्लेषण करते और इतिहास के अँधेरे कोनों को भी खोजने का प्रयास करते ताकि तत्कालीन घटनाओं को देखने-समझने की नई दृष्टि, नया नजरिया मिल सके। भारत की समस्याओं को विश्व इतिहास के वृहद् परिप्रेक्ष्य में रखने की सामर्थ्य उनकी अनेक उल्लेखनीय उपलब्धियों में से एक थी।

वर्ष 1956 से उन्होंने हर पखवाड़े मुख्यमंत्रियों को भेजे जाने वाले पत्र की एक प्रति मुझे भी भेजनी शुरू कर दी। मेरे लिए वे पत्र सदा रुचिपूर्ण व प्रेरणा स्रोत रहे। उनसे जाहिर होता था कि किस तरह अपने दृढ़ दृष्टिकोण के बावजूद धीरे-धीरे जीवन व जीवन के विभिन्न समस्याओं के प्रति उनका नजरिया और भी परिपक्व होता जा रहा था, विशेषकर, मुझे उनके एक पत्र ने प्रभावित किया जो उन्होंने जापान, हाँगकाँग और बर्मा के दौरे से आने के बाद 25 अक्तूबर, 1957 को लिखा था :

> हम एक ऐसे देश में रहते हैं जहाँ संघर्ष व मतभेदों के बोझ से हम बोझिल हैं। कुछ लोगों का मानना है कि केवल संघर्ष के जरिए ही सत्य की जीत हो सकती है। हो सकता है, ऐसा हो। लेकिन सवाल यह उठता है कि वह संघर्ष घृणा व हिंसा पर आधारित हो या अपने सिद्धांतों पर अडिग रहने तथा हमेशा दोस्ती का हाथ बढ़ाने के रवैए पर...और इसलिए मैं इस निष्कर्ष पर पहुँचा हूँ कि सही तरीका, सही साधन अपनाना सही उद्देश्य रखने से भी ज्यादा महत्त्वपूर्ण है। कोई भी तरीका, कोई भी रास्ता जो संघर्ष व नफरत को बढ़ावा देने से संबद्ध है, और जो खुद हिंसा पर टिका है, कभी ठीक परिणाम नहीं दे सकता, चाहे उद्देश्य कितना ही अच्छा क्यों न हो। यह बात हमारी राष्ट्रीय व अंतर्राष्ट्रीय नीतियों तथा हमारे राजनीतिक व आर्थिक रवैए पर भी लागू होनी चाहिए। अगर यह एक बार स्पष्ट हो जाए कि हमारा मार्ग घृणा, संघर्ष या मतभेद और हिंसा से रहित होगा, तो यह बात ज्यादा अहम् नहीं रह जाती कि हम कौन से रास्ते पर चलते हैं। जो भी गलतियाँ हम करेंगे, वे ठीक हो जाएँगी।

बहुत वर्षों पहले जब नेहरूजी अक्सर गाँधीजी से बिलकुल असहमत हो जाते थे, तब गाँधीजी को ठीक-ठीक पता था कि वे क्या कह रहे हैं। उन्होंने कहा था, "चिंता मत करो, जब मैं चला जाऊँगा, तो यह मेरी भाषा ही बोलेगा !" जवाहरलाल किसी भी समय के प्रवाह व प्रवृत्ति के प्रति हमेशा सचेत रहते थे। वे उत्तर-औपनिवेशिक युग के उन पहले राजनेताओं में से एक थे जिन्होंने उन बदलावों को समझा जो पूरी दुनिया को निगल रहे थे। उसी पत्र में उन्होंने लिखा था, 'हमारी नजरों के सामने धीरे-धीरे एक नया युग, दरअसल एक नई दुनिया खुल रही है। विज्ञान एवं तकनीक के क्षेत्र में हुआ विकास राजनीतिक व आर्थिक क्षेत्र में हुई क्रांति से कहीं अधिक क्रांतिपूर्ण है। हमारी पुरानी विचारधारा अब वाकई पुरानी हो गई है, यहाँ तक कि युद्ध के पुराने तरीके भी

आज बेकार हो गए हैं। फिर भी हम पुराने ढर्रे पर सोचते हैं और आने वाले कल की समस्याओं का हल अतीत के तरीकों से ढूँढ़ने की कोशिश करते हैं—वे तरीके जो कि अब व्यर्थ हैं। हमें केवल भारत में ही नहीं पूरे विश्व में नए सिरे से सोचना होगा।'

फाइलों को पलटते हुए मैंने देखा कि इस पत्र में मैंने एक नोट लिखा था, 'यह पत्र पंडितजी के राजनीतिक दर्शन को खूबसूरती से पेश करता है। लगता है कि वे परिपक्व होते जा रहे हैं और आध्यात्मिक रूप से भी प्रगति पर रहे हैं, वाकई लगभग एक संत की तरह।'

1957 में भारतीय दार्शनिक कांग्रेस का बत्तीसवाँ वार्षिक सत्र श्रीनगर में हुआ और मुझे उसका उद्घाटन करने के लिए कहा गया। दर्शन के प्रति मेरा रुझान हमेशा से था, मानसिक व्यायाम के तौर पर नहीं बल्कि परंपरागत हिंदू की तरह उस परा-विद्या अर्थात् आध्यात्मिक ज्ञान को पाने के एक प्रयास के रूप में, जिसके जरिए मनुष्य अपनी व्यक्तिगत व सामाजिक नियति की ओर बढ़ सकता है। अपने वक्तव्य में मैंने कश्मीर के अद्भुत दर्शन व बहुधर्मीय परंपरा का जिक्र किया, जिसमें वैदिक, बौद्ध, शैव व सूफी परंपराएँ फली-फूलीं तथा जिसने आचार्य अभिनवगुप्त जैसे विचारक तथा योगिनी लल्लेश्वरी और शेख नूरुद्दीन जैसे रहस्यवादी समाज को प्रदान किए। मैंने अपने वक्तव्य में इस मुद्दे का भी जिक्र किया, जिसके बारे में मैं उन दिनों काफी चिंतित था—मानव संहार के लिए शस्त्र बनाने की तकनीकी सामर्थ्य में घातक विकास व हमारे नैतिक एवं आध्यात्मिक शक्तियों के क्षय के बीच पैदा हुए गहरे अंतर से उपजा संकट। "यह वाकई दुखद है," मैंने कहा, "कि हम एक परमाणु को भी तोड़ने में कामयाब हो गए हैं, पदार्थ की अनंत रूप से जटिल संरचना जान गए हैं, ध्वनि की गति से भी तेज यात्रा कर सकते हैं; पृथ्वी व समुद्र की गहराई को माप सकते हैं, अंतरिक्ष के अनंत विस्तार का अनुमान लगा सकते हैं, लेकिन हम आज तक स्वयं का अध्ययन नहीं कर पाए हैं, मानव व्यक्तित्व के वास्तविक स्वरूप को नहीं समझ पाए हैं।"

इस अंतर्यात्रा पर चलने पर मेरा प्रयास जारी था। संगीत में अब भी मेरी बहुत रुचि थी और मैंने अपना रियाज फिर शुरू कर दिया था। इस बार मैंने संगीत-साधना पंडित उमादत्त शर्मा की देख-रेख में की, जो जम्मू के प्रमुख संगीतकारों में से एक थे। हालाँकि वे मंच पर कभी प्रसिद्ध संगीतकार नहीं माने गए, लेकिन उनके पास हर राग व ताल में शास्त्रीय संगीत का अद्भुत खजाना था और उनसे मैंने अनेक रागों की जानकारी प्राप्त की, उन्हें सीखा। मुझे बस यही दुख है कि हम वह सब रिकॉर्ड नहीं कर पाए जो वे जानते थे, जिनमें लोकप्रिय व दुर्लभ रागों में कुछ खूबसूरत गीत भी शामिल थे। उनका कम उम्र बेटा, शिवकुमार प्रतिभाशाली तबला वादक था और जब वह सिर्फ बारह बरस का था तो मैंने उसे मुंबई में हर साल आयोजित होने वाले एक महत्त्वपूर्ण संगीत समारोह में भेजा। उसने वहाँ लोगों को बहुत प्रभावित किया, लेकिन जल्द ही उसने तबला छोड़कर पारंपरिक कश्मीरी वाद्य यंत्र—संतूर बजाना शुरू कर दिया। संतूर हिंदुस्तानी शास्त्रीय संगीत का हिस्सा कभी नहीं रहा था। शिव ने इसमें

महारत हासिल की और आज वह दुनिया भर में एक विलक्षण संतूर-वादक के रूप में प्रसिद्ध है।

इन्हीं खूबसूरत धुनों में निमग्न, मैंने अपने मन के अब तक छिपे हुए तत्त्वों को पहचाना, लगभग ऐसे—मानो मैं अपनी आवाज को खुद से अलग होकर सुन रहा हूँ। पंडित उमादत्त के अनेक गीत आगरा-मथुरा घराने से लिये गए थे, जो श्रीकृष्ण भक्ति से परिपूर्ण थे। और एक बार फिर मेरी पूजा में ईश्वर की यह साँवली छवि अहम् रूप से उभरने लगी। दुनिया के लगभग सभी धर्मों ने यह माना है कि संगीत आध्यात्मिक आराधना का प्रेरणा स्रोत है। इस्लाम में भी, जो सामान्यतः संगीत के पक्ष में नहीं है, सूफी संत उल्लास व आनंद में नाचते-गाते थे तो यह शुष्क रूढ़िवादिता ईश्वरीय अनुभूति में विलीन हो जाती थी।

संगीत के साथ-साथ मैं नियमित रूप से पूजा भी करता था और संयोग से हुई एक मुलाकात ने इसमें एक नया आयाम जोड़ दिया। 1953 में प्रसिद्ध अमरनाथ की तीर्थ यात्रा के मेरे संस्मरण हिंदुस्तान टाइम्स में प्रकाशित हुए थे। इस पर बहुत से लोगों ने अपनी प्रतिक्रियाएँ भेजी थीं, जिन्हें मैं निजी तौर पर नहीं जानता था। उनमें से एक—रामप्यारे ने मुझे लिखा कि इन लेखों से जाहिर होता है कि अब मैं आध्यात्मिक मार्गदर्शन के लिए तैयार हूँ और सुझाव दिया कि रोशननाथ नाम के एक व्यक्ति शायद मेरी मदद कर सकते हैं। मैंने इस पत्र का उत्तर दिया और कुछ महीनों बाद, रोशननाथ, या नाथजी—जैसाकि उनके परिचित उन्हें बुलाते थे, मुझसे जम्मू में मिले। वे तब अधेड़ थे और उनका आध्यात्मिक तरीका था—ऊँचे व प्रबल आह्वान के स्वर में 'ओऽम्' का उच्चारण करना। हिंदू धर्म में 'ओऽम्' एक पवित्र शब्द माना जाता है और अनेक उपनिषदों व भगवद्गीता में इसका विशेष वर्णन है। यह दिलचस्प बात है कि यह शब्द स्पष्टतः ईसाई धर्म के 'एमेन' और इस्लाम के 'आमीन' से संबंध रखता है। इससे एक बार फिर यह सिद्ध होता है कि विभिन्न विश्वासों व रीति-रिवाजों के मूल में दुनिया के सभी महान धर्मों में एका है।

मैं 'ओऽम्' शब्द को जानता तो था लेकिन मुझे यह महसूस नहीं हुआ था कि इसे आध्यात्मिक विकास के माध्यम के रूप में भी प्रयोग किया जा सकता है। नाथजी मेरे पूजा-कक्ष के फर्श पर बैठ जाते और धीरे-धीरे मंत्र का उच्चारण करना शुरू करते। धीरे-धीरे उच्चारण की गहनता बढ़ती जाती जब तक कि वह उड़ने के लिए तैयार नैट इंजन की आवाज जितनी प्रबल न हो जाती। मैं चुपचाप बैठा रहता और यदि इच्छा होती तो मैं भी मंत्रोच्चार में शामिल हो जाता। नाथजी से मेरा संपर्क पत्रों द्वारा भी हुआ और वर्षों तक रहा। कभी-कभी मुझे अजीब-सी अनुभूति होती—मानो मेरी रीढ़ की हड्डी के मूल में कोई तरल पदार्थ हिल रहा हो और एक बार तो ऐसा लगा जैसे यह तरल पदार्थ मेरे मेरुदंड में आधा ऊपर चढ़ गया। यह स्पष्ट रूप से कुंडलिनी की अभिव्यक्ति ही थी। योगियों द्वारा माना जाता है कि कुंडलिनी शक्ति हमारे मेरुदंड के आधार में निहित होती है।

बहुत दशकों पूर्व सर जॉन वुड्रफ (आर्थर एवलॉन) और आधुनिक समय में पंडित गोपी कृष्ण व अन्य अनेक लोगों ने कुंडलिनी व इसके जागृत होने से पैदा हुई शक्तियों के बारे में विस्तारपूर्वक लिखा है। इस विषय पर मूल रचना पतंजलि की 'योगसूत्र' है जो सदियों पहले लिखी गई थी। सभी पुस्तकें यह कहती हैं कि बहुत लंबे अनुशासन, काम-वासना के नियंत्रण के बाद ही कुंडलिनी जागृत होती है और कुंडलिनी जागरण के दौरान चरम आनंद की अनुभूति होती है। लेकिन मुझे यह मानना पड़ेगा कि मुझे ऐसा कोई अनुभव नहीं हुआ। बहरहाल मुझे अपनी रीढ़ में कुछ गतिविधि जरूर महसूस हुई थी—जैसे ब्लडप्रेशर की मशीन में पारा एकदम चढ़ता है और फिर धीरे-धीरे बैठ जाता है।

इसी समय मैं एक और व्यक्ति के संपर्क में आया, जो बहुत आध्यात्मिक पुरुष थे। स्वामी अशोकानंद ने अनेक वर्षों के तप के बाद कश्मीर घाटी के पश्चिमी छोर पर अच्छाबल के पास नागडंडी नामक खूबसूरत जगह पर श्री रामकृष्ण को समर्पित एक आश्रम बनाया था। सौम्य आकृति के स्वामी अशोकानंद बहुत ज्ञानी पुरुष थे। कश्मीर रहने के मौसम में मैं उनसे कभी-कभी मिल आया करता था। उनके आश्रम के जंगल में बैठकर उनकी कोमल बंगाली आवाज में आध्यात्मिक अन्वेषण पर उनकी बातें सुनना वाकई सुखकर था। उनका स्वर इतना कोमल होता कि पास ही बहते झरने की आवाज में कई बार डूब जाता।

नाथजी व स्वामी अशोकानंद के संसर्ग से आध्यात्मिक उन्नति की मेरी इच्छा के प्रबल होने में मुझे सहायता मिली। मैंने कविता लिखना शुरू कर दिया था और आरंभिक कविताओं में इसी इच्छा की प्रतिध्वनि मौजूद है। मैं एक मित्र की तलाश में था, एक ऐसा दिव्य मित्र जो मेरा हाथ पकड़कर मुझे एक नए प्रदेश में ले जाता। मेरे अजीब बचपन व अठारह वर्ष की उम्र से ही सार्वजनिक जीवन की शुरुआत की वजह से मैं जीवन की एक महत्त्वपूर्ण चीज का लुत्फ नहीं उठा पाया था, और वह थी—सच्ची दोस्ती। मेरा ममेरा भाई नसीब मेरे काफी करीब था और उसने हमारी कश्मीर एस्टेट का कामकाज भी सँभाल लिया था। आशा, निस्संदेह मेरे जीवन का तब से एक अभिन्न अंग थी जब वह तेरह वर्ष की थी और मैं उन्नीस का। और हम लगभग साथ-साथ बड़े हुए थे। ज्योति के जन्म के बाद हमें एक-दूसरे के साथ थोड़ा सामंजस्य बैठाना पड़ा—जो हमने सफलतापूर्वक किया। मगर फिर भी मुझे भीतर से खाली-खाली महसूस होता था।

वह मंदिर लगभग पर्वत की चोटी पर बना था। हमारी कार मुझे अल्मोड़ा से सत्रह मील आगे पनुआनौला नाम के गाँव तक ले गई, वहाँ से मैं एक लकड़ी व नौकर की मदद से जंगलों से होता हुआ एक हजार फीट तक चला। तब मैं उस खूबसूरत स्थान पर पहुँचा, जो समुद्र की सतह से सात हजार फीट ऊपर पर्वतों के बीच स्थित था। मंदिर

का गुंबज भूरा था और मंदिर वहाँ गहन मौन में खड़ा था। वह जगह निर्जन लग रही थी। वहाँ केवल पक्षियों की चहचहाहट और पत्तियों की सरसराहट के सिवा और कोई शब्द न था। कुछ तलाश करने पर मुझे एक माली मिला जिसने मुझे बताया कि स्वामी जी अपने दल के साथ शाम की सैर के लिए निकले हैं। सो, मैं एक पत्थर की बेंच पर बैठ गया और उस व्यक्ति के बारे में सोचने लगा जिससे मिलने मैं वहाँ आया था।

मैंने उनके बारे में पहले पहल दिलीप कुमार रॉय की किताब 'अमंग द ग्रेट' में पढ़ा था। इस पुस्तक में प्रसिद्ध दार्शनिकों से पाँच साक्षात्कार दर्ज थे। श्री अरविंदो पर लेख था वह काफी दिलचस्प था और इससे न सिर्फ मुझमें उस असाधारण व्यक्ति के बारे में अधिक जानने की जिज्ञासा हुई बल्कि उसमें एक अंग्रेज व्यक्ति रोनाल्ड निक्सन के नाम का भी जिक्र था, जिनका नाम बाद में श्री कृष्णप्रेम रख दिया गया था और जो आध्यात्मिक ज्ञान की तलाश में भारत आए थे। जब मैंने उन्हें पत्र लिखा, तो दिलीप दा ने मुझे एक पुस्तक भेजी, जिसका शीर्षक था 'श्री अरविंदो केम टु मी'। इस पुस्तक में श्री कृष्णप्रेम पर भी एक अध्याय था। और जब कृष्णप्रेम में मेरी दिलचस्पी बढ़ती ही गई तो मैंने उनसे मिलने का निश्चय किया। डॉ. के.एम. मुंशी, जो स्वयं बहुत विद्वान व्यक्ति थे, उस वक्त उत्तर प्रदेश के राज्यपाल थे। उनसे मुझे श्री कृष्णप्रेम का पता प्राप्त हुआ। उसके बाद मैंने उनसे पत्र व्यवहार शुरू कर दिया; उनकी ओर से पत्रों का उत्तर उनके शिष्य श्री माधव आशीष लिखते थे। लगभग एक वर्ष के पत्र व्यवहार के बाद 8 दिसंबर, 1958 को मैंने अल्मोड़ा जाने का निश्चय किया था।

रोनाल्ड निक्सन प्रथम विश्व युद्ध के दौरान रॉयल एयर फोर्स में फाइटर पायलट थे। युद्ध के बाद वे बीस के दशक की शुरुआत में लखनऊ विश्वविद्यालय में अंग्रेजी पढ़ाने के लिए भारत आए। किस्मत की अजीब खासियत है, जिसे या तो संयोग कहा जा सकता है या कोई दैवी इच्छा, कि उन्हें उसी विश्वविद्यालय के उपकुलपति प्रोफेसर चक्रवर्ती की संत-स्वरूपा पत्नी के रूप में अपनी गुरु मिल गईं। श्री यशोदा माई ने उसके तुरंत बाद ही गृहस्थ जीवन त्याग दिया और हिमालय पर चली गईं। श्री कृष्णप्रेम ने अपनी नौकरी से त्यागपत्र दे दिया और उससे भी आधे वेतन पर बनारस नौकरी के लिए चले गए। उसके बाद वे भी संन्यासी बन गए, अथवा वस्त्र धारण कर मीर टोला तक अपनी गुरु का अनुकरण किया। तीस के दशक की शुरुआत में वहीं पर उन्होंने एक वैष्णव श्री कृष्ण मंदिर बनवाया। अनेक वर्षों बाद दो और अंग्रेज—श्री हरीदास और श्री माधव आशीष उनके शिष्य बने और उसके बाद तो शिष्यों की संख्या बढ़ती ही गई।

श्री कृष्णप्रेम अद्भुत व्यक्ति थे उनकी बुद्धि तीक्ष्ण थी और उनमें प्रबल आध्यात्मिक रुझान था। वे कैंब्रिज के प्रतिभाशाली स्नातक थे। उन्होंने संस्कृत व पाली का गंभीरता से अध्ययन किया और हिंदी व बांग्ला तो वे धारा प्रवाह बोल सकते थे। उन्होंने अनेक किताबें लिखी थीं जो उनसे मिलने से पहले मैंने पढ़ ली थीं, विशेषकर 'इनीशिएशन इन टू योग' नाम की लेख शृंखला, 'द योगा ऑफ द भगवद्गीता' शीर्षक से एक सुबोध

टिप्पणी और 'द योगा ऑफ द कठोपनिषद्' शीर्षक की एक अन्य टिप्पणी। उनके लेखक की विशेषता थी—पाश्चात्य रहस्यवादी चिंतकों—प्लॉटिनस, हर्मीज, ट्रिस्मेजिस्टस, माइस्टर एक्हार्ट आदि के उद्धरणों से यह दर्शाना कि आध्यात्मिक अन्वेषण तो हर धर्म में है और किसी एक धार्मिक परंपरा तक ही सीमित नहीं है।

उनकी यह तीक्ष्ण सूक्ष्म दृष्टि श्री कृष्ण के प्रति उनके पूर्ण समर्पण से मेल खाती थी। श्री कृष्ण को वे 'ठाकुर' कहते थे। दिलीप दा ही पांडिचेरी में श्री अरविंदो के आश्रम में उनके दौरे का माध्यम बने थे। उन्हें एक पत्र में उस महान संत ने श्री कृष्णप्रेम के बारे में लिखा था, "आप तो भली-भाँति जानते हैं कि आध्यात्मिक विषयों में उनकी सूक्ष्म दृष्टि, उनकी प्रतिभा, विचारों व दृष्टि की विशुद्धता और उनकी अभिव्यक्ति को मैं कितनी अहमियत देता हूँ। मेरे खयाल में मैंने एक बार इसका वर्णन 'पश्यंति वाक्' शब्द से किया था।" तो इसमें कोई हैरानी की बात नहीं थी कि मैं बहुत उम्मीदों से उनका शाम की सैर से लौट आने का इंतजार कर रहा था। मेरी यह आशाएँ उस मंदिर के बिलकुल शांत वातावरण और हिमालय के आध्यात्मिक माहौल से और भी गहरा गई थीं।

लगभग आधा घंटे बाद मुझे दूर से कुछ आवाजें सुनाई दीं, और तब वह छोटा-सा समूह आता हुआ दिखाई दिया। श्री माधव आशीष एक लंबे और खूबसूरत अंग्रेज थे और वे भगवे वस्त्र पहने ग्रेगरी पेक जैसे लग रहे थे। वे मेरी तरफ बढ़े और अभिवादन किया। उनके पीछे चल रहे थे श्री कृष्णप्रेम, लगभग उतने ही लंबे। उनके बाल सफेद और छोटे-छोटे थे, आँखों पर चश्मा था। उनके जैसी नीली आँखें मैंने कभी नहीं देखीं। मैं उनके चरण-स्पर्श के लिए झुका और उन्होंने मुझे ऐसे गले लगा लिया, मानो हम हमेशा से एक-दूसरे को जानते हों। मैं आज भी उनके कपड़ों का खुरदुरापन और उनकी बाँहों की दृढ़ता महसूस कर सकता हूँ। उनकी चमकदार आँखें ऐसी लग रही थीं मानो प्रेम व शक्ति से दीप्त हों।

मैं मंदिर के पास एक छोटी-सी कॉटेज में ठहरा था, जो यशोदा माई की छोटी पुत्री मोती रानी की थी। मोती रानी अपने खराब स्वास्थ्य के बावजूद उनके साथ मीरटोला तक आई थीं और कुछ वर्ष पहले वहीं उनकी मृत्यु हो गई। मंदिर में शाम की आरती सात बजे होती थी। श्री कृष्णप्रेम भजन गा रहे थे और बिलकुल शुद्ध हिंदी में कीर्तन कर रहे थे तथा श्री माधवाशीष ढोलक पर उनका साथ दे रहे थे। मैं इस दौरान मानो भाव समाधि में खड़ा रहा। जब दीपक जलाए गए तो वहाँ खड़े तीसरे व्यक्ति, रवीन्द्रनाथ बनर्जी ने गाँग बजाया और उसकी टंकार पूजा के स्वरों के साथ पहाड़ी हवा में गूँज गई। मैंने इतनी सरल व इतनी हृदय-स्पर्शी चीज पहले कभी नहीं देखी थी। मैं बस मुँडेर पर बैठकर दूर चमकते एक तारे को देखता रहा।

मंदिर में निचली व पहली मंजिल पर कुछ कमरे बने थे, जो कुमाऊँ की लंबी सर्दियों में गर्म रहते थे। श्री कृष्णप्रेम का कक्ष पहली मंजिल पर था जो सीधे मंदिर की वेदी की ओर जा निकलता था। लेकिन वहाँ आने वाले लोग उस कक्ष तक पीछे की तरफ

बनी पत्थरों की सीढ़ियों से पहुँचते थे। यहाँ हम आरती के बाद इकट्ठा हुए; श्री कृष्णप्रेम एक कोने में आग के पास बैठ गए। वे स्वादिष्ट आलू व लड्डू बना रहे थे। उनके सामने श्री माधवाशीष बैठे। मुझे एक चारपाई पर बैठने का स्थान दिया गया, और हम गहराती रात में बातचीत करते रहे। मुझे हैरानी हुई ये देखकर कि उनकी बुद्धि कितनी चौकस और दक्ष थी और स्वभाव कितना हँसमुख ! जैसे कि आम धारणा है कि गुरु गंभीर होते हैं और लगभग उबाऊ व कट्टर लोग होते हैं–ठीक इसके विपरीत ये दोनों व्यक्ति तो हँसी व मजाक से भरपूर थे ! अपनी एक पुस्तक में श्री कृष्णप्रेम कहते हैं; ईश्वर द्वारा मनुष्य को हँसी प्रदान की गई थी और यह उसके चुनिंदा उपहारों में से एक थी। कोई पशु हँस नहीं सकता, न ही उसे हँसने की जरूरत होती है क्योंकि वह अपने स्वभाव व प्रकृति के पूर्णरूप से अनुकूल जीवन व्यतीत करता है। सिर्फ मनुष्य ही है, जिसका अहम् उसे तनाव देता है जिससे बचा नहीं जा सकता। इसीलिए ईश्वर ने उसे यह अद्‌भुत वरदान दिया। बार-बार यही हमें सब कुछ खो जाने पर भी बचाएगा। जो हँस नहीं सकता, जिसकी भक्ति इतनी गंभीर है कि उसमें हास्य की जगह नहीं, तो उस व्यक्ति को चौकस हो जाना चाहिए; मार्ग में गतिरोध हो सकता है।'' दिलीप दा ने यह कथन श्री अरविंदों के पास टिप्पणी के लिए भेजा। अगली सुबह ही जवाब आ गया। ''हँसमुख स्वभाव ? यह तो हमारे अस्तित्व का नमक है। इसके बगैर तो दुनिया का संतुलन ही बिगड़ जाएगा–पहले से ही विश्व असंतुलित है–और बहुत पहले आग की लपटों की तरफ कदम बढ़ा चुका है।''

फिर भी, हँसमुख स्वभाव बहुत सहायता करता है, लेकिन आध्यात्मिक अन्वेषण कोई मजाक नहीं है। उन तीन दिनों में, जो मैंने वहाँ बिताए, हमने मेरे जीवन की स्थिति पर भी चर्चा की। मैंने उनसे कुछ अच्छी बातें समझीं, अंतर्दृष्टि ग्रहण की जिससे मुझे हमेशा मदद मिली है। उन्होंने बताया कि किस तरह हर क्रिया का एक सकारात्मक पहलू होता है और एक नकारात्मक और किस तरह हर स्पष्ट बाहरी कर्म के लिए भीतरी रूप से मूल्य चुकाना पड़ता है। सबसे चमकदार प्रकाश की परछाईं सबसे काली होती है। उन्होंने अपने भीतरी स्वभाव व इच्छाओं को जानने व समझने की महत्ता पर जोर दिया। क्योंकि अगर उन्हें दिमागी कालीन के अंदर छिपा दिया जाए तो वे वहाँ सड़ जाती हैं और फिर अस्वस्थ मानसिक प्रवृत्तियों के रूप में उनका विस्फोट हो जाता है।

एक बार उन्होंने कहा, ''मैं तुम्हें यह बताने के लिए तैयार नहीं हूँ कि तुम्हें क्या करना चाहिए और क्या नहीं लेकिन मैं एक बात जरूर कहूँगा–अपने भीतर के प्रकाश को मत खोना। तुम्हारे पास वह प्रकाश है और यह तुम्हारी प्रतिभा प्रसिद्धि और धन से अधिक मूल्यवान है। सिर्फ यही प्रकाश शेष रहेगा; इसे कभी मत खोना। जो तुम्हें सबसे श्रेष्ठ लगे, उसी का अनुकरण करना। तुम्हें कभी पश्चात्ताप नहीं होगा।'' वे मनुष्य के मन के दो अंगों की एकता पर भी जोर देते थे–पुरुष व स्त्री, भावना व बुद्धि। इस योग के बिना मनुष्य एक आंशिक जीव रह जाता है जो निरंतर स्वयं से लड़ता रहता है, और कठोपनिषद में जिसे तलवार की धार-सा मार्ग कहा गया है, उस पर चलने के

लिए अग्रसर नहीं हो पाता।

बातचीत के दौरान कभी-कभी श्री माधवाशीष भी बीच में ही हिस्सा ले लेते। लगभग इस तरह मानो मैं दो शरीरों में विभाजित एक ही मस्तिष्क से बात कर रहा हूँ। गुरु व शिष्य—'गोपाल दा' और 'आशीष दा'—उन्हें इन्हीं नामों से पुकारा जाता था—के बीच का संबंध अद्‌भुत था। श्री कृष्णप्रेम के शब्द उनकी महान आध्यात्मिक उपलब्धि की गहराई से निकलते थे, एक सच्चे द्रष्टा का दर्शन था। जब वे भगवान कृष्ण की बात करते—अपने प्रिय, सभी जीवों के शाश्वत प्रेमी कृष्ण की बात, तो उनकी आँखें एक अजीब कांति से देदीप्यमान् लगतीं और उनका शरीर भीतर के आनंद से काँप जाता। मैं उनकी उपस्थिति की महिमा कभी नहीं भूल सकता जब मीर टोले के उस छोटे से कक्ष में आग की लपटों के सामने आशीष दा के साथ बैठकर हम तीनों जाड़ों की रात देर तक बातें करते रहते। हम हर विषय पर बात करते—राजनीति, लोग, संबंध, पुस्तकें, सपने। हर विषय पर उनका नजरिया नया होता—वे लगातार बाहरी क्रियाओं का संबंध भीतरी प्रेरणा से जोड़कर देखते। वे जीवन को अनेक सकेंद्रित वृत्तों के रूप में देखते। हर वृत्त का क्रिया क्षेत्र अलग है किंतु वे सभी 'स्व' में केंद्रित हैं। ये उपनिषद् की ही महान शिक्षा थी जिसे भारत से दस हजार मील दूर पले-बढ़े दो तेजस्वी अंग्रेज पुरुषों ने इतनी जीवंतता से प्रस्तुत किया। तीक्ष्ण बौद्धिक समझ व गहन भावनात्मक परानुभूति के आधार पर ही उन्होंने मेरे जीवन का विश्लेषण इस तरह किया जैसा पहले किसी ने नहीं किया था। और इस प्रक्रिया में मैं अपने भीतरी स्वभाव के प्रति अधिक जागृत हुआ। उनके शब्दों से अधिक प्रभावशाली तो उनका मौन था—तब उनकी आँखें शक्ति के एक ऐसे प्रवाह में स्थिर हो जातीं—इतना मूर्त प्रवाह कि मैं लगभग साँस रोक लेता ताकि उनके मौन में विघ्न न पड़े।

अध्याय 16

वर्ष 1959 में तिब्बत में त्रासद बदलाव हुए जिनसे भारत-चीन मित्रता बुरी तरह बिखर गई, जिसे जवाहरलाल नेहरू ने बड़े परिश्रम से स्थापित किया था, पोषित किया था। इसी का परिणाम थी 1962 की पराजय, जिससे नेहरूजी कभी उबर न सके। शायद यह उनके आदर्शवाद की वजह से हुआ; या शायद बीजिंग में हमारे राजदूत के.एम. पाणिक्कर की गलत सूचनाओं की वजह से। बहरहाल, पाणिक्कर की ऐतिहासिक समझ पर नेहरूजी को बहुत भरोसा था (पहले उन्होंने सलाह दी थी कि 'एशिया एंड वैस्टर्न डॉमिनेंस' का सभी मंत्रियों व राजनयिकों द्वारा अध्ययन अनिवार्य होना चाहिए।) शायद इसका कारण उत्साही किंतु अनिश्चित कृष्ण मेनन का नेहरूजी पर बढ़ता हुआ प्रभाव था या सिर्फ केंद्रीय एशिया की भौगोलिक, राजनीतिक वास्तविकताएँ। जो भी हो, तिब्बत की असफलता नेहरूजी व राष्ट्र के उत्तरोत्तर विकास की आशाओं पर पहला प्रबल कुठाराघात था।

विशेषकर हमारे लिए चीन द्वारा तिब्बत की जीत एक जबर्दस्त आघात था। उन्नीसवीं सदी में मेरे साहसी पूर्वज महाराजा गुलाब सिंह ने वजीर जोरावर सिंह, जो अवश्य ही विश्व सैन्य इतिहास के सबसे विलक्षण सेनापतियों में से एक होंगे, के नेतृत्व में एक विशाल केंद्रीय एशिया अभियान चलाया था, जिसके परिणामस्वरूप भारत के उत्तरी सीमांत प्रदेश दृढ़ रूप से एक सूत्र में बँध गए थे और उनके राज्य में हजारों वर्ग किलोमीटर क्षेत्र की बढ़ोतरी भी हुई थी। लद्दाख को जीतने के बाद जोरावर सिंह ल्हासा की ओर बढ़ रहे थे कि बहुत कड़ाके के जाड़े ने उनके कदम रोक दिए और उन्हें रूपकुंड में हार का सामना करना पड़ा। जहाँ भारत के अन्य अनेक गर्वीली लड़ाकू परंपरा वाले समुदायों ने समय-समय पर वीरतापूर्ण लड़ाइयाँ लड़ी हैं, वहीं सिर्फ डोगराओं को ही भारत की सीमाएँ केंद्रीय एशिया के मध्य तक फैलाने का अनूठा गौरव प्राप्त हुआ है।

राज्य में तिब्बत त्रासदी का विशेष प्रभाव हुआ क्योंकि सांस्कृतिक तौर पर लद्दाख तिब्बत के समरूप ही है और इन दोनों क्षेत्रों के बीच धार्मिक व पारिवारिक संबंध भी रहे हैं। जब चीनी सेना ने ल्हासा पर कब्जा किया, उस वक्त पाँच सौ लद्दाखी भिक्षुक वहाँ प्रशिक्षण प्राप्त कर रहे थे, जिनमें चार लामा (कुशक) भी शामिल थे। कुशक बाकुला तुरंत हवाई जहाज से दिल्ली आए और उन्होंने प्रधानमंत्री के लद्दाखी जनता के अपने हित व दलाई लामा की सुरक्षा के प्रति भय के बारे में सूचित किया। दलाई

लामा के प्रति तो सभी लामाई बौद्ध बहुत आदर व श्रद्धा रखते हैं। जब वे दिल्ली आए थे तो मैं भी दलाई लामा से मिला था। इसलिए मैं भी उनकी सुरक्षा के प्रति चिंतित था। वे अपने निकटतम शिष्यों के साथ ल्हासा से बहुत नाटकीय रूप से गायब हो गए थे। बहुत दिनों के रहस्य व अनिश्चितता के बाद वे तवांग पहुँचे। यह सब एक क्लासिक रोमांच जैसा ही था। हालाँकि यह बहुत तसल्ली की बात थी कि दलाई लामा बिना किसी नुकसान के वहाँ से बच निकले, लेकिन चीनियों द्वारा प्राचीन तिब्बती सभ्यता का विनाश बहुत दुखद था। कोई भी सैन्य और भौगोलिक विवशता रही हो लेकिन अनेक भारतीयों का मानना था कि नेहरूजी का पूरे मामले के प्रति बहुत नकारात्मक व निष्क्रिय रवैया रहा। अगर हम आजादी के तुरंत बाद तिब्बत को स्वतंत्र देश का दर्जा देने के लिए और संयुक्त राष्ट्र में उसकी जगह बनाने के लिए कुछ कदम उठाते तो हालात बिलकुल अलग होते। क्योंकि उस वक्त चीन भयानक गृह युद्ध से जूझ रहा था। किंतु स्पष्ट कठिनाइयों के बावजूद, ऐसा प्रतीत होता है कि उस वक्त इस बात को भी ठीक-ठीक नहीं समझा गया कि आजाद तिब्बत हमारे लिए कितना महत्त्वपूर्ण था। 1962 की विफलता उसी का परिणाम था, जिसने भारत के हितों व प्रतिष्ठा को गंभीर क्षति पहुँचाई।

एक शक्तिशाली पड़ोसी देश के साथ हमारे संबंध बहुत खराब हुए तो दूसरों के साथ संबंधों में काफी सुधार होता रहा। ए. ए. आंद्रियेव व एन.ए. मुखित्दिनोव के नेतृत्व में एक रूसी प्रतिनिधि-मंडल मार्च में श्रीनगर आया और उसने वही रुख जताया जो तीन साल पहले ख्रुश्चेव व बुल्गानिन ने अपनाया था कि जम्मू-कश्मीर भारत का अभिन्न हिस्सा है। मेरे सुझाव पर वे लौटते हुए जम्मू में रुके, जहाँ उनका गर्मजोशी से स्वागत किया गया। इसी बीच मेरे द्वारा सोवियत संघ की यात्रा का कार्यक्रम भी निश्चित हो गया था और सोवियत सरकार द्वारा एक औपचारिक निमंत्रण मिलने पर आशा, मैं और प्रोफेसर पी.एन. चाकू 23 अप्रैल से 15 मई, 1959 तक तीन हफ्ते के दौरे पर सोवियत संघ गए।

रूसी लोगों ने अपनी प्रख्यात मेजबानी से हमारा स्वागत किया। हम पहले ताशकंद पहुँचे। ताशकंद तक की यात्रा हमने एयर इंडिया के विमान 'द रानी ऑफ अयोध्या' से की जो लाहौर, गजनी और काबुल से होता हुआ ताशकंद पहुँचा। उसके बाद मास्को तक की लंबी हवाई यात्रा की। मास्को में हमारा स्वागत सुप्रीम सोवियत की प्रधान परिषद के सचिव व उच्च शिक्षा मंत्री ने किया। उस समय वहाँ फोटोग्राफरों का एक समूह भी मौजूद था। जब हम 13 एलेक्सी टॉल्स्टॉय स्ट्रीट के लकड़ी के फलक वाले बँगले में पहुँचे तो काफी देर हो चुकी थी। इसी खूबसूरत बँगले में हमारे रहने का प्रबंध था। अगले तीन हफ्ते हम मास्को-भ्रमण के व्यस्त कार्यक्रम में मशगूल रहे। हमने लेनिनग्राद देखा जहाँ विशाल संग्रहालय है; स्तालिनग्राद, जिसका नाम बाद में वोल्गोग्राद रखा गया, जब स्तालिन विरोधी अभियान जोरों पर था; सोचि, ब्लैक सी के निकट बसी एक सैरगाह, जहाँ श्रमिकों के लिए छुट्टियाँ बिताने हेतु बहुत अच्छे हॉलीडे होम्स बनाए

गए हैं; जॉर्जियन गणतंत्र की राजधानी ब्लिसी; उजबेकिस्तान की राजधानी ताशकंद; समरकंद, जहाँ तैमूर द्वारा बनवाए गए फिरोजी रंग के विशाल स्मारक हैं; और अंत में तजाकिस्तान की दर्शनीय राजधानी दुशाम्बे (तब उसका नाम स्तालिनाबाद था) ये सभी स्थल हमने घूमे। हमारे मेजबान ने हमारे लिए एक विशेष विमान की व्यवस्था कर रखी थी ताकि हम सुविधापूर्वक सफर कर सकें।

यह दौरा बहुत शिक्षाप्रद अनुभव रहा। रूसी लोगों की गर्मजोशी व भारत के प्रति उनकी दोस्ताना भावनाओं की गहराई देखकर मैं बहुत प्रभावित हुआ। जवाहरलाल की गुट-निरपेक्ष नीति को आखिरकार रूस ने ही समझा और ख्रुश्चेव से लेकर सामान्य रूसी नागरिक में मैंने भारत के प्रति पसंदगी और एक महान व प्राचीन देश के रूप में सम्मान का अनुभव किया। अनेक विश्वविद्यालयों में संस्कृत, हिंदी व अन्य भारतीय भाषाएँ पढ़ाई जा रही थीं। और जब हम 'पायोनियर पैलेसज' गए, जो कि रूस में बच्चों का व्यापक आंदोलन है और रूसी जीवन का अभिन्न अंग है, तो वहाँ अनेक बच्चों ने हमसे हिंदी में बातचीत की। एक बार मैंने उनके सांस्कृतिक कार्यक्रम के बाद उनको प्रोत्साहित करने के लिए एक छोटा-सा डोगरी लोकगीत गाया, जिससे वे बहुत खुश हुए और सभी ने तालियाँ बजाईं।

हालाँकि सोवियत शिक्षा-व्यवस्था पर मार्क्सवादी-लेनिनवादी विचारधारा की स्पष्ट छाप है, लेकिन फिर भी उसमें उद्देश्यों की स्पष्टता दिखाई देती है, जो भारत की शिक्षा-व्यवस्था में खेदजनक रूप से मौजूद नहीं है। वहाँ स्कूल से कॉलेज तक की उद्देश्यहीन यात्रा नहीं है। सैकेंडरी स्कूल के कुछ चुनिंदा छात्र भविष्य की सुनियोजित आवश्यकताओं व अभिरुचि परीक्षा के मद्दे नजर ही उच्च शिक्षा संस्थानों में लिये जाते हैं और शिक्षा समाप्त होने के बाद उन्हें रोजगार सुरक्षा भी प्रदान की जाती है। यह भारत की शिक्षा व्यवस्था में योग्यता और मानव संसाधनों की जो बरबादी होती है—उसके ठीक विपरीत है। बहरहाल जीवन के हर पक्ष में कम्युनिस्ट पार्टी का प्रभाव व प्रभुत्व स्पष्ट था। हालाँकि संसदीय लोकतंत्र का रूप विधान तो वहाँ था—मसलन—चुनाव, गुप्त मतदान, विधायिका वगैरह—मगर व्यवहार में पूरी व्यवस्था का संचालन पार्टी ही करती थी और हर चुनावी सीट के लिए केवल एक ही उम्मीदवार होता था। जब भी मैंने इस तरह के 'चुनावों' के विरोधाभास की ओर शालीनतापूर्वक संकेत किया तो हमारे दोस्ताना मेजबान बात को कुछ शर्मिंदगी से टाल गए।

इस यात्रा के दो पक्षों ने मुझ पर जबर्दस्त प्रभाव डाला। धर्म में मेरी रुचि के कारण, मैंने उनसे चर्च और एक अध्ययनशाला देखने का विशेष अनुरोध किया था। अनेक जगहों का नाम लिया गया, और अंततः हमने जागोर्स्क को चुना। यह मास्को से लगभग सत्रह किलोमीटर की दूरी पर स्थित है और रूसी ऑर्थोडॉक्स चर्च का एक महत्त्वपूर्ण केंद्र है। हम सीधे इस चर्च के विशाल कॉम्पलैक्स में गए, जो इस छोटे से कस्बे में प्रमुखता से दिखता है। चूँकि हमारा आना पहले से निश्चित नहीं था, इसलिए हमारे मेजबान को स्थानीय मठवासियों से संपर्क करने में कुछ समय लगा। फिर दाढ़ीवाला

और खूबसूरत नवयुवक पादरी बाहर आया, हमें अभिवादन किया और उसने हमें यह जगह दिखलाई। हम पहले चर्च में गए और चूँकि ईस्टर ईव का अवसर था इसलिए चर्च में काफी भीड़ थी। पूजा करने आए लोगों में ज्यादातर वृद्ध महिलाएँ थीं जो ताबूत में लेटे ईसा मसीह की तस्वीर को चूम रही थीं। मैं और मेरी पत्नी भी इन लोगों के साथ पंक्ति में खड़े हो गए और उस तबर्रूक के पास से गुजरते हुए हम श्रद्धापूर्वक झुके। हमारे दुभाषियों को थोड़ा अटपटा जरूर लगा। बाद में हमें वहाँ के उप-धर्माध्यक्ष से मिलवाया गया, जिन्होंने हमें यह थिओलॉजिकल इंस्टीट्यूट दिखलाया और उसमें स्थित एक संग्रहालय भी, जिसमें धार्मिक कला का छोटा किंतु अच्छा संग्रह था। स्पष्टतः यह पादरियों का प्रशिक्षण केंद्र था और ऐसा लग रहा था कि वह पूर्ण रूप से आस्थावान् लोगों के चंदे पर ही निर्भर था। निरीश्वरवाद सोवियत संघ में कम्युनिस्ट पार्टी के सभी सदस्यों के लिए एक केंद्रीय व आवश्यक सिद्धांत है मगर ऐसा लगा कि चर्च के जरिए धार्मिक विश्वासों को जारी रखने की इजाजत थी। हालाँकि यह सारी प्रक्रिया सरकार द्वारा ही संचालित होती थी।

उस शाम हमने मास्को की येलोहोव्स्की कैथीड्रल में ईस्टर सर्विस में भाग लिया। इसकी अध्यक्षता रूसी ऑर्थोडॉक्स चर्च के ग्रांड पेट्रियार्क एलेक्सी ने की। यह विशाल कैथीड्रल श्रद्धालुओं से पूरा भरा हुआ था और उनमें से अनेक तो बार-बार क्रॉस का आकार बनाते हुए हाथ हिला रहे थे। उनके चेहरे पर आँसू भी लगातार लुढ़क रहे थे। इस अनुष्ठान को प्राचीन स्लावोनिक भाषा के उच्चार से किया गया, जो बहुत कुछ वैदिक संस्कृत जैसी लगी। जली हुई मोमबत्तियों को घुमाना, अगरबत्ती जलाते हुए सामूहिक गायन—यह सब लगभग हिंदू आरती की याद दिलाता था। लंबी दाढ़ी वाले व पूजा के लाल परिधान में सजे पादरियों ने यह धर्मानुष्ठान किया। पौने बारह बजे पैट्रियार्क ने पंद्रह मिनट मौन रहने का निर्देश दिया फिर वे गर्भगृह में चले गए। ठीक बारह बजे वे एक चाँदी के स्टैंड में तीन जलती हुई मोमबत्तियाँ लेकर वहाँ से बाहर आए। वे एक लोबान का पात्र भी झुला रहे थे। 'ईसा जाग गए ! ईसा जाग गए !' उन्होंने अपने प्रभावशाली स्वर में यह गाया। वहाँ खड़े समूह ने प्रतिक्रिया व्यक्त की, "वे वाकई पुनर्जीवित हो गए।" तब पैट्रियार्क के नेतृत्व में लोगों के समूह ने कैथीड्रल के तीन चक्कर लगाए, जैसाकि हिंदू परिक्रमा में भी किया जाता है। जिस स्टैंड में मोमबत्तियाँ सजाई गई थीं, उसकी एक झलक पाने के लिए वहाँ भीड़ जुट गई। यह एक हृदयस्पर्शी और स्मरणीय अनुभव था—मार्क्स—लेनिन की धरती पर आध्यात्मिक पुनरुत्थान का गहन प्रतीकात्मक त्योहार था।

इस यात्रा का अन्य महान अनुभव था शानदार रूसी बैले, जिसे साम्यवाद के बाद भी सरकार का पूर्ण संरक्षण प्राप्त है। हमने मास्को के आलीशान बॉल्शॉय थिएटर में 'स्वैन लेक' नामक बैले देखा जिसमें ओडेट्/ओडाहल की दोहरी भूमिका में माया प्लैसेट्स्काया ने ऐसा अद्भुत नृत्य किया मानो कोई दैवी प्राणी हो। लेनिनग्राद में हमने 'स्पार्टक्' नामक बैले देखा, जो रोम के अत्याचारी शासन के विरुद्ध गुलाबों के विद्रोह

की कथा पर आधारित था। हमने 'डॉन क्विक्सॉट' और 'ओथेलो' भी देखे। ताशकंद में हमने 'दिन-आराम' नामक ओपेरा देखा जो अली शेर नवाय की प्रसिद्ध कविता पर आधारित था। इस ओपेरा के नायक-नायिका कश्मीरी थे और इसकी पृष्ठभूमि में श्रीनगर की शाह हमादान मस्जिद व जम्मू के रघुनाथ मंदिर का सेट बनाया गया था।

राजनीतिक स्तर पर, हमारी यात्रा का मुख्य भाग था—ख्रुश्चेव द्वारा क्रेमलिन में दोपहर के भोज पर हमें आमंत्रित करना। उनके कार्यालय में चालीस मिनट की बातचीत के बाद वे हमारे साथ क्रेमलिन के दूसरे हिस्से तक भोजन के लिए आए। हमने एक कक्ष में एक-एक जाम लिया। उन्होंने बताया कि वह कक्ष कैथरीन महान की बैठक थी। उसी के साथ वाले कक्ष में हमने भोजन किया। इस अंतरंग पार्टी में हमारे सिवा आंद्रेई ग्रोम्यको और उनकी पत्नी, भारतीय राजदूत के.पी.एस. मेनन व उनकी पत्नी और कम्युनिस्ट पार्टी की प्रधान परिषद के उज्बेकी सदस्य, मुखित्दिनोव भी शामिल थे। मुखित्दिनोव साल के आरंभ में श्रीनगर भी आए थे। ख्रुश्चेव काफी जिंदादिल मेजबान थे और बहुत बातें करते थे। उन्होंने कहा कि वे हमसे दुबारा मिलकर बहुत खुश हुए। उन्हें इस बात की भी खुशी थी कि हम दोनों अच्छे व स्वस्थ लग रहे थे। फिर उन्होंने टिप्पणी की कि पिछली बार जब वे मिले थे तब से मेरी पत्नी की आँखें कुछ ज्यादा काली हो गई हैं। वे इतने खुश नहीं लग रहे थे जितने वे अपनी भारत यात्रा के दौरान थे लेकिन अब उनकी वाणी में अपेक्षाकृत अधिक सत्ता व दृढ़ता थी। भोजन के अंत में, रूसी शैली में अनेक 'टोस्ट' के रूप में जाम पीने के बाद उन्होंने भाषण दिया जो अगली सुबह 'प्रावदा' में विस्तार से छपा। उन्होंने भारत के बारे में व भारत-रूस संबंधों के बारे में मैत्रीपूर्ण बातें कीं। और साम्यवाद के बारे में उन्होंने कहा, "विदेशों में कुछ लोग कम्युनिज्म के नाम से ही डरते हैं। साम्यवाद एक बहुत महान विचार है और कोई कपोल-कल्पना नहीं। इसका सार-तत्त्व भौतिक चीजें ही हैं; जनता के लिए भोजन, देश की अर्थव्यवस्था का उच्च स्तर, फैक्टरियाँ, उद्योग; माध्यमिक व उच्च माध्यमिक स्कूलों व सांस्कृतिक संस्थाओं का एक जाल।" अंत में उन्होंने टिप्पणी की, "हम अक्सर अपनी भारत यात्रा और भारत के लोगों द्वारा हमारे जोरदार स्वागत, सरकार द्वारा कश्मीर के लोगों द्वारा और निजी तौर पर आपके द्वारा हमारी उदार व मैत्रीपूर्ण मेजबानी को याद करके खुशी से भर जाते हैं।"

मैंने प्रधानमंत्री को अपनी सोवियत यात्रा पर विस्तार से लिखकर भेजा और उन्होंने मेरी टिप्पणी अपने मंत्रिमंडल में जानकारी हेतु हरेक को पढ़वाई। जम्मू-कश्मीर की राजनीतिक गतिविधियों व वृहद् राष्ट्रीय मुद्दों पर भी मैं उनसे संवाद करता रहा। राष्ट्रीय राजनीति में मेरी दिलचस्पी दिन-ब-दिन बढ़ती जा रही थी और श्री कृष्णप्रेम से मेरी बातचीत लगभग इस विषय के चारों ओर ही घूमती रहती कि मैं राष्ट्रीय राजनीति में भाग लूँ या नहीं। यह पचास के दशक का अंतिम दौर था और इसी समय उन्होंने मुझे सलाह दी कि मैं राष्ट्रीय राजनीति में भाग न लूँ क्योंकि जहाँ मैं हूँ—अभी मुझे वहीं महत्त्वपूर्ण काम करना है। बहरहाल, मुझे यह अहसास हो गया था कि कश्मीर

हालाँकि मेरे लिए बहुत अहम है लेकिन हमारे विशाल राष्ट्र का यह एक छोटा सा भाग है और अंतिम विश्लेषण में, कश्मीर की समस्याएँ राष्ट्र से अलग हल नहीं की जा सकतीं। और सारा जीवन बतौर सदर-ए-रियासत काटने की मेरी कोई मंशा नहीं थी। जब 1952 में यह सुझाव दिया गया कि मुझे अपना कार्य भार सँभालने से पहले आजीवन इसी पद पर रहने की शर्त रखनी चाहिए—तो इससे इनकार करने के पीछे अनेक वजहों में से एक वजह यह भी थी।

13 जुलाई, 1958 को अपने नियमित पखवाड़ा-पत्र के साथ नेहरूजी ने मुख्यमंत्रियों को सात पृष्ठ का एक नोट भी भेजा, जिसमें उन्होंने 'मुखरित सोच' यानी देश व दुनिया की मुख्य समस्याओं पर अपने विचार अभिव्यक्त किए थे। ये एक बहुत बढ़िया नोट था; 'भारत एक खोज' का पहले का दर्शन अब विश्व के सबसे बड़े लोकतंत्र के नेता के रूप में दस वर्ष के सक्रिय प्रशासकीय अनुभवों से संपन्न व परिपक्व हो चुका था। उन्होंने पूँजीवाद व साम्यवाद दोनों के लाभ व कमजोरियों की चर्चा की और लगा कि वे एक तीसरा आधार ढूँढ़ रहे हैं जो समाजवाद व वेदांत के बीच का एक रचनात्मक संश्लेषण हो। दरअसल, उन्होंने अपनी टिप्पणी में वेदांत की धारणा का कई बार जिक्र किया और अंत में लिखा, "अपनी समस्याओं के आर्थिक पहलू के मद्देनजर हमें हमेशा शांतिपूर्ण साधनों के मूलभूत रवैए को याद रखना होगा; और संभवतः जीवन के वैदांतिक आदर्श को भी जो हर वस्तु के अस्तित्व का भीतरी आधार है।"

इस नोट को पढ़ने के बाद मैंने जवाहरलाल को पत्र लिखने का फैसला किया। आठ अगस्त को मैंने उन्हें लिखा, "13 जुलाई के अपने पत्र के साथ आपने एक टिप्पणी भी लिख भेजी थी जिसमें आपने आज हमारे सामने खड़ी समस्याओं पर कुछ 'मुखरित विचार' लिखे थे। नतीजतन उन विचारों ने वाकई मुझे सोचने पर विवश किया। चूँकि मैं बहुत युवा पीढ़ी से संबंध रखता हूँ (मैं हाल ही में 27 का हुआ था) तो मुझे लगा संभवतः आपको उन प्रतिक्रियाओं में रुचि होगी, जो आपके नोट ने मुझमें प्रेरित कीं। मैं पत्र के साथ उन्हीं प्रतिक्रियाओं को संलग्न कर रहा हूँ।" मैं वही नोट यहाँ प्रकाशित कर रहा हूँ क्योंकि यह उस समय की मेरी विचारधारा को प्रकट करता है और दर्शाता है कि अनेक मुद्दे जो मेरे लिए हमेशा महत्त्वपूर्ण रहे हैं, मेरे दिमाग में राष्ट्रीय राजनीति में आने से बहुत पहले ही स्पष्ट आकार ले चुके थे; मसलन जनसंख्या नियंत्रण, परमाणु-विनाश, सार्वजनिक जीवन में भ्रष्टाचार और आध्यात्मिक पुनरुत्थान इत्यादि।

(1) आरंभ में यह कहना चाहिए, क्योंकि अक्सर हमसे उम्र में बड़े लोगों को यह अहसास नहीं होता है, कि हमारी पीढ़ी को आजादी के बाद की पीढ़ी कहा जा सकता है क्योंकि हमारी सक्रिय राजनीतिक सोच व गतिविधियाँ भारत की स्वतंत्रता के बाद ही शुरू हुई हैं। इसलिए महान स्वतंत्रता संघर्ष, जिसमें बहुत महत्त्वपूर्ण भूमिका निभाने का गौरव आपको प्राप्त है, वह वाकई निजी तौर पर हमारे लिए अधिक महत्त्व नहीं रखता क्योंकि हम लोगों को उनके आजादी से पहले नहीं बल्कि आजादी के बाद के कार्यों से आँकते हैं। इसका आशय यह नहीं कि हम स्वतंत्रता आंदोलन के प्रति उदासीन

हैं। इसके विपरीत अपनी किशोरावस्था में हम महान राष्ट्रीयता की लहर से रोमांचित हो जाते थे जिसने अंततः ब्रिटिशों को देश से निकाल बाहर किया। मुझे आज भी उत्तेजना का वह ज्वार याद है जब मैं 1947 में यहाँ पहली (और अंतिम) बार गाँधी जी से मिला था और जब उसी साल के अंत में आप मुझे जम्मू में रोगी-कक्ष में देखने आए थे। मुझे याद है कि मैं कितनी उत्सुकता से अपने स्कूल के दिनों में आपकी पुस्तकें पढ़ा करता था लेकिन मैं छिपकर ये किताबें पढ़ता था, इस डर से कि कहीं मेरे पिता देख न लें और उन्हें यह पता न चल जाए कि मैं भी तेजी से एक क्रांतिकारी बन रहा हूँ, जोकि मैं वाकई था ! लेकिन मेरा आशय यह है कि जब तक हम वयस्क हुए, अंग्रेज जा चुके थे, और इसलिए स्वतंत्रता-संघर्ष हमारी भावनात्मक रचना का उतना अभिन्न अंग नहीं है, जितना कि वह हमसे पहली पीढ़ी के लिए होगा। यहाँ तक कि गाँधीजी भी हमारे लिए बहुत रहस्यपूर्ण व्यक्तित्व हैं। निस्संदेह वे बहुत महान हैं, किंतु वे अतीत हैं, वर्तमान या भविष्य का हिस्सा नहीं।

(2) सदियों की गुलामी के बाद, हमें आजादी मिली और भारतमाता गंभीर रूप से घायल थीं, लेकिन उसे आजादी से नई स्फूर्ति व शक्ति मिली। भारत की स्वतंत्रता ऐतिहासिक रूप से महत्त्वपूर्ण घटना थी जिससे युगों की निष्क्रियता के बाद एशिया का पुनर्जागरण आरंभ हुआ। हमारे भीतर एक नए गौरव का जन्म हुआ, जब हम दुनिया के महान देशों में शामिल हो गए। फिर आपके प्रेरणापूर्ण नेतृत्व में राष्ट्र के पुनर्निर्माण का अत्यंत कठिन कार्य आरंभ हुआ। विदेशी-नीति के क्षेत्र में हमने विश्व शांति को बनाए रखने और अंतर्राष्ट्रीय तनाव को कम करने की दिशा में महत्त्वपूर्ण योगदान दिया है। आपके द्वारा पंचशील के समर्थन ने दुनिया को शांतिपूर्ण सह-अस्तित्व का एक नया दर्शन दिया है। यदि इन परमाणु युग में मनुष्यता को जीवित बचे रहना है तो इस दर्शन को स्वीकार करना ही होगा।

(3) राष्ट्रीय स्तर पर भी हमने सुनियोजित आर्थिक विकास की ओर कदम बढ़ाए और स्वतंत्रता के पहले दशक में ही हमने अनेक क्षेत्रों में काफी प्रगति की है। लेकिन साथ ही, बहुत कुछ ऐसा है जो असंतोषजनक और संकट-सूचक है। स्वतंत्रता के पहले की अर्द्धसदी में सार्वजनिक जीवन में जो आदर्शवाद निहित था, वह लगता है कि गायब हो गया है। पीछे रह गया है तो अनिष्टकर स्वार्थी अवसरवाद। ज़ैसाकि आपने अक्सर अपने वक्तव्यों व लेखों में इंगित किया है—विखंडन की प्रवृत्तियाँ बढ़ रही हैं और हालाँकि हमारे संविधान में जाति व संप्रदाय को गैरकानूनी करार दिया गया है, लेकिन वे और भी अधिक गहरे जड़ें जमाते जा रहे हैं। अनेक पर्यवेक्षकों ने यह ध्यान दिया है कि इन बलों ने पहले की अपेक्षा दूसरे आम चुनावों में अधिक अहम भूमिका निभाई। सार्वजनिक जीवन के हर स्तर पर भ्रष्टाचार ने जड़ें पकड़ ली हैं और सबसे ज्यादा यही बात युवा पीढ़ी के आदर्शों का हनन करती है। दरअसल हमारी पीढ़ी, जो हमेशा आदर्शवाद का आधार रही है, अब काफी क्षुब्ध व संदिग्ध हो गई है। जैसाकि आपने कहा है, कुछ हद तक यह प्रवृत्ति पूरी दुनिया में देखी जा रही है। मगर फिर भी यह

हैरानी की बात है कि भारत में ऐसा हो जबकि आजादी के बाद पुनर्निमाण व पुनर्रचना के नए एवं विस्तृत क्षेत्र खुले हैं और हमारे सामने प्रगति के नए मार्ग हैं।

(4) इसमें शक नहीं कि पुरानी पीढ़ी के नेताओं में आदर्शवाद आज भी बरकरार है, लेकिन उनकी संख्या तेजी से घटती जा रही है। इससे सार्वजनिक जीवन में जो रिक्त स्थान पैदा हो गए हैं, उन्हें भरना बहुत कठिन है। इस संदर्भ में मौलाना की मृत्यु का उल्लेख मैं करना चाहूँगा। जैसाकि रोमेशचंद्र दत्त के देहावसान पर श्री अरविंदो ने लिखा था, "अतीत के ऐतिहासिक चिह्न एक-एक करके मिटते चले जाते हैं और कोई भी उनकी जगह नहीं ले पाता।" मैं आपसे चालीस वर्ष से भी अधिक छोटा हूँ और हमारी पीढ़ियों के बीच एक लंबा अंतराल है जो कभी-कभी विलक्षण प्रोत्साहन व आदर्शवाद से आलोकित हो उठता है। आप हमारे लिए एक महान आदर्श हैं। आप प्रगतिशील हैं, मन व मिजाज से युवा हैं और उदात्त आदर्शों व उनको कार्यान्वित करने के निरंतर प्रयासों से ओत-प्रोत हैं। लेकिन आपके जैसे अपवाद बहुत कम हैं। हमारी ईश्वर से यही प्रार्थना है कि हमारा पथ प्रदर्शन करने के लिए वे आपको दीर्घायु करें।

(5) हमारे देश में यहाँ तक कि युवा पीढ़ी में भी आदर्शवाद की कमी होने के क्या कारण हैं, जिसका उदाहरण विश्वविद्यालयों में प्रायः देखा जा सकता है ? मुझमें इतनी योग्यता नहीं कि मैं उन जटिल आर्थिक, सामाजिक व मनोवैज्ञानिक तत्त्वों का विश्लेषण कर सकूँ जो हमारी युवावस्था की चेतना को आकार देते हैं। लेकिन मेरे विचार से कुछ हद तक इसके लिए जिम्मेदार राजनीतिक दलों को मानना चाहिए क्योंकि एक लोकतंत्र में यह उनकी जिम्मेदारी है कि वे जनता में, विशेषकर युवा पीढ़ी में उम्मीद व समर्पण का जज्बा पैदा करें। लगता है कि वे इस अहं फर्ज को अदा करने में नाकामयाब रहे हैं। और बिना किसी अपवाद के वे हमारी पीढ़ी में सच्चा आदर्शवाद प्रेरित करने में असफल रहे हैं।

(6) आपने अपनी टिप्पणी में अपने एक सहकर्मी के विचारों का जिक्र किया है, "देश की भौतिक समृद्धि को सुनिश्चित करने के अपने प्रयास में हमने मनुष्य स्वभाव के आध्यात्मिक पहलू पर ध्यान ही नहीं दिया है। इसलिए व्यक्ति व राष्ट्र को एक उद्देश्य देने के लिए, जिसके हेतु जीया जाए और यदि आवश्यक हो तो प्राणों का बलिदान भी दे दिया जाए, हमें जीवन के एक दर्शन को पुनर्जीवित करना होगा, वृहद् अर्थों में अपने विचारों को आध्यात्मिक पृष्ठभूमि देनी होगी।" मुझे लगता है कि यह एक महत्त्वपूर्ण बात है, क्योंकि अब यह व्यापक रूप से स्वीकारा जाने लगा है कि राष्ट्र का चरित्र-अनुशासन, ईमानदारी, न्याय-निष्ठा आदि गुणों का गंभीर रूप से ह्रास हुआ है और हो रहा है। यह एक गंभीर मसला है क्योंकि अच्छे चारित्रिक स्तर के बिना हमारे स्वप्नों का नया भारत एक मृगतृष्णा ही बना रहेगा। हमारे शैक्षिक संस्थानों व संभवतः सामूहिक विकास संस्थाओं को, अगर मैं इन शब्दों को वृहत् अर्थों में प्रयोग करूँ तो 'आध्यात्मिक पुनरुत्थान' की अगुआई करनी चाहिए। महज शब्द ही पर्याप्त नहीं है। हमें इस दिशा में समय रहते ठोस कदम उठाने होंगे। हमारे अतीत की महानता में भी

आध्यात्मिक उद्देश्य सदा महत्त्वपूर्ण तत्त्व रहा है, चाहे वे बुद्ध हों, अशोक हों या यह गाँधीजी—और अगर भविष्य में भी हमें महानता की इसी चोटी पर पहुँचना है, तो हमें इसी आदर्श पर चलना होगा।

(7) अंत में हमारी आर्थिक समस्या पर कुछ विचार। चाहे आध्यात्मिक उद्देश्य हममें व्याप्त हो या नहीं, मगर इसमें कोई शक नहीं कि हमें और हमारे लोकतंत्र को इस बात से आँका जाएगा कि हमने अपनी आर्थिक समस्याओं को किस हद तक हल किया है और भारत की जनता को उचित निम्न स्तर की भौतिक वस्तुएँ व सेवाएँ देने में हम किस हद तक सफल रहे हैं। निस्संदेह, आजादी के बाद हमने काफी कुछ हासिल किया है लेकिन लोगों की अपेक्षा, हमारी सामर्थ्य से कहीं अधिक तेजी से बढ़ती हैं। नतीजतन उम्मीदों व उनके पूरा होने के बीच का फासला कायम ही नहीं है, बढ़ भी रहा है। मैं कोई अर्थशास्त्री नहीं हूँ अतः मैं अपनी आर्थिक योजना के तरीके व विषय वस्तु के बारे में कुछ नहीं कहूँगा। लेकिन एक मसला है, जिसका जिक्र करना मैं अपना कर्त्तव्य समझता हूँ और वह है जनसंख्या का प्रश्न। अपने लगभग सभी पत्रों में आपने कृषि उत्पादन को बढ़ाने की अतिमहत्ता और इस दिशा में निरंतर, तेज व समन्वित प्रयास पर बहुत जोर दिया है। बेशक, यह बहुत महत्त्वपूर्ण है और किया ही जाना चाहिए। लेकिन खाद्यान्न उत्पादन हम कितना ही बढ़ा लें, सिंचाई की सुविधाएँ कितनी ही फैला लें और कृषि के तरीकों में कितना ही सुधार ले आएँ, हमारी विशाल और तेजी से बढ़ती हुई जनसंख्या वह सब निर्दयता से निगल जाएगी और लाखों लोग आर्थिक रूप से संकटग्रस्त बने ही रहेंगे। ऐसा प्रतीत होता है कि हमारी भयावह रूप से बढ़ती जनसंख्या के विनाशकारी परिणाम लोगों को समझाए नहीं गए हैं। हमारे नेता लगातार विभिन्न विषयों पर बोलते रहते हैं किंतु जनसंख्या को नियंत्रित करने की अति महत्त्वपूर्ण आवश्यकता पर स्पष्ट रूप से मौन रहते हैं। यह तर्क दिया जा सकता है कि महज शब्दों से कुछ हासिल न होगा जब तक कि हमारे पास परिवार नियोजन का कोई ठोस साधन न हो। यह निस्संदेह सच है, लेकिन किसी ऐसे अभियान की शुरुआत से पहले राष्ट्र में उसके अनुरूप मत व माहौल बनाना आवश्यक है। प्रचार के जो आधुनिक साधन हमारे नियंत्रण में हैं क्या हम राष्ट्र को यह मूलभूत समस्या के बारे में शिक्षित करने के लिए उनका पूरा इस्तेमाल कर रहे हैं ? हम विकास के अनेक कार्यों पर सैकड़ों करोड़ रुपया खर्च कर रहे हैं, लेकिन क्या हम व्यापक स्तर पर परिवार नियोजन को बढ़ावा देने के लिए पर्याप्त खर्च कर रहे हैं ? चीन भी, जो पहले-पहल जनसंख्या वृद्धि की समस्या को 'पूँजीवादी मिथक' कहकर अधीरता से टाल देता था, एक ऐसा मिथक—जो साम्यवादी शासन में खुद-ब-खुद खत्म हो जाएगा, आज वही चीन जनसंख्या वृद्धि को रोकने के लिए ठोस व सक्रिय कदम उठा रहा है। यदि हम भी ऐसा नहीं करते तो हमारी सारी योजनाएँ खतरे में पड़ जाएँगी और हम सदियों से गरीबी में डूबे अपने लोगों को उससे उबारने में कभी सफल नहीं हो पाएँगे। जनसंख्या नियंत्रण आज सर्वाधिक मूलभूत व खाद्यान्न उत्पादन की समस्या से भी अधिक महत्त्वपूर्ण समस्या है।

क्या हम यह भलीभाँति जानते हैं ? और अगर हाँ, तो क्या हम इसे हल करने का भरसक प्रयास कर रहे हैं ?"

कुछ दिनों बाद नेहरूजी का उत्तर मिला :

> प्रिय टाइगर,
>
> कुछ दिनों पहले 8 अगस्त को मुझे तुम्हारा पत्र मिला। मैंने तुम्हारी टिप्पणी बहुत रुचि से पढ़ी और मुझे उससे लाभ भी हुआ। मैं इस बात से प्रभावित हुआ कि तुम्हारी पीढ़ी का युवक दुनिया को उस तरह देख पा रहा है, जैसी वह है। काश मैं तुम्हारी पीढ़ी के युवा दिमाग को कुछ और अंतरंगता से जान पाता।
>
> –जवाहरलाल नेहरू

इस दौरान राज्य में राजनीतिक गतिविधियाँ दो धाराओं में बढ़ रही थीं। एक ओर, बख्शी सरकार द्वारा जम्मू-कश्मीर को शेष भारत के करीब लाने के प्रयास जारी थे। राज्य में प्रवेश करने के लिए भारतीय नागरिक को भी परमिट लेने की जरूरत पड़ती थी। एक अप्रैल, 1959 से यह नियम खत्म कर दिया गया। यह राज्य को देश के और निकट लाने के क्षेत्र में एक महत्त्वपूर्ण राजनीतिक व मनोवैज्ञानिक कदम था। राज्य संविधान में संशोधन करने के लिए एक बिल पारित किया गया जिसके तहत राज्य के उच्च न्यायालय के जजों को शेष देश के अन्य उच्च न्यायालयी जजों के समकक्ष लाया गया और भारतीय चुनाव आयुक्त के अधिकार क्षेत्र में जम्मू-कश्मीर को भी शामिल किया गया। 1957 के अंत में सर्वसम्मति से मैं एक बार फिर अगले पाँच सालों के लिए सदर-ए-रियासत चुना गया और पृष्ठभूमि में रहकर बख्शी व उनके मंत्रिमंडल को केंद्रीय सरकार के करीब आने के लिए सक्रिय रूप से प्रोत्साहित करता रहा। पाकिस्तान, निस्संदेह ऐसे सभी कदमों का विरोध करता रहा।

सवैधानिक रूप से स्थिति अनुकूल हो रही थी मगर राजनीतिक क्षेत्र में परेशानियाँ बढ़नी शुरू हो गईं थीं। इसके लिए आंशिक रूप से बख्शी का सत्तात्मक व अधिकारपूर्ण रवैया व उनके रिश्तेदारों और पार्टी कार्यकत्ताओं में बढ़ता भ्रष्टाचार जिम्मेदार था। नेशनल कॉन्फ्रेंस के अध्यक्ष बख्शी अब्दुल रशीद जाने-माने स्थानीय गुंडों के जरिए काम करते थे। बख्शी अब्दुल रशीद, मुख्यमंत्री के रिश्ते में भाई लगते थे। इस समूह में बख्शी के कुछ और रिश्तेदार भी शामिल थे, जिन्हें उनके विरोधी व्यंग्य से बी.बी.सी. बुलाते थे यानी बख्शी ब्रदर्स कारपोरेशन ! इस समूह के प्रभुत्व ने नेशनल कॉन्फ्रेंस के अपेक्षाकृत अधिक बौद्धिक व आदर्शवादी गुट को अलग-थलग कर दिया–जिसका नेतृत्व जी.एम. सादिक करते थे। वे स्वयं एक पुराने व सम्माननीय नेता थे। वे संविधान सभा के अध्यक्ष रहे थे और बाद में बख्शी मंत्रिमंडल में शामिल हुए थे। लेकिन हर तरह से दोनों व्यक्ति एक-दूसरे के विपरीत थे और समय के साथ-साथ सादिक और उनका गुट, जिसमें श्री कासिम, विधानसभा अध्यक्ष, जी. आर. रेजू और प्रतिभाशाली

डी.पी. धर शामिल थे, बख्शी से दूर होते चले गए। दोनों गुटों में अलगाव का परिणाम ये निकला कि इस पूरे गुट ने मंत्रिमंडल से इस्तीफा देकर नई पार्टी डेमोक्रेटिक नेशनल कॉन्फ्रेंस का गठन कर लिया। राज्य के प्रमुख के रूप में मुझे दोनों गुटों के संपर्क में रहना पड़ता था ताकि मैं नेहरूजी को राजनीतिक स्थिति के बारे में ठीक-ठीक बता सकूँ। 'डी.पी.' मेरे अच्छे मित्र थे और वे हमेशा मुझसे करीबी संवाद बनाए रखते हालाँकि बख्शी को हमारे संबंधों पर थोड़ी-बहुत आपत्ति थी। केंद्र से राज्य का संबंध मजबूत करने की दिशा में बख्शी की भूमिका की मैं कद्र करता था लेकिन बौद्धिक रूप से मैं सादिक व उनके दोस्तों के अधिक निकट था।

डेमोक्रेटिक नेशनल कॉन्फ्रेंस के अलग हो जाने से सरकार पर कोई तात्कालिक प्रभाव तो नहीं पड़ा। पार्टी व प्रशासन पर बख्शी का नियंत्रण लगभग पूरा-पूरा था। और एक बार तो ऐसा भी लगा कि यह स्थिति हमेशा बरकरार रहेगी। लेकिन मेरे पिता व शेख अब्दुल्ला दोनों का शासन रातोरात गिरता देखने के बाद, मैंने यह सीख ली थी कि राजनीति में कोई सरकार इतनी ताकतवर नहीं होती जितना कि वह दिखती है। और अप्रत्याशित तत्त्व उस वक्त प्रायः दखल दे सकते हैं, जब ऐसी संभावना ही न हो। जैसाकि मैं बताऊँगा, ऐसा ही एक तत्त्व था जो कुछ सालों बाद उठ खड़ा हुआ और शीघ्र ही बख्शी सरकार के गिरने का कारण बना।

1958 के आरंभ में शेख अब्दुल्ला की रिहाई के साथ ही इससे अधिक गंभीर राजनीतिक घटना घटित हुई। कुछ समय से इस पर विचार चल रहा था और हमारे संदेहों के बावजूद नेहरूजी ने आखिरकर निर्णय किया और बख्शी ने उसे लागू कर दिया। अपनी रिहाई के बाद शेख ने घाटी में जोरदार स्वागत के साथ प्रवेश किया और उसके तुरंत बाद उन्होंने बख्शी तथा भारत सरकार के विरुद्ध क्रोधपूर्ण और मजबूत अभियान चालू कर दिया। अपने पहले मत से वे साफ मुकर गए कि राज्य भारत का अभिन्न भाग है। अब वे इस बात पर जोर देने लगे कि राज्य का भारत में शामिल होना एक अस्थायी समझौता है और यह मुद्‌दा तभी हल हो सकता है जब भारतीय मुसलमान कभी अपने आत्म-निर्णय के हक का प्रयोग कर चुके हों। कश्मीरी जनता में अपनी लोकप्रियता व बतौर नेता एक ऊँची शख्सियत होने के बावजूद शेख अपनी कश्मीरियत से निकलकर एक सच्चे राष्ट्रीय नेता कभी न बन सके।

अपनी रिहाई के बाद तो उन्होंने बख्शी सरकार के खिलाफ मुहिम छेड़ दी। आरंभ से ही उन्होंने हजरत बल दरगाह को जुमा नमाज के बाद राजनीतिक भाषणों के मंच के रूप में प्रयोग किया था। यह वाकई हैरानी की बात है कि एक पवित्र दरगाह के राजनीतिकरण को कश्मीर के जीवन का एक पहलू मानकर स्वीकार कर लिया गया। दूसरी तरफ अगर कोई हिंदू किसी मंदिर के प्रांगण में भाषण देता तो उसे तत्काल सांप्रदायिकतावादी करार किया जाता और उसे हिरासत में ले लिया जाता। हजरत बल पर अपने भाषणों के लिए शेख अब्दुल्ला अपने सर्वाधिक नुकीले वाक्‌बाण सुरक्षित रखते और तीन महीनों तक वे लगातार विशेषकर बख्शी सरकार के खिलाफ और सामान्यतः

भारत सरकार के खिलाफ जनता में राजनीतिक व धार्मिक उन्माद को उकसाने में सक्रिय रहे। यह स्पष्ट था कि अपने मुख्य सहायक मिर्जा अफजल बेग द्वारा स्थापित जनमत संग्रह मोर्चे (प्लेबिसाइट फ्रंट) को उन्होंने सत्ता हथियाने का माध्यम बनाने का फैसला कर लिया था। यह निस्संदेह एक भारत-विरोधी संस्था थी और शेख अब्दुल्ला की रिहाई से इसे बहुत प्रोत्साहन मिला था। पूरी घाटी में अशांति फैल गई और जनमत संग्रह मोर्चा (प्लेबिसाइट फ्रंट) व नेशनल कॉन्फ्रेंस के कार्यकर्त्ताओं के बीच आए दिन टकराव होने लगा। 'हिंदू' भारत के विरुद्ध लोगों को भड़काने के लिए लगभग सभी मस्जिदों का इस्तेमाल किया गया और अब्दुल्ला ने घाटी के कोने-कोने का दौरा किया।

राज्य-राजधानी का जम्मू से श्रीनगर वार्षिक स्थानांतरण मई में निर्धारित था। और यह निश्चय किया गया कि अब्दुल्ला को पूरी आजादी दी जाए लेकिन उनकी व उनके समर्थकों की गतिविधियों पर नजर रखी जाए। मेरी तो यह स्पष्ट राय थी कि वे 1953 के बाद आए राजनीतिक बदलावों से समझौता नहीं करेंगे, लेकिन नेहरूजी व उनके सलाहकारों का मानना था कि नई वास्तविकताओं में स्वयं को समन्वित करने के लिए अब्दुल्ला को उचित अवसर दिया जाना चाहिए। अंततः मेरा विश्लेषण ही सही साबित हुआ। तीन माह बाद यह निश्चय किया गया कि उनकी गतिविधियाँ राष्ट्र हित में नहीं हैं। इसलिए 13 अप्रैल को उन्हें प्रिवेंटिव डिटेंशन एक्ट के तहत फिर हिरासत में ले लिया गया। इस प्रकार सत्ता में अब्दुल्ला की वापसी लगभग दो दशक आगे तक टल गई। और उस समय तक 1971 में पाकिस्तान के विभाजन के बाद पूरे उपमहाद्वीप की शक्ल ही बदल गई थी।

यह याद रखना चाहिए कि मेरे पिता द्वारा 'इंस्ट्रुमेंट ऑफ एक्सेशन' पर हस्ताक्षर किए एक दशक से भी ज्यादा समय बीत चुका था, लेकिन फिर भी संयुक्त राष्ट्र के एजेंडे में जम्मू-कश्मीर विवाद एक महत्त्वपूर्ण मुद्दा बना हुआ था। अप्रैल 1957 में सुरक्षा परिषद के समक्ष प्रस्तुत स्वीडिश राजनयिक गुन्तर जारिंग की रिपोर्ट और फिर मार्च 1958 में अमरीकी डॉ. फ्रेंक ग्राहम की रिपोर्ट ने परिषद में लंबी बहसें छेड़ीं। दरअसल सोवियत संघ द्वारा लगातार निषेधाधिकार अर्थात् वीटो के प्रयोग से ही उन प्रस्तावों को पारित होने से रोका गया, जिन्हें स्वीकार करने के लिए भारत सर्वथा असमर्थ था। पाकिस्तान के प्रधानमंत्री, फिरोज खान नून जो मेरे पिता के साथ विंस्टन चर्चिल की 'वार केबिनेट' के सदस्य रहे थे, अकेले ऐसे पाकिस्तानी नेता प्रतीत होते थे जो भारत के साथ एक न्यायपूर्ण निपटारा चाहते थे। 1958 के मध्य में उन्होंने भारत के बारे में मैत्रीपूर्ण बात करते हुए कहा था, "युद्ध कश्मीर समस्या या अन्य किसी समस्या का समाधान नहीं है।" उस वक्त जब पाकिस्तान की प्रेस व राजनीतिज्ञ भारत के विरुद्ध जिहाद के ऐलान का शोर मचा रहे थे, यह एक साहसिक कथन था और नेहरूजी ने तुरंत इसका जवाब दिया। सितंबर में नून नेहरूजी से बातचीत के लिए दिल्ली आए। पूर्वी सीमा क्षेत्र पर एक समझौता हुआ। पूर्वी पाकिस्तान व पश्चिम बंगाल के बीच कुछ अंतःक्षेत्रों की अदला-बदली भी निश्चित हुई। लेकिन बेरु बाड़ी का केस पचड़े

में फँस गया। दोनों पक्षों की ओर से नेहरू-नून समझौते की घनघोर आलोचना हुई। लेकिन मुझे लगता है कि वह एक शांतिपूर्ण समझौते का अंतिम अवसर था।

बहरहाल, ऐसा नहीं होना था। अभी समझौता-पत्र की स्याही सूखी भी न थी कि नून को पदच्युत कर दिया गया, पाकिस्तानी संविधान रद्द कर दिया गया और पहले जनरल इस्कंदर मिर्जा और फिर फील्ड मार्शल अयूब खान के नेतृत्व में सेना शासन लागू कर दिया गया। पाकिस्तान में सेना-शासन की शुरुआत ही 1965 व 1971 के भारत-पाक युद्ध की, पाकिस्तान के विभाजन और उपमहाद्वीप के मुस्लिम बहुल क्षेत्र (जम्मू-कश्मीर को छोड़कर) में लोकतंत्र के प्रयोग के असफल होने की सीधी वजह बनी। उसके बाद सुरक्षा परिषद के कार्यकलापों का असली अर्थ ही खत्म हो गया और मेरे पिता का पूर्ववर्ती राज्य अघोषित रूप से लगभग स्थायी तौर पर विभाजित बना रहा। इस विभाजन का तीसरा गुट, जो अब तक हमारी जानकारी में न था, कुछ ही देर बाद दृश्य पटल पर उभरने को तैयार था।

अध्याय 17

साठ का दशक शुरू होते-होते, राष्ट्रीय राजनीति में मेरी रुचि काफी बढ़ गई थी और चूँकि अब दिल्ली के चाणक्यपुरी इलाके में हमारा घर भी था, अतः हमारा दिल्ली आना बढ़ गया। अब हम वहाँ ज्यादा समय तक भी रहते थे। प्रधानमंत्री व राष्ट्रपति से मिलने के साथ-साथ मैंने अन्य राष्ट्रीय नेताओं से भी नियमित तौर पर मिलना शुरू कर दिया—इन नेताओं में इंदिरा गाँधी भी शामिल थीं। उनसे संवाद स्थापित करना मेरे लिए सरल था। मोरारजी देसाई तेजी से सरकार में दूसरे शक्तिशाली व्यक्तित्व के रूप में उभर रहे थे। हालाँकि वे मेरे प्रति हमेशा विनम्र रहे लेकिन मुझे वे सख्त व दुराग्रही लगे। एस. के. पाटील स्पष्ट बात करते थे और विनोदी स्वभाव के थे; कृष्ण मेनन मुझे चालाक व धूर्त लगते थे : टी.टी. कृष्णमचारी प्रतिभाशाली थे तो सनकी भी; सी. सुब्रह्मण्यम धीर, गंभीर और शालीन थे; अशोक मेहता सदा दुःख की तस्वीर लगते थे मगर उनका दिमाग बहुत स्पष्ट व रचनात्मक था; जबकि मेहरचंद खन्ना का झुर्रियों भरा चेहरा पहाड़ों जितना प्राचीन लगता था। सरदार स्वर्ण सिंह, जिनसे मैं पंजाबी में बात करता था, जितने नजर आते थे उससे कहीं अधिक चतुर थे और हुमायूँ कबीर की बुद्धि तीव्र व चमकदार थी, जो मुझे बहुत प्रभावित करती थी।

मंत्रिमंडल के सदस्यों के अतिरिक्त मैंने कुछ राजनयिकों से भी मिलना शुरू किया। अमरीका में जॉन एफ. केनेडी राष्ट्रपति चुने गए थे। उनकी लोकप्रियता व ताजा और उत्साहपूर्ण आदर्शवाद आइजनहावर के उबाऊ व रूखे रवैए से ठीक विपरीत था और खुशनुमा भी। कैनेडी के राष्ट्रपति बनने के बाद जॉन कैनेथ गालब्रेथ को भारत में अमेरिका का राजदूत नियुक्त किया गया। हमारी उनसे व उनकी पत्नी किटी से काफी दोस्ती हो गई और वे कश्मीर व जम्मू में भी हमसे मिलने आए। जम्मू में एक सप्ताहांत उन्होंने हमारे साथ ही बिताया था। नेहरूजी पर उनका काफी प्रभाव था और वे चुनिंदा अमरीकियों में से एक थे, जिनके विचारों व मत की प्रधानमंत्री कद्र करते थे। अल्वा मिर्डल स्वीडन की राजदूत थीं। वे और उनके पति गुन्नर मिर्डल वाकई सम्मानीय दंपति थे। बहरहाल, इन सभी में सर्वाधिक प्रेरणादायी मुझे लगे, दिल्ली में अरब लीग के प्रतिनिधि, डॉ. क्लोविस मकसूद। वे मेरोनाइट क्रिश्चियन थे और पक्के अरब राष्ट्रवादी भी। वे और उनकी पहली पत्नी रोजमैरी हमारे अजीज दोस्त बन गए। हम उनसे अक्सर मिलने लगे क्योंकि आशा और रोजमैरी की भी अच्छी छनती थी। यह अजीब बात है

कि क्लोविस के जरिए मैं अनेक प्रकार के उन भारतीय बुद्धिजीवियों से मिला, जिनसे अन्यथा मैं नहीं मिल पाता। इनमें अनेक क्रांतिकारी शख्सियत शामिल थीं—मसलन अरुणा आसफ अली व जयप्रकाश नारायण! इनसे मैं क्लोविस के चाणक्यपुरी वाले घर में ही मिला था। क्लोविस ने मेरी राजनीतिक जागरूकता में एक नया आयाम जोड़ा। उनके द्वारा आयोजित पार्टियाँ काफी प्रेरक होती थीं और अक्सर विभिन्न राष्ट्रीय व अंतर्राष्ट्रीय मुद्दों पर वहाँ सुबह होने तक गरमागरम बहस और चर्चाएँ चलती रहतीं। लगभग इसी दौरान राज व रोमेश थापर से भी हमारा परिचय हुआ, जिन्होंने हाल ही मे 'सेमिनार' का प्रकाशन शुरू किया था। वे आज भी हमारे अच्छे मित्र हैं, हालाँकि रोमेश अपने विचारों पर बहुत दृढ़ रहते हैं और उन्हें काफी बलपूर्वक अभिव्यक्त भी करते हैं। लेकिन इन जैसे मित्रों की वजह से ही मैं भारतीय राजनीतिक प्रयोग की बौद्धिक उत्तेजना को जान-समझ सका। नेहरूजी का प्रभाव मुझ पर अब भी बरकरार था।

दिल्ली के प्रति बढ़ते आकर्षण के बावजूद जम्मू व कश्मीर में मैंने अपने कर्त्तव्यों की उपेक्षा नहीं की। 1960 में कुछ महत्त्वपूर्ण घटनाएँ हुईं। श्रीनगर से लेह तक का मार्ग उसी वर्ष खुला और इस प्रकार उस सुदूर और पिछड़े जिले के लिए यह एक ऐतिहासिक घटना रही। मैं दूसरी बार लद्दाख गया और तीन दिन लेह में तथा दो दिन कारगिल में रहा। मैंने पाकिस्तान के साथ युद्ध विराम रेखा कहे जाने वाले प्रदेश में लिथवाल के सीमांत इलाकों का भी दौरा किया। इसी वर्ष ऊधमपुर को हिमाचल प्रदेश से जोड़ती एक अन्य सड़क का भी उद्घाटन हुआ। इससे न सिर्फ जम्मू क्षेत्र के दूर-दराज व अलग-अलग क्षेत्र शेष देश के लिए खुले बल्कि यह सड़क सेना के लिए भी बहुत महत्त्वपूर्ण थी क्योंकि ऊधमपुर तब और आज भी एक अहम् फौजी छावनी है।

इसी वर्ष जवाहरलाल नेहरू, डॉ. राधाकृष्णन, नेपाल के राजा महेंद्र और अन्य प्रतिष्ठित लोग भी कश्मीर आए जिससे हमें फिर रोचक लोगों की मेजबानी करने तथा उनसे संबंध स्थापित करने का मौका मिला। 5 वर्ष के आरंभ में मैं और आशा नेपाल गए। शादी के बाद आशा पहली बार वहाँ जा रही थी और मेरा नेपाल जाने का यह पहला अवसर था। नेपाल के सौंदर्य से मैं मंत्र-मुग्ध हो गया। विशेषकर पशुपतिनाथ मंदिर, बोधनाथ व स्वयंभूनाथ तीर्थ और पटन व भक्तपुर के भव्य प्राचीन शहरों ने मुझे सम्मोहित ही कर दिया। जब राजा ने प्रधानमंत्री बी.पी. कोइराला के साथ नेपाली संसद के सत्र का उद्घाटन किया, तो हम भी वहीं मौजूद थे। लेकिन बाद में यह नेपाली संसद का अंतिम सत्र सिद्ध हुआ क्योंकि कुछ ही दिनों बाद 'बी.पी.' को निष्कासित कर दिया, संसद रद्द कर दी गई और सारी सत्ता सीधे राजा के हाथ में आ गई। इस प्रकार संसदीय लोकतंत्र का नेपाल प्रयोग अपने लघु-जीवन के बाद समाप्त हो गया। एक तरह से यह उस समर्थन के विरुद्ध ही था, जो भारत ने राणा शासन को समाप्त करने के लिए नेपाल को दिया था।

शेख अब्दुल्ला फिर हिरासत में थे और लंबी सोच-विचार तथा कानूनी सलाहों के

बाद इस नतीजे पर पहुँचा गया कि राज्य में राष्ट्र विरोधी गतिविधियों के लिए व्यक्तिगत रूप से तथा जनमत संग्रह मोर्चा (प्लेबिसाइट फ्रंट) के जरिए पाकिस्तान से अवैध सहायता लेने के लिए शेख अब्दुल्ला व उनके साथियों पर मुकदमा चलाया जाए। यही वह प्रसिद्ध कश्मीर षड्यंत्र केस था, जो कुछ वर्षों तक चला और फिर इसे राजनीतिक आधार पर वापस ले लिया गया। इसी संबंध में डी.एन. प्रिट व डिंगल फुट नामक ब्रिटिश वकील जम्मू आए और बाद में डिंगल फुट ने डिफेंस के केस का काम सँभाला। यह मुकदमा गोपाल स्वरूप पाठक जो बाद में उपराष्ट्रपति बने और कुछ प्रतिष्ठित वकीलों की अगुआई में चलाया गया। इस बात के अकाट्य प्रमाण थे कि प्लेबिसाइट फ्रंट ने पाकिस्तान से बड़ी धन राशि ली थी। बहुत बाद में जुल्फिकार अली भुट्टो ने अपने संस्मरणों में इस तथ्य की पुष्टि भी की।

सत्तारूढ़ नेशनल कॉन्फ्रेंस और डेमोक्रेटिक नेशनल कॉन्फ्रेंस के बीच की दरार भी नेहरूजी के प्रयासों और इंदिरा गाँधी के हस्तक्षेप से पाट दी गई। नवंबर के अंत में बख्शी गुलाम मुहम्मद व जी.एम. सादिक के बीच हुई बातचीत के फलस्वरूप दोनों में पुनर्मेल हो गया और डेमोक्रेटिक नेशनल कॉन्फ्रेंस को खत्म कर दिया गया। मंत्रिमंडल का विस्तार किया गया और उसमें जी.एम. सादिक समेत उनके तीन साथियों—जी.एल. डोगरा, मीर कासिम और डी.पी. धर को शामिल कर लिया गया। यह एक स्वागत योग्य बदलाव था क्योंकि भारत समर्थक कश्मीरी गुट में फूट पड़ना राष्ट्रीय हित में नहीं था। बहरहाल राजनीतिक हल के बावजूद दोनों गुटों के मन नहीं मिल पाए थे। इसलिए दोनों के बीच मतभेद भविष्य में फिर उभरने वाले थे। डेमोक्रेटिक नेशनल कॉन्फ्रेंस का एक बहुत छोटा भाग अभी तक इस नाम के तहत मौजूद था—जिसकी अगुआई राम प्यारा सराफ और कृष्ण देव सेठी के हाथों में थी। ये दोनों अतिवामपंथी थे और उन्होंने सी. पी.आई. (एम.एल) से अपने संपर्क सूत्र जोड़ लिए थे।

अब तक लद्दाख में चीनी गतिविधियाँ राष्ट्र के लिए चिंता का विषय बन गई थीं। तिब्बत की स्थिति के कारण ये गतिविधियाँ शुरू हुई थीं और ये हैरानी की बात है कि उनके बढ़ते कदमों के बावजूद हमारी प्रतिक्रिया बहुत देर में हुई। यह सच है कि इसमें शामिल इलाकों के हालात दुनिया के किसी भी भाग से अधिक उग्र व कठिन हैं। वहाँ कोई आबादी नहीं और कोई वनस्पति वहाँ नहीं उगती। फिर भी वे मेरे पिता के राज्य का एक अभिन्न हिस्सा थे और इसीलिए इंस्ट्रूमेंट ऑफ एक्सेशन पर उनके दस्तखत होने के बाद वे इलाके भारत का भाग थे। एक बार फिर हमारी विदेश व सैन्य नीति की कमजोरी सामने आई। और उत्तरी सीमा एक नासूर बनकर रह गई। 1961 के आरंभ में भारतीय व चीनी अधिकारियों के बीच सीमा के प्रश्न पर अनेक बैठकें हुई थीं, जिसकी रिपोर्ट मार्च में प्रकाशित हुई और उस पर अखबारों तथा संसद में काफी बहस भी हुई। स्पष्ट था कि केवल लद्दाख में ही नहीं, पूरे पूर्वी इलाके में पूरी भारत-चीन सीमा ही विवाद का मुद्दा बन गई थी। दुर्भाग्य से नेहरूजी दुविधापूर्ण संकट में घिर गए थे। न तो वे सीमा पर कुछ क्षेत्र ले-देकर समझौता कर सके, जिसकी

आलोचना तो होती मगर उनकी प्रतिष्ठा यह आलोचना सह सकती थी; और न ही वे उत्तरी सीमा पर पर्याप्त सैन्य-बल जुटा सके जिससे वे बलपूर्वक अपने वैध हक को हासिल कर पाते। भारत व चीन में परस्पर जो द्वेष उत्पन्न हुआ वह दुःखद था। इससे विश्व के दो सर्वाधिक आबादी व प्राचीनतम संस्कृति वाले देश एक-दूसरे के दुश्मन हो गए। एक ओर नेहरूजी थे जो पंचशील के उन पाँच सिद्धांतों के प्रति वचनबद्ध थे जो प्रेम व शांति के बौद्ध मत पर आधारित थे तो दूसरी ओर माओत्से तुंग थे—जिनकी वचनबद्धता मार्क्सवादी-लेनिनवादी विचारधारा के प्रति थी कि सत्ता का प्रवाह बंदूक की गोली से ही निकलता है।

1956 व 1959 में दो बार यूरोप यात्रा के बाद हमने योजना बनाई थी कि 1961 में हम दक्षिण पूर्व एशिया की यात्रा करेंगे। लेकिन विदेशी मुद्रा के अभाव में हमें अपना कार्यक्रम बदलना पड़ा और हमने इंग्लैंड में छुट्टी बिताने का निश्चय किया। जैसाकि हम सामान्यतः करते थे, हमने बंबई तक की एयर इंडिया फ्लाइट पकड़ी, ताकि हम पिताजी से मिल सकें। वे 1949 में राज्य छोड़ने के बाद से वहीं रह रहे थे। पचास के दशक में वे कई बार विदेश भी गए और बारिश के मौसम में वे घुड़दौड़ के लिए पुणे या बँगलौर भी जाते रहते थे। लेकिन उनका घर बंबई में ही रहा और वे 64 पेडर रोड पर स्थित हरी भवन की ऊपरी मंजिल पर ही रहे। हालाँकि 1953 में शेख अब्दुल्ला सरकार को मेरे द्वारा निष्कासित कर दिए जाने के बाद से मेरे पिता मेरे प्रति कुछ नरम तो पड़ गए थे लेकिन हमारे संबंध—जो कभी बहुत प्रेमपूर्ण नहीं रहे—अब तक असंतोषजनक ही थे। 1949 में शेख अब्दुल्ला की जिद पर उन्हें राज्य से जिस प्रकार निष्कासित किया गया था, उससे वे जाहिरा तौर पर काफी अपमानित हुए थे। अपमान की यह भावना और भी गहरी हो गई थी, जब उन्होंने ये देखा कि हैदराबाद के निजाम के प्रति भारत सरकार का रवैया काफी बेहतर था, जबकि उनकी सेनाएँ तो भारत की सेनाओं के खिलाफ लड़ी भी थीं। मेरे पिता, डोगरा-राजपूत परंपरा के अनुरूप बहुत स्वाभिमानी व्यक्ति थे और वे उस बात से कभी समझौता न कर सके जो उनकी नजर में अन्यायपूर्ण था। यह तथ्य कि मैं उन हालात में, जिन्हें मैंने 'हेअर अपेरेंट' में विस्तार से लिखा है, राज्य के प्रमुख के रूप में वहाँ चला गया, उन्हें कभी रास न आया। उनका मेरे प्रति यह भीतरी विरोध ही शायद मेरे प्रति उनके रूखे रवैये का कारण रहा होगा।

इसकी दूसरी वजह, जिसका जिक्र मैं पहले भी कर चुका हूँ, उनके व मेरी माँ के बीच असंतोषप्रद संबंध भी था। गलत या सही लेकिन मेरा यह मानना था कि मेरी माँ को मेरी ज्यादा जरूरत है। इसलिए मेरा फर्ज बनता है कि मैं उनकी उचित देखभाल करूँ। जब मैं छोटा बच्चा था तो माँ से मेरा संबंध अधिक सौहार्दपूर्ण था। और जब 1950 में मेरे माता-पिता अलग हो गए तो भी मैं उनका अधिक खयाल रखता था। कुछ वर्षों बाद वे जम्मू-कश्मीर वापस आ गईं और हमारे पास ही एक अलग घर में रहने लगीं। मेरे पिता खासकर मेरे बड़े मामा नचिंत चंद से नाराज थे और उनका यह विचार था कि वे हमारे परिवार का शोषण करेंगे। इस तरह, बंबई में रहते हुए उनके

मन में कड़ुवाहट ज्यादा घर कर गई थी और वे पहले से अधिक अलग-थलग पड़ गए थे। लेकिन इस बात का कोई पुट उनके पत्रों में नहीं होता था। फिर आशा और मुझे ग्यारह साल तक कोई पुत्र नहीं हुआ था—ये उनके लिए अवश्य बहुत निराशाजनक रहा होगा क्योंकि पूर्व के सभी समाजों में पुरुष वंश को बनाए रखने को बहुत महत्त्व दिया जाता है।

लेकिन मुझे इस बात का संतोष है कि इस सबके बावजूद हमारे संबंध शालीन व उचित रहे, उनमें कभी स्पष्ट तौर पर कोई तनाव नहीं आया। मैं इस बात का बहुत खयाल रखता था कि परिवार का मुखिया होने के नाते उन्हें पूरा सम्मान मिले। मैं नियमित रूप से उन्हें पत्र लिखता था और वे हमेशा उसका जवाब देते थे। और हम हर वर्ष सर्दियों में एक पखवाड़ा उनके साथ बिताते थे। जब हम छुट्टियों में उनसे मिलने आते थे तो मैं उनके पैर छूता था और वहाँ से जाते वक्त भी। वहाँ रहते हुए मैं उनके साथ बचपन की तरह ही महालक्ष्मी घुड़दौड़ देखने जाता था। उन्हें बहुत वर्षों से मधुमेह का रोग था लेकिन सूइयों से एक अजीब भय होने के कारण वे इंसुलिन इंजेक्शन लेने के लिए राजी ही न होते थे। नतीजतन पचास के दशक के अंत में उनकी गरदन पर एक बहुत कष्टपूर्ण फोड़ा हो गया। हालाँकि उन्होंने हमें यह नहीं बताया लेकिन हमें उनके सुनार शांति सेठ से यह मालूम हुआ और हम काफी परेशान हो गए। अगली बार जब हम उनसे मिले तो उन्हें देखकर हमें धक्का लगा—वे बहुत दुबले हो गए थे। वे तो चल भी नहीं पाते थे। और शाम को जब वे अपने प्रिय घोड़ों को देखने के लिए घुड़साल तक जाते थे तो लिफ्ट तक पहुँचने के लिए भी उन्हें व्हील चेयर पर जाना पड़ता था। उस वक्त उनकी उम्र छियासठ वर्ष थी।

उस साल इंग्लैंड जाने से पहले हम उनके साथ पाँच दिन रहे। उनकी सेहत ठीक नहीं थी लेकिन वे खुश थे और उन्होंने हमें मैनचेस्टर टैरियर का एक जोड़ा लाने के विस्तृत निर्देश दिए। उन्होंने हाल ही में इन कुत्तों के बारे में पढ़ा था कि स्कॉटलैंड में बेहतरीन टैरियर मिलते हैं। उन्हें 8x30 बी की दूरबीन भी चाहिए थी। हमारी फ्लाइट देर शाम को छूटनी थी और उनसे विदा लेने का क्षण मुझे अच्छी तरह याद है। मैंने झुककर उनके चरणस्पर्श किए; मैं आज भी उनकी त्वचा को महसूस कर सकता हूँ उनके द्वारा विदा में कहे विनोदी शब्द सुन सकता हूँ; अच्छे बनना और आशा का खयाल रखना।

हम दस दिन के लिए लंदन में रहे और हालाँकि हमने हैरड्स में सामान्य खरीदारी की, कुछ नाटक भी देखे लेकिन मैं बेचैनी महसूस करता रहा। काफी कठिनाई के बाद हमें वह टैरियर कुत्तों का जोड़ा मिल गया, जो पिताजी चाहते थे। मैंने उन्हें अपने सचिव दीवान इकबाल नाथ के पास लंदन में ही छोड़ दिया ताकि वे उन्हें मेरे पिता को सौंप दें और हम इटली में कुछ दिन के लिए रुक गए। हमारा कार्यक्रम नेपल्स जाने का था अतः 24 अप्रैल को रोम गए जहाँ हमें दो दिन ठहरकर दक्षिण की ओर जाना था। हम एक छोटे से होटल में रोम का बस से दौरा करने का कार्यक्रम बना रहे थे और यह

किसी को नहीं मालूम था कि हम लोग कहाँ ठहरे हैं। तभी फोन की घंटी बजी। मुझे हैरानी हुई। फोन पर रोम में भारतीय राजदूत एस.एन. हक्सर थे और उन्होंने कहा कि वे तुरंत मुझसे मिलने आ रहे हैं। मुझे लगा कि कुछ गड़बड़ है। आशा अपना सामान खोल रही थी। मैं उसे बिना कुछ बताए नीचे गया और उनसे मिला।

जब हम हाथ मिला चुके तो उन्होंने कहा, "आपके लिए एक बुरी खबर है। आपके पिता का देहांत हो गया।" ये शब्द हवा में तैरने लगे। पिताजी की उपस्थिति मेरे जीवन का इतना अटूट और महत्त्वपूर्ण हिस्सा थी कि ये महसूस करने में मुझे थोड़ा वक्त लगा कि वे अब जीवित नहीं हैं। मैंने आशा को यह खबर दी। आशा उनसे काफी हिली-मिली थी। यह सुनते ही वह फूट-फूटकर रोने लगी। हमारे राजदूत इतने सहृदय थे कि उन्होंने रोम से रात को दिल्ली के लिए रवाना होने वाली एयर इंडिया फ्लाइट में दो टिकट बुक करवा दी थीं। उस रात मैं सो न सका और मेरे मन में पिता की छवि अनेक रूपों में घूमती रही; अपने सफेद घोड़े पर मेडलों व वर्दी में सजे श्रीनगर में बटमालू मैदान पर दशहरा परेड का निरीक्षण करते मेरे पिता; दिनभर खूब मछली पकड़ने के बाद थ्रिकर फिशिंग लॉज में व्हिस्की के घूँट लेते और अपने स्टाफ के लोगों के चुटकुलों पर हँसते मेरे पिता; गुलाब भवन की खूबसूरत लॉन में बहुत से नौकरों व मेरी माँ के साथ स्वादिष्ट भोजन तैयार करते मेरे पिता; बंबई घुड़दौड़ में अपने घोड़ों को जीतने के लिए प्रोत्साहित करते पिता; उनकी जीत पर खुश और हार पर नाराज एवं निराश होते पिताजी ! मेरे मन में कश्मीर के पुराने दिनों की यादें वापस घूम गईं जब हम बत्तख या चकोर का शिकार करते हुए सारा दिन बिता देते थे। मेरे मन में उनकी छवि एक विशालकाय दृढ़ व शानदार व्यक्ति के रूप में थी। 'ऐयर एपरेंट' के एक समीक्षक ने ठीक ही टिप्पणी की है कि मेरे मन में पिता का प्रेम पाने की उत्कट लालसा थी। मुझे विश्वास है कि वे मुझसे बहुत प्रेम करते थे लेकिन फिर भी मेरी यही इच्छा रही कि काश वे बिना किसी अंतर्बाधा या नियंत्रण के सहज होकर मुझसे प्यार करते—जैसे कि मैं अपने बेटों से करता हूँ।

अट्ठाईस की अलस्सुबह हम बंबई पहुँच गए। जब हम विमान से उतरे तो हमने देखा कि सामान के खंड में से दो कुत्ते उतारे जा रहे थे। यह अजीब इत्तेफाक था कि वे मैन चैस्टर टैरियर भी उसी विमान से लाए गए थे जिसमें हम थे। लेकिन मेरे पिता उन कुत्तों को नहीं देख पाए। पिताजी के कर्मचारी हमें लेने आए थे। उन्होंने बताया कि सत्ताईस की सुबह अचानक उनकी तबीयत काफी खराब हो गई थी। उन्हें खाँसी का एक लंबा दौरा आया जिसने हार्ट अटैक का रूप ले लिया। उनकी देखरेख करनेवाला डॉक्टर लगभग तुरंत वहाँ आ गया था—उसने उन्हें कुछ इंजेक्शन दिए मगर कोई फायदा नहीं हुआ। उनके अंतिम शब्द थे, "डॉक्टर, मैं जा रहा हूँ।" भगवान का शुक्र है कि उनका कष्ट ज्यादा लंबा नहीं खिंचा और एकाध घंटे बाद उनकी मृत्यु हो गई।

जैसाकि उन्होंने अपनी वसीयत में निर्देश दिए थे—तदनुसार आर्य समाजी रीति से उनका दाह संस्कार कर दिया गया। हमारे वहाँ पहुँचने से पहले ही संस्कार किया जा

चुका था। एक तरह से मैं खुश ही था कि मैंने उन्हें मरा हुआ नहीं देखा। मैं श्मशान गया और उनकी अस्थियाँ एकत्रित कीं जिन्हें अपोलो बुंडर में समुद्र में विसर्जित कर दिया गया। उनकी वसीयत के अनुसार उनकी राख को चाँदी के कलश में रखा गया। उन्होंने लिखा था, ''मेरी अस्थियाँ समुद्र में विसर्जित कर दी जाएँ लेकिन मेरी राख को चाँदी के कलश में रखकर एक विशेष विमान द्वारा मेरी जन्म-भूमि—जम्मू शहर में बिखरा दिया जाए।'' अट्ठाईस अप्रैल को कलश लेकर हम विशेष विमान द्वारा दिल्ली गए, जहाँ तत्कालीन रक्षामंत्री कृष्ण मेनन को मिलने आया देखकर मुझे आश्चर्य हुआ। दिल्ली में रात बिताने के बाद अगली सुबह चार्टर्ड विमान डी.सी-3 में मैं और आशा जम्मू के लिए रवाना हो गए।

जमीन पर उतरने से पहले हमने तीन बार शहर का चक्कर लगाकर पिता की राख को नीचे की मिट्टी पर बिखरा दिया—मिट्टी—जिससे मनुष्य का जन्म होता है और अंततः उसी मिट्टी में वह मिल जाता है। पिताजी को अंतिम श्रद्धांजलि देने के लिए पूरा जम्मू शहर उमड़ आया था—उस व्यक्ति के लिए विलाप करते हुए विशाल भीड़ जमा थी जो उनके महाराजा के रूप में बारह साल से भी पहले उन्हें छोड़कर चला गया था। उस विशाल भीड़ के बीच एक खुली कार में मैं कलश लेकर चल रहा था। तीस साल पहले मेरे माता-पिता खुश और उत्साहित भीड़ के बीच मेरे जन्म का समारोह मनाते हुए खुली गाड़ी में बैठकर इसी मार्ग से गुजरे थे। बारह वर्ष पहले अमेरिका से मेरी वापसी के बाद मेरे माता-पिता और मैं ऐसे ही जुलूस के बीच यहाँ आए थे। इस समय मैं अकेला था, हिंदू परंपरा के अनुसार मेरी माँ ने विधवा के सफेद वस्त्र पहन लिये थे और शोक करती महिलाओं के बीच वे अमर महल में अर्द्धमूर्च्छित अवस्था में पड़ी थीं। और मेरे पिता के नाम पर बस कलश-भर राख ही शेष थी जिसे मैं अपने हाथों में हलके से झुला रहा था। अंत में, मनुष्य का वजन कितना रह जाता है !

हालाँकि मेरे पिता की वसीयत में लिखा था कि अन्य कोई धार्मिक अनुष्ठान न किया जाए, फिर भी मैंने इसे अपना फर्ज समझा कि मैं शास्त्रानुसार तेरहवीं का अनुष्ठान करूँ। इसके तहत अनेक प्रकार की पूजा की जाती है, फर्श पर सोना होता है, दिन में एक बार शाकाहारी भोजन करना होता है और दाढ़ी नहीं बनानी होती। मेरी माँ पिताजी से बिलकुल अलग ही हो गई थीं मगर उनके देहांत का उन पर बहुत असर पड़ा। उन्होंने जिद पकड़ ली कि वे एक वर्ष तक परंपरागत हिंदू विधवा के लिए नियत कड़े नियमों का पालन करेंगी। इसके परिणामस्वरूप उनका स्वास्थ्य काफी खराब हो गया।

तेरहवीं संपन्न होने के बाद मैंने नेहरूजी को पत्र लिखा जिसमें मैंने पिताजी के देहांत के बाद गृह मंत्रालय द्वारा जारी एक विज्ञप्ति की याद दिलाई। मैंने उसकी एक प्रति तत्कालीन गृहमंत्री लालबहादुर शास्त्री को भी भेज दी। इस विज्ञप्ति में किसी भी पूर्व शासक के देहांत के बाद भारत सरकार द्वारा उसके उत्तराधिकारी की औपचारिक

पहचान दर्ज होती थी। भारत संघ में रजवाड़ों व रियासतों के मिल जाने के बाद यह एक कानूनी व संवैधानिक जरूरत थी। पहले कुछ वर्षों में मुझे लालबहादुर शास्त्री से मिलने के अनेक अवसर मिले थे लेकिन अब मैं उनके निकट संपर्क में आया। वे कद में छोटे, शांत व विनम्र थे लेकिन उनकी बुद्धि तीव्र व स्पष्ट थी और उनमें निरंतर मेहनत करने का सामर्थ्य था।

जवाहरलाल के सुझाव पर मैं जून में दिल्ली गया और शास्त्री जी से बातचीत की। स्पष्ट था कि प्रधानमंत्री शाही उपाधियों के पक्ष में नहीं थे और उनके विचार में इसमें सुधार करने का यह अनुकूल अवसर था। राज्य सरकार भी मुझे 'महाराजा' की उपाधि से अलंकृत करने के खिलाफ थी क्योंकि संविधान सभा ने अनेक वर्षों पहले राजतंत्र को समाप्त कर दिया था। दरअसल, मेरे पिता के उत्तराधिकारी के रूप में मुझे मान्यता मिलना एक संवैधानिक आवश्यकता थी, लेकिन इसके रूप को लेकर कुछ चर्चा हुई। अंततः जवाहरलाल के सुझाव पर, जो मुझे लालबहादुर शास्त्री के जरिए दिया गया, मैं जब तक सदर-ए-रियासत था, तब तक इस खिताब का प्रयोग न करने के लिए सहमत हो गया। 7 जुलाई, 1961 को मैंने उन्हें लिखा :

> प्रिय शास्त्री जी,
>
> हालाँकि मैं अपने स्वर्गीय पिता महाराजा हरी सिंह की शाही उपाधि का उत्तराधिकारी हूँ फिर भी जब तक मैं जम्मू-कश्मीर सदर-ए-रियासत के पद पर हूँ, मैं इस उपाधि का प्रयोग नहीं करना चाहता। इस दौरान मुझे श्री कर्ण सिंह ही संबोधित किया जाए।
>
> शुभकामनाओं सहित
>
> आपका
>
> के.एस.

दस तारीख को भारत सरकार ने एक आधिकारिक विज्ञप्ति जारी की, जिस पर तत्कालीन गृह-सचिव बी.एन. झा के हस्ताक्षर थे। विज्ञप्ति इस प्रकार थी :

> ऑर्डर
>
> भारतीय संविधान की धारा 22 के अनुच्छेद 366 के अंतर्गत, राष्ट्रपति युवराज कर्णसिंह को स्वर्गीय महाराजा सर हरीसिंह इंदर महेन्द्र बहादुर के उत्तराधिकारी के रूप में 26 अप्रैल, 1961 से मान्यता देते हैं।

इसके साथ ही एक प्रेस विज्ञप्ति भी संलग्न थी जिसमें लिखा था कि भारत सरकार को यह सूचित कर दिया गया है कि जब तक मैं सदर-ए-रियासत हूँ तब तक मैं 'महामहिम' और 'महाराजा' की उपाधि का प्रयोग नहीं करना चाहता और 'श्री कर्णसिंह, के नाम से संबोधित होना चाहता हूँ। इस विज्ञप्ति में आगे कहा गया था कि 'भारत सरकार श्री कर्णसिंह के इस निवेदन की प्रशंसा व सम्मान करती है और इसका अनुकरण

करेगी। राजभत्ते का जहाँ तक प्रश्न था, तो मेरे पिता को जो सालाना दस लाख रुपए मिल रहे थे, वो अब मुझे दे दिए गए। इसमें से मेरी माँ को आजीवन एक लाख रु. सलाना मिलने थे। चूँकि मेरा भत्ता काफी बढ़ गया था इसलिए मैंने निश्चय किया कि मैं बतौर सदर-ए-रियासत 5500 रु. प्रतिमाह का वेतन नहीं लूँगा। बख्शी गुलाम मुहम्मद के नेतृत्व में मंत्रिपरिषद ने इस फैसले को 'कृतज्ञतापूर्वक स्वीकार कर लिया।'

जब मैं वापस आया, उसके तुरंत बाद ही नेहरूजी श्रीनगर आए। हवाई अड्डे से लेकर चश्माशाही गेस्ट हाउस तक नेहरूजी का जोरदार स्वागत किया गया। उनके लिए झेलम में रंग-बिरंगी नावों के जुलूस का स्वागत समारोह का आयोजन भी किया गया। झेलम के दोनों किनारों पर तथा ऐतिहासिक पुलों पर विशाल भीड़ जमा थी। शाम को नेहरूजी ने लाल चौक पर विशाल जनसमूह को संबोधित किया। आठ मिनट के अपने भाषण में उन्होंने अनेक समस्याओं का जिक्र किया जिनमें पाक राष्ट्रपति अयूब खान और अमेरिका के बीच बढ़ती साँठ-गाँठ की समस्या भी शामिल थी। उन्होंने कहा कि युद्ध विराम रेखा के उस पार से आनेवाली हिंसा की धमकियों से भारत डरने वाला नहीं है। उन्होंने उस देश के जनमत संग्रह की माँग का मजाक उड़ाया जिसने 1947 में अपने उद्भव के बाद खुद एक भी आम चुनाव नहीं करवाया।

अव तक राज्य में मेरी गतिविधियाँ काफी बढ़ गई थीं। मैं तीस का हो चुका था और वैसे तो मैं बतौर राज्य का प्रमुख सक्रिय भूमिका निभा रहा था लेकिन मुझे वहाँ कुछ सीमित और बँधा-बँधा-सा लग रहा था। दलीय राजनीति तो स्पष्टतः संभव नहीं थी इसलिए मैं अन्य क्षेत्रों में ज्यादा सक्रिय हो गया। जम्मू-कश्मीर विश्वविद्यालय के कुलपति के रूप में मैंने सिंडिकेट की बैठकों की अध्यक्षता करता। हजरत बल में एक सौ बीस एकड़ का बागान, जो मैंने विश्वविद्यालय को अनुदान में दे दिया था, उस पर इमारत बनाने की योजना में मदद की और वार्षिक दीक्षांत समारोह की अध्यक्षता भी करता था। मैंने रेड क्रॉस की बैठकों में भी भाग लेना शुरू किया। पूर्व फौजियों के हितों की देख-रेख करने वाले बोर्ड की बैठकों की भी अध्यक्षता की और राजनीतिक हालात पर पैनी नजर रखते हुए मैं अन्य समाज-कल्याण व अच्छे उद्देश्यों के लिए काम करने की कोशिश करता रहा।

आशा भी व्यस्त थी। 1956 में भूषण (हिंदी) की परीक्षा उत्तीर्ण करने के बाद उसने पढ़ाई जारी रखी और मैट्रिक तथा इंटर की परीक्षा अंग्रेजी में और हिंदी की–प्रभाकर परीक्षा भी वर्ष 1960 में दी। वह राज्य समाज कल्याण बोर्ड की अध्यक्ष भी थी और इस हैसियत से वह श्रीनगर, जम्मू व लेह में चल रहे अनेक समाज कल्याण कार्यक्रमों में शामिल थी। केंद्रीय समाज-कल्याण बोर्ड की अध्यक्ष दुर्गाबाई थीं। वे एक समर्थ व कड़क महिला थीं। आशा अखिल भारतीय महिला परिषद की प्रदेश शाखा की संयोजक भी थी। इस काम में आशा की मुख्य सहायिका थीं कश्मीरी पंडित बागेश्वरी धर। वे विधवा थीं और बहुत समर्पित समाज कल्याण कार्यकर्त्ता थीं। विभाजन के तुरंत बाद पाकिस्तान से अपहृत महिलाओं को वापस लाने में वे मृदुला साराभाई के साथ काफी

सक्रिय रही थीं।

प्रादेशिक स्तर की संस्थाओं के कार्यकलापों के अलावा, कश्मीर में अनेक अखिल-भारतीय परिषदों के आयोजन होते रहते थे। और प्रायः मुझे इन सभाओं का उद्घाटन करने अथवा उन्हें संबोधित करने के लिए बुलाया जाता था। इस तरह मुझे विभिन्न प्रकार के लोगों से मिलने का बहुमूल्य अवसर मिला। 1961 के अंत में ऑल इंडिया ओरियंटल कॉन्फ्रेंस का एक सत्र श्रीनगर में आयोजित किया गया जिसकी अध्यक्षता डॉ. वी. राघवन ने की। इस सत्र में देश भर से अनेक विद्वान आए थे। मुझे यह सभा बहुत दिलचस्प लगी और अपने उद्घाटन भाषण में मैंने भारत की सांस्कृतिक परंपरा विशेषकर संस्कृत अध्ययन के क्षेत्र में कश्मीर की अनूठी भूमिका का उल्लेख किया।

इन सब गतिविधियों के बीच, लद्दाख से अशांति के समाचार आने लगे। चीनियों ने उस इलाके में अपनी चेकपोस्ट खड़ी कर दी थी जो कानूनन पूर्व जम्मू-कश्मीर राज्य का भाग था। राष्ट्रपति को एक नवंबर, 1961 में लिखित अपने पाक्षिक पत्र में मैंने यह जिक्र किया कि चीनियों ने भारतीय सीमा के भीतर 'चिपचैप' में एक और चौकी बना ली है। मैंने आगे लिखा था, "यह साफ लगता है कि चीनी अब उस क्षेत्र को कभी नहीं छोड़ेंगे जिस पर उन्होंने कब्जा कर लिया है और वे तो दरअसल वहाँ अपनी स्थिति को स्थिर व दृढ़ करने में लगे हैं।" 1962 में गोआ पर सेना ने काबू पा लिया, लेकिन उपमहाद्वीप में उपनिवेशवाद के अंत का जश्न अधिक देर नहीं चल सका।

उसके तुरंत बाद जम्मू-कश्मीर में चुनाव अभियान शुरू हो गया। नेशनल कॉन्फ्रेंस को कांग्रेस का समर्थन प्राप्त था और जम्मू में उम्मीदवारों के चुनाव अभियान के लिए नेहरूजी भी आए। लेकिन एक अजीब घटना हुई, जिससे बख्शी और उनकी पार्टी के लिए शर्मनाक स्थिति पैदा हो गई। प्रजा परिषद ने पाया कि मतपेटिका को बिना सील हटाए आसानी से खोला जा सकता है। ऐसी मतपेटिकाएँ मेरे घर लाई गईं और मुझे दिखाया गया कि किस तरह उन्हें सील को हाथ लगाए बिना खोला जा सकता है। मतपेटिका में एक जगह एक चूड़ी लगी थी, जिससे वह खुल जाती थी। इस बात को राष्ट्रीय स्तर पर अखबारों ने खूब उछाला। मैंने तुरंत बख्शी को पत्र लिखा और तत्कालीन चुनाव आयुक्त के.वी. के. सुंदरम् से संपर्क किया। अगले ही दिन वे जम्मू आए और बख्शी, विरोधी पार्टी के नेतागण और स्थानीय चुनाव अधिकारियों के साथ बैठकें बुलाईं। इसके बाद उन्होंने कुछ ऐसे उपायों की घोषणा की जिससे पेटिकाओं को अपेक्षाकृत अधिक सुरक्षित बनाया जा सके—मसलन हर पेटिका एक ऊपर कागज की एक पट्टी चिपकाना और उन्हें कपड़े में सील करना। बहरहाल, इस घटना से पूरी चुनावी प्रकिया संदेह के घेरे में आ गई और 24 फरवरी को जम्मू क्षेत्र में हुए चुनावों में जब 29 में से 26 स्थान नेशनल कॉन्फ्रेंस ने जीते तो यह जीत स्पष्ट रूप से लोगों के रुख को प्रतिबिंबित नहीं करती थी। घाटी में, नेशनल कॉन्फ्रेंस के 34 उम्मीदवारों को बिना किसी विरोध के चुन लिया गया क्योंकि सभी विरोधी उम्मीदवारों के नामांकन

पत्र गैर जरूरी आधार पर रद्द कर दिए गए थे। परिणामस्वरूप नई विधानसभा की 75 सीटों में से 70 बख्शी को मिलीं लेकिन इससे राज्य में सत्तारूढ़ पार्टी की विश्वसनीयता को काफी क्षति पहुँची।

उन दिनों जम्मू व कश्मीर संसद के सदस्य सीधे नहीं चुने जाते थे वरन् यह चुनाव राज्य विधायिका के जरिए होता था। यह राज्य की 'विशेष स्थिति' का एक अनाकर्षक पहलू था। इस प्रकार नेशनल कॉन्फ्रेंस के 6 मामूली लोग नई लोकसभा में कश्मीर का प्रतिनिधित्व करने के लिए चुन लिये गए। राज्य विधानसभा रद्द कर दी गई और बख्शी एक बार फिर नेशनल कॉन्फ्रेंस संसदीय पार्टी के सर्वसम्मत रूप से नेता चुन लिये गए। मैंने उन्हें नई सरकार बनाने के लिए आमंत्रित किया और जी.एम. सादिक, मीर कासिम व अन्य लोगों समेत 9 मंत्रिमंडल के सदस्यों को मैंने शपथ दिलाई।

इस दौरान तीसरे लोकसभा चुनाव हो चुके थे और नेहरूजी एक बार फिर सत्ता में वापस लाए गए। मार्च के अंत में आशा और मैं दिल्ली गए और वहाँ डॉ. राजेन्द्र प्रसाद को विदाई दी। दस साल बाद बतौर राष्ट्रपति रहने के बाद वे अपना पद छोड़ रहे थे। उनका स्वास्थ्य धीरे-धीरे खराब हो रहा था और राज्यपालों की सभा में अक्सर उन्हें दमे का गंभीर दौरा पड़ जाता था। उन्हें लगातार अपने गले के लिए एंटी-एलर्जिक स्प्रे इस्तेमाल करना पड़ता था। वे बहुत विनम्र व सरल व्यक्तित्व के स्वामी थे, उनकी एक विशेष प्रकार की ग्रामीण सौम्यता बहुत प्रभावशाली थी। अब यह स्पष्ट था कि वे और प्रधानमंत्री धीरे-धीरे एक-दूसरे से दूर होते जा रहे थे। यह तो सब भलीभाँति जानते थे कि नेहरूजी उनके बतौर राष्ट्रपति दुबारा चुने जाने के खिलाफ थे लेकिन अपनी पार्टी के मत के आगे एक सच्चे लोकतंत्रवादी होने के नाते वे झुक गए थे। दरअसल नेहरूजी के लिए डॉ. राजेन्द्र प्रसाद कुछ ज्यादा परंपरावादी थे। लेकिन सार्वजनिक या व्यक्तिगत तौर पर नेहरूजी हमेशा उनके प्रति सम्मानपूर्ण व्यवहार ही करते थे।

दिल्ली में हमें दो नोबेल पुरस्कार विजेताओं से मिलने का अवसर मिला; सी.वी. रमन जिन्होंने आजाद भवन में 'द गेटवे ऑफ ह्यूमेन नॉलेज' पर अद्भुत वक्तव्य दिया था और पर्ल एस. बक, जिन्होंने इंडिया इंटरनेशनल सेंटर में विशाल भीड़ को संबोधित किया और बाद में गर्ट्रड एमरसन सेन के साथ मानसरोवर में हमारे साथ रात्रिभोज में भी वे शामिल हुई थीं। इतनी महान महिला तो मशहूर हेलन केलर ही थीं, जिनसे मैं मिला था और जो कुछ अर्थों में अपेक्षाकृत अधिक विशिष्ट थीं। केलर जन्मतः अंधी व बहरी थीं लेकिन एक अध्यापक की चमत्कारपूर्ण सहायता के जरिए वे एक विद्वान व ज्ञानी महिला बनीं। वे कुछ वर्षों पहले जम्मू से गुजरी थीं और मैं उनसे एयरपोर्ट पर ही मिला था। इस बार दिल्ली में हमें नेहरूजी द्वारा आयोजित एक रात्रिभोज में आकर्षक जैकलीन कैनेडी से भी मिलने का मौका मिला। इंदिरा गाँधी ने जम्मू में हमें फोन करके इस भोज के लिए आमंत्रित किया था और हमने सहर्ष स्वीकार कर लिया था।

मई में विद्वान व राजनीतिज्ञ डॉ. एस. राधाकृष्णन को राष्ट्रपति मनोनीत किया

गया। यह इस देश का सर्वोच्च सम्मान है जिसने सदियों से विद्वान एवं ज्ञानी भारतीयों के लिए अपनी श्रद्धा को सुरक्षित रखा है। जैसाकि संस्कृत में एक कहावत है, एक राजा को सिर्फ उसके देश में ही सम्मान मिलता है लेकिन एक विद्वान व्यक्ति जहाँ भी जाता है, वहीं उसका सम्मान होता है। यह उचित ही था कि एक और सौम्य व सुसंस्कृत विद्वान डॉ. जाकिर हुसैन को उपराष्ट्रपति चुना गया। इस प्रकार उस समय देश के तीन निर्वाचित पदों पर श्रेष्ठ सामर्थ्य व उच्च बौद्धिकता वाले व्यक्ति आसीन थे जिन पर राष्ट्र वाकई गर्व कर सकता है।

अध्याय 18

उन्हीं गर्मियों में नेहरूजी इंदिरा गाँधी के साथ एक बार फिर पंद्रह दिनों के लिए श्रीनगर आए। उनका स्वास्थ्य खराब चल रहा था और उन्हें विश्राम तथा कुछ बदलाव की जरूरत थी। हमसे जितना संभव हुआ, हमने उनके आराम में खलल नहीं डाला। हाँ, एक बार जरूर उनसे राज्य की राजनीतिक स्थिति पर मेरी लंबी चर्चा हुई। तब तक मैं श्री अरविंदो की राजनीतिक विचारधारा पर अपनी पी-एच.डी. थीसिस पूरी कर चुका था। यह थीसिस बाद में लंदन में 'प्रोफेट ऑफ इंडियन नेशनलिज्म' के शीर्षक से एलन व अनविन द्वारा प्रकाशित हुई। मैंने थीसिस की पांडुलिपि प्रधानमंत्री को पढ़ने के लिए दी और उनसे उसके लिए प्राक्कथन लिखने का अनुरोध किया। उन्होंने प्राक्कथन लिखा और उसका अंत इस पैरा से किया, "श्री अरविंदो की राजनीतिक विचारधारा के इस अध्ययन की सराहना करते हुए, मैं यह जरूर कहना चाहूँगा कि वह नवयुवक जिसने इसे लिखा है, भारत के एक राजघराने का वंशज है। और अब वह जम्मू-कश्मीर राज्य का राज्यपाल है। यह बात बहुत महत्त्व रखती है कि भारतीय राजकुमारों की तरह वह शिकार, पोलो और हाई सोसायटी के विलास में व्यस्त नहीं रहा बल्कि उसने हमारे इतिहास के एक महत्त्वपूर्ण मोड़ पर अपना समय अध्ययन में विशेषकर श्री अरविंदो की राजनीतिक विचारधारा के अध्ययन में लगाया।"

दरअसल यह मेरी तीसरी पुस्तक थी। एशिया पब्लिशिंग हाउस द्वारा 'वैरीड रिदम्स' शीर्षक से कविताओं व लेखों का एक संग्रह 1960 में और 'शैडो एंड सनलाइट' शीर्षक से डोगरा-पहाड़ी लोकगीतों का संग्रह उसकी संगीत-व्याख्या व अंग्रेजी अनुवाद के साथ 1961 में प्रकाशित हो चुका था। मेरी डॉक्टरेट के बाद मुझे 'डॉ. कर्णसिंह' नाम से संबोधित किया जाने लगा। मुझे यह राजसी उपाधि से बहुत बेहतर लगता था क्योंकि यह मुझे विरासत में नहीं मिला था बल्कि इसे मैंने अर्जित किया था। इसी गर्मी में मुझे डॉ. राधाकृष्णन् का तार मिला था जिसमें मुझे भारतीय सेना का अवैतनिक मेजर जनरल नियुक्त करने की सूचना दी गई थी। मैंने अक्सर यह देखा है कि एक चीज को छोड़ देना उसके पीछे पड़े रहने से कहीं अधिक संतोषजनक होता है। मैंने एक उपाधि छोड़ी और मुझे दो-दो खिताब मिल गए !

खिताबों के जिक्र से मुझे याद आया, लगभग यही समय था जब मुझे एलबर्ट श्वाइत्जर के कामों में दिलचस्पी हुई। श्वाइत्जर एक कुशल डॉक्टर-संगीतकार और दार्शनिक थे। पचास की उम्र में वे इक्वेटोरियल अफ्रीका चले गए और वहाँ उन्होंने

लेम्बरीन में अपने प्रसिद्ध अस्पताल की स्थापना की। 'फ्रॉम द ऐज ऑफ द प्राइमेवल फॉरेस्ट' नामक पुस्तक ने मुझ पर गहरा असर डाला। फिर मैंने उनकी कुछ और किताबें पढ़ीं। हालाँकि हिंदुत्व पर उनकी व्याख्या संतोषप्रद नहीं थीं लेकिन जीवन के स्वीकरण का उनका दर्शन बहुत प्रभावशाली था। एक रविवारी अखबार में उन पर लेखों की एक कड़ी प्रकाशित हुई। उसके अंत में यह सुझाव दिया गया कि उन्हें भारत सरकार द्वारा मान्यता मिले। मैंने डॉ. राधाकृष्णन् को एक पत्र लिखा, जिसमें मैंने सुझाव दिया कि 'गैर-भारतीयों के लिए भारत सरकार द्वारा एक विशेष पुरस्कार की स्थापना करनी चाहिए, जो देश के बाहर के विशिष्ट लोगों को सरकार द्वारा दिया जाए। संभवतः इस पुरस्कार को 'भारत मित्र' पुरस्कार कहा जा सकता है। इस सुझाव को तत्काल तो स्वीकार नहीं किया गया लेकिन कुछ वर्षों बाद नेहरू शांति पुरस्कार के रूप में यही सुझाव कार्यान्वित हुआ। यह नेहरूजी के देहांत के बाद हुआ। और 1962 में उनके बगैर भारत के बारे में सोचना बहुत कठिन था।

यद्यपि बर्टांड रसेल और एल्डस हक्सले मेरे प्रिय पश्चिमी लेखक हैं लेकिन श्वाइत्जर के साथ मेरी मुलाकात बहुत प्रेरणादायी रही। मैंने 'मेस्कालिन' के बारे में जानकारी लेने की इच्छा से हक्सले को पत्र लिखा। 'मेस्कालिन' का नाटकीय प्रभाव वे अपनी प्रभावशाली पुस्तक 'द डोर्स ऑफ पर्सेप्शन' में व्याख्यायित कर चुके थे। मैंने यह भी लिखा कि मुझे उनका 'आइलैंड' नामक उपन्यास बहुत पसंद आया। उन्होंने जवाब दिया, ''आपके विनम्र पत्र के लिए धन्यवाद। 'आइलैंड' एक किस्म का व्यावहारिक स्वप्न है–एक स्वप्न चित्र जिसमें यूरोपियन व भारतीय अंतर्दृष्टि के वांछनीय एवं कल्पना में स्थित सामंजस्य के विस्तृत एवं व्यावहारिक निर्देश दिए गए हैं। लेकिन दुर्भाग्य से–अपने व्यावहारिक पहलू के बावजूद वह किताब अब भी एक स्वप्न ही है–(और जैसाकि मैंने कहानी के अंतिम पैरा में स्पष्ट किया है)–वर्तमान यथार्थ से बहुत दूर। और फिर भी, यदि हम लोग कुछ और करने में इतना मसरूफ न होते तो, मेरा मानना है कि हम दुनिया को पूर्ण मनुष्य के रहने योग्य बना सकते थे।''

दुःख की बात है, हक्सले की आदर्श दुनिया हमारी पहुँच से बहुत दूर थी। उपमहाद्वीप के पीड़ादायक विभाजन के बाद, जिसमें हजारों की तादाद में मासूम लोगों की जान गई और जो मानव इतिहास में लोगों के सबसे विशाल स्थानांतरण के रूप में फलित हुआ, हम एक बार फिर एक हिंसात्मक टकराव की दहलीज पर थे, इस वक्त यह टकराव हमारे मजबूत व विकट पूर्वी पड़ोसी चीन के साथ था। तिब्बत में अपनी स्थिति मजबूत करने के बाद चीन ने तिब्बत के पठार पर दृढ़ सैन्य आधार बना लिया था, जहाँ से वे नीचे के अत्यंत कठिन एवं दुर्दम्य पहाड़ी दर्रों व घाटियों पर काबू पा सकते थे। हमारी उत्तरी सीमा के पश्चिमी व पूर्वी (नेफा) क्षेत्रों में एक ऐतिहासिक दुविधा की स्थिति बन गई थी, जो औपनिवेशिक ब्रिटिश राज की देन थी। यह मतभेद का स्थायी और प्रच्छन्न स्रोत था जिसके बारे में मुझे नहीं लगता कि नई दिल्ली में नीति व कानून बनाने वाले महत्त्वपूर्ण लोग पर्याप्त रूप से सचेत थे।

यह भारत के हित में होता अगर वह चीन के साथ अपनी सीमा को स्पष्ट रूप से निर्धारित कर लेता। बहरहाल, भारत-चीन मित्रता ने जो 'हिंदी-चीनी भाई-भाई' वाले प्रसिद्ध नारे के प्रतीक में उत्साहपूर्ण माहौल बनाया और जवाहरलाल ने संयुक्त राष्ट्र संघ में भारतीय गणतंत्र को जगह दिलाने के लिए भरसक सफल प्रयास किए—इन सभी तथ्यों के बावजूद सीमा विवाद का मुद्दा कभी सुलटाया नहीं गया। अनेक सालों तक इन दोनों सीमांत क्षेत्रों में छिटपुट घटनाएँ होती रहीं। हमारे दावे के अनुसार जो इलाका लद्दाख की सीमा में था, उसमें चीनी चौकियाँ खोल दी गईं और नेफा क्षेत्र में दोनों पक्षों की तरफ से एक-दूसरे की सीमाओं में प्रवेश किया गया। जुलाई 1962 में गलवन घाटी में एक घटना हुई। हालाँकि चीनी सेना ने हमारी सेना के साथ कोई गंभीर टकराव नहीं किया, लेकिन यह स्पष्ट हो गया कि दोनों ओर से मान्यता प्राप्त सीमा की नामौजूदगी दुनिया के दो सर्वाधिक आबादी वाले राष्ट्रों के बीच गंभीर-समस्या पैदा करनेवाली थी। ठीक इसी समय, पाकिस्तान व पाकिस्तान अधिकृत कश्मीर में सेना के इकट्ठा होने की रिपोर्टें आईं और युद्ध विराम रेखा पर होने वाले छिटपुट टकरावों की संख्या भी बढ़ गई। पूर्वी क्षेत्र में भी स्थिति भड़क गई थी, और यह जाहिर था कि अब पूरी सीमा पर चीनी लोग निश्चित रूप से सक्रिय होने वाले थे।

भारतीय सेना पूरे विश्व में सर्वश्रेष्ठ लड़ाकू बल थी। दो विश्वयुद्धों में हमारी सेना अपनी ताकत का प्रदर्शन कर चुकी थी और स्वतंत्रता के बाद सेना को काफी दृढ़ भी बनाया जा चुका था। अंग्रेजों के जाने के बाद सेना प्रमुखों के साथ मेरे नजदीकी ताल्लुकात हो गए थे—के.एम. करियप्पा, महाराज राजेन्द्र सिंह जी, एस.एम. श्रीनागेश, के.एस. थिमैय्या और तत्कालीन सेना के प्रमुख पी.एन. थापर। 1956 में कृष्ण मेनन की बतौर रक्षामंत्री नियुक्ति के बाद सैन्य बल के परंपरागत प्रशासन में दुर्भाग्यपूर्ण बदलाव हुए थे। उनकी तीव्र बुद्धि व सामर्थ्य पर कोई संदेह न था, लेकिन सेना में राजनीतिकरण के तत्त्व को लाने के लिए वही जिम्मेदार थे। कुछ ही वर्षों में इसके बुरे व विनाशकारी परिणाम हुए। दृढ़ निश्चयी, घमंडी और संभ्रांति की हद तक शक्की कृष्ण मेनन ने जवाहरलाल से अपनी निकटता का पूरा इस्तेमाल किया और रक्षा मंत्रालय तथा उससे भी बदतर, सेना बलों में अपने लोगों को खूब आगे बढ़ाया। जब उन्होंने मंत्रालय का कार्यभार सँभाला तो जनरल थिमैया चीफ ऑफ आर्मी स्टाफ थे। स्पष्टवादी और प्रभावशाली व्यक्तित्व के जनरल की लगभग तुरंत ही मेनन से झड़प हो गई। इसके परिणामस्वरूप 1959 में उन्होंने इस्तीफा दे दिया मगर यह व्यर्थ ही रहा। जवाहरलाल ने मेनन का पूरा-पूरा साथ दिया। थिमैया को काफी अपमान सहना पड़ा और उन्हें इस्तीफा वापस लेने के लिए बाध्य किया गया। जब उनका कार्यकाल पूरा हुआ तो उनकी जगह जनरल पी.एन. थापर ने ली। थापर विनम्र व मैत्रीपूर्ण व्यक्ति थे लेकिन थिमैया से काफी कमजोर।

बहरहाल, कृष्ण मेनन थापर के जरिए ही काम करके संतुष्ट न थे। उन्होंने अपने प्रिय जनरल बी.एम. कॉल को आगे बढ़ाया जिन्होंने 1953 में जम्मू-कश्मीर के राजनीतिक

संकट में बतौर ब्रिगेडियर श्रीनगर व दिल्ली के बीच संपर्क सूत्र के रूप में काम किया था। इसी राजनीतिक संकट का नतीजा निकला था शेख अब्दुल्ला का निष्कासन व उनकी गिरफ्तारी ! 'बिज्जी' कॉल बहुत कुशाग्र बुद्धि व भावुक इनसान थे। वे सिर्फ मेनन के ही नहीं, नेहरूजी के भी काफी करीब थे। उनकी नियुक्ति बतौर चीफ ऑफ द जनरल स्टाफ कर दी गई और व्यवहार में वही सेना का कामकाज देखने लगे। वृद्ध होते प्रधानमंत्री, एक घमंडी और सत्तालोलुप रक्षामंत्री, कमजोर आर्मी चीफ और षड्यंत्रकारी व अति महत्त्वाकांक्षी चीफ ऑफ द जनरल स्टाफ–यही वह दुर्भाग्यपूर्ण स्थिति थी जो आनेवाली विनाशपूर्ण विफलता के लिए उत्तरदायी थी। इस वक्त तक सरकार व कांग्रेस पार्टी से नेहरूजी के सभी वरिष्ठ सहकर्मी लुप्त हो चुके थे। सत्ता के सर्वोच्च शिखर पर आसीन होने के अपने लाभ हैं मगर इसके नुकसान व खतरे भी उतने ही अहम होते हैं। इन हानियों में से एक है–निर्विवाद नेता के आसपास ऐसे लोग नहीं होते जो उससे निर्भीकता व ईमानदारी से बात कर सकें। उसे वही बताया जाता है, जो उसके नजदीकी लोग समझते हैं कि वह सुनना चाहेगा। नतीजतन, वह वास्तविकता से दूर होता चला जाता है और अपनी ही बनाई काल्पनिक दुनिया में रहने लगता है। और जब यथार्थ उसमें हस्तक्षेप करता है तो उसका परिणाम निजी व राष्ट्रीय आघात ही होता है।

जैसाकि मैंने पहले कहा, लद्दाख या नेफा में हमारी उत्तरी सीमा पर स्थित जटिल समस्या से भारत सरकार पूरी तरह अवगत नहीं थी। दो सदियों से अपने साम्राज्यवादी हितों की रक्षा के लिए अंग्रेजों ने उस पूरे क्षेत्र पर नियंत्रण किया हुआ था। जब अंग्रेज गए, तो भारत विभाजन की त्रासदी में उलझा हुआ था और उसके पास चीन के संदर्भ में नीतिगत अथवा कूटनीतिक जानकारी और कौशल विकसित करने के लिए समय नहीं था। यही तिब्बत में कूटनीतिक विफलता और 1962 में सैन्य विफलता दोनों का कारण रहा। हम स्पष्टतः दुधारी मुसीबत में फँस गए। न तो हम चीन से कोई कूटनीतिक समझौता कर पाए न ही पर्याप्त सैन्य बल जुटा पाए ताकि हम अपने दावे को बलपूर्वक हासिल कर सकें। हिमालय की यात्रा कितनी कठिन है, इसका किसी को पूरा-पूरा अहसास नहीं था और सेना मुख्यालय में अब कोई जोरावर सिंह भी नहीं था जो अपनी सैन्य कुशलता से उस क्षेत्र में भारत की अंदरूनी कमजोरी को विजित कर लेता।

20 अक्तूबर की सुबह चीनी फौजों ने लद्दाख और नेफा में पूरी ताकत से धावा बोल दिया। 23 अक्तूबर को राज्यपालों के सम्मेलन में जवाहरलाल ने पूरी स्थिति का खुलासा किया। उन्होंने माना कि सीमा पर हमें काफी क्षति पहुँची है, हमारी कई चौकियों को जीत लिया गया है और अब चीनी पश्चिम में तवांग व लद्दाख में डुँगली की तरफ बढ़ रहे हैं। भौगोलिक स्थिति भी दरअसल पूरी तरह उन्हीं के पक्ष में थी और हमारी सेना को आवश्यक तर्कसंगत सुविधाओं के बिना एक असंभव काम सौंप दिया गया था। 'फॉरवर्ड स्ट्रैटेजी' जो कौल और मेनन ने बनाई थी और जिसके प्रति जवाहरलाल को उन्होंने आश्वस्त कर लिया था लगभग तत्काल ढह गई। न सिर्फ हम आगे नहीं

बढ़ पाए बल्कि हमारी फौजों को पीछे खदेड़ दिया गया और बहुत से सैनिक हताहत हुए। यह हमारे सैन्य बलों के लिए सबसे निराशाजनक समय था। उनके पास पर्याप्त हथियार नहीं थे और शत्रु की तुलना में उनकी संख्या भी कम थी। सारा राष्ट्र हतप्रभ था। जनता को यह विश्वास दिलाया गया था कि देश की सीमाएँ पूरी तरह सुरक्षित हैं। अचानक उसे अहसास हुआ कि दरअसल वे बिलकुल असुरक्षित थे और कभी अजेय रहा हिमालय अब अलंघ्य आकट्य अवरोध नहीं रहा था न ही वैसा प्रहरी जैसाकि सभ्यता के आरंभ से उसे माना जाता था।

राज्यपाल सम्मेलन के तुरंत बाद मैं विमान द्वारा श्रीनगर पहुँचा क्योंकि 28 अक्तूबर बतौर सदर-ए-रियासत पंचवर्षीय पद के चुनाव के लिए नामांकन पत्र दाखिल करने की आखिरी तारीख थी। सिर्फ मेरा ही नामांकन पत्र प्राप्त हुआ था; इसका प्रस्ताव बख्शी गुलाम मुहम्मद द्वारा रखा गया और गिरधारीलाल डोगरा द्वारा इसका समर्थन किया गया। 29 की सुबह विधान सभा अध्यक्ष ने घोषणा की कि मुझे तीसरी बार सर्वसम्मति से सदर-ए-रियासत चुन लिया गया है। 31 को मैंने अपने पद की शपथ ली। चीनी आक्रमण के बावजूद राज्य का हौसला बुलंद था। हमेशा की तरह प्रबंधन में निपुण बख्शी ने घाटी और जम्मू में उत्साहपूर्वक और जोश भरे भाषण दिए। शपथ लेने के तुरंत बाद मैं जम्मू पहुँचा और पाया कि राष्ट्र की रक्षा व एकता के लिए लोग उत्साह से परिपूर्ण थे—देश के कोने-कोने में यही भावना छाई थी। राष्ट्र रक्षा फंड के लिए चंदा इकट्ठा किया जा रहा था।

दो दिन जम्मू में रहने के बाद मैं दिल्ली वापस गया। चीन के आक्रमण ने राजनीति का नक्शा ही बदल दिया था। नेहरूजी स्वयं तो इस तूफान को झेल गए थे लेकिन देश व विदेश में उनकी प्रतिष्ठा को गंभीर आघात पहुँचा। चूँकि अब यह जाहिर हो गया कि सीमा पर छिड़े युद्ध में निश्चित तौर पर हम हार रहे हैं, कि हमारी सेना के पास कड़े जाड़े और उग्र तथा प्रतिकूल क्षेत्र में लड़ने के लिए न तो पर्याप्त हथियार हैं, न ही वस्त्र, कि कृष्ण मेनन और जनरल कौल की मिली-जुली नीति के फलस्वरूप भी हमें इस सैन्य व राजनीतिक विफलता का सामना करना पड़ा, तो जनता का रुख बदलने लगा। हालाँकि देश भर के लोग देशभक्ति व देश प्रेम से ओतप्रोत थे और संसद में भी एक वीरतापूर्ण प्रस्ताव पारित किया गया, फिर भी हर स्तर पर यहाँ तक कि कांग्रेस संसदीय पार्टी में भी नाराजगी बढ़ रही थी।

यह माँग भी आने लगी कि कृष्ण मेनन को चले जाना चाहिए। जवाहरलाल ने, जो एक गलती के प्रति वफादार थे और मेनन की हमेशा जरूरत से ज्यादा तरफदारी करते थे, कुछ देर इसका विरोध किया। 31 अक्तूबर को उन्होंने घोषणा की कि वे स्वयं रक्षा मंत्रालय का कामकाज देखेंगे जबकि कृष्ण मेनन रक्षा उत्पादन मंत्री की हैसियत से मंत्रिमंडल में बने रहेंगे। स्पष्टतः यह पर्याप्त नहीं था। किसी दूसरे देश में तो स्वयं प्रधानमंत्री को इस्तीफा देना पड़ता, लेकिन देश-विदेश में नेहरूजी की इतनी प्रतिष्ठा थी, जनता की सेवा का उनका इतना लंबा अनुभव था और उनकी ईमानदारी इतनी स्पष्ट

थी कि ऐसी कोई माँग नहीं की गई। इस घटना के समान अन्य घटना जो मुझे याद पड़ती है वह है 6 दिन के युद्ध के बाद जबर्दस्त हार का सामना करते मिस्र के राष्ट्रपति नासिर। बहरहाल, इस अवस्था में मेनन को बचाने के नेहरूजी द्वारा किए गए प्रयास संभव नहीं थे। 7 नवंबर को कांग्रेस संसदीय पार्टी की उत्तेजनापूर्ण बैठक के दौरान यह साफ हो गया कि अगर नेहरूजी कृष्ण मेनन का बचाव करते रहे तो पार्टी नेतृत्व में बदलाव के लिए भी तैयार हो जाएगी। कुछ वर्षों बाद हाजिरजवाब और खुशमिजाज महावीर त्यागी ने जो कृष्ण मेनन विरोधी गुट के मुख्य नेताओं में से थे, मुझे सेंट्रल हॉल में हुई इस बैठक का हाल बताया था। उन्होंने बताया कि पहले जवाहरलाल ने कई मिनटों तक कृष्ण मेनन की राष्ट्र सेवा व सामर्थ्य की भूरि-भूरि प्रशंसा की। हर इस जिक्र पर मेनन समर्थक छोटे से गुट ने मेज थपथपाते हुए समर्थन व विजयभाव जतलाया। तब अंत में प्रधानमंत्री ने कहा कि मेनन ने अपना इस्तीफा दे दिया है और न चाहते हुए भी उन्होंने इस्तीफा स्वीकार कर लिया है। जैसे ही ये शब्द बोले गए अधिकतर सदस्यों ने गड़गड़ाती आवाज में मेज थपथपाना शुरू कर दिया और जब तक नेहरूजी उठकर गए और बैठक संपन्न हुई तब तक लोग मेज थपथपाते रहे।

चीनियों की जो भी मंशा रही हो, लेकिन वे नेहरूजी की प्रतिष्ठा व ताकत को गंभीर क्षति पहुँचाने में जरूर कामयाब रहे। देश में और बाहरी दुनिया के संदर्भ में उनकी स्थिति रातोरात बदल गई। कृष्ण मेनन के निकाले जाने के बाद जनरल पी.एन. थापर ने इस्तीफा दे दिया और उनकी जगह जनरल जे.एन. चौधरी आ गए। बिज्जी कौल ने भी इस्तीफा दे दिया और सारा जीवन वे इस शोक से दुःखी रहे। जवाहरलाल रक्षा मंत्री के पद पर महाराष्ट्र के गतिशील व सफल मुख्यमंत्री वाई.बी चव्हाण को लाए। वे दिल्ली में उसी दिन पहुँचे जिस दिन चीन ने एकतरफा युद्ध विराम की घोषणा की। एकाएक संयुक्त राज्य अमेरिका का रवैया सौहार्दपूर्ण हो गया। और प्रेसीडेंट कैनेडी ने जवाहरलाल को पत्र लिखा, "इस स्थिति में हमारी सहानुभूति पूरी तरह से आपके साथ है। चीनियों के साथ अपने व्यवहार में आपने प्रभावशाली हद तक धैर्य व सहनशीलता का परिचय दिया है आपने वह सब व्यवहार में कर दिखाया जिसके लिए सभी महान धार्मिक नेताओं ने अपील की है, और उनके अनुयायियों में से बहुत कम ऐसा करने में समर्थ हो पाते हैं।" यह स्पष्टतः एक व्यवहारकुशल अतिशयोक्ति थी। वास्तविकता तो यह थी कि अपने पूर्वी पड़ोसी से पहले सीमा युद्ध में भारत कड़ी हार का शिकार हुआ था। चूँकि नेहरूजी ने निजी रूप से स्वतंत्रता के बाद की हमारी विदेशी नीति का संचालन किया था इसलिए इस विफलता की जिम्मेदारी से वे बच नहीं सकते थे, न ही उन्होंने ऐसा कोई प्रयास किया। सोवियत रुख काफी अस्पष्ट था चूँकि उस वक्त तक दोनों साम्यवादी महारथियों के बीच दरार पूरी तरह से उभरी नहीं थी।

लगभग एक महीने तक प्रेस में परस्पर विरोधी रिपोर्टों का ताँता लगा रहा लेकिन जल्द ही यह स्पष्ट हो गया कि हम पूर्वी व पश्चिमी दोनों क्षेत्रों पर हार रहे थे और एक वक्त तो ऐसा लगने लगा कि चीनी फौज हिमालय से ब्रह्मपुत्र घाटी के घनी आबादी

वाले क्षेत्र तथा गंगा के कछार तक घुस आएगी। जवाहरलाल ने दुःख और पीड़ा से यह स्वीकार किया कि वे 'आधुनिक दुनिया की वास्तविकता से अलग होते जा रहे थे और हमारे बनाए एक कृत्रिम माहौल में जी रहे थे।' अमरीकी व ब्रिटिश शस्त्र दिल्ली पहुँचना शुरू हो गए और उनके साथ कुछ सामरिक विशेषज्ञ भी आए। किसी भी पश्चिमी सेना की उपस्थिति के प्रति नेहरूजी की नापसंदगी जगजाहिर थी। यह कदम उन्होंने उस असहाय अवस्था में उठाया था, जो एक ऐसे टकराव से पैदा हुई थी, जिसके लिए वे तैयार न थे।

युद्ध के उन हफ्तों में सबसे बड़ा प्रश्न यह मँडरा रहा था कि पाकिस्तान भी इसमें शामिल होगा या नहीं। सौभाग्य से पाकिस्तान ने इसमें भाग नहीं लिया लेकिन सैन्य सहायता देने के साथ-साथ पाश्चात्य ताकतों ने भारत पर यह दबाव बनाना शुरू कर दिया कि वह जम्मू-कश्मीर के विवाद पर जल्द ही पाकिस्तान के साथ कोई समझौता कर ले। चीनियों द्वारा एकतरफा युद्धविराम की घोषणा के एक दिन बाद 22 नवंबर को ब्रिटिश मंत्री डंकन सैंडीज के साथ एवरेल हैरिमेन दिल्ली पहुँचे। दोनों ने जवाहरलाल पर पर्याप्त कूटनीतिक दबाव डाला कि वे कश्मीर पर किसी प्रकार के समझौते पर सहमत हो जाएँ। मुझे याद है कि हर तरह की योजनाओं की अफवाह हवा में थी जिनमें से एक सुझाव घाटी के विभाजन का भी था। अपनी कमजोर स्थिति के बावजूद प्रधानमंत्री ने इस बात पर झुकने से कतई इनकार कर दिया। बहरहाल पाकिस्तान से समझौते पर बातचीत फिर शुरू करने के लिए वे राजी हो गए। अगले आठ महीनों के दौरान अनेक वार्ताएँ हुईं। भारतीय प्रतिनिधिमंडल का नेतृत्व सरदार स्वर्ण सिंह ने किया। सरदार स्वर्ण सिंह कूटनीतिक रोधक बल्लेबाजी करने में निश्चित रूप से दुनिया के महानतम विशेषज्ञों में से एक थे। पाकिस्तानी प्रतिनिधिमंडल का नेतृत्व तेजस्वी किंतु अस्थिर जुल्फिकार अली भुट्टो कर रहे थे। दो इतने विरोधी व्यक्तित्व मेरे विचार में और कहीं नहीं मिलेंगे। संभवतः ये इस तथ्य का प्रतीक था कि दोनों देशों के नजरिए में भी बहुत फर्क था। यह उनकी यथार्थवादिता की परम कमी ही थी कि पाकिस्तान ने गंभीरतापूर्वक यह प्रस्ताव रखा कि भारत को केवल जम्मू क्षेत्र में कठुआ जिला ही दिया जाए—यानी जम्मू-कश्मीर राज्य के लगभग 85,000 स्क्वेयर मील क्षेत्र में से केवल 3,000 स्क्वेयर मील। यदि एक स्थायी समझौता हो जाता है तो भारत युद्ध विराम रेखा पर कुछ निश्चित समझौते करने के लिए तैयार था। लेकिन पाकिस्तान को कश्मीर के प्रति कुछ आत्मघाती आकर्षण था, जिसने अंततः उसी को नुकसान पहुँचाया। सीधी बातचीत से कोई सहमति नहीं हुई और न ही बाद में सुरक्षा परिषद में कोई समझौता हो सका जहाँ एक बार फिर सोवियत वीटो ने हमें बचा लिया।

वापस जम्मू में हम लोग हफ्तों तक रहस्यमय माहौल में रहे, कुछ-कुछ इस संभावना से चौकस भी कि पाकिस्तान सीमा से आक्रमण हो सकता है। 21 सदस्यीय राज्य नागरिक समिति बनाई गई जिसका संरक्षक मैं था और अध्यक्ष बख्शी। राष्ट्रीय रक्षा फंड के साधन जुटाने के लिए भी विभिन्न कदम उठाए गए और बारह हजार होमगार्डों की

सेना बनाने के लिए भी काम किया गया। आशा और मैं जम्मू व ऊधमपुर के सेना अस्पतालों में गए जहाँ लद्दाख सीमा से घायल जवानों को लाया जा रहा था। मैंने अपनी सेना की वर्दी तैयार करवाई और अवैतनिक मेजर जनरल बनने के बाद युद्ध के दौरान पहली बार वह वर्दी पहनकर वहाँ गया। आशा के जम्मू में लेडीज क्लब व श्रीनगर के जनाना क्लब ने अस्पताल व सीमा पर भिजवाने के लिए भोजन तथा कपड़े इकट्ठे करने का अभियान भी शुरू किया।

इस पूरे मामले का सिंहावलोकन करने से तीन बातें स्पष्ट प्रतीत होती हैं। पहली कि अपनी पूरी कुशलता व अनुभव के बावजूद भारत सरकार को हिमालय में विद्यमान जटिल समस्याओं की पर्याप्त जानकारी नहीं थी। सैन्य दृष्टि से हमारी नीतिगत सोच पूरी तरह से पाकिस्तान व पाकिस्तानी सीमा पर उपस्थित खतरे पर केंद्रित थी। तिब्बत में एक अवसर खो देने के बाद, कूटनीतिक व सैन्य रूप से एक संकटपूर्ण स्थिति में घिर गए थे। चीन से मैत्रीपूर्ण संबंध बनाने के लिए नेहरूजी ने भरसक प्रयास किए थे। अंतर्राष्ट्रीय समुदाय से चाऊ एन लाई का परिचय वस्तुतः नेहरूजी ने ही कराया था और संयुक्त राष्ट्र में चीन का स्थान बनाने के लिए भी वे निरंतर प्रयास कर रहे थे। उन्हें ये अहसास तक न हुआ कि अगर बात उनके नजर में उनके महत्त्वपूर्ण हितों पर आती है, तो चीनी बहुत निर्दयी और हठीले सिद्ध होंगे। अपने आदर्शवाद, उदार लोकतांत्रिक पालन-पोषण और साम्यवाद की अपनी आदर्श छवि के कारण नेहरूजी उस सर्वसत्तात्मक शासन का असली चेहरा न देख पाए जो लोकतंत्र के नियम और नियंत्रण में बँधा हुआ नहीं था। जब उनका असलियत से सामना हुआ तब तक बहुत देर हो चुकी थी।

दूसरे, जवाहरलाल को उचित सलाहें नहीं दी गईं अथवा उन्होंने उन लोगों को सलाहकर्त्ता चुना जिन्हें स्थिति की ठीक-ठीक समझ नहीं थी। राजनीतिक फ्रंट पर कृष्ण मेनन इस विपदा के प्रमुख रचयिता थे चूँकि उन्होंने इस पूरे मुद्दे के निपटारे में वृद्ध होते प्रधानमंत्री को गलत सलाह दी। उनके द्वारा बार-बार यह बयान देना कि यदि हमारी समझ में जो अंतर्राष्ट्रीय सीमा है, उसे चीनियों ने लाँघा तो उन्हें 'पीछे धकेल' या 'बाहर धकेल' दिया जाएगा—बहुत गैरजिम्मेदाराना रवैया था क्योंकि युद्धभूमि में हम चीनियों की अपेक्षा कहीं अधिक कमजोर स्थिति में थे—भौगोलिक रूप से, सैनिकों की संख्या में और अस्त्र-शस्त्र, अन्य साधनों व प्रशिक्षण के क्षेत्र में थी। तलवार की खड़खड़ाहट का शोर करना व्यर्थ है यदि म्यान में तलवार की जगह सिर्फ एक कटार हो। और जैसाकि मैंने बहुत वर्षों पहले अपने पिता के साथ देखा था और बहुत वर्षों बाद फिर देखने वाला था—एक व्यक्ति पर अत्यधिक सत्ता का केंद्रीकरण अंततः विनाशकारी सिद्ध होता है।

तीसरे, कृष्ण मेनन ने एक छोटे से अंतराल में सेना का जिस प्रकार राजनीतिकरण किया, उससे यह संकट और विकट हो गया। जिस मुखर तरीके से जनरल कौल को बढ़ाया गया तथा सेना में गुटबाजी को प्रोत्साहित किया उसकी केवल दुखद प्रतिक्रिया ही हो सकती थी। एक तरीके से यह अच्छा ही हुआ कि इस पूरी प्रक्रिया की कलई

खुल गई। अगर कुछ और साल ऐसे ही बीतते तो यह सड़न जड़ों तक पहुँच जाती और हमारा भव्य सेना-बल दुर्बल हो जाता। जैसाकि हुआ, इस कठोर आघात का एक तत्कालीन लाभ हमें मिला। हम अपने अति आत्म-विश्वास व आत्म-संतोष से बाहर निकल आए और हमें उन सैन्य तथा युद्धगत जिम्मेदारियों की जानकारी मिली जिसका सामना भारत के आकार व भौगोलिक सीमाओं वाले देश को अपरिहार्य रूप से करना पड़ता है।

विभिन्न अर्थों में 1962 का भारत-चीन युद्ध एशियाई और दरअसल विश्व इतिहास का एक महत्त्वपूर्ण मोड़ था। भारत में यह जवाहरलाल नेहरू के लंबे और विशिष्ट राजनीतिक कार्यकाल के अंत की शुरुआत थी। उन कष्टप्रद हफ्तों में जो निजी व राजनीतिक आघात उन्हें लगा, उससे वे कभी उबर नहीं सके। शारीरिक रूप से ऐसा लगता था जैसे वे बहुत सिकुड़ गए हों और उनकी उम्र भी तेजी से बढ़ने लगी हो। हालाँकि उनके स्वर व व्यक्तित्व में वही पुरानी चुस्ती थी लेकिन इस घटना ने उन्हें जो क्षति पहुँचाई थी उसकी भरपाई न हो सकी। मैं जो हमेशा उनका प्रबल प्रशंसक रहा था—यह सब देख-समझकर पीड़ित व दुःखी था। मुझे लगा कि इस अपमान का सामना करने से तो अच्छा गाँधीजी की तरह नाटकीय रूप से खत्म हो जाना था। लेकिन नियति के ढंग निराले होते हैं—कर्म के सूक्ष्म सूत्र अदृश्य होते हुए भी मजबूत से मजबूत स्टील से भी कहीं दृढ़ होते हैं और वे प्रधानमंत्री तथा अन्य प्राणियों के बीच कोई भेद नहीं करते।

अध्याय 19

मैं जम्मू-कश्मीर विश्वविद्यालय का पदेन कुलाधिपति था लेकिन 1960 में मुझे बनारस हिंदू विश्वविद्यालय का उपकुलपति चुना गया। बनारस हिंदू विश्वविद्यालय कुछ दशकों पूर्व पंडित मदन मोहन मालवीय द्वारा स्थापित किया गया था और यह ज्ञान-विज्ञान का एक महत्त्वपूर्ण केंद्र था। उस समय इस विश्वविद्यालय के कुलपति मैसूर के महाराजा थे लेकिन वे दीक्षांत समारोहों में कम ही भाग लेते थे और इसीलिए मुझे इन वार्षिक समारोहों की अध्यक्षता करनी पड़ती थी। वाराणसी जाना हमेशा एक सुखद अनुभव होता था। यहाँ नश्वरता और अनश्वरता एक-दूसरे को बड़े नाटकीय ढंग से काटती हुई प्रतीत होती है। पहले वर्ष हम यहाँ सुप्रसिद्ध क्रिकेट प्रेमी, विजयनगरम् के महाराज कुमार 'विज्जी' के यहाँ मेहमान रहे। वे विश्वविद्यालय के निकट ही एक महलनुमा कोठी में रहते थे। बाद में हम बनारस के विद्वान व प्रतिष्ठित महाराज विभूति नारायण सिंह के यहाँ रहे।

खुद विश्वविद्यालय के प्रांगण में बहुत खूबसूरत इमारतें हैं—संभवतः यह भारत का सर्वश्रेष्ठ परियोजित विश्वविद्यालय है। 1963 में मुझे इस विश्वविद्यालय का कुलाधिपति चुना गया और अब हम दीक्षांत समारोह के लिए हर वर्ष वाराणसी जाने लगे। उस समय वहाँ के उपकुलपति उच्चतम न्यायालय के सेवानिवृत्त न्यायाधीश, प्रतिष्ठित एन.एच. भगवती थे। दीक्षांत समारोह का संचालन संस्कृत में किया जाता था और पूरे कार्यक्रम में भगवे रंग का पुट रहता, जो उसे अनूठा व आकर्षक बनाता था। एक बार मेरी माँ भी मेरे साथ यहाँ आई और हमने इलाहाबाद के निकट तीर्थस्थलों की भी यात्रा की। इससे पहले वे एक माह के लिए हरिद्वार गई थीं। वहाँ वे गंगा के तट पर बनी हमारी खूबसूरत हवेली में ठहरी थीं। वे बद्रीनाथ की तीर्थयात्रा पर भी गईं और इस तरह उनके जीवन का सबसे बड़ा मनोरथ पूरा हुआ। वे हमेशा से चटख रंग के कपड़े पहनती थीं और एक ग्रामीण लड़की की तरह उन्हें भारी जेवरात भी बहुत पसंद थे। लेकिन पिताजी के देहांत के बाद वे केवल श्वेत वस्त्र पहनती थीं और उनका धर्म के प्रति झुकाव भी बढ़ता जा रहा था।

बनारस हिंदू विश्वविद्यालय का कुलाधिपति बनने के तुरंत बाद ही मुझे अलीगढ़ मुस्लिम विश्वविद्यालय द्वारा आमंत्रित किया गया। वहाँ भी डॉक्टर ऑफ लॉ (सम्मानार्थ) की डिग्री से नवाजा गया। शाम को विश्वविद्यालय छात्र संघ की एक सभा को संबोधित

करते हुए मैंने चीन के साथ हमारे युद्ध के सैन्य, कूटनीतिक, आर्थिक व सैद्धांतिक इत्यादि विभिन्न पहलुओं पर भाषण दिया।

मेरे भाषण का स्वागत किया गया और मुझे सर सैयद अहमद द्वारा स्थापित इस महान विश्वविद्यालय से जुड़कर प्रसन्नता हुई। मुझे लगा कि वाराणसी व अलीगढ़ में स्थित ये दो केंद्रीय विश्वविद्यालय परस्पर अपेक्षाकृत अधिक रचनात्मक व दृढ़ संबंध बना सकते हैं। मैंने इस बारे में डॉ. राधाकृष्णन् को पत्र लिखा और डॉ. डी.एस. कोठारी से भी इसका जिक्र किया, जो इस वक्त विश्वविद्यालय अनुदान आयोग के अध्यक्ष थे और स्वयं एक प्रतिष्ठित वैज्ञानिक शिक्षाशास्त्री थे।

वाराणसी की मेरी यात्राओं ने हिंदुत्व के दर्शन के प्रति मेरी रुचि और गहरी कर दी। मैं विशेषकर उपनिषदों से प्रभावित था—हजारों साल पहले हुआ अद्‌भुत आध्यात्मिक संवाद इसमें निहित है। लोगों में फैली यह अवधारणा गलत है कि एक सामान्य पाठक के लिए उपनिषद बहुत कठिन व गूढ़ हैं। यह सच नहीं है विशेषकर पद्य में लिखे उपनिषद तो बहुत सुंदर कविता तथा यथार्थ की प्रकृति की एक अंतर्दृष्टि का अद्‌भुत मिश्रण हैं। ईश, केन, कठ, मुंडक व श्वेताश्वतर उपनिषद् मुझे भाषा के सौंदर्य व आध्यात्मिक अंतर्दृष्टि की दृष्टि से बहुमूल्य लगते हैं। एक मौके पर मुंडक उपनिषद पर वक्तव्य देते हुए मैंने उसका प्रसिद्ध श्लोक उद्धृत किया :

धनुर् गृहीत्वौपनिषद् महास्त्रं
शरं ह्युपासानिशितं सन्धयीत।
आयम्य तद्‌भावगतेन चेत सा
लक्ष्यं तदेवाक्षरं सोम्य विद्धि
प्रणवो धनुःशरो ह्यात्मा बह्म तल्लक्ष्यम मुख्यते।
अप्रमत्तेन वेद्धव्यं शरवत् तन्मयो भवेत्।।

अर्थात् इस गुप्त शिक्षा का महान धनुष उठाकर निरंतर ध्यान व मनन से तीर को पैना करके उस पर रखना चाहिए। ईश्वर के चिंतन में मग्न हृदय से इसकी प्रत्यंचा चढ़ानी चाहिए और फिर अनश्वरता के लक्ष्य को बेध दो। प्रणव (ओऽम्) धनुष है; स्व तीर है, ब्रह्म-लक्ष्य। एकाग्रचित्त हो लक्ष्य को बेधना है और तब मनुष्य उससे एक हो जाता है—जैसे तीर अपने लक्ष्य से।

इसी उपनिषद् में 'सत्यमेव जयते' जैसे प्रसिद्ध शब्द भी हैं, जिन्हें आजादी के बाद हमने अपना राष्ट्रीय आदर्श वाक्य बनाया।

वाराणसी में मुझे वासुदेव शरण अग्रवाल, पंडित गोपीनाथ कविराज और ठाकुर जयदेव सिंह जैसे विशिष्ट विद्वानों से मिलने का सुअवसर भी मिला। इससे मुझे हिंदू परंपरा में निहित बौद्धिक व आध्यात्मिक उपलब्धि की अदम्य शक्ति को समझने में सहायता मिली। वाराणसी में कुछ चीजें ऊपरी तौर पर काफी अप्रिय लग सकती हैं मसलन गंगा में तैरते आधे जले शव, लेकिन हिंदुत्व की शक्ति को समझने के लिए सतह के नीचे देखना होता है उस महान प्रवाह को जो स्वयं गंगा की तरह इतिहास के आरंभ

से शक्तिशाली हिमालय की चोटी से असीम समुद्र तक निरंतर बहता है !

मेरे प्रमुख आध्यात्मिक स्रोत श्री कृष्णप्रेम और श्री माधवाशीष ही रहे। 1958 में हमारी पहली मुलाकात के बाद मैं हर वर्ष नियमित रूप से वहाँ जाता रहा—हमारी मुलाकातों के साथ-साथ पत्र व्यवहार भी बढ़ा। उन दिनों श्री कृष्णप्रेम बहुत कम ही लिखते थे लेकिन मेरे पास उनके अनेक पत्र हैं, जो मेरी बहुमूल्य संपत्ति हैं और उन अनेक पत्रों में अनेक मुद्दों पर जो मार्गदर्शन उन्होंने दिया वह अमूल्य है। वे स्वप्नों को बहुत महत्त्वपूर्ण मानते थे। जुंग की तरह उनका भी विश्वास था कि स्वप्न हमारे उपचेतन के महत्त्वपूर्ण संदेशों के सूचक होते हैं। यदि उनकी उचित व्याख्या की जाए तो वे हमारी भीतरी—खासकर भावनात्मक समस्याओं की स्थिति के बारे में अहम संकेत दे सकते हैं।

वे दिल व दिमाग के समाकलित विकास पर जोर देते थे। उनका मानना था कि मानव व्यक्तित्व के बौद्धिक व भावनात्मक, पुरुष व स्त्री दोनों पहलुओं का विकास होना चाहिए।

मुझे भी बहुत सपने आते हैं—अक्सर एक रात में मैं तीन या चार पूरे-पूरे सपने देखता हूँ। इनमें से जो अधिक स्पष्ट होते, उनको लिख लेने की आदत मैंने स्वयं में विकसित की। स्वप्नों का यह विवरण मैं मीरटोला भेज देता। श्री कृष्णप्रेम या श्री माधवाशीष उन पर अपनी टिप्पणी लिखकर वापस भेज देते। इस प्रकार धीरे-धीरे मैंने अंतर्विश्लेषण का एक प्रयोग आरंभ किया जिससे मुझे अपनी आंतरिक प्रगति को देखने-समझने व पोषित करने में बहुत सहायता मिली। जाहिर है अनेक सपने राजनीतिक हालात को प्रतिबिंबित करते थे क्योंकि अनेक महत्त्वपूर्ण राजनीतिक व्यक्ति व घटनाएँ उन सपनों में होती थीं। लेकिन अन्य स्वप्न एक और गहन व रोचक पहलू दर्शाते थे। तूफानी समुद्र में तैर लेना, ऊँचे पर्वतों पर चढ़ना, तेज बहती नदियों के ऊपर बने पुलों पर से गुजरना और रहस्यपूर्ण मंदिरों में जाना—जैसे प्रतीकात्मक व आदर्श स्थिति वाले स्वप्नों के अतिरिक्त सपनों में प्रायः मेरी भेंट हिंदू संतों व देवी-देवताओं से हो जाती। एक बहुत स्पष्ट स्वप्न था श्री अरविंदो व माँ द्वारा मुझे किसी उच्च चेतनता का बोध कराया गया है और मैं उस आनंद से अभिभूत हूँ और दूसरे स्वप्न में मैंने देखा कि श्री रमण महर्षि मुझे अपने पास बुला रहे हैं। मैंने दो बार सपने में श्री कृष्ण को देखा—एक बार बालक के रूप में और एक बार नवयुवक के वेश में। मैंने विभिन्न वेशों और रूप में देवी को भी देखा। यह समृद्ध मनोवैज्ञानिक तत्त्व यह सिद्ध करता है, यदि सबूतों की जरूरत हो तो, कि जागृत चेतना हमारी संपूर्ण चेतना का अंशमात्र ही है। चेतन मस्तिष्क के ऊपर व नीचे गहरे व अपार आयाम हैं, जिनके बारे में हमें जरा-सी भी जानकारी नहीं। वाकई, आध्यात्मिक मार्ग का एक महत्त्वपूर्ण पहलू है अपनी चेतनता की सीमाओं को फैलाना और अपने स्वप्नों का सचेत विश्लेषण इसी दिशा में बहुत कारगर प्रयास है।

श्री कृष्णप्रेम भावनात्मक क्षेत्र पर अधिक जोर देते थे जिसकी समस्याओं से हमें

रू-ब-रू होना चाहिए उनसे बचना नहीं चाहिए। अगर हम उनसे बचते हैं या उन्हें दबाते हैं तो वे सड़ जाती हैं और विभिन्न स्नायु रोगों में प्रतिफलित होती हैं। उन्हें लग रहा था कि मेरा बौद्धिक विकास तो तेजी से हुआ था लेकिन भावनात्मक विकास में उतनी गति नहीं थी। उन्होंने इसे ठीक करने की ठान ली। और जब उनके अनुसार 'ईरोस (कामदेव) के पंखों का स्पर्श' हो जाने का मौका आया तो उनके सहानुभूतिपूर्ण लेकिन दृढ़ व्यवहार ने स्थिति को सँभाल लिया। अपने एक पत्र में उन्हें लिखा, "मेरे एक मित्र ने एक बार मुझे लिखा था—स्वर्ग में 'प्रेम से सुरक्षित' रहना क्या अनर्थ है !" मेरे विचार में वह बिलकुल ठीक था लेकिन शायद वह ज्यादा दूर तक नहीं गया। कहीं भी प्रेम से वंचित अथवा सुरक्षित रहना—अनर्थ है-- बल्कि यही सबसे बड़ा संकट है। यह हमारी परेशानियों में से एक है कि हम जिसे अपना आध्यात्मिक जीवन समझते हैं—उसमें प्रेम को समाहित नहीं कर पाते। हम सोच लेते हैं कि जप या अन्य किसी 'उच्च' दर्शन पर आधारित ऐसा ही कोई अनुष्ठान आध्यात्मिक जीवन से संबंधित है और भूल जाते हैं कि प्रेम के बिना जीवन उस आत्मा का संपूर्ण जीवन नहीं हो सकता जिससे उसके द्वारा रचित कोई भी वस्तु भिन्न नहीं है। आध्यात्मिक जीवन यथार्थ जीवन होता है यथार्थ से जुड़ा हुआ—रीति-रिवाज, धार्मिक अनुष्ठान या वह नहीं होता जिसे 'ध्यान-मनन' कहा जाता है। और इन यथार्थ चीजों में सबसे पहली चीज प्रेम है—मानो उसी शक्ति ने ब्राह्मण की रचना की है—'वह प्राणवायु जिसकी मुसकुराहट से ब्रह्मांड आलोकित हो उठता है।' क्या यह कभी अनीश्वरीय हो सकता है या जो वाकई आत्मा है क्या अनाध्यात्मिक हो सकती है !

श्री कृष्णप्रेम के पत्र, उनका संपर्क और उनकी अद्‌भुत पुस्तकें 'द योगा ऑफ द भगवद्‌गीता' तथा 'योगा ऑफ द कठोपनिषद्' आज भी मेरे जीवन का मुख्य अवयव हैं। चाहें दुःख हो या खुशी, उत्साह हो या निराशा, दुविधा हो या चैन—उनकी सुगंध माहौल में एक दृढ़ उपस्थिति का अहसास दिलाती रहती है और मुझे प्रेरणा व शक्ति प्रदान करती है। स्वामी विवेकानंद और श्री अरविंदो के साथ वे तीसरे विशिष्ट व्यक्ति हैं जिन्होंने मेरी आध्यात्मिक खोज में मुझे सर्वाधिक प्रभावित किया है। और केवल उन्हीं से मिलने का सौभाग्य मुझे प्राप्त हुआ था।

कराची में भारत-पाक वार्ताओं के बाद जेड-ए-भुट्टो ने बीजिंग यात्रा की—इसी यात्रा के दौरान एक संधिपत्र पर हस्ताक्षर किए गए जिसके तहत पाकिस्तान ने अपने नियंत्रण में स्थित जम्मू-कश्मीर के उत्तरी क्षेत्र का लगभग दो हजार स्क्वेयर मील भाग चीन को सौंप दिया। इस प्रकार एक ऐसा सहयोग शुरू हुआ जिसके परिणाम महत्त्वपूर्ण व जटिल थे—और जो आज तक मौजूद हैं। चीन के साथ सीमा-युद्ध से हम लोग पहले ही आहत और हतप्रभ थे—इसलिए एक छोटा-सा विरोध दर्ज करने के सिवा कुछ न कर सके; लेकिन मई के महीने में नेशनल कॉन्फ्रेंस कार्यकारी समिति ने श्रीनगर में एक लंबा

प्रस्ताव पारित किया जिसमें यह पुष्टि की गई कि जम्मू-कश्मीर भारत का अभिन्न भाग था और रहेगा। जून में नेहरूजी दस दिन के लिए यहाँ आए और ज्यादा समय पहलगाम में ही रहे। हालाँकि वे मुसकुरा रहे थे और हवाई अड्डे से चश्माशाही गेस्ट हाउस तक इकट्ठा भीड़ ने गर्मजोशी से उनका स्वागत किया, लेकिन अब उन पर उम्र व उस तनाव के चिह्न दिखने लगे थे जिससे वे पिछले कुछ महीनों में गुजरे थे। इंदिरा गाँधी उनके साथ थीं और मुझे इनसे बातचीत करना ज्यादा सरल लगा। वे हमेशा से कश्मीर में खास रुचि रखती थीं और मेरे सुझावों पर हमेशा रचनात्मक प्रतिक्रिया व्यक्त करती थीं। उन्हें बख्शी गुलाम मुहम्मद कभी पसंद नहीं आए और वैचारिक स्तर पर वे जी.एम. सादिक व डी.पी. धर के करीब थीं—जिनका आर्थिक समस्याओं के प्रति रवैया अपेक्षाकृत अधिक वामपंथी था।

उन्हें हमारे साथ रहना दिलचस्प लगता था और हम अनेक राजनीतिक तथा अन्य मुद्दों पर अनौपचारिक बातचीत करते। वे प्रायः हमारे श्रीनगर के पुस्तकालय में किताबें पढ़ने आया करती थीं। अपनी ऐसी ही एक यात्रा के दौरान उनके द्वारा लिखा गया एक नोट मेरे पास है :

> प्रिय टाइगर,
>
> मेरे पिताजी को अच्छा लगेगा अगर आप कल सुबह आ सकें। क्या दस बजे का समय ठीक रहेगा ?
>
> आपके और आपकी खूबसूरत पत्नी के साथ चाय पीना मुझे बहुत अच्छा लगा। 'खूबसूरत' शब्द का प्रयोग बहुत अधिक और बहुत लापरवाही से किया जाता है लेकिन उनके पास वाकई वो गुण है, जिसके लिए अन्य कोई शब्द नहीं।
>
> मैं प्रीस्टले की पुस्तक वापस कर रही हूँ। यह काफी रोचक है और मुझे नहीं लगता कि इसमें वर्णित स्थिति संभव नहीं हो सकती। क्या मैं भारत पर स्पीयर की और हेन्ली की पुस्तक पढ़ने के लिए ले सकती हूँ ?
>
> शुभकामनाओं समेत
>
> इंदिरा

दरअसल नेहरूजी की सेहत के बिगड़ने के साथ-साथ देश के राजनीतिक जीवन में इंदिरा गाँधी का प्रभाव धीरे-धीरे बढ़ रहा था। न सिर्फ वे अपनी पिता की सबसे नजदीकी व्यक्ति थीं, वरन् राजनीति में उनकी गहरी दिलचस्पी भी थी। यह स्वाभाविक भी था क्योंकि उनका जन्म लगभग सार्वजनिक जीवन में ही हुआ था—उस समय नेहरू वंश के संस्थापक पंडित मोतीलाल कांग्रेस राजनीति के प्रमुख लोगों में से एक थे। फिर बाद में वे अपने पिता के संरक्षण में ही पली-बढ़ी थीं। उस समय यह भ्रांति फैली हुई थी कि उनकी मौजूदगी महज प्रासंगिक है और उनका सारा प्रभाव इसलिए है कि वे नेहरूजी की पुत्री हैं। बहरहाल, हममें से जो उन्हें भलीभाँति जानते थे—उन्हें यह स्पष्ट पता

कि इंदिरा गाँधी की राजनीति में गहरी दिलचस्पी है और यह कि अपने पिता के बाद एक दिन जरूर वे बहुत महत्त्वपूर्ण भूमिका अदा करेंगी। नेहरू परिवार अपनी कश्मीरी कुलपरंपरा पर हमेशा गौरवान्वित अनुभव करता था और वे इस सुंदर घाटी तथा इसकी जनता के प्रति अपनापन महसूस करते थे अपने लेखों व पत्रों में नेहरूजी ने इस बारे में भाव प्रवणता से लिखा था और इंदिरा को भी कश्मीर के प्रति यह पक्षपाती रवैया विरासत में मिला था। चीनी आक्रमण के बाद उनसे मेरी मुलाकात और राज्य के भीतरी हालात के बारे में बातचीत पहले से अधिक होने लगी थी। दुर्भाग्यवश समय के साथ-साथ बख्शी का रवैया अत्यधिक सत्तात्मक व अक्खड़ हो गया था और उनका प्रशासन और भी भ्रष्ट। मैं इससे खुश न था और मैंने इंदिरा गाँधी के सामने अपनी इस भावना को नहीं छिपाया। वे भी मेरी तरह ही आशंकित थीं। जैसाकि बाद में हुआ, पूरी स्थिति ऐसे अनपेक्षित तरीके से बदली, जिसका कोई तर्क नहीं दिया जा सकता और जो राजनीति को इतना अनिश्चित व अननुमेय बनाता है।

अगस्त 1963 में नेहरूजी ने एक प्रमुख राजनीतिक कार्रवाई शुरू की, जिसे 'कामराज योजना' के नाम से जाना गया। हालाँकि यह नाम काफी गलत था। दरअसल, के. कामराज ने जो अपने राज्य तमिलनाडु में बहुत सफल रहे थे—राष्ट्रीय राजनीति में खुद को असमंजस में पाया। वे न अंग्रेजी न ही हिंदी धारा प्रवाह बोल सकते थे। अतः उनका प्रभाव तेजी से कम हो गया और चूँकि जवाहरलाल नेहरू जैसा बुलंद व्यक्ति प्रधानमंत्री था, सो किसी रचनात्मक राजनीतिक पहल की भी गुंजाइश लगभग नहीं थी। पिछले कुछ वर्षों में मोरारजी देसाई अपने परिश्रम से ऐसी स्थिति में पहुँच गए थे जहाँ उन्हें स्पष्टतः मंत्रिमंडल का दूसरा प्रमुख व्यक्ति माना जाता था—अनुभव व राजनीतिक कद दोनों के आधार पर। चीनी विफलता और खराब होते स्वास्थ्य के चलते नेहरूजी ने अंततः गंभीरतापूर्वक अपने उत्तराधिकारी के बारे में सोचना शुरू कर दिया था। वैचारिक निजी तौर पर मोरारजी व प्रधानमंत्री एकमत नहीं थे। क्योंकि आर्थिक व राजनीतिक विचारों से मोरारजी नेहरूजी से कहीं अधिक परंपरावादी व सख्त थे जबकि नेहरूजी का झुकाव कुछ वामपंथी था। मुझे इसमें कोई संदेह नहीं कि 'कामराज प्लान' जिसके तहत वरिष्ठ केंद्रीय मंत्री व मुख्यमंत्रियों को इस्तीफा देकर 'पार्टी के लिए काम' करना था, इंडियन नेशनल कांग्रेस में वरिष्ठ स्तर पर युवा लोगों को लेकर पार्टी में नई जान व ऊर्जा का संचार करने के लिए उठाया गया कदम था, फिर भी इसका मुख्य उद्‌देश्य था मोरारजी देसाई को उस स्थिति से हटाना जहाँ से वे नेहरूजी के बाद अपने आप ही प्रधानमंत्री बन जाते। यह संभावना न सिर्फ खुद जवाहरलाल को अस्वीकार्य थी बल्कि मंत्रिमंडल के अनेक मंत्री जिनमें लालबहादुर शास्त्री व इंदिरा गाँधी भी शामिल थीं, ऐसा नहीं चाहते थे। मुझे यह भी लगा कि मोरारजी काफी विकट व्यक्तित्व के स्वामी थे और उनसे मेरा इतना अच्छा संवाद नहीं बैठ पाया था, जो मैंने समय के साथ-साथ जवाहरलाल व इंदिरा गाँधी के साथ स्थापित कर लिया था।

उस समय जम्मू-कश्मीर में कांग्रेस का वजूद न था। लेकिन सत्तारूढ़ नेशनल

कॉन्फ्रेंस कांग्रेस के निकटतम सहयोगी दलों में थी। हमने सोचा था कि यह योजना जम्मू-कश्मीर पर लागू नहीं होगी। लेकिन योजना की घोषणा होते ही बख्शी गुलाम मुहम्मद दिल्ली गए और ए.आई.सी.सी. की बैठक में उन्होंने कहा कि हालाँकि वे कांग्रेस के सदस्य नहीं हैं, फिर भी वे इस योजना का अनुकरण करेंगे और इस्तीफा दे देंगे। तब भी हमने सोचा कि यह सिर्फ एक शुभकामना भरा संकेत है और इसे गंभीरता से नहीं लिया जाएगा। 24 अगस्त की शाम को जब यह खबर आई कि 6 केंद्रीय मंत्रियों व बख्शी गुलाम मुहम्मद समेत छह मुख्यमंत्रियों का त्यागपत्र मंजूर कर लिया गया है, तो हम सभी हतप्रभ रह गए। बख्शी ने मुझे बाद में बताया कि उन्होंने इस्तीफा इसलिए दिया क्योंकि शामिल लोगों में सिर्फ वे ही मुस्लिम थे और कामराज योजना पर बातचीत के दौरान उन्होंने महत्त्वपूर्ण भूमिका अदा की थी। उन्हें लगा कि उनका इस्तीफा प्रधानमंत्री की स्थिति को मजबूत करेगा। हालाँकि इस बात पर जस का तस विश्वास कर लेना मुश्किल था, लेकिन इसकी कोई दूसरी बेहतर वजह मुझे भी सुझाई न पड़ी। यह तो समझा जा सकता है कि जवाहरलाल उन्हें हटाना चाहते थे लेकिन बख्शी ने इस्तीफा आदर्शवाद और वफादारी के चलते दिया या उन्हें ये लगा था कि उनके इस्तीफे को मंजूरी नहीं मिलेगी—स्पष्ट रूप से कहना बहुत मुश्किल है।

शुरू में अचंभे की स्थिति के बाद राज्य के राजनीतिक रूप से सक्रिय दलों में दो तरह के रुख देखने को मिले। एक ओर सत्तारूढ़ दल नेशनल कॉन्फ्रेंस ने अपने जनरल सेक्रेटरी बख्शी अब्दुल रशीद के नेतृत्व में बख्शी के इस्तीफे के विरुद्ध जुलूस, प्रदर्शन और प्रस्तावों समेत एक बड़ा अभियान चलाया और माँग की कि जवाहरलाल तथा बख्शी इस्तीफे के फैसले पर एक बार फिर विचार करें। अनेक प्रतिनिधिमंडल मुझसे मिले और अपील की कि मुझे इस मामले में इस आधार पर हस्तक्षेप करना चाहिए कि बख्शी के जाने के गंभीर राजनीतिक परिणाम हो सकते हैं। दूसरी तरफ, कुछ विरोधी दलों का, जिसमें पाकिस्तान समर्थक पॉलिटिकल कॉन्फ्रेंस भी शामिल थी बिलकुल विरोधी नजरिया था और उनकी अपील थी कि इस्तीफा स्वीकार कर लिया जाना चाहिए। अहम बात ये थी कि इन लोगों ने अपने जुलूसों में भारत समर्थक नारे लगाए और उनके कुछ नेताओं ने मुझे यह विश्वास दिलाया कि वे पहले जरूर पाकिस्तान समर्थक थे लेकिन अब वे पूरी तरह से भारत के साथ हैं। जम्मू में प्रजा परिषद का रुख यह था कि उन्हें कौन व्यक्ति सत्ता में है—इससे कोई लेना-देना नहीं है, मगर उन्हें उम्मीद है कि जम्मू-कश्मीर तथा अन्य राज्यों के बीच जो भेद रखा गया है, वह जल्द मिटा दिया जाएगा।

नेशनल कॉन्फ्रेंस का सादिक समर्थक गुट इस इस्तीफे से खुश था, लेकिन उन्होंने इसका ज्यादा हल्ला नहीं मचाया क्योंकि पार्टी का संसदीय व संघटनात्मक भाग बख्शी परिवार के दो सदस्यों के कड़े नियंत्रण में था। बख्शी ने मुझसे यह जरूर कहा था कि उनके विचार में जी.एम. सादिक ही उनके पद के लिए सर्वश्रेष्ठ उत्तराधिकारी है, लेकिन या तो यह केवल ऊपरी तौर से कहा गया था, या फिर बख्शी दरअसल अब अपने रिश्ते

के भाई और अक्खड़ अब्दुल रशीद को काबू नहीं कर पा रहे थे। अब्दुल रशीद के जबर्दस्ती व बदमाशी से भरे तरीकों से उनका शासन काफी कलंकित हुआ था। सारी स्थिति काफी नाजुक थी और सदर-ए-रियासत के रूप में, मैं एक बार फिर संकटपूर्ण स्थिति में था। 2 सितंबर, 1963 की अपनी पखवाड़ा रिपोर्ट में मैंने राष्ट्रपति को लिखा :

> "व्यापक रूप से कहा जाए तो प्रधानमंत्री व बख्शी साहब द्वारा मिलकर लिये गए इस फैसले से यद्यपि राज्य के प्रधानमंत्री पद से राजनीतिक नेतृत्व के अद्भुत गुण व निजी गतिशीलता वाले व्यक्ति हट जाएँगे, फिर भी इसे सकारात्मक तरीके से एक चुनौती व एक अवसर के रूप में लेना चाहिए। यह चुनौती इसलिए है कि कश्मीर में हमेशा ऐसे तत्त्व सक्रिय रहते हैं जो शांति को भंग करके अपने उन राजनीतिक हितों की अभिवृद्धि के लिए गड़बड़ फैलाते हैं जो राष्ट्र हित के विरुद्ध हैं। इन्हें ध्यान से देखना होगा और इनका सामना करना होगा। दूसरी तरफ इस नाटकीय बदलाव से हमें राज्य के अंदरूनी मामलात में निश्चित परिवर्तन करने का अवसर मिला है जो दीर्घकाल में राजनीतिक समेकता ला सकते हैं। यह एक नाजुक व जटिल स्थिति है और बतौर सदर-ए-रियासत अपना कर्त्तव्य भली प्रकार पूरा करने के लिए मैं आपके व प्रधानमंत्री के उचित मार्गदर्शन की उत्सुकता से प्रतीक्षा कर रहा हूँ।"

यह संकट कई हफ्तों तक घिसटता रहा। नेशनल कॉन्फ्रेंस की कार्यकारी समिति और विधायी पार्टी ने अनेक बैठकें बुलाई, अफवाहों से माहौल गर्म रहा और राज्य प्रशासन तो लगभग निष्क्रिय हो गया। जाहिर था कि सत्तारूढ़ लोग राजनीतिक ताकत व उसके साथ मिलने वाली अनेक सुविधाएँ नहीं गँवाना चाहते थे और बख्शी रशीद ने अब पार्टी की बागडोर अपने हाथ में ले ली थी। मेरे खयाल से बख्शी गुलाम मुहम्मद ने आदर्शवाद के सच्चे भाव से इस्तीफा दिया था—उनके कट्टर विरोधी भी ये मानेंगे कि उनमें कुछ खास और दुर्लभ मानवीय गुण थे—लेकिन श्रीनगर लौटने के बाद उनके साथियों ने उन पर दबाव डाला कि या तो वे अपना इस्तीफा वापस ले लें, जिससे बख्शी ने दृढ़तापूर्वक इनकार कर दिया, या फिर वे एक नरम आदमी को नेता चुनें जो अब्दुल रशीद व उनके चाटुकारों के कहे अनुसार चले। इस सुझाव का बख्शी की दूसरी पत्नी खुर्शीद ने भी समर्थन किया। खुर्शीद से बख्शी ने हाल ही में चुपचाप निकाह किया था। खुद रशीद जनता व दिल्ली में इतने अलोकप्रिय थे कि उन्हें चुनने का खतरा नहीं उठाया जा सकता था लेकिन यह भी स्पष्ट था कि रशीद सादिक को बर्दाश्त करने के लिए भी राजी नहीं थे।

अक्तूबर की शुरुआत में आयोजित एक प्रेस कॉन्फ्रेंस में नेहरूजी ने घोषणा की कि बख्शी जी.एम. सादिक को अपना उत्तराधिकारी चुनने के पक्ष में हैं। ऐसा ही उन्होंने मुझसे भी कहा था। बहरहाल, बख्शी या तो अपनी पार्टी को साथ लेकर चलने में समर्थ

नहीं थे, या शायद ऐसी उनकी इच्छा नहीं थी। 9 अक्तूबर को कांग्रेस कार्यकारी समिति की बैठक में शामिल होने के लिए बख्शी दिल्ली आए और प्रधानमंत्री से भी उन्होंने दो बार भेंट की, जिसके दौरान उन्होंने सादिक को चुने जाने में अपनी असमर्थता इंगित कर दी। दस अक्तूबर को वे वापस श्रीनगर लौटे और उसी दोपहर नेशनल कॉन्फ्रेंस संसदीय दल की एक मीटिंग हुई। दोनों सदनों के 101 सदस्यों में से 86 ही उपस्थित थे क्योंकि सादिक व उनके सहयोगी इस मीटिंग में शामिल नहीं हुए। बख्शी ने बतौर नेता ख्वाजा शम्सुद्दीन के नाम का सुझाव रखा। ख्वाजा पूर्व मंत्रिमंडल में राजस्व मंत्री थे। बख्शी रशीद ने सुझाव का अनुमोदन किया। शम्सुद्दीन को सर्वसम्मत से चुन लिया गया। अपने स्वीकृति सूचक भाषण में उन्होंने कहा कि बख्शी के पदचिह्नों पर चलना ही उनकी सबसे बड़ी महत्त्वाकांक्षा है। और यह भी जोड़ा कि जिस दिन बख्शी पार्टी के नेता के रूप में वापस आना चाहेंगे, वह दिन उनके लिए सबसे खुशनुमा होगा !

संसदीय पार्टी की बैठक की रिपोर्ट संसदीय पार्टी के सचिव सरदार कुलवीर सिंह द्वारा मुझे लिखित में सौंप दी गई। उन्होंने उन 86 लोगों की सूची भी संलग्न की थी, जिन्होंने वोट दिया था। उसके बाद मैंने शम्सुद्दीन को पत्र लिखकर सरकार बनाने का न्यौता दिया और 12 की सुबह नए मंत्रिमंडल के 6 व 4 नए राज्य मंत्रियों समेत मुख्यमंत्री को शपथ दिलाई। इस प्रकार, अजीब परिस्थितियों में बख्शी गुलाम मुहम्मद के पूरे दस वर्ष का शासन खत्म हुआ। 9 अगस्त, 1953 को इससे भी नाटकीय स्थिति में शेख अब्दुल्ला के निष्कासन व गिरफ्तारी के बाद मैंने ही उन्हें शपथ दिलाई थी। उनके दस वर्ष के शासनकाल में निस्संदेह राज्य में विकास की गति तेज हुई थी, जम्मू और लद्दाख को विकासशील कार्यों में उचित हिस्सेदारी मिली तथा राज्य व भारत के बीच संवैधानिक, वैधानिक, आर्थिक व प्रशासनिक संबंध सुदृढ़ बनाने के लिए अनेक महत्त्वपूर्ण कदम उठाए गए। इस सबका श्रेय बख्शी को जाता है और उनकी देशभक्ति पर कोई शक नहीं किया जा सकता। उनमें कुछ अच्छे गुण भी थे मसलन हिंदू व मुस्लिम दोनों से बहुत अच्छे संबंध होना तथा उनका उदार किंतु कुछ भावुक स्वभाव।

बुरा पक्ष देखा जाए तो, समय के साथ-साथ बख्शी का शासन सत्तावादी और भ्रष्ट होता चला गया। उनके संबंधी खासतौर पर पैसा बनाने में लगे थे। जब रिश्तेदार और करीबी लोग गलत काम में लग जाएँ तो जनता के दिमाग में संबंधित व्यक्ति का नाम उन लोगों के गलत कामों के साथ जुड़ने में देर नहीं लगती। दुर्भाग्यवश, बख्शी ने बुद्धिजीवी वर्ग के विद्वान एवं जागरूक लोगों से खुद को अलग-थलग करके उन शरारती तत्त्वों का सहारा लिया, जो कुछ देर के लिए तो सफलतापूर्वक काम निकाल लेते हैं लेकिन अंततः ढह जाने को अभिशप्त होते हैं। लेकिन यह नहीं भूलना चाहिए कि एक बहुत संकटपूर्ण मोड़ पर बख्शी ने राष्ट्र की महत्त्वपूर्ण सेवा की। शेख अब्दुल्ला को हटाए जाने के बाद अगर वे उस दरार को न पाटते और राज्य के राष्ट्रीयतावादी बलों को सुगठित व सुदृढ़ न करते, तो हमें बहुत कठिन स्थिति का सामना करना पड़ता। भारत से एकीकरण की प्रक्रिया उन्हीं के द्वारा अंत तक जारी रखी गई।

अपने पद से निवृत्त होने के कुछ ही दिन पहले उन्होंने 3 अक्तूबर, 1963 की तारीख का एक ज्ञापन पत्र भेजा। इसमें उन्होंने मुझे सूचित किया था कि विधायी परिषद में एक चर्चा के दौरान उन्होंने दो महत्त्वपूर्ण राजनीतिक घोषणाएँ की थीं। बहुत लंबे समय से हम उन दोनों घोषणाओं का समर्थन कर रहे थे। उन्होंने लिखा :

> "चूँकि बतौर राज्य प्रधानमंत्री मैं विधायी परिषद के अंतिम सत्र में उपस्थित हुआ था अतः आगामी सरकार द्वारा अनुकरणीय निम्नलिखित नीति निर्देश मैंने दिए :
>
> (अ) 'सदर-ए-रियासत' व 'प्रधानमंत्री' के पदों को क्रमशः 'राज्यपाल' व 'मुख्यमंत्री' पदों में बदल दिया जाए जैसाकि भारत के अन्य प्रदेशों में है।
>
> (ब) मौजूदा आपातकाल के खत्म हो जाने के बाद संसद में मौजूदा मनोनयन की व्यवस्था की अपेक्षा सीधे चुनाव होने चाहिए।"

उन्होंने जो सुझाव दिए थे वे दो बड़ी गलतियों को सुधार सकते थे; एक ही देश में दो प्रधानमंत्रियों का होना काफी बेतुका था और जहाँ तक सदर-ए-रियासत के पद का सवाल था, यदि मैं उस पद पर आसीन पहला व अंतिम व्यक्ति होता—तो इससे ज्यादा खुशी की बात क्या हो सकती थी। बाद में बख्शी पर काफी कीचड़ उछाला गया, जो कि राजनीतिक प्रक्रिया का एक निर्दयी व कठोर व्यावसायिक अंग है। लेकिन इस सबके बावजूद राष्ट्र के प्रति बख्शी का योगदान हमेशा कृतज्ञतापूर्वक याद किया जाना चाहिए।

उनके उत्तराधिकारी शम्सुद्दीन इतने दृढ़ व्यक्ति नहीं थे। एकाएक उन्होंने स्वयं को राज्य के प्रधानमंत्री पद पर आसीन पाया—जिसके लिए वे राजनीतिक और मनोवैज्ञानिक रूप से कतई तैयार नहीं थे। भ्रष्ट अधिकारियों के लिए सुधार कैंप लगाने के कुछ रोचक लेकिन अनोखे विचारों को अलावा वे अपने पैर न जमा सके और चार महीने के छोटे कार्यकाल के बाद आए संकट में उनके पाँव उखड़ गए। राज्य प्रमुख होने के बारे में जो कुछ भी कहा जाए, मगर उसमें एक भी उबाऊ क्षण नहीं था।

अध्याय 20

शम्सुद्दीन मंत्रिमंडल द्वारा कार्यभार सँभालने के तुरंत बाद राज्य में वे राजनीतिक गतिविधियाँ तेज हो गईं जो बख्शी शासनकाल के दौरान नियंत्रण में थीं। पंडित प्रेमनाथ डोगरा के नेतृत्व में प्रजा परिषद सदा ही स्वर्गीय श्यामा प्रसाद मुखर्जी और भारतीय जनसंघ से जुड़ी हुई थी और अब उसने औपचारिक रूप से संघ में मिलने का निर्णय ले लिया। इस प्रकार विधानसभा में पहली बार एक अखिल भारतीय पार्टी का प्रतिनिधित्व हुआ। प्रजा सोशलिस्ट पार्टी के प्रदेश इकाई के नेता बलराज पुरी थे और एक नई जम्मू-कश्मीर नेशनल कांग्रेस पार्टी की प्रमुख थे शफी कुरैशी। दोनों मुझसे राजनीतिक स्थिति पर चर्चा करने के लिए मिले और दोनों ने ही शिकायत की कि राज्य में विरोधी दलों को लोकतांत्रिक तरीके से काम करने की सुविधा नहीं दी जा रही है।

उन्हीं सर्दियों में राज्यपाल सम्मेलन हमेशा की तरह राष्ट्रपति भवन में हुआ। यह सम्मेलन डॉ. राधाकृष्णनू के राष्ट्रपति बनने के बाद पहली बार हो रहा था। समय के साथ-साथ वरिष्ठ राज्यपाल अपने पाँचवर्षीय कार्यकाल को पूरा कर सेवानिवृत्त हो चुके थे। बैठने के स्थान वरीयता पर आधारित थे, सो मैंने पाया कि राष्ट्रपति, उपराष्ट्रपति व प्रधानमंत्री के तुरंत बाद मेरा स्थान निर्धारित किया गया है। बत्तीस वर्ष की अवस्था में मुझे केरल के राज्यपाल वी.वी. गिरी, एच.वी. पटस्कर (मध्य प्रदेश), बिष्णुराम मेहदी (तमिलनाडु), विश्वनाथ दास (उत्तर प्रदेश), डॉ. सम्पूर्णानंद (राजस्थान), अनंथसयनम अयंगार (बिहार) व पट्टोम थानु पिल्लै (पंजाब) जैसे सम्माननीय व वरिष्ठ लोगों के ऊपर बैठने में मुझे थोड़ी शर्म आई। लेकिन जवाहरलाल के साथ बैठने के अलावा पद्मजा नायडू, जो मेरी दाईं तरफ थीं, के साथ बैठना भी खुशनुमा अनुभव था। पद्मजा नायडू पश्चिम बंगाल की दूसरी बार राज्यपाल चुनी गई थीं। उनका साथ हमेशा से काफी रोचक था। हम दोनों अपनी प्रस्तुति समाप्त करने के बाद परस्पर कविताओं व टिप्पणियों का आदान-प्रदान करते थे।

उस वक्त तक ये सम्मेलन काफी उबाऊ हो चले थे। पद्मजा व मुझे सुनने के बाद जवाहरलाल अक्सर ऊँघने लगते। स्पष्ट था कि वे थक गए थे और उन्हें वह स्थिति रोचक नहीं लगती थी। ऐसे ही मौके पर अपने अदम्य मजाकिया स्वभाव के कारण, पद्मजा ने उनसे कहा, ''जवाहर, आपको ऐसे और कुछ सम्मेलन करवाने चाहिए।'' ''तुम्हारा क्या मतलब है ?'' वे चिल्लाए, ''क्या साल में एक बार ऐसा सम्मेलन काफी

नहीं है ?" "है तो," पद्मजा ने जवाब दिया, "मगर आपको इस दौरान इतना आराम मिलता है कि अगर साल में दो बार ऐसे सम्मेलन हों तो आपके लिए बहुत अच्छा रहेगा।" उन्हें यह मजाकिया व व्यंग्यपूर्ण स्वभाव अपनी प्रतिष्ठित माँ, सरोजिनी नायडू से मिला था। स्वतंत्रता आंदोलन के आरंभिक दिनों में सरोजिनी नायडू ने ही एक बार मोतीलाल नेहरू, जवाहरलाल तथा गाँधी जी को—'द फादर, द सन एंड द होली घोस्ट' कहकर पुकारा था।

साठ के दशक की शुरुआत में मैंने कविता लिखना शुरू कर दिया था। इस सम्मेलन के दौरान मैंने एक व्यंग्यात्मक कविता लिखी जो बाद में मेरे कविता संग्रह 'वैलकम द मूनराइज' में छपी। इस कविता का शीर्षक था, 'द कॉन्फ्रेंस' (सम्मेलन) :

घिसटते हुए सफेद बालों वाले वृद्धजन
कुछ बिना बालों के
रंग-बिरंगी फाइलों और सूटकेसों से सजे
और विभिन्न सहायकों से लैस
क्लिक होते कैमरे, तेजी से घूमते चलचित्र
थकी हुई चिंता से बोझिल माहौल
इस-उसकी मरम्मत
अनंत घंटों तक खिंचती जाती,
मेज के आर-पार चक्कर लगाते आँकड़े
और तब बहिर्गमन—
उस द्वार से नहीं जहाँ से हम आए थे—
यह रास्ता नीचे की ओर जाता है।

यह स्पष्टतः कुछ कड़वे मूड में लिखी गई थी। इसके साथ ही हलकी-फुलकी कविता लिखी थी, 'द सेमिनार' शीर्षक से, जिसे मैंने कई भारतीय-अंग्रेजी कविता-संग्रहों में देखा है :

वहाँ बैठे थे विद्वज्जन
सोडा बोतलों की तरह पंक्ति में
खुद को पी लिये जाने का इंतजार करते
और एक-एक करके
वे माईक तक आए और खोल दिए
अपने निजी पूर्वग्रह
तर्क के लबादे में ढाँककर
एक बाँका छोटा-सा कॉकरोच
बोलते हुए इधर-उधर उछलता रहा
तो दूसरा खड़ा रहा गंभीर शान में

हिलते हुए होंठों से बनी मूर्ति की मानिंद
तीसरे दाढ़ी से भरे गंभीर चेहरे वाले ने
बाज की तरह घूरते हुए
श्रोताओं पर अपनी बकवादी उग्रता
उँड़ेल डाली।
इस तरह चलता रहा देर तक
फिर भीड़ भरा हॉल भर गया उनके
शब्दों के कीचड़ से
और वे, शुक्र है, चले गए भोजन करने।

यह कहना न्यायोचित होगा कि दूसरी कविता में राज्यपाल सम्मेलन का वर्णन नहीं है बल्कि यह कविता उन सभी उबाऊ सेमिनारों की ओर इंगित करती है जिनमें मैं श्रीनगर में शामिल हुआ था। मुझे यह भी कह देना चाहिए कि मेरी कविताओं के कुछ अंश ही व्यंग्यात्मक हैं।

राज्यपाल सम्मेलन के बाद मैं बंबई गया। 1949 की कार दुर्घटना के बाद जो धातु-प्लेट मेरी टाँग में लगाई गई थी, उससे मुझे तकलीफ होने लगी थी। जब भी मैं थोड़ी देर के लिए चलता या खड़ा होता तो मेरी टाँग में सूजन आ जाती। लंदन के डॉक्टरों का सुझाव था कि अब इस धातु-प्लेट को हटा देना चाहिए। मैं कुछ दिनों के लिए ब्रीच कैंडी नर्सिंग होम में रहा जहाँ के प्रसिद्ध ऑर्थोपेडिक सर्जन डॉ. के.टी. ढोलकिया ने मेरा ऑपरेशन किया। जब मैं स्वास्थ्य-लाभ कर रहा था तो दो दुःखद दुर्घटनाएँ हुईं। 22 नवंबर को पुंछ के पास एक हेलिकॉप्टर दुर्घटनाग्रस्त हो गया जिसमें अनेक वरिष्ठ सेना अधिकारियों की मृत्यु हो गई जिनसे मैं परिचित था। नार्दर्न आर्मी कमांडर जनरल दौलत सिंह, ऊधमपुर कॉर्प्स कमांडर जनरल विक्रम सिंह व एयर वाइस मार्शल पिंटो—के नाम उनमें शामिल थे। ये सभी विलक्षण ऑफिसर थे और इनका सर्विस रिकॉर्ड भी अच्छा था। इस दुःख से अभी उबर नहीं पाए थे कि उसी दिन राष्ट्रपति कैनेडी की हत्या का समाचार सुनकर सभी हतप्रभ रह गए।

हाल ही में, उस घटना के बीस वर्ष बाद, उनके राष्ट्रपति काल के बारे में मैंने 'टाइम न्यूज वीक' में अनेक लेख पढ़े। इतिहासकार चाहें जो कहें, मेरे लिए यह काफी दुःखपूर्ण क्षण था। दुनिया के सबसे ताकतवर लोकतंत्र के वे प्रतिभाशाली व करिश्माई युवा नेता थे। उनसे मेरी पीढ़ी के अनेक लोगों में एक बेहतर दुनिया की उम्मीद जगी थी। उन्होंने अपने प्रसिद्ध उद्घाटन भाषण में जवाहरलाल नेहरू का जिक्र किया था और 'डलैस अप्रोच' के अनेक वर्षों बाद उन्होंने ही भारत व उसकी समस्याओं के प्रति नई समझ की शुरुआत की थी। मैंने अस्पताल से ही एक लेख लिखकर भेजा जिसका शीर्षक था, 'प्रेसीडेंट कैनेडी की मौत; उस शख्स का निजी संस्मरण जो उनसे कभी नहीं मिला,' यह लेख 'टाइम्स ऑफ इंडिया' में छपा। मैंने चुनाव के दिन को याद कर लिखा :

''ऐसा लगता था कि वे एक बेहतर भविष्य का, एक उदार, गतिशील व रचनात्मक

नीति का प्रतीक हैं जो हमें एक बेहतर दुनिया बनाने में मदद करेगी।...जिस रात राष्ट्रपति का चुनाव होना था, मैं राज्यपाल सम्मेलन में शामिल होने के लिए राष्ट्रपति भवन में ठहरा था। लगभग सारी रात मैं टेलीविजन से चिपका रहा।...अगली सुबह जब हम सम्मेलन में थे, तब एक संदेशवाहक चाँदी की ट्रे में एक सूचना लेकर आया, जो उसने प्रधानमंत्री को दी। उन्होंने सूचना पढ़ी और कार्रवाई को बीच में रोककर बोले, "कैनेडी चुनाव जीत गए हैं।" मैंने आत्म-नियंत्रण की अपनी सारी सामर्थ्य से खुद को उछलने और मेज के चारों ओर खुशी से नाचने से रोका। प्रधानमंत्री भी स्पष्ट रूप से प्रसन्न दिख रहे थे।

दरअसल कैनेडी, फिर उसके बाद उनके भाई रॉबर्ट कैनेडी व मार्टिन लूथर किंग की हत्या से उन लोगों की उम्मीदें चूर-चूर हो गईं जिन्हें बेहतर दुनिया की आस थी। इन तीन हत्याओं ने अमेरिका की मेरी समझ पर बहुत प्रभाव डाला; अमेरिका की मेरी अवधारणा पहले जैसी न रही। आशा का एक युग खत्म हो गया था और विश्व एक नए खतरनाक दौर में प्रवेश कर चुका था जहाँ हिंसक तत्त्व बढ़-चढ़कर मानवीय सभ्यता को विजित व नष्ट करने की चुनौती देते रहते हैं। यह बात निश्चित तौर पर महत्त्वपूर्ण थी कि ये तीनों लोग, जिनकी बहुत कुशलतापूर्वक हत्या कर दी गई थी, एफ.बी.आई. के नापसंद लोगों की सूची में सबसे ऊपर थे।

एक महीने बाद मैं एक बार फिर दीक्षांत समोराह की अध्यक्षता करने के लिए वाराणसी गया। वहाँ मुझे एक आवश्यक और आघात पहुँचाने वाला संदेश मिला। 28 दिसंबर की जुमा नमाज के बाद हजरत बल की पवित्र मस्जिद में तीन सदियों से स्थित मुहम्मद साहब का पवित्र अवशेष गुम हो गया। श्रीनगर और पूरी घाटी में यह खबर जंगल की आग की तरह फैल गई। कुछ ही घंटों में मुस्लिम संप्रदाय में सनसनी फैल गई। उनकी धार्मिक भावनाओं का अपमान हुआ था। यह अवशेष, मुहम्मद साहब की दाढ़ी का एक पवित्र बाल था जिसे मुगलों के शासन में वहाँ रखा गया था। तभी से यह अति श्रद्धा व सम्मान से पूजा जाता था। विशेष अवसरों पर यह अवशेष, जिसे एक छोटी स्फटिक नली में रखा गया था, आस्थावान व श्रद्धालुओं की भीड़ के दर्शनार्थ बाहर निकाला जाता था। मुझे तुरंत यह अहसास हो गया कि यह गंभीर संकट का विषय था और मैं पठानकोट जाने वाली पहली ट्रेन पर सवार हो गया। तब जम्मू इसी रास्ते से होकर जाया जाता था। 31 की सुबह मैं जम्मू पहुँचा और रेडियो के लिए इस चोरी पर पीड़ा व्यक्त करते हुए व कश्मीरी लोगों की भावनाओं में शामिल होते हुए अपना एक संदेश रिकॉर्ड करवाया।

चोरी की खबर सुनते ही शम्सुद्दीन जल्द ही श्रीनगर से जम्मू आ गए और जैसे ही मैं जम्मू पहुँचा—उन्होंने मुझे फोन किया। जो उन्होंने कहा और मैंने जो कुछ लोगों से सुना, उससे ये साफ हो गया कि हालात तेजी से काबू के बाहर होते जा रहे थे। बख्शी गुलाम मुहम्मद व उनके परिवार के विरुद्ध जनता में जो दबा हुआ आक्रोश था वह फूट पड़ा। भीड़ द्वारा फैशनेबल रेजीडेंसी क्षेत्र में उनकी अनेक दुकानें व सिनेमाघर

जला दिए गए। सारी घाटी शोकग्रस्त हो गई; लोगों ने काले वस्त्र पहन लिये, कारों को तभी चलने दिया जाता था, बशर्ते कि वे काला झंडा लगाएँ। कश्मीर में उस वक्त कड़कड़ाती ठंड पड़ रही थी लेकिन अनेक लोगों को इतना धक्का पहुँचा था कि उन्होंने रसोई की आग सुलगाना तक बंद कर दिया। स्त्रियाँ काले वस्त्र पहने, रोते हुए व शोक करते हुए गलियों में निकल आईं। लेकिन सौभाग्यवश सांप्रदायिक तनाव पैदा नहीं हुआ। 28 की सुबह शफी कुरैशी व पाक-समर्थक कश्मीर पॉलिटिकल कॉन्फ्रेंस के अध्यक्ष गुलाम मोहउद्दीन क्वारा को गिरफ्तार कर लिया गया। इंटेलिजेंस ब्यूरो के निदेशक बी.एन. मलिक दिल्ली से श्रीनगर पहुँच चुके थे और राज्य पुलिस के इंस्पेक्टर जनरल लक्ष्मण दास ठाकुर व इंटेलिजेंस ब्यूरो के सहनिदेशक हमीर सिंह की सहायता से इस केस की छानबीन शुरू कर चुके थे।

जैसे ही स्थिति की गंभीरता के प्रति मेरे भय की पुष्टि हुई, मैं 2 जनवरी को भारतीय वायु सेना के विमान द्वारा दिल्ली पहुँच गया। साउथ ब्लॉक में प्रधानमंत्री के साथ हमारी बैठक हुई। इस बैठक में गृहमंत्री गुलजारीलाल नंदा, बिना किसी पद के मंत्री लालबहादुर शास्त्री, गृह सचिव वी. विश्वनाथन और कैबिनेट सचिव एस.एस. खेड़ा मौजूद थे। जवाहरलाल इस संकट को लेकर बहुत चिंतित थे और हमने इस पर विस्तार से चर्चा की। अंत में यह निश्चित हुआ कि मैं विश्वनाथन व कुछ चुनिंदा अधिकारियों के साथ अगले ही दिन श्रीनगर चला जाऊँ। स्थिति से निपटने के लिए राज्य सरकार को हर प्रकार की सहायता देने का प्रयास किया जाएगा लेकिन अगर हालात बेकाबू हो जाते हैं तो सदर-ए-रियासत शासन लागू करने के अंतिम विकल्प पर सोचना पड़ेगा। उस स्थिति में विश्वनाथ बतौर मेरे सलाहकार काम करेंगे और उनके अधिकारियों का दल राज्य प्रशासन के महत्त्वपूर्ण कार्यों को सँभालने में मदद करेगा। तीन तारीख को हमारा पूरा दल, जिसमें विश्वनाथन और पी.के. दवे, श्रीनिवासवर्द्धन, सुशीतल बैनर्जी तथा उत्तर प्रदेश के एक मुस्लिम पुलिस अधिकारी समेत अनेक आई.ए.एस. अफसर शामिल थे, एयर फोर्स विस्काउंट द्वारा श्रीनगर की ओर उड़ चला। घाटी में मौसम खराब होने के कारण, हमें जम्मू में उतरना पड़ा। दो घंटे मौसम बदलने का इंतजार किया लेकिन जब इसके कोई आसार नजर न आए तो हम लगभग दोपहर को सड़क द्वारा श्रीनगर के लिए रवाना हो गए। हमारा बड़ा दल देर शाम को श्रीनगर पहुँचा। वहाँ बहुत ठंड थी और मैंने फैसला किया कि कर्ण महल में रहने की बजाय अपनी रिश्ते के भाई नसीब चंद के साथ रहना अधिक सुविधाजनक रहेगा। वह मेरे बगीचों की देखभाल करता था और डल झील के सामने हमारे मुख्य बगीचे में स्थित चैरी ग्रोव नाम के एक आरामदेह मकान में रहता था।

चार की सुबह मेरा पहला कदम था—हजरत बल का दौरा। मैंने शम्सुद्दीन से सलाह नहीं ली क्योंकि मुझे मालूम था कि वे मुझे सुरक्षा व राजनीतिक कारणों से वहाँ जाने का सुझाव नहीं देते। बहरहाल, मैं इस बारे में बिलकुल निश्चिंत था कि मुझे क्या करना है। फिर उस दरगाह के लिए मेरे हृदय में सच्ची श्रद्धा थी। मैं बिना झंडे की

एक निजी कार में नसीब और एक स्टाफ अधिकारी के साथ वहाँ गया। मैंने पायलट या किसी और उच्च अधिकारी को अपने साथ इस मौके पर नहीं आने दिया क्योंकि इस अवसर पर सत्ता का कोई भी प्रदर्शन बहुत अनुचित होता। जैसे ही हम पहुँचे तो हमें उन हजारों लोगों ने घेर लिया जो एक हफ्ता पहले उस अवशेष के खो जाने के बाद से लगभग वहीं ठहरे हुए थे। मुझे देखकर वे वाकई खुश लगे। कुछ वृद्ध लोगों ने मेरा हाथ चूमा और गले लगाते हुए कहने लगे, ''हमारा बादशाह आ गया।'' मैं यह देखकर द्रवित हो गया कि तीस वर्षों के उग्र डोगरा-विरोधी प्रचार और शेख अब्दुल्ला व उनकी पार्टी द्वारा मतारोपण के बाद भी कष्ट की इस घड़ी में मेरे प्रति कश्मीरियों के हृदय में प्रेम और सम्मान था।

मैं दरगाह की ओर गया और पवित्र अवशेष के मिल जाने के लिए दुआ माँगी। मैंने यह भी निर्देश दिया कि मेरी तरफ से घाटी के प्रमुख मुस्लिम, हिंदू व सिख धार्मिक-स्थलों पर विशेष प्रार्थनाएँ की जाएँ। इस उद्देश्य से मैंने ग्यारह ऐसे धार्मिक स्थलों पर ग्यारह-ग्यारह सौ रुपए भी भेजे। हजरत बल से लौटने के बाद मैंने राजनीतिक नेताओं और वरिष्ठ प्रशासनिक व सेना अधिकारियों से अनेक बैठकें कीं। जिनसे मैं मिला उन लोगों में जी. एम. सादिक, सैयद मीर कासिम और डी.पी. धर भी शामिल थे। उन्होंने मुझे यही सुझाव दिया कि शम्सुद्दीन सरकार को हटाकर बिना किसी विलंब के सदर-ए-रियासत शासन लागू कर दिया जाए। जम्मू से एक सर्वदलीय प्रतिनिधिमंडल, जिसमें प्रजा परिषद, प्रजा सोशलिस्ट पार्टी और अकाली दल के प्रतिनिधि थे, ने भी इसी बात का समर्थन किया। मौलवी मुहम्मद सैयद मसूदी की अध्यक्षता में एक पंद्रह सदस्यीय एक्शन कमेटी भी बनाई गई। इसमें शेख अब्दुल्ला के बड़े बेटे शेख फारूख (आज उन्हें डॉ. फारूख अब्दुल्ला के नाम से ज्यादा जाना जाता है) और मीर वाइज मौलवी फारूख भी शामिल थे। राज्य-प्रशासन बिलकुल निष्क्रिय हो चुका था, नेशनल कॉन्फ्रेंस का कुछ अता-पता न था और एक्शन कमेटी दरअसल एक अनधिकृत समानांतर प्रशासन चला रही थी; ट्रैफिक नियंत्रण से लेकर, कीमतें और वाणिज्य भी। मैंने बख्शी गुलाम मुहम्मद को बुला भेजा, लेकिन वे तो पिछली रात ही जम्मू के लिए रवाना हो चुके थे।

एल.डी. ठाकुर और हमीर सिंह के साथ बी.एन. मलिक भी मुझसे मिले। यह स्पष्ट था कि शम्सुद्दीन स्थिति को नहीं सँभाल सके थे और अगर पवित्र अवशेष चौबीस घंटे के भीतर न मिला तो सदर-ए-रियासत शासन घोषित करने के अतिरिक्त कोई विकल्प शेष नहीं था। मैंने मलिक को बताया कि मैं जवाहरलाल से सरकार को हटाने की सिफारिश करने से पहले उन्हें (शम्सुद्दीन को) चौबीस घंटे का समय दूँगा। मलिक, एक समर्थ, बहुत प्रतिबद्ध और अक्खड़पने को छूती इच्छाशक्ति के स्वामी थे। वे स्वयं इस चोरी की छानबीन का संचालन कर रहे थे। उन्होंने बताया कि दरगाह के भीतर की खिड़की बाहर की ओर टूटी थी, जिससे साफ था कि यह किसी अंदरूनी व्यक्ति की करतूत थी या कम-से-कम अपराधियों का एक साथी दरगाह के अंदर काम कर

चुका था। उन्होंने 3 जनवरी की शाम को एक बढ़िया योजना बनाई। यह सार्वजनिक तौर पर घोषित कर दिया गया कि अगले 24 घंटों के लिए हजरत बल के चारों ओर का सुरक्षाबल बिलकुल हटा लिया जाएगा, ताकि जिसने भी वह पवित्र अवशेष लिया है, वह उसे बिना शक पैदा किए वापस रख जाए। मेरे खयाल से प्रदेश अधिकारी एल. डी. ठाकुर के संपर्कों से ही घटना-चक्र में यह महत्त्वपूर्ण मोड़ आया।

सभी दुआओं और छानबीन के बावजूद मैं विश्वस्त नहीं था कि अवशेष वापस मिल सकेगा। मैंने प्रधानमंत्री के लिए एक संदेश तैयार करना शुरू कर दिया। उस शाम लगभग छः बजे मैं कर्ण महल के अपने दफ्तर में बैठा था कि एक फोन आया। मलिक फोन पर थे, उन्होंने मुझे बताया कि वह अवशेष मिल गया है; उसे किसी ने वहीं रख दिया है जहाँ से चुराया गया था। और उन्होंने उसे लेकर अपने सहनिदेशक के दफ्तर में रख दिया है। जैसे ही मैंने यह खबर सुनी, लगा मानो मन का बोझ हलका हो गया हो। शहर में भी खुशी की लहर दौड़ गई। लेकिन अनेक लोगों को शक था कि यह असली अवशेष नहीं है। और पाक-अधिकृत कश्मीर रेडियो से इस दौरान निरंतर जहर उगला जा रहा था। जब अवशेष मिल जाने की घोषणा हुई तो उन्होंने यह कहना शुरू कर दिया कि यह अवशेष नकली है और मूल अवशेष को बदल दिया गया है। इस तरह, अवशेष मिल जाने के बावजूद संकट पूरी तरह खत्म नहीं हुआ था।

उसी दोपहर एक्शन कमेटी ने श्रीनगर में एक सार्वजनिक सभा की और पाँच माँगें उठाईं; जाने-माने निर्भीक व दृढ़-चरित्र लोगों के एक पैनल द्वारा उस अवशेष की जाँच की जाए; जितनी जल्दी संभव हो उसे अधिकारियों की कानूनी संरक्षण में वापस हजरत बल में रख दिया जाए; अपराधियों के खिलाफ मुकदमा प्रदेश से बाहर के उच्च न्यायालयी जज की अदालत में चलाया जाए, और अट्ठाईस तारीख की शाम को सार्वजनिक प्रदर्शन में गिरफ्तार लोगों को रिहा कर दिया जाए।

ये माँगें उदार व उचित ही थीं और पाकिस्तान की प्रेस व रेडियो ने अवशेष के गायब हो जाने को लेकर जो उग्र प्रचार किया था, उसके बावजूद एक्शन कमेटी ने पूरे मामले को राष्ट्र-विरोधी हाथों में नहीं जाने दिया। शम्सुद्दीन सरकार से उनका भरोसा पूरी तरह उठ गया था लेकिन उन्होंने अपनी अपील किसी बाहरी ताकत से नहीं वरन् भारत सरकार से की। इसमें मौलाना मसूदी ने महत्त्वपूर्ण और प्रशंसनीय भूमिका अदा की थी। उनकी अगुवाई में डॉ. फारूख अब्दुल्ला, मौलवी फारूख, मुफ्ती जलालुद्दीन, मौलवी मुहम्मद यासिन, मुहम्मद अब्बास और गुलाम रसूल समेत एक प्रतिनिधिमंडल सात जनवरी को मुझसे मिला और हमने लगभग दो घंटे बातचीत की। उन्होंने सार्वजनिक सभा में कही गई बात फिर दोहराई और उसके विभिन्न पहलुओं का खुलासा किया।

उन्होंने एक नया मुद्दा उठाया कि बख्शी गुलाम मुहम्मद ने एक बयान जारी किया था कि जिसमें उन्होंने इस चोरी के लिए 'राष्ट्र-विरोधी' तत्त्वों को दोषी ठहराया था। उसके बाद वे श्रीनगर लौट गए ताकि अपने द्वारा बनाए एवं बढ़ाए गए प्रदेश

अधिकारियों पर प्रभाव डाल सकें। उन्होंने इस बात की ओर इशारा किया कि किसी तरह से बख्शी व रशीद ने इस चोरी का षड्यंत्र किया था ताकि वे अपनी महत्ता सिद्ध कर सकें और एक बार फिर राजनीति में प्रबल रूप से सक्रिय हो सकें। एक और कहानी माहौल में घूम रही थी कि बख्शी की माँ जो गंभीर रूप से बीमार थीं, अवशेष के दर्शन करना चाहती थीं। इसीलिए उस अवशेष को चोरी छिपे वहाँ से हटा लिया गया था। दूसरी ओर, मलिक को पक्का यकीन था कि इस पूरे प्रकरण के पीछे पाक-गुप्तचरों का हाथ था, जिन्होंने घाटी में अव्यवस्था, अशांति फैलाकर इस पर कब्जा कर लेने के उद्देश्य से यह सब करवाया था ताकि अंततः कश्मीर को पाने का उनका बहुत पुराना सपना पूरा हो जाए।

3 जनवरी को, जम्मू की विशेष जेल से शेख अब्दुल्ला ने राष्ट्रपति डॉ. राधाकृष्णन् को एक लंबा पत्र लिखा। पत्र में उन्होंने इस चोरी को उस 'अमानवीकरण' की प्रक्रिया से जोड़ा, जो 1953 में उनकी गिरफ्तारी से शुरू हुई थी। उन्होंने राजनीतिक प्रयोजन की ओर भी संकेत किया और स्पष्टतः बख्शी की तरफ इशारा करते हुए लिखा, ''यह बिलकुल संभव है कि इस अधार्मिक कृत्य के पीछे विशुद्ध राजनीतिक उद्देश्य हो। जिसने भी ऐसा करने का दुस्साहस किया है वह संभवतः सभी खोज व छानबीन को खत्म करा देगा।'' उन्होंने पत्र के अंत में 1953 से चली आ रही कश्मीर नीति का पुनर्मूल्यांकन करने की अपील की, जो उनके अनुसार, 'सभी बुराइयों की जड़ है और उसी के परिणामस्वरूप मौजूदा दुर्घटना हुई।'

15 जनवरी, 1964 को जी.एम. सादिक ने भी प्रधानमंत्री को पत्र लिखा। उन्होंने बख्शी व उनके समर्थकों पर आरोप लगाया कि उन्होंने पूरी घटना को सांप्रदायिक रंग देने की पूरी कोशिश की तथा प्रदर्शनकारियों के विरुद्ध बल-प्रयोग को भी उकसाया जिसके परिणाम बहुत गंभीर हो सकते थे। यह एक महत्त्वपूर्ण दस्तावेज था। इसमें उन्होंने उन सभी स्थापित मान्यताओं की भर्त्सना की, जो बख्शी के शासनकाल में दृढ़ हो गई थीं। उन्होंने लिखा :

> अतीत में जिन मान्यताओं पर प्रायः विश्वास कर लिया जाता था, उनमें से एक है कि कश्मीरी मुसलमानों पर पाकिस्तान का प्रभाव विस्तृत और गहरे पैठा हुआ है। इसी मान्यता से लोगों का मूल भय पैदा हुआ है। इसी भय के आधार पर, नीतियाँ विकसित की गई हैं जो अब जीवन के हर क्षेत्र को प्रभावित करती हैं। कानून का शासन, सभी कार्यकारिणी एजेंसी व न्यायपालिका को भी नेशनल कॉन्फ्रेंस के एक गुट की सेवा के लिए ताक पर रख दिया गया। ऐसी स्थिति में प्रशासन व राजनीतिक जीवन के हर क्षेत्र में भ्रष्टाचार को अपरिहार्य माना जाने लगा...। इसमें बख्शी परिवार का महत्त्वपूर्ण स्थान व सत्ता रही। इससे यह मिथक आरंभ हुआ कि नेशनल कॉन्फ्रेंस एक मजबूत संगठन है जिसका नेतृत्व बख्शी परिवार के जुड़वाँ दो बहुत दृढ़ इनसान कर रहे हैं। पिछले दस महत्त्वपूर्ण व संकटपूर्ण दिनों में हर धर्म तथा पार्टी के स्त्री,

पुरुष व बच्चे ने इस मान्यता को झूठा साबित कर दिया है। जब प्रदेश की सारी जनता सक्रिय थी, स्वार्थ के लिए लोगों के हितों को क्षति पहुँचाने वाले नेशनल कॉन्फ्रेंस के ये तत्त्व अपने-अपने बिलों में जा छुपे थे।

उन्होंने आगे लिखा :

> इस स्थिति की सबसे उल्लेखनीय विशेषता थी—सांप्रदायिक एकता का प्रभावपूर्ण दृश्य तथा प्रदेश के इतिहास में पहली बार इसके भौगोलिक घटकों में पूर्ण एकता की उपस्थिति। हिंदू, सिख और मुसलमान साथ-साथ रहे। उनके 'हर-हर महादेव !' 'अल्लाहो अकबर' व 'सत श्री अकाल' के मिले-जुले गर्जन को सुनकर मेरी आँखों में आँसू आ गए। उनके इतिहास का यह सबसे शानदार पल था। सभ्य व्यवहार का यह प्रदर्शन देखकर कौन अपने कश्मीरी होने पर गर्व न करेगा ? लोगों को एकता के इस सूत्र में बाँधने का श्रेय जम्मू में नेशनल कॉन्फ्रेंस के समझदार व परिपक्व लोगों को और विशेषकर पंडित पी.एन. डोगरा को जाता है। अन्य लोगों के साथ उन्होंने सफलतापूर्वक एवं निर्भीकता से इन अफवाहों का सामना किया कि कश्मीर में सांप्रदायिक दंगे फैल गए हैं। ये अफवाहें जम्मू में नेशनल कॉन्फ्रेंस के बख्शी-समर्थक गुट ने फैलाई थीं।

सादिक ने इस बात का भी खुलासा किया कि किस तरह धर्म को विकृत कर उसका दुरुपयोग किया जाता है। अपने स्पष्ट विचारों व प्रतिभाशाली लेख में उन्होंने लिखा :

> हमें अक्सर यह विश्वास करा दिया जाता है कि जिस भी बात में हिंदू शब्द की गंध हो, वह यहाँ के मुसलमानों को आहत करेगी। इसलिए हमसे कहा जाता है कि हम मुसलमान राजनीतिज्ञ या प्रशासनिक अधिकारी को ज्यादा तरजीह दें तथा उसे बर्दाश्त करें चाहे वह भ्रष्ट और अक्खड़ ही क्यों न हो—फिर ऐसा क्यों हुआ कि डोगरा राजघराने के वंशज डॉ. कर्णसिंह का नाम लाखों लोगों की सार्वजनिक सभा में प्रेम व सम्मान से लिया गया ? ऐसा क्यों है कि शेख साहब के बेटे और अन्य अनेक वक्ताओं ने सार्वजनिक मंच से 'मुसलमान' बख्शी की सरकार की अपेक्षा सदर-ए-रियासत के शासन की माँग की और आज भी कर रहे हैं ? कश्मीर की जनता ने उन दकियानूसी विचारों को टुकड़े-टुकड़े कर दिया है, जिन पर, दुर्भाग्य से, कुछ स्वार्थी व महत्त्वाकांक्षी लोगों ने भारत सरकार को भरोसा कराया है।

मैंने इस पत्र में से विस्तारपूर्वक इसलिए उद्धृत किया है क्योंकि 1953 के बाद से बख्शी द्वारा बनाए गए राजनीतिक ढाँचे के ढह जाने के बाद, सादिक ही उस राजनीतिक बल का प्रतिनिधित्व करते थे जो राज्य में पुनर्निर्माण की प्रक्रिया को

सफलतापूर्वक संचालित कर सकता था। इस दौरान मैं लगातार सादिक, मीर कासिम और डी.पी. धर के संपर्क में था, जो इस गुट के अगुआ थे ! इन तीन लोगों द्वारा प्रदेश में नए राजनीतिक बल—कांग्रेस की स्थापना इसी तथ्य की राजनीतिक अभिव्यक्ति थी। जैसाकि सादिक ने इसी पत्र में साफ-साफ लिखा :

> इस स्थिति से एक और बात जो हमें निर्भीकता से सीख लेनी चाहिए, वह है—कश्मीर और शेष देश के बीच गाढ़े राजनीतिक संबंधों को बनाने के लिए राज्य में कांग्रेस का उभरना अब ऐतिहासिक आवश्यकता है। निस्संदेह, नेशनल कॉन्फ्रेंस एक ताकतवर संस्था थी जिसका अतीत चमकदार है। इसी के द्वारा हमारी जनता में नई परंपरा का पोषण हुआ है जिससे हम अपनी समझदारी व भलमनसाहत को बरकरार रख सके। लेकिन नेशनल कॉन्फ्रेंस अब मर चुकी है। अब हम सिर्फ एक डूबते हुए शव की पूजा करने का प्रयास कर रहे हैं।

जवाहरलाल को भेजे एक विस्तृत राजनीतिक मूल्यांकन में मैंने इसी पहलू पर जोर डाला और अपील की कि जहाँ नेशनल कॉन्फ्रेंस को इतिहास के पृष्ठों में जगह बना लेनी चाहिए वहीं प्रदेश के राजनीतिक रूप से जागृत व प्रतिभाशाली लोगों एवं सादिक गुट की सहायता से प्रदेश में इंडियन नेशनल कांग्रेस की स्थापना का निर्भीक राजनीतिक कदम उठाना चाहिए। या तो सदर-ए-रियासत का शासन लागू करके अथवा शम्सुद्दीन को इस्तीफे के लिए राजी कर ऐसा किया जा सकता था।

इस अवस्था में प्रधानमंत्री ने प्रदेश की समस्याओं को हल करने का कार्यभार लालबहादुर शास्त्री को सौंप दिया। सबसे पहले जिस कँटीले प्रश्न का सामना करना था—वह था अवशेष की वास्तविकता की पुष्टि का। पाकिस्तानी प्रचार के साथ-साथ—अवशेष के रहस्यपूर्ण ढंग से गायब हो जाने तथा फिर मिल जाने की परिस्थितियों ने जनता के दिल में भी गलतफहमी पैदा कर दी थी—जिसका निवारण शांति की पुनर्स्थापना हेतु बहुत आवश्यक था। मैं फिर दिल्ली गया और लालबहादुर से इस पर लंबी चर्चा की। 30 जनवरी को वे तीन दिन के दौरे पर श्रीनगर आए। इस दौरान मलिक के घोर विरोध के बावजूद शास्त्री जी ने अपने धैर्य व सामान्य समझ का परिचय देते हुए एक सर्वस्वीकृत फार्मूला निकाला। इसके तहत, रमजान के इक्कीसवें दिन, जो 6 फरवरी को पड़ता था, जनता के सामने मौलवियों तथा विद्वानों द्वारा अवशेष की पहचान-निर्धारण करना तय हुआ। वृद्ध व सज्जन मिराक शाह की अगुवाई में मुस्लिम विद्वानों के एक दल ने नाटकीय परिस्थितियों में अवशेष की पहचान की। मिराक शाह की विश्वसनीयता व प्रतिष्ठा निर्विवाद थी। लालबहादुर की उपस्थिति में भीड़ भरे एक हॉल में, उन्होंने क्रिस्टल ट्यूब को रोशनी की तरफ धीरे से उठाया। उसके भीतर स्थित छोटे से बाल को वे एक लंबे समय तक देखते रहे। उत्सुकता व रोमांच में सब साँस रोके बैठे थे। फिर दृढ़ स्वर में उन्होंने घोषणा की, 'अल हक' (यानी यह

असल है) कश्मीर शब्दशः एक बाल की दूरी से ही संकट से बच गया।

अगला कदम था किसी तरह शम्सुद्दीन को हटाना और सादिक को उस पद पर कायम करना। इन हलचल भरे दिनों में बख्शी गुलाम मुहम्मद लगभग अंडरग्राउंड हो गए थे। अब वे अचानक शम्सुद्दीन सरकार का जोर-शोर से समर्थन करने लगे और दावा करने लगे कि शम्सुद्दीन को हटाए जाने के गंभीर परिणाम हो सकते हैं। इसी समय, गृहमंत्री गुलजारीलाल नंदा ने उन तीन लोगों के नामों की घोषणा कर दी जो पवित्र अवशेष की चोरी में शामिल थे। वे व्यक्ति थे—अब्दुल रहीम बंदे, अब्दुल रशीद और कबीर बट्ट। अब्दुल रहीम दरगाह का मुतवाली यानी मौलवी था। उन्होंने यह भी घोषणा की कि प्रदेश से बाहर के जज की अदालत में इस केस की सुनवाई होगी। जम्मू में प्रजा परिषद तथा अन्य विरोधी दलों ने सरकार में अपना अविश्वास अभिव्यक्त करने के लिए 19 फरवरी को हड़ताल करने के व्यापक प्रबंध कर लिये थे। लेकिन मेरे कहने पर उन्होंने लालबहादुर के दौरे की वजह से यह हड़ताल कुछ समय के लिए टाल दी। वे 20 फरवरी को आए, वहाँ तीन दिन रहे और उन्होंने हर पार्टी के हर मत वाले राजनीतिक नेता से चर्चाएँ कीं।

यह महत्त्वपूर्ण बात थी कि हालाँकि गुलजारीलाल नंदा गृहमंत्री थे फिर भी जम्मू कश्मीर की नाजुक राजनीतिक स्थिति से निपटने का काम नेहरूजी ने लालबहादुर को ही सौंपा। वाकई, अपनी बीमारी के बाद नेहरूजी लालबहादुर पर काफी निर्भर रहने लगे थे और उन्हें मंत्रिमंडल में बिना किसी पद के मंत्री के रूप में दुबारा शामिल कर लिया था। गुलजारीलाल बहुत अच्छे स्वभाव के व्यक्ति थे लेकिन बतौर प्रशासक वे प्रभावहीन थे तथा कांग्रेस पार्टी में उन्हें वह समर्थन प्राप्त न था जो लालबहादुर को हासिल था। यह तथ्य उसी साल के अंत में स्पष्ट होने वाला था।

लालबहादुर ने नेशनल कॉन्फ्रेंस को इस बात पर राजी कर लिया कि वे अट्ठाईस को नए नेता का चुनाव करें। लालबहादुर के जाने के तुरंत बाद बख्शी गुलाम मुहम्मद तुरंत दिल्ली गए। वहाँ वे नेहरूजी से मिले। उन्हें यह स्पष्टतः बता दिया गया कि या तो वे नेतृत्व बदलने की प्रक्रिया में सहायता करें या फिर परिणाम भुगतने को तैयार हो जाएँ। वे छब्बीस को जम्मू लौट आए और अट्ठाईस को नेशनल कॉन्फ्रेंस की संसदीय पार्टी की बैठक हुई। बख्शी ने सादिक के नाम का सुझाव रखा और उन्हें सर्वसम्मति से नेता चुन लिया गया। इसके बाद शम्सुद्दीन ने इस्तीफा दे दिया। मैंने सादिक को नई सरकार बनाने का आमंत्रण दिया और उसी शाम चार मंत्रियों के मंत्रिमंडल को शपथ दिलवाई जिनमें उनके साथ मीर कासिम, डी.पी. धर और त्रिलोचन दत्ता शामिल थे। शपथ-ग्रहण समारोह में लालबहादुर भी उपस्थित थे। यह समारोह हमारे सुंदर निवास स्थान हरी निवास में हुआ।

इस प्रकार, लगभग चार महीनों के दुर्भाग्यपूर्ण शासन काल के बाद शम्सुद्दीन सरकार को भुला दिया गया। उस मंत्रिमंडल का दरअसल कभी एक व्यावहारिक राजनीतिक अस्तित्व था ही नहीं क्योंकि उसे बाहर से बख्शी परिवार द्वारा संचालित

किया जा रहा था। शम्सुद्दीन तो लगभग दयनीय स्थिति में थे। सादिक के आने से इस पद की बागडोर दृढ़ हाथों में चली गई। वे दृढ़ व्यक्तित्व तथा बड़े राजनीतिक कद के व्यक्ति थे जो एक महत्त्वपूर्ण समय में पदासीन हुए थे। ठीक ही था क्योंकि अठारह महीनों के भीतर ही अगला भारी संकट हम पर मँडराने लगा।

अध्याय 21

पवित्र अवशेष की चोरी के पूरे दुःखपूर्ण प्रकरण ने नेहरूजी को बाध्य किया कि वे अपनी कश्मीर नीति के ढाँचे पर पुनर्विचार करें। शेख अब्दुल्ला को हिरासत में रखने की मजबूरी से वे हमेशा नाखुश रहे थे। अब सादिक के हाथ में कमान थी और शेख के प्रमुख प्रतिद्वंद्वी बख्शी गुलाम मुहम्मद भी सत्ता में नहीं थे, इसलिए उन्हें लगा कि शेख अब्दुल्ला की ओर कदम बढ़ाने का वक्त आ गया है। समझा ही जा सकता है कि अब्दुल्ला बख्शी को लेकर बहुत कटु हो गए थे और ये कड़ुवाहट उन्होंने बख्शी की मृत्यु के बाद भी न छोड़ी तथा उन्हें जामा मस्जिद के पास दफनाए जाने से इनकार कर दिया। जब तक बख्शी सत्ता में थे, अब्दुल्ला से दुबारा बातचीत करना संभव नहीं था और उनकी रिहाई का एक प्रयास कुछ महीनों से ज्यादा नहीं चल पाया था। इसके बाद शेख अब्दुल्ला के खिलाफ एक बड़ा केस दायर किया गया था, जिसे कश्मीर षड्यंत्र केस के नाम से जाना जाता है और जो अनेक वर्षों तक चला।

सादिक की 'उदारीकरण' की नीति में तर्कसंगत रूप से अब्दुल्ला के प्रति सरकार के रवैए में बदलाव भी शामिल था। कार्यभार सँभालने के तुरंत बाद ही उन्होंने प्रधानमंत्री से विस्तृत रूप से सलाह-मशविरा किया जिसके परिणामस्वरूप नीति में कुछ प्रमुख परिवर्तन किए गए और अब्दुल्ला, अफजल बेग व अन्य लोगों के खिलाफ षड्यंत्र का मुकदमा वापस ले लिया गया तथा उन्हें बिना शर्त रिहा कर दिया गया। 8 अप्रैल, 1964 को मुकदमे की सुनवाई करने वाले एडिशनल सेशन जज के समक्ष केस वापस लेने की अर्जी रखी गई और उसी दिन अब्दुल्ला तथा उनके समर्थकों को रिहा कर दिया गया। सादिक को अपना 'पुराना साथी' बताते हुए, अगली सुबह अब्दुल्ला ने प्रेस में कहा कि जम्मू-कश्मीर की जनता को अपना भविष्य खुद ही निश्चित करना होगा। उनके पास कश्मीर समस्या का कोई बना-बनाया समाधान नहीं है। बहरहाल उन्होंने यह जरूर कहा कि वे राज्य के विभाजन के सख्त खिलाफ हैं।

प्रेस कॉन्फ्रेंस के तुरंत बाद मिर्जा अफजल बेग के साथ शेख अब्दुल्ला मुझसे मिलने हरी निवास आए। एक दशक पहले 8 अगस्त, 1953 में हमारी यादगार मुठभेड़ के बाद यह हमारी पहली मुलाकात थी। लगता था कि उनकी पुरानी ऊर्जा अब भी बरकरार है। हम सौहार्दपूर्ण ढंग से गले मिले और आधे घंटे तक हमने बातचीत की जिसमें राजनीति का कोई जिक्र नहीं था। जाहिर था कि वे अपनी शुभकामनाएँ व समझौते

की इच्छा व्यक्त करने के लिए ही आए थे और हालाँकि इस नई नीति के बारे में मुझे अनेक संदेह थे फिर भी मुझे लगा कि इसके प्रयोग को भी उचित समय व श्रम देना चाहिए। राष्ट्रपति को 9 अप्रैल, 1964 को लिखे गए अपने पत्र में मैंने इन्हीं कुछ संदेहों का जिक्र किया। मैंने लिखा :

> शेख अब्दुल्ला की रिहाई से क्या राजनीतिक प्रतिक्रियाएँ होती हैं, उनका पूरा मूल्यांकन फिलहाल इतनी जल्दी नहीं किया जा सकता। उनकी तवज्जो काफी हद तक सांप्रदायिक एकता को दृढ़ करने में लग सकती है, जोकि एक प्रशंसनीय प्रयास होगा और उसके लिए वे प्रशंसा-योग्य भी होंगे। बहरहाल, महत्त्वपूर्ण स्थिति तब बनेगी जब वे जम्मू-कश्मीर की राजनीतिक स्थिति पर अपना रुख स्पष्ट करेंगे। क्या वे भारत में प्रदेश के अभिगमन के लिए ही नहीं वरन् प्रदेश को गणतंत्र के अन्य राज्यों के समान दर्जा देने के लिए भी तैयार होंगे। यानी उस लोकप्रिय प्रक्रिया, जिसे हम गलती से 'एकीकरण' कहते हैं, के लिए अब्दुल्ला तैयार होंगे ? जिस तरह की प्रेस कॉन्फ्रेंस उन्होंने की है, उससे यह संभव नहीं लगता। क्या वे मूल प्रपत्र के आधार पर रक्षा, विदेशी मामलात व संचार के विषयों पर 'सीमित' अभिगमन का समर्थन करेंगे। इसका अर्थ होगा, उन्हें हिरासत में लेने के बाद पिछले ग्यारह वर्षों से जो कुछ किया जा चुका है, उसे समेटना। क्या वे अभिगमन से बिलकुल इनकार कर देंगे और स्वतंत्र कश्मीर का पक्ष लेंगे जो भारत व पाक के बीच 'समझ व समझौते का एक पुल' बने ? इन सवालों का जवाब अभी स्पष्ट तौर पर मिलना बाकी है और उनका राजनीतिक भविष्य इन प्रश्नों के प्रति उनके रुख पर निर्भर करता है। मौजूदा स्थिति में, विभिन्न वर्गों के भय व संदेहों के बावजूद, सभी 'इंतजार करके देखना' चाहते हैं। लोगों का झुकाव उन्हें थोड़ा समय देने के पक्ष में है ताकि वे कोई भी राजनीतिक फैसला लेने से पहले अपने संपर्कों को पुनर्स्थापित कर सकें।

पाकिस्तान निस्संदेह अब्दुल्ला की रिहाई पर खुश था। और यह खुशी व्यर्थ नहीं थी क्योंकि वे उन्हें अच्छी तरह जानते थे। उन्हें यह अहसास था कि अब्दुल्ला बहुत महत्त्वपूर्ण राजनीतिक शख्सियत थे और किसी के हाथों की कठपुतली नहीं बन सकते थे। भुट्टो ने उन्हें राष्ट्रपति अयूब से मिलने का न्यौता दिया। जब एक प्रेस कॉन्फ्रेंस में अब्दुल्ला से इस मुतल्लिक सवाल किया गया तो उन्होंने कहा, "देखते हैं। यह दो सरकारों (भारत व पाक) के बीच का मामला है। यह मुद्दा नेहरूजी से मुलाकात के दौरान उठ सकता है।" जम्मू के मुस्लिम-बहुल डोडा जिले का दौरा करने के बाद 17 अप्रैल को अब्दुल्ला ने घाटी में प्रवेश किया और अनंतनाग से श्रीनगर तक सारे रास्ते उनका जोरदार स्वागत किया गया। दरअसल वे जहाँ कहीं भी गए उनका शानदार स्वागत हुआ। इस बारे में तो कोई शक ही न था कि वे कश्मीर के सबसे लोकप्रिय

व करिश्माई नेता थे। बहरहाल उनके भाषण बहुत अस्पष्ट व संदिग्ध थे। सकारात्मक पक्ष ये था कि उन्होंने सांप्रदायिक एकता पर बहुत जोर दिया और कश्मीरी मुसलमानों को गैर-मुसलमान जनता की जान-माल की हिफाजत करने के लिए प्रोत्साहित किया। जहाँ तक राजनीतिक दृष्टिकोण का सवाल था, तो ऐसा लगता था कि 1953 से हालात में आए बदलाव उन्हें पसंद नहीं आए थे। उन्होंने यह मानने से इनकार कर दिया कि प्रदेश का भारत में अभिगमन स्थायी व अंतिम था। वे खुले तौर पर जनमत-संग्रह का समर्थन कर रहे थे, जिसकी स्थापना उनके दाएँ हाथ मिर्जा अफजल बेग ने की थी। और वे यह कहकर कि, ''कश्मीर विवाद का ऐसा हल होना चाहिए कि वह तीनों पक्षों को स्वीकार्य हो,'' भारत और पाकिस्तान से एक ही तरह का बर्ताव कर रहे थे। उनके दौरों व भाषणों का घाटी में काफी असर हुआ।

जम्मू में बेशक, इसका विपरीत असर हुआ। जम्मू में अब्दुल्ला का गर्मजोशी व उदारता से स्वागत इस उम्मीद से हुआ था कि वे नए यथार्थ को स्वीकार करने के लिए प्रोत्साहित होंगे। उनके रुख से जम्मू में काफी निराशा हुई, यहाँ तक कि उनके समर्थकों का एक छोटा गुट भी हतोत्साहित हुआ। एक बार फिर जम्मू-कश्मीर के मूल में निहित परस्पर विरोधी तत्त्व जाहिर हो गए जो जम्मू के लिए वरदान था वही कश्मीर के लिए अभिशाप। इस द्विधार्थकता से प्रदेश में राजनीतिक अस्थिरता अब निश्चित हो चली थी—जो आज भी जारी है। सादिक और उनके सहकर्मियों ने इस कठिन परिस्थिति का धैर्यपूर्वक सामना किया। स्वयं सादिक ने अभिगमन के स्थायित्व पर फिर जोर डाला और 'आत्म-निर्धारण' वाले अब्दुल्ला के रुख को अस्वीकार कर दिया और इस बात की फिर से अभिपुष्टि की कि राज्य में कानून व व्यवस्था कायम रखी जाएगी। बख्शी गुलाम मुहम्मद की भूमिका भी संदिग्ध थी। वे अब्दुल्ला से मिले और हमारी जानकारी में उन्होंने अब्दुल्ला को आश्वस्त करने की कोशिश की कि यदि भारत सरकार हस्तक्षेप न करती तो वे उन्हें बहुत पहले रिहा कर देते। वे मुजाहिद मंजिल में उनसे मिले जो श्रीनगर में नेशनल कॉन्फ्रेंस का मुख्यालय था। जाहिरा तौर पर वे मुस्लिम औकफ ट्रस्ट के मामलात पर बातचीत करने के लिए मिले थे। जब वे और उनके सहकर्मी बाहर निकले तो बैठक के दौरान बाहर जो भीड़ जमा हो गई थी, उसने उन पर पत्थर फेंके और गालियाँ भी दीं।

व्यवहार में पूरी राजनीतिक स्थिति अस्थिर हो गई थी लेकिन अब्दुल्ला की रिहाई में यह जोखिम तो अनुमानित था ही। इसलिए डॉ. राधाकृष्णन् ने उनकी रिहाई को 'भरोसे का कदम' कहा था। अब मुझे यह स्पष्ट दिख रहा था कि या तो सादिक और उनके गुट को नेशनल कॉन्फ्रेंस पर पूरी तरह काबिज होना पड़ेगा या फिर उन्हें नई पार्टी बनानी पड़ेगी। ये परिस्थिति जिसमें जनता अब्दुल्ला के साथ थी, पार्टी तंत्र बख्शी के साथ और सरकार सादिक के हाथ में—कतई अतर्कसंगत थी। घाटी के अन्य राजनीतिक दल थे—मौलाना मसूदी की एक्शन कमेटी, मोहिउद्दीन क्वारा के नेतृत्व में पॉलिटिकल कॉन्फ्रेंस और मौलवी फारूख की अगुआई में अन्य गुट। हालाँकि इन सभी का

अलग-अलग वजूद था लेकिन अब्दुल्ला के सामने वे सब निष्प्रभ हो गए थे।

अब सभी आँखें दिल्ली पर लगी थीं जहाँ अब्दुल्ला नेहरूजी से मिलने वाले थे। जैसाकि मैंने 24 अप्रैल के अपने पाक्षिक पत्र में लिखा, "इसमें कोई शक नहीं कि अगर शेख अपने इसी रास्ते पर चलते रहे तो देर-सबेर कानूनी रूप से स्थापित सरकार के विरोध में आ खड़े होंगे। सादिक की नीति है कानून-व्यवस्था को जहाँ तक संभव हो, बनाए रखते हुए टकराव की स्थिति को टालना। लेकिन यदि दिल्ली की वार्ता शेख के रवैए में वांछित बदलाव नहीं लाती तो दोनों का टकराव अपरिहार्य है और उसके गंभीर परिणाम भी।"

दिल्ली में नेताओं को स्थिति से अवगत कराने के लिए मुझे लगा कि खुद मुझे वहाँ जाना चाहिए। अप्रैल अंत से ग्यारह मई तक पंद्रह दिन मैंने वहाँ बिताए। इस दौरान मैं प्रधानमंत्री, गुलजारीलाल नंदा व लालबहादुर शास्त्री से मिला। 6 जनवरी को भुवनेश्वर में नेहरूजी को दौरा पड़ा जिससे वे कभी उबर नहीं पाए। मुझे उनका अंतिम पत्र एक संक्षिप्त नोट के रूप में मिला था, जिसमें उन्होंने दस मई को साढ़े बारह बजे मुझे व आशा को मिलने का समय दिया था। तीन-मूर्ति भवन में जब मैंने व आशा ने उनके कक्ष में प्रवेश किया तो वे एक कुर्सी पर बैठे थे। उन्होंने उठने का प्रयास किया। जब मैंने उनसे बैठे रहने का अनुरोध किया तो उन्होंने मुस्कराते हुए कहा, "मैं अपनी तहजीब अभी भूला नहीं हूँ," और वे उठ खड़े हुए। स्पष्ट था कि वे गंभीर रूप से बीमार हैं और यह उनकी इच्छाशक्ति ही थी जो उन्हें अंतिम दिन तक जिलाए रही। मैंने उनकी सेहत के बारे में पूछताछ की। कश्मीर की स्थिति के बारे में लंबी बातचीत करना मैंने उचित नहीं समझा। मैंने सिर्फ इतना कहा कि लालबहादुर से मैंने स्थिति पर विस्तारपूर्वक बातचीत कर ली है। जब हमने उनसे जाने की इजाजत ली तो वे मुस्कराए। और मैंने झुककर उनका हाथ अपने हाथों में लिया। उन्हें जीवित देखने का यह अंतिम अवसर था।

अप्रैल के अंत में शेख अब्दुल्ला भी दिल्ली आए और जवाहरलाल से उनकी भावुक भेंट हुई। वे तीन-मूर्ति में नेहरूजी के निजी मेहमान के रूप में ठहरे। प्रधानमंत्री के साथ-साथ मंत्रिमंडल के अन्य अनेक मंत्रियों से उन्होंने लंबी बातचीत की। इन मंत्रियों में जयप्रकाश नारायण भी शामिल थे जिनका रुख शेख के प्रति मैत्रीपूर्ण व अनुकूल था। दरअसल, अब्दुल्ला व जयप्रकाश दोनों मुझसे दिल्ली में अलग-अलग मिलने आए। अब्दुल्ला एक बार फिर नेहरूजी को यह विश्वास दिलाने में कामयाब हो गए थे कि वे भारत और पाकिस्तान के बीच सिर्फ एक बार और संवाद का जरिया स्थापित करने की कोशिश करेंगे। निस्संदेह जवाहरलाल दोनों देशों के बीच बढ़ती दरार से चिंतित थे और उनके विचार स्पष्ट रूप से चीन के साथ दुर्भाग्यपूर्ण सीमा युद्ध से प्रभावित थे। फिर अमेरिका व ब्रिटेन भी पाकिस्तान से किसी प्रकार का समझौता करने के लिए लगातार दबाव बनाए हुए थे और शायद शेख अब्दुल्ला में उन्हें वह व्यक्ति नजर आया जो संभवतः यह कर सकता था जिससे कश्मीर को लेकर भारत पर दबाव

हलका हो जाता।

11 मई को मैं श्रीनगर वापस गया। 12 मई को शेख अब्दुल्ला ने एक बयान जारी कर दिया जिसमें उन्होंने अपनी विभिन्न मुलाकातों और वार्ताओं का जिक्र किया, कश्मीर पर भारत व पाक के समझौते की अहमियत का उल्लेख किया और घोषणा की कि वे जल्द ही पाकिस्तान जाएँगे और राष्ट्रपति व अन्य नेताओं से बातचीत करेंगे। जवाहरलाल ने भी संसद व ए.आई.सी.सी. में इन कदमों का समर्थन किया। ए.आई.सी.सी. में उन्होंने कहा :

> शेख अब्दुल्ला धर्मनिरपेक्षता के सिद्धांत के प्रति वचनबद्ध हैं और ऐसा कुछ भी नहीं करना चाहते जिससे इसका किसी भी प्रकार उल्लंघन हो। वे दो-राष्ट्र सिद्धांत में विश्वास नहीं करते जिसके आधार पर पाकिस्तान की रचना हुई। फिर भी उन्हें उम्मीदें हैं कि अपने सिद्धांतों पर दृढ़ रहते हुए भारत पाकिस्तान के साथ शांति व मित्रता से रह सकता है और इस प्रकार अंततः कश्मीर-विवाद को खत्म कर सकता है। मैं कह नहीं सकता कि इसमें हम सफल ही होंगे लेकिन जब तक हम सफल नहीं होते, भारत को पाकिस्तान के साथ इस निरंतर टकराव का बोझा ढोना होगा। मुझे आशा है कि पाकिस्तान भारत के प्रति अपनी घृणा और भय से छुटकारा पा लेगा। उसे भारत से कोई भय नहीं है जब तक कि वह खुद भारत पर हमला न करे। मुझे उम्मीद है कि दोनों देशों के बीच अपेक्षाकृत निकट व गाढ़े संबंध विकसित करना परस्पर लाभदायक हो सकता है। यदि शेख अब्दुल्ला ऐसा करने में मदद कर सकते हैं, तो वह दोनों देशों की महान सेवा सिद्ध होगी। उनके इस प्रयास में हम उनकी मदद करने के लिए तैयार हैं, लेकिन ऐसा करते हुए हमें अपने सिद्धांतों व कश्मीर के प्रति हमारे मूलभूत रवैए पर अडिग रहना होगा।

इससे जवाहरलाल की कश्मीर-नीति में नाटकीय बदलाव आरंभ हुआ। कुछ ही हफ्ते पहले शेख अब्दुल्ला कटघरे में खड़े थे और प्रदेश की वैधानिक रूप से स्थापित सरकार को विदेशी सहयोग द्वारा गिराने के षड्यंत्र का आरोप उन पर था। साफ-साफ कहें तो उन पर देशद्रोह का मुकदमा चल रहा था। अब, प्रधानमंत्री का आशीर्वाद पाकर वे पाकिस्तान के दौरे पर जा रहे थे ताकि जम्मू-कश्मीर राज्य पर दोनों देशों को स्वीकार्य समझौता किया जा सके। यह अजीबोगरीब विरोधाभास सन् 1947 से चले आ रहे हमारे उभयमुखी रवैए को बखूबी दर्शाता है। हम दावा करते हैं कि मेरे पिता द्वारा शासित पूरा प्रदेश भारतीय क्षेत्र है लेकिन विदेशियों द्वारा हथियाए एक विस्तृत इलाके को वापस लेने का कोई प्रयास नहीं करते। जब हम कुछ क्षेत्र को वापिस पा भी लेते हैं, जैसाकि 1965 व 1971 में हुआ, तब भी हम असली मुद्दे पर आने से बचते हैं और पूरे मामले को 'द्विपक्षवाद' के बादल से, 'वास्तविक नियंत्रण रेखा' को 'युद्ध-विराम रेखा' कहकर अस्पष्ट व धुँधला कर देते हैं। इस प्रकार न तो हम अपने नुकसान कम

करके मामले को सुलझाते हैं, न ही अपने श्रेष्ठ सैन्य बल के सहारे मुद्दे को एक ही बार में हल करते हैं। इसीलिए ऐसा प्रतीत होता है कि मेरे पूर्वजों द्वारा स्थापित इस सुंदर प्रदेश की नियति ही यही है कि वह विवाद का केंद्र बना रहे और इसकी जनता निरंतर अशांति का शिकार बनती रहे।

13 मई को अब्दुल्ला दिल्ली से श्रीनगर आ गए और उसी दोपहर उन्होंने एक सार्वजनिक सभा को संबोधित किया। अब उनका स्वर पहले से कहीं अधिक संतुलित व शांत था। उन्होंने भारत व पाकिस्तान में अल्पसंख्यक हितों की रक्षा करने के महत्त्व को फिर दोहराया और समझौता-वार्ता जारी होने की वजह से धैर्य रखने की सलाह भी दी। अब वे 'आत्म-निर्धारण' की अपेक्षा भारत-पाक समझौते पर जोर दे रहे थे। उन्होंने घोषणा की कि वे 21 मई को दिल्ली रवाना होंगे और वहाँ से पाकिस्तान जाएँगे। 25 तारीख को वे पाकिस्तान पहुँचे, वहाँ उनका गर्मजोशी से स्वागत किया गया। उन्होंने उस दिन व अगले दिन राष्ट्रपति अयूब खान व भुट्टो से बातचीत की। 27 मई को वे मुजफ्फराबाद पहुँचे। मुजफ्फराबाद पाक के अनुसार 'आजाद कश्मीर' और भारत के अनुसार 'पाक-अधिकृत कश्मीर' की राजधानी थी। उनके इस दौरे का क्या परिणाम निकलता, ये तो अव सदा ही अनुमान का विषय रहेगा। क्योंकि 27 को एक ऐसी घटना घटित हुई, जिससे पूरी स्थिति ही बदल गई।

जबसे भुवनेश्वर में उन्हें दौरा पड़ा था, प्रधानमंत्री धीरे-धीरे मृत्यु की ओर बढ़ रहे थे। अपने काम के प्रति ये उनके गहरे समर्पण को श्रद्धांजलि ही है कि इस तथ्य के बावजूद वे अंतिम क्षण तक काम करते रहे। अब्दुल्ला से मिलने के बाद वे भारत-नेपाल सीमा के भैंसालोटन नामक गाँव में आयोजित एक कार्यक्रम में गए। दिल्ली वापस आकर वे फिर देहरादून गए और वहाँ के सरकिट हाउस में अपने प्रिय लॉन व फूलों के बगीचों के बीच रहे। 26 मई को वे फिर दिल्ली आए और देर रात तक अपने डेस्क पर काम करते रहे। सभी कागजात को निपटाना उनकी आदतों में शुमार था ताकि कोई भी काम लटका न रहे। 27 की सुबह उन्हें बहुत गंभीर दिल का दौरा पड़ा। हमें लगभग तत्काल ही श्रीनगर में सूचना मिल गई और कुछ ही घंटों में जिसका डर था, वह हो गया। देशभक्त व राजनीतिज्ञ, इतिहासकार व साहित्यकार, प्रशासक व विश्व-नेता जवाहरलाल नेहरू अब हमारे बीच न रहे।

स्वतंत्र भारत के पहले दिन से, बल्कि उससे भी बहुत पहले अंतरिम सरकार के प्रमुख तथा स्वतंत्रता सेनानी के रूप में उन्होंने राष्ट्र के कल्याण के लिए दिन-रात मेहनत की थी। देश के कोने-कोने का दौरा करके, दुनिया के चारों कोनों में शांति व गुट-निरपेक्षता का संदेश प्रसारित कर उन्होंने भारत की प्रगति व मानवता के कल्याण के लिए निरंतर कार्य किया था। ऐसा इतिहास में बहुत कम हुआ है कि एक स्वतंत्रता संघर्ष का नेता लगभग दो दशकों तक अपनी राष्ट्र की नियति का संचालन कर सके। अनेक प्रकार से जवाहरलाल एक अद्भुत नेता थे। स्वभाव से समाजवादी व क्रांतिकारी होते हुए उन्होंने अपने मार्गदर्शक व गुरु महात्मा गाँधी की शिक्षानुसार भी खुद को ढाला

और अपनी गतिशीलता को उस यथार्थवाद से नरम किया जो अपने लोगों के निकट संपर्क से पैदा होता है। वे समृद्ध परिवार में जन्मे थे, लेकिन वे भारत की आम जनता से ऐसे मिलते थे, ऐसे बातचीत करते थे कि शायद विश्व का कोई नेता इसमें उनकी बराबरी नहीं कर पाएगा। उनकी अंग्रेजी बहुत नफीस थी जिससे उनके अभिजात पालन-पोषण का पता चलता था और उनकी हिंदी बहुत सरल व आम थी—वह भाषा जिसका प्रत्युत्तर भारत की आम जनता ने अद्‍भुत तरीके से दिया। अपनी अधीरता और कभी-कभार क्रोध के प्रस्फुटन के बावजूद उनकी देशभक्ति व ईमानदारी इतनी दृढ़ थी कि उनके विरोधी भी निरस्त्र हो जाते थे। विंस्टन चर्चिल ने उनकी बहन विजयलक्ष्मी पंडित से एक संक्षिप्त वाक्य में यह सब कह डाला था। उन्होंने कहा, "जवाहरलाल को कोई भय नहीं था और उनमें घृणा नहीं थी।"

मेरे लिए, जवाहरलाल 'पंडित जी' हम उन्हें हमेशा इसी नाम से बुलाते थे, मेरे सार्वजनिक जीवन के एक महत्त्वपूर्ण तत्त्व रहे थे। अपनी पुस्तक 'ऐयर एपेरेंट' में मैंने उन्हें अपना 'राजनीतिक गुरु' कहा है जोकि वाकई वे थे भी क्योंकि पहले-पहल उनकी किताबों के जरिए फिर स्वयं उन्हीं के जरिए मुझे भारतीय राजनीतिक प्रक्रिया की दीक्षा मिली। इसका अर्थ यह नहीं है कि मैं हर मुद्‍दे पर उनके नजरिए से सहमत था; किसी भी योग्य शिष्य से यह उम्मीद नहीं की जाती। विशेषकर शायद उनके यूरोपियन पालन-पोषण की वजह से धर्म के प्रति और खासकर हिंदुत्व के प्रति उनका रवैया असंतोषजनक था। लेकिन फिर भी सच तो यही है कि मेरे जीवन में वे प्रमुख राजनीतिक व्यक्तित्व रहे और मैं उनके उस प्रेम व विनम्रता के प्रति उनका कृतज्ञ हूँ जो उन्होंने 1949 से पंद्रह साल बाद अपने देहांत तक मेरे प्रति रखा। 1949 में उन्हीं के हस्तक्षेप से अठारह वर्ष की आयु में मुझे जम्मू-कश्मीर का रीजेंट नियुक्त किया गया था।

जैसे ही हमने यह खबर सुनी हम तुरंत एयरपोर्ट पहुँचे जहाँ वायु सेना का एक विमान हमारी माँग पर हमें दिल्ली ले जाने के लिए दिया गया। डी.पी. धर वहाँ थे। वे रो रहे थे। हम बिना कुछ कहे गले मिले। सादिक भी हमारे साथ उनके अंतिम संस्कार में शामिल होने के लिए चल पड़े। शेख अब्दुल्ला भी इसी उद्‍देश्य से तुरंत पाकिस्तान से वापस आ गए। खराब मौसम के कारण, जो हमेशा महत्त्वपूर्ण मौकों पर ही हमारे दरवाजे खटखटाता है, हम 27 को न जा सके। अगले दिन सुबह-सुबह हम दिल्ली के लिए रवाना हो गए और शव यात्रा शुरू होने से पहले वहाँ पहुँच गए। तीन-मूर्ति से लेकर राजघाट तक मानो मानवता का समुद्र उमड़ पड़ा था। राजघाट के निकट ही पंडित जी की अंत्येष्टि की गई। 1948 में गाँधी जी की हत्या के बाद यह सबसे विशाल शवयात्रा थी। अपने प्रिय नेता की अंतिम झलक पाने के लिए लाखों लोग जमा थे। जुलूस में इंदिरा गाँधी, राजीव व संजय के साथ परिवार के अन्य सदस्य भी शामिल थे।

अंतिम संस्कार के लिए दुनिया के कोने-कोने से नेतागण आए थे। जुल्फिकार अली

भुट्टो को मैंने इसी मौके पर पहली व अंतिम बार देखा। पंडित जी की अंतिम इच्छा व वसीयतनामे के अनुसार उनकी राख को भारत के कोने-कोने में बिखरा देना था। उनका वसीयतनामा एक भावपूर्ण व द्रवित कर देनेवाला दस्तावेज है। मुझे अपनी राख को लेकर मेरे पिता की अंतिम इच्छा की याद आ गई। जैसाकि मैंने पहले बताया, उनकी राख जम्मू-कश्मीर में बिखरा दी गई थी। जवाहरलाल की राख अनेक कलशों में भरी गई और उन कलशों को भारत के विभिन्न भागों में ले जाया गया। 4 जून को मैंने एक कलश लिया और ट्रेन से पठानकोट के लिए चल पड़ा। पंडित जी को श्रद्धांजलि देने के लिए हजारों लोग वहाँ जमा थे। रेलवे स्टेशन से 78 मील दूर जम्मू तक मैं उस कलश को एक खुली कार में ले गया। पूरे रास्ते अनेक लोग जमा थे और जम्मू में तो विशाल भीड़ इकट्ठा थी। राख का कलश परेड ग्राउंड में बने विशेष मंच पर रखा गया और 8 जून को उन्हें तवी में प्रवाहित कर दिया गया।

छः तारीख को सादिक राख का कलश लेकर श्रीनगर पहुँचे। मैं भी वहाँ आ गया। दो दिन बाद हम राख लेकर एक खुली कार में राजगढ़ से शादीपुर पहुँचे। वहाँ हम सफेद रंग से रँगी एक नाव में बैठे जिसे सफेद वर्दी पहने हुए नाविक चला रहे थे। यह वही नाव थी जो कई बार नेहरूजी को झेलम के उल्लासपूर्ण जुलूस में ले गई थी। और नदी के दोनों तटों पर भीड़ हाथ हिलाते हुए, खुशियाँ मनाते हुए खड़ी होती थी। उन्हें अपने पूर्वजों के देश कश्मीर के प्रति गहरा लगाव था और यह भी एक महत्त्वपूर्ण बात है कि अपने अद्भुत व प्रेरणापूर्ण जीवन के अंतिम क्षणों तक भी वे कश्मीर समस्या को सुलझाने का प्रयास करते रहे। हमने राख को झेलम तथा उसकी सहायक नदी सिंध के संगम स्थान पर प्रवाहित कर दिया क्योंकि इन दोनों नदियों का संगम-स्थल हिंदुओं में शुभ माना जाता है। कुशक बकुला कुछ राख अपने साथ लेह ले गए, जहाँ उन्होंने इसे इंडस नदी में प्रवाहित कर दिया। इसी नदी से हमारे देश का नाम 'इंडिया' पड़ा है। इस प्रकार भारत के सबसे विलक्षण देशभक्त का जीवन समाप्त हुआ और जवाहरलाल नेहरू सदा के लिए उस इतिहास का पृष्ठ बन गए जिसे उन्होंने बहुत कुशलता से दर्ज किया था और जिसे बनाने में उन्होंने बहुत उदात्त व स्मरणीय भूमिका अदा की थी।

चीन की विफलता के बाद से भारत में ही नहीं बल्कि पूरी दुनिया में 'नेहरू के बाद कौन ?' यह सवाल चर्चा का प्रिय विषय बन गया था। कामराज योजना के बाद, जिसके तहत मोरारजी दौड़ से बाहर हो गए, जवाहरलाल की बीमारी के बाद लालबहादुर शास्त्री को फिर मंत्रिमंडल में शामिल करने से मुझे साफ लग गया था कि शास्त्री जी ही प्रधानमंत्री पद के उत्तराधिकारी होंगे। जवाहरलाल ने स्वयं कामराज योजना के तहत मंत्रिमंडल से बाहर हुए मंत्रियों में से शास्त्री जी को फिर वापस लाने के लिए चुनकर अपनी पसंद स्पष्ट कर दी थी। लेकिन इसके साथ ही पार्टी के जमीनी कार्यकर्त्ताओं

में भी शास्त्री जी की जबर्दस्त पैठ थी चूँकि वे कई वर्षों तक पार्टी के जनरल सेक्रेटरी रहे थे। चतुराई व सामान्य विवेक के साथ-साथ उनके काम करने के संकोचपूर्ण प्रच्छन्न तरीके ने उन्हें स्पष्टतः उत्तराधिकारी बना दिया। अंततः गुलजारीलाल नंदा द्वारा कुछ देर के लिए प्रधानमंत्री पद पर आसीन रहने के बाद, चूँकि वे मंत्रिमंडल में नंबर दो की हैसियत रखते थे, लालबहादुर शास्त्री को कांग्रेस संसदीय पार्टी का सर्वसम्मति से नेता चुना गया—और वे प्रधानमंत्री बने।

जवाहरलाल की मृत्यु का आघात सहने में राष्ट्र को कुछ वक्त लगा। हम उनकी दृढ़ उपस्थिति के इतने आदी हो चुके थे कि उनके बगैर भारत की कल्पना करना भी कठिन था। फिर भी हमारी लोकतांत्रिक व्यवस्था इतनी सुदृढ़ थी कि उत्तराधिकारी को चुनने में कोई समस्या या संकट नहीं आया। 9 जून को जब 13 दिन का शोक समाप्त हुआ तो मैंने श्रीनगर रेडियो पर एक स्मरणीय वक्तव्य दिया। ग्यारह को जनमत-संग्रह मोर्चा (प्लेबिसाइट फ्रंट) द्वारा आयोजित एक सार्वजनिक सभा को शेख अब्दुल्ला ने संबोधित किया और नेहरूजी का नाम लेकर वे बीच में कई बार रो पड़े। उन्होंने कहा कि राष्ट्रपति अयूब से उनकी सकारात्मक बातचीत हुई थी और अगर पंडित जी जीवित होते तो थोड़े ही दिनों में दोनों नेताओं के बीच मुलाकात होती। उन्हें उम्मीद थी कि लंदन में होने वाले प्रधानमंत्री सम्मेलन में लालबहादुर व अयूब फिर से वार्ता को जारी रखने का प्रयास करेंगे। पाकिस्तानी राष्ट्रपति से उनकी क्या बातचीत हुई, इसका ब्यौरा उन्होंने नहीं दिया लेकिन जहाँ तक मुझे जानकारी प्राप्त हुई उसके अनुसार उनकी योजना भारत व पाकिस्तान के बीच किसी प्रकार का 'परिसंघ' बनाने की थी, जिसके तहत कश्मीर की विशेष मध्यस्थ स्थिति होती।

जवाहरलाल की मृत्यु के बाद राष्ट्रपति को लिखे पहले पत्र में, जिसकी एक-एक प्रति प्रधानमंत्री व गृहमंत्री को भी भेजी गई, मैंने सुझाव दिया कि नेशनल कॉन्फ्रेंस को इंडियन नेशनल कांग्रेस में बदलने, सादिक के चार सदस्यीय मंत्रिमंडल का विस्तार करने तथा राज्य के प्रशासकीय तंत्र को कार्यकुशल बनाने के लिए प्रभावशाली कदम उठाने का यही उचित वक्त है, क्योंकि तेज राजनीतिक बदलाव अब आने ही वाले हैं। पंद्रह दिनों के भीतर ही, एक्शन कमेटी के अध्यक्ष और मीर वाइज परिवार के सदस्य, जो परंपरागत रूप से शेख अब्दुल्ला के खिलाफ थी, मौलवी फारूख को हटा दिया गया और उन्होंने एक नई पार्टी बना ली जिसका नाम था 'अवामी एक्शन कमेटी'। शेख अब्दुल्ला ने घाटी के कोने-कोने का दौरा शुरू कर दिया और उन सभी लोगों का आह्वान किया जो कश्मीरियों के आत्म-निर्धारण के लिए प्रतिबद्ध थे, कि वे प्लेबिसाइट फ्रंट के परचम तले एकजुट हो जाएँ, क्योंकि यही एक संस्था थी, जिसने इस उद्देश्य के लिए त्याग व बलिदान किए थे। जब और जैसा अवसर हो, उसके अनुकूल अपने राजनीतिक रुख को बदल लेने की अद्भुत क्षमता के साथ शेख ने महत्त्वपूर्ण राजनीतिक मुद्दों पर अपने पहले अपेक्षाकृत तीखे रवैए पर वापस जाना शुरू कर दिया। उनके दोस्तों ने इसका कारण बताया कि मौलवी फारूख को हटाने के लिए उन्हें यह सब करना पड़ा। लेकिन

जैसाकि मैंने राष्ट्रपति को लिखा, "यदि वे खुद अतिवादी व स्पष्टतः सांप्रदायिकतावादी रुख अख्तियार करते हैं तो उन दोनों के बीच कोई खास अंतर नहीं रह जाएगा।"

अपनी दिल्ली यात्रा के दौरान अब्दुल्ला ने बहुत बढ़ा-चढ़ाकर कहा था कि वे सलाह-मशविरे के लिए उपलब्ध होने के उद्देश्य से कॉमनवेल्थ प्रधानमंत्री सम्मेलन के लिए लंदन जाएँगे। लेकिन इसके विरोध में प्रेस ने बहुत उग्र प्रतिक्रिया जाहिर की और घाटी में मौलवी फारूख ने भी चुनौती दे डाली। अतः उन्हें अपना कार्यक्रम रद्द करना पड़ा। कुछ महीनों पहले युद्धविराम रेखा पर पाकिस्तान की तरफ से पुंछ-राजौरी इलाके में कुछ गड़बड़ी की घटनाएँ शुरू हो गई थीं। यह अशुभ लक्षण था। केवल जून के महीने में ही प्रदेश के गुप्तचर विभाग ने तीस ऐसे छोटे हमलों की जानकारी दी थी। राष्ट्रपति अयूब द्वारा भारत से मैत्री स्थापित करने की घोषित नीति के बावजूद यह स्पष्ट था कि पाकिस्तान अपने विकल्प खुले रखना चाहता है। एक तरफ शेख अब्दुल्ला की रिहाई और दूसरी ओर जवाहरलाल के देहांत से उस देश में एक नई आशा जगी थी कि आखिरकार कश्मीर को पाने का नया अवसर उनके सामने खुल रहा है—संभव हो तो समझौते से, आवश्यकता पड़े तो बलपूर्वक।

इन सभी घटनाओं पर मेरी प्रतिक्रिया निराशापूर्ण थी। 1949 में जबसे मैंने प्रदेश के प्रमुख का पद सँभाला था मैं हर वह कार्य करने के लिए वचनबद्ध था जो प्रदेश को भारत के साथ दृढ़तापूर्वक जोड़े। लेकिन जिस तरह सभी घटनाएँ बिलकुल विपरीत मोड़ ले रही थीं--उससे मैं भौंचक्का हो गया था। राज्य तथा केंद्र का संबंध प्रगाढ़ करने में ही अब उम्मीद बची थी और उस दिशा में नेशनल कॉन्फ्रेंस को इंडियन नेशनल कांग्रेस में परिवर्तित करने के मेरे बार-बार दोहराए गए अनुरोध ने आखिरकार कुछ रंग लाना शुरू किया। सादिक तथा उनके सहकर्मियों ने पहल की और पार्टी के अंदर बख्शी गुट के व पार्टी के बाहर शेख अब्दुल्ला के जबर्दस्त विरोध के बावजूद उन्होंने इस दिशा में कुछ अहम कदम उठाने आरंभ किए। नेशनल कॉन्फ्रेंस की कार्यकारी समिति व संसदीय पार्टी की अनेक बैठकों के दौरान आखिरकार यह निश्चय किया गया कि सादिक को प्रदेश में इंडियन नेशनल कांग्रेस के विस्तार का अधिकार दिया जाए। मीर कासिम ने नेशनल कॉन्फ्रेंस का जनरल सेक्रेटरी बनने के लिए सरकार से इस्तीफा दे दिया ताकि वे इसके कांग्रेस में विलय की प्रक्रिया तेज कर सकें। इस प्रकार, मुझे लगा, जो हमने राजनीतिक उतार-चढ़ावों में खो दिया, दल के दायरों में हम उसे पा सकते थे।

अध्याय 22

एक ओर ये सब राजनीतिक गतिविधियाँ चल रही थीं, तो दूसरी तरफ हमारा पारिवारिक जीवन भी फल-फूल रहा था। ज्योति अब बहुत प्यारी लेकिन लाड़ से बिगड़ी हुई लड़की बन गई थी। बिगड़ी इसलिए क्योंकि वह इकलौती संतान थी। उसके जन्म के बाद आशा के लगातार छः गर्भपात हुए। सो, मेरे पिता पोते का मुँह देखे बिना मृत्यु को प्राप्त हुए और मेरी माँ निराश थीं कि उनकी निरंतर प्रार्थनाओं का कोई फल न हुआ। इसलिए जब 1964 में आशा फिर गर्भवती हुई तो हम लोग बहुत खुश हुए। प्रसव अगस्त में होना था और हमने फिर बंबई जाने का निश्चय किया। हालाँकि मेरे पिता का देहांत हो गया था लेकिन डॉक्टर शिरोडकर अब भी वहाँ सक्रिय थे। दरअसल, स्त्री-रोग विशेषज्ञ के रूप में उनकी ख्याति विश्व-भर में फैल गई थी और एक विशेष ऑपरेशन का नाम भी उनके नाम पर रखा गया था।

जुलाई में हम बंबई गए जहाँ हम कैम्पस कॉर्नर के निकट शालीमार होटल में ठहरे, उसके कश्मीरी नाम की वजह से नहीं बल्कि इसलिए कि यह होटल ब्रीच कैंडी अस्पताल और डॉ. शिरोडकर की अपनी क्लीनिक से निकट था। शालीमार एक छोटा होटल है इसलिए हमने एक पूरी मंजिल ले ली जिसमें चार बड़े कक्ष थे। लगभग कान् के मार्टिनेज होटल की तरह ही जहाँ मैं पैदा हुआ था लेकिन उसकी तुलना में ये इतना बुरा भी नहीं था, क्योंकि उस बात को तीस साल से भी ज्यादा अर्सा हो चुका था। आशा और मैं, ज्योति और उसकी दोस्त रुचि जामवाल, मेरे बचपन के दोस्त डिग्बी की एक भतीजी व कुछ नौकर तथा स्टाफ अधिकारी हमारे दल में शामिल थे। इस मौके पर आशा की सबसे छोटी बहन व उसकी सौतेली माँ भी बंबई आईं। चार अगस्त की देर शाम आशा को प्रसव-पीड़ा शुरू हुई और पाँच की सुवह हमारे पहले बेटे का जन्म हुआ। हमने पहले से ही सोच लिया था कि उसका नाम विक्रमादित्य रखेंगे।

हम महिला-मुक्ति व समानता के बारे में चाहे जो कहें, लेकिन पूर्वी सभ्यताओं में पुत्र के जन्म का एक विशेष प्रभाव होता है। जब मैंने नर्सिंग होम से टेलीफोन पर माँ को ये खबर सुनाई तो उनकी खुशी का ठिकाना न रहा। अगले दिन जब अखबारों में हमारे बेटे के जन्म की खबर छपी तो हमारे पास हजारों टेलीग्रामों की बाढ़ आ गई और बंबई के डाक-विभाग को 'शालीमार होटल' की एक विशेष स्टैम्प छापनी पड़ी। हम खुशी-खुशी विजय के भाव से जम्मू पहुँचे जहाँ पठानकोट से ही मार्ग में हजारों लोगों

की भीड़ ने हमारा अभिवादन किया और स्वागत भी। 'राजतंत्र' की 'समाप्ति' के बावजूद लोगों की गर्मजोश भावनाएँ साफ जाहिर थीं। मैंने अपनी माँ को इतना खुश पहले कभी न देखा था। खराब स्वास्थ्य के बावजूद उन्होंने अपने हाथों से नौकरों, स्टाफ-सदस्यों व अपने अनेक मित्रों को बेशकीमती उपहार बाँटे और अनेक धार्मिक स्थलों पर कृतज्ञतापूर्वक प्रार्थनाएँ व पूजा करवाईं।

मैंने भी अंदर-ही-अंदर तीन स्थलों पर ग्यारह-ग्यारह हजार रुपए दान करने की मन्नत माँगी थी—जम्मू के हमारे पारिवारिक श्री रघुनाथ मंदिर, अमृतसर के हरमिंदर साहब तथा श्रीनगर की हजरत बल दरगाह में ! उन्नीसवीं सदी में हमारे परिवार का सत्तारूढ़ होना व सत्ता हासिल करने का श्रेय महान सिख शासक महाराणा रणजीत सिंह के सहयोग को जाता है और मैंने सदा ही सिखों की पवित्रतम धर्मस्थली अमृतसर के स्वर्ण-मंदिर के प्रति अपनी कृतज्ञता व आभार को स्वीकार किया है। इसी तरह कश्मीर से संबंधित होने के नाते घाटी की सबसे श्रद्धापूर्ण दरगाह के प्रति मेरे हृदय में भी गहरी श्रद्धा व आस्था रही है। हिंदू होने के नाते मैं वेदांत की महान शिक्षा का पालन करता हूँ कि सभी धर्म एक ही उद्देश्य को पाने के विभिन्न मार्ग हैं।

बंबई से जम्मू लौटते हुए हम कुछ दिनों के लिए दिल्ली रुके। वहाँ नेहरू-स्मारक समिति की पहली बैठक हो रही थी। इसी समिति का नाम बाद में नेहरू-स्मारक कोष रख दिया गया। शेख अब्दुल्ला भी समिति के सदस्य थे। वे दिल्ली में हमारे घर मानसरोवर भी आए। हमारी लंबी बातचीत हुई और हालाँकि वे इस बात पर जोर देते रहे कि वे किसी विशेष समाधान के प्रति वनचबद्ध नहीं हैं और बल्कि इस कठिनाई से निकलने का रास्ता ढूँढ़ने के लिए परेशान हैं, लेकिन मुझे यह साफ दिख गया कि वे घाटी के लिए कुछ अर्द्ध-स्वतंत्रता जैसा दर्जा चाहते हैं जो भारत व पाक दोनों को स्वीकार्य हो। और मुझे हैरानी हुई कि उन्होंने मुझसे अपील की कि मैं पहल करूँ और अपने विवादग्रस्त राज्य की समस्या सुलझाने में 'सकारात्मक' भूमिका अदा करूँ।

अगस्त के अंत में मैं श्रीनगर लौट आया और मैंने पाया कि प्लिबिसाइट फ्रंट ने अपनी गतिविधियाँ काफी तेज कर दी हैं। 9 अगस्त--जिस तारीख को ग्यारह वर्ष पहले शेख अब्दुल्ला को गिरफ्तार किया गया था, उसे फ्रंट द्वारा 'काला दिवस' घोषित कर दिया गया। सामान्य हड़ताल और एक विशाल जुलूस का आयोजन किया गया। इस जुलूस में अब्दुल्ला ने भी भाग लिया और बाद में जन-समूह को संबोधित भी किया। इस बार उनके भाषण का स्वर साफ-साफ भारत-विरोधी था। 1953 की घटनाओं में भारतीय नेताओं के शामिल होने की अब्दुल्ला ने कड़ी आलोचना की और अपने विरुद्ध षड्यंत्र करने के लिए न सिर्फ बख्शी बल्कि सादिक, मीर कासिम व डी.पी. धर की भर्त्सना की। इस प्रकार पहली बार अब्दुल्ला ने सादिक सरकार के प्रति उग्र व द्वेषपूर्ण रुख अपनाया। शास्त्री-अयूब मुलाकात अभी हो नहीं पाई थी और वे अधीर व क्षुब्ध हो रहे थे। उस समय मुझे यह स्पष्ट हो गया कि एक बार फिर शेख टकराव के रास्ते पर जा रहे हैं। वे तथाकथित कश्मीरी उप-राष्ट्रवाद का प्रतिनिधित्व तो करते ही थे फिर उनका अहं भी

उनके प्रभावशाली शारीरिक कद-बुत जितना ही दृढ़ था। अब्दुल्ला जम्मू-कश्मीर भारत का भाग है, इस वास्तविकता को स्वीकार करने के लिए कतई तैयार न थे। वे अब भी इसी खयाल में थे कि कश्मीर के अधिकारों को सुरक्षित रखने के लिए पाकिस्तान को इस स्थिति में शामिल किया जा सकता है। 1971 के युद्ध के बाद पाकिस्तान-विभाजन के साथ ही वे स्थिति के कठोर यथार्थ से समझौता करने के लिए तैयार हुए।

इस दौरान नेशनल कॉन्फ्रेंस को कांग्रेस में बदलने की दिशा में प्रगति हुई। जम्मू व श्रीनगर दोनों जगहों पर सभाएँ हो रही थीं, जिसमें हजारों नेशनल कॉन्फ्रेंस कार्यकर्त्ता शामिल हुए। बख्शी अब सत्ता में नहीं थे और न ही सत्ता का उदार दान कर सकते थे, अतः पार्टी पर उनकी पकड़ ढीली हो रही थी। सिर्फ कुछ बहुत दृढ़ समर्थक विधायक ही उनके साथ थे। सादिक और कासिम अपनी पकड़ मजबूत करते जा रहे थे। कश्मीर नेशनल कांग्रेस के स्थापक, शफी कुरैशी ने भी अपने कार्यकर्त्ताओं के साथ नेशनल कॉन्फ्रेंस में शामिल होने का निश्चय किया। हमें लगा इससे सादिक की स्थिति और भी मजबूत हो जाएगी। बहरहाल राजनीति में जैसा दिखाई देता है, वास्तव में वैसा होता नहीं है।

विरोधी गुट में अब्दुल्ला व मौलवी फारूख के बीच संघर्ष तेज व उग्र हो गया। क्रमशः शेर व बकरी कहलाए जाने वाले ये गुट तीस के दशक में अब्दुल्ला द्वारा चलाए गए अभियान के वक्त से ही एक-दूसरे के कट्टर विरोधी थे। प्रतिद्वंद्वी समर्थकों में संघर्ष व टकराव चलते रहते थे और अपने सार्वजनिक भाषणों में दोनों नेता एक-दूसरे की कड़ी आलोचना करते थे—अब्दुल्ला मौलवी पर व्यर्थ के तिकड़मी व गैरजिम्मेदार होने का आरोप लगाते तो मौलवी अब्दुल्ला पर ये दोष लगाते कि पवित्र अवशेष प्रकरण के बाद मुसलमानों में जो एकता व्यापी थी वे उसे तोड़ रहे थे। अब्दुल्ला के गुट में भी दो स्पष्ट दल और उभर रहे थे; कट्टरपंथी—जिनका नेतृत्व अफजल बेग व गुलाम रसूल कोचक कर रहे थे और जो कट्टर भारत-विरोधी रुख के पक्षधर थे और दूसरे की अगुआई मौलाना मसूदी व ख्वाजा मुबारक शाह कर रहे थे जो अपेक्षाकृत अधिक तर्कसंगत व उदार रुख के पक्षधर थे।

विधानसभा का एक सत्र सितंबर में होने वाला था। मैं एक हफ्ते के लिए दिल्ली गया था। वहाँ मुझे कुछ सभाओं में शामिल होना था, उनमें से एक जवाहरलाल स्मारक कोष की बैठक भी थी। श्रीनगर लौटा तो ये जानकर हतप्रभ रह गया कि सादिक व उनके बुद्धिजीवी समर्थक इस बात से बिलकुल अनजान थे कि बख्शी गुलाम मुहम्मद अपनी विशेष निर्भीकता के साथ सदन में सरकार को गिराने का निर्णय ले चुके थे। उनके समर्थकों के खिलाफ हुई कार्रवाई व भ्रष्टाचार के आरोपों के खिलाफ जाँच बैठने की आशंका ने उन्हें अपनी हिफाजत के लिए कदम उठाने को बाध्य कर दिया था। 21 अगस्त को वे मुझसे मिलने आए और उन्होंने मुझसे साफ-साफ कहा कि वे सदन में अविश्वास प्रस्ताव रखेंगे और वे किसी भी नतीजे का सामना करने के लिए बिलकुल तैयार हैं। उन्होंने कटुता से शिकायत की कि वे सादिक सरकार द्वारा चलाए जा रहे उनके खिलाफ 'निंदा व सताए

जाने' के अभियान से तंग आ गए हैं और अब अधिक बर्दाश्त करने के लिए तैयार नहीं हैं। उनके अनुसार सादिक, कासिम व डी.पी. धर भी कम भ्रष्ट नहीं थे। उन्होंने एक बयान भी दिखाया जिसमें उनके कुछ भ्रष्टाचार के ब्यौरे थे।

मैंने बख्शी को जल्दबाजी में कोई कदम न उठाने की सलाह देने की कोशिश की लेकिन वे गुस्से में थे और कोई भी तर्कसंगत बात सुनने को राजी नहीं थे। साथ ही, हमें पता चला कि वे अविश्वास प्रस्ताव पर लगभग सभी विधायकों के हस्ताक्षर लेने में सफल हो गए थे। इसमें हैरानी की बात नहीं थी क्योंकि लगभग दो-तिहाई विधायक तो बिना किसी विरोध के वापस चुन लिये गए थे। उनमें से लगभग सभी को बख्शी ने खुद ही चुना था। अतः लगभग सभी राजनीतिक रूप से उनके प्रति निष्ठावान थे। इस बात ने हमें गंभीर दुविधा में डाल दिया। घाटी में अब्दुल्ला लड़ाई के मार्ग पर चल रहे थे इसलिए सादिक सरकार का गिरना हमारे लिए फायदेमंद नहीं था खासकर तब, जबकि कश्मीरियों ने पवित्र अवशेष प्रकरण के दौरान बख्शी गुट के प्रति अपना रोष व विरोध दिखा दिया था। अगर अविश्वास प्रस्ताव पारित हो गया तो सदर-ए-रियासत शासन लागू करने के सिवाय कोई विकल्प नहीं रह जाएगा। और तत्कालीन परिस्थिति में सदर-ए-रियासत शासन को अब्दुल्ला व प्लिबिसाइट फ्रंट पूरी तरह अपने राजनीतिक स्वार्थ के लिए इस्तेमाल करेंगे।

मैंने तत्काल सादिक, मीर कासिम, डी.पी. धर व शंकर प्रसाद से सलाह-मशविरा किया। शंकर प्रसाद उस वक्त कश्मीर मामलात के सचिव थे। कर्ण महल में स्थित मेरे कार्यालय में हम लोग देर रात तक बहस करते रहे और लंबे विचार-विमर्श के बाद हम इस निष्कर्ष पर पहुँचे कि बख्शी व उनके मुख्य समर्थकों को गिरफ्तार करके विधानसभा सत्र को स्थगित कर देना अपेक्षाकृत कम बुरा होगा। यह जाहिरा तौर पर एक लोकतांत्रिक कदम नहीं था, लेकिन हमारे पास और कोई ठीक-ठाक विकल्प भी नहीं था। अगली सुबह भारत के रक्षा नियमों के तहत गिरफ्तारियाँ की गईं और बख्शी गुलाम मुहम्मद को ऊधमपुर के तारा निवास में नजरबंद रखा गया जहाँ ग्यारह वर्ष पहले उन्होंने अब्दुल्ला को भेजा था। इस बार अब्दुल्ला आजाद थे और उनके कट्टर विरोधी बख्शी नजरबंद।

इस गिरफ्तारी की प्रतिक्रिया नरम ही थी। बख्शी के समर्थकों में से सोलह ने गिरफ्तारी का विरोध करते हुए मुझे पत्र लिखा और अपील की कि सदन को फिर से बुलाया जाए और उनमें से चौदह प्रधानमंत्री से मिलने व बख्शी का समर्थन करने के लिए दिल्ली गए। जैसाकि स्वाभाविक था, अब्दुल्ला ने पूरी स्थिति का राजनीतिक फायदा उठाने की पुरजोर कोशिश की। उन्होंने कहा कि गिरफ्तारी लोकतांत्रिक व्यवस्था के लिए एक बुरी प्रथा है और उन्होंने फिर कहा कि विधानसभा दरअसल जन-प्रतिनिधित्व नहीं करती। हजरत बल व चरार-ए-शरीफ पर अपने भाषणों में वे गिरफ्तारी की आलोचना व अप्रत्यक्ष रूप से बख्शी की प्रशंसा करते रहे। इससे इस विश्लेषण की पुष्टि हो गई कि उन्होंने प्रत्यक्ष अथवा अप्रत्यक्ष रूप से राज्य सरकार को अस्थिर करने के बख्शी द्वारा

उठाए जाने वाले कदम को स्वीकृति दी थी, ताकि फिर से चुनाव करवाए जाएँ।

तीस सितंबर की अपनी रिपोर्ट में मैंने भारत सरकार को अनेक सुझाव दिए, जिनमें मंत्रिमंडल का तत्काल विस्तार, अक्तूबर अंत से पहले विधानसभा का पुनर्आयोजन, कमजोर राज्य प्रशासन को कार्यकुशल बनाने का प्रयास व पवित्र अवशेष की चोरी के बारे में जाँच तेज करना शामिल थे। व्यवहार में, मुझे लगा कि मैं राजनीतिक भँवर में खिंचता चला जा रहा हूँ। एक तटस्थ व अलग संवैधानिक प्रमुख की अपेक्षा मैं तेजी से राजनीतिक मंच पर एक प्रमुख अभिनेता बनता जा रहा था। जैसाकि हुआ, उस समय तक मैं राजनीति में तेजी से और काफी दिलचस्पी लेने लगा था और प्रदेश के प्रमुख के रूप में जो सत्ता मेरे हाथ में थी उसका प्रयोग भी करने लगा था। अक्तूबर में आखिरकार घटनाओं ने मेरे सुझावानुकूल मोड़ लेना शुरू किया। विधानसभा का सत्र बुलाया गया और यह पाँच दिन चला। हालाँकि इसमें औपचारिक रूप से विश्वास मत हासिल नहीं किया गया फिर भी अनुदानों के लिए संपूरक माँगों का सरलता से पारित हो जाना इस बात का स्पष्ट सूचक था कि कम-से-कम, फिलहाल सादिक सरकार सुरक्षित थी। सादिक ने हाल में हुई राजनीतिक गतिविधियों के बारे में लंबा वक्तव्य दिया जिसके परिणामस्वरूप बख्शी को गिरफ्तार कर लिया गया था। उन्होंने बताया कि बख्शी को हिरासत में इसलिए लेना पड़ा क्योंकि अपने पुराने कारनामों की पूरी जाँच रोकने के लिए, उन्होंने बहुत गैरजिम्मेदाराना तरीके से काम करना शुरू कर दिया था जो राज्य की स्थिरता व सुरक्षा के लिए खतरनाक सिद्ध हो सकता था। मंत्रिमंडल का भी विस्तार हुआ और जी.एल. डोगरा, मुहम्मद अयूब खान और पीर गयासुद्दीन को उसमें शामिल कर लिया गया। त्रिलोचन दत्ता मीर कासिम के साथ पार्टी के जनरल सेक्रेटरी बनाए गए।

जब सर्दियों के लिए हम जम्मू आए तब तक राजनीतिक स्थिति ऐसी हो गई थी कि घाटी में प्लिबिसाइट फ्रंट का प्रभुत्व जम गया। नवंबर के मध्य में सोपोर में आयोजित फ्रंट के सम्मेलन में अब्दुल्ला और बेग ने उग्र तेवर दिखलाए और स्पष्ट संकेत दिया कि वे प्रदेश व शेष भारत के बीच मौजूदा संवैधानिक संबंध को स्वीकार करने के लिए राजी नहीं हैं। हालाँकि उन्होंने जनमत संग्रह अर्थात् प्लिबिसाइट का जिक्र नहीं किया फिर भी उनकी पार्टी के नाम से ही आत्म-निर्धारण पर उनका दृष्टिकोण स्पष्ट हो गया। उसी महीने राज्यपाल सम्मेलन में, जो जवाहरलाल के देहांत के बाद पहला सम्मेलन था, प्रधानमंत्री लालबहादुर शास्त्री ने अपने भाषण के आरंभ में कश्मीर का विशेष उल्लेख किया। उन्होंने सादिक सरकार का पुरजोर समर्थन किया और कहा कि शेख अब्दुल्ला की ताकत को कम समझना हमारी गलती होगी। भारत सरकार कश्मीर पर नजर रखे है और जब भी आवश्यक हुआ तो उचित कदम उठाएगी।

कई मायनों में लालबहादुर, जवाहरलाल से बिलकुल भिन्न थे। जवाहरलाल उच्च बौद्धिक स्तर और वृहद ऐतिहासिक परिप्रेक्ष्य में बोलते थे तो लालबहादुर बहुत यथार्थवादी व व्यावहारिक व्यक्ति थे। जवाहरलाल का रवैया हमेशा एक परिपक्व राजनीतिज्ञ और

नेता का होता था जिसे चुनौती नहीं दी जा सकती थी, जबकि लालबहादुर की प्रवृत्ति नरम और रवैया हलका था। हालाँकि मैं जवाहरलाल का जबर्दस्त प्रशंसक था लेकिन उनसे बराबरी के स्तर पर संवाद करने में मुझे हमेशा कठिनाई होती थी। लालबहादुर के साथ मुझे ऐसी कोई समस्या न थी। पिछले कुछ वर्षों में मैं उन्हें अच्छी तरह जान गया था और वे कई बार हमारे दिल्ली के निवास स्थान पर आए भी थे। मैं हमेशा उनसे खुलकर बिना किसी प्रतिबंध के बात करता था, जो मेरे खयाल से वे पसंद भी करते थे। 1964 के राज्यपाल सम्मेलन में कश्मीर के बारे में बोलने के साथ-साथ मैंने जनसंख्या नियंत्रण की आवश्यकता को प्राथमिकता देने पर भी जोर दिया और सुझाव दिया कि इसके लिए एक उच्चस्तरीय आयोग बैठाया जाए।

सम्मेलन के बाद मैं फिर मीरटोला की अपनी वार्षिक यात्रा पर निकल पड़ा। मैंने 1958 से हर वर्ष वहाँ जाने का नियम बना लिया था। इन वर्षों में गोपाल दा व आशीष दा से मेरी मुलाकातें और नियमित पत्र-व्यवहार मेरे आंतरिक विकास का प्रमुख अंग बन गए थे। न सिर्फ मुझे विशेष समस्याओं पर उनसे सलाह मिलती बल्कि एक गहन दृष्टिकोण, जीवन व इसकी जटिलताओं के प्रति एक अधिक परिपक्व नजरिया भी प्राप्त होता। उनका मुझ पर किस प्रकार का प्रभाव था, यह बताना बहुत कठिन है क्योंकि वह प्रभाव अप्रत्यक्ष था। लेकिन स्पष्ट तौर से उन्होंने मुझे वह आयाम, वह प्रेरणा दी जो मुझे अन्यथा न मिल पाती या जिससे मैं अन्यथा वंचित रह जाता। इस बार इंग्लैंड से सर्दियाँ हमारे साथ बिताने के लिए बेरिल स्टिलमैन भी आई हुई थीं। सो, आशा और बेरिल ने फैसला किया कि वे भी मेरे साथ मीरटोला चलेंगी। गोपाल दा उन्हें देखकर बहुत प्रसन्न हुए और उन्हें व आशीष दा को आशा बहुत अच्छी लगी।

हम वहाँ तीन रात रुके और लंबी बातचीत की। तब तक मेरे सामने सबसे बड़ा प्रश्न ये था कि मैं राज्य से निकलकर राष्ट्रीय राजनीति में हिस्सा लूँ या नहीं। जब 1958 में मैंने यह विचार उनके समक्ष रखा था तो उन्होंने मुझे नकारात्मक प्रतिक्रिया दी थी और सलाह दी थी कि मैं अभी राष्ट्रीय राजनीति में न जाऊँ। लेकिन अब छः साल बाद उन्हें ऐसा लगा कि संभवतः यह एक सकारात्मक कदम हो। और अगर एक विस्तृत क्षेत्र में प्रवेश करने की इच्छा मेरे भीतर उठी है तो उसे दबाना नहीं चाहिए। उनकी यह 'स्वीकृति' मेरे लिए महत्त्वपूर्ण थी और इसी पर वे निर्णय आधारित हुए जो मैंने आगामी कुछ वर्षों में लिये। 2 दिसंबर की सुबह, गोपाल दा की गुरु श्री यशोदा माई के देहावसान के ठीक बीस साल बाद, मैं जल्दी उठ गया और पहाड़ी की चोटी पर बने डाकघर तक सूर्य के प्रकाश को देखने के लिए गया। सूर्य की किरणें नवीन एवं ताजा लग रही थीं और जब मैं ढलान की ओर बढ़ा तो सूर्य एक वृक्ष के पीछे आ गया। एक क्षण के लिए पेड़ से सूर्य को छिपा लिया लेकिन वृक्ष के पीछे से सूर्य की किरणें हर दिशा में दिव्य रूप से चमक उठीं। मैं मंत्रमुग्ध हो उस वृक्ष की ओर बढ़ चला। उस वृक्ष की छाँह में बैठकर मैंने मुंडकोपनिषद के दूसरे अध्याय में से श्लोकोच्चारण शुरू कर दिया :

अति उत्तम सुनहरे आवरण में
ब्रह्म निहित हैं; निष्कलंक, अखंड
वह दीप्तिमान है; प्रकाशों का प्रकाश
यह वही है जिसे 'स्व' के ज्ञाता जानते हैं।

थोड़ी देर बाद मैं वापस आश्रम की ओर चल पड़ा। सूरज अब चढ़ आया था और ठीक मेरे पीछे चमक रहा था जिससे मेरी पूरी परछाईं एक विशाल वृक्ष के तने पर पड़ रही थी। जब मैं उसकी तरफ बढ़ा तो मुझे यूँ लगा मानो मैं अपने एक नए आयाम के प्रति सचेत हो रहा हूँ, मानो मैं स्वयं को स्वयं से अलग होकर देख रहा हूँ। सूर्य के साथ इस अनुभव से प्रेरित होकर मैंने एक निजी किरीट बनाया–सूर्य जिसके भीतर एक त्रिशूल स्थित है और उसके नीचे श्वेताश्वरोपनिषद् की ये पंक्तियाँ संस्कृत में लिखी हैं, 'मैं उस परब्रह्म को जानता हूँ, जो सूर्य की भाँति तेजस्वी है। अंधकार के परे दिव्य आभा से प्रकाशित है।'

इस यात्रा से आने के बाद मैं बंबई गया, जहाँ मुझे भारतीय विद्या भवन में 'आजादी के बाद की पीढ़ी : चुनौती व प्रतिक्रियाएँ' विषय पर तीन वक्तव्य देने थे। डॉ. के.एम. मुंशी व उनकी पत्नी मेरे प्रति सदा बहुत सौहार्दपूर्ण रहे थे और हमारे सांस्कृतिक व आध्यात्मिक मूल्यों के पुनरुत्थान व पुनर्गठन के प्रति उनकी वचनबद्धता का मैं प्रशंसक था। भारतीय विद्या भवन उन्हीं के द्वारा स्थापित संस्थान था; एक ऐसा अद्भुत संस्थान जिसका पोषण वे जीवनपर्यंत करते रहे और आज भी यह भारत में ही नहीं वरन् विदेशों में भी महत्त्वपूर्ण स्थान रखता है। इन सभी सकारात्मक गतिविधियों के बीच शारीरिक तौर पर एक बार फिर मुझे कठिनाई का सामना करना पड़ा। अबकी बार एक गुर्दे में कुछ खराबी हो गई। कश्मीर में पानी में ही कुछ ऐसा है कि उससे गुर्दे में स्टोंस होने की प्रवृत्ति हो जाती है। सादिक कई सालों से गुर्दे के मरीज थे और दरअसल बहुत पहले उनके एक गुर्दे को निकाल दिया गया था। डी.पी. धर की भी यही समस्या थी। फिर उनके दो और मंत्री इसी मर्ज से पीड़ित थे तो सदर-ए-रियासत क्या पीछे रह सकते थे ? 1964 के मध्य में पहली बार श्रीनगर में मुझे यह दर्द उठा। यह पीड़ा मर्मभेदक थी और दर्दनाशक दवाओं के कई इंजेक्शन लगाने के बाद ही आराम मिलता था। तेज दर्द में दुःस्वप्न जैसा कुछ होता है और अपनी टूटी हुई टाँगों की वजह से मैं जितना कष्ट भुगत चुका था, उसके बाद मैंने सोचा कि अब दर्द का कोटा पर्याप्त हो गया। लेकिन मैं गलत था। मैंने हर तरह की दवाइयों को आजमाया–आयुर्वेदिक, एलोपेथी, होम्योपेथी–लेकिन बाएँ गुर्दे के स्टोन बहुत धीरे और बहुत कष्टप्रद तरीके से बढ़ते जा रहे थे।

उन्हीं सर्दियों में बनारस हिंदू विश्वविद्यालय के दीक्षांत समारोह में प्रधानमंत्री श्री लालबहादुर शास्त्री को एक सम्मानसूचक डिग्री प्रदान करने का अवसर मुझे मिला। अब मैं राष्ट्रीय मामलात में तेजी से शामिल होता जा रहा था। दिल्ली में मैं राष्ट्रपति राधाकृष्णन् व अन्य अनेक मंत्रिमंडल के सदस्यों से मिलता। क्लोविस मकनूद का घर भारतीय व विदेशी नेताओं से विचारोत्तेजक चर्चाएँ करने का केंद्र था तो रमेश व राज

थापर ने हमारा परिचय अपने कुछ योग्य पत्रकार मित्रों व ऐसे ही व्यवसाय के अन्य योग्य लोगों से करवाया। अतीत की याद करते हुए इस दौर के बारे में मुझे लगता है कि मैं तेजी से प्रदेश राजनीति से बाहर भी सक्रिय होता जा रहा था और दरअसल राष्ट्रीय गतिविधियों में प्रवेश पाने का कोई अनुकूल मार्ग खोज रहा था। इसी संदर्भ में 1 मार्च, 1965 को मैंने लालबहादुर को निम्नलिखित पत्र लिखा :

> मैं एक निजी मसले के संदर्भ में यह पत्र लिख रहा हूँ जिसमें मुझे आपकी सलाह व मार्गदर्शन चाहिए। जब मैं दिल्ली में था तो आपसे इस पर चर्चा करना चाहता था लेकिन आप दक्षिण भारत व अन्य ऐसी महत्त्वपूर्ण समस्याओं में इतना व्यस्त थे कि मुझे लगा, आपका अधिक समय लेना उचित न होगा।
>
> जैसाकि आप जानते हैं, मैं पिछले सोलह वर्षों से प्रदेश-प्रमुख हूँ। मैंने अपना कार्यभार बतौर रीजेंट जून 1949 में सँभाला था, जब मेरी उम्र अठारह वर्ष थी। नवंबर 1952 में मुझे सदर-ए-रिसायत चुना गया। बतौर सदर-ए-रियासत मेरा तीसरा कार्यकाल चल रहा है। इन वर्षों में मेरे जो कर्त्तव्य थे या जो भी उत्तरदायित्व मुझे सौंपा गया, मैंने उसे अपनी योग्यतानुसार पूरा किया। कुछ ही दिनों में, मैं 34 वर्ष का हो जाऊँगा। कुछ समय से मुझे लग रहा है मुझे अपना अनुभव क्षेत्र बढ़ाना चाहिए। बहरहाल, चूँकि राष्ट्र का हित मेरे लिए सर्वोपरि है, अतः मुझे ये अहसास था कि अब तक अपने मौजूदा पद को छोड़ने से कुछ अपरिहार्य जटिलताएँ पैदा हो सकती थीं। प्रदेश संविधान में होने वाले सुधार के बाद सदर-ए-रियासत, जिसका चुनाव राज्य विधानसभा करती थी उसकी जगह राज्यपाल नियुक्त किया जाएगा, जिसका चुनाव सीधे राष्ट्रपति करेंगे। इस परिवर्तन के मद्देनजर, मुझे नहीं लगता कि यहाँ मेरी मौजूदगी इतनी महत्त्वपूर्ण है जितना कि पहले थी। किसी का भी एक ही सरकारी पद पर बहुत समय तक रहना वांछनीय नहीं होता, और अब बदलाव लाभप्रद हो सकता है। राज्यपाल नियुक्ति की शुरुआत से बहुत से योग्य लोग उपलब्ध होंगे, और मैं भी इस महत्त्वपूर्ण नियुक्ति के लिए अनुकूल व्यक्ति के संदर्भ में सुझाव दे सकता हूँ।
>
> अपने लिए, मैं गंभीरतापूर्वक आम चुनाव में खड़ा होने की सोच रहा हूँ, विशेषकर इसलिए भी कि इस राज्य के लोग पहली बार लोकसभा के अपने प्रतिनिधि सीधे चुनेंगे। फिर यह सामान्य विचार भी रहता है कि युवा लोगों को राजनीति में अधिक सक्रिय रुचि लेनी चाहिए। ये संभव है कि बहुत छोटी आयु से ही सार्वजनिक जीवन में आने से जो अनुभव मैंने पाया है, अगर मैं चुना गया, तो उस अनुभव का प्रयोग मैं वृहद् स्तर पर राष्ट्र सेवा के लिए कर सकूँगा।
>
> अगले चुनाव ठीक दो वर्ष बाद होंगे। बीच की इस अवधि को विशेष

ध्यान में रखते हुए मैं यह पत्र लिख रहा हूँ। मेरी समझ में, यूनाइटेड किंगडम के भारतीय उच्चायुक्त डॉ. जीवराय मेहता के स्थान पर संभवतः किसी और को भेजा जा रहा है। मुझे यह लिखते हुए संकोच हो रहा है, लेकिन मुझे वाकई ये लगता है कि मैं सफलतापूर्वक इस पद का निर्वाह कर सकता हूँ। अंतर्राष्ट्रीय मसलों के इस महत्त्वपूर्ण मोड़ पर विदेश में हमारा राजनयिक रुख बहुत अहमियत रखता है। और हमारे दृष्टिकोण से इंग्लैंड की विशेष महत्ता है। मैं वहाँ कई बार जा चुका हूँ और वहाँ के जीवन, भाषा व राजनीति की जो जानकारी मुझे है, वह बहुत लाभप्रद साबित होगी। राजनीति की मुख्यधारा में आने से पहले इससे मेरे अनुभव में एक नया आयाम भी जुड़ेगा।

मेरे लिए निजी महत्ता का अन्य विषय यह है कि पिछले कई वर्षों से मेरी माँ का स्वास्थ्य खराब चल रहा है और बंबई व दिल्ली से सर्वश्रेष्ठ इलाज के बावजूद उनकी सेहत में सुधार के कोई लक्षण नहीं दीख रहे। उनकी हालत से मैं बहुत चिंतित हूँ और मेरा खयाल है कि अगर मैं उन्हें लंबे इलाज के लिए लंदन ले जा सकूँ, तो शायद उनकी हालत में सुधार आ जाए। इस साल ग्यारह मई को मेरे पिता की चौबरसी है, जिसके बाद मेरी माँ विदेश यात्रा पर जा सकेंगी।

अपने भविष्य से संबंधित यह पत्र मैं कुछ अनिच्छा से ही लिख रहा हूँ। लेकिन मैं आपका स्नेहपूर्ण व समझदार स्वभाव जानता हूँ इसीलिए मैंने खुलकर ये सब लिख दिया। मुझे उम्मीद है कि जब भी आपको सुविधा होगी आप इस विषय में अपना मार्गदर्शन व प्रोत्साहन मुझे प्रदान करेंगे।

प्रधानमंत्री ने तत्काल उत्तर दिया कि हम जब अगली बार मिलेंगे तो इस विषय पर बात करेंगे। अप्रैल में हम मिले और उन्होंने कहा कि राज्य के अनिश्चित हालात के मद्देनजर वे नहीं चाहेंगे कि मैं फिलहाल यहाँ से जाऊँ। जैसाकि हुआ, अगले साल उनके मुख्य सचिव एल.के. झा मेरे पास उस पद को सँभालने का निमंत्रण लेकर आए लेकिन तब तक ऐसे राजनीतिक हालात हो गए थे कि मुझे वहाँ जाने से इनकार करना पड़ा। जब मेरी दिलचस्पी थी, तभी इस पद का प्रस्ताव मुझे मिला होता, तो मेरा भविष्य राजनीति में नहीं वरन् राजनयिकी में हो जाता। ऐसी सूक्ष्म परिस्थितियों पर निर्भर करती है हमारी नियति !

1965 के आरंभ में प्रदेश पर भारतीय संविधान का अनुच्छेद 356 व 357 लागू कर दिया गया। इसमें प्रदेश में संवैधानिक तंत्र के विफल हो जाने पर क्या किया जाना चाहिए—ये व्यवस्था थी। अगले ही शुक्रवार को हजरत बल पर दिए गए अपने भाषण में शेख अब्दुल्ला ने तत्काल इस कदम की कड़ी आलोचना की। उन्होंने इन अनुच्छेदों

को प्रदेश में लागू करने व नेशनल कॉन्फ्रेंस का इंडियन नेशनल कांग्रेस में होने के लिए भारत की कटु निंदा आरंभ कर दी। अपने प्रिय शैतान को फिर उकसाते हुए उन्होंने कहा कि इन सब बातों का अर्थ होगा राज्य में मुसलमानों का अंत, अतः मुसलमानों को अपने हितों की रक्षा के लिए हर प्रकार का बलिदान देने के लिए तैयार रहना चाहिए। उन्होंने नेशनल कॉन्फ्रेंस के उन विधायकों का सामाजिक बहिष्कार करने का समर्थन किया जो कांग्रेस में आ गए थे। और उन्होंने लालबहादुर को एक दुर्बल आदमी कहा, ज़िससे कुछ भी उम्मीद नहीं की जा सकती। इस बक्तव्य से नई दिल्ली में गंभीर बहस शुरू हो गई कि शेख अब्दुल्ला को हज पर विदेश जाने की बहुत पुरानी इच्छा पूरी करने की अनुमति दी जानी चाहिए या नहीं क्योंकि गुप्तचर विभाग को जानकारी मिली थी कि उन्होंने अपने समर्थकों से कहा है कि वे विदेशी नेताओं से संपर्क कर कश्मीर में आत्म-निर्धारण.के लिए समर्थन जुटाएँगे। अंत में यह निश्चय किया गया कि उन्हें अपने परम अनुयायी अफजल बेग के साथ विदेश जाने की अनुमति दे दी जानी चाहिए और विदेश में उनकी गतिविधियों पर कोई प्रतिबंध नहीं लगाना चाहिए। लालबहादुर ये समझने में तो चतुर थे कि अगर शेख ने अपनी आजादी का दुरुपयोग किया तो खुद ही उनकी असलियत सामने आ जाएगी, लेकिन अगर उनकी यात्रा पर प्रतिबंध लगा दिया गया तो वे जाने से इनकार कर देंगे और फिर इसी बात को बड़ा राजनीतिक मुद्दा बना लेंगे।

26 जनवरी, 1965 को प्रदेश में इंडियन नेशनल कांग्रेस को औपचारिक रूप से शुरू किया गया। इस प्रकार उतार-चढ़ावों से भरे प्रदेश के इतिहास में एक नया अध्याय जुड़ा और उस उद्देश्य की भी पूर्ति हुई जिसके लिए पर्दे के पीछे से मैं बहुत मेहनत कर रहा था। मेरा विश्वास था कि राज्य में देश की प्रमुख पार्टी का प्रवेश जम्मू-कश्मीर को शेष देश के साथ जोड़ने में महत्त्वपूर्ण सिद्ध होगा। संवैधानिक, वैधानिक, आर्थिक व प्रशासनिक संबंध तो अहम् होते ही हैं लेकिन एक लोकतांत्रिक व्यवस्था में राजनीतिक दल ही पूरी व्यवस्था के संचालन का हाड़-मांस होते हैं। और सर्वप्रथम श्री अरविंद व लोकमान्य तिलक और बाद में महात्मा गाँधी तथा नेहरूजी सहित उनके प्रभावशाली दल की अगुआई में कांग्रेस का देशसेवा का इतिहास स्पष्टतः वैभवशाली था। फिर कांग्रेस अब भी भारत का सर्वाधिक महत्त्वपूर्ण राजनीतिक बल थी—इसलिए मेरा विश्वास था कि कांग्रेस अपनी गतिविधियाँ प्रदेश में भी बढ़ाएगी।

इसके तुरंत बाद ही सरकार ने एक जाँच आयोग बैठाने की घोषणा कर दी, जिसमें जस्टिस राजगोपाल अयंगार होंगे और जो बख्शी गुलाम मुहम्मद के खिलाफ भ्रष्टाचार के अड़तीस आरोपों की जाँच करेगा। ऊधमपुर में नजरबंद बख्शी को अचानक हृदय रोग की शिकायत हो गई थी। तत्काल डॉक्टरों को बुलाया गया और बाद में उन्हें रिहा कर दिया गया था। उसी महीने तीसरी महत्त्वपूर्ण घटना थी, जम्मू के विश्वविद्यालय प्रांगण में केंद्रीय शिक्षामंत्री एम.सी. चागला द्वारा सामाजिक विज्ञान विभाग का उद्घाटन। मैं कुछ समय से जम्मू-कश्मीर की दो शाखाएँ खोलने का प्रयास कर रहा था और यह

उस दिशा में एक प्रमुख कदम था।

उसी महीने मद्रास में हिंदी-विरोधी दंगे भी भड़क गए। इनमें जान-माल की हानि हुई। 1 फरवरी को मैंने राष्ट्रपति को पत्र में लिखा :

> दक्षिण में हाल ही में जो हिंदी-विरोधी प्रदर्शन हुए, जिनमें भयानक हिंसा, और आत्मदाह की जो घटनाएँ हुईं वे सभी न्यायसंगत विचारधारा वाले लोगों के लिए गहरी पीड़ा व निराशा का स्रोत रही हैं। इस पूरे मुद्दे पर विस्तृत टिप्पणी किए बगैर मैं दक्षिण की डी.एम.के. व उत्तर के प्लिबिसाइट फ्रंट की अलगाववादी विचारधारा की तुलना करना चाहूँगा। डी.एम.के. की इस विचारधारा के परिणाम तो दुखद रहे ही हैं, फ्रंट में भी ऐसी ही गंभीर संभावनाएँ निहित हैं। यहाँ तो सांप्रदायिकता का तत्त्व स्थिति और भी गंभीर बना सकता है क्योंकि पाकिस्तान लगातार धार्मिक घृणा की भावनाएँ भड़काता रहता है और शेख अब्दुल्ला जैसे ताकतवर नेता खुलेआम अलगाववादी भूमिका निभाते रहते हैं। दरअसल मौजूदा समय में वे सभी तत्त्व यहाँ हैं जो एक विस्फोटक स्थिति पैदा कर सकते हैं और हमें उनके प्रति पूरी तरह से सचेत रहना चाहिए।

फरवरी में, कुछ समय दिल्ली में बिताने के बाद, अब्दुल्ला बंबई चले गए और वहाँ से एक नाव में हज के लिए रवाना हो गए। इस बात में उन्होंने कोई राज न रखा कि वे अपनी तीर्थयात्रा का इस्तेमाल राजनीतिक उद्देश्य के लिए करेंगे। 1931 में जब से वे एक मजबूत नेता के रूप में उभरे, तभी से धर्म को राजनीतिक मकसद के लिए इस्तेमाल करना उनका खास हथकंडा था। वैसे वो धर्म-निरपेक्षता का दावा करते रहते थे, लेकिन लगभग हमेशा वे धार्मिक मंच से अपनी राजनीतिक नीतियाँ प्रतिपादित करते थे। जाने से पहले, वे घाटी में पर्याप्त भारत-विरोधी भावनाएँ भड़का गए थे और सामाजिक बहिष्कार मुसलमानों में भारत समर्थक तत्त्वों को काफी परेशान कर रहा था। ऐसी घटनाएँ भी हुईं कि कांग्रेस कार्यकर्त्ताओं के मृतक रिश्तेदारों के दफन के लिए जगह नहीं दी गई और उत्पीड़न तथा भेदभाव की अन्य अनेक घटनाएँ होने लगीं। जम्मू में तीन मार्च को विधानमंडल के संयुक्त सत्र में मैंने अप्रत्यक्ष रूप से इसका जिक्र भी किया। मैंने कहा, "इस प्रकार के राजनीतिक व सामाजिक कृत्यों के संकेत मिले हैं जो सांप्रदायिकता और कभी-कभी तो घृणा का जहर भी फैला सकते हैं। यह लोकतंत्र के शांतिपूर्ण विश्वास को खतरे में डाल सकता है। सरकार इसके प्रति सचेत है और इन सांप्रदायिक व अलगाववादी प्रवृत्तियों को जनता में कड़ुवाहट फैलाने व उसे उकसाने की खतरनाक सीमा तक नहीं फैलाने देगी।"

सत्र के पहले दो हफ्तों में सरकार ने शेख अब्दुल्ला की पार्टी की गतिविधियों का सामना करने के लिए दो कदम उठाने का निश्चय किया। छः-सात मार्च की रात घाटी में प्लिबिसाइट फ्रंट के अनेक नेताओं व कार्यकर्ताओं को गिरफ्तार कर लिया गया। यह

आकस्मिक कार्रवाई थी इसलिए बिना किसी बल-प्रयोग के लगभग दो सौ लोगों को हिरासत में ले लिया गया। साथ ही एक संविधान संशोधन अधिनियम सदन में रखा गया कि विधानसभा द्वारा चुने गए सदर-ए-रियासत के स्थान पर राष्ट्रपति द्वारा मनोनीत राज्यपाल को नियुक्त किया जाए और प्रदेश सरकार के प्रमुख को प्रधानमंत्री के स्थान पर मुख्यमंत्री कहा जाए। ये राजा को गणतंत्र के अन्य राज्यों के समकक्ष लाने के लिए प्रतीकात्मक कदम थे लेकिन सार्वजनिक जीवन में प्रतीक की गहरी राजनीतिक महत्ता हो सकती है। मैं निस्संदेह खुश था क्योंकि मैं अपने पद के समापन को मेरी एक बड़ी उपलब्धि मानता था। संशोधन बिल पारित हो गया और दस अप्रैल को मैंने इस पर अपनी सहमति दर्ज कर दी। उसी शाम चीफ जस्टिस ने राष्ट्रपति से नियुक्ति पत्र प्राप्त हो जाने के बाद, मुझे राज्यपाल पद के लिए शपथ दिलाई। इस प्रकार मैं इतिहास का पहला और अंतिम सदर-ए-रियासत रहा। इस पद पर मैंने बारह वर्ष तक काम किया। 13 अप्रैल को बतौर राज्यपाल मैंने पहले सार्वजनिक समारोह की मेजबानी की। सौभाग्य से उस दिन बैसाखी का त्योहार भी था और इदुल-जुहा भी।

घाटी में प्लिबिसाइट फ्रंट ने इन कदमों के विरोध में अनेक विरोध-सभाएँ कीं, जिनमें उग्र भारत-विरोधी भाषण दिए गए। और शेख अब्दुल्ला ने, जैसी मुझे उम्मीद थी, भड़काऊ तरीके से काम करना शुरू कर दिया। वे चीन के प्रमुख चाउ-एन-लाई से मिले और चीन जाने का निमंत्रण भी स्वीकार कर लिया। प्रेस व संसद में इसका कड़ा विरोध हुआ तो आखिरकार विदेशमंत्री ने घोषणा की कि अब्दुल्ला व उनके दल के पासपोर्ट पर हज जाने के लिए आवश्यक मंजूरी को छोड़कर शेष सब मंजूरी रद्द कर दी गई हैं। इससे लोग ये अनुमान लगाने लगे कि उनका अगला कदम क्या होगा। क्या वे अपने कृत्यों के परिणाम का सामना करने के लिए लौटेंगे या वे विदेश से ही काम करते रहेंगे ? क्योंकि मैं उन्हें जानता था इसलिए मैं निश्चित था कि वे लौटेंगे। उनकी राजनीति से आप सहमत हों या नहीं, मगर इस बात में कोई संदेह नहीं कि वे साहसी व दृढ़निश्चयी व्यक्ति थे। उन्हें 'कश्मीर का शेर' व्यर्थ ही नहीं कहा जाता था।

अंततः आठ मई को शेख अब्दुल्ला, बेगम व मिर्जा अफजल बेग भारत लौट आए जहाँ भारत सरकार द्वारा उन्हें हिरासत में लेकर दक्षिण के ऊटाकमंड में ले जाया गया। यहाँ उन्हें नगरपालिका की सीमा के भीतर रहने का आदेश दिया गया। सो, 1947 के बाद तीसरी बार अब्दुल्ला नजरबंद किए गए। उनकी दो प्रमुख विफलताओं में से एक थी—यह स्वीकार न कर पाना कि जम्मू और कश्मीर अन्य राज्यों की भाँति भारत का हिस्सा है, चाहें उन्हें कुछ मामलात में एक विशेष दर्जा मिल जाए, तो भी। दूसरी विफलता थी राज्य की जनता का त्रि-क्षेत्रीय स्वभाव न समझ पाना, जिसके तहत प्रायः जम्मू व लद्दाख की जनता की आकांक्षाएँ घाटी के लोगों की इच्छा के विपरीत होती थीं। राज्य की राजनीति में क्षेत्रीय आकांक्षाएँ तेजी से एक प्रमुख तत्त्व के रूप में उभर रही थीं और इसके तुरंत बाद ही मैं इसी से संबंधित एक बड़े विवाद में उलझ गया, जिससे राजनीतिक क्षेत्र में मेरा प्रवेश हुआ।

अध्याय 23

अप्रैल 1965 में मैं और आशा पंद्रह दिनों की छुट्टी में जापान गए। मैं जापानी लोगों की प्रबल गतिशीलता व ऊर्जा को देखकर बहुत प्रभावित हुआ। तकनीकी विकास के साथ-साथ उन्होंने अपनी सांस्कृतिक परंपरा के विशिष्ट गुणों को भी बचाए रखा था। उनमें कड़े व अनुशासित परिश्रम की सामर्थ्य के साथ-साथ एक कलात्मकता भी थी जिससे वे एक साधारण पार्क को एक कलाकृति में बदल देते थे। बौद्ध मंदिर—सोने व चाँदी के मंडप और क्योटो में जेन संतों द्वारा प्रेरित र्‌योन-जी मंदिर विशेषकर बहुत आकर्षक थे। र्‌योन-जी मंदिर पंद्रहवीं सदी की एक सुंदर धार्मिक स्थली है। यह विशुद्ध वाइट सैंड का एक आयताकार स्थान है जिसमें चौड़ी-समांतर रेखाएँ बहुत करीने से खुरची गई हैं और उन पर विभिन्न आकार की पंद्रह चट्टानें रखी हैं। सदियों से पर्यवेक्षकों ने इस बाग के अनेक प्रतीकात्मक अर्थ निकाले हैं। मुझे इससे अंतरतारकीय आकाशगंगा की फोटो याद हो आई। ऐसा प्रतीत होता है कि इन पत्थरों का प्रत्येक समूह अंतरिक्ष में घूमती इन्हीं आकाशगंगाओं का प्रतीक है जो समय व चेतना का अपना-अपना ब्रह्मांड रचती हैं।

दुर्भाग्य से, मेरे गुर्दे का दर्द अब बार-बार उठने लगा था और क्योटो के होटल में दर्द का ऐसा भयानक दौरा आया कि आशा और हमारे निष्ठावान् सचिव मिलाप चंद दोनों मिलकर मुझे अस्पताल ले गए। गुर्दे का दर्द भयानक रूप से कष्टप्रद होता है और मेरा स्टोन तो जितनी तकलीफ दे सकता था, देने पर तुला हुआ था। इसके बावजूद जापान यात्रा स्मरणीय अनुभव रहा। बौद्ध मंदिरों की भाँति ही बहुत सादगी से बनाए गए शिंटो धार्मिक स्थल भी काफी प्रभावशाली थे। खासकर मेईजी मंदिर तो भीड़ व हलचल से भरे टोकियो में शांति का मरुद्वीप है। जब हम जापान में थे तो पाकिस्तान के साथ कच्छ के रण में छिटपुट टकराव की घटनाएँ हुईं, जो बाद के मुख्य संघर्ष की झलक भर ही थीं।

पाकिस्तान से सीधे समझौता-वार्ता टूट जाने के बाद से ही युद्ध-विराम रेखा पर गतिविधियाँ बढ़ गई थीं और राष्ट्रपति अयूब ने लड़ाकू बयान देने शुरू कर दिए थे। सिंहावलोकन करें तो, यह स्पष्ट हो जाता है कि वे दरअसल कश्मीर पर कब्जा जमाने के अंतिम प्रयास की तैयारी कर रहे थे। कश्मीर की ये धुन अनेक पाकिस्तानी नेताओं को काल के ग्रास में ले गई। 4 जून को राष्ट्रपति को लिखे अपने पत्र में मैंने कहा,

"अब यह स्पष्ट है कि हम उस देश से युद्ध की ऐसी प्रबल स्थिति में 1947 के बाद कभी नहीं रहे हैं। साल की शुरुआत में कच्छ के रण में जो युद्ध हुआ था, हालाँकि उसका नतीजा तो कुछ नहीं निकला, लेकिन वह पाकिस्तान द्वारा जवाहरलाल नेहरू जैसे दिग्गज नेता के जाने के बाद लालबहादुर के नेतृत्व में भारत की ताकत आँकने का एक परीक्षण था।

इस बढ़ते तनाव के बीच मेरी माँ को अनेक प्रमस्तिष्कीय दौरे पड़े। पिता की मृत्यु के बाद उनका स्वास्थ्य वैसे भी ठीक नहीं रहा था। फिर मधुमेह की लंबी बीमारी और पिता की मृत्यु के बाद एक वर्ष तक कठिन नियमों के पालन से कई स्वास्थ्य समस्याएँ उठ खड़ी हुईं। मैंने कर्ण महल में जो नया भाग बनवाया था, वे वहीं रहने लगी थीं और वहीं उन्हें यह दौरा पड़ा। कुछ दिनों तक तो हमें ये लगा कि वे बच नहीं पाएँगी लेकिन किसी तरह वे बच गईं लेकिन उन्हें आंशिक अंगघात हो गया और बोलने में भी तकलीफ होने लगी। जो महिला एक समय में इतनी खूबसूरत, चंचल, रंग-बिरंगे कपड़ों व आभूषणों की शौकीन थी, उसे इस तरह अशक्त और असमर्थ देखना कि वो बिस्तर से उठ भी न सकती हो, मेरे लिए बहुत मर्मस्पर्शी था। उनकी सुविधा के लिए हम जो कुछ भी कर सकते थे, हमने किया। उन्हें मेरा गाना सुनना पसंद था, इसलिए हर शाम मैं उनकी उपस्थिति में भजन गाता।

जुलाई के आरंभ में उत्तरमंडलीय समिति की बैठक श्रीनगर में हुई। मुझे हमेशा दुःख होता है कि प्रदेश पुनर्गठन आयोग की मंडलीय समिति की अवधारणा कभी ठीक से लागू न हो सकी। समय-समय पर समिति की बैठक अवश्य होती थी लेकिन ये समितियाँ संबंधित प्रदेशों के विकास व संघटन के लिए कोई सार्थक योगदान नहीं दे पाईं। इस बैठक की अध्यक्षता गृहमंत्री गुलजारीलाल नंदा कर रहे थे। इसी दौरान एक्शन कमेटी ने नागरिक अवज्ञा अभियान चालू कर दिया था। मौलाना फारूख की अवामी एक्शन कमेटी ने जाहिरा तौर पर पाकिस्तान से प्रेरित होकर—एक संविधान को अपनाया, जिसके तहत उन्होंने प्रदेश के लोगों के लिए 'आत्म-निर्धारण का अधिकार' सुनिश्चित करने की प्रतिज्ञा ली। कई हफ्तों तक ये आंदोलन चलता रहा फिर अचानक घाटी में आग लगने की अनेक घटनाएँ घटित हुईं। यह हमारी आत्मतुष्टि व गुप्तचर विभाग की महत्त्वपूर्ण विफलता ही थी कि हमें पाकिस्तान के उस दुष्ट षड्यंत्र की कोई जानकारी नहीं थी, जो उसने कश्मीर हथियाने के लिए रचा था। दरअसल 5 अगस्त को मैंने ओबराय पैलेस होटल में विक्रम का पहला जन्मदिन मनाने के लिए बड़ी पार्टी का आयोजन किया था। पार्टी के दौरान ही मैंने ये फुसफुसाहटें सुनीं कि घाटी में कुछ घुसपैठिए गुप्त रूप से आ गए हैं। मुझे ये अहसास नहीं था कि स्थिति इतनी गंभीर हो जाएगी। इसलिए छः को मैं प्रधानमंत्री के निवास पर संस्कृत सम्मेलन में भाग लेने दिल्ली चला गया।

उस साल के आरंभ से ही मीरटोला में गोपाल दा काफी अस्वस्थ चल रहे थे। और जून तक तो उन्हें नैनीताल के अस्पताल में भरती कराना पड़ा। मैं इस बारे में काफी

चिंतित था, सो मैंने वहाँ जाकर उनसे मिलने का निश्चय किया। नसीब मेरे साथ था; वह एक अच्छा दोस्त और सफर का बेहतरीन साथी था। रास्ते में हम लंबी बातचीत भी कर सकते थे। जब हम नैनीताल पहुँचे, जहाँ गोपाल दा व आशीष दा अपने एक शिष्य जगदीश शाह के यहाँ रह रहे थे, तो मैं गोपाल दा को देखकर स्तब्ध रह गया। वे बहुत बीमार लग रहे थे। कुछ साल पहले जब मैं उनसे मिला था तो वे स्वस्थ व हृष्ट-पुष्ट थे लेकिन अब तो उन्हें पहचानना भी मुश्किल था। वे आंत्र रोग से पीड़ित थे और बहुत कष्ट में थे फिर भी उन्होंने बहुत स्नेह से मेरा अभिवादन स्वीकार किया। गंभीर बीमारी के बावजूद उनकी आध्यात्मिक उपस्थिति अब भी अनुभव की जा सकती थी। जब मैं उनके चरण स्पर्श के लिए झुका तो उन्होंने मुझे गले से लगा लिया और काफी देर तक वे मुझे बाँहों में थामे रहे। उनकी चमकदार नीली आँखें प्रेम व शक्ति से लबालब थीं; मेरे खयाल से हम दोनों जानते थे कि अब हम इस जीवन में दुबारा नहीं मिल पाएँगे। उन पर उपनिषद के ये शाश्वत शब्द चरितार्थ होते हैं, "आत्मा में जो क्रीड़ा करते हैं, आत्मा में निमग्न रहते हुए निरंतर सक्रिय रहते हैं वही ब्रह्मज्ञानियों में अग्रणीय हैं।"

आत्मक्रीड आत्मरति क्रियावान्।
एश ब्रह्म विदाम् वरिष्ठः।।

जब तक मैं दिल्ली लौटा कश्मीर से समाचार मिल चुके थे। यह अविश्वसनीय बात थी, लेकिन सत्य कि प्रदेश के एक बड़े हिस्से में भारतीय सेना के तैनात होने के बावजूद, और एक ऐसे प्रशासन के बावजूद, स्थिति तथाकथित रूप से जिसके नियंत्रण में थी, हजारों प्रशिक्षित, अस्त्र-शस्त्रों से लैस और अपने उद्देश्य के प्रति वचनबद्ध पाकिस्तानी गुरिल्ला घाटी में घुस आए थे और कुछ तो लगभग श्रीनगर की बाहरी सीमा तक पहुँच गए थे। जाहिर था कि यह पाकिस्तान की लंबी और सावधानीपूर्वक बनाई गई योजना का ही परिणाम था। जिसे वे अपना हक समझते थे उसे बलपूर्वक हथियाने का यह उनका अंतिम प्रयास था। यह स्वीकार किया जाना चाहिए कि इस बार भी भारतीय गुप्तचर विभाग की असफलता उतनी ही गंभीर थी जितनी कि चीनी विफलता के दौरान। मैं तुरंत श्रीनगर गया और वहाँ सादिक तथा उनके सहकर्मियों को स्तब्ध अवस्था में पाया। यहाँ तक कि सामान्य रूप से कभी विचलित न होने वाले डी.पी. धर भी थोड़ा हड़बड़ाए हुए से लग रहे थे क्योंकि बतौर गृहमंत्री ये उनकी जिम्मेदारी थी कि इस संभावित खतरे की जानकारी उन्हें होती। आज तक मुझे सेना, केंद्रीय व प्रदेश गुप्तचर विभाग की ये तिहरी विफलता बहुत आश्चर्यजनक लगती है।

इस स्तर के गुरिल्ला आक्रमण की तैयारी में पाकिस्तान व पाक-अधिकृत कश्मीर को कुछ वर्ष नहीं तो कई महीने अवश्य लगे होंगे लेकिन हम तो इस पूरे मामले से कतई अनजान थे। इस हमले के साथ-साथ सावधानी से सुनियोजित उग्र प्रचार का भी धावा किया गया। घाटी के विभिन्न भागों में अंग्रेजी तथा उर्दू में 'मुक्ति युद्ध की घोषणा'

के विशाल पोस्टर प्रकट हो गए जिन्हें 'कश्मीर क्रांतिकारी समिति' ने जारी किया था। उन पोस्टरों में दावा किया गया था कि वे सदर-ए-कश्मीर प्रेस में छापे गए हैं लेकिन ऐसी कोई प्रेस मौजूद नहीं थी और स्पष्टतः उन्हें पाकिस्तान से अवैध रूप से लाया गया था। साफ था, फील्ड मार्शल अयूब कश्मीर की जनता द्वारा 'भारतीय साम्राज्यवाद' के विरुद्ध विशाल विद्रोह पर भरोसा कर रहे थे। यह तथ्य कि ऐसा कोई विद्रोह नहीं हुआ और घाटी की जनता भारत के प्रति निष्ठावान् रही—पाकिस्तान के सैनिक शासकों के लिए एक सदमा रहा होगा।

इस हमले से प्रशासन में अव्यवस्था फैल गई। सादिक व उनके साथियों के साथ कुछ व्यवस्था और संतुलन लाने में मैंने भी मदद की। मेरे निवास पर कई सभाएँ की गईं। हम विशेषकर श्रीनगर शहर के बारे में चिंतित थे क्योंकि यहाँ पाक-समर्थक तत्त्वों की तादाद अधिक थी। अगर वह शहर या उसके कुछ कमजोर हिस्से गुरिल्ला घुसपैठियों के काबू में आ जाते, तो गंभीर परिणाम हो सकते थे। इसलिए हमने श्रीनगर व घाटी के तीन मुख्य कस्बों—अनंतनाग, बारामूला व सोपोर पर ध्यान केंद्रित किया। घुसपैठियों की संख्या के संदर्भ में तरह-तरह के अनुमान लगाए जा रहे थे और उनकी सही संख्या मिलना कभी भी संभव नहीं हो पाया। मेरा अपना अंदाजा है कि युद्ध-विराम रेखा के पार से जबर्दस्त मदद के साथ लगभग पाँच हजार लोग इसमें प्रत्यक्ष रूप से शामिल थे। उनका कार्रवाई करने का तरीका बिलकुल गुरिल्ला रणनीति का था; वे हमारे सुरक्षा बल के साथ सीधे संघर्ष से बचते थे और अपने द्वारा चुने गए समय तथा स्थान पर हमला करते थे।

यह हमला सिर्फ घाटी तक ही सीमित नहीं था। जम्मू के पुंछ-राजौरी इलाके में भी ऐसे अहम हमले हुए और घुसपैठ ऊधमपुर जिले के गूल-गुलाबगढ़ क्षेत्र तक हो गई थी। जम्मू से युद्ध-विराम रेखा पर और अंतर्राष्ट्रीय सीमा पर भी तोप से भारी हमले हो रहे थे। चेनाब के पश्चिम में छाम्ब-जोरियन के सीमांत क्षेत्रों में बसे बदकिस्मत शरणार्थी बेचैन हो गए और उन्होंने जम्मू शहर में आना शुरू कर दिया। ये राज्य के लोगों के लिए गर्व की बात है कि इस कठोर उकसावे के बावजूद कोई सांप्रदायिक दंगा नहीं हुआ और हिंदू-मुस्लिम रिश्ते सौहार्दपूर्ण रहे।

25 अगस्त को भारतीय सेना ने कारगिल क्षेत्र में युद्ध-विराम रेखा पार की। कारगिल के सामने वाली दो चौकियाँ जो पहले खाली कर दी गई थीं, उन पर कब्जा किया और तिथवाल तथा उरी क्षेत्र में भी धावा बोल दिया। 1951 में ही जवाहरलाल नेहरू ने लियाकत अली खान को चेतावनी दी थी कि जम्मू-कश्मीर पर पाकिस्तान का कोई भी हमला भारत पर हमला माना जाएगा और इस कारण युद्ध-क्षेत्र भी बढ़ जाएगा। जाहिर है, राष्ट्रपति अयूब खान इस बात को समझ नहीं पाए या फिर संभवतः उन्होंने ये सोचा कि लालबहादुर में पाकिस्तान का मुँहतोड़ जवाब देने का साहस नहीं होगा। जब से पाकिस्तानी प्रेस का उदय हुआ था, उसका पूरा उद्देश्य 'नरम और कायर' हिंदुओं और 'धोतीवालों' पर नफरत का जहर उगलना था, जिन पर सदियों से मुस्लिम

शासन करते आ रहे थे। ऐसा लगता है कि पाकिस्तानी शासक स्वयं अपने ही दुष्प्रचार का शिकार हो गए। उनकी पहली गलती 1965 में कश्मीर कार्रवाई थी और दूसरी गलती सात साल बाद हुई, जिसका परिणाम हुआ पाकिस्तान की जबर्दस्त हार व विभाजन।

हमारी सेना ने प्रभावपूर्ण ढंग से पाक-अधिकृत कश्मीर में प्रवेश किया और उनकी सबसे महत्त्वपूर्ण कार्रवाई थी उरी व पुंछ के बीच के इलाके पर कब्जा करना, जिसमें लगभग दो दर्जन पाकिस्तानी चौकियाँ थीं। इससे हमारी रणनीतिक स्थिति बहुत मजबूत हो गई क्योंकि अब घाटी व जम्मू दोनों क्षेत्रों में घुसपैठियों का प्रवेश कठिन हो गया। इसके तुरंत बाद पाकिस्तान ने हमारे अपेक्षाकृत कमजोर जम्मू के छांब-जोरियन क्षेत्र पर प्रबल हमला बोल दिया। यह क्षेत्र मनावर तवी के पश्चिम में है। हमने भी जम्मू-सियालकोट सीमा पर इसका मुँहतोड़ जवाब दिया। इस प्रकार 1947-48 की जम्मू-कश्मीर कार्रवाई के बाद जो घटना घुसपैठियों के अवैध प्रवेश से शुरू हुई वह पहले भारत-पाक युद्ध में तब्दील हो गई। लालबहादुर शास्त्री ने नेहरू जी के विचार को साफ-साफ दोहराया था कि जम्मू-कश्मीर पर किए गए आक्रमण को भारत पर हमला माना जाएगा लेकिन लगता है, राष्ट्रपति अयूब यही मानते थे कि जम्मू-कश्मीर चूँकि 'विवादित प्रदेश' है अतः युद्ध इसी क्षेत्र तक सीमित रहेगा।

एक बार युद्ध शुरू हुआ तो वह एक संपूर्ण संघर्ष में तबदील हो गया। दोनों ओर से पंजाब के मैदानों में लड़ाइयाँ शुरू हो गईं क्योंकि भारी अस्त्र-शस्त्र, तोपखाने व आक्रमण के साधनों का पूरा-पूरा इस्तेमाल यहीं हो सकता था। आरंभ में हमारी सेनाएँ आगे बढ़ीं लेकिन सियालकोट और लाहौर की बाहरी सीमाओं पर उन्हें रोक दिया गया। अगर इनमें से एक भी शहर भारत के कब्जे में आ गया होता तो युद्ध में निश्चित तौर पर भारत की विजय होती। बहरहाल, पाकिस्तान की सत्ता का पूरा ढाँचा, तब और अब भी पंजाबी मुसलमानों से संचालित होता है। सेना बलों में भी उन्हीं का प्रभुत्व है। उनकी सरज़मीं पर हमारे आक्रमण से उन्हें जम्मू-कश्मीर को हथियाने की योजना छोड़नी पड़ी और अपनी रक्षा के लिए तैनात होना पड़ा। हमारी तरफ से, पाकिस्तान का ये बड़बोला दावा कि उनके टैंक हमारी सेनाओं को चीरकर सरलतापूर्वक दिल्ली तक आ जाएँगे, हमारी सेना के अद्भुत शौर्य-प्रदर्शन से विफल कर दिया गया। जम्मू के मनावर तवी के पश्चिम की अरक्षणीय पट्टी पर पाकिस्तान ने काबू पा लिया लेकिन जम्मू शहर के आसपास भी वह नहीं आ सका।

मैंने अपनी मेजर-जनरल की वर्दी पहनी और सीमांत क्षेत्रों का दौरा किया। इनमें वे क्षेत्र भी शामिल थे जो पाकिस्तानी हद में आते थे, और जहाँ से हमारे टैंक जनरल राजिंदर सिंह 'स्पैरो' के नेतृत्व में सक्रिय थे। यह दूसरे विश्वयुद्ध के बाद सबसे बड़ा टैंक युद्ध था। जम्मू में हवाई हमले का मुझे पहला अनुभव हुआ। जम्मू पाकिस्तान से सिर्फ तीन मिनट की हवाई-उड़ान की दूरी पर है। उनकी वायु सेना ने जम्मू पर खासकर महत्त्वपूर्ण तवी पुल पर अनेक बार धावा बोला। तवी पुल को वे कोई क्षति न पहुँचा

सके। उन्होंने पठानकोट-जम्मू हाइवे पर भी कई जगह आक्रमण किए। यह मार्ग रक्षा व संपर्क के लिए जीवन रेखा था। मैं नसीब के साथ दोपहर में जम्मू पहुँचा था और हम हरी निवास में थे कि हवाई आक्रमण सूचक सायरन बजना चालू हो गए। इसके साथ ही मेरे गुर्दे में तेज दर्द उठा जिससे मैं तड़प उठा। जिस डॉक्टर को मेरी नस में इंजेक्शन लगाने के लिए बुलाया गया—वह इतना हड़बड़ाया हुआ था कि उससे दो बार सिरिंज नीचे गिर गई और उसे बार-बार साफ करना पड़ा। यह भयानक अनुभव था लेकिन किस्मत से हवाई हमले और गुर्दे में दर्द दोनों बिना किसी बड़ी क्षति के गुजर गए।

हवाई हमलों के खतरे के साथ-साथ जम्मू में मुख्य समस्या थी सीमांत तहसील—अखनूर व रणवीरसिंह पुरा से शरणार्थियों का भारी संख्या में आगमन। लगभग दो हजार शरणार्थी वहाँ से जम्मू आए। पुंछ-राजौरी क्षेत्र में हिंदू आबादी सुरक्षा के लिए शहरों की तरफ आने लगी। इस प्रकार ये बदकिस्मत शरणार्थी सिर्फ बीस वर्षों में दो बार अपना घर-संसार छोड़ने को विवश हुए। यह एक कठोर विडंबना है कि प्रदेश पर सैकड़ों करोड़ रुपए खर्च किए जाने के बावजूद शरणार्थियों की समस्या को संतोषजनक रूप से सुलझाया नहीं जा सका है। उस समय महावीर त्यागी पुनर्वास मंत्री थे। वे खुशमिजाज व्यक्ति थे लेकिन महत्त्वपूर्ण राजनीतिक शख्सियत नहीं थे। हालाँकि उन्होंने मदद करने की कोशिश की लेकिन वे समस्या पर अपनी पकड़ ही न बना सके। हमने सादिक सरकार के जम्मू से आए सभी मंत्रियों को जम्मू क्षेत्र के विभिन्न इलाकों में भेजा और वहाँ हमने नागरिक परिषद बनाई जिसमें सभी तबकों के लोग और महत्त्वपूर्ण प्रशासकीय अधिकारी भी शामिल थे। राष्ट्रीय सुरक्षा पर छाए इस गंभीर संकट के समक्ष कांग्रेस व जनसंघ ने वृहद् स्तर पर अपने मतभेद भुला दिए। बहरहाल, घाटी में स्थिति बिलकुल अलग थी। अपने धार्मिक वक्तव्यों में मौलवी फारूख ने खुलेआम हमलावरों का समर्थन किया और यहाँ तक कि धूर्त मौलाना मसूदी ने भी यह बयान जारी किया कि जनमत संग्रह ही कश्मीर समस्या का एकमात्र हल है और माँग की कि शेख अब्दुल्ला व उनके साथियों को रिहा कर दिया जाए। हालाँकि स्वयं अब्दुल्ला मौन रहे लेकिन इंग्लैंड में रहनेवाले उनके छोटे पुत्र ने भारत की भर्त्सना करते हुए और 'कश्मीर को आजादी दिलाने' का प्रयास करने वाले 'स्वतंत्रता सेनानियों' का समर्थन करते हुए एक बयान दिया।

राष्ट्रीय परिदृश्य की एक अजीब बात ये थी कि लड़ाई शुरू होने से पहले ही संत फतेह सिंह ने पंजाबी सभा के लिए एक आंदोलन शुरू कर दिया था और इसके लिए 'आमरण अनशन' की धमकी भी दी थी। अन्य लोगों के साथ-साथ सादिक ने भी उनसे अपील की कि कश्मीर में जो हालात पैदा हो गए हैं उनके मद्देनजर उन्हें ये कदम नहीं उठाना चाहिए। और अंततः काफी राजनीतिक उलट-पलट और लोकसभा अध्यक्ष हुकुम सिंह जैसे सम्माननीय नेताओं के हस्तक्षेप के बाद संत ने अपना अनशन टालने का निर्णय लिया। 15 सितंबर, 1965 को मैंने इस संदर्भ में डॉ. राधाकृष्णन् को

जो पत्र लिखा वह उल्लेखनीय है क्योंकि आज तक, बीस साल बाद भी वह समस्या तनाव का तथा राष्ट्रीय सुरक्षा व एकता के समक्ष खतरे का मुख्य स्रोत बनी हुई है। मैंने लिखा :

> संत फतेह सिंह ने अंतिम क्षणों में अनशन न करने का जो निश्चय किया, वह बहुत स्वागत-योग्य है क्योंकि इस अवस्था में पंजाब में किसी भी तरह के हिंदू-सिख तनाव से अधिक हानिकर और कुछ नहीं हो सकता। बहरहाल मैं कहूँगा कि समस्या का हल नहीं हुआ है, फिलहाल ये सिर्फ टल गई है। निस्संदेह, जब तक विघटन या अलगाव की कोई संभावना हो, तब तक कोई ऐसा फार्मूला निकालना जिससे सिख संप्रदाय राजनीतिक व मनोवैज्ञानिक रूप से संतुष्ट महसूस करता हो, हमारे लिए समझदारी की बात होगी। वाकई, इसे सर्वाधिक तवज्जो देनी चाहिए। क्योंकि इस समस्या को हल करने में निरंतर असफलता हमारे राष्ट्रीय हित के लिए, विशेषकर पाकिस्तान से हमारे संघर्ष के संदर्भ में, बहुत घातक सिद्ध होगी।

पाकिस्तान से युद्ध से पूरे देश में देशभक्ति की एक लहर दौड़ गई। उत्तर से दक्षिण तक, पूर्व से पश्चिम तक पूरा देश शत्रु के खिलाफ एक होकर खड़ा हो गया। इस अद्भुत घटना से उन विदेशी विशेषज्ञों की निराशाजनक भविष्यवाणियाँ झूठ साबित हो गईं कि पहले बड़े संकट के समक्ष भारत के कई टुकड़े हो जाएँगे। मैं प्रधानमंत्री शास्त्री जी से मिलने दिल्ली गया और मैंने पाया कि वह विनम्र और शालीन व्यक्ति अब आम आदमी की नजरों में बहुत महान हो गया था। उनके नेशनल रिलीफ फंड (राष्ट्रीय राहत कोष) को जनता से जबर्दस्त सहायता मिली। मैंने भी उसमें एक लाख रुपए का दान किया। देश के सभी हिस्सों से स्वयंसेवी संगठनों ने चंदा इकट्ठा करने में मदद की। पंजाब, हरियाणा व जम्मू के लोगों का काम सबसे प्रभावशाली था। उन्होंने सीमा के निकट स्थित इलाकों में हमारी सेना के लिए भोजन तैयार किया और जिन-जिन रास्तों से हमारी सेनाएँ गुजरतीं, वहाँ मुफ्त कैंटीनें खोलीं। युद्ध के मैदान में घायल लोगों की देखभाल करने में स्त्रियों ने विशेष सहायता की।

विश्व की दो बड़ी शक्तियों व संयुक्त राष्ट्र संघ के हस्तक्षेप से सितंबर अंत में दोनों पक्षों ने युद्ध-विराम की घोषणा कर दी। उस वक्त पुंछ और उड़ी के बीच हाजी पीर का बड़ा इलाका और सियालकोट का भी कुछ क्षेत्र हमारे कब्जे में था। जम्मू में हम छांब क्षेत्र खो बैठे थे और पाकिस्तानी पंजाब क्षेत्र में भी घुसने में सफल हुए थे। संयुक्त राष्ट्र में चलनेवाली बहस का रुख प्रत्याशित ही था। पाकिस्तान का नेतृत्व योग्य लेकिन अति भारत-विरोधी जुल्फिकार अली भुट्टो कर रहे थे और हमारे प्रतिनिधिमंडल का नेतृत्व शांत, धीर व दृढ़ निश्चयी सरदार स्वर्णसिंह के हाथों में था। मीर कासिम भारतीय प्रतिनिधिमंडल के सदस्य थे और उन्होंने पूरे विवाद पर भुट्टो के निहायत सांप्रदायिकतावादी नजरिए का करारा जवाब अपने अद्भुत भाषणों द्वारा दिया। आखिरकार

सुरक्षा परिषद ने प्रस्ताव पारित किया कि युद्ध-विराम के बाद दोनों पक्षों की 'पूरी सशस्त्र सेनाएँ 5 अगस्त, 1965 से पहले जो उनकी स्थिति थी वहीं लौट जाएँ।'

इस वक्त तक अपना आक्रमण असफल हो जाने के बाद छापामारों ने धीरे-धीरे युद्ध विराम रेखा के उस पार जाना शुरू कर दिया। जिस तरह हम उनके प्रवेश को नहीं रोक पाए थे उसी तरह हम उनके पलायन को भी न रोक पाए। इससे हमारी युद्धनीति की एक बड़ी दुर्बलता सामने आई। घाटी के अनेक शैक्षिक संस्थानों में भारत विरोधी तत्त्व उभरने लगे—विशेषकर हजरत बल के निकट स्थित रीजनल इंजीनियरिंग कॉलेज तो अनेक सालों से राष्ट्र-विरोधी गतिविधियों का केंद्र रहा था। अंततः भड़काने वाले उत्तेजक भाषण देने के जुर्म में दस अक्तूबर को मौलवी फारूख समेत चार भारत-विरोधी नेताओं को गिरफ्तार कर जम्मू ले जाया गया। इसके साथ ही शहर के कुछ हिस्से में तीन दिन तक कर्फ्यू लगा दिया गया। कर्फ्यू के दौरान हिंसक भीड़ पर पुलिस को अनेक बार गोली चलानी पड़ी और बदकिस्मती से आधा दर्जन लोग मारे गए। 20 अक्तूबर को मौलाना मसूदी, गुलाम मोहिउद्दीन क्वारा व अन्य अनेक नेता गिरफ्तार किए गए और जम्मू भेज दिए गए।

इन गिरफ्तारियों के बाद आगजनी व बम फेंकने जैसी आतंकवादी गतिविधियाँ फूट पड़ीं। श्रीनगर के विभिन्न भागों में हाथ से लिखे हुए अथवा साइक्लोस्टाइल्ड भड़काऊ व उत्तेजक पोस्टर प्रकट हो गए जिनमें घनघोर हिंदू-विरोधी व भारत-विरोधी भाषा लिखी थी। इनमें जनता को आतंकवादी गतिविधियों के विस्तृत निर्देश दिए गए थे और लोगों से अपील की गई थी कि वे टेलिफोन व टेलिग्राफ की तारें काट दें, भारतीय वाहनों में आग लगा दें और जहाँ भी संभव हो 'भारतीय जानवरों' को मार डालें। यह पाकिस्तान द्वारा आक्रमण के साथ-साथ लागू की जाने वाली योजना थी जो उन प्रशिक्षित लोगों द्वारा संचालित की जा रही थी जो गुरिल्ला दल के पाकिस्तान लौट जाने के बाद भी घाटी में ही रह गए थे। इन गतिविधियों का सामना करने के लिए हमारी सेना ने भी आवश्यक कदम उठाए। हमने हजरत बल मस्जिद के पास विशेष गार्ड तैनात कर दिए चूँकि हमें ऐसी जानकारी मिली थी कि पाकिस्तानी एजेंट हताशा में इस पवित्र स्थल को ही उड़ाने का षड्यंत्र कर रहे हैं। इस तरह वे भारत पर धर्म-विरोधी होने का आरोप लगाकर मुसलमानों की भावनाओं को भड़का सकते थे।

इस पूरे समय में मैं बहुत सक्रिय रहा। मैं विशेषकर जम्मू के शरणार्थी शिविरों में घूम-घूमकर ये देखने का प्रयास करता रहा कि उनकी स्थिति सुधारने के लिए क्या-क्या किया जा सकता है। आशा ने जम्मू व श्रीनगर के महिला क्लब की महिलाओं को प्रोत्साहित किया और शरणार्थियों—विशेषकर शरणार्थी महिलाओं व बच्चों के लिए अनेक प्रकार के कल्याण कार्य शुरू किए। लगभग दो दशक पूर्व, मेरे माता-पिता, खासकर मेरी माँ भी इसी तरह की गतिविधियों में सक्रिय रही थीं। इस बार वे अपनी बीमारी के कारण असमर्थ थीं लेकिन आशा ने उनकी ये जिम्मेदारी सँभाल ली।

दरअसल, माँ के कारण ही हम हवाई छापों के दौरान कर्ण महल छोड़कर फलों

के बाग वाले घर 'चैरी ग्रोव' में चले गए थे। क्योंकि कर्ण महल हवाई हमलों का प्रमुख निशाना था। शरणार्थी शिविरों में जाने के अतिरिक्त मैं जम्मू क्षेत्र के विभिन्न कस्बों में गया और लोगों को चौकस व संगठित रहने के लिए प्रेरित किया। मैं सीमांत प्रदेशों में तैनात अपनी सेना से मिलने भी कई बार गया। राजधानी में मैंने दिल्ली विश्वविद्यालय के छात्रों को संबोधित किया और अन्य मंचों पर भी बोला—इस प्रकार मैंने व्यापक राष्ट्रीय जनता को संबोधित किया।

मैं प्रदेश-राजनीति में भी सक्रिय भाग ले रहा था। स्थिति की सुस्पष्ट विशेषता ये थी कि 1949 में जब से नेशनल कॉन्फ्रेंस सत्ता में आई थी, तब से प्रदेश की राजनीतिक शक्ति लगभग पूर्ण रूप से कश्मीरी राजनीतिज्ञों के हाथ आ गई थी और जम्मू की भूमिका लगभग एक सहायक के रूप में थी। डोगरा शासन के स्थान पर कश्मीरी शासन आ गया था और जम्मू-कश्मीर के बीच ये अनुचित असंतुलन तब से मौजूद था जब उन्नीसवीं सदी के मध्य में मेरे पूर्वजों ने इस प्रदेश की स्थापना की थी। लेकिन अब ये असंतुलन उलट रूप से उपस्थित था। शेख अब्दुल्ला के मंत्रिमंडल में सिर्फ एक मंत्री जम्मू से था। हालाँकि बाद की सरकारों में स्थिति थोड़ी सुधरी फिर भी सच यही था कि प्रभावपूर्ण राजनीतिक व आर्थिक सत्ता कश्मीर में ही निहित रही। जब प्रदेश का संविधान बनाया जा रहा था, तो इस समस्या का अहसास लोगों को हुआ था और इसे हल करने का आधे मन से प्रयास भी किया गया था कि 36 सदस्यों वाली विधायी परिषद में दोनों क्षेत्रों की बराबर भागीदारी हो लेकिन इसका कभी तर्कसंगत रूप से प्रयोग नहीं किया गया और जम्मू-कश्मीर नेतृत्व का लगभग एक राजनीतिक उपनिवेश भर रह गया।

कई सालों से यह पहलू मेरे मन में चल रहा था। एक तरह से, पहले बतौर सदर-ए-रिसायत व बाद में राज्यपाल पद पर मेरी नियुक्ति प्रदेश-राजनीति में डोगरा तत्त्व की मौजूदगी को एक मौन स्वीकृति ही थी। और अब चूँकि मैं निश्चित रूप से राष्ट्रीय राजनीति में शामिल होना चाहता था, अतः मैं कोई ऐसा तरीका ढूँढ़ रहा था जिससे जम्मू के लिए एक सम्मानित व गौरवपूर्ण स्थान सुनिश्चित हो सके। स्पष्टतः इसके दो ही तरीके थे। या तो प्रदेश पुनर्गठन आयोग, जिसके अधिकार क्षेत्र से जम्मू-कश्मीर को बाहर रखा गया था, को प्रदेश पर भी लागू किया जाए। इसका स्पष्ट परिणाम ये होता कि निजाम के हैदराबाद प्रदेश की तरह हमारे राज्य की भी तीन शाखाएँ हो जातीं। या फिर राज्य संविधान का महत्त्वपूर्ण संशोधन किया जाता ताकि दोनों क्षेत्रों की पूरी राजनीतिक व आर्थिक भागीदारी सुनिश्चित हो सके और लद्दाख के दूर-दराज व पिछले इलाके को विशेष तवज्जो मिल सके।

नवंबर मध्य में राज्यपाल सम्मेलन के लिए मैं फिर दिल्ली गया। मैं इस विषय पर कुछ नजदीकी मित्रों से बातचीत कर रहा था और रोमेश थापर ने मेरे विचारों को 'इकॉनॉमिक एंड पोलिटिकल वीकली' के अपने स्तंभ में छापा। जवाहरलाल नेहरू की जन्मतिथि 14 नवंबर को मुझे आशीष दा का तार मिला जिसमें श्री कृष्णप्रेम के देहांत

का समाचार था। उसी सुबह नैनीताल में वे चल बसे। मैं काफी परेशान व चिंतित हो गया। उसी शाम मैं संयोग से अशोक होटल में था कि मेरी मुलाकात 'लंदन टाइम्स' के संवाददाता नेवील मैक्स्वैल से हुई। उन्होंने मुझसे रोमेश के लेख के संदर्भ में प्रदेश के भविष्य पर अपने विचार प्रकट करने को कहा। मैंने बहुत स्पष्ट रूप से अपने विचार रखे और उन्होंने वे अपने अखबार को भिजवा दिए।

जब ये लंदन में छपा तो तुरंत इसे भारत भेजा गया और यह अखबारों की सुर्खियों में आ गया। इसी दौरान यू.एन.आई. के प्रमुख कुलदीप नैयर ने मेरा एक इंटरव्यू लिया और कुछ दिनों बाद उसे प्रकाशित किया। मैं वही खबर यहाँ पुनर्प्रकाशित कर रहा हूँ।

> जम्मू-कश्मीर के सदर-ए-रियासत श्री कर्ण सिंह का विचार है कि राज्य को एक-भाषायी अर्थात् कश्मीरी भाषीक्षेत्र होना चाहिए।
>
> ये स्पष्ट करते हुए कि ये उनके व्यक्तिगत विचार हैं, श्री कर्ण सिंह ने यू.एन.आई संवाददाता को बताया कि जम्मू का हिमाचल प्रदेश में विलय कर देना चाहिए व लद्दाख केंद्रशासित क्षेत्र होना चाहिए।
>
> इस प्रकार बनिहाल दर्रे के परे का इलाका एक अलग क्षेत्र हो जाएगा जिससे भारतीय गणतंत्र में एक नए राज्य की स्थापना में सुविधा होगी।
>
> श्री कर्ण सिंह ने कहा कि राज्यों का पुनर्गठन होते समय जम्मू-कश्मीर को एस.आर.सी. के अधिकार क्षेत्र से इस बिना पर बाहर रखा गया था कि इस क्षेत्र से संबंधित मुद्दा संयुक्त राष्ट्र संघ में उठाया जा चुका है। अब चूँकि एक मंत्रिमंडलीय उपसमिति पंजाबी सूबा बनाने के सवाल पर पुनर्विचार कर रही है, तो जम्मू-कश्मीर के पुनर्गठन का काम भी उसी समिति को सौंपा जा सकता है।
>
> श्री कर्ण सिंह ने कहा कि वे पंजाबी-भाषी प्रदेश की रचना के बारे में कुछ नहीं कहना चाहेंगे। लेकिन यदि पंजाब का गठन होना है और पहाड़ी जिले को उससे अलग रखना है तो उन जिलों का जम्मू व हिमाचल प्रदेश में विलय हो जाना चाहिए ताकि एक व्यवहार्य प्रदेश का निर्माण हो सके।
>
> श्री कर्ण सिंह ने कहा कि जम्मू-कश्मीर का मौजूदा प्रदेश एक 'प्रशासनिक असंगति' है जिसकी सरकार जम्मू से श्रीनगर तक स्थान बदलती रहती है। वर्तमान परिस्थिति में यह जारी नहीं रह सकता।
>
> श्री कर्ण सिंह ने कहा कि जम्मू-कश्मीर राज्य के बीच ऐसा कोई पवित्र बंधन नहीं है। दरअसल, उनके परिवार ने विभिन्न स्थानों को विजय करके यह प्रदेश बनाया था और उनके वंशज के रूप में उनका यह मत है कि जितनी जल्दी यह व्यवस्था समाप्त हो उतना ही अच्छा है।
>
> श्री कर्ण सिंह के अनुसार, जम्मू के लोग प्रदेश के विभाजन का स्वागत

ही करेंगे। यहाँ तक कि घाटी के लोग भी अपनी अलग इकाई का होना पसंद करेंगे क्योंकि इससे उनको अपने लिए अधिक सुविधाजनक, सुसंबद्ध और एक-भाषायी प्रदेश मिल जाएगा।

जब उनसे पूछा गया कि क्या उन्होंने दिल्ली में नेताओं से इस सुझाव पर बातचीत की है तो उनका उत्तर था कि उन्होंने इसकी शुरुआत तो कर दी है।

जैसे ही यह प्रकाशित हुआ, मानो कयामत ही आ गई। मैंने अपने विचार सदाशय से रखे थे और ईमानदारी से मुझे कतई अहसास न था कि इससे इतना हंगामा खड़ा हो जाएगा। पूरे राजनीतिक परिदृश्य में एकाएक मैं कड़ी आलोचना का निशाना बन गया। वामपंथी साम्यवादियों का मानना था कि ये किसी प्रकार का अमरीकी षड्यंत्र है और दूसरी तरफ दक्षिणपंथी जनसंघ का विचार था कि कश्मीर को अलग करने से मुस्लिम इतने प्रभावशाली हो जाएँगे कि हम कश्मीर पाकिस्तान के हाथों खो देंगे। प्रेस और संसद में उग्र विवाद खड़ा हो गया। मैं घटनाओं का ऐसा मोड़ लेने पर हैरान था। बहरहाल, राजनीतिज्ञों की पूरी बात से इनकार करने की पुरानी चाल का इस्तेमाल करने का तो सवाल ही न था। बहुत सोच-विचार कर मैंने फैसला किया कि मुझे राज्यपाल के पद से त्यागपत्र दे देना चाहिए और जो भी राजनीतिक नतीजे निकलें उनका सामना करना चाहिए। मैंने एक बयान तैयार किया और इसे लालबहादुर के पास ले गया। ये बयान इस प्रकार था :

> हाल ही में संयोगवश एक विदेशी संवाददाता से मेरे साक्षात्कार पर जो सार्वजनिक प्रतिक्रिया हुई है उसके मद्देनजर मैं अपनी स्थिति स्पष्ट करना चाहता हूँ। पहले तो मैं इस बात पर जोर देना चाहूँगा, जैसाकि मैंने उस साक्षात्कार में भी कहा था कि उसमें व्यक्त विचार मेरे निजी विचार हैं और उन्हें जम्मू-कश्मीर सरकार या भारत सरकार के आधिकारिक विचारों के रूप में नहीं लेना चाहिए। दूसरे, मेरी टिप्पणियाँ इस बात पर आधारित थीं कि जम्मू-कश्मीर पर कोई समझौता-वार्ता नहीं हो सकती क्योंकि वह हमेशा भारत का एक अभिन्न अंग रहेगा। इस राष्ट्रीय निश्चय की पुष्टि के लिए ही तो हमने हाल में एक युद्ध लड़ा है। और इसी संदर्भ में क्षेत्रीय आधार पर राज्य के पुनर्गठन की संभावना का मुद्दा देश के भीतर उठाए गए कदम के रूप में बातचीत के दौरान आया, जिस पर ध्यान देना जरूरी है क्योंकि कुछ वर्षों पहले जम्मू-कश्मीर को प्रदेश पुनर्गठन आयोग के अधिकार क्षेत्र से बाहर रखा गया था। इस तरह के कदम उठाने की वांछनीयता व समय पर मतभेद अवश्य हो सकता है, लेकिन एक लोकतांत्रिक व्यवस्था में मुक्त सार्वजनिक चर्चा से डरने या असहमति की स्थिति में विचारों के काल्पनिक उद्देश्यों के लिए दोषारोपण करने की कोई वजह नहीं होती। मेरे विचार में

यदि एक बार हम तहेदिल से यह तथ्य स्वीकार कर लेते हैं कि जम्मू-कश्मीर राष्ट्र का अभिन्न अंग है तो इसकी भीतरी संरचना भारत में विलय हुए सैकड़ों रजवाड़ों व रियासतों की तरह स्थायी रूप से अपरिवर्तनीय नहीं समझी जा सकती।

दूसरा मुद्दा, जिस पर मैं जोर देना चाहूँगा यह है कि जम्मू-कश्मीर के क्षेत्रीय पुनर्गठन को सिर्फ इसलिए सांप्रदायिक ठहराना उचित नहीं कहा जा सकता क्योंकि संबंधित क्षेत्र में विभिन्न धर्मों के लोग रहते हैं। यह दुबारा कहना मैं आवश्यक नहीं समझता कि धर्मनिरपेक्षता व सांप्रदायिक एकता मेरे लिए आस्था के विषय हैं। मेरे लिए यह महत्त्व रखता है कि तीन स्पष्ट रूप से परिभाषित व ऐतिहासिक रूप से सीमांकित क्षेत्र कश्मीर, जम्मू व लद्दाख के भारतीयों की सच्ची आकांक्षाओं का आदर किया जाना चाहिए और उनके कल्याण कार्यों को विकसित किया जाए ताकि वे हमारी धर्मनिरपेक्ष व लोकतांत्रिक व्यवस्था के आधार को मजबूत बनाने के लिए बेहतर योगदान दे सकें। हम अपनी आजादी व एकता के समक्ष उपस्थित खतरे का सामना कर रहे हैं। अतः मैं अनुरोध करूँगा कि इस प्रश्न पर शांत व तर्कसंगत तरीके से विचार किया जाए और उस समय भूगोल, अर्थ, प्रशासन व राष्ट्रीय सुरक्षा की बाध्यताओं को अवश्य ध्यान में रखा जाए।

लगभग सोलह वर्ष तक—यानी लगभग आधा जीवन—मुझे जम्मू-कश्मीर प्रदेश के प्रमुख के रूप में कार्य करने का दुर्लभ गौरव प्राप्त हुआ है। इस दौरान, मेरा सर्वोपरि लक्ष्य रहा है कि अपनी पूरी सामर्थ्य से राष्ट्रहित में व प्रदेश की जनता की सेवा में जो भी मैं कर सकता हूँ, करूँ। बहरहाल हो सकता है कि मेरे साक्षात्कार से, जो भलमनसाहत में ही दिया गया था, जो विवाद खड़ा हुआ है उससे जी.एम. सादिक के नेतृत्व वाली प्रदेश सरकार को कुछ लज्जित होना पड़ा हो। जी.एम. सादिक के प्रति मेरे हृदय में वाकई बहुत सम्मान है। इस संभावना के मद्देनजर मैंने प्रधानमंत्री को ये संकेत दिया है कि यदि वे चाहें तो मैं प्रसन्नतापूर्वक जम्मू-कश्मीर के राज्यपाल पद से अपना त्यागपत्र राष्ट्रपति को सौंप दूँगा।"

जब मैंने ये बयान उन्हें दिया तो कहा, "लालबहादुर जी, आपको याद है, जब आप रेलमंत्री थे और एक बड़ी रेल-दुर्घटना हो गई थी तो आपने इस्तीफा दे दिया था। मुझे लगता है, मुझे भी आपके पदचिह्नों पर चलना चाहिए।" उन्होंने वह कागज पढ़ा और ऊपर सिर उठाया तो उनकी आँखों में एक शरारती चमक थी। "तो, ये तुम्हारी दुर्घटना है।" उन्होंने कहा और हँस दिए। तनाव कुछ हलका हो गया। उन्होंने मुझे सलाह दी कि मैं ये पत्र न भेजूँ बल्कि तूफान के गुजर जाने का इंतजार करूँ। शायद उन्हें लगा कि उस वक्त मेरे इस्तीफा देने से बात और भी उलझ जाएगी। हालाँकि मेरी टिप्पणियों से उठा विवाद धीरे-धीरे कम हो गया लेकिन यह मेरे जीवन व काम पर एक स्थायी

प्रभाव छोड़ गया। स्पष्टतः मैं जीवन-भर तो प्रदेश का औपचारिक प्रमुख नहीं रहना चाहता था, हालाँकि अपने प्रदेश के राज्यपाल के रूप में अन्य लोगों की अपेक्षा मुझे राजनीतिक गतिविधियों में सक्रिय रहन के ज्यादा अवसर मिलते थे। बस अब यही प्रश्न था कि मैं अपनी इस नौकरी से कब व कैसे निकलकर राष्ट्रीय राजनीति में कूद पड़ूँ। इस दौरान स्थिति कुछ ऐसी हुई कि मेरा सीधा टकराव उस व्यक्ति से हुआ जो अब तक मेरा सबसे नजदीकी राजनीतिक विश्वासपात्र था—डी.पी. धर।

'डी.पी.' एक प्रतिभाशाली व देशभक्त राजनीतिज्ञ थे। उन्होंने 1949 में पहली अब्दुल्ला सरकार बनने के बाद से बहुत प्रशंसनीय कार्य किए थे। लेकिन केंद्रीय सरकार के सद्विवेक को रखने की जो मेरी स्थिति थी—उससे वे थोड़ी ईर्ष्या करते थे। और जवाहरलाल की मृत्यु के बाद, मुझे संदेह है, कि केंद्र में मेरे बढ़ते प्रभाव से वे चिंतित होने लगे। फिर जम्मू के साथ उचित बर्ताव हो—मेरी इस माँग का लक्ष्य भी उन्होंने गलती से कश्मीरी पंडित समुदाय को माना जिससे उनका संबंध था। दरअसल, वे तो अज्ञेयवादी थे और कुछ मायनों में मैं उनसे बेहतर 'पंडित' था। मैंने हमेशा बहुत प्रतिभावान् एवं विद्वान कश्मीरी पंडित समुदाय का बहुत आदर किया है और लगभग सारी शिक्षा उन्हीं से प्राप्त की है। फिर भी यह सच है कि ऐतिहासिक कारणों से उनकी संख्या की तुलना में उन्हें सरकारी नौकरियों में ज्यादा स्थान मिला हुआ था। कारण जो भी रहा हो, मेरे साक्षात्कार के बाद जो निंदा व आलोचना के हमले मुझ पर हुए उनकी अगुआई करनेवालों में डी.पी. भी थे। मैं इस पर हैरान था और आहत भी लेकिन मैं पीछे हटने को तैयार न था और एक तरह से मैंने इसका प्रतिकार भी किया। कुल मिलाकर नतीजा ये हुआ कि हमारे संबंध तनावपूर्ण हो गए। उसके बाद हमारे संबंध फिर कभी उतने मैत्रीपूर्ण न हो सके—तब भी जब हम इंदिरा गाँधी के मंत्रिमंडल में सहकर्मी थे। हृदयाघात से कम उम्र में उनकी मृत्यु हो गई और हमने राजनीति का एक बहुत गरिमामय व बौद्धिक व्यक्ति खो दिया। पंत नर्सिंग होम में उनकी मृत्यु से कुछ घंटे पहले ही मैं उनके साथ था और हालाँकि उन्हें बोलने् में दिक्कत हो रही थी, मैं कई मिनटों तक उनका हाथ पकड़े युवावस्था के उन हलचल-भरे दिनों और हमारी नजदीकी मित्रता की याद करता रहा।

15 नवंबर को राष्ट्रपति को लिखे अपने पत्र में मैंने जम्मू के बारे में एक पैरा लिखा था :

> जम्मू क्षेत्र की अपनी यात्रा के परिणामस्वरूप मैंने ये समझा है कि वहाँ के लोग शिकायत व उपेक्षा के भाव से ग्रस्त हैं। उन्हें लगता है कि हाल में जो युद्ध हुआ, उस दौरान उन्हें पर्याप्त तवज्जो नहीं दी गई जबकि पाकिस्तान आक्रमण से जम्मू को अधिक नुकसान हुआ है। ऐसा लगता है कि युद्ध के संकटपूर्ण दिनों में राजनीतिक व प्रशासनिक, दोनों क्षेत्रों में हम वाकई प्रभावशाली नहीं रहे। इसके अनेक कारणों में से प्रमुख ये हैं कि तब सरकार का निवास श्रीनगर में था और जम्मू के प्रांतीय प्रशासन में इस आपात्काल

का सामना करने के लिए पर्याप्त सुविधाएँ नहीं थीं। दरअसल यह बिलकुल स्पष्ट है कि पुरानी व्यवस्था जिसके तहत घाटी व जम्मू, दोनों छः महीने के लिए पर्याप्त राजनीतिक व प्रशासकीय नेतृत्व से वंचित रहते हैं—अब व्यावहारिक नहीं रहा। कुछ ऐसे तरीके निकालने पड़ेंगे कि पूरे वर्ष दोनों जगहों को उनके योग्य देखभाल व तवज्जो मिले।

आठ दिसंबर के अपने अगले पत्र में, जो मेरे बयान पर उठे विवाद के बाद लिखा गया था, मैंने समस्या का सीधे सामना किया। मेरी हमेशा से यह नीति रही कि मैं अपने विचार स्पष्ट व निष्पक्ष रूप से दर्ज करूँ चाहे वे एक खास समय में रुचिकर लगें अथवा नहीं। मैंने लिखा :

'लंदन टाइम्स' के दिल्ली संवाददाता द्वारा संयोगवश किए गए मेरे इंटरव्यू से कुछ विचार व प्रदेश में लोगों की काफी दिलचस्पी पैदा हो गई है। इस इंटरव्यू में मैंने भाषायी आधार पर जम्मू व कश्मीर के पुनर्गठन का समर्थन किया है। मैं इस संबंध में व्यक्तिगत रूप से आपसे मिल भी चुका हूँ ताकि घटना की विस्तृत रिपोर्ट दे सकूँ। इस पत्र में मैं विस्तार से चर्चा नहीं करूँगा लेकिन चार मूल पूर्वधारणाओं को अवश्य पुनः अभिव्यक्त करूँगा, जो मेरे विचार से अकाट्य हैं—और जिन पर पूरा विचार आधारित है :

(क) जम्मू-कश्मीर पर अब कोई समझौता नहीं होगा। हम इस राष्ट्रीय निश्चय की पुष्टि के लिए एक युद्ध लड़ चुके हैं इसलिए कोई भी पुनर्गठन देश का अंदरूनी मामला है।

(ख) अब तक जो रियासतें अथवा रजवाड़े थे उनकी पुरानी संरचना बदल दी गई है और इसलिए ये तर्क कि जम्मू-कश्मीर की सीमाओं में कुछ पवित्र या महत्त्वपूर्ण है—न तो तर्कसंगत है न ही व्यावहारिक।

(ग) ये प्रदेश विशेषकर प्रदेश पुनर्गठन आयोग के अधिकार-क्षेत्र से बाहर रखा गया था लेकिन बदले हुए हालात में इन तीन स्पष्ट रूप से परिभाषित क्षेत्रों में रहने वाले भारतीयों की इच्छाओं पर विचार करना ही चाहिए।

पत्र में आगे मैंने लिखा :

मैं तीन को जम्मू लौटा और तुरंत मुख्यमंत्री श्री जी.एम. सादिक व सैयद मीर कासिम से खुली चर्चा की। सादिक साहब दिल्ली जाने से पहले उसी शाम मुझसे फिर मिले। मुझे यह बतलाते हुए खुशी है कि इस मुद्दे पर हमारी स्पष्ट असहमति होते हुए भी हमारे संबंध व परस्पर समझदारी व उदारता की भावना बरकरार है। बहरहाल प्रेस का एक वर्ग मेरे और मुख्यमंत्री के बीच आई 'दरार' को उछालने में व्यस्त रहा है। लेकिन अगर हममें से कोई भी इस संदर्भ में कोई सार्वजनिक बयान नहीं देगा, तो ये विवाद खुद-ब-खुद

खत्म हो जाएगा। निस्संदेह इससे पूरे राज्य में काफी चर्चाएँ और अनेक तरह की टीका-टिप्पणियाँ उठ खड़ी हुई हैं लेकिन लगता है कि कुल मिलाकर ये प्रतिक्रिया अनुकूल ही रही है। जो भी हो, हमने निश्चय किया है कि फिलहाल इस पूरे मामले को पूर्ववत् ही रहने दिया जाए।"

अध्याय 24

संयुक्त राष्ट्र चूँकि भारत-पाक के बीच ये समस्या सुलझाने में नाकाम रहा तो परिदृश्य में सोवियत संघ का भारत-पाक के निकट पड़ोसी व विश्व के इस भाग की एक प्रमुख ताकत के रूप में प्रवेश हुआ। यह दिलचस्प बात है कि भारत-पाकिस्तान संकट के संदर्भ में विश्व की दो प्रमुख शक्तियों की रुचि परस्पर बिलकुल विपरीत है। स्पष्ट था कि पाकिस्तान ताशकंद मीटिंग के लिए राजी ही न हुआ होता अगर राष्ट्रपति अयूब को अमेरिका से ऐसा संकेत न मिला होता। भारतीय प्रतिनिधिमंडल के प्रमुख के रूप में ताशकंद जाने से पहले लालबहादुर शास्त्री से मेरी मुलाकात हुई। उन्हें हृदय रोग था और एक बार प्रधानमंत्री पद पर नियुक्त होने के तुरंत बाद ही इस वजह से उन्हें कुछ दिन बिस्तर पर रहना पड़ा था। उस दौरान उनकी देख-रेख उनकी स्नेहमयी व शालीन पत्नी ललिता देवी ने की थी। उनके डॉक्टरों ने उन्हें रोज शाम टहलने की सलाह दी थी। जब वे बहुत व्यस्त होते—जोकि वे प्रायः होते थे, तो वे अपने दफ्तर या जिस भी कक्ष में वे होते उसी कक्ष में तेजी से इधर-उधर चलते रहते। जब वे गृहमंत्री थे तो दिल्ली में मेरे निवास मानसरोवर के मेरे निजी कार्यालय में भी उन्होंने कई बार ऐसा किया था। लेकिन हम सबने मान लिया था कि फिर से उनकी तबीयत गंभीर रूप से खराब नहीं होगी।

ताशकंद सम्मेलन कई दिनों तक चला। एक बार तो हमने ये सुना कि वार्ता बीच में ही टूट गई है और प्रधानमंत्री अगले ही दिन वापस भारत आ रहे हैं। तब एकाएक ये खबर मिली कि अंतिम क्षण के हस्तक्षेप से उनके व राष्ट्रपति अयूब के बीच फिर एक बैठक बुलाई गई है, जिसकी पहले से कोई योजना नहीं थी। और दोनों पक्षों में एक समझौता हो गया है जिसके तहत दोनों पक्षों को युद्ध के पहले वाली स्थिति पर लौट जाना होगा। इसका अर्थ था—एक बार फिर पुंछ और उड़ी के बीच हाजीपीर का क्षेत्र लौटा देना, जो रणनीति के संदर्भ में बहुत महत्त्वपूर्ण था और जिससे उस क्षेत्र में हमारी स्थिति बहुत बेहतर हो जाती। इसका अर्थ ये भी था कि छांब क्षेत्र, जो हम हार गए थे—हमें वापस मिल जाएगा। इस नाटकीय बदलाव के तुरंत बाद दिल के दौरे से लालबहादुर की मृत्यु का स्तब्ध कर देने वाला समाचार मिला।

हम इस अनपेक्षित व दुखद घटना से हतप्रभ रह गए। लालबहादुर, खासकर बतौर प्रधानमंत्री अपने छोटे कार्यकाल में अपने परिपक्व व साहसी नेतृत्व के कारण लोगों के

प्रिय नेता हो गए थे। हममें से जिन्हें उनके करीब आने का सौभाग्य मिला था, वे उन्हें उनकी सरलता व ईमानदारी के लिए, दो परस्पर विरोधी विचारों को सुनने के उनके असीम धैर्य, और उनके बीच लगभग असंभव प्रतीत होने वाला समझौता ढूँढ़ सकने व अपने सहकर्मियों के साथ विनम्र व्यवहार रखने व उनका ख्याल रखने के लिए हमेशा याद रखेंगे। यह भी उनकी ईमानदारी को एक श्रद्धांजलि है कि जीवन-पर्यंत वे इस देश के बड़े व शक्तिशाली पदों पर रहे लेकिन जब उनकी मृत्यु हुई तो उनके नाम लगभग कोई संपत्ति या धनराशि नहीं थी। मुझे हमेशा ये लगता है कि उनकी मृत्यु शांति व मित्रता के उद्देश्य के प्रति एक प्रकार का बलिदान था। मुझे लगता है, कि अगर ताशकंद समझौता लालबहादुर के व्यक्तित्व से इतना न जुड़ा होता या उनकी मृत्यु से उस पर मुहर न लगी होती, तो हमारा देश उसे आसानी से स्वीकार करनेवाला नहीं था। भारत के दोनों युद्धों का भयानक प्रभाव हमारे प्रधानमंत्रियों पर हुआ : चीन के साथ युद्ध के बाद जवाहरलाल की मृत्यु हुई और पाकिस्तान के साथ युद्ध के परिणामस्वरूप शास्त्री जी का देहांत हुआ। पहले में हार हुई थी और दूसरे का कोई नतीजा नहीं निकला। सात वर्ष बाद ये काम इंदिरा गाँधी के हाथ में आया और उन्होंने देश को वह विजय दिलाई जो हमारे इतिहास में अभूतपूर्व थी।

सादिक और मैं वायु सेना के विमान द्वारा शीघ्र ही दिल्ली पहुँचे और मॉस्को से उनके शव के यहाँ पहुँचने पर हम वहाँ दिवंगत नेता को अपनी श्रद्धांजलि देने के लिए मौजूद थे। लालबहादुर के आकस्मिक निधन से उनके उत्तराधिकारी का प्रश्न सर्वाधिक महत्त्वपूर्ण हो गया। स्वर्गीय प्रधानमंत्री द्वारा इंदिरा गाँधी को बतौर सूचना व प्रसारण मंत्री मंत्रिमंडल में शामिल किया गया था और वरिष्ठता के दृष्टिकोण से वे गुलजारीलाल नंदा व टी.टी. कृष्णमाचारी के बाद चौथे स्थान पर थीं। मैं लगातार उनके निकट संपर्क में था क्योंकि सभी कांग्रेस नेताओं में मुझे वे वैचारिक और व्यक्तिगत रूप से अनुकूल लगती थीं। फिर नेहरू जी के साथ लंबे साहचर्य के कारण आशा और मेरे उस परिवार से भी सौहार्दपूर्ण संबंध हो गए थे। जब राजीव व संजय छोटे थे तो वे हमारे साथ कर्ण महल में रही भी थीं और हमारी काफी घनिष्ठता भी हो गई थी। उनके बाद बाल भवन सोसायटी का अध्यक्ष मैं बना था और हाल ही में स्थापित जवाहरलाल स्मारक फंड के लिए हमने साथ-साथ काम किया था। इस फंड का 1966 में मैं सचिव भी बना। वे शास्त्री जी के मंत्रिमंडल में खुश नहीं थीं, ये तो सभी जानते थे। वे मंत्रिमंडल में सिर्फ इसलिए शामिल नहीं की गई थीं कि वे जवाहरलाल की पुत्री हैं बल्कि इसलिए भी कि वे कांग्रेस की प्रमुख नेता थीं और इस महान पार्टी की दो साल के लिए अध्यक्ष भी रही थीं। लेकिन संसद में वे कुछ असहज रहती थीं। मुझे लगता है कि लालबहादुर से उनके निजी संबंध कभी सौहार्दपूर्ण नहीं रहे। दरअसल उन दिनों ये अफवाह काफी गर्म थी कि ताशकंद से लालबहादुर की वापसी के बाद वे मंत्रिमंडल से इस्तीफा दे देंगी। लेकिन नियति की कुछ और ही योजना थी।

कुछ मायनों में लालबहादुर इंदिरा गाँधी से अधिक परंपरावादी थे। और विदेशी

मामलात में भी दो महाशक्तियों के संदर्भ में उनके नजरिए अलग थे। इसी वजह से, इंदिरा गाँधी, शास्त्री सरकार में अधिक विशिष्ट रूप से नहीं उभरीं जबकि उन्होंने कश्मीर पर आक्रमण के दौरान अप्रत्यक्ष रूप से काफी महत्त्वपूर्ण काम किया था। इसी कारण, जो लोग उन्हें नहीं जानते थे, उनको लगा कि वे अपने पिता की तरह बड़ी नेता नहीं बन पाएँगी। बहरहाल, हममें से जो लोग उनके निकट थे वे बेहतर जानते थे। उनके लगभग अलग-थलग और अकेले दिखने वाले व्यक्तित्व के भीतर प्रबल देशभक्ति, स्वतंत्रता की भावना, सुनने की अथाह क्षमता और किसी भी वक्त जनता के विचारों की थाह लेने की दुर्लभ योग्यता छिपी थी। फिर, वे मूलभूत रूप से राजनीतिक व्यक्ति थीं लेकिन उनकी रुचियाँ सिर्फ राजनीतिक क्षेत्र तक ही सीमित नहीं थीं। महिला कल्याण, बाल कल्याण, वन, पर्यावरण, ऐतिहासिक इमारतों का संरक्षण, आदिवासी जनजातियों की स्थिति में सुधार—ये सब उनकी गतिविधियों में शामिल थे। बचपन से उनका जीवन कुछ विशिष्ट रहा था, जिससे उनमें एक जबर्दस्त आंतरिक शक्ति आ गई थी और बहुत कम लोगों को इस ताकत का अहसास था। समय के साथ-साथ ही उनकी योग्यताएँ स्पष्ट होती गईं।

कांग्रेस संसदीय पार्टी के नेता के रूप में लालबहादुर की असमय मौत के बाद इंदिरा गाँधी के चुनाव से युवा कांग्रेस सदस्यों को बहुत प्रेरणा मिली। मैं औपचारिक रूप से पार्टी का सदस्य नहीं था क्योंकि मेरा पद इस बात की अनुमति नहीं देता था, लेकिन मैं उन सभी स्वतंत्रता के बाद की युवा पीढ़ी के भारतीयों में था, जिन्हें इंदिरा गाँधी से बहुत उम्मीदें थीं। उनके चुनाव के तुरंत बाद मैं उनसे मिलने उनके कार्यालय में गया। जैसे ही मैंने प्रवेश किया, वे मुसकराते हुए बोलीं, "काश कि अब आप संसद में होते !" जैसाकि मैंने डॉ. राधाकृष्णन् को अपने अगले पत्र में लिखा :

> कांग्रेस संसदीय दल के नेता के रूप में और बाद में बतौर प्रधानमंत्री श्रीमती इंदिरा गाँधी के चुनाव से नेतृत्व की मशाल भारतीय युवा पीढ़ी में से एक के हाथ आ गई है। जिस लोकतांत्रिक व शांतिपूर्ण तरीके से उन्हें चुना गया और इस तथ्य ने कि नई नेता राजनीतिक रूप से परिपक्व व सुदृढ़ व्यक्तित्व की महिला हैं जो प्रगति व आधुनिकता के प्रति समर्पित हैं, युवा पीढ़ी में नई उम्मीद की किरण जगा दी है। जो कठिन कार्य उन्होंने अपने कंधों पर लिया है उसके लिए हम सभी उन्हें शुभकामनाएँ देते हैं।

हलचल व गतिविधियों से भरे वर्ष 1965 में हमारी तीसरी संतान के जन्म से एक और आयाम जुड़ गया। पाकिस्तान से युद्ध के दौरान आशा गर्भवती थी और 6 फरवरी 1966 को दिल्ली के एक नर्सिंग होम में हमारे दूसरे पुत्र का जन्म हुआ। मुझे शास्त्रीय व ऐतिहासिक नामों से विशेष लगाव है। हमारे पहले पुत्र का नाम रखा गया विक्रमादित्य (विक्रम) तो हमने दूसरे पुत्र को अजातशत्रु (अजय) के नाम से पुकारने का निश्चय किया। अजातशत्रु काशी का एक विद्वान राजा था। वृहदारण्यक उपनिषद में उसकी

प्रमुख भूमिका है। मेरी माँ बहुत बीमार थीं और इलाज के लिए दिल्ली में रह रही थीं। जीवन के अंतिम कुछ महीनों में, जब उनकी सेहत तेजी से गिरती जा रही थी, दूसरे पोते के जन्म से उन्हें काफी संतोष मिला।

प्रधानमंत्री के रूप में इंदिरा गाँधी के चुनाव के साथ ही राष्ट्रीय राजनीति में शामिल होने का मेरा निश्चय और भी दृढ़ हो गया। मैं सत्रह वर्ष तक प्रदेश प्रमुख रह चुका था। इस दौरान मैंने अपनी शिक्षा पूरी की, राष्ट्रीय विकास के विभिन्न पहलुओं पर पर्याप्त अनुभव प्राप्त किया और विदेश की भी काफी यात्राएँ कीं। मुझे इसमें कोई औचित्य नजर नहीं आया कि जब पूरा देश सेवा व काम करने के लिए मेरे सामने है तो मैं अपने प्रदेश तक ही सीमित क्यों रहूँ। आम चुनाव 1967 में होने वाले थे इसलिए मुझे लगा कि मुझे काफी पहले इस्तीफा दे देना चाहिए। 17 अगस्त, 1966 को मैंने प्रधानमंत्री को यह पत्र लिखा :

> आपको याद होगा कि पिछले कुछ महीनों में मैंने कई बार राज्यपाल के पद से त्यागपत्र देने व राष्ट्रीय राजनीति में अधिक सक्रिय रूप से भाग लेने की इच्छा व्यक्त की है। 1949 में रीजेंट बनने के बाद से लगभग आधा जीवन मैं प्रदेश-प्रमुख रहा हूँ। और अब मुझे लगता है कि मुझे अपनी सार्वजनिक गतिविधियों का क्षेत्र बदलना चाहिए, हालाँकि मैं जिस राज्य का हूँ उसके मामलात के निकट संपर्क से खुद को तोड़ना मेरे लिए पीड़ाजनक होगा। चूँकि आम चुनाव आने वाले हैं, इसके मद्देनजर मैं अगले महीने जम्मू-कश्मीर के राज्यपाल के पद से अपने त्यागपत्र को स्वीकार करने का निवेदन राष्ट्रपति के पास भेजना चाहता हूँ। और इसके लिए मैं आपकी रजामंदी पाने के लिए यह पत्र लिख रहा हूँ।"

उन्होंने अगले ही दिन उत्तर दे दिया :

> सत्रह अगस्त को लिखे आपके पत्र के लिए धन्यवाद। उसके बाद हम मिले हैं और जो मुद्दा आपने उठाया है उस पर बातचीत भी की है।
>
> अतीत में आपने एक से अधिक बार अपना वर्तमान पद छोड़ने की इच्छा जाहिर की है और तभी से मैं आपके सुझाव पर गहन विचार कर रही हूँ। मैं पूरी तरह समझती हूँ और इसकी प्रशंसा भी करती हूँ कि लगभग दो दशक तक जम्मू-कश्मीर प्रदेश का प्रमुख रहने के बाद आप बदलाव चाहते हैं और राष्ट्रीय राजनीति में सक्रिय रूप से हिस्सा लेना चाहते हैं। आपकी योग्यता व अनुभव के आधार पर निश्चित रूप से आप राजनीतिक जीवन में बहुत उपयोगी सिद्ध होंगे। पाकिस्तान के उग्र व शत्रुतापूर्ण रवैए के कारण बार-बार पैदा होते संकटों के बीच आपने सदर-ए-रियासत व राज्यपाल के रूप में बहुत गरिमापूर्ण व विशिष्ट ढंग से कार्यभार सँभाला है। इन कठिन

समस्याओं का सामना करने में आपका योगदान अमूल्य रहा है।

बहरहाल, जैसाकि मैंने आपसे पहले कहा, आर्थिक व अन्य क्षेत्रों में हम बहुत संकटपूर्ण समय से गुजर रहे हैं। जैसे-जैसे आम चुनाव करीब आएँगे, हमारी समस्याएँ बढ़ेंगी। हमारी सीमाओं पर भी खतरा उपस्थित ही है। इन हालात में और इस नाजुक स्थिति में, आपके पद पर किसी नए व्यक्ति के विचार से मैं चिंतित हो जाती हूँ। इसीलिए मैं चाहूँगी कि फिलहाल आप अपने मौजूदा पद पर ही रहें। मुझे आशा है ये आपके लिए संभव होगा।

मैंने त्यागपत्र तो नहीं दिया लेकिन मैंने ऐसा निश्चय अवश्य कर लिया था। इस बीच मैंने उन दो बातों पर ध्यान केंद्रित किया जो प्रदेश राजनीति पर प्रभाव डाल रही थीं। पहली बार लोकसभा के लिए जम्मू-कश्मीर से सीधे चुनाव होने वाले थे। इससे पहले हमारे विशेष प्रबंध के तहत विधानसभा द्वारा सदस्य चुन लिये जाते थे। इसका मतलब था कि चुनाव क्षेत्र बनाने थे और चूँकि हमें छः सीटें दी गई थीं इसलिए इसी संख्या के अनुसार चुनाव-क्षेत्रों का सीमा-निर्धारण भी होना था। इस पर भी मेरा और डी.पी. धर का टकराव हो गया। उनका सुझाव था कि जनसंख्या के आधार पर क्षेत्रीय सीमाओं के आर-पार भी सीमा-निर्धारण कर देना चाहिए; लद्दाख को बारामूला चुनाव क्षेत्र में और जम्मू के डोडा जिले का कुछ अंश अनंतनाग चुनाव क्षेत्र में शामिल कर देना चाहिए। इसका मैंने कड़ा विरोध किया क्योंकि इससे लद्दाख और जम्मू की क्षेत्रीय पहचान धुँधली पड़ जाती और इन दोनों क्षेत्रों पर कश्मीर का प्रभुत्व और दृढ़ हो जाता। मैंने जस्टिस जे.एल. कपूर की अध्यक्षता में बने सीमा-निर्धारण आयोग को यह स्पष्ट व दृढ़ सुझाव दिया कि चूँकि लद्दाख का विशाल क्षेत्र पूरे प्रदेश का दो-तिहाई भाग है और इसकी सांस्कृतिक पहचान भी विशिष्ट है, अतः इसे एक लोकसभा सीट मिलनी चाहिए। शेष पाँच स्थानों में से घाटी को तीन व जम्मू क्षेत्र को दो देने चाहिए। अंततः मेरे विचार आयोग ने मान लिये और यही चुनावी संरचना आज भी विद्यमान है।

दूसरा मुद्दा जिस पर मैंने जोर दिया, वह था—प्रदेश के तीनों क्षेत्रों पर बराबर व उचित ध्यान देने की अहमियत। इसी उद्देश्य से 21 नवंबर, 1966 को राष्ट्रपति के नाम अपने पत्र में मैंने सुझाव दिया कि इस समस्या पर विचार करने के लिए एक उच्चस्तरीय आयोग बनाया जाए। प्रदेश के क्षेत्रीय पक्ष की ऐतिहासिक पृष्ठभूमि बताते हुए मैंने सुझाव दिया कि आयोग निम्नलिखित बातों पर ध्यान दे सकता है :

> आयोग कश्मीर प्रांत, जम्मू प्रांत व लद्दाख जिले की राजनीतिक, आर्थिक व प्रशासनिक आवश्यकताओं का अध्ययन करेगा। ये तीनों क्षेत्र मिलकर जम्मू-कश्मीर का प्रदेश बनाते हैं (इसमें विदेशी कब्जे में लिया गया क्षेत्र शामिल नहीं है)। विशेषकर, आयोग इन क्षेत्रों की विकास-समस्याओं की समीक्षा करेगा ताकि उनकी आर्थिक प्रगति में तेजी लाने के साधन व तरीके ढूँढ़ सके और ये आयोग अपनी उचित सिफारिशें छः महीने के भीतर दे देगा।

आयोग को उच्च-स्तरीय बनाने के लिए मैंने भारत के सेवानिवृत्त चीफ जस्टिस बी. पी. सिन्हा का नाम आयोग के प्रमुख के रूप में सुझाया। और सुविमल दत्त/शंकर प्रसाद व बी.एच. जैदी के नाम भी सुझाए। जैसाकि बाद में हुआ, ये विशेष सुझाव स्वीकार नहीं किए गए लेकिन क्षेत्रीय समस्याओं पर ध्यान देने के लिए एक उच्चस्तरीय आयोग की धारणा से धीरे-धीरे लोग सहमत होने लगे और परिणामस्वरूप ठीक एक साल बाद इस उद्देश्य से एक आयोग की नियुक्ति की गई जिसके मुखिया थे भारत के सेवानिवृत्त चीफ जस्टिस पी.बी. गजेंद्र गड़कर और शंकर प्रसाद व बदरुद्दीन तैयब जी उसके सदस्य नियुक्त किए गए। इस प्रकार, पहली बार प्रदेश के तीनों क्षेत्रों पर बराबर व निष्पक्ष ध्यान दिए जाने की प्रक्रिया को आरंभ करवाने का संतोष मुझे प्राप्त हुआ। यह बहुत दुःख की बात है कि आज, बीस बरस बाद भी यह प्रक्रिया अधूरी ही है।

ताशकंद समझौते के बाद दोनों देशों की सेना ने जो-जो क्षेत्र युद्ध में जीते थे, वहाँ से वे लौटना शुरू हो गईं। छांब और जोरियन क्षेत्र से जैसे ही पाकिस्तानी सेनाएँ हटीं तो शरणार्थियों को वहाँ पुनः बसाने की लंबी व कष्टप्रद प्रक्रिया शुरू हो गई। दुनिया के दूसरे भागों के शरणार्थियों के बारे में काफी कुछ सुना गया है लेकिन छांब के लोगों के कष्टों की कोई बराबरी नहीं की जा सकती। 1947 में वे उजड़ गए और बहुत कठिनाई से फिर बसे। 1965 में उन्हें फिर भागना पड़ा और अनेक समस्याओं के बाद उन्हें वहाँ दुबारा बसाया गया। और उसके बाद यह एक क्रूर विडंबना ही है कि 1971 की लड़ाई में हमारी जबर्दस्त विजय के बावजूद उनका इलाका हम अंततः हार गए।

आम चुनावों के लिए भी राजनीतिक लामबंदी की प्रक्रिया शुरू हो गई थी। पार्टी का काम-काज सँभालने के लिए मीर कासिम ने सरकार से त्यागपत्र दे दिया। अयंगार आयोग के कलंक के बावजूद बख्शी गुलाम मुहम्मद ने गजब के राजनीतिक लचीलेपन का परिचय दिया और राजनीतिक परिदृश्य में पुनः प्रवेश किया। जम्मू में, विशेषकर कस्बों व उजड़े हुए शरणार्थियों के बीच जनसंघ बहुत सक्रिय हो गया। वे ताशकंद समझौते के बहुत खिलाफ थे और उन्होंने इसे पाकिस्तान के सामने समर्पण कहकर कड़ी आलोचना की। इस बीच समझौते के बावजूद, पाकिस्तान द्वारा हथियाए गए क्षेत्र से पाक-रेडियो का निरंतर प्रचार भी जारी था। इसमें आक्रमण के दौरान चलाया गया 'रेडर्स रेडियो' (छापामार रेडियो) भी शामिल था।

प्रदेश के आर्थिक विकास पर अधिक ध्यान दिया जाने लगा। मैंने कुछ प्रमुख परियोजनाओं के लिए दबाव डाला—खासकर रेलवे लाइन को पठानकोट से जम्मू तक बढ़ाने पर। 1947 में पुराना सियालकोट-जम्मू का रेलमार्ग टूट जाने से रेल-मार्ग की गैरमौजूदगी में प्रदेश को विकट आर्थिक व प्रशासकीय असमर्थता का सामना करना पड़ रहा था। यहाँ फिर डी.पी. धर व मेरे बीच टकराव हुआ। उनका सुझाव था कि पंजाब से रावी पार करने के बाद प्रदेश के पहले मुख्य कस्बे कठुआ से रेल लाइन जम्मू नहीं बल्कि ऊधमपुर जानी चाहिए। उन्होंने सुरक्षा के मद्देनजर इस सुझाव की सफाई पेश की। लेकिन मुझे स्पष्ट था कि यह जम्मू को बदनाम करने का प्रयास था, जो छः महीने

तक शीत ऋतु के दौरान प्रदेश की राजधानी रहता है। मैंने इस सुझाव का विरोध किया और इस बात पर दृढ़ रहा कि रेल लाइन पहले जम्मू तक आनी चाहिए फिर ऊधमपुर तक बढ़ा देना चाहिए। अंत में भारत सरकार द्वारा मेरा सुझाव मान लिया गया।

मैंने जम्मू-कश्मीर विश्वविद्यालय की संघीय संरचना के लिए भी कदम उठाए ताकि जम्मू व श्रीनगर दोनों के अलग–आत्मनिर्भर कैंपस हो सकें और दोनों क्षेत्रों के शैक्षिक विकास में तेजी आए। यह योजना प्रसिद्ध अर्थशास्त्री डॉ. बी.एन. गांगुली की अगुआई में एक समिति द्वारा बनाई गई। डॉ. गांगुली बहुत विनम्र, शालीन, ईमानदार व योग्य व्यक्ति थे। इस योजना को एक अनुकूल नियमावली के साथ सुदृढ़ कर दिया गया और इसी के कारण कुछ वर्षों बाद यह सरलता से दो विश्वविद्यालयों में परिवर्तित हो सका। बतौर राज्यपाल अपने कार्यकाल के अंतिम वर्षों में मैंने विश्वविद्यालय के कामों में विशेष रुचि ली और इसके सिंडिकेट की सभाओं की अध्यक्षता की। जब इंदिरा गाँधी प्रधानमंत्री बनीं तो उन्होंने जवाहरलाल नेहरू स्मारक कोष से इस्तीफा दे दिया। तब उनके स्थान पर मुझे कोष का सचिव चुना गया। इस कोष का प्रशासन तथा जवाहरलाल नेहरू के प्रकाशन के प्रमुख कार्यक्रम व एक फैलोशिप कार्यक्रम समेत इसकी अनेक योजनाएँ कई बरसों तक रचनात्मक गतिविधियों का स्रोत रहीं। अप्रैल में बनारस हिंदू विश्वविद्यालय ने मुझे अगले तीन साल के लिए फिर कुलपति चुन लिया।

गुर्दे के स्टोन से मुझे काफी परेशानी होती रही और दर्द के दौरों की संख्या अब और बढ़ गई थी। अप्रैल के अंत में मैं और आशा लंदन की एक संक्षिप्त यात्रा पर गए ताकि इस रोग के संबंध में डॉक्टरी सलाह ले सकें। डॉक्टरों का मानना था कि अगर अगले तीन महीनों में स्टोन खुद-ब-खुद नहीं निकल जाता तो ऑपरेशन कर देना चाहिए। आखिरकार, बंबई में उसी पुराने ब्रीच कैंडी नर्सिंग होम में, जिसको अक्सर हमने प्रोत्साहन दिया था, प्रसिद्ध मूत्र-विज्ञान विशेषज्ञ डॉ. डी.के. करंजवाला द्वारा ऑपरेशन के जरिए मैंने स्टोन निकलवाया। यह बहुत कष्टप्रद व पीड़ाजनक अनुभव था लेकिन खुशी की बात ये है कि उसके बाद से मुझे ऐसा कष्ट दुबारा नहीं हुआ है। संभवतः यह कश्मीर के पानी की वजह से ही हुआ था, जो प्रदेश छोड़ने के बाद जल्द ही छूट गया।

1966 की गर्मियों में पाकिस्तान के साथ एक अजीब-सी शांति रही। उनके जासूस सक्रिय थे, और 16 मई को जब मुख्यमंत्री सादिक बारामूला में एक जुलूस में शामिल थे तो एक हथगोला उन पर फेंका गया। ईश्वर की कृपा से वे बाल-बाल बच गए लेकिन इस हमले में तीन लोग मारे गए और तीस घायल हुए। 'आजाद कश्मीर' रेडियो व 'रेडर्स रेडियो' ने सांप्रदायिक जहर और उग्र निंदा उड़ेलने का अपना अभियान जारी रखा। पाकिस्तान के भीतर अयूब खान शेख मुजीब पर उस समय के पूर्व पाकिस्तान की प्रांतीय स्वायत्तता के लिए छः सूत्री सुझाव रखने के लिए बहुत बिगड़े जबकि जुल्फिकार अली भुट्टो भारत से अपने निरंतर विरोध पर बार-बार बयान देते रहे। उत्तरी कश्मीर में जिस क्षेत्र पर कब्जा कर लिया गया था, वहाँ पाकिस्तान व चीन के बीच संबंध भी

अशुभ लक्षण था और मुझे यह साफ लग रहा था कि भारत से एक और टकराव से पहले पाकिस्तान चुपचाप नहीं बैठनेवाला। चूँकि पाकिस्तान का जन्म ही भारत के प्रति शत्रुता की भावना से हुआ था इसलिए इसके सभी शासकों के लिए यह शत्रुता एक आवश्यक शर्त बन चुकी थी।

इसी दौरान, प्रधानमंत्री के रूप में इंदिरा गाँधी का पहला, कुछ अनिश्चय से भरा कार्यकाल शुरू हुआ। उस समय लगता था सी.सुब्रमण्यम् और अशोक मेहता उनके मुख्य सलाहकार हैं अथवा कम-से-कम पाउंड के संदर्भ में रुपए का अवमूल्यन करने में वित्तमंत्री सचिन चौधरी के साथ ये दो नाम भी जुड़े थे। इस कदम से उस समय काफी खलबली हुई थी। 12 जून को एक रेडियो प्रसारण में उन्होंने बताया कि युद्ध और अकाल के आर्थिक प्रभाव के कारण यह कदम उठाना पड़ा और कहा, "रुपए का अवमूल्यन करने का फैसला सरल नहीं था। बहुत सोच-विचार करके यह फैसला किया गया।" फिर भी इसकी कड़ी निंदा हुई। विशेषकर साम्यवादियों ने इसकी भर्त्सना की। उनका मानना था कि ऐसा अमेरिकी दबाव के तहत किया गया है।

उन गर्मियों में मंत्रिमंडल के अनेक महत्त्वपूर्ण मंत्री कश्मीर आए, जिनमें गृहमंत्री गुलजारीलाल नंदा, रक्षामंत्री वाई.बी. चव्हाण और फखरुद्दीन अली अहमद का भी शुमार था। उन सभी ने वहाँ कांग्रेस को बढ़ाने व प्रोत्साहित करने का प्रयास किया। कांग्रेस अब कश्मीर में जी.एम. सादिक व मीर कासिम के द्वारा संचालित की जा रही थी। लेकिन दुर्जेय बख्शी गुलाम मुहम्मद भी अब काफी सक्रिय हो गए थे। उन्होंने जुलाई में एक विशाल राजनीतिक सम्मेलन का आयोजन किया और इसमें अपना शक्ति प्रदर्शन भी किया क्योंकि इसमें हजारों प्रतिनिधि शामिल हुए। तीन साल पहले कामराज प्लान के तहत बख्शी के निष्कासन के बाद ये सम्मेलन सक्रिय राजनीति में बख्शी की वापसी का द्योतक रहा। हालाँकि सादिक के हाथ में सरकार की बागडोर थी लेकिन ये साफ था कि बख्शी उनसे ज्यादा चतुर और प्रभावशाली राजनीतिज्ञ थे। इस तरह आम चुनाव की लड़ाई अब शुरू हो गई थी। चूँकि घाटी में अलगाववादी पार्टियों पर प्रतिबंध था, इसलिए कांग्रेस को सबसे बड़ी चुनौती बख्शी की नेशनल कॉन्फ्रेंस से थी और जम्मू में कांग्रेस के मुकाबले सबसे प्रमुख पार्टी थी जनसंघ।

शेख अब्दुल्ला अब भी तमिलनाडु के कोडाइकनाल में कोहिनूर बँगले में नजरबंद थे। समाजवादी नेता जयप्रकाश नारायण व रामकृष्ण मिशन के स्वामी रंगनाथन आनंद समेत अनेक लोग उनसे वहाँ मिले। इन मुलाकातों की परस्पर विरोधी खबरें आईं। इस बीच दलाई लामा की लद्दाख यात्रा पर भी एक दुर्भाग्यपूर्ण विवाद खड़ा हो गया। जब उन्होंने लद्दाखी बौद्धों से मिलने का प्रस्ताव रखा तो वे बहुत खुश हो गए क्योंकि लद्दाख के बौद्धों के लिए तो दलाई लामा महात्मा बुद्ध का अवतार हैं। उन्होंने दलाई लामा के स्वागत की जोर-शोर से तैयारियाँ शुरू कर दीं। बहरहाल सादिक व उनके सहयोगियों का मानना था कि ये चीनियों को अनावश्यक रूप से भड़काना होगा। इसलिए वे इस यात्रा को स्थगित करना चाहते थे। इससे लद्दाख में निराशा का माहौल

पैदा हो गया। आखिरकार, अगस्त में दलाई लामा यहाँ आए और हालाँकि प्रेस ने उनकी यात्रा को विशेष स्थान नहीं दिया लेकिन यह बहुत सफल रही और लद्दाख के लोगों को इससे बेहद खुशी व संतोष मिला।

सितंबर के अंत में इंदिरा गाँधी बतौर प्रधानमंत्री पहली बार राज्य में आईं। उनका गर्मजोशी से स्नेहपूर्ण स्वागत किया गया और एक खुली कार में उन्हें श्रीनगर से ले जाया गया। इस वक्त मैं और सादिक भी उनके साथ थे। वे हेलिकॉप्टर से अनेक सीमांत प्रदेशों में गईं और वहाँ उन्होंने फौज को संबोधित भी किया। मैंने इस अवसर पर उनसे जम्मू-कश्मीर की राजनीतिक स्थिति पर भी चर्चा की और इस बात पर जोर दिया कि क्षेत्रीय विविधता की समस्या को साहस व विचार द्वारा हल करना महत्त्वपूर्ण है। मैंने उन्हें उस चर्चा का विस्तृत ब्यौरा दिया जो मैंने विशेषकर अपने विवादास्पद कथन और पंजाब व हिमाचल प्रदेश के पुनर्गठन के मद्देनजर सादिक, मीर कासिम व डी.पी. धर से की थी।

दरअसल जब वे गईं, उसके तुरंत बाद ही जम्मू की स्थिति एकाएक खराब हो गई। कॉलेज के छात्रों पर पुलिस फायरिंग में तीन तत्काल मर गए और दर्जनों घायल हो गए थे। मैं कार द्वारा जम्मू पहुँचा और वहाँ नागरिकों, अभिभावकों, छात्रों व अधिकारियों से मिला और बातचीत की। पूरा शहर क्रोध से उबल रहा था और एक बार फिर राजनीतिक व प्रशासकीय सत्ता के कश्मीर की ओर अभिमुख होने की कमजोरी स्पष्ट हो गई। अगले ही दिन सादिक भी वहाँ पहुँच गए और वे सिर्फ उन घटनाओं से ही नहीं बल्कि जम्मू की जनता व सरकार के बीच जो द्वेषपूर्ण भाव मौजूद था—उससे बुरी तरह हिल गए। आखिरकार हमने एक फार्मूले पर काम किया जिसके तहत जस्टिस बी. डी. मुखर्जी के नेतृत्व में एक जाँच आयोग बैठाना तथा अन्य प्रशासकीय कदम उठाना भी शामिल था। लेकिन मेरे विचार से सादिक को पहली बार ये अहसास हुआ कि जम्मू की जनता की इच्छाओं के अनुकूल कुछ ठोस करने पर मैं जो जोर देता रहता था—वह महज लफ्फाजी नहीं थी बल्कि वह वास्तविक आवश्यकताओं पर आधारित था। सादिक मंत्रिमंडल में जम्मू के सिर्फ एक मंत्री थे—पंडित त्रिलोचन दत्ता। सादिक के सुझावों पर उन्होंने कुछ ही दिनों बाद इस्तीफा दे दिया। जम्मू में जन-जीवन सामान्य करने में हमें पूरा एक महीना लग गया। पुलिस द्वारा गोली चलाने की घटना के बाद बंद हुए शैक्षिक संस्थान भी एक माह बाद ही खुले।

लंबी सुनवाई के बाद सीमा-निर्धारण आयोग ने आखिर अपने निर्णय की घोषणा कर दी। विधानसभा की सीटों का इस प्रकार निर्धारण हुआ था कि कश्मीर घाटी को 42 स्थान, जम्मू क्षेत्र को 31 और लद्दाख को दो स्थान मिले। जहाँ तक लोकसभा सीटों का सवाल था तो मेरे बहुत प्रयत्नों और संबंधित लोगों से लगातार मिलने के बाद उन्होंने लद्दाख को 6 में से एक सीट दे ही दी। यह एक अच्छा प्रबंध था। श्रीनगर अनंतनाग व बारामूला—तीन कश्मीर जिलों को एक-एक स्थान, जम्मू में पुंछ, जम्मू और राजौरी जिले एक ही सीट जम्मू में शामिल थे और अन्य तीन ऊधमपुर, कठुआ और

डोडा-ऊधमपुर सीट में शामिल किए गए।

हालाँकि मैं चुनाव न लड़ने पर सहमत हो गया था लेकिन हमारे बीच ये तय था कि जम्मू की एक सीट से सत्तारूढ़ पार्टी में से मेरी पसंद का एक उम्मीदवार खड़ा होगा, जो यदि आवश्यकता पड़ी तो इस्तीफा दे देगा और उपचुनाव लड़ने के लिए मेरा रास्ता बनाएगा। इस उद्देश्य के लिए मैंने वृद्ध तथा सम्माननीय पूर्व सेना अधिकारी धंसारा सिंह को चुना। वे मेरे पिता के समय में सेना प्रमुख रह चुके थे। 1947 में उन्हें गिलगित का राज्यपाल नियुक्त किया गया था। उसी वर्ष के अंत में पाकिस्तानियों ने उन्हें बंदी बना लिया और कई महीनों तक वे वहाँ युद्धबंदी के रूप में रहे। बाद में मैंने अपने परिवार के धार्मिक दान का न्यासी होने के नाते उन्हें धर्मार्थ परिषद का अध्यक्ष नियुक्त कर दिया। वे बहुत सच्चरित्र व्यक्ति थे। उन्होंने ऊधमपुर से चुनाव लड़ने का निश्चय किया क्योंकि उस क्षेत्र से सेवानिवृत्त सेना-अधिकारियों की संख्या अधिक थी और वे शहरी राजनीति की अपेक्षा ग्रामीण राजनीति में ज्यादा सहज व कुशल थे। उनके साथ ही, कांग्रेस ने उसी स्थान से लद्दाख के आदरणीय प्रमुख लामा—कुशक बाकुला को चुना, जम्मू से उम्मीदवार थे इंद्रजीत मल्होत्रा और शफी कुरैशी। ए.एम. तारिक और आगा सैयद अहमद को क्रमशः अनंतनाग, श्रीनगर व बारामूला से उम्मीदवार निश्चित किया गया।

21 फरवरी चुनाव की तिथि निर्धारित हुई और चुनावी माहौल की उत्तेजना बढ़नी शुरू हो गई। बख्शी गुलाम मुहम्मद की नेशनल कॉन्फ्रेंस समेत अन्य विरोधी पार्टियों ने सरकारी तंत्र के दुरुपयोग का आरोप लगाया और घाटी के विभिन्न हिस्सों में कांग्रेस के साथ उनका हिंसक टकराव भी हुआ। जनमत-संग्रह (प्लिबिसाइट फ्रंट) के प्रमुख दलों ने, जिन्हें नजरबंद शेख अब्दुल्ला व मिर्जा अफजल बेग का समर्थन प्राप्त था, यह धारणा रखी कि चूँकि वे 'जनमत संग्रह के जरिए आत्मनिर्धारण के अधिकार' के पक्षधर हैं, अतः उनके चुनाव में भाग लेने का प्रश्न ही नहीं उठता। दूसरे दल ने, जिसका समर्थन मौलाना मसूदी और मोहिउद्दीन क्वारा कर रहे थे, स्वतंत्र उम्मीदवार के रूप में चुनाव लड़ने की मंशा की घोषणा की। जब विधानसभा सीटों के लिए नामांकित पत्रों की जाँच हुई तो अनंतनाग के एक विधायक, शफी कुरैशी समेत 22 कांग्रेसी उम्मीदवार बगैर किसी विरोध के चुन लिये गए क्योंकि सभी विरोधी दलों के उम्मीदवारों के नामांकन पत्र चुनाव अधिकारी द्वारा नामंजूर कर दिए गए थे। यह सत्ता का स्पष्ट दुरुपयोग था और मुझे इस बात का दुःख हुआ कि सादिक, जो बख्शी पर अनुचित साधनों व तरीकों के प्रयोग का आरोप लगाकर सत्ता में आए थे, उन्हें भी इसी सबका सहारा लेना पड़ा। निस्संदेह, तकनीकी तौर पर अनंतनाग के उपायुक्त इसके लिए जिम्मेदार थे—लेकिन इससे लोगों के मन में काफी कड़वाहट घर कर गई। विरोधी दल गुस्से से आगबबूला हो उठे। इसके विरोध में अनेक सभाएँ हुईं, जुलूस निकले। विरोधी दलों का एक प्रतिनिधिमंडल इन नामंजूरियों का विरोध प्रकट करने दिल्ली भी गया। इस प्रतिनिधिमंडल में बख्शी गुलाम मुहम्मद (नेशनल कॉन्फ्रेंस), पंडित प्रेमनाथ डोगरा (जनसंघ) और

धनराज बड़गोत्र (पी.एस.पी) शामिल थे। उनकी माँग थी कि निष्पक्ष चुनावों के लिए सादिक सरकार को निष्कासित किया जाए और राज्य में राष्ट्रपति शासन लगा दिया जाए।

इस घटनाचक्र से मैं भी नाखुश था। मैं निश्चित तौर पर ये उम्मीद लगाए बैठा था कि कांग्रेस जीतेगी लेकिन जीत के लिए अनैतिक साधनों का सहारा लेने के कतई विरुद्ध था। 1967 के आरंभ में गणतंत्र दिवस के बाद जब मैं दिल्ली में प्रधानमंत्री से मिला तो मैंने अपना यह विचार स्पष्ट कर दिया। मैंने डॉ. राधाकृष्णन् को भी यही रिपोर्ट दी और अपने अगले पत्र में मैंने लिखा, ''यह स्पष्ट था कि इतने बड़े स्तर पर नामांकन पत्रों की नामंजूरी ने बहुत प्रतिकूल प्रभाव छोड़ा है। एक तरफ तो हमारे विदेशी आलोचकों, विशेषकर पाकिस्तान ने इस प्रकरण का पूरा फायदा अपने इस दावे की पुष्टि करने में उठाया कि जम्मू-कश्मीर में चुनाव हमेशा हास्यास्पद ही रहे हैं और दूसरी तरफ राष्ट्रीय प्रेस में विरोधी दलों के रोष को खूब जगह मिली और सहानुभूति भी। प्रदेश में भी इसका काफी विरोध हुआ।''

ये निर्णय लिया गया कि चुनाव आयुक्त सुंदरम् श्रीनगर का दौरा करेंगे। उन्होंने दौरा किया लेकिन अपनी यात्रा के बाद वे यही कह सके कि 'दस्तावेज की ऊपरी तौर पर जाँच व पार्टी के प्रतिनिधियों की शिकायतें सुनने के अतिरिक्त और कुछ करना संभव नहीं था' और उन्होंने 'दस्तावेज' के आधार पर ये पाया कि कुल मिलाकर चुनाव अधिकारी ने जो आदेश दिए वे सही थे। ''और ये भी कि जिन उम्मीदवारों को शिकायत है, वे चुनाव याचिका दायर करने के सामान्य उपाय का सहारा ले सकते हैं।'' उन्होंने ये सिफारिश अवश्य की कि ''राज्य निर्वाचकीय कानून को शीघ्रातिशीघ्र राष्ट्रीय कानून जैसा बनाना चाहिए ताकि अन्य संसदीय चुनाव क्षेत्रों की तरह यहाँ भी चुनाव याचिका सीधे उच्च न्यायालय में दायर की जा सके।'' शुरुआती ना-नुकुर के बाद मैं सादिक से यह स्वीकार कराने में और एक अध्यादेश जारी कराने में सफल रहा, जो जम्मू-कश्मीर जन-प्रतिनिधि अधिनियम को अनुकूल रूप से संशोधित कर सके। हालाँकि इससे उन उम्मीदवारों को कोई सहायता नहीं मिली, जिन्हें शिकायत थी लेकिन इससे भविष्य में अपेक्षाकृत अधिक निष्पक्ष चुनाव कराने व उस नकारात्मक निर्वाचकीय लक्षण से अलग होने की तरफ जरूर एक कदम बढ़ा जो शेख अब्दुल्ला के समय से हमारा पीछा कर रहा था जब उन्हें 75 में से 72 स्थान विधानसभा में निर्विरोध मिल गए थे।

आरोप-प्रत्यारोपों व अन्य हलचलों के बीच मैं एक बार फिर वाराणसी गया जहाँ मैंने ऐतिहासिक स्वर्ण जयंती दीक्षांत समारोह की अध्यक्षता की और हिंदी में अपना पहला भाषण दिया। मुझे विश्वविद्यालय ने डॉक्टर ऑफ लैटर्स की सम्मानसूचक डिग्री प्रदान की। मुझे वाराणसी से अपना ये संपर्क अच्छा लगता था और जब तक मैं विश्वविद्यालय से जुड़ा रहा तब तक मैं सभी दीक्षांत समारोहों में उपस्थित रहा। दिल्ली वापिस आने पर मैं इंदिरा गाँधी से मिला। भुवनेश्वर में पत्थर फेंकने की एक घटना में उनकी नाक पर चोट आई थी और वे फिलहाल स्वास्थ्य लाभ कर रही थीं। वे उत्साह

से पूर्ण थीं और नेहरू जी के देहांत के बाद पहले संसदीय चुनावों में कांग्रेस की विजय के लिए पूरे जोर-शोर से जुटी थीं।

भारत के चौथे आम चुनाव 21 फरवरी, 1967 को हुए। इंडियन नेशनल कांग्रेस फिर बहुमत से जीती लेकिन तीसरे लोकसभा चुनाव के मुकाबले ये बहुमत काफी कम था। संसद के एक-तिहाई सदस्य मोरारजी देसाई की अगुआई में पार्टी के परंपरावादी गुट के समर्थक थे। हालाँकि पार्टी के संसदीय दल के नेता के चुनाव में इंदिरा गाँधी मोरारजी से स्पष्ट रूप से जीत गई थीं—उन्हें 169 के मुकाबले 355 मत मिले थे, फिर भी ये साफ था कि अगर उन्हें स्थायी सरकार बनानी है तो उन्हें मोरारजी से समझौता करना पड़ेगा। उन्होंने समझौता किया। मोरारजी उप-प्रधानमंत्री बनाए गए और उनके गुट के कई लोगों को मंत्रिपरिषद में विभिन्न स्तरों पर स्थान दिया गया। जैसाकि बाद में हुआ, ये व्यवस्था सिर्फ दो साल चली और 1969 में कांग्रेस का विभाजन हुआ। लेकिन ये दो वर्ष इंदिरा गाँधी द्वारा राष्ट्रीय नेतृत्व स्थापित करने व रूढ़िवादी गुट का सामना करने के लिए आवश्यक ताकत जुटाने के लिए बहुत महत्त्वपूर्ण थे।

जम्मू-कश्मीर में शफी कुरैशी निर्विरोध चुन लिये गए क्योंकि उनके विरोध में खड़े सभी उम्मीदवारों के नामांकन पत्र नामंजूर हो गए थे। लद्दाख में कुशक बाकुला के विरोध में कोई खड़ा ही नहीं हुआ अतः वे चुन लिये गए। जम्मू के दोनों चुनाव-क्षेत्रों व घाटी के बारामूला क्षेत्र से कांग्रेस सरलतापूर्वक जीत गई। श्रीनगर में स्थिति उलट गई। कांग्रेस व प्रशासन के कड़े मुकाबले के बावजूद बख्शी गुलाम मुहम्मद ने ए.एम. तारिक को हरा दिया व लोकसभा के लिए चुन लिये गए। विधानसभा में जम्मू के 31 स्थानों में कांग्रेस को 26 स्थान मिले, 3 जनसंघ को व एक नेशनल कॉन्फ्रेंस को मिला। घाटी में नेशनल कॉन्फ्रेंस सात स्थान जीतने में सफल हुई। 2 सीटें स्वतंत्र उम्मीदवारों को गईं जिनमें से एक थे युवा उत्साही पत्रकार शमीम अहमद शमीम। मौसम की वजह से लद्दाख में चुनाव जून में ही होने थे। इस प्रकार कुल मिलाकर जिन 73 स्थानों पर विधानसभा चुनाव होने थे उसमें से 59 कांग्रेस को मिलीं जिनमें से 22 उम्मीदवार निर्विरोध चुने गए।

अपने छत्तीसवें जन्मदिन 9 मार्च, 1967 को राष्ट्रपति को संबोधित अपने अंतिम पत्र में मैंने चुनाव-परिणाम तथा उनका विश्लेषण लिख भेजा। इन आम चुनावों में चूँकि कांग्रेस का बहुमत काफी कम हो गया था इसलिए मुझे लगा कि अब इंदिरा गाँधी को समर्थन की सख्त जरूरत है। सो मेरा सक्रिय राजनीति में शामिल होना भी जरूरी है। राजनीतिक उत्तेजना का प्रवाह बहना शुरू हो गया था और अब मैं भारत के एक कोने में निष्क्रिय दर्शक बना नहीं बैठा रह सकता था। ज्योति को हिमाचल प्रदेश में सानावर के लॉरेंस स्कूल में प्रवेश दिलवाकर मैं और आशा दस तारीख को दिल्ली गए। इस अवसर पर मैं खुद इंदिरा गाँधी से नहीं मिलना चाहता था क्योंकि ये थोड़ी सी शर्मिंदगी की स्थिति हो सकती थी। इसलिए मैं उनके संयुक्त सचिव सुशीतल बैनर्जी से मिला, जो उनके काफी करीबी मित्र थे और उनकी असामयिक मृत्यु तक वे इंदिरा गाँधी के

मित्र रहे। कुछ वर्षों पहले पवित्र अवशेष के प्रकरण के दौरान वे विश्वनाथन की प्रशासकीय टीम के सदस्य के रूप में कश्मीर आए थे। मैंने उनसे प्रधानमंत्री को ये जानकारी देने के लिए कहा कि यदि उनकी इच्छा हो तो अब मैं इस्तीफा देकर सक्रिय राजनीति में प्रवेश करने के लिए तैयार हूँ।

बारह की सुबह—सुशीतल के फोन ने हमें हमारे मानसरोवर निवास पर जगा दिया। उन्होंने कहा, "प्रधानमंत्री चाहती हैं कि आप पर्यटन व उड्डयन मंत्री के रूप में मंत्रिमंडल में शामिल हो जाएँ।" यह निश्चय किया गया कि नई नियुक्ति होने तक जम्मू-कश्मीर उच्च न्यायालय के लंबे समय तक चीफ जस्टिस रहे वजीर जानकीनाथ कार्यकारी राज्यपाल रहेंगे। 13 मार्च को जम्मू-कश्मीर संविधान के अनुच्छेद 28 (2) के तहत मैंने डॉ. राधाकृष्णन् को अपना त्यागपत्र सौंप दिया। उसी तारीख में इस्तीफे की स्वीकृति में उन्होंने कहा :

> जम्मू-कश्मीर के राज्यपाल के पद से आपके त्यागपत्र को मैं स्वीकार करता हूँ और नई नियुक्ति तक चीफ जस्टिस श्री जे.एन. वजीर को कार्यकारी राज्यपाल घोषित करता हूँ। चूँकि वे 15 मार्च की सुबह तक कार्यभार नहीं सँभाल पाएँगे, इसलिए आपका त्यागपत्र भी तेजी से स्वीकृत माना जाएगा।
>
> राष्ट्र के प्रति आपकी बहुमूल्य सेवा के लिए आपको धन्यवाद देते हुए मैं जानता हूँ कि मैं जम्मू-कश्मीर की जनता और भारत की भावनाओं को ही अभिव्यक्त कर रहा हूँ।

सोलह मार्च को शपथ-ग्रहण समारोह के लिए हम राष्ट्रपति भवन के दर्शनीय अशोक हॉल में इकट्ठा हुए। अन्य मंत्रियों की पत्नियों की तरह आशा भी मेरे साथ थी। तुरही के स्वरों के साथ ही सफेद धोती व दक्षिण भारतीय पगड़ी में डॉ. राधाकृष्णन् ने जब हॉल में प्रवेश किया तो मौन छा गया। एक-एक करके मंत्रिमंडल के मंत्रियों ने शपथ ली। सबसे पहले इंदिरा गाँधी ने और दूसरे स्थान पर मोरारजी देसाई ने। मैं खुश था कि मेरे पहले पद व गोपनीयता की शपथ हमारे दार्शनिक राष्ट्रपति द्वारा मुझे दिलाई जाएगी हालाँकि तब मैं संसद सदस्य नहीं था। पिछले अठारह वर्षों में मैंने जम्मू-कश्मीर में अनेक अवसरों पर दर्जनों मंत्रियों को शपथ दिलाई थी। अब मेरे जीवन का एक प्रमुख दौर संपन्न हो गया था और अब मैं अपने कार्यकाल के नए दौर की दहलीज पर था। आखिरकार मैं ताज और तख्त से भारत के दिल तक पहुँच ही गया था।

परिशिष्ट

1
जम्मू-कश्मीर प्रदेश का अधिग्रहण प्रपत्र
तिथि 26 अक्तूबर, 1947

भारतीय स्वतंत्रता अधिनियम 1947 के तहत 15 अगस्त, 1947 से एक स्वतंत्र राज्य 'भारत' की स्थापना होगी और भारत सरकार अधिनियम 1935 गवर्नर-जनरल के आदेशानुसार, विलोपन, संकलन, रूपांतरण व संशोधन के साथ भारत-क्षेत्र पर लागू होगा :

और गवर्नर जनरल द्वारा स्वीकृत भारत सरकार अधिनियम, 1935 के तहत एक भारतीय प्रदेश उसके शासक द्वारा अधिग्रहण प्रपत्र को लागू करके भारत राज्य में सम्मिलित हो सकता है।

अब, इसलिए, मैं श्रीमान् इंदर महिंदर राजराजेश्वर महाराजाधिराज श्री हरी सिंह जी, जम्मू-कश्मीर नरेश तथा तिब्बत आदि देशाधिपति, जम्मू व कश्मीर का शासक, कथित प्रदेश पर अपनी प्रभुसत्ता का प्रयोग करते हुए इस अधिग्रहण प्रपत्र को लागू करता हूँ और :

(1) घोषणा करता हूँ कि मैं भारत-राज्य में सम्मिलित होता हूँ इस उद्देश्य से कि भारत के गवर्नर जनरल. राज्य विधायिका, संघीय न्यायालय और भारत राज्य के उद्देश्यों के लिए स्थापित अन्य आधिकारिकी इस प्रपत्र के अनुसार, सदा इसकी शर्तों का पालन करते हुए और केवल भारत-राज्य के उद्देश्य हेतु की जम्मू व कश्मीर (अब 'इस प्रदेश' नाम से उल्लिखित) प्रदेश पर लागू होंगे, पर कार्यों के लिए, जो भारत सरकार अधिनियम 1935, के तहत उनमें निहित हैं और जो 15 अगस्त, 1947 से भारत राज्य पर लागू हो रहा है (लागू होने वाले अधिनियम को अब 'अधिनियम' के रूप में उल्लिखित किया गया है)।

(2) मैं अब ये दायित्व लेता हूँ कि अधिनियम की शर्तों को प्रदेश में, मेरे अधिग्रहण प्रपत्र के अनुसार जहाँ तक वे लागू होती हैं, उन्हें प्रभाव में लाया जाए।

(3) मैं सूची में विशेष रूप से उल्लेख किए गए विषयों को स्वीकार करता हूँ जिसके अनुसार भारत राज्य विधायिका इस प्रदेश के लिए कानून बना सकती है।

2

26 अक्तूबर, 1947 को जम्मू-कश्मीर के महाराज श्री हरीसिंह द्वारा भारत के गवर्नर जनरल लॉर्ड माउंट बेटन को लिखा गया पत्र :

प्रिय लॉर्ड माउंट बेटन,

मुझे महामहिम को सूचित करना पड़ रहा है कि हमारे प्रदेश में गंभीर आकस्मिक संकट आ पड़ा है और मैं आपकी सरकार से तुरंत सहायता का अनुरोध करता हूँ।

जैसाकि महामहिम जानते ही हैं कि जम्मू-कश्मीर प्रदेश न तो भारत राज्य में सम्मिलित हुआ है न ही पाकिस्तान के क्षेत्र में। दोनों ही देशों से हमारे अहम आर्थिक व सांस्कृतिक संबंध हैं। साथ ही मेरे प्रदेश की सोवियत संघ व चीन के साथ साझी सीमा है। विदेशी संबंधों के संदर्भ में भारत व पाकिस्तान क्षेत्र इस तथ्य को नकार नहीं सकते।

मैं यह निश्चय करने के लिए थोड़ा समय चाहता था कि हमें किस क्षेत्र में शामिल होना चाहिए या क्या ये दोनों क्षेत्रों व मेरे प्रदेश के हित में नहीं होगा कि मेरा प्रदेश दोनों क्षेत्रों से मैत्रीपूर्ण संबंध रखते हुए स्वतंत्र रहे।

इसके बाद मैंने भारत व पाकिस्तान दोनों से मेरे प्रदेश के साथ गतिरोध समझौता करने का प्रस्ताव रखा। भारत राज्य की सरकार मेरी सरकार के प्रतिनिधियों से कुछ और विचार-विमर्श करना चाहती थी। मैं पूर्ववर्णित संकट के मद्देनजर इसका प्रबंध नहीं कर पाया। दरअसल पाक सरकार प्रदेश के अंदर से डाक-तार व्यवस्था का संचालन कर रही है।

हालाँकि पाकिस्तान सरकार के साथ हमारा गतिरोध समझौता हो चुका है फिर भी उन्होंने धीरे-धीरे मेरे प्रदेश को आनेवाली खाद्यान्न नमक और पेट्रोल की आपूर्ति को रोकना शुरू कर दिया है।

अफरीदी—यानी साधारण वस्त्रों में सिपाहियों व आततायी लुटेरों को आधुनिकतम हथियारों के साथ प्रदेश में पहले पुंछ क्षेत्र फिर सियालकोट और रामकोट की तरफ हजारा जिले के आबादी वाले क्षेत्र में घुसने दिया जा रहा है। नतीजतन प्रदेश के पास उपलब्ध सीमित सेना बल को विभिन्न जगहों पर तैनात किया गया है और उन्हें एक ही साथ अनेक जगहों पर शत्रु का सामना करना पड़ रहा है और इसलिए जन-जीवन, संपत्ति के विनाश और मनमानी लूटपाट को रोकना कठिन हो गया है। महोरा बिजलीघर जो पूरे श्रीनगर शहर को बिजली प्रदान करता है, जला दिया गया है। और अनेक महिलाओं का अपहरण व बलात्कार हुआ है, जिससे मेरा हृदय आहत है। प्रदेश में इस तरह अत्याचारी बलों को खुला छोड़ दिया गया है और वे मेरे प्रदेश की ग्रीष्मकालीन राजधानी श्रीनगर पर कब्जा करने के लक्ष्य से बढ़े चले जा रहे हैं ताकि वे पूरे प्रदेश पर काबू पा सकें।

मैं घोषणा करता•हूँ कि मैं भारत राज्य में सम्मिलित होता हूँ इस आश्वासन पर

कि अगर गवर्नर जनरल व इस प्रदेश के शासक के बीच एक समझौता हो। इस प्रदेश में प्रशासन के संबंध में भारत राज्य की विधायिका का कोई भी कानून इस प्रदेश के शासक द्वारा लागू किया जाएगा, तो यह समझौता प्रपत्र का एक भाग बनाया जाए और तदनुसार प्रभाव में लाया जाए।

अधिग्रहण प्रपत्र की ये शर्त अधिनियम या भारतीय स्वतंत्रता अधिनियम, 1947 में किसी भी संशोधन द्वारा परिवर्तित नहीं होनी चाहिए जब तक कि ये संशोधन इस प्रपत्र के पूरक प्रपत्र के जरिए मेरे द्वारा स्वीकृत न हो।

इस प्रपत्र का कोई भाग भारत राज्य विधायिका को किसी भी उद्देश्य के लिए प्रदेश में भूमि पर अधिकार करने के लिए कानून बनाने की सत्ता नहीं देगा, किंतु मैं यह उत्तरदायित्व लेता हूँ कि यदि राज्य प्रदेश में लागू करने हेतु कोई कानून बनाने के लिए प्रदेश में भूमि-अधिग्रहण को आवश्यक समझता है तो मैं उसकी ओर से भूमि प्राप्त करूँगा या अगर वह भूमि मेरी है तो मैं शासन को परस्पर सहमति प्राप्त शर्तों पर या शर्तों पर समझौता न होने की स्थिति में भारत के चीफ जस्टिस द्वारा नियुक्त एक मध्यस्थ द्वारा निर्धारित शर्तों पर हस्तांतरित कर दूँगा।

इस प्रपत्र का कोई भाग मुझे भारत के भावी संविधान के प्रति किसी भी प्रकार से वचनबद्ध नहीं करेगा या ऐसे किसी भावी संविधान के तहत भारत सरकार के साथ कोई समझौता करने के मेरे आत्मनिर्णय में बाधा नहीं डालेगा।

इस प्रपत्र का कोई भाग इस प्रदेश पर मेरे प्रभुत्व की निरंतरता को प्रभावित नहीं करेगा और जैसाकि प्रपत्र में निहित है, उसके अतिरिक्त प्रदेश के शासक के रूप में मेरी सत्ता व अधिकारों और प्रदेश में मौजूदा कानून की वैधता को प्रभावित नहीं करेगा।

मैं घोषणा करता हूँ कि प्रदेश की ओर से मैं इस प्रपत्र को कार्यान्वित करता हूँ और ये कि इस प्रपत्र में मेरा या प्रदेश के शासक का उल्लेख, मेरे उत्तराधिकारियों पर भी लागू होता है।

मेरे द्वारा छब्बीस अक्तूबर उन्नीसो सैंतालीस को हस्ताक्षरित।

हरीसिंह
महाराजाधिराज, जम्मू-कश्मीर प्रदेश

3
जम्मू-कश्मीर प्रदेश के अधिग्रहण प्रपत्र की स्वीकृति

मैं इस अधिग्रहण प्रपत्र को स्वीकार करता हूँ।

तिथि सत्ताईस अक्तूबर उन्नीस सौ सैंतालीस

बर्मा के माउंट बेटन
गवर्नर जनरल, भारत

4
27 अक्तूबर, 1947 को लॉर्ड माउंट बेटन द्वारा महाराजा सर हरी सिंह को भेजा गया उत्तर :

प्रिय महाराजा साहिब,

महामहिम द्वारा 26 अक्तूबर को लिखा गया पत्र मुझे श्री वी.पी. मैनन द्वारा दिया गया। महामहिम द्वारा वर्णित विशेष परिस्थितियों में मेरी सरकार ने भारत शासन में कश्मीर प्रदेश का अधिग्रहण स्वीकार कर लिया है। उनकी नीति के अनुसार, कि जिस भी प्रदेश में अधिग्रहण का विषय विवादग्रस्त हो, वहाँ अधिग्रहण का प्रश्न प्रदेश की जनता की इच्छानुसार निश्चित करना चाहिए, मेरी सरकार की यह इच्छा है कि जैसे ही कश्मीर में शांति व कानून-व्यवस्था पुनर्स्थापित होती हैं और आक्रमणकारियों को वहाँ से हटा दिया जाता है, प्रदेश के अधिग्रहण का प्रश्न प्रदेश की जनता के हवाले से ही निश्चित किया जाना चाहिए। इस दौरान महामहिम द्वारा सैन्य सहायता की अपील के प्रत्युत्तर में भारतीय सेना को कश्मीर भेजने का कदम आज उठाया जा चुका है ताकि वह आपकी सेना को अपने क्षेत्र एवं जन-जीवन व संपत्ति की रक्षा करने में सहायता प्रदान कर सके।

मेरी सरकार व मैं इस बात पर भी संतोष अभिव्यक्त करते हैं कि महामहिम ने अंतरिम सरकार बनाने व प्रधानमंत्री के रूप में आपके साथ काम करने के लिए शेख अब्दुल्ला को आमंत्रित किया है।

आपका शुभेच्छु
माउंट बेटन, बर्मा

●●●